U1004637

本文集由晨讯科技集团、暨南大学211工程第三期项目赞助出版

鄧喬彬學術文集

第三卷

文化诗学

邓乔彬 著

安徽师范大学出版社

责任编辑：潘　安　何章艳
装帧设计：丁奕奕

图书在版编目(CIP)数据

文化诗学 / 邓乔彬著.—芜湖：安徽师范大学出版社，2013.8
(邓乔彬学术文集；3)
ISBN 978-7-5676-0145-1
Ⅰ. ①文… Ⅱ. ①邓… Ⅲ. ①诗歌研究—中国—文集 Ⅳ. ①I207.22-53

中国版本图书馆 CIP 数据核字(2012)第 300343 号

文化诗学
邓乔彬　著

出版发行：安徽师范大学出版社
芜湖市九华南路 189 号安徽师范大学花津校区　　邮政编码：241002
网　　址：http://www.ahnupress.com/
发 行 部：0553-3883578　5910327　5910310(传真)　　E-mail：asdcbsfxb@126.com
经　　销：全国新华书店
印　　刷：安徽芜湖新华印务有限责任公司
版　　次：2013 年 8 月第 1 版
印　　次：2013 年 8 月第 1 次印刷
规　　格：787 × 1092　1/16
印　　张：23.75　　插　　页：4
字　　数：508 千
书　　号：ISBN 978-7-5676-0145-1
定　　价：48.00 元(平装)　58.00 元(精装)

凡安徽师范大学出版社版图书有缺漏页、残破等质量问题，本社负责调换。

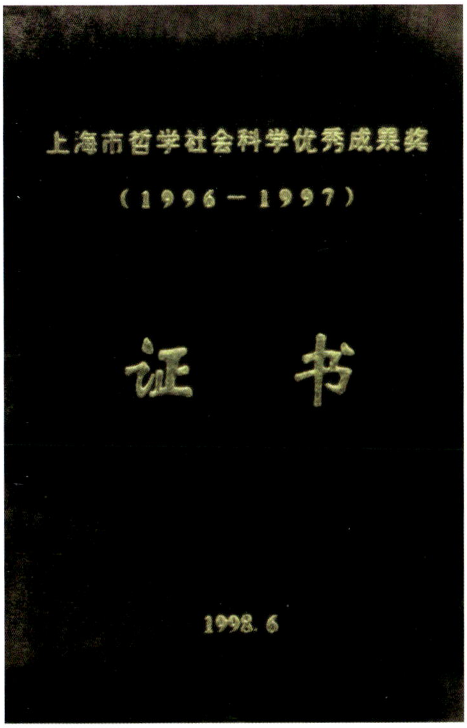

论文《论气韵生动》获奖证书

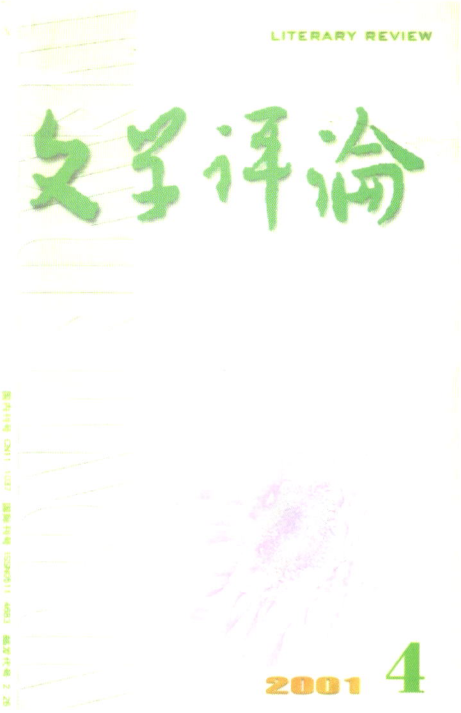

《长安文化与王维诗》刊于《文学评论》

《进士文化与诗可以群》
刊于《文学评论》

《进士文化与诗可以兴》
刊于《文艺研究》

2000年，秦观墓

2001年，无锡

2000年，镇江

2006年，安庆

2006年，九华山

2007年，与毕业硕博士

总　序

孔子说："吾十有五而志于学，三十而立，四十而不惑，五十而知天命，六十而耳顺，七十而从心所欲，不逾矩。"我今年七十周岁，应以之对照反省并思考其中原因了。

孔子以六艺授徒，实行全才式教育，我于1956年考入华东师大附中，勉强可算"十有五而志于学"，却已开始偏科。试前突击可考数、理、化优良，日常所好却为文哲、史地与艺术。高中再入师大附中，不久就被调到区体校，虽安排就读于同是名校的复兴中学，兴趣使然，偏科更为严重。直到高三，情况始变：体校为兼顾运动会得分和高考录取率，全班仅剩十七人，在最小的教室上课，一流老师讲课，我虽近视未戴眼镜，仍看得清又听得明，能集中思想学习。我不仅是文、史课代表，空间解析几何、有机化学等课程的测验、考试也几为全优。学业之进，使我误以为自己能做到文理兼长，因看到了历年对《红楼梦》研究、对胡适思想、对诸多文艺现象和人物的批判，深感"文科危险"，于是，在高考的选择上，决定报考理工科。我有绘画之长，又爱制作船模，原欲报考同济大学建筑系或上海交大造船系，后来却突然生变。原因是：在六月举行的上海市中学生运动会体校组比赛中，我获得跳高冠军和三项全能亚军，被观战的华东师大体育老师相中，劝我报考师大。他告以师大物理系毕业生多分配至高校或科研单位，到中学的仅百分之五。而因经济困难，我曾对父母许诺读大学不要家里负担，师范生由国家提供膳食，能不爽所约，故而听从所劝，改以华东师大物理系为第一志愿，并被录取。

入学后，开始还信心满满，但随着时间推移，却对学习越来越不感兴趣。尤其是高等数学，常布置几十道题，有时竟然半天也解不了一题，使我深感烦恼。有次实验，一女同学失手损坏了仪器配件，被命赔偿，她的痛哭使我难以平静，就此视实验为畏途。我住在运动员宿舍，见文科生毫无作业、实验负担，同室一位羽毛球队员读中文系，是印尼归侨，曾说："我们的同学真厉害，高中就读过《三国演义》、《水浒传》、《红楼梦》！"听此叹慕，我心中暗笑："这些小说，鄙人小学时就读过了，岂止读过，人物和情节都能随口说出！”我深感文理科的苦乐不同，心想：“毕业后拿一样的工资，何必要读物理系？学得如此之苦！”为此，因高考弃长取短、选择了理科而后悔，开始有转系之念。

那时的高校，转系极难。我先向物理系提出转读中文系的申请，未得理睬。后听说，有一数学系转中文系的学生，曾向市委书记柯庆施写信，历尽周折才得批准，且必须从一年级读起。我当然不愿去中文系“留级”，更不愿在物理系勉强升级，决定破釜沉舟、“舍命”一搏。于是，所有的专业课都亮起“红灯”，以证我不宜在物理系学习；同时，正式提出转读中文系二年级的申请。在受阻于物理系、教务处之后，我决定写信给校党委书记兼副校长常溪萍，申明要求转系的理由。常溪萍抗战时入党，曾是山东的模范专员，保持老八路本色，经常出现在学生宿舍、食堂和运动场，爱打篮球，曾多次看我跳高，认识我。我刚入学，就在新生运动会上破了校纪录。1963 年参加高校运动会，所有高度都一次过杆，最有希望夺冠，却在跳 1 米 86 时，心想过此高度将集冠军、高校纪录和一级运动员于一身，杂念一生，三跳失败，仅获亚军。虽如此，我仍是华东师大田径队的“希望之星”。我候在丽娃河桥畔，见他经过，把信交他手上，只说：“常校长，这是我要求转系的信。”转身就走。不久，教务处约我谈话，认真听取我要求转系的理由，后又同意我参加中文系考试，以决定能否转读二年级。事后得知，这是奉常校长所命而办，而常校长之所以同意我转系，主要不在于我是学校的优秀运动员，而是通过查阅高考作文卷，知我所写《雨后》一文似是得了理科生的最高分，这是可以转读中文系的重要理由和依据。

因期终考试已过，我被安排参加中文系一年级的补考，所有课程都通过，优多良少，我终于没成为“留级生”，在 1963 年下半年转到中文系二年级就读。这年冬天，成为一级运动员，自感学习上驾轻就熟，大有余力读书。次年春，我以 1 米 92 打破 1 米 86 的上海高校跳高纪录，距新的运动健将标准仅 3 厘米，是全校最有希望成为健将的人选。我开始酝酿学习与体育双优的计划，期待毕业能留校工作，走上高校教学和文学研究的道路。

但是，在中文系仅读了一年，1964 年 10 月，全年级同学就被命参加“社教”工作队，到安徽农村搞“四清”。先是“访贫问苦”、“扎根串连”，后是“整那些走资本主义道路的当权派”，从全椒县到定远县，先后参加了三期运动。1966 年 5 月，结束“社教”，恢复了大学生身份，回到学校。但随即“五一六”通知下达，“无产阶级文化大革命”真正拉开序幕，我在无“学”、不“学”的大学度过了“乱也看惯了，篡也看惯了”的两年多。好不容易在被拖一年后，于1968年毕业分配。五年制的大学六年毕业，我实际上只读了一年物理系，一年中文系，在“四面向”（厂矿、农村、基层、边疆）的潮流中，被分到甘肃永登水泥厂。服从建材部安排，我于1968年9月到江苏南通长江边的东方红农场，接受解放军的再教育。战天斗地，劳动一年半，于1970年3月结束锻炼。5月初到甘肃永登水泥厂报到，开始在黄土高原的山沟接受工人阶级的永久性再教育。

我先被安排随政工组挖防空洞，后到原料车间，每天推小车，数月后，再被分到班组，当了三班倒工人。一年多后，职工子弟小学一位体育教师调回老家，厂政工组找我谈话，令去学校顶缺，理由是我不久前获兰州市首届运动会跳高冠军，教体育很合适。我认为自己虽能当专业教练却教不了小学体育，在压力之下还是顺从了。每天面对小麻雀般的一二年级小学生，和“我们今天玩什么”的发问，我只能摇头苦笑，唯求不出意外，何有教学可言！一年后，我改任职工子弟中学的军体课，课馀还曾满怀热忱训练学生田径队。后被同事告知：校长对我教体育穿运动鞋和运动服、戴太阳帽（均自费购置）很不满，认为是资产阶级作风，差点过不了转正一关。在教了近两年军体课后，我“归队”当语文教师，而因“阶级”的嫌疑，冷却了对学校体育事业的热心。

很快就到了“而立”之年。难出于时代之外，此时的我是不“学”又未“立”。应付每周十二节语文课兼一个班的班主任，每周三个晚上的学习毛选、马列，是极其容易的。在“知识越多越反动”的年代，不必“给人一杯水，自己要有一桶水”，此时除了马列、毛选，实在无书可读，我仅是利用为厂文艺宣传队创作节目的机会，借口找参考书，在厂图书馆发现了几本藏在角落的外国小说，读了以前未读过的梅里美《嘉尔曼》、《高龙巴》等书。

黄土高原的杨树叶生生落落，我的生活在“看人儿女大，为客岁年长”中循环……终于到了1976年，周恩来、朱德先后逝世，唐山大地震，毛泽东逝世……不久，传来了一举粉碎“四人帮”的消息，举国欢庆之后，很快就是一系列的拨乱反正。终于，在1977年听到了恢复高考的喜讯，不久又传来研究生招生的消息。“伤痕文学”的出现，促使人们反思“文革”，陈景润攻克“哥德巴赫猜想”的报告文学，更鼓舞了许多人，“志于学”的时代终于来临了！我在1978年春报考了古代文学研究生，以母校华东师大为第一志愿，在永登县城参加考试，除俄语外，其他三门课自感较好。在等待中得到了复试通知，却因夏天的洪水冲断宝天铁路，只能向厂领导申请乘飞机回沪，且不顾只准飞兰州到西安的批示而直飞上海，参加复试。9月，收到录取通知，我成为了“文革”后“黄埔一期”研究生，得以从中年开始“志于学”。

三年研究生，是我真正的读书期。深感本科六年、毕业十年的无学，蹉跎岁月之痛，激起了学习的热情。我尽废以前所好，停止了体育锻炼，渐入学术之门。1981年，研究生毕业，留校工作，既是我学术研究的继续，又是逐渐开拓的起始。很快就进入“不惑”之年，对于人生之途自无所“惑”，而对学术问题则“惑”者甚多，因之而兴趣渐广。我先是为写研究吴梅的硕士论文而用力于戏曲和曲论，后因兴趣主要在词而转向唐宋词与词学批评，以上研究领域的相关成果分别是《吴梅研究》与《唐宋词美学》二书及参撰的《中国词学批评史》，还有多篇词学论文。而因唐宋词与词学批评分别被同事设为选修课，且作为科研主攻方向，我就避之而将研究转到了古代诗画比较。这一转向并非有意作跨界研究，而是或因我青年时对诗画皆有所好的“情结”所致，此时因浸淫学术而多了几分中年的理性，虽未能用力于诗画创作，却对研究二者尤其是比较其异同感兴趣。遂从钱锺书先生的两篇论文及所提出的问题出发，写出了古代诗画比较的讲稿，以此稿开了多年的选修课，并据此而写成、出版了《有声画与无声诗》一书。此书被一书评称为“中国的《拉奥孔》”，虽或过誉，但也确是点出了构建中国古代诗画比较理论体系，揭示民族特色的意旨。

《吴梅研究》初稿成于1981年，出版于1990年底，历时近十年；《有声画与无声诗》成稿五年后，才于1993年出版。《唐宋词美学》1993年出版，《中国词学批评史》1994年出版。以上四种著作，都出在五十岁左右。而因前两者的出版历尽艰难，使我真正懂得学术研究成果的面世受制于市场，这就改变了以前的观念，大概可算是我的“五十而知天命”了！

虽然上述的专著、合著都出版于二十世纪九十年代，却是我八十年代“学”之所成，所以这十年之所“治”，主要是词曲与诗画之学。

1988年起，我受命参与华东师大文科第一个复合型硕士专业的筹建，开始指导这一名为“中国文化建设”方向的硕士生，又有授课的任务，遂用了很多时间阅读文化学、文化史著作，结合我国古代的文学与艺术，写成《中国文化与文艺》讲稿。除了为这一方向的硕士生授课外，又在中文系各层次、范围的学生中以选修课讲过多次。在讲述十年后，写成《古代文艺的文化观照》一书，作为我主持的教育部项目成果，在2003年出版。在研读文化学、文化史的过程中，我一度对图腾、民俗颇感兴趣，曾费时费力地借助放大镜阅读影印版《二十五史》，企图从古史记载中寻找图腾制的遗迹，欲写《中国图腾艺术史》。此事虽未行，却因对文化学、文化史及中国古代史著作的阅读，引发出对史前文艺与神话研究的兴趣。适逢中文系有人主持撰写二十世纪中国美学研究丛书，以人为题，确定了十位对象，将其中的闻一多研究交给我，我虽因读了俞兆平的《闻一多美学思想论稿》而自感难以再作全新之论，却因对闻一多用文化人类学方法研究神话、《诗经》的兴趣，而将论题扭转到对闻氏的古代文学研究作文化的观照，与赵晓岚合作，写成了《学者闻一多》。

与上述研究几乎同时，我又延续了对诗、画的研究兴趣。《有声画与无声诗》出版后，因感到西方是力图拉开诗与画的距离，而我国古代却着力于诗画的融合，可是，诗与画毕竟所属不同，艺术介质、手段有异，虽可比又不可比，为此而生分写《中国诗歌思想史》与《中国绘画思想史》之念。我以先生后熟为原则，先作后者，全书百万字，始于1994年，因有集体项目和教学任务，主要用暑假写作，耗时四年才完成，也同《有声画与无声诗》一样，经历了曲折的过程，才在成稿三年多后出版。此时，已入新世纪，同事萧华荣的《中国诗学思想史》已出多年，使我只能将另一选题调整为《中国诗歌艺术思想史》，却因对能否出版的疑虑，令我不敢贸然动笔。而因2002年接受暨南大学之邀担任古代文学学科带头人，则更使我的生活发生了很大改变，这一写作计划终未能实施。近十年之后，出版拙著《中国绘画思想史》的贵州人民出版社要我自报选题，争取国家出版基金资助，而此时经历了一场大病，我的健康状况已不允许再写大部头著作。于是，我的诗画之学就只能终止于这种跛腿的状态了。

九十年代的十年，我的治学既延续了诗画之学而偏在绘画，又新辟了文化与文艺的宏观关系研究，还在学术史范畴以学者为对象继作“研究之研究”。以上三方向的成果，就是分别出版于2001年的《中国绘画思想史》，2003年的《古代文艺的文化观照》，2001年的《学者闻一多》。三著的出版，在我六十岁左右，此时的辨识力已较前为高，虽非和光同尘，却听到的多能泰然入耳，看到的也见怪不怪，虽无反潮流的勇气，却能不跟风而动，此或为我的“六十而耳顺”之义。

2002年底，为申报古代文学博士点及中文一级学科博士点，我被借调到暨南大学，担任学科带头人，次年，前者得批，后者未就，我正式调入暨大。河南大学出版社的《宋代研究丛书》已出多种，或因我有《中国绘画思想史》之作，向我约写《宋代绘画研究》。成约于2002年6月，而因我的调动，应对多事，虽只用了半年多撰稿，成书却已在2004年8月，出版则是2006年10月了。我的学术兴趣屡转，虽不怕“学书不成学画，学画不成学塑”之讥，却因只问耕耘、不问收获，从未在各界求取认同，故似只有词学界还将我看作“自己人”，因此而有回归词界之想。我先应上海古籍出版社之约写了《宋词与人生》，又在该社出了《词学廿论》，在齐鲁书社再版了《唐宋词美学》，以维持先入为主的词学学者形象。2004年，国家社科基金项目“唐宋词的形式与艺术发展史”获批，为应对考核而发表了30多篇论文后，我在2007年一年内完成了《唐宋词艺术发展史》的百万字书稿，三年后正式出版。

我曾有二十年的体育锻炼和体力劳动史，自三十五岁重回大学以来，为追回岁月，就停止了锻炼，虽自感体能退化，却无明显的不适，为之还自我调侃：“青年时应是狮子老虎，老年时要像乌龟王八。”而实际上我不应提前进入“乌龟王八”状态，故从中年起已因久坐不动而疾病暗生。1999年，第一个验血指标高出临界，此后各指标逐年飘红，渐成“三高”人员，本应重启体育锻炼，却停不下高强度研究的脚步。因多年的连轴转，健康严重透支，终在2009年大病一场，躺上了手术台。此时，我才意识到体育锻炼确应是一生之事，对于运动员出身的人尤应如此。悔之晚矣，亡羊补牢，却已非其时！我只能停止了将要进行的研究，为自己的学术生涯不情愿地划上休止符。

从前曾流行过“为祖国健康工作五十年”的口号，我的真正为学始于三十五岁，应工作到八十五岁，但因健康亮起红灯，身患多种疾病，我只能止于七十。这本是“从心所欲，不逾矩”之年，我虽不逾法度规矩，却受制于健康而不能从心所欲了。有了这一清醒认识，我只能中止原先计划，仅在出版《唐宋词艺术发展史》后，于2011年再版了《中国绘画思想史》插图本，旋即开始整理三十多年的著作、论文，拟在七十周岁时出版自己的学术文集，就此将“换一种活法”，以度余生。这样，原先计划要写的几种著作都不能付之实施了。按先后，这些著作是：《进士文化与唐诗》、《中国诗歌艺术思想史》、《中国韵文学概论》，以及力图构建新体系、体现“一代之所胜”的《中国文化史纲》，此外，还有一或两种词籍别集的校笺。

新著写作未成，旧作整理已就，如今，名之为《邓乔彬学术文集》的十二卷本将正式出版。十二卷文集分别是：

第一卷：《文化与文艺》，包括专著《古代文艺的文化观照》和相关论文七篇。

第二卷：《比较诗学》，包括平行比较与影响比较两个专题。前者是：专著《有声画与无声诗》，古代诗画比较论文一篇，中外比较诗学论文六篇。后者是：与陈学祖合作的影响比较研究书稿《现代新诗与古典诗词》三章。

第三卷：《文化诗学》，包括四组论文：文化与诗，十二篇论文；进士文化与唐诗，十二篇论文；诗歌美学，十篇论文；曲学及其他，十一篇论文。

第四卷：专著《唐宋词艺术发展史（上）》。

第五卷：专著《唐宋词艺术发展史（下）》。

第六卷：《词学三著》，分别是《唐宋词美学》、《宋词与人生》、《爱国词人辛弃疾》。

第七卷：《词学论文集》，包括：词学总论，十三篇；词人词作论，十三篇；词论研究，十篇；其他，八篇。

第八卷：专著《中国绘画思想史（上）》。

第九卷：专著《中国绘画思想史（下）》。

第十卷：《宋画与画论》，包括《宋代绘画研究》及研究绘画与画论的论文六篇，访谈一篇。

第十一卷：《学者研究》，包括《吴梅研究》与《学者闻一多》二著，及论述二人学术成就或研究方法的论文二篇。

第十二卷：《杂缀集》，包括六部分：第一部分是为古代六十种画论著作所写的提要，第二部分是九十二篇古文的提要，第三部分为序跋后记，第四部分为学习笔谈，第五部分为发言、讲座稿，第六部分为作品赏析。最后附有作者分年度的著作、论文、文章目录。

回顾七十年的人生，恰以1978年三十五周岁为界：此前是在中学、大学偏科、移易的“志于学”与不能“学”之十多年，学工、学农、学军的数年，不能给人以学、自己亦不能学的工厂子弟学校教师的七年；

此后则是真正在高校的为学、治学，经历了不惑、知天命、耳顺、从心所欲而不逾矩的生命历程、节点。十多年的蹉跎岁月，即使放弃体育锻炼及诸般爱好，也难以追回！若老天能再给我以十多年的健康岁月，本应有逾千万的文字用于结集的，如今却只能止于古稀之年而仅得六百多万字。不过，人们常说，学问是做不完的，念此也就不必自责、自叹了。

本文集的出版，先得暨南大学第三期211工程经费的资助，所缺的大半费用由晨讯科技董事长杨文瑛女士赞助，在我筹款无门、不得已而向这位从无联系的初中同学求助时，立即就得到她的无条件应允，随即将钱款打入出版社账户。对此，实在是难以表达我内心的感激之情！本文集的整理、出版，得我沪、穗两地历届的博士生、博士后助力甚多，分别负责各卷的整理、校核者是：

第一卷：刘兴晖、金国正

第二卷：陈学祖

第三卷：彭国忠

第四、五卷：刘兴晖、昌庆志

第六卷：吴思增、王毅

第七卷：杨柏岭、仲冬梅

九卷：李杰荣、刘兴晖、王嘉、陈建穰

第十卷：何平华、汪涤

第十一卷：李俊（委托刘晓亮）

第十二卷：程刚、夏令伟

文集能顺利出版，衷心感谢他们！

安徽师范大学出版社将本文集列为重点图书，社领导统筹安排，诸位编辑兢兢业业，特此致谢！

围绕为学主题，回顾五十多年人生历程，权以为序。啰嗦之至，望读者谅之！

邓乔彬

2013年5月22日

本卷提要

本卷以文化诗学命名，本来的设想应完全名副其实：即包括文化与诗，以及进士文化与唐诗两个专题。前者为多篇论文，后者为专著。因故而后者未能完成，所以现在的本卷实际包括四部分内容：文化与诗、进士文化与唐诗、诗歌美学、曲学及其他。虽然后二者与“文化诗学”的命名不尽相符，但全卷的主体却无碍于此，而为了求得各卷篇幅的大体平衡，亦只能如此收录了。

第一个专题是文化与诗，包括12篇论文，曾发表于各刊，前一组按所论对象的时代顺序排列，共7篇：《农业文化与〈诗经〉的史诗及饥者劳者之歌》、《论汉魏六朝诗歌对人生本体的探求》、《陶谢与宗王：晋宋山水诗画的艺术精神》、《晋宋之交山水诗画的文化、哲学意义》、《长安文化与王维诗》、《西域风光和壁画对唐人边塞诗与变文的影响》、《“桂林山水甲天下”的文化意蕴》。后一组涉庄学、玄学、禅宗与诗歌、诗论、诗歌题材，有3篇：《从言意之辨到境生象外——论庄、玄、禅对古代诗论的影响》、《论禅宗向诗歌的渗透》、《玄学、佛学与山水之趣》，另2篇是：《作歌告哀与诫世示后——我国前期诗画功能能简论》、《论汉语的语法、修辞特点与古代诗歌的民族特征》。

第二个专题是进士文化与唐诗，也包括12篇论文，已经发表的有10篇，未发表的2篇。其中有作为总论的《进士文化与唐诗》，以及本来是作为专著来写、因篇幅长而未发的2篇：《贵族文化、进士文化与唐诗》、《进士、歌妓与唐诗、宋词》。有论述进士文化与唐诗文学功能的4篇：《进士文化与诗可以兴》、《进士文化与诗可以观》、《进士文化与诗可以群》、《进士文化与诗可以怨》，以及进一步引申发挥的相关论文5篇：《从“考见得失”论唐代的“诗可以观”》、《唐人的游观、怀古诗》、《唐诗的咏史与观政》、《唐人的怨诗》、《刺政、舒愤与唐代怨诗》。

以上两专题均具有“文化观照”的特点，多对研究对象作文化背景、内涵、历史的论析，与第一卷的比较诗学显见不同，故以文化诗学命名。

第三个专题是大体属于诗歌美学或专论诗歌艺术的内容，故归之于诗歌美学，包括论《古诗十九首》的4篇论文及其他6篇，共10篇论文。论《古诗十九首》的是：《浅析〈古诗十九首〉的美学思想》、《“篇不可句摘，句不可字求”——略谈〈古诗十九首〉的整体美》、《追〈诗经〉继〈楚辞〉——从〈行行重行行〉等看〈古诗十九首〉的艺术性》、《〈古诗十九首〉三题》。论唐诗及相关的有4篇：《豪健浑朴　雄伟瑰丽——高适、岑参边塞诗艺术摭谈》、《李白二题》、《何谓杜诗之“实”》、《黄庭坚何以赞赏杜甫的夔州诗》。另有难以归类的2篇：《元好问的诗论》、《摹情弥真　动人弥易——论徐渭题画诗的情感表现》（与博士生李杰荣合作）。

第四个专题包括曲学论文6篇，其他论文5篇。曲为韵文，属于广义的诗，因难以同类收入他卷，故置于诗学的名义下收入本卷。6篇的题目是：《精诚的至情　深沉的同情——〈长生殿〉的主题和艺术》、《元杂剧简说》、《出之或然　入以必然——从金西厢看金圣叹戏剧观的一个矛盾现象》、《元散曲的艺术特色》、《散曲的艺术特色》、《简论散曲生成的文化机制》。不属于曲学的论文，亦因难以置于其他专题的各卷，故收入本卷，附在曲学之后。它们是：《中国韵文发展规律臆说》、《汉赋的美学特征》、《言志、缘情与体物》、《古典文学研究的拓展深入与观念方法问题》、《二重、三重证据法及其他——古代文学研究方法漫谈》。

目　录

文化与诗

进士文化与唐诗

诗歌美学

曲学及其他

文化与诗

农业文化与《诗经》的史诗及饥者劳者之歌

摘 要 用叙述“英雄冒险事迹”的定义来衡量,《诗经》中没有史诗,但如以“英雄诗”相取,《大雅》中有五首,其中的《生民》、《公刘》、《绵》歌颂了周人的祖先对农业的贡献和迁徙创业的历程。西周史诗与荷马史诗有明显的不同倾向,一者崇尚流血的英雄主义,一者推尊首领的勤劳精神。农业文化的精神又体现在《诗经》的饥者劳者之歌中,土地制度不断变化,农人一直生活得很艰辛,劳动的欢乐少见,而饥馑的忧患甚多。以农耕为本,必然反对战争和徭役,安土重迁、骨肉相附,是农业文化造就的民族性格,反战情绪和忧患意识一直贯注在后来的诗歌中。

关键词 农业文化 荷马史诗 西周史诗 劳动诗

闻一多先生曾以综观世界的眼光论古代文学的开始:“人类在进化的途程中蹒跚了多少万年,忽然这对近世文明影响最大最深的四个古老民族——中国,印度,以色列,希腊——都差不多同时猛抬头,迈开了大步。约当纪元前一千年,在这四个国度里,人们都歌唱起来,并将他们的歌记录在文字里,给流传到后代。在中国,《三百篇》里最古部分——《周颂》和《大雅》,印度的《黎俱吠陀》(Rig-veda),《旧约》里最早的《希伯来诗篇》,希腊的《伊利亚特》(Iliad)和《奥德赛》(Odyssey)——都约略同时产生。”继而又比较了四者的不同:“……四个文化猛进的开端都表现在文学上, 四个国度里同时迸出歌声。但那歌声的性质并非一致的。印度,希腊,是在歌中讲着故事,他们那歌是近乎小说、戏剧性质的,而且篇幅都很长,而中国,以色列则都唱着以人生与宗教为主题的较短的抒情诗。”在论及不同的同时,闻先生又立足于民族文化与文学的本位,下了极其准确的断语:“中国,和其余那三个民族一样,在他开宗第一声歌里,便预告了他以后数千年间文学发展的路线。《三百篇》的时代,确乎是一个伟大的时代,我们的文化大体是从这一刚开端的时期就定型了。文化定型了,文学也定型了,从此以后两千年间,诗——抒情诗,始终是我国文学的正统的类型,甚至除散文外,它是唯一的类型。”①

闻一多先生在这里给我们提出了比较文学的两个论题:从世界文学看中国,从文化看文学。本文意在按闻先生的思路,从农业文化的角度简论《诗经》中的史诗和饥者劳者之歌。

---

① 闻一多:《闻一多全集》(第10卷),湖北人民出版社,1993年版,第16至17页。

一

若从比较文学的角度看问题,我们应充分注意到中国古代缺少史诗这一事实。

什么是史诗?在亚里士多德的时代就已经开始有所讨论,亚氏在《诗学》中多次论述史诗的特征,并经常将它与悲剧加以对照。但是,大概是直到欧洲已经结束了史诗的创作后,才有比较科学的史诗定义出现。伏尔泰曾专论史诗:

> 就史诗本身来看,它是一种用诗体写成的关于英雄冒险事迹的叙述。不管诗中的情节是简单的或复杂的;是在一个月或一年内或是在更长时间内完成的;不管事件发生的场所像《伊利亚特》一样是固定于一地,或是像《奥德赛》一样,主人公航经七海;不管内容情节是幸福的或不幸的;不管主人公像愤怒的阿喀琉斯或是像忠诚的伊尼斯;不管诗中有一个主人公或有许多主人公;不管故事发生在陆地上或海洋上;像在《鲁齐亚德》中一样发生在非洲海岸或像在《阿劳卡那》中一样发生在美洲大陆;发生在天堂或发生在地狱;或像在《失乐园》中一样发生在我们的世界之外——这都完全没有关系。它们仍然是史诗,是英雄诗,除非谁能找到一个更适合于其诗特点的新名称。①

可见,"用诗体写成的关于英雄冒险事迹的叙述"是史诗定义的核心。

闻一多先生大概也是出于对英雄诗的认同,所以在其《中国上古文学》的写作提纲中认定,殷中叶以前的社会形态是史诗产生的适当条件,原因在于此期属于游牧农业时期,在混合经济中,牧畜相当重要,"游牧部落产生英雄故事(一入农业国则否)"。在那个时代,是"自然崇拜——天象——命运的支配者——神与英雄;战争——草原的抢夺;文明的破晓——有了闲暇而又十分安定,有了收获而又不失为新奇,生之惊异与命运的喜悦产生神秘的故事和神话传说——神与英雄"。他还说:"中国历史上夏及殷中叶以前正当此时期。文献中所见古代部落英雄故事之残余,果以此时为多",并在"果以此时为多"一句后括注"《大雅》非史诗"。②我们在前面已说,闻先生是以西方的标准来衡量史诗,故以殷中期以前为史诗时期。

我国作为一个多民族的国家,用闻一多先生所说的"游牧部落产生英雄故事"来衡量,确实是很符合文学史事实的。藏族人民的史诗《格萨尔王传》,蒙古族人民的史诗《江格尔》等,都是著名的英雄史诗,而这也可以证明游牧民族产生史诗一说。在汉民族的历史上,由于理性文化产生得早,确实不见古老的英雄史诗。但是,是否就像闻先生所说的"《大雅》非史诗"呢?如果按照"英雄冒险事迹"的定义,《诗·大雅》中确实找不到类似作品,但作为"英雄诗",《大雅》中也有,而文学史家也习惯于将其中的五

---

① 伏尔泰:《西方文论选》,上海译文出版社,1979 年版,第 321 页。

② 闻一多:《闻一多全集》(第 10 卷),湖北人民出版社,1993 年版,第 44 页。

首看做史诗，此即《生民》《公刘》《绵》《皇矣》《大明》。这五首史诗差可以连接起周人的创业史。

五首史诗中，《生民》歌颂了周始祖后稷的灵迹与功德：因其母姜嫄履迹感孕而生，诞生时非常神异，被弃而不死，得牛羊喂乳、鸟儿覆翼，幼而精于农艺，后来又对农业作出了很大贡献，并创造了祭礼。《公刘》与《绵》艺术地记载了草原游牧文化在第二阶段扩散时周民族的迁徙。根据历史学家的研究，在公元前十七、十六世纪到公元前十二、十一世纪，是欧亚大陆民族大迁移的时期，此期产生了诸如埃及所记载的“海上民族”活动，寻找金羊毛故事，以及古希腊英雄史诗等。考古学研究的成果证明，草原游牧文化在公元前2000年开始了第一阶段的扩散，第二阶段在公元前1000多年，第三阶段在公元前700年左右。其中的第二阶段就与周人的迁徙与兴起有关，[①]而《公刘》与《绵》就反映出这一段历史。后稷创立周人基业后，其后裔定居在邰（今陕西武功附近），由于游牧民族的侵扰，又因人口增殖，为获得更为广阔、肥美的可耕地，他们曾沿着黄河有过两次大规模的东迁。《公刘》表现了第一次迁徙：后稷的裔孙公刘带领大伙从邰迁到了豳（今陕西郇邑附近），诗中将准备起程、来到豳地、相土安民、定居建都、宴饮臣僚，到治理田亩、继续营建的整个迁徙、创业过程写得非常详尽。《绵》写了第二次迁徙：公刘的裔孙、文王的祖父古公亶父率领大家再一次迁居，全诗表现了迁岐山、到周原、授田地、建宫室、驱昆夷等诸多事件，既可见创业的艰辛，又表现出无比的自豪。《皇矣》《大明》两诗的重点是分写周文王伐崇、密二国，和周武王在牧野战胜了商。

除了这五首史诗外，《大雅》中的《文王有声》也被认为是具有史诗因素的作品，朱熹《诗集传》认为：“此诗言文王迁丰、武王迁镐之事。”而方玉润《诗经原始》进一步概括为“此诗专以迁都定鼎为言”。但因诗中的颂美太多而叙事偏少，通常并不将它作为史诗。而我们不妨也将其看成是周人叙写祖先创业史的继续。

显然，周代的史诗除了《皇矣》《大明》两首以外，都具有非暴力的倾向，即使是这两首，也并非单一的征伐主题。《皇矣》先写太王开岐山，退昆夷，次叙王季美德行，得以传位文王，最后才写文王伐崇伐密的胜利，诚如朱熹《诗集传》所说：“此诗叙大王、大伯、王季之德，以及文王伐崇伐密之事也。”而《大明》首章写天命难测、殷商失国，第二到第六章写王季与文王的婚姻，第七章和第八章才写武王、姜尚伐商而得天下。

与西方相比，西周的史诗确实有明显的不同，难怪闻一多先生以西方为参照系，作出了“大雅非史诗”的结论。

恩格斯曾指出：

在荷马的诗中，我们可以看到希腊的各部族在大多数场合已联合成为一

---

① 许倬云：《西周史》，三联书店，1994年版，第68至69页。

> 些小民族[Kleine Volkerschaften]……各个小民族[Volkchen],为了占有最好的土地,也为了掠夺战利品,进行着不断的战争;以俘虏充作奴隶,已成为公认的制度。①

他认为,这种不断的战争具有如下的特点:

> 古代部落对部落的战争,已经开始蜕变为在陆上和海上为攫夺家畜、奴隶和财宝而不断进行的抢劫,变为一种正常的营生,一句话,财富被当做最高福利而受到赞美和崇敬,古代氏族制度被滥用来替暴力掠夺财富的行为辩护。②

或许后来的欧洲史诗,未必继续颂扬用暴力掠夺财富的行为,但是,它们仍然是战争、征服、英雄主义的颂歌。罗马维吉尔的史诗《伊尼德》以责任和爱情的冲突为主题,但歌颂罗马的光荣仍是英雄主义的颂歌。直到中世纪时期的许多史诗作品,都表现战争,歌颂英雄主义。如盎格鲁·撒克逊人的《贝奥武甫》,写渡海到丹麦,消灭巨妖及其母亲;《希尔德布兰特之歌》通过父子战斗歌颂日耳曼英雄;《罗兰之歌》歌颂法兰克对西班牙、阿拉伯战争的胜利;西班牙的《熙德》写熙德战胜摩尔人;德国的《尼伯龙根之歌》表现部落的血仇和权力之争……因此,伏尔泰才会作出"英雄冒险事迹"、"英雄诗"的史诗定义。

说到"英雄诗"问题,我们不妨看看西方学者的论述。当代的美国学者吉德炜(David N. Keightley)注意到了希腊与周朝英雄的区别。他认为,《伊利亚特》和《奥德赛》有"完善秩序的破坏"和"秩序的复苏"的不同,"一方面是武力的光荣和破坏,另一方面是井然有序的家庭和国家治理"。通过造型艺术中对人物、事件的不同刻画,他认识到"中国周代时期看来已经解决了尚武型的英雄主义和管理国事之间的尖锐矛盾,主张文官统治。因此,流传至今的经典中几乎不关心诸如光荣、残杀以及我们即将看到的死亡等事。希腊人民传统上信奉的古老英雄主义至少有两种,而东周时期的中国人却仅有一种"③。因此,他认为:"在这两种文化中,英雄和主人公是截然不同的。"阿喀琉斯"他的'双手沾满了鲜血'。浑身充满了力是英雄素质的一部分"。而"在中国的周朝,至少据一些主要的典籍记载,英雄行为越来越多地涉及奉命出使和运筹帷幄等活动。英雄人物是双手干净的领袖、出谋划策者、战略家,但他不是行动者"④。他所论的周朝是东周时期,但此期的文化是从西周发展过来的,而周人在整理自己民族的史诗时,既带上了此时的文化观念,又保持了历史的原貌。

借用上面所论,如果我们将《伊利亚特》与《生民》《公刘》《绵》分别看做荷马史诗

---

①《马克思恩格斯选集》(第四卷),人民出版社,1972年版,第100页。

②《马克思恩格斯选集》(第四卷),人民出版社,1972年版,第104页。

③ 深圳大学国学研究所编:《中国文化与中国哲学》,三联书店,1989年版,第346页。

④ 深圳大学国学研究所编:《中国文化与中国哲学》,三联书店,1989年版,第347页。

和西周史诗的代表，其间的最大区别，在于因英雄观念的不同，而分别歌颂“武力的光荣和破坏”与“井然有序的家庭和国家治理”。而这，实际又是商业文化与农业文化的区别。

我们难以在短短的篇幅中论述商业文化与农业文化的大课题。我们只是说，在荷马史诗和西周史诗中已经表现出这两种文化精神的不同，其中的一个主要区别在于：荷马史诗的《伊利亚特》所表现的是颂扬通过战争去征服其他民族，崇尚流血的英雄主义，而西周史诗的主体所表现出的文化精神则是共同的以农业求自足，推尊首领的勤劳精神。

在后来的历史发展中，《伊利亚特》所体现出的这种文化精神不断地得以延伸，工业与商业，航海与冒险，军事推进与征服、占领，从强大的罗马帝国，到西班牙的无敌舰队，再到英吉利的海上霸权，其实都是克里特“海盗”文化的继续，是《荷马史诗》的再版。确实，“希腊民族在很大程度上是现代西方的先导”①，“希腊人民的尚武英雄主义在后来的西方历史上也不乏效仿者，其既是值得骄傲的，也是值得反省的……希腊有关战争、外交的榜样对西方历史有着灾难性的影响”②。在西方中心论的长期影响下，这位学者的看法虽难以令我们全部认同（如值得骄傲之说），但其主要观点却是正确的。

二

农业文化精神既体现在西周史诗中，又表现在《诗经》的饥者劳者之歌唱中。

《诗经》是西周初年到春秋中叶的诗歌结集，前后的时间跨度共五百多年。从地域上说，除“二南”之外，主要产生在黄河流域，属于北方地区。尽管如今的考古发掘已经使我们能够突破过去的见解，不再只将黄河流域看成是中华文化的唯一发源地，但无可否认的是，黄河流域毕竟是先秦时期农业文化最见规模、最为稳定的地区。因此，主要产生在黄河流域的《诗经》，与农业文化有着极为密切的关系。对《诗经》的内容，后汉何休《春秋公羊传·宣公十五年解诂》有很精当的概括，即“男女有所怨恨，相从而歌。饥者歌其食，劳者歌其事”。确实，《诗经》除了爱情题材以外，饥者劳者之歌当是创作的最大宗，且与农业文化的关系最为密切。

我国在夏朝时，农业已占有重要地位，所以《论语·宪问》将夏禹与后稷并称：“禹稷躬稼而有天下。”除水利外，从夏朝的历法就可以看出其适合于农时的特点。到了商代，农业更有发展，卜辞中常见的谷物名称有禾、黍、麦、稷、粟、秜（稻）等，甲骨文中的田、疆、畴等字，都带有田地中疆界与水沟的象形特点。卜辞中常涉及关心风雨、恐惧饥馑、祈求丰年的内容，且商朝的历法较夏朝更为严密。经夏商两朝的发展，到周朝，农业获得了更大的成就。

① 深圳大学国学研究所编：《中国文化与中国哲学》，三联书店，1989 年版。
② 深圳大学国学研究所编：《中国文化与中国哲学》，三联书店，1989 年版。

周人兴起于黄土高原渭水中游，有漆、沮诸水，宜于农耕，其始祖后稷长于种植，后来的公刘率众迁豳，古公亶父再迁岐山周原，都进一步发展农业。《史记·货殖列传》曾这样总结周人重农的历史："而公刘适邠，大王、王季在岐，文王作丰，武王治镐，故其民犹有先王之遗风，好稼穑，殖五谷。"中华民族之以农为本可谓源远流长，西周的农业文化又适足以代表当时中国境内的发展水平。

从农业的土地制度而言，原始公社时期，氏族公社实行氏族内部的土地公有，成员们一起耕作，产出的农产品也一起消费。随着生产工具的发展，生产力的提高，逐渐变为由三五家一起组成的家庭或家族公社。但土地由氏族公社所有，并进行分配，家庭公社不具备所有权，在每年的收成后要交还土地，来年再作分配，以保证其公有性质。到殷商和西周奴隶社会时期，土地所有制发生了变化。成汤灭夏，土地收归国有，并以国家的名义分给各级贵族使用，贵族驱使"众"（奴隶，或认为是商人、平民的集体名词）集体耕作，平时务农，战时打仗，间或也有"裒田"（即"寄田"，到别国去耕种）之举。西周初年，土地仍是国有，《诗·小雅·北山》的名句"溥天之下，莫非王土；率土之滨，莫非王臣"就是这种田制的写照。《诗·周颂·思文》曰："贻我来牟，帝命率育，无此疆尔界，陈常于时夏。"程俊英教授很准确地将这几句翻译为："留给我们麦种，天命充民供养。农政不分疆界，全国普遍推广。"让我们看到了当时农业的大概。《周颂·噫嘻》："噫嘻成王，既昭假尔。率时农夫，播厥百谷。骏发尔私，终三十里。亦服尔耕，十千维耦。"尽管我们不必将"十千"泥定为万人之数，但这无疑是当时在封建领主的领地内所进行大规模成对耦耕的真实写照。此时的私田不是私有财产，不能买卖，而只能转用。但是，情况渐渐发生了变化，"天子"将土地的所有权转给诸侯，诸侯又能转于卿大夫，使之有"采地"、"食邑"，所有权改变了，开始有了私田。在有疆界之前，实行"井田制"，《孟子·滕文公上》对井田制有理想化的概括："方里有井，井九百亩，其中为公田。八家皆私百亩，同养公田。公事毕，然后敢治私事，所以别野人也。"土地划为方块，井田之中既有公田，又有私田，《诗·小雅·大田》的"雨我公田，遂及我私"说明了农人先要提供力役地租，种公田养活领主，然后才能种私田养自己。"三代井田"的土地公有制和集体生产劳动方式对后世很有吸引力，当因土地兼并造成社会分配极为不均时，常有恢复井田制之倡议。

到春秋战国之际，因为实行牛耕和使用铁器，生产力得到了发展提高，生产关系也发生了变化。奴隶们的怠工及逃亡使公田为之荒芜，《诗·齐风·甫田》的"无田甫田，维莠骄骄"就说明了当时公田抛荒、野草丛生的情况。土地制度于是又不得不再次发生了改变，奴隶主放弃了共耕公田的办法，以实物税相替代，遂将土地分到耕种者手中，从中收取实物地租和劳役地租，奴隶主也就相应地转化为地主。但因各国、各地的情况不尽相同，在相当长的时期内，土地的国有与私有制应是并存，而后者又渐居主导的。随着井田制的瓦解，新兴的地主阶级很快地就掌握了政治、经济上的特权，封建地主的土地所有制得到了推广。鲁国的"初税亩"是用"履亩而税"代替传统的徭役地租，商鞅变法以"制土分民"的促进土地私有作为主要的改革内容。

秦朝建立以后,土地私有成为主要的形式。

在《诗经》的时代,勤于耕作的周人生活得怎样呢?应该说,当时农业中心的黄河流域处于北纬35度左右,虽只比埃及、巴比伦、印度古文明中心的大致处于北纬30度高5度,但雨量不丰富,水、土的条件都不如前三者,所以周民虽极其辛劳,生活却十分艰辛。从豳诗中的名篇《七月》就可以看到,尽管他们终年从事耕种、采桑、蚕绩、狩猎、营建等极为繁重的劳动,却仍只能以粗劣的食物果腹、衣物蔽体。《七月》的时代大致在西周晚期到东周初期,此时私有的土地已取代共同耕作的大片土地,独立的家庭也从氏族中生出,农业生产方式以家族独立劳动为主,小农经营成为主体。从诗中可见,此时的农人一方面要通过劳动获得生活资料,另一方面又要向各级领主提供实物地租与劳役地租,类似于后来农民在租佃地主的土地耕种时向地主提供的那样。自然条件差,又有徭役和地租的剥削,难怪要有所"怨恨"了。我们可以看到,像《伐檀》、尤其是《硕鼠》这样的激愤之作虽不多,但《周南·芣苢》《魏风·十亩之间》等表达劳动欢乐的作品也少。

方玉润《诗经原始》评《芣苢》:"读者试平心静气,涵咏此诗,恍听田家妇女,三三五五,于平原绣野,风和日丽中,群歌互答,余音袅袅,若远若近,忽断忽续,不知其情之何以移,而神之何以旷,则此诗可不必细绎而自得其妙焉……今世南方妇女,登山采茶,结伴讴歌,犹有此遗风焉。"然而此诗并非写农业劳动。《周颂》中的《良耜》是一首秋收后报答土神、谷神的祭歌,前七句写农夫下田播种,妇女送饭,后五句写耕耘施肥,中七句写收割藏库,末四句写祭祀社稷,是集体农业,诗中有"百室盈止",郑玄释"百室"为一族,是原始时代聚族耕种形态,生产者即占有者,情调较为明快。但是,这样的作品是比较少见的。即使是《小雅·甫田》这样的祭祀乐歌,也看不到娱神的天真,因为一方面是致全力于人世的"倬彼甫田,岁取十千"的公田耕作,只能"我取其陈,食我农人";另一方面则是求天保佑的沉重:"琴瑟击鼓,以御田租,以祈甘雨,以介我稷黍。"

劳动的欢乐少见,饥馑的忧患却甚多。如《小雅·苕之华》的感叹十分沉重:"苕之华,其叶青青。知我如此,不如无生。牂羊坟首,三星在罶。人可以食,鲜可以饱。"就连失势的贵族也感慨:"於!我乎,每食四簋。今也每食不饱。于嗟乎!不承权舆!"(《秦风·权舆》)

比之古希腊忒俄克里托斯的以农民、牧童、渔夫为题材的田园诗,和后来罗马维奇尔的《牧歌》《农事诗》,《诗经》就没有那种田园牧歌情调。如果仅贴上"现实主义"或"粉饰现实"的标签显然就太简单化了。黄河流域自然条件并不优越,遇上自然灾害,情景更为不堪。宣王被称为中兴之主,他在位时旱情极严重,《大雅·云汉》以"赫赫炎炎,云我无所","旱既久甚,涤涤山川。旱魃为虐,如惔如焚",记录了"天降丧乱,饥馑荐臻"的旱情、灾情,大旱造成的结果是"周余黎民,靡有孑遗"。宣王之子幽王即位后不久,就发生了关中地震,《国语》称其"三山竭,岐山崩",《小雅·十月之交》形象地描绘出"百川沸腾,山冢崒崩。高岸为谷,深谷为陵"的景况。黄河流域的农业文明虽然开始得早，但自然、地理条件确实不如地中海沿岸和南亚、西亚。时至今日，我们还可以从报上读到这样的消息：黄土高原腹地（即今日的“三西地区”：定西、安西、西海固）有十八万人唱着“我的家乡并不美”的歌“走西口”，到河西走廊、河套地区、柴达木盆地垦殖种粮，展开了今天的公刘、古公亶父大迁徙的生活画卷。几千年来，“民以食为天”的观念深深植入了中国人的头脑，“饥者歌其食”的歌声决不是轻快、欢愉的。

与“歌食”密切相关的是“歌事”。周人既以农耕为本，就必然厌恶、反对战争和徭役：“王事靡盬，不能艺稷黍！父母何怙！悠悠苍天！曷其有所？”（《唐风·鸨羽》）“鸿雁于飞，肃肃其羽。之子于征，劬劳于野。爰及矜人，哀此鳏寡！”（《小雅·鸿雁》）“何草不黄；何日不行！何人不将！经营四方”，“匪兕匪虎，率彼旷野。哀我征夫，朝夕不暇！”（《小雅·何草不黄》）即使结束兵役，返回家园，仍然悲从中来：“昔我往矣，杨柳依依。今我来思，雨雪霏霏。行道迟迟，载渴载饥。我心伤悲，莫知我哀。”（《小雅·采薇》）随周公东征而归的士兵也难掩心中之痛：“我徂东山，慆慆不归。我来自东，零雨其濛。我东曰归，我心西悲。”（《豳风·东山》）

前面曾说，如以仅存的五首西周史诗同《荷马史诗》相比较，可以看到二者的明显区别：《荷马史诗》对以战争去征服他国、获取财富津津乐道，因而崇尚英雄主义；而西周史诗却是以农业为自足，所以推尊勤劳精神。与此同时，人民普遍厌战、反战，也抱怨徭役耽误农时，使父母、家庭无以养。因为尚农、务农，孝亲、重养，所以诚如《汉书·元帝纪》所说：“安土重迁，黎民之性；骨肉相附，人情所愿也。”这是农业文化所造就的民族性格。

这种源于农业文化的饥者劳者之歌，征人思妇之唱，不仅只限于下层，《诗经》中有不少官吏、贵族的作品，也表现了同样的精神，凝聚成深重的忧患意识。如《小雅·四月》即是，此诗以“君子作歌，维以告哀”结尾，而“作歌”“告哀”四字，正是周诗的主流。而根源于农业文化的厌战、反战情绪和忧患意识，一直贯注在后来的历代诗歌中。

（原载《南阳师院学报》2003 年第 1 期）

论汉魏六朝诗歌对人生本体的探求

雄才大略的汉武帝推行政治、军事扩张，带来中外文化大交流，促进了社会经济的繁荣，却又引起了统治者对物欲的追求和侈心的竞长。汉武帝为祈求长生而喜好祭望山川，惑于方术，于是就促使了祠祀繁兴；追求人世的享乐，造就了奢侈之心；膜拜天界的神祇，滋长了虔诚之情。前者刺激了大赋的繁盛，后者引发了乐章的创作。可以说，汉赋繁荣与乐府之立是出于同一目的，却造成了不同结果。

据《汉书·礼乐志》的记录，汉惠帝时已立乐府，但是真正的乐府却是始于武帝，只是在这一时期，才具备了将奢侈之心施之于乐的客观物质条件。

关于立乐府的缘由，班固在《汉书·礼乐志》中说："至武帝定郊祀之礼，祠太一于甘泉，就乾位也。祭后土于汾阴，泽中方丘也。乃立乐府，采诗夜诵。"《汉书·艺文志》又说："自孝武立乐府而采歌谣，于是有代赵之讴，秦楚之风，皆感于哀乐，缘事而发。亦可以观风俗，知薄厚云。"可见：祭祀与了解民情，正是用于享乐以外的两大目的，也是乐府诗不同于汉赋之处。

《汉书·食货志上》说："冬，民既入，妇人同巷相从夜绩……男女有不得其所者，因相与歌咏，各言其伤……孟春之月，群居者将散，行人振木铎徇于路以采诗。献之大师，比其音律，以闻于天子。故曰，王者不窥牖户而知天下。"当政权还处于很有生机的上升时期，统治者还有所警戒，并非根本不想听到人民的声音，"相与歌咏，各言其伤"，"感于哀乐，缘事而发"的作品，就通过采诗而到达宫廷。到汉武帝时，乐府"三声"中的"雅声乐"与"楚声乐"渐衰，而"新声乐"成为主体。到后来的汉哀帝罢乐府，仅保留了雅乐，但被看成郑卫之音的"新声乐"仍使"豪富吏民，湛沔之若"。到东汉时，虽经术昌明，但音乐衰落，致使俗乐竟奏于宗庙朝廷，用之王会燕飨，班固在《汉书·礼乐志》中说："内有掖庭才人，外有上林乐府，皆以郑声施于朝廷。"郑樵还具体指出了"君子之作"与"野人之作"合为鼓吹曲，及"列国之风"与"都人之雅"合为《相和歌》的"风雅不分"现象，并进而列举了"雅颂无别"的情况。但是，正因为这些以四方歌谣为主的"新声乐"得以进入朝廷，才将汉赋从"控引天地，错综古今"，拉回到乐府诗的"歌食"、"歌事"上。确实，"各言其伤"是回到了人的世界。

这是孤儿的自叹：

> 手为错，足下无菲。怆怆履霜，中多蒺藜。拔断蒺藜肠肉中，怆欲悲。泪下渫渫，清涕累累。冬无复襦，夏无单衣。居生不乐，不如早去，下从地下黄泉！

这是病妇的嘱托：

> 属累君两三孤子，莫我儿饥且寒！有过慎莫笪笞！行当折摇，思复念之！

这是回乡老兵之所见：

> 兔从狗窦入，雉从梁上飞。中庭生旅谷，井上生旅葵。

这是离乡旅人之所悲：

胡地多飙风，树木何修修。离家日趋远，衣带日趋缓。心思不能言，肠中车轮转。

在“盎中无斗米储，还视架上无悬衣”的情况下，老百姓甚至不得不“拔剑东门去”，铤而走险，犯上作乱。

自汉武帝“罢黜百家，独尊儒术”之后，先秦百家争鸣的最后一点余波也匿迹了，董仲舒建立起一整套神学唯心主义的思想体系，为皇帝的专制集权主义服务。董仲舒这套思想体系的核心是“天人感应”的神学目的论。他说：“天者，百神之君也，王者之所最尊也”①，天有“天志”：“春，爱志也；夏，乐志也；秋，严志也；冬，哀志也。故爱而有严，乐而有哀，四时之则也。”②而人间的君主，则是“承天意以从事”③“受命之君，天意之所予也，故号为天子者，宜视天如父，事天以孝道也”④，因而天与君的关系是：神授君权，君行天意。董仲舒虽也说“天地之生万物也，以养人”⑤，“天地之精所以生物者，莫贵于人”⑥，但并不认为人是天地之主，而只是表现天之意志的手段，“人之为人，本于天，天亦人之曾祖父也，此人之所以乃上类天也”⑦，“天地之符，阴阳之副，常设于身，身犹天也，数与之相参，故命与之相连也”⑧。如果说董氏“繇役众，赋敛重，百姓贫穷叛去，道多饥人。救之者省繇役，薄赋敛，出仓谷，振困穷矣”⑨还体现了儒家积极的仁政学说，那么“君权神授”“人副天数”的天人感应目的论，却是前期儒家民贵君轻说的消极倒退和反动。

自西汉末出现谶纬之学后，逐渐取得了压倒经书的地位。光武帝刘秀在中元元年（公元56年）“宣布图谶于天下”，谶纬更具有神学法典的性质。但是，光武帝并不能从根本上削弱豪强势力，无法制止土地兼并，生产虽有发展，西汉末年农民“有七亡而无一得”，“有七死而无一生”⑩的状况，并未得到根本的改变。到东汉后期，从安帝到灵帝的八十多年中，仅见于记载的农民暴动，就有近百次之多。豪强地主集团与官商勾结，形成了门阀士族地主集团，无情地进行新的土地兼并，广大农民纷纷破产，变成流民、佃户和“宾客”。在统治阶级上层，外戚和宦官集团互相倾轧，交替掌握政权，政治极为黑暗。豪强地主和地主阶级知识分子联合起来，以地方实力派的身份和中央政府对抗，但却引起两次“党锢”，郡县实力派的“党人”被免官禁锢。

在王充的无神论思想及仲长统的“人事为本，天道为末”的自然观和历史观业已出现，黄巾大起义尚未兴起之时，巨大的时代风暴已在孕育中了。这时，文人诗也关注

① 董仲舒：《春秋繁露·郊义》，以下所引未标书名者均出此书。
②《天辩在人》。
③《尧舜汤武》。
④《洞察名号》。
⑤《服制象》。
⑥《人副天数》。
⑦《为人者天》。
⑧《人副天数》。
⑨《五行变救》。
⑩《汉书·鲍宣传》。

着现实人生，唱出了时代的主题，这就是《古诗十九首》(后简称《十九首》)。这些诗歌的作者们不是揭起叛道大旗的哲人，也不是拿起武器的破产农民，他们经受了动荡、离乱，通过失意者的感受，表现出对神学目的论的怀疑和新的人生观：人，并不是天人感应目的论的最次要环节；不是一群只供驱遣，只能顺天而生，对生活无所追求，仅俯首于天命的奴隶；不是天的意志的表现，不是天行己意的手段，人本身就是目的。他们首先认清的是人生的短促：

人生天地间，忽如远行客。人生寄一世，奄忽若飙尘。人生非金石，岂能长寿考？

浩浩阴阳移，年命如朝露。人生忽如寄，寿无金石固。

在备尝了流离、战祸、饥荒、疾疫等苦难后，他们的目光已坚定地从"天道"转向了人生。而对人生短促、生命无常的感喟，必然促使了他们内在愿望的萌生，不是被动地等待"天授""君授"，而是主动地"人为"，是对生命的强烈留恋和对欲念的追求：

斗酒相娱乐，聊厚不为薄。驱车策驽马，游戏宛与洛。
生年不满百，常怀千岁忧。昼短苦夜长，何不秉烛游？
何不策高足，先据要路津？无为守穷贱，轗轲长苦辛。
服食求神仙，多为药所误。不如饮美酒，被服纨与素。

综合"人生忽如寄，寿无金石固。万岁更相迭，圣贤莫能度"诸语，其实更是对汉代谶纬神学的批判。对照"有生者必有死，有始者必有终，自然之道也"[①]，"生之有长，长之有老，老之有死，若四时之代谢矣"[②]，"人，物也。物，亦物也。虽贵为王侯，性不异于物"[③]，确有其相似之处。"龙种""万岁"都无法逃脱无情的死亡，服食求仙不免为药所误，长生不可求，来世不可得，那就只有追求今生的及时行乐："为乐当及时，何能待来兹。愚者爱惜费，但为后世嗤。仙人王子乔，难可与等期。"

《十九首》与乐府民歌都关注人生，但《十九首》在貌似颓废之中，对"食"与"事"有进一步的超越，深入到了对人生本体探求的层次，并对建安和魏晋诗产生了深刻影响。

建安是"慷慨以任气，磊落以使才"[④]的时代，但对人生短促、忧伤长存的感喟同样

① 扬雄：《君子》。
② 桓谭：《新论·形神》。
③ 王充：《道虚篇》。
④ 刘勰：《文心雕龙·明诗》语。

是那样强烈:

对酒当歌,人生几何。譬如朝露,去日苦多。①

高山有崖,林木有枝。忧来无方,人莫之知。人生如寄,多忧何为?今我不乐,岁月如驰。②

惊风飘白日,光景驰西流。盛时不再来,百年忽我道。③

清时难屡得,嘉会不可常。天地无终极,人命若朝霜。④

岁月不居,时节如流。五十之年,忽焉已至。⑤

人生一世间,忽若暮春草。时不可再得,何为自愁恼?⑥

建安之后的正始时期,更是政治极为黑暗、杀戮不断的时代。诗人失去了建安的慷慨磊落,转而为深沉的"忧生之嗟":

人生若尘露,天道邈悠悠。齐景升牛山,涕泗纷交流。孔圣临长川,惜逝忽若浮。⑦

万事无穷极,知谋苦不饶。但恐须臾间,魂气随风飘。⑧

邕邕鸣雁,奋翼北游。顺时而动,得意忘忧。嗟我愤叹,曾莫能俦。⑨

西晋统治集团的奢侈贪婪,争夺政权的"八王之乱"、"五胡乱华"与十六国割据,北方人民大规模的渡江南徙,祖逖、桓温"北伐"的未能成功,不堪压榨的农民的逃亡与暴动,长期的南北朝分裂与战乱……使两晋、南北朝成为我国历史上最为混乱、痛苦的时期。诗坛的主调是绵延不止的死生之嗟,并由此生出三种基本倾向:儒家"入

① 曹操:《短歌行》。
② 曹丕:《善哉行》。
③ 曹植:《箜篌引》。
④ 曹植:《送应氏》其二。
⑤ 孔融:《论盛孝章书》。
⑥ 徐幹:《室思》。
⑦ 阮籍:《咏怀》三十二。
⑧ 阮籍:《咏怀》三十三。
⑨ 嵇康:《忧愤诗》。

世”思想主导下的功业之叹与政治悲愤，道家“出世”思想浸淫下的游仙、玄言与山水赏会，杨朱“乐世”思想影响下的放情肆志。下面分别论列之。

左思在《杂诗》中感慨“秋风何冽冽，白露为朝霜。柔条旦夕劲，绿叶日夜黄”，是因为“壮齿不恒居，岁暮常慷慨”，其“铅刀贵一割，梦想骋良图。左眄澄江湘，右盼定羌胡”之志，实与三曹建功立业的“慷慨”无异。刘琨《重赠卢谌》之“何意百炼钢，化为绕指柔”正是由于“功业未及建，夕阳忽西流。时哉不我与，去乎若云浮”。被视作“隐逸诗人”的陶渊明，在《杂诗》十二首中，屡有“盛年不重来，一日难再晨”，“日月有环周，我去不再阳”，“家为逆旅社，我如当去客”之叹，与之相连的则是“有志不获骋”，“慷慨忆绸缪”，《读山海经》所咏精卫、刑天的“徒设在昔心，良辰讵可待！”又岂不是作者的“夫子自道”？鲍照感叹“红颜零落岁将暮，寒光宛转时欲沉”①，才秀而人微，不能“投躯报明主，身死为国殇”②，就只得“君平独寂寞，身世两相弃”③了。

汉武帝虽奉儒却因求长生而好神仙，曹操“不戚年往，忧世不治”，却一面表其“烈士暮年，壮心不已”，一面又未忘“盈缩”“养怡”，其《气出唱》《精列》等作都有慕神仙之意。曹植更由于遭遇穷厄，难伸其志，在《仙人篇》《远游篇》《升天行》等作中，已很有游仙色彩。庄子《逍遥游》中言及“藐姑射之山，有神人居焉，不食五谷，吸风饮露，乘云气，御飞龙”。晋代诗人从喜好老庄中，引出游仙诗作。陆机《前缓声歌》已有“游仙聚灵族，高会层城阿”，“北征瑶台女，南要湘川娥”等语，到郭璞所作，更以《游仙诗》十四首为代表了。郭诗可显见伤时叹世色彩和忧生愤俗之情，但其高蹈遗世、企慕列仙之意，毕竟表现出对彼岸世界的向往。何劭、孙绰、许询等人自不必说，直到南朝诗人，对游仙诗仍然继作不休，如鲍照《升天行》的“冠霞登彩阁。解玉饮椒庭。暂游越万里。近别数千龄”，沈约《游沈道士馆》的“锐意三山上，托慕九霄中”，江淹《谢光禄诗》的“始整丹泉术，终觌紫芳心”等，都可见对神仙生活和长生术的追慕。由现实中的苦闷演为虚妄中求解脱，正是游仙诗的根源。

《诗·唐风·山有枢》已有及时行乐的思想：“且以喜乐，且以永日！宛其死矣，他人入室。”《列子·杨朱篇》更表达了魏晋人的人生哲学：“十年亦死，百年亦死，仁圣亦死，凶愚亦死。生则尧舜，死则腐骨；生则桀纣，死则腐骨；腐骨一矣，孰知其异？且趣当生，奚遑死后！”就是这种“且趣当生，奚遑死后”的思想，使《十九首》的“不如饮美酒，被服纨与素”，“无为守穷贱，轗轲长苦辛”和“荡子行不归，空床难独守”等进一步发展。曹操感叹“对酒当歌，人生几何”，刘伶作《酒德颂》，谓酒能使人“无思无虑，其乐陶陶”，到陶渊明甚至有《饮酒》二十首和《止酒》《述酒》等题。与酒相并行的“色”，到梁陈时代极盛，形成了一支从梁简文帝萧纲到宫廷文人庾肩吾、庾信、徐摛、徐陵等人数甚众的“宫体”诗人队伍。

魏晋南北朝的儒学信仰的崩溃，促使思想向多元化发展，社会激烈的动荡、变迁，

---

① 鲍照：《拟行路难》。
② 鲍照：《代出自蓟北门行》。
③ 鲍照：《咏史》。

引发诗人对人生的感叹与思考,即使是游仙与谈玄、颂酒,毕竟还在人世。然而纵观魏晋南北朝的诗流,寻觅其中的轨迹,似乎可以看出在直面百姓民众的人生与由此折射的落魄文人、失意诗人自我人生的迹痕及两者的分野。如果我们作进一步研究,阐发魏晋南北朝诗的人生主题在文学史中的价值及在中国人文思想发展、哲学思想发展中的地位与影响,则是十分有意义的。

(原载《桂林市教育学院学报》1990 年第 3 期)

陶谢与宗王:晋宋山水诗画的艺术精神

晋宋之交是我国诗画史的一个转折点。由魏至晋,诗歌经由了从“正始明道,诗杂仙心”到“江左篇制,溺乎玄风”的变化,晋宋之交则明显转为“庄老告退,山水方滋”[①],出现了陶渊明、谢灵运这样擅写田园、山水的大诗人。晋人如戴逵、顾恺之,虽也创作过山水题材的绘画,但直到与陶、谢同时的宗炳、王微,才成为真正的山水画家,并奠定了山水画的理论基础。在同一时代,诗与画都向山水转移,决不是一种偶然现象,我们应看到它们共同的文化背景和艺术精神。

一

诗中陶、谢与画中宗、王之产生于晋宋之交,首先是魏晋以来历史与文化发展的结果。

汉末的社会大动乱激发出建安文学的慷慨悲凉之音,文学家的社会意识极度张扬,建功立业成为诗坛的主调。但是,曹魏王朝的萁豆相煎使邺下风流失色,司马篡魏的残酷倾轧更令正始文人惊心。即使是建安诗坛,也回荡着人生短促、忧伤长存的深沉感喟,到正始时期,政治黑暗,杀戮不断,遂由慷慨磊落转为“忧生之嗟”。两汉儒学的神学目的论早已褪色,老庄思想演为玄学,为魏晋文人提供了新的生活哲学、文化心理和价值标准。若谓汉末社会是“品藻乖滥,英逸穷滞,饕餮得志,名不准实”[②],人们尚纠缠于名实,西晋的“立言籍其虚无,谓之玄妙;处官不亲所司,谓之雅远;奉身散其廉操,谓之旷达”[③],则显见价值观的转变了。追求虚无、玄妙之声,使谈玄之风炽盛。追求雅远、旷达之行,出现了多种生活范式,如竹林之游、树下之锻、琴笛之乐、幽居之趣。总之,他们表现出摆脱人际关系,确立个体价值的趋向,个体意

① 刘勰:《文心雕龙·明诗》。
② 葛洪:《抱朴子·名实篇》。
③ 裴頠:《崇有论》。

识先是通向对生活哲理的思索，再是对外在世界的审美愉悦，表现在诗中，就是玄言诗和山水诗。

玄言诗人往往并不是纯粹在诗中谈玄说理，而是"得意"未能"忘象"，在他们笔下常出现自然景色与山水意象。这些意象，不同于《诗经》中作为"比兴"的材料，也不同于《楚辞》中作为抒情的陪衬，在具有独立审美意义同时，将山水作为哲理追求与理想人格相结合的重要基础。这样一来，太康时代所建立起来的"睹物兴情""情因物感"观点，进而与玄学家托身自然，将人自然化的主张相结合，必然使山水诗得以催生。

晋室南渡以后，相邀于新亭的"过江诸人"，以政治眼光看待江南，所见的是"山河之异"和"风景不殊"。其实，士人们在江南美景中更多地发现了一个前所未有的世界。从《世说新语》中诸多记载看，日月清朗、山川映发、千岩竞秀、万壑争流、草木葱茏的江南美景，既激发了诗人留恋生命的强烈意识，又使人在山水赏会中得到情感的依托和安慰。与"山水赏会"相对应，晋代的"人物品藻"成为另一个侧翼，如果说前者欲摆脱人世，托身自然，并使自然人格化，那末后者则是自然向人的一种"返照"，是人的拟自然化。

无论是山水赏会的回归于自然，抑或人物品藻的自然向人返照，从摆脱世务、亲和山水之中，都可见人的主体意识的升华和自我价值的发现和肯定。

二

从魏至晋，文士们完成了这样的转移：从积极参与到达观随遇，从拘礼法到任自然，从人世的失落到山水的逍遥。随着文化心理积累过程的渐臻完成，和艺术理想与形式技巧的日益成熟，发展至晋宋之交，终于出现了陶、谢与宗、王，山水清音振响于诗坛、画苑。

陶渊明自幼研习儒家思想，极想能在政治上有所作为。但终因生活在"百姓流离，不得保其产业"[1]的时代，面对篡乱相交的现实，非但不能施展抱负，还要折腰于官场人物，终由因贫而仕走向隐居躬耕。他在《归去来兮辞》中说："质性自然，非矫励所得。饥冻虽切，违己交病。尝从人事，皆口腹自役。于是怅然慷慨，深愧平生之志。"终由"矫励"而返"自然"，回到"性本爱丘山"，在大自然的怀抱和田园生活中，实现不屈己、不干人的真正人格独立，他虽不能像阮籍《大人先生传》所说，"超世而绝群，遗俗而独往"，过高举远游的生活，但是，在清心寡欲的田园生活中，他得到了人格独立、精神解脱和审美超越，笔下出现了静穆、平淡、优美的山川田畴：

既窈窕以寻壑，亦崎岖而经丘，木欣欣以向荣，泉涓涓而始流。(《归去来

① 《宋书·武帝纪》。

兮辞》)

南窗罕悴物，北林荣且丰。神萍写时雨，晨色奏景风。(《五月旦作和戴主簿》)

和泽同三春，华华凉秋节。露凝无游氛，天高风景澈。陵岑耸逸峰，遥瞻皆奇绝。芳菊开林耀，青松冠岩列。(《和郭主簿》)

谢灵运出身于东晋大族，袭封康乐公。刘裕代晋之后，将公爵降为侯，他“自谓才能宜参权要，既不见知，常怀愤愤”，“出守既不得志，遂肆意游遨”①。他在《登池上楼》中表明了自己的心迹：“进德智所拙，退耕力不任。”《过白岸亭》则曰：“荣悴迭去来，穷通成休戚。未若长疏散，万事恒抱朴。”因世事无常，使人休戚不定，遂起以隐居生活来保持“本性”之念。由于他的出身、身份，终不似陶渊明躬耕垄亩，而是回到会稽建构“山居”，率僮仆访胜。在山居生活中托身寄迹于大自然，澄怀观道，笔下创造出大自然的灵境：

澹潋结寒姿，团栾润霜质。涧委水屡迷，林迥岩逾密。(《登永嘉绿嶂山诗》)

石浅水潺湲，日落山照曜。荒林纷沃若，哀禽相叫啸。(《七里濑》)

乱流趋正绝，孤屿媚中川。云日相辉映，空水共澄鲜。(《登江中孤屿》)

宗炳由晋入宋，一生杜绝仕进之心，他曾说：“吾栖丘饮壑三十年，岂可于王门折腰为吏邪？”数次拒征于刘裕。他极好山水，《宋书》本传称其曾“西陟荆巫，南登衡岳，因而结宇衡山，欲怀尚平之志。有疾还江陵，叹曰：‘老疾俱至，名山恐难遍睹。唯当澄怀观道，卧以游之。’凡所游履，皆图之于室，谓人曰：‘抚琴动操，欲令众山皆响。’”因“凡所游履，皆图之于室”，山水画实为其创作的主要内容。宗炳画迹今已无存，谢赫《古画品录》评之曰：“迹非准的，意足师效。”虽因其技法“非准的”，而仅列第六品，但“意足师效”一语，足说明对其“意”之肯定。宗炳《画山水序》将“圣人含道应物”与“贤者澄怀味象”并举，为“仁智之乐”注入新意。若将宗炳与谢灵运比较，谢诗《登江中孤屿》因“云日相辉映，空水共澄鲜”，而悟得“表灵物莫赏，蕴真谁为传”，似也有“含道应物”之意，但其《山居赋》“钦鹿野之华苑，羡灵鹫之名山，企坚固之贞林，希庵罗之芳园”，毕竟还过于滞物，而宗炳“山水质有而趣灵”则更为通达。《画山水序》在结尾中又因“峰岫峣嶷，云林森渺”，提出“畅神”之论，其精神解脱之意，正与山水诗的追求相同。

①《宋书·谢灵运传》。

王微出身于王氏大族，入仕颇早，父亲死后却辞官不出。《宋书》本传谓其“善属文，能书画，兼解音律、医方、阴阳、术数”。在给友人何偃的信中，他以“吾性知画”自豪。张彦远《历代名画记》录有王微的《叙画》，可见他的绘画思想。《叙画》就“形”“灵”关系与艺术效果表明了己见。在对山水画的欣赏中，他以“望秋云，神飞扬，临春风，思浩荡”，表其“神超形越”的怡悦之情。《叙画》虽与《画山水序》的思想基础不同，但二者都以托身自然来超越世俗，超越人间，从自然中得到情感的净化与审美的愉悦，并从山水中得到哲理的发现。

三

陶、谢、宗、王的山水诗画之产生于晋宋之交，又是玄、佛思想深入、内化于文艺的结果，从而表现出与前代不同的、独特的艺术精神。当然，陶、谢与宗、王的思想并不相同，但他们的共同处则是显见的。他们代表了先秦以来艺术精神转移过程的基本完成，以创作和理论表明了玄、佛思想浸染与内化于诗画的深层领域。

《诗经》以“饥者歌其食，劳者歌其事”为主流，楚骚主要是怨刺世事之作，汉乐府“感于哀乐，缘事而发”，建安、正始之诗都系心于功业、社会。孔子以兴观群怨、事父事君论诗，孟子倡导知人论世，《诗序》认为诗之功用在于“经夫妇，成孝敬，厚人伦，美教化，移风俗”，扬雄《法言·君子》谓“君子言则成文，动则成德”，“以其弸中而彪外”，班固《两都赋序》以“抒下情而通讽谕”“宣上德而尽忠孝”明“赋者，古诗之流”。可见魏晋以前之作诗与论诗，基本上都遵循立身—进德—干政的路线。同样，前期的绘画也是推行教化的工具，殷商初年宰相伊尹画九主形象劝戒成汤，《孔子家语》载孔子参观周代明堂，见画有尧舜和桀纣“各有善恶之状”的壁画，现存汉画固然以历史事件、日常生活等内容为多，但汉史所载以绘画为功臣“表功颂德”，据唐人裴孝源《贞观公私画录序》所说，“及吴、魏、晋、宋”，“其于忠臣孝子，贤愚美恶，莫不图之屋壁，以训将来”。因此，绘画的功能确如孔子所说的“明镜察形”，王延寿所言的“恶以诫世，善以示后”，曹植标举的“存乎鉴戒”，陆机称道的“比雅颂”、“美大业”。

魏晋以前，诗画多在政治、伦理、功利之境，它们所体现的是儒家的艺术精神，根本点在于“为人生”。经魏晋以来的变化，到陶、谢、宗、王的出现，终于以山水题材昭示了离异前述三境的艺术境界，实现了离异人生而亲和自然，将重人际的精神转为“五情应物”的推之于山水，表现出儒家艺术精神向佛道艺术精神转移过程的大体完成。在陶、谢、宗、王（尤其是谢、宗）的创作和理论中，虽然不同程度地带有宗教情绪和色彩，但与偏于理趣的“宅心玄远”不同，不是“玄对山水”，而是“情对山水”。自此，山水诗成为诗中一宗，山水画经唐入宋更压倒其他题材，中国文艺真正从实践上开始了儒道（包括禅）互补，晋宋之交在我国诗画史上的意义当然是不言而喻的。

道教追求服食、长生，佛教宣扬因果报应，陶渊明生活在道佛俱盛的江州，却能独拔其上，在以玄学自然观看待生死的同时，真正在作品中实现了道家追求“自然”，玄学推崇“平淡”的美学理想。陶渊明的田园生活并非山居，“结庐在人境”而能“心远地自偏”，这一“远”字正是陶之为陶的关键。当“立善有遗爱”无法实现，难以建功立业之后，他不信奉佛教的虚幻、解脱，也不可能以“大人先生”式的远游高举逃避人生。在以儒家“独善其身”、“君子固穷”来“委穷达”的同时，更以道家的知足寡欲、乐天安命、自然无为、委任运化的思想挣脱苦闷。在此基础上，追求宁静、平和的物我交融之境。因此，陶诗的境界是一种泯灭主客之界，又是人格与自然合一的境界。“远”就是超越，超越心之羁绊，超越物之束缚，超越世俗，也超越宗教，最后得到的是他独有的“自然”“平淡”。老子所说的“道法自然”[①]，庄子所说的“应之以自然”[②]“素朴而天下莫能与之争美”[③]，阮籍所说的“道德平淡，故无声无味”[④]，直到陶渊明的诗中，才可以真正找到。对陶诗价值的发现与推崇，正在于陶诗的自然与平淡，这是玄学自然观承袭道家美学观在诗歌园苑的果实，而真正能品尝这一果实的滋味的人，多在禅宗美学观居于统治地位之时了。

对谢灵运的诗，近人黄节在《谢康乐诗注序》中谓之“合诗、易、聃、周、骚、辩、仙、释以成之”，其实谢诗所重在“释”。皎然《诗式·文章宗旨》云：“康乐公早岁能文，性颖神澈，及通内典，心地更精，故所作诗，发皆造极，得非空王之道助邪？”极准确地道出了谢诗的佛学渊源。谢灵运的祖上谢安、谢玄等，已与名僧支遁交往甚密，谢灵运少年时曾出家从道于道士杜昺，杜昺死后，他回到建康，转而奉佛。高僧慧远去世后，他写了《庐山慧远法师诔》，以表悼念，在建康、永嘉为官时亦多与僧徒交往。他还著有《辩宗论》，提倡“顿悟”，注释过《金刚经》。可以认为，精深远过于道教的佛理，对他的诗歌确实产生了深刻影响，其清幽、空寂、恬淡、宁静之境，或冷中有热、静中有动的达观随遇之境，都留着佛的印记。《诗式》曾对谢诗名句作如此分析：“‘池塘生春草’，情在言外，‘明月照积雪’，旨冥句中。”前者出《登池上楼》，结句的“遁世无闷”为全诗主旨，所以池塘春草、园柳鸣禽的往而不住，是表其对言外的归隐之情的所悟，颇有慧远所说的“情有会物之道，神有冥移之功。但悟彻者反本，惑理者逐物”[⑤]之意。而反观“明月照积雪，朔风劲且哀”下连“运往无淹物，年逝觉已催”，其冥于句中之旨，也可看作是对“感物而非物，故物化而不灭；假数而非数，故数尽而不穷”[⑥]的未能彻悟了。

宗炳同样深受慧远的影响，其《画山水序》云：

> 圣人含道应物，贤者澄怀味象。至于山水，质有而趣灵，是以轩辕、尧、孔、广

①《老子》第二十五章。
②《庄子·天运》。
③《庄子·天道》。
④ 阮籍：《乐论》。
⑤ 慧远：《沙门不敬王者论》。
⑥ 慧远：《沙门不敬王者论》。

成、大隗、许由、孤竹之流，必有崆峒、具茨、藐姑、箕首、大蒙之游焉。又称仁智之乐焉。夫圣人以神法道，而贤者通，山水以形媚道，而仁者乐，不亦几乎？

宗炳《明佛论》说过："夫佛也者，非他也，盖圣人之道。"故此处"圣人之道"即指佛学之道，此道应于物而不为物累，而次于"圣人"的"贤者"，则能以清澄之情怀，超越世俗地游于万象，寻味佛理。宗炳深服慧远的学说，在《明佛论》中对慧远的"形尽神不灭论"多有阐发，曾说"神也者，妙万物而为言矣"，"群生皆以精神为主，故于玄极之灵，咸有理以应"，故在《画山水序》中认为山水"质有而趣灵"，"质有"即"形"，"趣灵"即"神"。此序中又说：

夫以应目会心为理者，类之成巧，则目亦同应，心亦俱会。应会感神，神超理得，虽复虚求幽岩，何以加焉？又神本亡端，栖形感类，理入影迹，诚能妙写，亦诚尽矣。

山水以"应目会心"为"理"，如果以绘画"类之"而"成巧"，观赏山水画亦能目以应物，心会其理，如游赏真山水。慧远《佛影铭》云："法身之运物也，不物物而兆其端，不图终而会其成……是故如来或晦先迹以崇基，或显生涂而定体，或独发于莫寻之境，或相待于既有之场。独发类乎形，相待类乎影。"宗炳的"神本亡端，栖形感类，理入影迹"就出于此。他认为"神"本来无形，但能栖身于有形，感生万类，使佛理入于其中，故画家若能妙写，就能尽山水之神理。

王微《叙画》中，认为"案城域，辨方州，标镇阜，划浸流"是地理图，只有在"本乎形者融灵，而动变者心"的指导下，才能产生山水画。文中最后说：

望秋云，神飞扬；临春风，思浩荡。虽有金石之乐，珪璋之琛，岂能仿佛之哉！披图按牒，效异《山海》。绿林扬风，白水激涧。呜呼！岂独运诸指掌，亦以神明降之。此画之情也。

前面所说是欣赏山水画乐趣逾于"金石之乐，珪璋之琛"，而这种"望秋云"、"临春风"、游赏"绿林扬风，白水激涧"所得愉悦，正是东晋玄风笼罩下的山水赏会之乐，与阮孚每读郭璞诗"林无静树，川无停波"，"辄觉神超形越"并无二致，仅是绘画的形象较之诗的语言更加直观、可感而已。王微不仅指出山水画能使人得到极大的精神满足，而且认为成功的山水画不仅是来自"运诸指掌"，而且得于"神明降之"，"指掌"与"神明"相合，其实就是"以天合天"，这种技进、神游之乐显见庄学色彩。

总之，我们可以认为：先民们将大自然与自身的生命共感造就成最初的"天人合一"观，随着周朝以来尊礼尚施，事鬼神敬而远之，改变了殷人的先鬼后礼习俗，孔子推崇周礼，又以"仁"为思想的主要面，对塑造中华民族的文化——心理结构产生了决定性影响。而魏晋以来玄、佛思想动摇了儒学的地位,更使玄、佛妙理契入、内化于山水诗画。从人际社会转向自然风光,这一否定之否定的过程,正是"天人合一"的深化。山水诗在实现人自我超越的同时,在表现大自然中丰富了人本身;山水画不满足于当时遍及北方的佛的形体崇拜,或带庄玄色彩,或以神明之现形于山水来理解佛理。诗画从社会意识、群体意识、功利主义转为个体意识、自然主义、情感表现,并非从儒学的全面退步,正因为玄、佛参与新的思想、文化建构,诗画才以共通的、崭新的艺术精神将自己推上了新的发展轨道。而陶、谢与宗、王的作用和地位,也只有放在这一高度来认识,才能找到其间共性和新的视角。

(原载《江海学刊》1990 年第 3 期)

晋宋之交山水诗画的文化、哲学意义

我国的诗歌在魏晋前都以人生为表现对象,《诗经》是"饥者歌其食,劳者歌其事"的离人思妇之歌,《楚辞》的美人芳草是现实政治的喻托,汉乐府诗"感于哀乐,缘事而发",建安、正始的主流是功业之慨、忧生之嗟。晋诗由游仙、玄言,转为晋宋之交以山水为大宗,出现了陶渊明、谢灵运这样擅写自然风光的诗人,我国的绘画经由了几个发展阶段,大体在夏商以前是取形傅色的实用时期,周朝以后是推行教化的礼教时期,佛教传入之后,魏晋时宗教画勃兴,至隋唐而极盛。晋人戴逵、顾恺之始作山水画,与陶、谢同时,宗炳、王微成为真正的山水画家,并有画论传世。晋宋之交的山水诗画似日轮初上地平,然而难道真是"庄老告退,山水方滋"(刘勰《文心雕龙·明诗》)吗?不!山水诗画之初兴与继盛并非庄、老告退的结果,正是道家与佛教构成其历史发展中的文化——哲学背景和内涵。本文拟析论之。

一

自汉武帝"罢黜百家,独尊儒术"之后,董仲舒建立起为皇权专制主义服务的神学唯心主义思想体系,其核心是"天人感应"的神学目的论,这是对前期儒学仁政思想、民本学说、人格精神的反动。西汉末出现谶纬之学,并逐渐取得了压倒经书的地位,光武帝"宣布图谶于天下",谶纬更成为神学法典。光武帝统治时期,生产虽有发展,土地兼并却不能被制止,豪强势力也未能从根本削弱。到东汉后期,豪强地主与官商结合成门阀士族地主集团,土地兼并愈演愈烈,纷纷破产的农民不断发生暴动,在上层,外戚与宦官互助倾轧,由于他们交替掌握政权,政治非常黑暗,最终以黄巾起义导致了汉末的社会大动乱。

诚如刘勰《文心雕龙·时序》所说:"良由世积乱离,风衰俗怨,并志深而笔长,故梗概而多气。"面对现实,激发起诗人的社会意识和责任感,澄清海宇、建功立业成为诗坛的主旋律。但是,一方面是慷慨任气、磊落使才,另一方面却是沿袭《古诗十九首》的人生感喟:"对酒当歌,人生几何?譬如朝露,去日苦多。"(曹操《短歌行》)"人生如寄,多忧何为?今我不乐,岁月如驰。"(曹丕《善哉行》)"清时难屡得,嘉会不可常。天地无终极,人命若朝霜。"(曹植《送应氏》其二)建安时期尚如此,在司马篡魏的正始时期,政治黑暗,倾轧残酷,杀戮不断,诗中充溢着忧生、忧世之叹,阮籍《咏怀》、嵇康《幽愤》即其代表。当时的政治迫害是非常激烈的,王戎自言与嵇康"居山阳二十年,未尝见其喜愠之色"(《晋书·嵇康传》),然而嵇康终不免被杀;阮籍"不与世事,遂酣饮为常","虽不拘礼教,然发言玄远,口不臧否人物"(《晋书·阮籍传》),却"常恐罹谤遭祸,因兹发咏,故每有忧生之嗟"(李善语,《文选》卷二十三《咏怀诗》注)。汉末的清议演为此时的清谈,现实阻碍了人的社会性、群体性的积极实现,建安时代复兴起来的儒家"入世"的进取精神渐销,对冲破个性人格追求的压抑,玄风独畅,虚无放诞之论遍及朝野。"建安七子"的"傲雅觞豆之前,雍容衽席之上,洒笔以成酣歌,和墨以籍谈笑"(《文心雕龙·时序》),转而为"竹林七贤"的"相彼非礼,遵乎达生,秋水扬波,春云敛映,旨酒厥德,凭虚其性"(《晋书》卷四阮籍等传之史臣赞语),甚至沦为谢鲲等"八达"的"散发裸袒,闭室酣饮"。纵酒谈玄成为时之所尚,"越名教而任自然"既是政治斗争的武器,也是个性解放的口号。当时的风气是:名士文人任达放旷,服药饮酒,甚至蓬发乱鬓,横挟不带,亵衣接人,裸袒箕踞。应该看到,在种种丑态的背后,他们的内心有着深沉的苦闷。

在这儒学神学目的论已退出历史舞台之时,以"出世"为主要倾向的老庄思想渐居主导地位,在新的历史条件下演化为"玄学",并为魏晋文士建构起独特的生活哲学,提供了崭新的价值观念,并形成极具时代特色的文化心理形态。董仲舒曾说:"天两,有阴阳之施;身亦两,有贪仁之性。"主张以性制情,"损其欲以辍其情以应天"(《春秋繁露·洞察名号》)。但到何晏的《无名论》,就以"贵无"的观点看待名与誉:"为民所誉,则有名者也;无誉,无名者也。若夫圣人,名无名,誉无誉。"王弼倡"崇本息末"之说,将"自然"置于"名教"之上,认为"万物以自然为性,故可因而不可为也,可通而不可执也"(《老子》二十九章注)。阮籍"外坦荡而内淳至",用"任性"、"酣醉"掩盖"不拘礼法",在《大人先生传》中公然宣称:"汝君子之礼法,诚天下残贼乱危死亡之术耳。"嵇康为人性烈峻切,言更直露,他在《难自然好学论》中说:"六经以抑引为主,人性以从欲为欢。抑引则违其愿,从欲则得自然。然则自然之得,不由抑引之六经;全性之本,不须犯情之礼律。"在《释私论》中进而提出"越名教而任自然"的主张。阮籍醉卧邻家当垆少妇之侧,为未嫁而死的兵家女哭丧;嵇康锻而不辍不理会来访的钟会;刘伶脱衣裸形于屋中,都是毁弃礼法的行为。西晋文士"薄综世之务,贱功烈之用,高浮游之业,卑经实之贤"(裴頠《崇有论》),正是以"越名教"、"任自然"来摆脱、超越外在的规范、束缚,并建构人格本体,确立个体的价值的。

由董仲舒“君权神授”、“人副天数”的“天人感应”神学目的论，经汉末仲长统“人事为本，天道为末”的自然观、历史观，到西晋时“口谈虚浮，不遵礼法，尸禄耽宠，仕不事事”(《晋书》卷三十五)的普遍风气，可显见价值观的改变。裴頠《崇有论》曾批评当时的“立言籍其虚无，谓之玄妙；处官不亲所司，谓之雅远；奉身散其廉操，谓之旷达”。玄妙之言、雅远之举、旷达之行，构成士林的主要生活内容。“学者以庄老为宗而黜六经，谈者以虚薄为辨而贱名检，行身者以放浊为通而狭节信，进士者以苟得为贵而鄙居正，当官者以望空为尚而笑勤恪。”(干宝《晋纪·总论》)这与儒家传统的修身、进德、勤政、节用等倡导，是何其相异！总之，晋人已将汉末的名实之辨置于不顾，冲决了孔子所奠基的内“仁”外“礼”的文化——心理结构，外在的社会规范不复存在，内在的个体意识极度张扬。“人”的发现既通向对生活哲理的思考，又通向对外部世界的审美愉悦，“文”的自觉与之相应，促使了玄言诗和山水诗的诞生。

钟嵘《诗品》说：“永嘉时，贵黄老，稍尚虚谈，于时篇什，理过其辞，淡乎寡味。爰及江表，微波尚传。孙绰、许询，桓、庾诸公诗，皆平典似《道德论》，建安风力尽矣。”这一评语并不为过，然而较之“歌食”、“歌事”、“缘事而发”的直切性，“理过其辞”又意味着“透过一层”的思考。试看孙绰所作：

> 遗荣荣在，外身身全。卓哉先师，修德就闲。散以玄风，涤以清川。或步崇基，或恬蒙园。道足胸怀，神栖浩然。

其精神修养和生活方式已见出对现实生活的超越，更对“全身”与荣名有辩证看法，又表现出对哲理的领悟，在谈玄说理中，常是“得意”而未“忘象”，表现了自然风光之美。如孙绰诗：

> 流风拂枉渚，停云荫九皋。莺语吟修竹，游鳞戏澜涛。携笔落云藻，微言剖纤毫。时珍岂不甘，忘味在闻韶。

不仅是孙绰，其他玄言诗人所作也常有山水意象。如许询的“青松凝素髓，秋菊落芳英”，孙统的“因流转轻觞，冷风飘落松。时禽吟长涧，万籁吹连峰”，庾阐的“翔霄拂翠岭，绿涧漱岩间”，都是较好的例子。玄学家托身自然，将理想人格与山水相结合，促使山水诗得以诞生。

“出世”的山水诗之诞生，又源于西晋以来的历史发展，自正始时期司马氏剪除曹魏宗室，排斥异己，使“名士减半”以来，晋代充斥着无休止的动乱：“八王之乱”、“五胡乱华”，十六国割据，北人南徙，祖逖、桓温北伐失败，淝水之战，农民逃亡、起义，刘裕废晋自立……与之相关的，则是诗人嵇康、张华、潘岳、石崇、陆机、陆云、刘琨、郭璞……都死于非命，弥漫于魏晋诗坛的，是绵延不绝的死生之嗟，从曹操到陶渊明，都低吟着这一主调。而由魏至晋，经“入世”、“乐世”，终又以“出世”为诗歌的基本思想倾向。“入世”以建功立业既难,“乐世”以纵酒自娱终难持久,谈玄、游仙虽暂得心灵安定,却毕竟还在人世,于是晋人对人生的态度从人伦、功利、享乐而转为审美,终又由“任自然”而专一于山水赏会。嵇康常修养性服食之事,临刑东市之时,却顾视日影,只叹:“《广陵散》于今绝矣!”陆机服膺儒术,非礼不动,并非名士作风,遇害前先剖白心志,既而叹曰:“华亭鹤唳,岂可复闻乎?”在诀别人生之前,最使他们难以忘怀、舍弃的竟然是美音、美景。若谓嵇康还是“俯仰自得,游心太玄”,将玄心冥合于玄景,从陆机开始,就注目于山水、自然的独立的美,《日出东南隅行》的“清川含藻景,高岸被华丹”,《越洛阳道中作》的“清露坠素辉,明月一何朗”,《悲哉行》的“蕙草饶淑气,时鸟多好音”,都描摹了自然美景,《招隐诗》更有完整的意境,但是,真正的“非必丝与竹,山水有清音”(左思《招隐》二首)还毕竟是实现在晋室南渡之后。

《世说新语》有诸多记载:

王司州至吴兴印渚中看。叹曰:“非唯使人情开涤,亦觉日月清朗。”

王子敬曰:“从山阴道上行,山川自相映发,使人应接不暇。若秋冬之际,尤难为怀。”

顾长康从会稽还。人问山川之美,顾云:“千岩竞秀,万壑争流,草木蒙笼其上,若云兴霞蔚。”

江南的美景既不同于河洛嵩峤、泰岱华岳的雄奇苍莽,也不同于云梦沅湘的幽苑光怪,不因土地流泉而念及稷黍稻麦,也不因叠波旷宇而起宗教、乐神感情。大自然的美景既激发起诗人的生命意识,又使诗人得到情感依托。正是山阴兰亭的崇山峻岭、茂林修竹、清流急湍、天朗气清、惠风和畅,引起了王羲之“仰观宇宙之大,俯察品类之盛”后的死生之慨。也同样是王羲之,在去官之后,营山水弋钓之乐,在游泛之时叹曰:“我卒当以乐死!”《庄子·知北游》曰:“山林与!皋壤与!使我欣欣然而乐与!”晋人也学习了从山水美中获得精神的慰藉,“人情开涤”“尤难为怀”就是证明,他们从纵情山水中感受到了自由的实现和人格的超越。

如果说“山水赏会”是人向自然的移情,那末晋代同样盛行的“人物品藻”则是人的拟自然化,二者是逆向的、互为补充的过程。仍可看《世说新语》:

王公目太尉,岩岩清峙,壁立千仞。

世目李元礼,谡谡如劲松下风。

山公曰:“嵇叔夜之为人也,岩岩若孤松之独立,其醉也,傀俄若玉山之将崩。”

有人叹王公形茂者,云:“濯濯如春月柳。”

诗歌超越了“食”“事”“政教”,向自然山水亲和,正是“人”的发现表现为主体意识升华，由群体而个体，正是对自我价值的肯定。在挣脱了汉儒的礼法拘缚之后，晋人建立起纯任自然的个性主义，任诞、超迈、潇洒、恢廓，人世的功业之念转为山水的徜徉逍遥，这就是晋宋之交山水诗画得以勃兴的历史和文化背景。

二

伴随着儒学的衰退，是玄、佛的兴盛，此二者取代了儒学的地位后，不仅将人生追求导向了自然风光，而且成为山水诗画的哲学基础。

汉代定儒学于一尊，魏晋以还，玄学为盛，但儒学并未退出历史舞台。概言魏晋玄学的发展，大致是何（晏）王（弼）、阮（籍）嵇（康）、向（秀）郭（象）的老——庄——庄三阶段。何王以老济孔，阮嵇以庄排儒，向郭援道入儒，虽有阮嵇激烈而何王、向郭温和之别，但这三阶段的发展却无疑是一个否定之否定的过程。这样的始于儒又终于儒，是否无视玄学本身的存在呢？否！因为儒学的本质与主导虽是社会政治哲学，但从政治理想的角度而言，这种哲学又包含着人格理想的追求。正是在这方面，儒学与作为人格——心灵哲学的庄（玄）学有共通处，玄学三阶段的核心，是名教与自然的关系。"名教"主要指政治制度、伦理道德，"自然"主要指自然观、人生观。王弼以"名教"出于"自然"，嵇康提出"越名教而任自然"，郭象以为"名教"即"自然"。至郭象而完成了二者关系的探讨，其实不仅是调和二者矛盾，同时也力图泯灭儒学与玄学的界限。《晋书·阮籍传》载阮赡见司徒王戎，"戎问曰：'圣人贵名教，老庄明自然，其旨同异？'赡曰：'将无同。'"然而孔子与老庄真的"将无同"吗？当然不是！魏晋玄学毕竟是人格——心灵哲学，因而"援道入儒"并不等于"儒"，玄学只是它自己。尽管儒家将人格的升华看作向自然的回归，比德于山水，孔子以"仁者乐山，智者乐水"的态度赞赏自然美；同时，孟子的独立的个体人格论与"养气"说，同庄子所论亦颇多相通之处。儒家是从人际关系中来确定个体的价值，庄学则从摆脱人际关系中来寻求个体的价值。这种"摆脱"，就是不同于儒家"入世"的"出世"，是向大自然的亲和甚至逃遁。

魏晋精神以人的觉醒为标志，同样，魏晋玄学的主要面就在于对人格作本体建构，这种建构包含着丰富的内容，我们不妨从与本论题相关的一线作些探讨。老子的理想人格是"含德之厚，比于赤子"（《老子》第五十五章），而玄学所追求的理想人格却是庄子的"神人"，阮籍的"大人先生"。《逍遥游》云："藐姑射之山，有神人居焉；肌肤若冰雪，绰约若处子，不食五谷，吸风饮露，乘云气，御飞龙，而浮乎四海之外。"《大人先生传》曰："夫大人者，乃与造物同体，天地并生，逍遥浮世，与道俱成，变化散聚，不常其形，天地制域于内，而浮明开达于外。"在形体上，与宇宙自然同一，"天地与我并生，万物与我为一"；在精神上，"乘天地之正，而御六气之辩"，"天地制域于内，而浮名开达于外"，更超脱于尘世。欲超脱尘世，与宇宙同一，庄子虚构出神人所居的藐姑射之山，阮籍则"登临山水，终日忘归"，足迹遍武牢山、苏门山，又有东平、竹林之游。庄子空物我、齐死生、等利害、一寿夭，似是万物无足以撄其心，但他在《大宗师》中又有"有情有信”之语,《大宗师》又云“喜怒通四时”。何劭《王弼传》介绍了王弼的观点:“圣人茂于人者神明也,同于人者五情也。神明茂,故能体冲和以通无;五情同,故不能无哀乐以应物。然则圣人之情,应物而无累于物者也。”不止是嵇、阮,晋人之重情实是普遍习尚,王戎言:“情之所钟,正在我辈。”确是如此:阮籍率意独驾,不问路径,车迹所穷,痛哭而返;庾亮死,何扬州临葬时云:“埋玉树著土中,使人情何能已已”;桓子野每闻清歌,辄唤“奈何”;王长史登茅山,大恸哭曰:“琅琊王伯舆,终当为情死!”连一代枭雄的桓温,也感慨:“木犹如此,人何以堪?”攀执柳枝,泫然流泪。不但是对人事哀乐过人,而且是对山水更见一往情深:简文入华林园,非但有濠濮之想,且觉鸟兽禽鱼,自来亲人;王子敬有感于山阴道上的行旅,“秋冬之际,尤难为怀”;卫玠初欲渡江,形神惨悴,语左右云:“见此茫茫,不觉百端交集。苟未免有情,亦复谁能遣此”;袁彦伯作别濑乡时,凄惘而叹:“江山辽落,居然有万里之势。”确实,“五情应物”而尤见于山水,正是晋代的特色。

佛教在东汉时期传入我国,人们从思想上认为其教义与黄老相近:“此道消虚,贵尚无为”;在形象上,牟子《理惑论》说:“蹈火不烧,履刃不伤,在污不染,在祸无殃,欲行则飞,坐则扬光。故号佛也。”亦与神仙、道术宣传相近。作为哲学思想的佛教之所以在晋代大为兴盛,是因为人世遍布罪恶与苦难,又与心灵幻灭同适意人生互为因果的时代思潮相关,汉末以来,是接连不断的战乱、饥荒、疾疫、流亡、外患、内忧,人世的悲伤,命运的渺茫,引起人们对生命意义的探索,孔子“不语怪、力、乱、神”“未知生,焉知死”的理性精神,已难以解释人生和命运,对生命与死亡底蕴的探索,促使宗教情绪的滋长。现实既然如此残酷和不公,就只能希求来世、向往天国,诚如温子升《定国寺碑》所说:“昔日先民,虽云善诱,尚习盖缠,未能解脱……不论过去之因缘,讵辩未来之果报?惟无上大觉,均悟玄机,应现托生,方便开教。”报应、轮回、解脱,就逐渐潜入人们心灵,并漫延上下,使佛学思想广泛流播,甚至取得统治地位。

在这充满血与火、困与苦的年代,吉凶未卜,生死难测,旨在济世的儒学经典早已失去光彩。欲摆脱世俗,返璞归真,无为自在,这是玄学欲到之境;挥麈谈玄,寄情酒、药,更是一代时尚。但是,玄学的中心在于追求理想人格,而西晋动乱和门阀士族的腐朽,使这种追求失去了意义,正始玄风终于成为过去;而玄学欲到之境其实质正在于“静”与“达”,却与佛学旨趣相同。且佛学更能指出身心灵性入于宗教修养之境,远较纵酒谈玄来得高明,同而又进,佛教终于取代了玄学的地位。

初时,僧徒涉览六经,研习老庄,参与名士玄谈,迎合士夫所好,使玄、佛得以接近。晋室南渡后,北来的僧人继与名士交游,左右逢源于般若和老庄。支遁(道林)在会稽与王羲之、谢安、孙绰等人交游,曾注《逍遥游》,著《逍遥论》,将佛教的“内心澄静”与玄学的自由无拘相会通,又讲“色空”说,与向秀、郭象的“有无”说不二。慧远在少年时就“博综六经,尤善老庄”,《高僧传》卷六谓其二十四岁时讲佛学,“讲实相义,往复移时,弥增疑昧。远乃引庄子义为连类,于是惑者晓然”。这种以庄学讲佛学的方法,当时称为“格义”。《高僧传》卷六称僧肇“旨好玄微,每以庄老为心要”。因为僧人有意沟通玄、佛义理,所以东晋孙绰作《道贤论》,以两晋七僧比竹林七贤。同样,东晋的不少玄学家也善谈佛理。

玄学与佛学有不少差异,但在东晋时期,佛学中的般若说与玄学最近。作为人格、心灵以至生活哲学,玄佛相通者不少。“人之大患,在我有身”,老、庄都认为欲望是人生的痛苦:“五色令人目盲,五音令人耳聋,五味令人口爽。驰骋田猎,令人心发狂。难得之货,令人行妨。”(《老子》第十二章)“夫富者,苦身疾作,多积财而不得尽用,其为形也亦外矣。夫贵者,夜以继日,思虑善否,其为形也亦疏矣。”(《庄子·至乐》)为此,老子倡“见素抱朴,少私寡欲”(《老子》第十七章)。庄子亦谓“同乎无欲,是谓素朴”(《庄子·马蹄》)。佛教徒又是怎样说的呢?慧远《明报应论》说:“无明为惑网之渊,贪爱为众累之府。”“无明掩其照,故情想凝滞于外物,贪爱流其性,故四大结而成形。”应该不要“私其身”“恋其生”。尽管慧远认为佛优于玄:“及见老庄,便悟名教是应变之虚谈耳。以今而观,则知沉冥之趣,岂得不以佛理为先?”但最后还是走上了殊途同归的道路。老庄教人弃知去欲,从世俗中求解脱,佛学也教人解粘去缚,从人生中求解脱。从世俗求解脱可真正实行,从人生求解脱只能换为从尘世解脱,无论是庄的“虚静恬淡,寂寞无为”,还是佛的“超落尘封”,都以淡泊清静而通向退隐山林。支遁遣人求买岇山之侧沃洲小岭,慧远长年结庐匡庐,“天下名山僧占多”,他们还是难以忘情、适意于自然。文士之挥麈谈玄、游山玩水固是普遍习尚,僧人也合佛之“内心澄静”和玄之“适意自然”,选择了幽栖啸游的生活方式。支遁《咏怀诗》写道:

> 晞阳熙春圃,悠缅叹时往。感物思所托,萧条逸韵上。尚想天台峻,仿佛岩阶仰。冷风洒兰林,管濑奏清响。霄崖育灵蔼,神蔬含润长。丹沙映翠濑,芳芝曜五爽。苕苕重岫深,寥寥石室朗。中有寻化士,外身解世网……

慧远《庐山东林杂诗》亦云:

> 崇岩吐清气,幽岫栖神迹。希声奏群籁,响出山溜滴。有客独冥游,径然忘所适。挥手抚云门,灵关安足辟。流心叩玄扃,感至理弗隔。孰是腾九霄,不奋冲天翮。妙同趣自均,一悟超三益。

思想之“理”“趣”固然如庄子笔下那大鹏一样,以“冲天翮”去“腾九霄”,但此身毕竟还在名山游。无论是玄的“五情应物”,还是佛的“不以情累其生”,都终不忘山水之乐。这就是结论。

三

玄、佛不仅是晋宋之交山水诗画的文化——哲学基础,而且成为此时山水诗画的思想艺术内涵。最典型的就是诗中的陶渊明、谢灵运,画中的宗炳、王微。

前面说过,在陶、谢之前已有描写山水美的诗句或诗篇,在宗、王之前亦已有山水画,但直到晋宋之交才出现了创作高峰和完整的理论。这是文化——哲学的历史积淀之体现,同时,这一积淀又从外部基础内化为思想、艺术内涵。

在陶、谢前后,山水风光已成为诗歌的主要内容。如:

仰视碧天际,俯瞰渌水滨。寥朗无涯观,寓目理自陈。(王羲之《兰亭集诗》)

回阡被陵阙,高台眺飞霞。惠风荡繁囿,白云屯层阿。景昃鸣禽集,水木湛清华。褰裳顺兰沚,徙倚引芳柯。(谢混《游西池》)

侧听风薄木,遥睇目开云。夜蝉当夏急,阴虫先秋闻。(颜延之《夏夜呈从兄散骑车长沙》)

日落泛澄瀛,星罗游轻桡。憩树面曲汜,临流对回潮……哀鸿鸣沙渚,悲猿响山椒。亭亭映江月,飂飂出谷飙,斐斐气幂岫,泫泫露盈条。(谢惠连《泛湖归,出楼中望月》)

但只是在陶、谢笔下,才有那样静穆、优美的山川、田园,清幽、宁静的自然灵境。先看陶诗:

山涤余霭,宇暖微霄。有风自南,翼彼新苗。(《时运》)

寒气冒山泽,游云倏无依,洲渚四缅邈,风水互乘违。(《于王抚军座送客》)

叩枻新秋月,临流别友生。凉风起将夕,夜景湛虚明。昭昭天宇阔,皛皛川上平。(《辛丑岁七月赴假还江陵夜行涂口》)

晨夕看山川,事事悉如昔。微雨洗高林,清飚矫云翮。(《乙巳岁三月为建威参军使都经钱溪》)

再看谢诗:

远岩映兰薄,白日丽江皋。原隰荑绿柳,墟囿散红桃。(《从游京口北固应诏》)

岩峭岭稠叠,洲萦渚连绵。白云抱幽石,绿筱媚清涟。(《过始宁墅》)

初篁苞绿箨,新蒲含紫茸。海鸥戏春岸,天鸡弄和风。(《于南山往北山经湖中瞻眺》)

出谷日尚早,入舟阳已微。林壑敛暝色,云霞收夕霏。芰荷迭映蔚,蒲稗相因依。(《石壁精舍还湖中作》)

东晋的画家中,戴逵和顾恺之都有山水之作。戴有《吴中溪山邑居图》《南都赋图》等,顾有《雪霁望五老峰图》《庐山图》等。戴逵之子戴勃有《九州名山图》。南朝刘瑱、毛惠秀、萧贲等,都长于山水画。但只是在宗炳、王微笔下,才能“凡所游履,皆图之于室”而作“卧游”,或“山水之好,一往迹求,皆得仿佛”,而且有了见解精微的画论《画山水序》和《叙画》。

陶渊明“少年罕人事,游好在六经”(《饮酒》),他后来曾回忆道:“忆我少壮时,无乐自欣豫。猛志逸四海,骞翮思远翥。”(《杂诗》十二首)但终因生活在“真风告逝,大伪斯兴”的时代,深感“密网裁而鱼骇,宏罗制而鸟惊”(《感士不遇赋》),最后走上逃禄归耕的道路。不可否认,归隐后的陶渊明仍有种种思想苦闷,他对仁者多忧、善者多贫深感不平,对“天道无亲,常与善人”嗤之以鼻,他虽与慧远交游,却并不信奉因果报应说和涅槃说,“人生似幻化,终当归空无”(《归园田居》),“有生必有死,早终非命促”(《拟挽歌辞》)的思想在陶集中比比皆是。面对世间的不平和苦难,他不追求虚幻的解脱,而提倡行乐于有限的人生,“虽无挥金事,浊酒聊可恃”(《饮酒》)。然而,传统的儒家教育使他“忧道至忧贫”,以“君子固穷”自警,他“寄酒为迹”而非杨朱式的纵欲、放浪;同时,他也不能成为阮籍笔下超世绝群、遗俗独往的“大人先生”,只能在诗中实现道家的“自然”。《饮酒》第五首非但明之以结庐人境、心远地偏之理,而且面对着东篱丛菊、南山夕岚,他感受到“此中有真意,欲辨已忘言”。这“真意”就是“自然”,“圣人法天贵珍,不拘于俗”(《庄子·渔父》),从“自然”中“得意”“得生”,就是得到精神的乐趣和慰藉。

“渊明之为人实外儒而内道”(陈寅恪《陶渊明之思想与清谈之关系》),陶诗的艺术足证“内道”之说。陶诗在摒弃了郭璞、孙绰玄言的同时,也消除了陆机、潘岳的丽靡,后人所评的“笃意真古”(钟嵘《诗品》),“不烦绳削而自合”(黄庭坚《题意可诗后》),“体合自然”(陈善《扪虱新语》),“平淡有思致”(葛立方《韵语阳秋》),“情真景真,事真意真”(陈绎曾《诗谱》),可概言为“平淡”“自然”二语。“自然”“平淡”历来为道家、玄学所尚,老子的“道法自然”(《老子》第二十五章)、“道恒无名”(第十五章),庄子的“无以人灭天”(《秋水》)、“因自然”(《德充符》)、“顺物自然”(《应帝王》)、“保真”(《田子方》)、“全真”(《盗跖》)、“淡然无极,而众美从之”(《刻意》),阮籍的“自然一体”(《达庄论》)、“自然之道,乐之所始”(《乐论》)、“恬淡无欲,则泰志适情”(《清思赋》),均为“自然”而兼及“平淡”之意,但是,庄子散文瑰玮连犿、汪洋恣肆、雄奇瑰丽,阮籍诗歌寄兴深微、忧愤无端，只是到陶渊明，才真正达到了道家、玄宗欲到而未到的“自然”。这种“自然”又与“玄道在于妙悟，妙悟在于即真”（僧肇《涅槃无名论》）相结合，陶渊明将佛学的“即真”通之于平凡生活，不追求“神人”“大人先生”的理想人格，在身边的生活、常见的风光中，创造出“平淡”的诗境。

谢灵运少年时曾拜钱塘著名道士杜昺为师，十五岁后回建康，转而奉佛。他对慧远非常仰慕，后来曾写《庐山慧远法师诔》，中年以后与法显、法勖、慧麟等高僧交往甚多，称病退居始宁别墅后，为昙隆、法流建经台、筑讲堂、立禅室、列僧房。他又曾著《辩宗论》，修订《大般涅槃经》，注释《金刚经》，佛理非但入于他的宗教诗，同时也渗入了他的山水诗。

诚然，谢灵运的时代尚是玄风未歇，他的山水诗中常有老庄话头。如“药饵情所止，衰疾忽在斯。逝将候秋水，息景偃旧崖”（《游南亭》）。前者黄节注引姚鼐语：“药饵，当作乐饵。用老子指官禄世味言。”黄案：“老子曰：‘乐与饵，过客止’，言声与食，能止人之往也……盖谓止于声歌饮食，忽已衰老矣。”后者用《庄子·秋水》。又如《过白岸亭》，先写山光水色，继而抒发慨叹，结句之“未若长疏散，万事恒抱朴”，就出于老子所说的“见素抱朴，少私寡欲”。但我们更应看到他诗中的佛意和“佛光”：他的笔下所呈现的多是空寂、清幽、安谧、莹彻、深静之景，这正是具有禅心者对于世界的静穆的观照；《登江中孤屿》虽涉昆仑、安期等仙境、仙人，但“云日相辉映，空水共澄鲜”之“表灵”“蕴真”，更近于慧远《万佛影铭》的“法身运物”，“理玄于万化之表”；《石壁精舍还湖中作》在描绘了石壁美景后，从托迹自然中悟出了“虑淡物自轻，意惬理无违”，尽管还有着距离，但显然是向“有、无齐观”“彼、己莫二”靠拢，由“即真”而趋“同我则非复有无”之境（参见僧肇《涅槃无名论》）；他的山水诗确是“岂惟玩景物，亦欲摅心素”（白居易《读谢灵运诗》），是以《易》辞《庄》语昭示着玄言的尾巴，但诗中的山水意象更是佛教心理陶洗、融铸而成，充满了宗教情绪。王夫之曾说他“言情则于往来动止、缥缈有无之中”（《古诗评选》卷五），却未洞悉其“彻空王之奥”（皎然《诗式·重意诗例》）的特点，相比之下，陆时雍认为读谢诗“能令五衷一洗”（《诗镜总论》），却见到了受宗教情绪感染的结果。

宗炳一生栖丘饮壑，数次拒绝刘裕征召，当老疾俱至、还于江陵时，“凡所游履，皆图之于室”，所作山水画定然不少。宗炳精于佛学，作有《明佛论》，《画山水序》的佛学意蕴和庄学精神均不容忽视。此序开头写道：

> 圣人含道应物，贤者澄怀味象。至于山水，质有而趣灵。是以轩辕、尧、孔、广成、大隗、许由、孤竹之流，必有崆峒、具茨、藐姑、箕首、大蒙之游焉。又称仁智之乐焉。夫圣人以神法道而贤者通，山水以形媚道而仁者乐，不亦几乎？

虽是接过孔子“仁智之乐”的话头，但文中所说的“道”是兼儒、道、玄而归之于佛。（《明佛论》：“夫佛也者，非他也，盖圣人之道。”）“贤者”虽未臻“圣人”（佛）之境，却能澄怀(使情怀高洁)而味象(玩味万象,悟得佛理),而“圣人以神法道”“山水以形媚道”,则是佛之化生万物与山水体现神道的互见。以上即宗炳将山水看作“道”与“神”的物质显示。序中又说:

又神本亡端,栖形感类,理入影迹,诚能妙写,亦诚尽矣。

这一思想来自慧远《佛影铭》的“理玄于万化之表”“语其筌寄,则道无不在”,宗炳《明佛论》亦有“感众妙而化见,照神功以朗物”之说,佛的“神明”“栖形感类”于山水中,若能妙写,就能尽得山水之神理。

从画家创作山水画的角度说,创作的过程是“澄怀味象”的出以虚静之心,玩味山水的形象,“应目会心”地从客观到主观,由目见而心悟,“神超理得”地既有审美的愉悦,又有创作的结果,最终通向于精神超越、解脱的“畅神而已”。

可以说,《画山水序》在“梵我合一”的整体精神中,借儒学的门面语而充满庄、玄、佛的色彩。

王微比宗炳年轻四十岁,却与宗炳死年相同,据说是服用寒食散而死于二十九岁之年。他很有才学,父死后即辞官不仕,以“吾性知画”自豪,且善于记忆作画。《叙画》先就颜延之信中论列书画而作辨析,主张绘画不低于书法,次论地理图与山水画之别,就绘画性质作了界定。他不似宗炳之以佛统儒、道,将山水的“仁智”之乐作出佛的“神明”解释,却依然对山水带着东晋玄风影响下的普遍性感情。值得注意的是“本乎形者融灵,而动变者心也”二语,此系承颜延之所说的“神道不形,固众端之所假”(《庭诰》),“物无妄然,各以类感。感类之中,人心为大”(《重释何衡阳<达性论>》)而来,表明了王微的见解:山水画通于神灵,而山水之灵则通过人心感应而获得。这与宗炳“神本亡端,栖形感类,理入影迹,诚能妙写,亦诚尽矣”的思想颇近,但宗以山水为佛之“影迹”,王却是借用佛学理论表明了对形神关系、主客关系的见解,文中最后说:

望秋云,神飞扬;临春风,思浩荡。虽有金石之乐,珪璋之琛,岂能仿佛之哉!披图按牒,效异《山海》。绿林扬风,白水激涧。呜呼!岂独运诸指掌,亦以神明降之。此画之情也。

这里所说的是完成创作后,在欣赏山水画时的欢愉之情,没有宗教情绪,在强烈的动感中依然是“五情应物”的回归,超越现实而通向精神的升华,感受无限的美。而绘画过程中的“指掌”与“神明”结合,则是庄子“以天合天”之意。

后来,张彦远在论宗、王时说:“若非穷玄妙于意表,安能合神变乎天机”(《历代名画记》卷六),就窥到了二人理论的庄、玄、佛学色彩。

在我国文艺发展史上,以人与自然的生命共感造就的“天人合一”是第一阶段,从“比兴”的创作实践到“比德”的归纳是第二阶段,由辞到赋的从媚神到颂人具“物”多于人是第三阶段,魏晋的人的主题到晋宋之交的山水诗画是第四阶段。山水诗画之从“人”到“物”,看似转移,实是深化,既在推衍、融铸庄、玄、佛学的同时使之内化于文艺,也在追求精神愉悦,实现自我超越时丰富了人的自身。我们不妨将晋宋之交山水诗画看作“最富于智慧、最浓于热情”“最富有艺术精神的一个时代”(宗白华语,《美学散步》)所结出的丰硕的果实。

(原载《吕梁学刊》1991 年第 2 期)

长安文化与王维诗

摘 要 王维得到唐代宗的“文宗”称誉,除了“侍以酬奉”表现出特有的盛唐气象外,帝都文化的主要方面都呈现在他的诗中,而作为长安文化进与退的边塞文化与隐逸文化也在他的边塞诗和山水田园诗中得到很好表现。唐人的主要唐诗选本都高度评价王维,艺术趣尚之外尚有潜在的道德内容在,王维符合儒家的“中道”标准,即使因为人柔弱而陷贼受伪职,也得到后人的谅解,这是对王维虽是文苑中人却具儒林传统的肯定。李、杜之所负时誉不及王维,是因为李白在长安文化之外,杜甫在长安文化之后。

关键词 王维 长安文化 中道 文苑 儒林

对于王维诗,历代的研究已经不少,今天要想作出些新的开拓诚为不易。近来阅读陈寅恪先生的《唐代政治史述论稿》,有所启发,草成此文,请方家不吝赐教。

一 “文宗”地位与长安文化

唐代宗曾在批答王缙《进王右丞集表》的手敕中写道:“卿之伯氏,天下文宗,位历先朝,名高希代。”以“文宗”称王维,可见对其在诗坛上的地位之肯定。

代宗之敕,若结合两唐书王维本传,可见出这是以皇室及贵族为代表的长安文化对王维的肯定与接受。

陈寅恪先生提出了长安文化区的概念,因为陈先生所论的是政治史,所以这一概念偏重在政治地缘上,而我们可以借此来确定长安文化的内涵,并以之观照王维诗。

“文化”作为外来词而作此译,似可从《周易》中找到依据,《易·贲》有云:“文明以止,人文也。观乎天文,以察时变;观乎人文,以化成天下。”作为“人文”之“化”的文化,其在长安,物质层面的包括帝都的城市、建筑、宫殿、园苑、宫廷气度、宴游生活、文酒之会等,精神层面的包括思想、宗教、交游、送别等,制度层面的则涉及生活中的升迁、贬谪、节序活动等。当然，还有属于“天文”的长安周围的地理山川。以上这些，在王维的诗中都有所反映。从接受者的角度而言，代宗手敕则可视作代表长安文化的核心对于王维的高度肯定。

《旧唐书》本传云：“维以诗名盛于开元、天宝间，昆仲宦游两都，凡诸王、驸马、豪右、贵势之门，无不拂席迎之，宁王、薛王待之如师友……代宗时，缙为宰相。代宗好文，常谓缙曰：‘卿之伯氏，天宝中诗名冠代，朕尝于诸王座闻其乐章。今有多少文集？卿可进来。’”从中就可见出王维之从诸王到皇帝所得到的欣赏，而代宗之命王缙进其兄文集，亦与青年时代对王维的赞赏、仰慕大有关系。《太平广记》所载的歧王为之设法以擅琵琶之乐人身份入公主府邸，终以诗打动公主，“公主则召试官至第，遣官婢传教，维遂作解头，而一举登第矣”。虽是小说家言，实亦与王维青年时代的经历有关。这些上层人物对王维的欣赏说明了什么呢？毫无疑问，王维的诗歌符合他们的审美标准和艺术趣尚。

长安文化的核心与主导是由皇室、贵族决定的，代宗手敕所云：“抗行周雅，长揖楚辞，调六气于终篇，正五音于逸韵，泉飞藻思，云散襟情。”并非套话，而是很准确地概括了王维诗歌的特点，以及他被欣赏的是什么。“抗行周雅”是指王维诗如《诗经》般的典雅、醇正，“长揖楚辞”确可以从《王右丞集》第一卷十首古诗中的九首得到印证，因为它们从形式到意境都是有意学习《楚辞》的，“调六气”、“正五音”是指其形式、音律，“泉飞藻思，云散襟情”当指其山水田园之作。

当然，代宗手敕说得并不完全，我们还可以从《新唐书·文艺传》中得到补充，传中言王维，以“侍以酬奉”相取，又以之与李峤、沈、宋相关，实是说出了一大关键。试看其集子中卷七、卷十、卷十一，都有大量的此类作品。确实，“侍以酬奉”四字是道出了王维诗的一个主要内容。

恰是这些应制、酬酢之作，既展示了帝都的雄伟、宫廷的气派，又表现出特有的盛唐气象，而这正是长安文化的主要面。请看《奉和圣制与太子诸王三月三日龙池春禊应制》：

> 金人来捧剑，画鹢去回舟。苑树浮宫阙，天池照冕旒。宸章在云汉，垂象满皇州。

《奉和圣制重阳节宰臣及群臣上寿应制》：

> 四海方无事，三秋大有年。百工逢此日，万寿愿齐天。芍药和金鼎，茱萸插玳宴。

将帝都气象和太平盛世表现得非常精到、准确。尤其是《奉和圣制从蓬莱向兴庆阁道中留春雨中春望之作应制》：

> 銮舆迥出仙门柳，阁道回看上苑花。云里帝城双凤阙，雨中春树万人家。

后人以“春容典重”“藻丽铿锵”“大句笼罩，气象万千”评之，并认为此诗“风格秀整，气象清明，一脱初唐板滞之习”，“字字冠冕，字字清隽，此应制中第一乘也”。[1]又如很著名的《和贾舍人早朝大明宫之作》：

九天阊阖开宫殿，万国衣冠拜冕旒。日色才临仙掌动，香烟欲傍衮龙浮。

更为人所熟知，并常被引用。人誉之为“气象阔大，音律雄浑，句法典重，用字清晰，无所不备”，“意象俱足，庄严稳称”，“高华典赡，无美不备”，甚至认为“《早朝》四诗，名手汇此一题，觉右丞擅场，嘉州称亚，独老杜为滞钝无色”[2]。这种雄浑、高华的气度，虽台阁之作，亦为盛唐气象之一端，实不应轻之，难怪会赢得“朝廷左相笔，天下右丞诗”之誉。至于长安城外的终南山，王维也以“近天都”“接海隅”总写其高大，“白云回望合，青霭入看无。分野中峰变，阴晴众壑殊”，写其远观近看的效果和辽阔广大，可见出帝都背景的天造地设的“天文”一面。

长安作为帝都，官吏与士子在此出出进进当是常事，因此，送别可谓唐诗的一个主要题材，而王维尤擅于此。他的名篇《送元二使安西》，被《麓堂诗话》认为是“‘阳关无故人’之句，盛唐以前所未道。此辞一出……千言万语，殆不能出其意之外”。《瓯北诗话》则认为：“人人意中所有，却未有人道过，一经说出，便人人如其意之所欲出，而易于流播，遂足传当时而名后世。”不少论者都誉之为古今送别诗第一。又如《送沈子福之江东》，《唐诗别裁集》评之曰：“春光无所不到，送人之心犹春光也。”这些作品，都以其深情绵邈、气度从容、诗味隽永，历来为人传唱不已。又如“忘身辞凤阙，报国取龙庭。岂学书生辈，窗间老一经”（《送赵都督赴代州得青字》）、“瀚海经年别，交河出塞流。须令外国使，知饮月氏头”（《送平淡然判官》），则与盛唐时代特有的功业之想相结合，呈现的是另一种风貌。无论是前者还是后者，送别这一长安文化的主要面，也是王维笔下的主要题材，唐代诗人所作，似无能出其右者。

节序活动也是帝都文化的一个主要组成部分，王维诗中亦不乏表现。除了春禊奉和、曲江侍宴之类皇家活动外，《寒食城东即事》《九月九日忆山东兄弟》等作，则是自己的即事抒情，后者更是亲情加节俗的名作。至于民俗，卷一的《鱼山神女祠歌》及出使河西时所写的《凉州郊外游望》，都有所反映，纵然它们不属于长安文化的范围，其习俗与形式却与代宗敕中的“长揖楚辞”一语为近。

综上，独孤及所说的“沈、宋既殁，而崔司勋颢、王右丞维，复崛起于开元天宝间”（《左补阙安定皇甫公集序》），应是对表现以皇室为代表的长安文化的很好论断。

长安文化是帝都文化，其进则为边塞文化，其退则为隐逸文化。

陈寅恪先生据韩愈《送董邵南游河北序》得出了这样的结论：“可知在长安文化统

① 以上见《唐诗汇评》，浙江教育出版社，1995 年版，第 326 至 328 页。

② 以上见《唐诗汇评》，浙江教育出版社，1995 年版，第 330 页。

治下之士人，若举进士不中，而欲致身功名之会者，舍北走河朔之外，则不易觅其他之途径也。”[①]其实，即使是中了进士，也未必轻视边功。这既与盛唐的时代精神有关，又体现了在抵御外族入侵之外的另一传统，即刘向《说苑·指武篇》所云：“圣人之治天下也，先文德而后武力。凡武之兴，为不服也，文化不改，然后加诛。”若谓贞观时国力尚未臻极盛，只因东西突厥丧乱，吐蕃初起，势力未大，而太宗在政治、外交、军事诸方面处置得当，故能消弭外患，远播声威，使之有“天可汗”之称。到高宗、武后时，东突厥复起，吐蕃强盛，契丹、奚叛唐，在对外战争中，唐室颇多失利。玄宗时，唐朝财力已富，在对边裔民族的战争中，多能取得胜利。不仅成功地抵御了吐蕃、契丹、奚的入侵，收复了初唐时丢失的营州、河西九曲、剑南安戎等地，而且开拓了边境，巩固了对天山南北的统治。大概除了天宝后期对南诏的战争外，玄宗政权在对外战争中多处于优势。这就是产生边塞诗的现实基础，而边塞战争既牵动了诗人，又涉及社会的方方面面，构成了盛唐独有的边塞文化现象。

王维后来的隐士与僧徒形象并不代表他的青年时代，青年王维同样感受到热烈的时代精神，满怀功业之想，写了不少向往边功、歌颂豪侠的作品，其中不乏名篇。如《少年行》：

新丰美酒斗十千，咸阳游侠多少年。相逢意气为君饮，系马高楼垂柳边。
一身能擘两雕弧，虏骑千重只似无。偏坐金鞍调白羽，纷纷射杀五单于。

《老将行》：

少年十五二十时，步行夺得胡马骑。射杀山中白额虎，肯数邺下黄须儿。一身转战三千里，一剑曾当百万师。

诗中充满了战斗豪情和昂扬精神。王维尽管入仕之初就遭贬济州，产生过避世之念，但在被张九龄荐举为右拾遗之后，他既在《献始兴公》诗中赞美张九龄“所不卖公器，动为苍生谋”，自己也仍未绝功业之念。开元二十五至二十六年他以监察御使出使凉州时，写下了《陇头吟》《陇西行》《从军行》《使至塞上》《出塞》等作，都可见悲壮中饶昂扬、苍凉中见雄浑的特点。

即使不是以乐府旧题写新辞，不是自立新题状物抒情，王维拟以女子声口所写的《伊州歌》“清风明月苦相思，荡子从军十载余。征人去日殷勤嘱，归雁来时数附书”，也是以思妇写征人，借风月寄离思，是从侧面表现边塞题材，在表现普通百姓生活和思想感情的同时，也可见出征伐戍守并非远不相及之事，它同样是长安文化的重要组成部分。如此看来，此诗为梨园传唱一时，也足以说明语浅情深之作，只要与人民的生活

① 陈寅恪：《唐代政治史述论稿》，上海古籍出版社，1997年版，第330页。

密切相关，就会被他们接受。边塞紧连着长安，随之也成为一种文化现象，王维所作，由己及人，将这一文化现象表现在自己的笔下，使之虽非传统所认可的边塞诗人，却使其边塞诗占据长安诗坛重要一席。

我们已将边塞文化视作长安文化"进"的延伸，为何又将隐逸文化作为它"退"的延伸呢？据《唐六典》可知，唐行授田之法，其赋役定为租、庸、调、徭四目，虽开元以后法度渐废，但毕竟社会富足，文人无论是否出仕，都不至于无法生活。加以三教并行，僧道固颇多居于城中的寺观，但也不乏隐居山林者。由于他们的地位和影响，隐逸颇成时尚。长安城八水六坡，南面不远就是著名的终南山，此山一方面为假隐士提供了"终南捷径"，另一方面又为官员们准备了营建庄园别墅的条件，由于特殊的地理条件，使之成为了长安的后院。进可仕，退可隐，进退之间则是半仕半隐。

《史记》为伯夷立传，大概是认可了最早的隐者，《后汉书·逸民传》云："《易》称遁之时义大矣哉！又曰不事王侯，高尚其事……或隐居以求其志，或曲避以全其道，或静己以镇其躁，或去危以图其安，或垢俗以动其概，或疵物以激其清。然观其甘心垄亩之中，憔悴江海之上，岂必观鱼鸟、乐林草哉，亦云性分所至而已。"这是关于隐逸的一个较全面的定义。玄宗之世，"端居耻圣明"应不是孟浩然一人的声音，观两唐书《隐逸传》，分别有 21 人和 25 人之多，而且这些都是知名的"专职"隐士，实际上远非此数。

王维青年时代本来向往功业，一般都认为他的隐逸思想产生在张九龄被贬之后。开元二十四年，因遭李林甫构陷，张九龄被罢相，次年贬为荆州长史，开始了奸相掌权，史称"九龄既得罪，自是朝廷之士，皆容身保位，无复直言"①。王维在《寄荆州张丞相》诗中以"方将与农圃，艺植老丘园"初表其抽身官场之念，又在《早秋山中作》流露出欲学陶渊明之念："不厌尚平婚嫁早，却嫌陶令去官迟。"但他并未真正隐退，《偶然作》之四表白了自己的心迹："日夕见太行，沉吟未能去。问君何以然，世网婴我故。小妹日成长，兄弟未有娶。家贫禄既薄，储蓄非有素。几回欲奋飞，踟蹰复相顾。"由于这种两难的心态，使之不能真正隐而躬耕，而是走上了半官半隐的道路。

王维本来就在嵩山隐居过，四十岁左右择居终南山，后又得宋之问的蓝田辋川别墅，开始了亦官亦隐的生活。他晚年在《与魏居士书》中曾以孔子"无可无不可"的话为自己辩解，谓："可者适意，不可者不适意也。君子以布仁施义、活国济人为适意；纵其道不行，亦无意为不适意也。苟身心相离，理事俱如，则何往而不适？"其实，王维的隐居，尤其是后期的僧徒式的隐居，又与其特殊的经历有关。天宝十五载，安禄山陷长安，玄宗奔蜀，王维扈从不及，被叛军所获，其名声甚大，迫授伪职，待唐军收复两京后，王维虽因"万户伤心生野烟"一诗之为人所知，加以其弟王缙为之削官赎罪，得到恕宥，但心灵却受了很大的创伤。正如其《叹白发》诗中所说"一生几许伤心事，不向空门何处销"，他沉浸在佛教中，以期消解。《旧唐书》本传谓其"在京师，日饭十数名僧，

---

①《资治通鉴》卷二百一十四。

以玄谈为乐,斋中无所有,唯茶铛、药臼、经案、绳床而已。退朝之后,焚香独坐,以禅诵为事”。因此,他写隐居生活及相关的山水田园之作,实有前后期的不同。

前期所作,总体是“羡闲逸”而“吟式微”况味,是“围城”中人对山水田园的向往,而后期所作,则转为带有浓厚的庄禅意味,自然成了心灵的外化。对此,早已不乏论述,兹不赘。这里要补充的是,若谓单纯的终南、辋川隐逸是作为帝都后院的长安文化的延伸、补充,尚属于行为方式、生存状态的文化的话,那么,浸染浓厚的佛道思想、以求灵魂解脱的隐逸,则是前者与精神层面文化的复合了。

二 艺术趣尚的背后——长安精神文化的深层原因

前面我们就唐代宗批答手敕论述了以宫廷为代表的长安文化对王维诗的理解、接受,而这只是问题的一个方面,另一方面可从唐人选唐诗见之。虽说统治阶级的思想就是统治的思想,但选本及诗论家毕竟不是完全被官方左右,可以认为,他们的手眼体现了另一种长安文化的意义,亦即:在艺术趣尚的背后,还有着长安精神——制度文化的深层原因。

唐人所选唐诗,以《河岳英灵集》《国秀集》《箧中集》《中兴间气集》最为重要,除《箧中集》入选者是“名位不显,年寿不将,独无知音,不见称颂”,[①]表现出元结的独特标准外,另三种选本中,都可看出王维的地位,特别是第一和第四种,都有理论阐发,更应重视。

《河岳英灵集》为殷璠所选,殷氏在此集的序言中说:“夫文有神来、气来、情来,有雅体、鄙体、俗体。编纪者能审鉴诸体,委详所来,方可定其优劣,论其取舍……理则不足,言常有馀,都无兴象,但贵轻艳,虽满箧笥,将何用之?……开元十五年后,声律风骨始备矣……粤若王维、昌龄、储光羲等二十四人,皆河岳英灵也,此集便以河岳英灵为号。”[②]在他的心目中,王维无疑是“首席”诗人。在此集的《集论》中,殷氏作了进一步的阐发,他认为“不可不知音律”,但“专事拘忌,弥损厥道”,在重视诗歌音律美的同时,又反对矫揉造作,并提出了“既闲新声,复晓古体,文质半取,风骚两挟”的标准。应该说,这样的标准和理论是很公允、很难挑剔的,而以王维为“河岳英灵”之首,其“文质半取,风骚两挟”的标准,也可从王维“盛得江左风,弥工建安体”(《别綦毋潜》)一说中得到印证。

殷璠的选诗标准和理论无疑是兼顾到内容与艺术,但我们还应看到其背后、其深层还有特定的道德意义在。《河岳英灵集》评王维用了“词秀调雅,意新理惬,在泉为珠,着壁成绘”十六字,并未涉及道德、思想的内容。但是,若看他对别人的评价,就可见这一标准的存在。如论李白,以其为人的“性嗜酒,志不拘检”同为文的“率皆纵逸”相联系;论高适,充分肯定其“多胸臆语,兼有气骨”,而对其“性拓落,不拘小节”,“隐

① 元结《箧中集序》中语,《元次山集》卷七,中华书局排印本。

② 《唐人选唐诗(十种)》,上海古籍出版社,1978 年版,第 40 页。

迹博徒”却似并不赞赏；论崔颢，谓之“年少为诗，名陷轻薄，晚节忽变常体，风骨凛然”，可见对其前后期创作的看法截然不同；即如对王昌龄虽有极高的评价，誉之为“四百年内，曹、刘、陆、谢，风骨顿尽，倾有太原王昌龄”，却又说：“奈何晚节不矜细行，谤议沸腾，垂历遐荒，使知音者叹惜。”姑不论这些评价是否正确，却足以说明在为诗之外，尚有为人的标准之存在。

《中兴间气集》系高仲武所选，高氏所写的序言有云：“诗人之作，本诸于心，心有所感，而形于言，言合典谟，则列于风雅。暨乎梁昭明，载述以往，撰集者数家，推其风流，正声最备，其馀著录，或未至焉。何者？《英华》失之浮游，《玉台》陷于淫靡，《珠英》但记朝士，《丹阳》止录吴人……粤若肃宗先帝，以殷忧启圣，反正中原。伏惟皇帝以出震继明，保安区宇，国风雅颂，蔚然复兴，所谓文明御时，上以化下者也……古之作者，因事造端，敷弘体要，立义以全其体，因文以寄其心，著王政之兴衰，表国风之善否，岂其苟悦权右、取媚薄俗哉！今之所收，殆革前弊，但使体状风雅，理致清新，观者易心，听者竦耳，则朝野通取，格律兼收。”其选录的标准，所倡的理论，与《河岳英灵集》似无多大的不同。

观高仲武在此集中对各人的评价，诗歌内容与艺术之外，也有道德评判在。如批评李希仲“轻靡，华胜于实”；李嘉祐“往往涉于齐梁，绮靡婉丽”；一方面称道朱湾为“有唐高人”；另一方面尤其指责苏涣：“逾岭扇动哥舒，跋扈交广，此犹龙蛇见血，本质彰矣……或曰此子左右嬖臣，侵败王略，今著其文可乎？……夫善恶必书，《春秋》至训；明言不废，孟子格言，涣者其殆类此乎？”在评论刘长卿时说：“长卿有吏干，刚而犯上，两遭迁谪，皆自取之”，却又认为他有些诗句“伤而不怨，亦足以发挥风雅矣。”

《中兴间气集》所收为肃宗、代宗二朝之诗，王维并不在内，我们不厌其烦地引用高仲武所评，出于何意呢？我们应该十分重视他对列于卷首的钱起的评语：“员外诗，体格新奇，理致清赡，越从登第，挺冠词林。文宗右丞，许以高格，右丞没后，员外为雄。芟齐宋之浮游，削梁陈之靡嫚，迥然独立，莫之与群。”这里显然是将钱起视作王维之后的诗坛第一人。在赞其名句“特出意表，标雅古今”之后，尤以其“穷达恋明主，耕桑亦近郊”二句，“礼义克全，忠孝兼著，足可弘长名流，为后楷式”①。至此，我们可以认为，高仲武论诗是前推王维，后推钱起，除序言中明言的标准外，更有潜在的道德内容。

殷璠、高仲武评诗、选诗之在艺术标准外而兼以道德相取，实又关系着以“儒林”传统改造“文苑”之意义在。

我国自范晔撰《后汉书》立《文苑传》以来，就标志着文人从传统的士人中独立，自此渐有“儒林”与“文苑”之分。唐太宗很重儒学，但至高宗、武后时发生了变化。《旧唐书·儒学传》云：

> 古称儒学家者流，本出于司徒之官，可以正君臣、明贵贱、美教化、移风俗

① 以上分见《唐人选唐诗（十种）》，上海古籍出版社，1978 年版，第 41、58、53、77、83、98、99、302、303、270、271、278、282、290、265 页。

……近代重文轻儒,或参以法律。儒道既丧,淳风大衰,故近理国多劣于前古……高宗嗣位,政教渐衰,薄于儒术,尤重文吏,于是醇浓日去,华竞日彰,犹火销膏,而莫之觉也……

这就是重进士之文词而轻儒士之经术,其结果就造成了才与德的不称。《新唐书·文艺传》指出了文士的不足:

夫子之门,以文章为下科,何哉?盖天之付与,于君子小人无常分,惟能者得之,故号一艺。自中智以还,恃以取败者有之,朋奸饰伪者有之,怨望讪国者有之。若君子则不然,自能以功业行实光明于时,亦不一于立言而垂不腐;有如不得试,故且阐绎优游,异不及排,怨不及悱,而不忘纳君于善政,故可贵也。

陈寅恪先生在《唐代政治史述论稿》中精辟地指出"儒林""文苑"的历史——地理之变。他说:

自东汉末年中原丧乱以后,学术重心自京师之太学移转于地方之豪族,学术本身虽亦有变迁,然其与政治之关锁仍循其东汉以来通经义、励名行以致从政之一贯轨辙。此点在河北即所谓山东地域尤为显著,实与唐高宗、武则天后之专尚进士科,以文词为清流仕进之唯一途径者大有不同也。由此可设一假定之说:即唐代士大夫中其主张经学为正宗、薄进士为浮冶者,大抵出于北朝以来山东士族之旧家也。其由进士出身而以浮华放浪著称者,多为高宗、武后以来君主所提拔之新兴统治阶级也。[①]

陈先生设此说旨在分辨唐代士人的两个传统,以探求党派斗争之缘由,但我们又应看到,高宗、武后虽专尚进士科,玄宗毕竟又有崇儒之举,《旧唐书·儒学传》云:"玄宗在东宫,亲幸太学,大开讲论……及即位,数诏州县及百官荐举经通之士,又置集贤院,招集学者,校选募儒士及博涉著实之流。"其结果必然造成以儒林济文苑、调和二者的情况,也势必影响到诗坛。尤其是长安,皇城根下,浮华放浪的文苑习气,当会向重名行的儒家传统反拨,形成帝都文化新的景观与内涵。

陈先生提出的虽谓假设,却给我们提供了解决唐人为何如此评价王维的一把钥匙。

王维之先是河东王氏,祖上一直为官,母崔氏,出于唐太宗修改氏族志之前的第一大姓,尽管两唐书本传未涉王维早年所学,但以其出身,可以想见。而《旧唐书》本传所载的"事母崔氏以孝闻","闺门友悌,多士推之","居母丧,柴毁骨立,殆不胜丧"诸

① 陈寅恪:《唐代政治史述论稿》,上海古籍出版社,1997年版,第71页。

语,就可见"通经义,励名行"应是其青年时所具有的素养。王维幼以文章得名,后以诗称,兼擅绘画、音乐,两唐书分入文苑、文艺传,本非儒林中人,却决非浮华放浪之士。其弟王缙《进王右丞表》称:"臣兄文词立身,行之馀力,当官坚正,秉操孤直。"当非私阿之辞。所以,殷璠、高仲武等人的以王维为诗坛第一人,应既是对其诗的高度赞赏,又是对其人的足够肯定。

这里,还有一点补充,即殷、高二氏似乎都以"中道"取人,不但不欣赏"志不拘检""不矜细行""拓落""轻薄",对"刚而犯上"也颇有微词,因而,论诗亦以"哀而不伤,国风之深者"相尚。而王维不但诗合于"哀而不伤""伤而不怨"的"中道"标准,而且性格较柔,诗与人一致,就这点而言,颇合于"儒"之本义(吕思勉先生云:"儒之为言柔也。汉人多以儒墨并称,亦以儒侠对举。窃意封建之坏,其上流社会,自分为二,性宽柔若世为文吏者则为儒,性强毅若世为战士者则为侠,孔因儒以设教,墨藉侠以行道。"①)。"柔"确实是王维的一大特点,这不仅见于其人,也见于其诗。

见于其人而最著者,当是陷贼迫受伪职及以后反省一事。王维《责躬荐弟表》足见其自责的沉痛:"顷又没于逆贼,不能杀身,负国偷生,以至今日。陛下矜其愚弱,托病被囚,不赐疵瑕,累迁省阁,昭洗罪累,免负恶名,在于微臣,百生万足。昔在贼地,泣血自思,一日得见圣朝,即愿出家修道。及奉明主,伏恋仁恩,贪冒官荣,荏苒岁月。不知止足,尚忝簪裾,始愿屡违,私心自咎。"清人赵殿成为《王右丞集》笺注,杭世骏、全祖望、厉鹗等名家都曾为之序,颇有知人论世之见。杭氏云:"右丞闺门友悌,见推多事,扈从不及,受禄山伪署,世遂以为白圭之玷。迹其服药取痢,称瘖求免,旧史已力为湔雪。而'凝碧'一诗,秋槐野烟,伤心掩泣,是即惓惓不忘君父之佐证。固不可与张均、张垍诸人比伦矣。"全祖望则另有一说:"予谓是时天子入蜀,东宫起朔方,右丞不死,殆亦思乘间自脱,向行在耳。岂知托病不遂,竟遭维絷,斯烈士于患难之际,所以致戒于委蛇也。虽然,右丞风期高雅,决非尘世中人物,吾固信其晚节之可原。"厉鹗却就杜甫的诗作王维、郑虔之比较:"善乎少陵之目右丞曰:'共传收庾信,不比得陈琳。一病缘明主,三年独此心。'于郑司户则曰:'万里伤心严谴日,百年垂死中兴时。'又云:'反覆归圣朝,点染无涝涤。'则王郑之优劣,诗史先有定论,又何待后人之喋喋邪?"②这些都是经过长期历史积淀后认真思考之所得,我们决不能轻易对待,虽然他们都未指出王维为人软弱的一面,辩诬的根据却是在发见其内心,探究其思想,对杜诗的理解亦十分在理。

至此,我们再回头看殷璠、高仲武对诸多诗人的评论,以及对王维的推重,除他们自己较为相近的观点、标准外,还在于对王维人品的肯定,这既是未苛求其政治大节,更是对其虽为文苑中人、却具儒者风范的认可。而这,正是玄宗崇儒之后、儒林精神改造文苑传统的结果。殷、高诸氏,并非统治集团中人,他们论诗固有自己的艺术标准,但艺术的背后,却难出主流文化的影响,这主流文化就是帝都文化的另一面,即长安

① 《先秦学术概论》,中国大百科全书出版社,1985年版,第52页。

② 以上分见赵殿成:《王右丞集笺注》,上海古籍出版社,1984年版,第559、561、562页。

的精神——制度文化。这一方面的帝都文化既塑造了王维的文化性格，又决定了选唐诗时的道德标准。虽潜藏，却可彰显。

至于王维，除了晚年充满禅意的作品外，自青年时起，就颇具儒家"诗教"的风范、气度。如二十岁时所作的《息夫人》："莫以今时宠，能忘旧日恩。看花满眼泪，不共楚王言。"据孟棨《本事诗》载，此诗之作与宁王（玄宗兄）夺饼师之妻有关，因是强者与弱者的关系，"新宠"难忘旧人，只能以其流泪不语的方式作默默的反抗。王维借春秋时息国被楚所灭，君主的夫人被楚王所占一事，写此眼前事，表现得深刻动人，却又怨而不怒。前此一年的《李陵咏》，很可见出对李陵的理解与同情："既失大军援，遂婴穹庐耻。少小蒙汉恩，何堪坐思此。深衷欲有报，投躯未能死。引领望子卿，非君谁相理。"却不料会成为自己后来陷逆的真切体会，王维虽非李陵这样的领军人物，却同样有"深衷欲有报，投躯未能死"的感受。而《凝碧池》一诗之能"闻于行在"，除王维的诗名外，与其念旧怀人、哀怨难抑相关，杭世骏以之"惓惓不忘君父"，正指出其儒家思想的底蕴，堪称的评。《李陵咏》是他的"今之视昔"，表现出对历史人物名节的并非苛求，《息夫人》则如同他自己后来陷逆时的体会，杭世骏等人"今之视昔"时，对《凝碧池》诗的理解，应也包括《息夫人》在内。总之，王维诗怨而不怒、温柔敦厚，在这一符合儒家审美标准的意蕴、风格的背后，其实还有着儒者"柔"的底蕴在，不过，在王维，这"柔"，更有相当多的"弱"的成分。其余作品，我们就不在此多作引述了。

我们认为，王维之能够得到一代"文宗"之誉，是由于以上关系着长安文化两个方面的原因。李白、杜甫之所以时誉未及，一方面是由于未似王维那样在长安开始他的创作活动，在此地成名，未能成为长安文化圈中的诗坛核心人物；另一方面则是李白的道者与文苑习气太重，杜甫作为纯然儒者，对其接受、推重只能是中唐以后的事，而尤显于崇儒重道的宋代。这样，李白的只是供奉翰林三年，杜甫的自慨"百年歌自苦，未见有知音"（《南征》），就不难理解了，因为从诗歌接受的角度言，文化——包括物质、精神、制度层面的文化，是不可忽略的原因。如果将长安文化定义为玄宗时代的京都文化，那么，李白是在长安文化之外，杜甫是在长安文化之后，他们之未得王维的"文宗"地位，应是历史的必然。

（原载《文学评论》2001 年第 4 期）

西域风光和壁画对唐人边塞诗与变文的影响

摘　要　汉唐连称，而从文学言，唐代与西部发生关系者，远较汉代为多。盛唐诗歌的雄壮、浑厚气象，颇得之于地理上的西部因素，岑参的边塞诗尤可见之，他的作品与此前符号化、类型化的景象事物不同，而带有难以移易的地域特征和西部风情。唐代文学与西部文化的紧密关系，又见于西域佛教壁画对变文创作的影响，其中关于释迦牟尼成道的变文，应直接受到佛传故事画的启发。

关键词　西域　自然风光　边塞诗　佛教壁画　变文

黑格尔曾说过地理是历史的基础，丹纳提出了精神气候的概念，并阐述了环境对艺术创作的影响。对于我国唐代文化和文学的风貌，不妨以此来观照之。因为这一论题太大，所以此处选取唐人边塞诗和变文作一简论，以寻绎这两者分别与西域自然风光及佛教壁画之间的关系。

一

或许是由于我国整体地理形势的西高东低，大江大河基本都是自西向东流入大海，以舟楫跨越江河的隔绝，在古人很容易留下南北交通困难的印象；中华文化虽起于多源，但其主流无疑出于黄河流域，在国家形成和民族融凝过程中，体现出由北至南的大体发展态势。因此，观照中华文化的概貌，古代学者较为注意南北的区别和联系。以文学而言，其中著名的就有颜之推《颜氏家训》的《文章篇》，李延寿《北史·文苑传》的部分论述，直到近代的刘师培，还有《南北文学不同论》之作。对于东西文化和文学的思考，则远无前者那样多。但是，有些学者还是曲折地道出了立足于东方的本位文化所受到的西部影响。如大儒朱熹《朱子语类》曾说过："唐源流出于夷狄，故闺门失礼之事不以为异。"对"出于夷狄"一事，陈寅恪先生曾就唐室世系作过详尽的考证。鲁迅先生则以"唐室大有胡气"这一极为简洁、直观的语言，道出了"唐风"形成的民族性原因。

"夷狄"与"胡气"确实与唐代文学大有关系，而这一切又实在是缘于西部，不想泛论，本文打算集中到今新疆地区来谈。

在我国的历史上，汉唐两代无疑是最强盛的时期，因此，鲁迅先生曾在《坟·看镜有感》中说"遥想汉人多少闳放"，"唐人也不算弱"，"汉唐虽也有边患，但魄力究竟雄大，人民具有不至于为异族奴隶的自信心，或者竟毫未想到，绝不介怀"。汉唐虽连称，却也有区别，从文学而言，唐代与西部发生关系者，远较汉代为多。

在展开论述前，我们不妨对秦统一中国前后，以及汉唐两朝的疆域作一简单的考察。就中心区域而言，夏朝主要是今天的山西而及于河南。商朝进而西扩至陕西，东进而至山东及今天的冀、皖部分地区。西周推至长江以北，渭水和汉水流域以东。春秋北而至燕，以及渤海岸，东南越长江而至吴、越。战国进而东至辽，北连河套，西至蜀，东南及于东越、扬越而直至夜郎。秦统一后的版图基本上就是战国的范围，东渐于海，西及流沙，传统所说的东夷和南蛮已入于中国，而在长城的范围之外，有北方的匈奴和东北的东胡，西面的羌，则据有长江上游诸水和黄河河曲以西地区。秦朝所奠定的疆域，基本上就是后来汉唐两朝的中心区域，而这两朝较之于秦朝来，虽也对现在的东北、华北、华南地区有较大开拓，但相较而言，势力范围的扩展，更主要是指向西北和西南地区。又由于西北方向可以直通亚洲腹地，南行可达南亚次大陆，向西甚而可至欧洲，在后来的历史发展中，向西北方向的开拓较之于西南，具有更为重要的意义。

汉武帝凭借文景之治所积累起来的财富，进行了长期抗击匈奴、开边拓土的战争，而随着朝鲜、南越的平定，对西南夷的开拓，使先秦时期完成了历史上第一次民族融合之后，又加紧了以过去华夏族为基干的第二次民族大融凝过程的步伐。随着张骞两次出使西域，中原人了解了这片广袤的土地，而击败匈奴则打通了河西走廊，使通向西域诸国以至波斯的商路得以开通。随着汉朝地域的扩大，经汉武帝到汉宣帝将近一个世纪的商业和文化对外交流，中国古代人们的地理观得以改变，心理时空发生了很大的变化，而这也反映到了文艺创作上。无论是太史公文章的“究天人之际，通古今之变，成一家之言”（司马迁《报任安书》），汉大赋的“苞括宇宙，总览人物”（《西京杂记》），还是绘画的“图画天地，品类群生”，“千变万化，事各缪形”（王延寿《鲁灵光殿赋》），都表现出汉代文艺所特有的“闳放”和“雄大”。

但是，我们还应注意到，就汉代文学而言，其地理基础得之于东方和南方者要较之于西北、西南为多。颇能说明这个问题的是司马相如的《子虚赋》。赋中子虚与乌有先生的对答，一者极力铺陈云梦泽四周的山川物产，一者对之以“齐东渚钜海，南有琅邪；观乎成山，射乎之罘；浮渤澥，游孟诸”，虽说此赋之作目的在于借楚事而讽刺梁王，但又可以看作是越出了中原的传统眼光，对大海和大湖所提供的地理、文学素材的充分运用。虽说汉乐府中有“芝为车，龙为马。览遨游，四海外”（《上陵》）之说，又有“游石关，望诸国。月氏臣，匈奴服”（《上之回》）之愿，乐府中的《横吹曲》甚至还直接出自西域，可是大概由于汉武帝更因希冀长生而迷信方士，目光更多的是投向了东方的大海，而不是西方的广漠。直到东汉张衡作《四愁诗》，所思者分在东的“太山”，南的“桂林”，西的“汉阳”（按，即天水郡，今甘肃甘谷南），北的雁门，其西北的指向仍在渭河流域内，远未及黄河河曲，更无论河西走廊。

魏晋南北朝是分裂的时代，汉民族在同少数民族争夺生存空间的斗争中，处于劣势地位，文学作品不可能对他们生活的地区产生兴趣，因此，文人之将目光投向西部，当有待于唐朝的到来。

二

唐代文学无疑以诗歌为代表，严羽《答吴景仙书》以“气象”言诗，说得很好：“盛唐诸公之诗，如颜鲁公书，既笔力雄壮，又气象浑厚。”而盛唐诗歌的雄壮和浑厚，成因是多方面的，其中也包括地理上的西部因素。颇能说明这一问题的是边塞诗。

唐初，统治者即能以古为鉴，尤其汲取了隋炀帝“大纵奢靡，加以东西行幸，舆驾不息。征讨四夷，兵车屡动”，以至“数年之间，公私罄竭。财力既殚，国遂亡矣”（《旧唐书·食货志》）的教训，采取种种措施以安定社会，缓和矛盾，发展经济。经过近百年的休养生息，终于造就出盛唐之所以为“盛”的物质基础。在从贞观之治到开元之治的历史阶段中，虽说唐室也充满了争权的斗争，诸多的杀戮，但总体而言，文教武功得到了发扬光大，唐朝的国土和势力范围，都远较秦汉时期为大。

贞观元年(627)，唐太宗以山川地理之形便，将全国分为十道。在其后二十多年的对外斗争中，先后败突厥，平高昌，和吐蕃，攻高丽，灭薛延陀，除了高丽不克以外，可以说对西部的拓展是较为顺利的。东突厥之灭，降众被安置在河套地区，自愿入长安的有数万家。平定高昌后，其地被设为西州，置安西都护府于此，后又移至龟兹(今新疆库车)，统龟兹、疏勒、于阗、碎叶等安西四镇，其范围在今日的新疆直到吉尔吉斯斯坦。高宗时期，灭西突厥，其故地被设置为濛池和昆陵两个都护府，后虽因吐蕃攻占西域十八州，唐被迫撤出安西四镇，但二十多年后又收复其地，到武则天的长安二年(702)，置北庭都护府(治所在今新疆吉木萨尔北破城子)，与安西都护府一起成为唐统治西域的最高机构。

唐玄宗经过先后任姚崇、宋璟为相，在开元时期励精图治，使社会经济达到极盛，改府兵制而行募兵制，军事实力更为增强，从开元十五年(727)起，乘大破吐蕃之势而大开边功，开元二十一年(733)，改全国十道为十五道，又于边地置十个节度、经略使，其中一半以上与西部有关。到天宝时期，安史之乱兴起之前，因唐玄宗之重视边功，使精兵悍将皆集于边陲之地，形成了完全的内轻外重军事格局。由于对边功的重视，文人多有经行边陲的经历，并创作了大量的边塞诗，使这一自初唐以来就绵延不绝的创作，达到了极盛。

对于边塞战争的性质问题，学术界已经进行了很多讨论，难以在本文中再论之。盛唐诗歌的“既笔力雄壮，又气象浑厚”，是总体性的评价，而在岑参的边塞诗中尤可见之。我们此处不论他所作的思想内容，不对具体作品作出评判，就其笔力、气象而言，这两者与边塞风光，尤其是西域特有的自然景色之间，应有着密不可分的关系。

岑参之前，李颀的“野云万里无城郭，雨雪纷纷连大漠”(《古从军行》)，李白的“五月天山雪，无花只有寒”(《塞下曲》)，王维的“大漠孤烟直，长河落日圆”(《使至塞上》)，已简练地道出了西部地区的地理、气候和景色。而岑参则更以其从军西域六年的亲身经历，写出了他人笔下所未曾见的西域风光，如：

> 北风卷地白草折，胡天八月即飞雪。忽如一夜春风来，千树万树梨花开……瀚海阑干百丈冰，愁云惨淡万里凝。中军置酒饮归客，胡琴琵琶与羌笛。纷纷暮雪下辕门，风掣红旗冻不翻。(《白雪歌送武判官归京》)

> 二庭近西海，六月秋风来。日暮上北庭，杀气凝不开。大荒无鸟飞，但见白龙塠。(《登北庭北楼呈幕中诸公》)

> 火山六月应更热，赤亭道口行人绝。(《送李副使赴碛西官军》)

对于西域地域文化来说,岑参的边塞诗是具有开创意义的。虽岑参年龄比起多数盛唐诗人都要小,如比与他并称的高适小十五岁,比杜甫小三岁,甚至比大历诗风的代表刘长卿和钱起都要小,但是他的诗风却是属于开元时期的。殷璠《河岳英灵集》称道他的"语奇体峻,意亦造奇",是他出塞之前所作,他的真正的"奇",应是得之于西部的边塞生活经历。虽说盛唐诗人中不少人都到过边塞,但是像他那样在如今的新疆地区直到巴尔喀什湖一带生活过, 在著名诗人中却是仅见的。即使高适在年过半百之后,也曾到过河西,入哥舒翰幕中,任左骁卫兵曹,充掌书记,但由于他的诗歌明显具有"多胸臆语"(《河岳英灵集》)的特点,与岑参相较,所作诗还是偏在"理"者为多,加以他并未深入西域腹地,即使在河西所作,也看不出显著的西部风光特色,似乎还不及他在从军燕地时所写的作品那样具有显见的地域特征。王士祯《师友诗传续录》说"高悲壮而厚,岑奇逸而峭",刘熙载《艺概》对并称的高岑有"岑超高实"之较。无论是岑参的"奇逸"、"峭"还是"超",虽与其善于想象有关,却更是他亲到他人所未到之处,描绘出人所未见的西部景象所致。

雪海、黄沙、大风、乱石,在其他诗人笔下或有一二,他却将这一切集中作了动态的展现:

> 君不见走马川,雪海边,平沙莽莽黄入天。轮台九月风怒吼,一川碎石大如斗,随风满地石乱走。(《走马川行奉送出师西征》)

别的诗人未见火山,他却写出了火山的特有景象和气势:

> 火山突兀赤亭口,火山五月火云厚。火云满山凝未开,飞鸟千里不敢来。(《火山云歌送别》)

> 火山今始见,突兀蒲昌东。赤焰烧虏云,炎气蒸塞空。(《经火山》)

虽说今日的新疆地区并无真正的火山,我国地质意义上的火山,仅见于黑龙江的五大莲池和云南的腾冲, 况且现在并无火山活动。岑参所写是吐鲁番盆地的火焰山,"火云""赤焰""炎气"云云,是视觉形象加以想象所出,并非真的火,但吐鲁番地区长达100多千米的红砂岩构成的火焰山,确实是西部地区的一大奇观。因为岑参之前的诗人未出阳关,未见此奇景,所以西域的地理地质所成的此类奇迹,还是首见于岑诗,人们也藉此而得知"火山"之壮伟。

火山而外,还有热海:

> 侧闻阴山胡儿语,西头热海水如煮。海上众鸟不敢飞,中有鲤鱼长且肥。岸傍

青草常不歇，空中白雪遥旋灭。蒸沙烁石然虏云，沸浪炎炎煎汉月。《热海行送崔侍御还京》

虽其真实面貌是地热所影响的内陆湖景象，但显然这些不是此前的边塞诗符号化、类型化的景象事物可比的，而带有难以移易的地域特征。

与中原截然不同的地理环境之外，还有西域独具风情的歌舞：

美人舞如莲花旋，世人有眼应未见。高堂满地红氍毹，试舞一曲天下无……慢脸娇娥纤复秾，轻罗金缕花葱茏。回裾转袖若飞雪，左铤右铤生旋风。《田使君美人舞如莲花北铤歌》

此类“翻身入破如有神，前见后见回回新”的歌舞，在其原生地的演出，较之中原歌舞自有其特殊的吸引力，无怪作者感叹“始知诸曲不可比，采莲、落梅徒聒耳。世人学舞只是舞，姿态岂能得如此”。西域还有特殊的物产，如在北庭所见到的优钵罗花：

白山南，赤山北，其间有花人不识，绿茎碧叶好颜色。叶六瓣，花九房，夜掩朝开多异香。何不生彼中国兮生西方？《优钵罗花歌》

这些，都具有前人作品中所不见、或罕见的异域风情。

岑参曾在天宝年间两度出塞，先是天宝八载入安西高仙芝幕，充节度掌书记，后又在天宝十三载复入北庭封长清幕，以大理评事兼监察御史，充节度判官、支度副使。因为来往于安西（今新疆库车）和北庭（今新疆吉木萨尔）之间，所以以上所写都是他的亲历亲见，而决非耳闻而已。《北江诗话》说得好：“诗奇而入理，乃谓之奇。若奇而不合理，非奇也。卢玉川、李昌谷之诗，可云奇而不入理者矣。诗之奇而入理者，其惟岑嘉州乎……又尝以己未冬杪，谪戍出关，祁连雪山，日在马首，又昼夜行戈壁中，沙石吓人，没及髁膝，而后知岑诗‘一川沙石大如斗，随风满地石乱走’，云奇而实确也。大抵读古人之诗，又必身亲其地，身历其险，而后知惊心动魄者，实由于耳闻目见得之，非妄语也。”这是洪亮吉本人因有谪戍出关的经历，经亲自目验而证实岑参诗歌“奇而入理”，是具有充分现实基础的。

唐诗无疑对诗歌的领域有许多开辟，而以高适和岑参为代表的边塞诗派，之所以能够成为盛唐时代重要的流派，与他们所反映的重大历史事件，表现政治性、社会性主题有关，但又不止于此。人们在欣赏艺术作品时，既有以自己所熟悉的生活，以亲见亲闻相衡的审美意趣，也有对自己所不熟悉者的关注，甚至后者更在前者之上，因此，“陌生化”不仅是创作的原则，也是欣赏的兴趣所在。岑参所作之所以能够得到较高的评价，是与他展示的今日新疆地区特殊风光大有关系的。

岑参年辈虽晚却得名甚早，比他年长的杜甫未能入于唐人所选的重要唐诗选本，而他却能厕身《河岳英灵集》中，殷璠称之为“逸才”，如果说此集并未选其边塞诗，那么杜确《岑嘉州诗集序》所说是很值得玩味的。杜序云：“属辞尚清，用意尚切。其有所得，多入佳境，迥拔孤秀，出于常情。每一篇绝笔，则人人传写，虽里间士庶、夷戎蛮貊，莫不讽诵吟习焉。时议拟公于吴均、何逊，亦可谓精当焉。”吴均、何逊之拟说明了什么呢？据《南史·吴均传》，吴均“有俊才”，“文体清拔有古气，好事者或学之，谓为‘吴均体’”。《南史·何逊传》则引范云所说的“顷观文人，质则过儒，丽则伤俗，其能含清浊中，今古见之，何生矣”，又沈约对何逊所云：“吾每读卿诗，一日三复，犹不能已。”传中还引梁元帝所说的“诗多而能者沈约，诗少而能者谢朓、何逊”。因此，所拟是很可证岑参所负时誉的。岑参作为诗之“能者”，清拔而有古气，质文兼到，含清浊中，奇峭壮丽，在很大程度上得之于其所作的边塞诗，至于里间士庶和夷戎蛮貊的讽诵吟习，说明了岑诗在雅俗共赏之外，还能为少数民族所赞赏的特点，而这一切又是与现在新疆地区特有的“江山之助”分不开的。

三

唐代文学与西部文化的紧密关系，又表现在佛教对文学的影响上。由于这是一个很大的论题，难于在一篇文章中论述，我们仅从造型艺术和语言艺术相互关联的角度，简论新疆佛教壁画对变文创作的影响。

按照学术界一般的说法，汉哀帝元寿元年(公元前 2 年)，大月氏王使臣伊存口授浮屠经，是佛教传入汉地的开始。经过了魏晋南北朝的佛经翻译和佛教流传，到隋唐时期，这一外来宗教在我国有很大的发展。而它传入的路线，大概除了达摩西行是从海上到广州，然后再上金陵以外，主要是从西部的陆路东传入我国的。据梁启超《佛学研究十八篇》所说，中国人西行求法的路线有六条，即海路，西域陀路，西域于阗、罽宾路，西域天山北路，吐蕃、尼波罗路，滇缅路。但实际上最主要的还是西域的三路：其中的渴槃陀路经疏勒，或子合，或莎车，在渴槃陀(今塔什库尔干)翻越葱岭，进入迦湿弥罗(即罽宾，今克什米尔一带)；于阗、罽宾路，是从于阗西南行两千里，登葱岭而入罽宾；天山北路是由拜城出特穆尔图泊，经撒马罕入阿富汗。这三条路线都有很长的距离在今日的新疆。

一方面是西行求法，另一方面是伴随着大月氏人的东迁，佛教也随之而来。佛教在创立之后，大概在印度孔雀王朝的阿育王时期的公元前 3 世纪左右，开始从印度的西北部传播、扩展到了中亚地区，最先在印度河西北，即今日阿富汗和巴基斯坦边境的兴都库什山南部，这里本在阿育王时期曾有大批印度的佛教徒来此传教，加以其作为向印度西北部和中亚必经之路的地理位置，使之佛教大兴。在大月氏人征服了巴克特里亚(今新疆塔什库尔干西侧)后，此处成为大夏贵霜王朝的统治中心，由于贵霜王的热心佛事，使佛教及相关的艺术大盛。此地因是丝绸之路的中段，是东西文明的交汇点，希腊雕刻艺术影响至此，与佛教艺术相结合，遂产生了著名的犍陀罗艺术——

主体是佛教艺术，又汲取了希腊、罗马精华的艺术。这一艺术逐渐向阿富汗东部、巴基斯坦北部和克什米尔地区推进，营建出著名的巴米扬大佛窟。巴米扬计有750多个洞窟，是石窟佛像崇拜的成熟期之作。而佛教文化也随之以巴米扬的石窟形式，通过丝绸之路传播到了我国的西域地区，在其东进的过程中，产生了龟兹石窟、高昌石窟，随之进入河西走廊，建成了著名的敦煌石窟，然后才有中原的石窟。

由于地理、交通的原因，佛教东传进入我国，最先是在塔里木盆地南缘的于阗国（今和田）一带，然后到达盆地北缘的疏勒国（今喀什及其附近），再向东而到当时的大国龟兹（今库车一带），再东进到焉耆国和高昌回鹘王国（国都在今吐鲁番东约20多千米处）。我国第一位西行求法的高僧朱士行，在公元260年从洛阳出发，来到于阗，得梵文本《大品般若经》。公元400年，高僧法显也曾西行而经过此地，玄奘《大唐西域记》也记录了自己亲见的此地佛教繁盛之状。而早在公元2世纪中期，中亚贵霜王朝的僧人则来到龟兹，进而龟兹高僧东进中原播法和译经，当时曾有过众多的佛寺、佛塔建筑，有万余僧人，《大唐西域记》有所记载，而现在仅剩石窟了。玄奘也曾到过高昌，从今存的吐峪沟等石窟，就可以想见当时佛教文化之盛。

于阗等几个地方现尚存有一些古寺遗址，而佛教石窟寺则有龟兹、高昌的石窟群遗存。龟兹的石窟是沿着丝绸之路开凿的，大体是温宿—拜城—库车，自西向东地一线展开，最密集处在库车、拜城周围地区，著名的有克孜尔石窟、库木吐喇石窟等。高昌石窟群则沿火焰山脉分布，最著名的有伯孜克里克石窟、吐峪沟石窟、胜金口石窟等。而在石窟艺术进入河西走廊后，即开始了汉文化地区的石窟营造，是对西域佛教艺术的中原化改造，此处不论。克孜尔千佛洞虽在唐代已经废弃，但石窟群仍存200多个，有70多窟保存着较完好的佛教壁画，其中仅第17号窟窟顶就绘有本生故事画38种，被誉为“故事画之冠”。克孜尔尕哈千佛洞有壁画的洞窟共11个，其中第9、第15两窟壁画保存较好，佛本生故事较多。库木吐喇千佛洞的31窟还保留着盛唐时代的壁画，以佛传、说法图为主，与敦煌莫高窟相似。伯孜克里克千佛洞的壁画多已残毁，但如西方净土变等内容尚较清晰，吐峪沟千佛洞现有8个洞窟尚有壁画残存，有佛本生故事画等。

佛教的石窟营造与佛教文学并不是一回事，可是两者之间是有相互联系和影响的，以佛教绘画中数量极多的变相图和佛教文学中的变文来说，二者之间就大可沟通。绘画的变相和文学中的变文，关键在于一个“变”字，因为研究者多只就变文说“变”字之义，所以对于此字的解释，历来所说不同。而有的学者能将画与文联系起来，才有较正确的解释。如郑振铎先生《中国俗文学史》说：“像‘变相’一样，所谓‘变文’之‘变’，当是指‘变更’了佛经的本文而成为‘俗讲’之意。（变相是变‘佛经’为图相之意。）后来‘变文’成了一个‘专称’，便不限定是敷演佛经之故事了。”孙楷第先生也曾对“变”字作了这样的解释：“以图像考之，释道二家，凡绘仙佛像及经中变异之事者，谓之‘变相’。如云《地狱变相》《化胡成佛变相》等是，亦称曰‘变’；如云《弥勒变》《金刚变》……其以变标立名目与‘变文’正同。盖人物事迹以文字描写则谓之‘变文’，省称为‘变’；以图像描写则谓之‘变相’，省称亦曰‘变’。其义一也。然则变文得名，当由于其文述佛诸菩萨神变及经中所载变异之事。”（《变文之解》，载《现代佛学》一卷十期）由此而观之，大量的佛教变相壁画，和文学中的变文，应该是佛教在宣讲教义、争取信众时兼用的手段。敦煌莫高窟因营建较西域地区晚，虽隋唐壁画还有佛本行、佛本生的内容，但由于南北朝以来大乘佛教流行，甘肃的凉州模式石窟壁画转为以经变占多。隋和初唐以来，就主要有净土宗所创的西方净土变、观经变，天台宗据《维摩诘经》所创的维摩诘经变，以及弥勒变、法华变等，此外还有据涅槃故事所创造的涅槃变，另有药师变等，直到晚唐，还有楞伽经变、华严经变、金刚经变、金光明经变、报恩经变等。现在能看到的变文，多为唐代作品，与经变画不能等同，然而其间是有着紧密联系的。

《中国俗文学史》指出，在敦煌卷子的发现中，变文是最后才为人所关注的。斯坦因和伯希和都未注意到这一特殊文体，罗振玉《敦煌零拾》首次发表“佛曲三种”，其中两种实为《维摩诘经变文》和《降魔变文》。郑先生在征引了如佛曲、俗文、唱文、讲唱文、押座文、缘起等诸多名目后，认为就所发现的文卷来看，以“变文”为名者最多。1957年人民文学出版社出版了向达、王重民等整理、校订的《敦煌变文集》，此后，学术界又在广义的变文中区分出讲经文、押座文和话本等形式。现存的变文多为唐人所作，在当时，不仅对下层百姓很有吸引力，即使是对大诗人的创作也颇有影响，如孟棨《本事诗》就记载着白居易和张祜的对答：

> 诗人张祜，未尝识白公。白公刺苏州，祜始来谒。才见白，白曰：“久钦藉，尝记得君款头诗。”祜愕然曰：“舍人何所谓？”白曰：“‘鸳鸯钿带抛何处，孔雀罗衫付阿谁’，非款头何耶？”张顿首微笑，仰而答曰：“祜亦尝记得舍人目连变。”白曰：“何也？”祜曰：“‘上穷碧落下黄泉，两处茫茫皆不见’，非目连变何耶？”遂与欢宴竟日。

虽是玩笑话，却也并非完全无由。

唐代以前，未见变文，但是否说壁画与变文之间就没有关系了呢？倘说没有直接关系，间接关系还是不能否认的。若将新疆佛教壁画与变文中的佛传一类作品加以对比，即可看出。

新疆地区的佛教洞窟营造得早，现存的壁画主要是小乘佛教的内容，以佛本生、因缘和佛传故事为多，其中佛本生故事最多，据专家统计，可识别者有七八十种之多，为全国之冠，且绘制的技艺非常精湛。虽新疆地区的西域佛洞毁弃较早，而现发现的变文作品多作于8世纪以后，要论变相图和变文的关系，当看敦煌莫高窟。但是，从慧皎《高僧传》的记载来看，六朝时期的宣讲佛经，就有“唱导”相辅助：“唱导者，盖以宣唱法理，开导众心也。昔佛法初传，于时斋集，止宣唱佛名，依文致礼。至中宵疲极，事资启悟，乃别请宿德升座说法。或杂序因缘，或傍引譬喻。”（《高僧传》卷十五）以至于

“谈无常则令心形战栗，语地狱则使怖泪交零，征昔因则如见往业，核当果则以示来报，谈怡乐则情抱畅悦，叙哀泣则撒粒含酸。于是阖众倾心，举堂恻怆，吾体输席，碎首陈哀”。慧皎所记虽非西域情况，可由于西域是佛教东传先行抵达之处，《高僧传》多有于阗国专事译经僧人的记载，法显、玄奘都对于阗的佛事大加赞叹，《大唐西域记》更对西域诸国的佛教之盛广有记载。当年丝绸之路的兴盛决非今日状况，可以想见，当时佛窟中的雕塑和壁画，并不只是单纯的供礼佛之用，其对于配合僧人对信众“唱导”，更有直接而形象的辅助作用。《中国俗文学史》推测道：“像没有一个寺院的壁上没有‘变相’一样，大约，在唐代，许多寺院里，也都在讲唱着‘变文’吧。”虽是推测，却具有合理性。而再往上推，新疆地区众多的佛教洞窟壁画，以其“故事画”的本质，与“唱导”类的讲唱相结合，对于宣扬小乘佛教，争取信众，应是起过很大作用的。很可惜，虽克孜尔等石窟的壁画尚存，而新疆地区应出现过的佛教“唱导”，未能发展出后来在敦煌发现的变文。

即使如此，新疆诸多石窟的佛教壁画对于文学的积极影响也是显见的。

拜城克孜尔石窟的 110 号窟，壁画的佛传内容最为集中，在三面壁上共有 57 幅壁画，描述了释迦从降生到涅槃的全过程，佛徒即使不从文字上了解佛的一生，也可以通过壁画形象而直接地知道。除了树下出生、九龙灌顶、宫中娱乐、父子对话、出游四门、掷象射鼓、树下看耕、耶输陀罗托梦、夜半逾城、入山求道、布施佛座、初转法轮、降服火龙、牧女献乳、双林涅槃等，还有通过既恶又坏的阿阇世王接受佛的教诲，终于皈依佛门，成为佛弟子，以此来间接叙述佛的生平、事迹。这些早期的佛传故事壁画，以其生动、直观的形象，对信众的教谕作用自不待言，而且对后来佛教东行后那些描绘佛传故事的壁画，也具有原型、示范的意义。

非止此，那些关于释迦牟尼成道故事的变文，也直接受到佛传故事壁画的影响。如《八道成道变残卷》和《八相成道变残卷》这两种变文，是以说经的形式宣扬佛的事迹，每一段落以整齐的韵文句式作结。虽残卷，亦可大致看出其整体结构。

文中从释迦牟尼的诸生说起，生波罗奈国，广发四弘愿，以及慈力王、歌利王、尸毗王、月光王、宝灯王，和萨埵王子、悉达太子时的种种舍身之举。然后用八句韵语总结：

> 三大僧祇愿力坚，六波罗蜜行周旋。百千功德身将满，八十随形相欲全。
> 未向此间来救度，且于何处大基缘？当时不在诸馀国，示现权居兜率天。

接着再讲他见人世的种种业障深重，苦海难离，于是“托荫”于摩耶腹中，于右胁诞出，散文之后的诗句是：

> 九龙吐水浴身胎，八部神光耀殿台。希期瑞相头中现，菡萏莲花足下开。
> 指天天上我为尊，指地地中最胜仁。我生胎兮今朝尽，是降菩萨最后身。

大臣却以之为妖，要国王杀了太子，得文殊菩萨劝谏，和阿斯陀仙指点，国王才知太子是异人。太子年十九，恋着五欲，于是又有四门之游，以悟生老病死之苦，决定舍弃一切而去雪山修道。修行六年后下山，于熙连河沐浴，文殊乘佛于河滩，达于彼岸。是所谓：

> 六年苦行志殷勤，四贺俱圆感觉身。下向熙连河沐浴，上登草座劝黎民。
> 紫金满覆于其体，白毫光相素如银。文殊长者设愿厚，供奉如来大世尊。

此后则是姊妹二人进奉乳粥。诗云：

> 自登草座睹难陁，回将乳粥献释迦。四王掌钵除三毒，功圆净行六波罗。
> 金刚座中严灵相，鹫岭峰前定天魔。八十随形皆愿备，三十二相现娑娑。

尽管是残卷，倘与拜城克孜尔石窟的110号窟所画相对照，二者真能一一印证。即使变文的作者未能亲见此处壁画，经辗转传入内地的佛传故事画，应是起自克孜尔，因而现在研究变文虽只能据敦煌卷子，但新疆的佛教壁画对变文的创作应是有先导、启发作用的。壁画与变文的相辅相成，虽是后来的形式，但图文并茂的说法传法，又何尝不是导源于此呢？

我国古代的绘画，多为单幅作品，长沙出土的两幅战国时期楚画就是很好的证明，马王堆的西汉帛画，分画人间、天上和地下的内容，也是单独的内容，即使东汉的画像砖、画像石，展示了各种生活、劳动、战斗的场面，或诸多的历史故事、历史人物，画面或因横向展开而展现人物较多、场面较广，但仍不是连续性的，后来历朝的卷轴画更是单幅作品。只是在佛教传入后，才有了佛传故事的连环画，并且用以时观空的手法改变了我国传统的绘画，这是很具有革命性意义的。同样，文学作品也受到佛教故事的影响，使我国传统的抒情性文学向叙事性发展，无论是作品的篇幅或是叙事的成分，都大为增强。因此，郑振铎先生《插图本中国文学史》将我国文学分为古代、中世、近代三期，将佛教输入作为文学史中世的开始；而闻一多先生在其文学史写作的构想中，也非常重视佛教传入后“故事兴趣的养成”和“故事兴趣的醒觉”。可以说，佛教对于我们文学的发展也是具有革命性意义的。而这一切的源泉，其实都在今日的新疆。对现在的我国来说，新疆是佛教东行的首站，视之为绘画与俗文学发展以至革命之源，是有充分证据的，上面所论，即可见之。

（原载《新疆师范大学学报》2005年第1期，刊发时有删节，又载《中国文学与地域风情·“〈文学遗产〉西部论坛”论文选萃》，学苑出版社2005年12月出版）

“桂林山水甲天下”的文化意蕴

摘 要 八百年前，王正功在桂林写过两首七律，其中“桂林山水甲天下”一句得到广为流传，对此，可从唐诗《春江花月夜》“孤篇压倒全唐”是因“宇宙意识”得到启发，“山水甲天下” 的背后，也有与农业文化相关的天人合一观及相应的“山水比德”“仁智之乐”。从韩愈到王正功，表现出理学文化的充分发展，就王正功的诗句结合其墓志铭，应看到“仁者”“智者”的投影；也表现出自庄子以来对山水真赏之趣的发展，而对桂林兼有山水之胜的揭示，也表明了山水文化的成熟。

关键词 桂林山水 文化意蕴

在我国的山水文化史上，常常有地因人显的现象，如兰亭之于王羲之，斜川之于陶渊明，孤屿之于谢灵运，辋川之于王维，天姥、敬亭、天门诸山之于李白，黄州赤壁之于苏轼，北固山之于辛弃疾……皆其著者。相比而言，因一二名句而“发现”了某地特殊的风景，使该地、该句声名大振，而作者却湮没无闻的情况较为少见。审视后一种情况，很容易让人想起“桂林山水甲天下”这一名句的产生和流传。此句自是家喻户晓，而对其作者，一般人是少有关注。在耳熟能详之后，似乎视之如同成语、谚语，在长期的流传中，人们也像看待语言的约定俗成、群众性创造一样，又有谁会关心、想找到最初的作者呢？直到今天，在读了楼钥的王正功墓志铭和谭发胜、苗洁先生的《王正功生平拾议》后，才知道 1983 年整理独秀峰石刻发现诗碑及此诗作者王正功的经过，以及王氏的生平事迹。王正功的两首七律写道：

嘉泰元年，桂林大比，与计偕十有一人。九月十六日，用故事行宴享之礼，提点刑狱权府事四明王正功作是诗劝为之驾。

百嶂千峰古桂州，向来人物固难俦。峨冠共应贤能诏，策足谁非道艺流。经济才猷期远器，纵横礼乐对前旒。三君八俊俱乡秀，稳步天津最上头。

桂林山水甲天下，玉碧罗青意可参。士气未饶军气振，文场端似战场酣。九关虎豹看劲敌，万里鲲鹏伫剧谈。老眼摩挲顿增爽，诸君端是斗之南。

对于流传至久、现在几乎如广告语一样的“桂林山水甲天下”，在其诞生八百年的时候，确实有必要作一番深入的研讨，本文就意在探究这一诗句中所蕴涵的文化意蕴。

在汗漫的唐诗典籍中，张若虚的《春江花月夜》有"以孤篇压倒全唐"之誉，现代著名诗人、学者闻一多先生，曾对此诗赞不绝口，认为诗中的"江畔何人初见月？江月何年初照人？人生代代无穷已，江月年年只相似，不知江月待何人，但见长江送流水"，比起刘希夷的《代悲白头翁》，是"更迥绝的宇宙意识！一个更深沉，更寥廓，更宁静的境界！在神奇的永恒前面，作者只有错愕，没有憧憬，没有悲伤"[①]。而从对宫体诗到陈子昂的评价中，我们都可以看到他对"宇宙意识"的特别重视。"宇宙意识"是什么呢？闻一多先生自己释之为"从美的暂促性中认识了那玄学家所谓的'永恒'"[②]。而李泽厚则作了这样的阐释："面对无穷宇宙，深切感受到的是自己青春的短促和生命的有限。它是走向成熟期的青少年时代对人生、宇宙的初醒觉的'自我意识'：对广大世界、自然美景和自身存在的深切感受和珍视，对自身存在的有限性的无可奈何的感伤、惆怅和留恋。"[③]正因为有了这种"宇宙意识"的哲学内涵，才使作品具有了自己独到的意蕴和深度。

之所以旁涉唐诗，是想触类旁通地探讨"桂林山水甲天下"之能够遍传天下、并得到普遍认同的原因。笔者认为，绝对不仅仅是因为此句诗准确地抓住了桂林的特点，从而在风景排行榜上确立了桂林的位置，才使之扬名；而应如同《春江花月夜》之压倒全唐，是在于有独到的"宇宙意识"，这一诗句的后面也有着深厚的文化意蕴：与农业文化相关的"天人合一"观及相应的"山水比德""仁智之乐"。

中国作为农业国，农业文化发生得很早，随着其发展，人们对自然与人的关系，也有了渐为深化的认识。农业经济的特点在于它的劳动对象是"天"——自然界。要长出庄稼当然要凭借土地，要庄稼长得好，需风调雨顺，所以先民们很早就懂得对自然采取亲和的态度，逐渐形成了"天人合一"观。在本文中，不打算论述、探讨"天人合一"的哲学概念，而想就这一观念的演进导入到山水文化的论题。先民们最早是以功利的眼光看待周围的世界，因为在生产力发展还很低下的时代，首先是要解决吃饭问题，他们还不能产生审美的眼光并投向自然。只是到了物质生产渐形丰富之时，才能逐渐发现大自然的美，诚如马克思所说："生产不仅为主体生产对象，也为对象生产主体。"[④]前一句可以理解为物质生产劳动中的劳动者与劳动对象间的关系，而后一句则是指劳动者在生产活动中的进步，而这种进步也包括从物质生产到精神生产、艺术审美的能力。从我国山水诗文的发展历程，就清晰地展现出对山水审美能力的进步。

先民们在靠天吃饭的经验中懂得，"天"具有两重意义：自然的意义，人格神的意义。对前一意义自不必说，而就后一意义而言，"天"是具有命定、主宰、至高无上地位的。而"天人合一"的主要意义当在于：一方面寻求人与天对应的神圣关系，另一方面则是在顺从主宰的同时也主动地适应着天。就对应关系来说，如子产论礼所云："为六

---

① 闻一多：《唐诗杂论》，上海古籍出版社，1998 年版，第 17 页。

② 闻一多：《唐诗杂论》，上海古籍出版社，1998 年版，第 16 页。

③ 李泽厚：《美的历程》，文物出版社，1981 年版，第 129 至 130 页。

④《马克思恩格斯选集》（第二卷），人民出版社，1972 年版，第 95 页。

畜、五牲、三牺，以奉五味；为九文、六采、五章，以奉五色；为九歌、八风、七音、六律，以奉五声；为君臣、上下，以则地义；为夫妇、外内，以经二物……”①而在主动适应“天”的同时，也渐渐从原始的人格神崇拜，演变为先秦理性精神之下的“山水比德”，即是在自然中发现人格力量和人格映照。《国语·晋语八》引师旷语：“夫乐以开山川之风也，以耀德之广远也。风德以广之，风山川以远之，风物以听之，修诗以咏之，修礼以节之。”《诗·鲁颂·閟宫》有“泰山岩岩，鲁邦所詹。奄有龟蒙，遂荒大东”，《诗·周颂·般》有“堕山乔岳，允犹翕河”，都有借高山以比邦国之德的意义。《论语·雍也》更有孔子著名的乐山乐水之说：

> 知者乐水，仁者乐山。知者动，仁者静。知者乐，仁者寿。（此句中“知”均同“智”，下同）

康有为《论语注》对此作了详细解释：“知者达于物理事理，而周流无滞，故乐水。仁者安于义理天命，而安固好生，故乐山。知者才智迸发，如机轴转运，不能自已，故动。仁者神明元定，如明镜澄澈，粹然无欲，故静。动而周流自得，故乐。静而安固有常，故寿。包咸曰：‘日进故动。’‘性静者多寿考。’尽天下之美德，不外慈悲、智慧，孔子两为形容，学者实宜仁智兼修，不可偏阙也。”②康有为的解释偏在知者、仁者一侧，重在道德美而不是自然美，比较符合孔子所说的原意。但我们还应注意到孔子既然提出了“山水比德”的命题，“德”之所能“比”，无疑是因为山水本身具有实在的美，所以，“知者乐水，仁者乐山”是应该既包含对仁、智的赞美，又包含了对自然美的赞赏，两者互相依托比附，成为了有机的整体。后来的儒、道两家，分别从两端发展了“山水比德”说，使这一命题更为完满。

孟子和荀子侧重在“比德”一面。《孟子·离娄章句下》认为，水“盈科而后进，放乎四海。有本者如是”，强调的是“本”。《尽心章句上》又说：“孔子登东山而小鲁，登泰山而小天下，故观于海者难为水，游于圣人之门者难为言……流水之为物也，不盈科不行；君子之志于道也，不成章不达。”将水性与君子之德相拟。荀子论观水，则从德、义、道、勇、法、正、察、善化、志诸方面言之，是“比德”的进一步深化和细化。而庄子却是专门发展了“山水”一侧，他以“与物有宜”（《庄子·大宗师》）、“与物为春”（《庄子·德充符》）的态度倾心于大自然的美，钓于濠梁之上，又曾说：“山林与！皋壤与！使我欣欣然而乐与！”（《庄子·知北游》）成为后世山水诗画精神的原型。

在先秦时代以《诗经》为代表的文艺创作中，还看不到独立的山水审美内容，自然景物只是作为“比兴”的材料出现的，《楚辞》中开始有少量的山水描写，成为情景交融的有机组成部分。到汉代，大赋是“一代之文学”，其铺采摛文的写法必然使自然景物的描写成为大端。文学家对山水美的重视不仅体现在创作实践中，还表述为理论，如《淮南子·俶真训》就说过：“且人之情，耳目应感动，心志知忧乐……今万物来擢拔吾

① 《左传·昭公二十五年》。

② 康有为：《论语注》，中华书局，1984 年版，第 82 页。

性，攓取吾情。”“吾性”沿“比德”发展，“写物以附意，扬言以切事”（《文心雕龙·比兴》），终有“比体”诗画（如“四君子”之类）的以寓志意。更多的是“吾情”因“春秋代序，阴阳惨舒，物色之动，心亦摇焉……岁有其物，物有其容；情因物迁，辞以情发”（《文心雕龙·物色》），是情因物感而发。在经过了文学漫长的发展历程之后，尤其是诗歌，真正懂得和做到了如王夫之《姜斋诗话》卷一所说：“关情者景，自与情相为珀芥也。情景虽有在心在物之分，而景生情，情生景，哀乐之触，荣悴之迎，互藏其宅。”“情景名为二，而实不可离。神于诗者，妙合无垠。”（卷二）但无论如何，在我国古代的诗歌中，纯然是景物描写，而不关“性”“情”者恐怕极其少见。

李泽厚先生曾说：“儒道互补是两千年来中国美学思想的一条基本线索。”①孔子所奠基的“山水比德”说，由于儒、道两家阐释的不同侧重和互为补充，使后代在对客观山水美的独立性愈形重视同时，又不可避免地带着特有的文化理解。如谢灵运的山水诗，人们多注意到诗中的玄言尾巴，其实，如《邻里相送至方山》的“各勉日新志”，《登池上楼》的“持操岂独古，无闷徵在今”，《七里濑》的引严子陵为同调等，都可以在“玄理”以外看到“德”的内容。对这一论题不宜展开，而说了那么多，还是为了要从“桂林山水甲天下”中发掘出特定的文化内涵。而要对此作出恰当的解释，不妨就王正功这两首七律作一考察，然后再判断“桂林山水甲天下”诗句的文化意蕴和价值。

因为二诗是为桂林大比而写，所以在得到“三君八俊”“乡秀”的欣喜中，两首诗都表现了对“人物”的重视和进一步期待。古桂州的百嶂千峰虽美，“向来人物固难俦”却显得不称，如今，有了经济之才与礼乐之士，当然让人高兴了。第二首的“士气未饶”也与人物难俦相同，确切反映出实际情况。据统计，唐宋史传人物以河南道为最多，唐朝为 398 人，宋朝为 395 人，分占 21.3%和 26.7%，而岭南道最少，唐朝为 13 人，占0.6%，宋朝为 8人，占 0.5%，两宋的宰相以两浙为最多，计 29 人，岭南的广东尚有 1 人（崔与之），而广西与湖北、夔州一样，皆属空白。②因此，孔平仲《珩璜新论》尝言：“岭南郡县，近世人物为少。”王正功以文化占优势的浙人任职于广西，对桂林的人才问题肯定是很有感触的，因此，这两首诗固然是因为“大比”而写及人才，也应是他在此地为官的真切感受。既然如此，无论是第一首开头的“百嶂千峰古桂州”，还是次首开头的“桂林山水甲天下”，都非写景的套话，而是隐含自然风景与人文状况的对照，从中寄寓着作者深切的期许。

从上面这样的背景和角度来看，“桂林山水甲天下” 就不是简单的地理印象和风景排名榜了。第二首次句“玉碧罗青意可参”，无疑是从韩愈《送桂州严大夫》的名句“水作青罗带，山如碧玉簪”变化而来，我们似乎不应仅仅停留在此，而应通过后面的“士气”“文场”“斗之南”云云，“可参”出其他之“意”，主要是应看到韩愈这样一位重要人物投下的影子。韩愈虽是进士出身的文士，但他自己曾在《答殷侍御书》中说：“愈于进士中，粗为知读经书者。”可见不是属于纯然“文苑”中人，他尊奉儒学，排斥被视作

① 李泽厚：《美的历程》，文物出版社，1981 年版。

② 以上统计参见程民生《宋代地域文化》，河南大学出版社，1997 年版。

异端的佛道思想，干政意识强烈，强调君权，振拔士人风气。他在被贬潮州之后，不但有种种传说，而尤其对推动当地文化的发展起过很大的作用。韩愈既是“文起八代之衰”的文学界人物，又是导北宋诗文革新运动之先、为之奠定儒学基础的人物，“参”得此“意”恐怕对理解“桂林山水甲天下”的意蕴是有帮助的。

结合上面所说的王正功写此诗的背景，和韩愈在文苑、儒林的地位，对推动落后地区文化发展的作用，我们应在诗句以外看到更多的东西。而从唐人韩愈的“水作青罗带，山如碧玉簪”，到宋人王正功的“桂林山水甲天下”，表面上是从描摹山水之美到肯定其最佳、最高地位，而在其背后和深层，还有很深厚的内容在。

王正功生活在南宋理学大成的时代，尽管朱熹曾在“庆元党禁”中被作为“逆党”魁首而遭迫害，但在他逝世后两年，弛“伪学”党禁，周敦颐、张载和二程都得到追谥，朱熹后来甚至得封徽国公。王正功写此诗之时，正是朱熹死后一年，还在“党禁”时期，但是，理学的影响并不随人而灭。在楼钥为王氏所写的墓志铭中，可以通过王正功一生的行事，看到理学重视道德情操的清晰影响：如对将自己一手抚养成人的兄嫂，“以事亲之礼事之”；乾道四年(1168)任职湖南时，“果于立事，滞讼见属，剖析无留难”；乾道七年(1171)任职莆田时，审理案件“惩其非实，而决其久滞者”；绍熙三年(1192)为澧州(今湖南澧县)知州，“去其侵蠹之已甚者，节浮费，汰冗食，补缺漏”；即使在被罢官后，也在百姓遭遇危难时，“开门纳之”，以至离去之时，民众如去父母，“多涕泣者”；在广西任上后，他改革官僚作风，弹劾“贪暴之尤者”，且“请托一无所听”，因得罪甚众，终致“遭论而罢”。所以从他一生的仕履来看，无疑是理学人格的躬行实践者，令人想起光风霁月之喻。也正因如此，知人而论世，我们不能不说“山水比德”的古老命题，而“桂林山水甲天下”也就不仅是一个经行天下者的判断，还应从作者的为人、为官看到在对山水自然美的赞叹时，背后还有着“智者”和“仁者”的巨大身影。

当然，这只是问题的一方面，另一方面则如前面所说，还有导源于庄子的对自然山水的真赏之趣，发展到后来是纯然的山水文化。我们应看到，我国的自然风景有偏胜于或山或水的现象，大致说来，北方多山而少水，南方虽有衡、庐、黄山、峨眉、雁荡诸胜，但除庐山附近有江有湖以外，诸山的水景主要见于瀑布。观历代著名诗人题咏，山与水常常是分开的。

咏山者如：

泰山：岱宗夫如何，齐鲁青未了。(杜甫《望岳》)

太华山：岧嶢太华俯咸京，天外三峰削不成。(崔颢《行经华阴》)

终南山：南山与秋色，气势两高低。(杜牧《长安秋望》)

庐山：庐山东南五老峰，青天削出金芙蓉。(李白《望庐山五老峰》)

华山：举头红日近，回首白云低。（寇准《华山》）

嵩山：日暮北风吹雨去，数峰清瘦出云来。（张耒《初见嵩山》）

咏水者如：

长江：登高壮观天地间，大江茫茫去不还。（李白《庐山谣寄卢侍御虚舟》）

黄河：黄河西来决昆仑，咆哮万里触龙门。（李白《公无渡河》）

钱塘江：一千里色中秋月，十万军声半夜潮。（赵嘏《钱塘》）

嘉陵江：千里嘉陵江水色，含烟带月碧于蓝。（李商隐《望喜驿别嘉陵江水二绝》）

洞庭湖：遥望洞庭山水翠，白银盘里一青螺。（刘禹锡《望洞庭》）

西湖：水光潋滟晴方好，山色空蒙雨亦奇。（苏轼《饮湖上初晴后雨》）

分咏山水并不是出于诗人的主观愿望，而是因为山水虽连称，但兼具山水之胜者实在是不多，因此，李白咏泰山以水来拟云之变幻："泰山嵯峨夏云在，疑是白波涨东海。"(《早秋单父南楼酬窦公衡》)刘禹锡和苏轼的分咏洞庭湖和西湖，都没有忘记兼及对山水的称颂，尽管如洞庭湖大名鼎鼎的君山其实只是土丘而已。

我国风景名胜区中兼得山水之美的，确实较为少见。杭州西湖、肇庆星湖美则美矣，却都显得过于小巧。武夷山兼有青山与九曲之胜，群山苍翠耸立，溪水清澈萦回，与桂林山水颇有相似之处，幽深之处或更胜之，但九曲溪的游程只有十多公里，似嫌长度不足。因此，王正功拈出的"桂林山水甲天下"，是在韩愈所咏基础上的进一步推扩目光，在天下山水的比较中得出了自己的结论，并为后世所信服，得到了普遍的认同。以至于现在的人们或者不一定记得、不一定知道孔子的仁者乐山、智者乐水之说，但在对山水纯然审美的游赏中，在面对流动的水与不动的山之时，总会想起桂林平地拔起的无数青山，和如同长带般萦绕流转的、清澈的漓江，因为它们是天下山水之最。

今天，即使一般的游人不会去深入发掘"桂林山水甲天下"的文化意蕴，但是，在他们的游赏中，将会通过自己的亲见，在王正功八百年前的发现中不断完成每人自己的发现。如果套用《春江花月夜》"以孤篇压倒全唐"之说，王正功这一句诗可谓胜过从古到今多少诗人对桂林的吟咏。我们可以毫不含糊地说，"桂林山水甲天下"的诗句是不朽的！

（原载《社会科学家》2002 年第 7 期）

作歌告哀与诫世示后
——我国前期诗画功能简论

自古以来,我国的先民是在土地上创造农业文明的。《易·系辞》谓炎帝(神农氏)“斫木为耜,揉木为耒,耒耨之利,以教天下”,夏代开始铸铜,商、周的手工业、商业更形发达,但这三代都以农耕为本。《史记·夏本纪》说:“禹乃行相地宜所有以贡。”从大禹之时起已开始纳贡。《孟子》中有“殷人七十而助”之语,可见又产生了力役地租的新形式,“小藉臣”和“多尹”还具体受命于商王,负起农业生产的指挥职责。商人饮酒成风,耗黍极多,商代以木耒而耕,石铲蚌镰而作,生产力低下,地力不足,商人的迁徙可能与寻觅肥沃的土地有关,从《商书·盘庚》中就透露出这一消息。文中说“盘庚作,惟涉河以民迁”,遭到许多人反对,盘庚这样解释迁都的理由:“予迓续乃命于天。予岂汝威,用奉畜汝众。予念我先神后之劳尔先,予丕克羞尔,用怀尔然。”(意为:我如此劝告你们,正是要把你们的生命从上天迎接下来,使你们可以继续地生存。我哪里是用威势来压迫你们呢?我是为了要养育你们许多人民呀!我想起我们先王的任用你们先人,就记挂你们,要养育得你们好好的。)(译文据顾颉刚所译整理,见刘大杰《中国文学发展史》。)迁都的原委,正在于“用奉畜汝众”,岂非与农业、粮食有关?至于周人的迁居,无论是公刘率众由邰迁豳后“逝彼百泉,瞻彼溥原”“既溥既长,既景乃冈”(《诗·大雅·公刘》),还是古公亶父迁岐山后的“周原膴膴,堇荼如饴”“乃左乃右,乃疆乃理”(《诗·大雅·绵》),更可明见对肥美土地的挚爱之情,对发展农业生产的热望。

周代之重农及农业的发展,都远非夏、商可比,《汉书·地理志》说:“昔后稷封斄,公刘处豳,太王徙岐,文王作丰,武王治镐,其民有先王遗风,好稼穑,务本业,故豳诗言农桑衣食之本甚备。”但周民生活状况如何呢?豳诗中的名篇《七月》言之最为详备,尽管他们终年从事耕种、采桑、蚕绩、狩猎、营建等极为繁重的劳动,所得除被剥削以外,只能以粗劣的食物果腹。《诗经》中固然有《周南·芣苢》《魏风·十亩之间》等表达劳动欢乐的作品,但即使在《小雅·甫田》这样的祭祀乐歌中,还可以看到农夫在“倬彼甫田,岁取十千”的公田耕作中,只能是“我取其陈,食我农人”,徭役和地租的剥削使农夫难以从农作中得到欢乐。“不稼不穑,胡取禾三百廛”使人激愤,难以提高生产积极性,但《甫田》中的“琴瑟击鼓,以御田祖,以祈甘雨,以介我稷黍”,难道不是生产力本身低下,要靠天吃饭吗?《小雅·苕之华》对饥馑的感叹是十分沉重的:“苕之华,其叶青青。知我如此,不如无生。牂羊坟首。三星在罶。人可以食,鲜可以饱。”就连失势的贵族也感慨:“於!我乎,每食四簋。今也每食不饱。于嗟乎!不承权舆!”

综观《诗》三百,虽也有《鄘风·桑中》和《卫风·溱洧》等表现爱情欢乐的作品,但是,作为劳人思妇之歌的主旋律,正是“男女有所怨恨,相从而歌。饥者歌其食,劳者歌其事”(后汉何休《春秋公羊传·宣公十五年解诂》)。黄河流域的自然条件并不优越,人口的增殖给土地带来很大压力,遇及自然灾害,情景更为不堪。宣王被称为中兴之主,但他在位时的大旱灾极为严重,《大雅·云汉》以“赫赫炎炎,云我无所”“旱既大甚,涤涤山川。旱魃为虐,如惔如焚”记录了“天降丧乱,饥馑荐臻”的旱情、灾情,大旱造成的结果是“周余黎民,靡有孑遗”。宣王之子幽王即位后不久,就发生了关中地震,《国语》曰:“幽王二年,西周三川皆震。”“是岁,三山竭,岐山崩。”《小雅·十月之交》形象地描绘出“百川沸腾,山冢崒崩。高岸为谷,深谷为陵”的景况。几千年来,“民以食为天”的观念深深植入了中国人的头脑,“饥者歌其食”的歌声决不会是轻快、欢愉的!

周人既以农耕为本,就必然厌恶、反对徭役和战争。《唐风·鸨羽》、小雅《鸿雁》、《何草不黄》都很典型地表达了这种心情。且不说从军征战时充满忧伤,即使结束兵役,返回家园,仍然是悲从中来:“昔我往矣,杨柳依依。今我来思,雨雪霏霏。行道迟迟,载渴载饥。我心伤悲,莫知我哀!”(《诗·小雅·采薇》)甚至连周公东征伐奄归来,他的军士在归途中还难掩心中之痛:“我徂东山,慆慆不归。我来自东,零雨其蒙。我东曰归,我心西悲。”(《诗·豳风·东山》)。

这种源于农业文化的饥者劳者之歌,征人思妇之唱,不仅只限于下层,《诗经》中有不少官吏、贵族的作品,也表现了同样的精神,凝聚成深重的忧患意识。《小雅·四月》就是这样一支深沉的歌,其最后写道:

> 匪鹑匪鸢,翰飞戾天。匪鳣匪鲔,潜逃于渊。
> 山有蕨薇,隰有杞桋。君子作歌,维以告哀。

此诗以“君子作歌,维以告哀”结尾,而“作歌”“告哀”四字,正是周诗的主流。

与古希腊雕塑“摹仿活人”的原则不同,我国的先民首先不是关注自身,中国古代的造型艺术是从“天人合一”发展过来的。“天人合一”与农业文明有密切关系。自新石器时代开始农耕以来,先民们就懂得自然属性的“天”与吃饭的关系,并逐渐从对自然力的崇拜、恐惧中,推衍出“天”主宰人类命运的精神,认识到人应该懂得“天时”,要适应自然规律,同时,要顺从天意安排,服从天的主宰。先秦时代的思想家更将“天人合一”推之于政治和人伦领域,并使文艺也带上了它的浓重投影,“子产论礼”大概是最全面的表述:

> 夫礼,天之经也,地之义也,民之行也。天地之经,而民实则之。则天之明,因地之性,生其六气,用其五行。气为五味,发为五色,章为五声……为六畜、五牲、三牺,以奉五味;为九文、六采、五章,以奉五色;为九歌、八风、七音、六律,以奉五声;为君臣、上下,以则地义;为夫妇、外内,以经二物;为父子、兄弟、姑姊、甥舅、昏媾、姻亚,以象天明;为政事、庸力、行务,以从四时……生,好物也;死,恶物也。好物,乐也;恶物,哀也。哀乐不失,乃能协于天地之性,是以长久。(《左传·昭公二

十五年》)

从夏代开始铸鼎以来,就体现了"天人合一":"昔夏之方有德也,远方图物,贡金九枚,铸鼎象物,百物而为之备,使民知神奸。故民入川泽山林,不逢不若。螭魅罔两,莫能逢之,用能协于上下,以承天体。"(《左传·宣公三年》)造型艺术从它诞生伊始,就用于"以承天休"。周朝绘画的色彩运用,更与阴阳五行相配,并以之定"仪礼"、"伦常":"画缋之事,杂五色;东方谓之青,南方谓之赤,西方谓之白,北方谓之黑,天谓之玄,地谓之黄……土以黄,其象方,天时变,火以圜,山以章,水以龙,鸟兽蛇。杂四时、五色之位以章之,谓之巧。凡画缋之事,后素功。"(《周礼·冬官·考工记》)如果说,彩陶图案还是远古图腾活动和巫术礼仪所留下的"有意味的形式",还体现了氏族部落的一种遍及上下的观念的话,商周青铜器的纹饰就既有"以承天休",又体现了奴隶主的力量与威严的意义,这也是一种"天人合一"。常见的纹饰除饕餮、龙、夔、蟠螭等以外,还有云、雷、水纹等,还有战斗、车马、乐舞等现实生活内容,形成了青铜纹饰宏观上的"天""人"内容结构。

《左传》所说的"铸鼎象物,百物而为之备,使民知神奸"已言及青铜纹饰的社会功能。而"神""奸"二字并不抽象,大致可以入于道德范畴的"善"与"恶"。至商、周之绘画,更进一步沿此而发展。虽然现在已不存商、周画迹,但从文献记载看,此二朝绘画已有明显的礼教目的。《史记·殷本纪》言及:商初,宰相伊尹"从汤言素王及九主之事",《集解》引刘向《别录》,详言九主之名,并谓伊尹画九主形象以劝戒成汤。此外,《尚书》的《商书·说命篇上》载:高宗武丁,"惟恐德弗类,兹故弗言,恭默思道,梦帝赉予良弼,其代予言,乃审厥象,俾以形,旁求于天下。说筑傅岩之野,惟肖,爰立作相"。这是武丁画傅说形象,令人寻访,终在傅岩之野的筑版奴隶中找到。傅说为相后,佐武丁成中兴之业。

关于周朝绘画之用于礼教目的,可见《孔子家语》所载。此书虽被人考为伪作,但所载与孔子的思想颇合,故不妨援引之。此书《观周》有这样一段文字:

> 孔子观乎明堂,睹四门墉,有尧舜之容,桀纣之像。而各有善恶之状,兴废之诫焉。又有周公相成王,抱之,负斧扆南面以朝诸侯之图焉。孔子徘徊而望之,谓从者曰:"此周之所以盛也。夫明镜所以察形,往古者所以知今。"

孔子素来敬仰尧舜周公,并认为周朝的典章制度远较夏、商为好,《论语·八佾》记其言:"周监于二代,郁郁乎文哉,吾从周。"故见周公相成王的壁画,"徘徊而望之",并引发出"明镜察形""往古知今"之论。而观善恶、见兴废的功能论,其实还是"知神奸"的延伸。

这种用于教化目的的绘画在汉代更有明确的记载。据《汉书·苏武传》:汉宣帝甘露三年,呼韩单于称臣于汉,入朝,"上思股肱之美,乃图画其人于麒麟阁,法其形貌,署其官爵姓名”,“凡十一人,皆有传”。王充《论衡·须颂》说:“宣帝之时,画图汉烈士,或不在画上者,子孙耻之。”这种表功颂德的作品,与周公辅成王、孔子见老子等经史故实绘画一起,所起的是鉴戒作用。诚如王延寿《鲁灵光殿赋》所云:“忠臣孝子,烈士贞女,贤愚成败,靡不载叙。恶以诫世,善以示后。”后来的曹植在《画赞序》中对“诫世示后”有更全面的表述:“观画者,见三皇五帝,莫不仰戴;见三季暴主,莫不悲惋;见篡臣贼嗣,莫不切齿;见高节妙士,莫不忘食;见忠节死难,莫不抗首;见放臣斥子,莫不叹息;见淫夫妒妇,莫不侧目;见令妃顺后,莫不嘉贵。是知存乎鉴戒者图画也。”

青铜纹饰的“祯祥”“天休”,色彩运用的“礼仪”“伦常”,与人物绘画的“诫世”“示后”,分则各有专司,合则成“天人合一”格局。相较而言,众多的画工手迹湮没无闻,史传亦无记载,不能似《诗经》那样留下数量可观的《风》诗与《小雅》,造型艺术更多是体现统治者的意志,因此,“作歌告哀”与“诫世示后”的诗画分野可谓适不足怪。

(原载《中文自学指导》1992 年第 1 期)

从言意之辨到境生象外

——论庄、玄、禅对古代诗论的影响

提 要 本文旨在探讨庄学、玄学、禅宗与我国古代诗歌创作论的关系:第一部分追述了老、庄、《周易》、魏晋玄学在“言意之辨”思想形成和发展中的作用;第二部分分析了从陆机“假象尽辞”而入于“彩丽竞繁”,到刘勰以“目既往还,心亦吐纳”“物色虽繁,而析辞尚简”相倡,以明六朝创作思想之变;第三部分就皎然、刘禹锡、柳宗元、司空图,直到严羽等人的诗歌理论,论述了禅宗对诗歌“境生象外”“意余于象”的影响。

我国文学与西方相较,区别很多,其中之一,即是体制大小,篇幅长短的不同。尽管孟子有“充实之谓美”①的说法,但由于汉民族自古就讲求实效,注重事功,使自卜辞、铭文、《诗经》以来,文学多为短制。以诗歌言,欧洲从荷马时代的《伊利亚特》、《奥德赛》,经但丁的《神曲》,再到歌德《浮士德》,拜伦《唐璜》,都是鸿篇巨制。而我国,从战国时代的《离骚》、汉末的《孔雀东南飞》,到唐代的律、绝占据主导地位,竟然愈来愈短。诚然,这与是否具有由宗教信仰建立起来的、为文学殉道的精神有关,但在“重实际而黜玄想”(鲁迅语)的同时,又恰是庄学、玄学、禅宗这些“玄想”,影响了我国古典诗歌的意象经营和表达。本文旨在描述这一理论发展过程,以就教于方家。

---

①《孟子·尽心下》。

一

《左传》襄公二十五年记录了孔子的一段话：

> 仲尼曰：《志》有之："言以足志，文以足言。"不言，谁知其志？言之无文，行而不远。

这是孔子重视"人为"的一个重要思想。但"以虚无为本"（司马谈语）的老子，在强调人要顺应自然规律同时，却反对人的主观能动性，因而他希望能有顺应自然的文艺，而不要人为的文艺，以"大音希声，大象无形"①相标榜。后来王弼在注"大音希声"时说："听之不闻名曰希，不可得而闻之音也。有声则有分，有分则不宫而商矣。分则不能统众，故有声音，非大音也。"有具体、部分则不能有整体，从而就伤其自然。老子又说"信言不美，美言不信"②，"大巧若拙，大辩若讷"③。在他看来，人为的声音和节奏破坏了自然本来的音乐，人为的语言、文字创作的诗和文章，人为的线条、色彩创作的绘画，也同样破坏了自然的美。这样，不表现比表现好，也就成了结论。

庄子继承而又发展了老子的思想，他的哲学、美学思想很丰富，与本论题相关的，则是他对言意关系的看法。他在《秋水》篇中说：

> 可以言论者，物之粗也。可以意致者，物之精也。言之所不能论，意之所不能察致者，不期精粗焉。

他认为，语言所能表达的只是事物的粗糙处，是其外部，而意所能理解、领会的才是事物的精微之处，而言无法表达、意亦无法领会的，则是事物的深刻妙理，是不能期待以精、粗的。郭象这样解释："夫言意者，有也，而所言所意者，无也。故求之于言意之表，而入乎无言无意之域，而后至焉。"这一思想对后来的诗论和诗作是有颇大影响的。庄子在《天道》篇中又说：

> 世之所贵道者书也，书不过语，语有贵也。语之所贵者意也，意有所随。意之所随者，不可以言传也，而世因贵言传书。世虽贵之，我犹不足贵也，为其贵非其贵也。故视而可见者，形与色也；听而可闻者，名与声也。悲夫，世人以形色名声为足以得彼之情。夫形色名声，果不足以得彼之情，则知者不言，言者不知，而世岂

①《老子》四十一章。
②《老子》八十一章。
③《老子》四十五章。

识之哉!

他认为“道”是不可用形色名声来描述形容和判断规定的。在《外物》篇中,他进一步说:

> 荃者所以在鱼,得鱼而忘荃;蹄者所以在兔,得兔而忘蹄;言者所以在意,得意而忘言。

得鱼而可以不要荃(捉鱼之具)了,得兔而可以不要蹄(捉兔之具)了,得其意则可以忘言。“得意而忘言”是领悟到最高境界时的最佳状态,“能言”之时则这种状态已过,进入到诉诸理智的阶段。而“得意而忘言”一语则是关于言意关系的最彻底的说法。

《周易·系辞上》在“言”、“意”之外,又加入了“象”,它这样论述三者的关系:

> 子曰:书不尽言,言不尽意。然则,圣人之意,其不可见乎?子曰:圣人立象以尽意,设卦以尽情伪,系辞焉以尽其言,变而通之以尽利,鼓之舞之以尽神……

在这段话中,包含了“言”所不能尽之“意”,“象”却可尽的意思。且不管“象”是否真正能尽“意”,我们应该注意的是这样一个思想:即尽“意”者不只有“言”,还有“象”。《系辞上》说:“见乃谓之象”,可见“象”是感性的,而且,“象也者,像也”①,又应是事物的具体反映,因而,这里的“象”虽非艺术形象,却与艺术形象相通。至于“意”,决非简单的概念,为领会“象”中之“意”,就要“观其象而玩其辞”②对其理解要“神而明之,存乎其人”③,这就与艺术欣赏也有相通之处了。而言、意、象三者的关系用之于诗歌领域,岂非与语言、思想、意象的关系相通?

老、庄的思想在《淮南子》一书中得以延续,并有进一步的发挥。《淮南子·说林训》曰:

> 视于无形,则得其所见矣。听于无声,则得其所闻矣。至味不慊,至言不文,至乐不笑,至音不叫……听有音之音者聋,听无音之音者聪,不聋不聪,与神明通。

真正将庄子“言意之表”思想发挥尽致的是魏晋玄学时代,在这一时代,“言意之辨”成为一大论题。

较之两汉的“天人合一”和谶纬迷信的神学目的论来,魏晋的“人的主题”和“文的自觉”无疑是一大进步,而两汉儒学的宗主地位被魏晋玄学所取代,也是历史的必然。

---

①《周易·系辞》下。
②《周易·系辞》上。
③《周易·系辞》上。

汤用彤先生曾论其变化之迹踪缘由：

> 夫历史变迁，常具继续性。文化学术虽异代不同，然其因革推移，悉由渐进。魏晋教化，导源东汉。王弼为玄宗之始，然其立义实取汉代儒学阴阳家之精神，并杂以校练名理之学说，探求汉学蕴摄之原理，扩清其虚妄，而折衷于老氏。于是汉代经学衰，而魏晋玄学起。①

对玄学的治学眼光和方法，汤先生论道：

> 夫玄学者，谓玄远之学。学贵玄远，则略于具体事物而究心抽象原理。论天道则不拘于构成质料，而进探本体存在。论人事则轻忽有形之粗迹，而专期神理之妙用。夫具体之迹象，可道者也，有言有名者也。抽象之本体，无名绝言而以意会者也。迹象本体之分，由于言意之辨。依言意之辨，普遍推之，而使之为一切论理之准量，则实为玄学家所发现之新眼光新方法。②

"言意之辨"成为"一切论理之准量"，可见其地位之重要。所谓"言意之辨"，依汤用彤先生所说，当起于汉魏间的名学，而名理之学源于评论人物，进而从名学的原则变为玄学家的方法论："魏晋名家之用，本为品评人物，然辨名实之理，则引起言不尽意之说，而归宗于无名无形。夫综核名实，本属名家，而其推及无名，则通于道家。而且言意之别，名家者因识鉴人伦而加以援用，玄学中人则因精研本末体用而更有所悟。王弼为玄宗之始，深于体用之辨，故上采言不尽意之义，加以变通，而立得意忘言。于是名学之原则遂变而为玄学家首要之方法。"③

王弼以《庄子·外物篇》的筌蹄之说，作《周易略例·明象章》，为之进一步新解，从而奠定了汉代经学转为魏晋玄学的基础。

汉人解《易》重象数，他们将卦、爻辞所代表的事物看成是固定不变的。王弼认为汉儒相沿成习的解释爻象的方法过于刻板、机械，故在《周易略例·明象章》中提出了新的方法论："夫象者，出意者也；言者，名象者也。尽意莫若象，尽象莫若言。"从中可见他的认识论是象以达意，言以明象。但如果止步于此，就不是王弼了。他又说：

> 意以象尽，象以言著。故言者所以明象，得象而忘言；象者所以存意，得意而忘象。

他认为，言代表象，象代表意，二者均为得"意"之工具，解《易》不应滞于言，而应忘言

---

①《汤用彤学术论文集》，中华书局，1983 年版，第 214 页。
②《汤用彤学术论文集》，中华书局，1983 年版，第 214 页。
③《汤用彤学术论文集》，中华书局，1983 年版，第 216 页。

忘象,体会其中蕴含的意义。这无疑较之汉儒的机械的方法论是一大进步,但他之过于强调"忘",则开始走向谬误了。他以机械、拘泥为错,当然是正确的,但他进而滑向另一端,以错反错:

> 存言者,非得象者也;存象者,非得意者也。象生于意,而存象焉,则所存者乃非其象也;言生于象,而存言焉,则所存者乃非其言也。

过于执其言则未真得其象,过于执其象则未真得其意,事物内涵之丰富,形态和实质的发展都证明了停滞的目光和方法的错误,但只强调事物未被认识及认识不全的部分,而否定已被认识和认识得正确的部分,同样是错误的。非仅止于此,王弼又进一步推论:

> 然则,忘象者乃得意者也;忘言者乃得象者也。得象在忘象,得象在忘言。故立象以尽意,而象可忘也;重画以尽情,而画可忘也。

只有忘象才能得意,只有忘言才能得象。如果说前面的错误似于建三层楼可不必凭藉一、二层的基础,如今则认为有了一、二层反而建不成第三层了。这当然是很荒谬的。

王弼所说从正确走向错误,他的每一层推论都使错误发了一次酵,以至最终发生质变。然而,他的认识论的基础"所存者乃非其象""所存者乃非其言",仍具有相当的合理性,因为现象确实比语言丰富得多,概念也难以尽赅其应有的外延。正因为这样,"言意之辨"的"言不尽意"说能产生极大影响。《世说新语·文学篇》有一段很有意思的话:

> 褚季野语孙安国云:"北人学问渊综广博。"孙答曰:"南人学问清通简要。"支道林闻之曰:"圣贤固所忘言,自中人以还,北人看书如显处视月,南人学问如牖中窥日。"

"显处"为广,"牖中"为约,"日"指明,"月"为暗。汉代经学为"北",魏晋玄学为"南",重南轻北则归于忘言得意。

二

老、庄的"大音希声"说、"言意之表论",是在《诗》三百创作期之后才产生,代表楚文化的《楚辞》除在荒唐谬悠、琦玮深宏上,与庄子散文有共同之处外,是难以找到老、庄的上述影响的。汉代定儒学为一尊,文学上是赋的时代。因而讨论本论题,当从魏晋开始。

汤用彤先生认为，王弼论《易》的新解，魏晋人士用之极广，大致可归纳为四方面：一是用于经籍的解释；二是契合于玄学之宗旨；三是会通儒道二家之学；四是影响于名士之立身行事①。

魏晋玄学对文学、对诗歌有没有影响呢？

毫无疑义，一个时代的学术思想必然会影响这一时代的文学思想，玄言诗的兴起岂非几与玄学同步？但是，从方法论说，"言不尽意"对诗歌艺术表现的影响，却不止慢了一个节拍，所以汤先生只归纳了四个方面。

《周易》的"立象尽意"说，虽是就占筮言，但与形象思维这一特殊的艺术创作规律有关。世间万物无比复杂，世间万事无比丰富，要反映客观或表现主观都非易事，因而，孔子有"辞，达而已矣"之说。然而，"辞达"又岂是易事？苏轼在《答谢民师书》中说："夫言止于达意，即疑若不文，是大不然。求物之妙，如系风捕影。能使是物了然于心者，盖千万人而不一遇也，而况能使了然于口与手者乎？是之谓辞达。辞至于能达，则文不可胜用矣。"由于从"识"到"达"有从客观到主观的三个环节：观物，了然于心，了然于口与手。"了然于心"尚且"千万人而不一遇"，何况"了然于口与手"？因为即使"了然于心"，也常处于"口不能言"的状态。于是，处"文的自觉"时代，陆机《文赋·序》开始较深入地探讨"辞达"的途径，并体会至深地说：

> 余要观才士之所作，窃有以得其用心。夫其放言遣辞，良多变矣。妍蚩好恶，可得而言。每自属文，尤见其情。恒患意不称物，文不逮意，盖非知之难，能之难也。

陆机少王弼三十余岁，但"众家扇起，各列其说，上及造化，下被万事，莫不贵无"②，正是笼罩魏晋二代的风气，他的"恒患意不称物，文不逮意"，竟然自觉不自觉地同王弼"得意忘象""得象忘言"对着干了。要越过"能之难"的障碍，就要仔细观察，"巧构形似之言"，因而，"笼天地于形内，挫万物于笔端"，就不仅是汉赋作风，也是六朝诗侧重描写的一种说法了。

挚虞在《文章流别论》中说："古之作诗者，发乎情，止乎礼义。情之发，因辞以形之；礼义之旨，须事以明之。故有赋焉，所以假象尽辞，敷陈其志。""古诗之赋，以情义为主，以事类为佐。今之赋，以事形为本，以义正为助。情义为主，则言省而文有例矣；事形为本，则言富而辞无常矣。"此虽言赋，但亦通之于诗中之"赋"——描写。"假象尽辞"，"事形为本，则言富而辞无常"，可以说，这也可以看成六朝诗风的概括。

建安以"风骨"见称，黄初承其余绪。但即以曹植《美女篇》言，虽是"子建志在辅君匡济，策功垂名，乃不克遂。虽授爵封，而其心犹为不仕，故托处女寓怨慕之情焉"（刘履说）。然而诗中竟用十句之多写其装饰、体态。西晋时，陆机最负盛名，但"士衡才优，

① 参看《魏晋玄学论稿·言意之辨》，载《汤用彤学术论文集》。

② 裴頠：《崇有论》。

而缀辞尤繁”[①]，甚至被评为“但工涂泽”，“意欲逞博”“遂开出排偶一家”[②]。潘岳也是才名盖世，但后人却认为，“所嫌笔端繁冗，不能裁节，有逊乐府古诗含蕴不尽之妙”[③]，“情深而语冗繁”[④]。宋之谢灵运，为山水诗大家，但钟嵘评其“故尚巧似”“颇以繁富为累”[⑤]，后人也说他“时有字句滞累”[⑥]。梁代诗风“转拘声韵，弥尚丽靡”[⑦]，简文帝、庾肩吾、徐摛等人的宫体诗反映的是病态的放荡、色情，陈、隋相继，沿袭百年。相较之下，何逊、阴铿的山水诗较为可读。何逊诗在“实为精巧，多形似之言”[⑧]同时，又能“经营匠心，惟取神会”“状景必幽，吐情能尽”[⑨]“情词宛转，浅语俱深”[⑩]，已渐得近体诗风气之先，以至后来杜甫“颇学阴何苦用心”，从中采为己句者不少。阴铿“寻常景物，亦必摇曳出之，务使穷态极妍，不肯直率”，但又“无齐、梁晦涩之习，而琢句抽思，务极新隽”[⑪]。何、阴之作已启唐音，到庾信，先是绮艳，后是清新、老成，“为梁之冠绝，启唐之先鞭”[⑫]，刘熙载甚至认为：“庾子山《燕歌行》开唐初七古，《乌夜啼》开唐七律。其他体为唐五绝、五律、五排所本者，尤不可胜举。”[⑬]

玄学较之于经学，有南学约而北学广之别，但文学发展的南北不同则不在此。李延寿《北史·文苑传序》说：

> 江左宫商发越，贵于清绮；河朔词义贞刚，重乎气质。气质则理胜其词，清绮则文过其意。

刘师培《南北文学不同论》进一步说：“慧业文人，咸崇文藻……句争一字之奇，文采片言之贵。”可以说南北文学与学术的情神是恰恰相反的。

诚然，综观六朝，也有如陶渊明这样的大诗人，前此的阮籍、左思，后此的鲍照、谢朓，也不失为优秀诗人，但更多的诗人并不以兴寄、风骨，自然、简约为尚。诗不以六朝为高峰，确与其“假象尽辞”而入于“彩丽竞繁”有关。

诗歌创作的实践受制于创作思想，同时也反映了创作思想。对陆机《文赋序》所说的“恒患意不称物，文不逮意”，唐大园《文赋注》这样解释：“所构之意，不能与物相称，则患在心粗；或意虽善构，苦无词藻以达之，则又患在学俭。欲救此二患，则一

---

① 刘勰：《文心雕龙·熔裁》。
② 沈德潜：《古诗源》卷七。
③ 陈祚明：《采菽堂古诗选》卷十一。
④ 黄子云：《野鸿诗的》。
⑤《诗品》上。
⑥ 钟惺：《古诗归》卷十一。
⑦《梁书·庾肩吾传》。
⑧ 颜之推：《颜氏家训·文章篇》。
⑨ 陈祚明：《采菽堂古诗选》卷二十六。
⑩ 沈德潜：《古诗源》卷十三。
⑪ 陈祚明：《采菽堂古诗选》卷二十九。
⑫ 杨慎：《升庵诗话》。
⑬ 刘熙载：《艺概·诗概》。

在养心,使由粗以细,一在勤学,使由俭而博。”陆机本人虽也说过“立片言而居要,乃一篇之警策”,“要辞达而理举,故无取乎冗长”,但他毕竟又以“虽离方而遯员,期穷形而尽相”相号召,赞赏“炳若缛绣,悽若繁弦”。由于“由粗以细”“由俭而博”,以“细”“博”去称物、足意,遂走入“繁”之一路。“情必极貌以写物,辞必穷力而追新。此近世之所竞也”①,六朝诗的这种风貌实导源于陆机,除其他原因不论,对“言意之辨”的认识可谓主因之一。后来的沈约,也极其赞赏“相如巧为形似之言”,“二祖、陈王,咸蓄盛藻”,“潘、陆特秀”,“缛旨星稠,繁文绮合”②。萧统虽能独识陶诗价值,但仍难出六朝重繁缛藻饰之见。

与陆机文学思想不同,且产生更大影响的,已是齐梁时的刘勰、钟嵘。刘勰也看到了言难达意的缺憾,他说:“方其搦翰,气倍辞前,暨乎篇成,半折心始。何则？意翻空而易奇,言征实而难巧也。是以意授于思,言授于意,密则无际,疏则千里。”③他尤其看到事物的微妙处更难表达:“至于思表纤旨,文外曲致,言所不追,笔固知止。至精而后阐其妙,至变而后通其数,伊挚不能言鼎,轮扁不能语斤,其微矣乎！”④因而也说“枢机方通则物无隐貌”,“积学以储宝,酌理以富才,研阅以穷照,驯致以怿辞”,同样认为“博见为馈贫之粮”⑤。但他又能对举“隐”和“秀”:“隐也者,文外之重旨者也;秀也者,篇中之独拔者也。”⑥对“隐”更为推崇:“夫隐之为体,义主文外,秘响傍通,伏采潜发,譬爻象之变互体,川渎之韫珠玉也。”篇末的“赞”又说:“深文隐蔚,余味曲包。辞生互体,有似变爻。”⑦他在认识到“诗人感物,联类不穷,流连万象之际,沈吟视听之区;写气图貌,既随物以宛转;属采附声,亦与心而徘徊”⑧的同时,以《诗经》为例,说明“皎日嘒星,一言穷理;参差沃若,两字穷形。并以少总多,情貌无遗”⑨的道理。他联系创作风气而论道:“自近代以来,文贯形似,窥情风景之上,钻貌草木之中。”他对这种“体物为妙,功在密附”的特点并不赞同,而是以诗、骚为榜样,说“且诗骚所标,并据要害”,“莫不因方以借巧,即势以会奇,善于适要,则虽旧弥新矣”。他认为“物色虽繁,而析辞尚简”,“物色尽而情有余者,晓会通也”,“目既往还,心亦吐纳”⑩。他不以穷形尽相为号召,却推崇“吐纳”“析辞尚简”的原则。钟嵘所论虽不及刘勰那样系统、深刻,但他在《诗品序》中释诗之“三义”时说,“文已尽而意有余,兴也”,亦与刘勰所见相近。

---

① 刘勰:《文心雕龙·明诗》。
② 沈约:《宋书·谢灵运传论》。
③ 刘勰:《文心雕龙·神思》。
④ 刘勰:《文心雕龙·神思》。
⑤ 刘勰:《文心雕龙·神思》。
⑥ 刘勰:《文心雕龙·隐秀》。
⑦ 刘勰:《文心雕龙·隐秀》。
⑧ 刘勰:《文心雕龙·物色》。
⑨ 刘勰:《文心雕龙·物色》。
⑩ 刘勰:《文心雕龙·物色》。

三

魏晋玄学的言意之辨并未对诗歌的艺术表现发生直接影响，从陆机到刘勰的转变，也有着复杂的背景和原因，但是，从刘勰所倡的“善于适要”“析辞尚简”，到唐代皎然“取境”说的出现，以及唐诗才真正实现了“适要”“尚简”的原则，我们不能不看到在这一变化中佛学所起的作用。而由唐至宋，更是诗与禅结合的时代。

佛学传入中国之时，正是儒学衰退、玄风独振之日，为使佛学得以落脚、生根、弘扬，向玄学靠拢以至结合是势之必然。不仅是慧远以玄学的“无”解释佛学的“空”，僧肇讲学的方法也明显带有“言意之辨”的色彩。据《高僧传》载，僧肇在《涅槃无名论》中说：

> 夫涅槃之为道也，寂寥虚旷，不可以形名得，微妙无相，不可以有心知……岂曰无辩？辩之所不能言也。经曰：真解脱者离于言数。

竺道生对于佛教徒忽略宗教立场而拘守佛经字句，更以筌鱼之喻、意象之说阐明道理：

> 夫象以尽意，得意则象忘。言以诠理，入理则言息。自经典东流，译人重阻，多守滞文，鲜见圆义。若忘筌取鱼，始可与言道矣[①]。

如果说晋、宋之时，还多是士夫、名士喜欢谈佛，那么齐竟陵王萧子良招人于西邸讲佛，梁武帝萧衍弃道归佛，并亲自登坛讲论佛理，终使佛教之盛达到顶点。于是梁代撰《弘明集》与《高僧传》的慧皎，对“言意之辨”有了更深刻的论述：

> 是以圣人资灵妙以应物，体冥寂以通神，借微言以津道，托形象以传真。故曰：兵者，不祥之器，不获已而用之；言者，不真之物，不获已而陈之……将令乘蹄以得兔，藉指以知月。知月则废指，得兔则忘蹄。经云：依义莫依语。此之谓也。[②]

我们再回过头来看理论家与诗人这一头。

刘勰年轻时曾入定林寺依名僧僧祐，相处十余年，深受佛理熏陶。在萧统死后，奉敕与沙门慧震于定林寺撰经，经成后，弃官为僧，法名慧地。在《文心雕龙》中，儒家思想虽居于主导地位，但浸染佛学多年，岂能不留下印记？

如果说齐梁时代的刘勰只是一个孤证，唐诗的艺术表现与佛学的关系则可以找到鲜明的轨迹了。

---

①《高僧传》卷七。

②《高僧传·义解论》。

隋、唐都是佛教极为兴盛的时代。隋文帝统一全国后，在开皇元年“普诏天下，任听出家，仍令计口出钱，营造经像”，使“民间佛经，多于六经数十百倍”[①]，使被北周一度禁断的佛教得以迅速复兴。唐朝由于丝绸之路再度辟通，佛经大量传入，且天台、法相、华严、净土等宗派并兴或代兴，尤其是禅宗，深入于士夫文人之中，产生了极其深远的影响。

在梁朝时，南天竺菩提达摩渡海到了广州，应邀至金陵与梁武帝问答。但因机缘不契，遂北上洛阳，入嵩山少林寺，以《楞伽经》四卷为基础，简化了禅定修养法。经慧可、僧璨、道信、弘忍之传，到慧能、神秀，终于建立了正式的禅宗，并逐渐由慧能的南宗压倒神秀的北宗，几占垄断地位。大诗人王维一生奉佛，从大荐福寺道光禅师受教十年，并为慧能的大弟子神会撰《六祖能禅师碑铭》。柳宗元“自幼好佛，求其道积三十年”[②]，曾称“儒以礼行，觉以律兴”[③]，将儒释等观，甚至认为“法之至莫尚乎般若，经之大莫极乎《涅槃》”[④]，他也曾为慧能写过《曹溪大鉴禅师碑》，在柳州与禅僧交往频繁。刘禹锡与禅僧广为交往，在连州时写过很多赠僧诗，他也持儒佛相合的观点，说过：“知突奥于《中庸》，启键关于内典，会而归之，犹初心也。不知予者诮予困而后援佛，谓道有二焉。”[⑤]他为释门写过颇多碑、铭、记，其中有《曹溪第六祖大鉴禅师第二碑》《牛头山第一祖融大师新塔记》等。白居易是中唐大诗人，也奉佛，曾称，“我闻浮图教，中有解脱门”[⑥]，虽入道深于入佛，但佛教的影响是毋庸置疑的。

唐代的诗歌理论大体可以分成两派。一是从陈子昂的“风骨”“兴寄”说，经白居易“为时而著，为事而作”的风雅美刺论，直到皮日休的“美以观功，刺以戒政”的侧重于功能的一派。二是以皎然、司空图等人为代表，且有系统著作，侧重艺术的一派。前者体现了儒家思想，后者则得益于佛家思想。

唐代佛教宗派虽多，但兴衰情况大异。玄奘所创的法相宗及稍后的华严宗，虽先后得到唐太宗与武则天的礼遇，但因教义烦琐，前者很快衰落，后者则行于日本。净土宗中的阿弥陀净土影响极大，但主要流行于民间下层人士。天台宗又称法华宗，融汇了北方禅学和南方义学，在隋唐有很大影响。但相较而言，禅宗所带的老庄、玄学色彩最浓，是佛学中国化的产物，由宗教领域而推之于人生哲学，对文人士夫影响最大。

皎然本名谢清昼，又称昼，是谢灵运的十世孙，一生居吴兴东溪草堂，与颜真卿、韦应物等相唱和，是大历、贞元时代的著名诗僧。他在《诗式·文章宗旨》中说：

> 康乐公早岁能文，性颖神澈，及通内典，心地更精，故所作诗，发皆造极，得非

---

①《隋书·经籍志》四。
②《送巽上人序》。
③《南岳大明寺律和尚碑》。
④《送琛上人南游序》。
⑤《赠别君素上人》小引。
⑥《自觉》二首其二。

空王之道助邪?

这不仅可以看成是他为自己的祖上谢灵运寻找诗学根源,也可以看作是自道渊源。谢灵运精研佛学,曾整理《大般涅槃经》为南本。在竺道生"校阅真俗,研思因果,乃言善不受报,顿悟成佛"[①],而遭到法勗、僧维、慧驎、法纲等人反对时,谢灵运从会通儒释两家的角度肯定顿悟说,他与反对者的辨难曾收入《辩宗论》,尽管他的诗尚未达到极其凝炼、含蓄,但无疑已与玄言诗有质的区别,他是公认的当时的第一流山水诗人。禅宗的南宗主张"顿悟"说,皎然生活的时代,南宗已取得垄断地位,他所在的吴兴,亦距法融所创"牛头禅"的金陵不远,故皎然的佛学思想可推知。他在《诗式·序》中说:"世事喧喧,非禅者之意……岂若孤松片云,禅坐相对,无言而道合,至静而性同哉?"并言及为他编录点窜《诗式》的李公洪"精于佛理"。其祖"通内典",得"空王之道助",自己所著更见禅意、禅思,故《诗式》受禅的影响是显然的。

皎然《诗式》涉及诗体、诗德论,但更以艺术论著称。他在《文章宗旨》中提出"不顾词彩,而风流自然",在《重意诗例》中以"但见情性,不睹文字,盖诗道之极也"相标榜。为达到这样的标准,他提出了"取境"说,认为好诗应"假象见意","采奇于象外","情在言外","旨冥句中"。他以"取象曰比,取义曰兴"来解释"比兴",以有否比兴看作是否有文外之旨、象外之意、言外之情。

与皎然持论相同,且有进一步发展的是刘禹锡。刘禹锡童年时曾到吴兴陪侍皎然及另一诗僧灵澈,多得指点,后与衡山、牛头山等禅僧多有交往,故其诗论得于禅理者甚多。他在《董氏武陵集纪》中说:

片言可以明百意,坐驰可以役万景,工于诗者能之……诗者其文章之蕴邪?义得而言丧,故微而难能,境生于象外,故精而寡和。

"义得言丧","境生象外",较皎然所论更可见导源于"言意之辨"的印痕,亦可见从"言意之辨"中终于发展出意余于象的要求。

司空图是唐人中这一派理论的总结者。他在《与李生论诗书》中崇尚"韵味",以"近而不浮,远而不尽"为尚,标举"韵外之致",味要妙在"咸酸之外",不要因"浅涸"而意尽。在《与极浦书》中,则以戴容州"诗家之景,如蓝田日暖,良玉生烟,可望而不可置于眉睫之前"发端,倡以"象外之象,景外之景"。在二十四《诗品》中,更以比物取象的方法,列品而言风格和创作经验,其中的"超以象外,得其环中"(《雄浑》),"不著一字,尽得风流"(《含蓄》),"遇之自天,泠然希音"(《实境》),"远引若至,临之已非"(《超诣》)等,都本于前述精神而又有发挥。

南宗禅发展至晚唐,以南岳怀让和青原行思两系最为兴盛,至五代间又演为五

---

①《高僧传》卷七。

宗，经北宋而至南宋，各宗相继衰微，但临济宗又开黄龙、杨岐两派，故有“五宗七家”之称。从哲学思想言，两宋理学，陆象山、王阳明的“心学”，直到近代谭嗣同等人，都受到了禅宗的影响。

相较之下，宋代的诗僧、画僧远比唐朝多，而宋代的士大夫与禅僧的交往也远比唐朝多。欧阳修虽曾写过《本论》，指出佛法之害，提倡修习礼义，但最终仍拜倒佛门前，并自号“六一居士”。王安石是政治、文学革新家，但“欲明圣学而杂于禅”[①]。苏轼早年辟佛，但后来非仅从政治上认为“宰官行世间法，沙门行出世间法，世间即出世间，等无有二”[②]，而且与禅僧广为交游，诗画之外，还与之大掉机锋，《续传灯录》《五灯会元》等多有记载。黄庭坚更是从禅僧处多所承教，由于他受学于黄龙派祖心、死心等禅师，故被列入黄龙一脉。诗人中受禅宗影响的远不止这四人，无论北宋、南宋，都可以开具长长的名单。

由于禅僧工于诗作，诗人多交释子，诗与禅的相互渗透与结合，大体完成于宋代。一方面是禅僧以诗为偈颂，另一方面则是禅意、禅思、禅理、禅法全面影响了诗论和诗作。且不说诸多的以禅论诗、以禅衡诗，给宋代诗论赋以新意和新法，也不说翻案、活参等禅法对诗法的影响，仅就言意之辨的角度言，宋代也出现了不少新东西。

传说佛祖释迦牟尼说法于灵山时，曾拈花示众，其中只有迦叶尊者默然领会，微微一笑。早期禅宗尊奉的《楞伽经》曾说：“有佛国土，直视不瞬，口无言语，名为说法。”但仍以眉目、笑咳表达佛法。由于禅宗是玄学化的佛学，遂由“言不尽意”发展到“不立文字”。当然，禅宗众多的灯录说明“不立文字”并非果真如此，但值得注意的是禅宗的机锋对诗作的影响。虽然自盛唐时代的马祖道一和石头和尚希迁起，已有机锋之兴，但到宋代，才真正成为传授禅宗的方法，而机锋应对也成为诗人之常习。机锋以比喻、隐语等方式启发人的悟性，诗人常习此道，也善以含蓄、精炼入于诗，示象以少，得意以多，由启发悟性到积极联想，继承并发展了唐诗。

在宋代诗论中，由“言意之辨”生出的“言不尽意”思想，所见者甚多。其中较著名的有：

> 必能状难写之景，如在目前，含不尽之意，见于言外，斯为至矣。[③]

> 予尝论书，以谓钟、王之迹，萧散简远，妙在笔画之外……至于诗亦然。[④]

> “北邙不种田，唯种松与柏。松柏未生处，留待市朝客。”又《贫女》诗：“照水欲梳妆，摇摇波不定。不敢怨春风，自无台上镜。”二诗格高，而又含不尽之

---

① 全祖望：《宋元学案》卷九八。

②《南华长老题名记》，《苏东坡后集》卷二。

③ 欧阳修：《六一诗话》引梅尧臣语。

④ 苏轼：《书黄子思诗集后》。

意见于言外。[①]

> 东坡云"言有尽而意无穷"者,天下之至言也……句中有余味,篇中有余意,善之善者也。[②]

严羽《论浪诗话》更是宋代此派理论的总结。其论诗曰:

> 所谓不涉理路,不落言筌者,上也……盛唐诗人惟在兴趣,羚羊挂角,无迹可求。故其妙处莹澈玲珑,不可凑泊,如空中之音,相中之色,水中之月,镜中之象,言有尽而意无穷。

后来,经金、元、明诗论家的发展,到清代,从王夫之至王士禛,终于将这"言不尽意"思想发展成神韵诗派。尽管此时离庄、玄的时代极远,禅宗的极盛期亦早过,但返照的回光中,依然还带着它们的辉耀。

重理性、求实际的汉民族从"玄想"中为诗歌汲取了养料,这难道不是文化心理结构上儒道互补原则的体现吗?至于对唐宋诗发生直接影响的禅宗,则可看作"道"的延伸及转换,由宗教而艺术,这是一种很有意义的"种瓜得豆"现象。

(原载《华东师大学报》1989 年第 1 期)

论禅宗向诗歌的渗透

在我国诗歌的发展史上,可以明显找到思想史留下的印记。儒学之对于功能论的影响,庄学与玄学之对于艺术论的影响,所论者已不鲜见。近年来,人们也多注目于佛学,对禅宗更为留心。笔者以为,尽管诗与禅的关系已被论及,但对于禅宗向诗歌的渗透,尚缺乏系统的总结和历史的考察,而这对于研究诗歌史,尤其是处于发展高峰的唐宋诗,显然是一个缺憾。为此,不避谫陋,草成此文,以求方家赐教。

一

禅宗的初祖菩提达摩大师,原是南天竺国香至王第三子,从学于般若多罗,学成后,遵师指点,漂洋过海来到中国。由广州到金陵,在与梁武帝关于功德与圣谛的对答

① 吴可:《藏海诗话》。
② 姜夔:《白石道人诗说》。

中机缘不契，遂折苇渡江，寓嵩山少林寺。越九年，欲返天竺，传袈裟、留偈语给慧可。尽管这些传说、偈语多为后人编造，达摩与梁武帝的对答也不无加工，折苇渡江、面壁九年的故事亦属虚构，死葬熊耳山却又与魏使宋云相遇于葱岭，携只履而翩翩西归，启圹唯空棺只履的编造当然更是荒唐。然而，比起汉代从西域陆路传来的印度佛教，禅宗确实更是真正的“舶来品”。经达摩和他的弟子们的努力，印度禅学逐渐演化为中国禅宗，对中国士大夫的行事、思想产生了深刻影响，并以其特殊的思维方式渗透进诗歌领域。

达摩将禅宗秘旨传给二祖慧可（北齐），再经三祖僧璨（隋），入唐又传四祖道信、五祖弘忍，到六祖慧能，终于出现了禅宗的全盛期，得到士夫文人的赞赏和欢迎。

禅宗对于佛学中的宇宙论并无新认识，其创新和贡献在于修行方法。达摩首倡“理入”和“行入”，由“壁观”而“理入”，由“四行”而“入道”。据说，“壁观”是使心如壁立，不偏不倚，《唐高僧传》卷一六记道宣语：“凝住壁观，无自无他，凡圣等一，竖住不移，不随他教，与道冥符，寂然无为，名理入也。”“四行”即报怨行、随缘行、无所求行、称法行，以“甘心受之，都无怨怼”，“得失随缘，心无增减”，和放弃要求、愿望的“无所求”，按佛教教义行动的“称法”去行动。相较而言，这样的修行方法是较为简易的。但自达摩到弘忍，禅宗尚未真正成立，影响也极为有限。

禅宗之成为显学，当从六祖慧能开始。从《坛经》可知，禅宗的修行“先立无念为宗，无相为体，无住为本”。这“三无”其实只是“无念”而已，对于“无念”的解释颇见歧义。慧能的思想之所以产生巨大影响，在于“顿悟成佛”的主张。慧能父早亡，自幼在岭南新州以打柴为生，送柴于客店，闻客诵《金刚经》，一听即悟，就辞亲前往黄梅冯墓山礼拜五祖弘忍。在与弘忍对答时，就因“人即有南北，佛性即无南北”等语而见“根性”，在他被遣至碓房八个多月后，出现了弘忍令门人呈偈以付衣法一事。上座神秀三更时秉烛于壁上作偈：

身是菩提树，心如明镜台。时时勤拂拭，莫使有尘埃。

五祖见后，谓其“只到门前，尚未得入”。神秀“去数日，作不得”。慧能于碓房闻童子诵此偈，知未见性，但自己不识字，就请人代书己作二偈：

菩提本无树，明镜亦非台。佛性常清净，何处有尘埃！

心是菩提树，身为明镜台。明镜本清净，何处染尘埃！

弘忍见后，将衣钵传给了他。神秀与慧能偈语的区别就在于“渐”和“顿”。

“顿悟成佛”原是南北朝时期道生的主张，至慧能的南宗，将此说发挥到登峰造极地步。《坛经》云：“世人性本自净，万法在自性……自性常清净，日月常明，只为云覆盖，上明下暗，不能了见日月星辰，忽遇惠风吹散卷尽云雾，万象森罗，一时皆现。”又说：“故知不悟，即是佛是众生；一念若悟，即众生是佛。故知一切万法，尽在自身中，何不从于自心顿现真如本性。”技照如此修行方法，确实比那些穷年累月地背诵经卷，孜孜矻矻地钻研教义，举行没完没了的宗教仪式，当然要简捷方便得多。《坛经》不主外修，而倡直寻本性：“般若之智，亦无大小，为一切众生，自有迷心，外修觅佛，未悟本性，即是小根人。闻其顿教，不假外修，但于自心，令自本性常起正见，烦恼尘劳众生，当时尽悟，犹如大海，纳于众流，小水大水，合为一体，即是见性。”因为“外修觅佛，未悟本性”，所以慧能反对坐禅、念经。《坛经》中又说：“若欲修行，在家亦得，不由在寺。在寺不修，如西方心恶之人；在家若修，如东方人修善。”这样一来，比起神秀北宗的“时时勤拂拭，莫使有尘埃”，当然有充分的自由度，也有更大的吸引力。

唐代佛教极盛，对于士夫文人来说，通过苦行、布施、坐禅，而获得彼岸世界的幸福，当然不是可取之路。而禅宗的并非严格的宗教信仰，并非痛苦的宗教修行，无异于以一种超脱现实烦恼的心境，介入于世俗中见高雅的生活方式。这样，就为他们“出世”的那一侧面留下了一块可供回旋的土地。在安史之乱以后，唐王朝由盛转衰，时代精神遂从积极进取、昂扬向上，转为消极退避、压抑低沉，士夫文人与释门交往更为频繁。禅宗的“五家”之出，真正应了“一花开五叶，结果自然成”的偈，压倒了其他宗派，取得了佛教的垄断地位，也为禅宗与士夫文人的广泛交往提供了基础。

孟浩然入高僧义公禅房，“夕阳连雨足，空翠落庭阴。看取莲花净，方知不染心”(《题义公禅房》)。在赞美、企慕中还留着距离。王维《谒璿上人》序中已有“神交”一语，《饭覆釜山僧》更谓“已悟寂为乐，此生闲有余”，禅寺“竹外峰偏曙，藤阴水更凉”(《过福禅师兰若》)的景色当然更是诱人，他在“下映芙蓉之池”，“中秀菩提之树”(《青龙寺昙壁上人兄院集·并序》)的禅寺内，所得感受是“眼界今无染，心空安可迷”(《青龙寺昙壁上人兄院集·并序》)。他道及僧人、寺院的诗不少。其他文体中涉及此类者亦不少，《王右丞集》卷十七的《表》，卷十九的《序》，卷二十的《文赞》，卷二十四、二十五的《碑铭》都有此类内容。当然，王维并非只奉南宗禅，但他确实与南宗有颇深的渊源，他不仅为六祖慧能写过碑铭，而且在《大荐福寺大德道光禅师塔铭》中可知，道光禅师“遇五台宝鉴禅师”，得以“密授顿教，得解脱知见”，王维则于道光“十年座下，俯伏受教”。诚如《空同子》所云，“王维诗，高者似禅，卑者似僧”(见赵殿成《王右丞集笺注》卷之末《附录二》)，或得禅意，或作禅语，然而禅宗对其影响是毋庸置疑的。

中唐时代，更出现了谢灵运十世孙的著名诗僧皎然，他一生居吴兴东溪草堂，有“江东名僧”之号，韦应物、顾况等诗人常与唱和，连自称“不信佛法”的颜真卿也常与交往。皎然诗学与禅学颇有关系，其诗论、诗作也必然影响了同时的诗人。中唐另一诗僧灵澈上人是皎然诗学的继承者，权德舆《送灵澈上人庐山回归沃洲序》说：“昔庐山远公、钟山约公皆以文章广心地，用赞后学，俾学者乘理以诣，因言而悟，得非元津之一派乎？吴兴长老昼公(即皎然)掇六义之清英，首冠方外，入其室者，有沃州灵澈上人。”此序又说：“上人心冥空无而迹寄文字，故语甚夷易，如不出常境，而诸生思虑，终不可至……故睹其容览其词者,知其心不待境静而静。”这种“其心不待境静而静”的诗风,也影响了与他交游的诗人。刘长卿《送灵澈上人》:“苍苍竹林寺,杳杳钟声晚。荷笠带夕阳,青山独归远。”就是清寂、闲淡的静心,静境。

刘禹锡《澈上人文集纪》曾开列了诗僧的名单:“世之言诗僧多出江左,灵一导其源,护国袭之,清江扬其波,法振沿之。如云弦孤韵瞥入人耳,非大乐之音。独吴兴昼公能备众体,昼公后,澈公承之。”诚如此文所说,不但是“释子工为诗尚矣”,而且僧人与文人颇尚交游,灵澈得皎然书荐包佶,包佶又致书李纾,“是时以文章风韵主盟于世者曰包、李,以是上人之名由二公而扬”,灵澈得名之后,“以文章接才子,以禅理说高人,风仪甚雅,谈笑多味”。中唐以后,随着禅宗地位的上升,诗人多于禅林觅趣,与禅僧关系更深。从刘禹锡的文集中可见,他不仅应道琳之请为慧能撰《大唐曹溪第六祖大鉴禅师第二碑》,“且思所以辩六祖置衣不传之旨’,作《佛衣铭》。他又为创立“牛头禅”的法融写过《牛头山第一祖融大师新塔记》,为神会的弟子乘广撰《袁州萍乡县杨岐山故广禅师碑》,与禅宗的关系可见。刘禹锡的集子中,诗《送僧二十四首》单列为一卷,其与僧人交游之广可窥一斑。

刘禹锡的好友柳宗元到柳州之后,与禅僧颇多交往,除为慧能写过《曹溪大鉴禅师碑》外,还撰写了不少著名南方禅僧的碑铭。从《高僧传》《佛祖历代通载》《唐摭言》等书中可知,唐代不少贵人、文士,都与禅僧有密切交往,甚至执弟子礼,或曾有过随僧洗钵、斋粥的生活。即使是力排佛、老的韩愈,也在《送高闲上人序》中说:“今闲师浮屠氏,一死生,解外胶。是其为心必泊然无所起,其于世必淡然无所嗜。”虽排佛而能知佛。与韩愈介于师友之间的李翱,也坚决反对佛教,然而其学说却是入禅于儒,《复性书》即为代表。

唐代是禅宗真正形成并开始兴盛的时代,由于以怡然自适、顺应自然的生活方式,破除严格戒律、不假外修的从入方式,一反繁琐、严格的早期佛教,使心向佛门的士夫文人倾心不已,形成禅悦之风。禅理遍于诗理,禅风影响诗风,使唐人诗歌呈现出部分作品有诗禅结合的初态,创作理论上亦可见之。但是,此期毕竟是或沉迷于禅宗的“菩提只向心觅”,“西方只在眼前”,或倾心于禅宗既超脱现实,又不离世俗的生活方式,更折服于禅僧的风仪谈笑和语言应对。除王维等少数诗人外,禅宗渗入于诗并不太深。

从七祖神会之后,禅宗单传的历史结束,南宗有真正发展的是南岳、青原二系。其中南岳一系又渐分、再传,形成沩仰宗、临济宗,青原一系则成曹洞宗、云门宗、法眼宗。五宗传至南宋,临济宗中又开黄龙、杨歧二派,与前五宗合称“五宗七家”。在理论上,五宗七家都未出“顿悟”,“自性”之外,他们都否认语言阐释禅理的作用,故在表达方式上颇有发展,在接引学者上各有方式,形成不同门风。文益在《宗门十规论》中指出各派特点:“曹洞则敲唱为用,临济则互换为机,韶阳则函盖截流,沩仰则方圆默契。”他本人属法眼宗,未及此派,论者认为“一切现成”为其宗眼。直到元代中峰明本《广录》卷十一,还认为五宗“并非宗旨不同,特大同而小异”,大同在于同在“少室(达摩)之一灯”,小异在“语言机境之偶异”。南宗禅发展至此,“沩仰之谨严,曹洞之细密,临济之痛快,云门之高古,法眼之简明”,确已非六祖时期可比,其对学人文士的吸引力也随之增加。

二

经唐五代而入宋，禅僧已与唐时多出山区素族者不同，他们都有很高的文化素养,其中不乏诗人。禅僧以诗人的身份进行创作,必然使禅宗渗入了诗歌领域,同时,士大夫之悦禅,也必然给诗歌创作带来影响。且不说诗僧如宋初九僧、北宋中后期的道潜、仲殊、惠洪等人与诗人的密切交往,即使在士夫文人与禅僧的机锋应对中,也可以看到浓厚的文学趣味,不少偈颂本身就是诗。不妨从《五灯会元》中看看此类作品。如卷十二所载英公夏竦作偈:

休认风前第一机,太虚何处著思惟。山僧若要通消息,万里无云月上时。

卷十六载,清献公赵抃,求教于佛慧,“慧未尝容措一词”,后至青州,一日闻雷而契悟作偈:

默坐公堂虚隐几,心源不动湛如水。一声霹雳顶门开,唤起从前自家底。

卷十七载,黄庭坚谒云岩死心新禅师,死心见之,张目而问:“新长老死学士死,烧作两堆灰,向甚么处相见?”黄庭坚无语可对,直到“左官黔南,道力愈胜”之时,才“于无思念中顿明死心所问”,作书相报。晦堂禅师曾得黄“乞指径捷处”,对黄有所诲,晦堂死后,黄庭坚吊之以偈:

海风吹落楞伽山,四海禅徒著眼看。一把柳丝收不得,和烟搭在玉栏干。

洪州刺史王韶也曾向晦堂问道,默有所契,作《投机颂》:

昼曾忘食夜忘眠,捧得骊珠欲上天。却向自身都放下,四棱塌地恰团圆。

深得晦堂首肯。此卷又载,苏轼宿东林,“与照觉论无情话,有省”,黎明献偈:

溪声便是广长舌,山色岂非清净身?夜来八万四千偈,他日如何举似人。

卷十八载,苏轼之弟苏辙,元丰三年左迁瑞州,访与其父有契的顺禅师,“公咨以心法,顺示搐鼻因缘。已而有省”，苏辙作偈：

> 中年闻道觉前非，邂逅相逢老顺师。搐弃径参真面目，掉头不受别钳锤。枯藤破衲公何事，白酒青盐我是谁？惭愧东轩残月上，一杯甘露滑如饴。

苏辙所得在随遇而安，更有问道而悟出处处皆佛者。卷二十载，刘彦修出知永嘉，问道于大慧禅师，大慧曰：“僧问赵州：狗子还有佛性也无？赵州道：无。但恁么看。”刘彦修后来“乃于柏树子上发明”，作一颂：

> 赵州柏树太无端，境上追寻也大难。处处绿杨堪系马，家家门底透长安。

甚至有如《庄子·知北游》谓“道”“无所不在”，以至“在屎溺”之类的悟道，此卷中载，尚书莫将，偈南堂静禅师咨决心要，“堂使其向一切处提撕”，适如厕，闻秽气有省而呈偈：

> 从来姿韵爱风流，几笑时人向外求。万别千差无觅处，得来元在鼻尖头。

南堂答曰：

> 一法才通法法周，纵横妙用更何求？青蛇出匣魔军伏，碧眼胡僧笑点头。

《五灯会元》中常有居士与禅僧棒喝对答的记载，可见士夫文人对禅宗的这一套已研习颇深。卷十九载：

> 侍郎李弥逊……常入圆悟室，一日早朝回，至天津桥马跃，忽有省，通身汗流。直造天宁，适悟出门，遥见便唤曰：“居士且喜大事了毕。”公厉声曰：“和尚眼花作甚么？”悟便喝，公亦喝。于是机锋迅捷，几与悟问答，当机不让。

卷二十载：

> 侍郎无垢居士张九成……就明净庵供云水主僧惟尚禅师，才见乃手展，公便喝。尚批公颊，公趋前。尚曰：“张学录何得谤大般若？”公曰：“某见处只如此，和尚又作么生？”尚举“马祖升堂，百丈卷席”话诘之。叙语未终，公推倒桌子。尚大呼：“张学录杀人！”公跃起，问傍僧曰：“汝又作么生？”僧罔措。公殴之，顾尚曰：“祖祢不了，殃及儿孙。”尚大笑。公献偈曰：“卷席因缘也大奇，诸方闻举尽攒眉。台盘趯倒人星散，直汉从来不受欺。”尚答曰：“从来高价不饶伊，百战场中奋两

> 眉。夺角冲关君会也，丛林谁敢更相欺？”绍兴癸丑，魁多士，复谒尚于东庵。尚曰：“浮山圆鉴云，饶你入得汾阳室，始到浮山门，亦未见老僧在。公作么生？”公叱侍僧曰：“何不只对？”僧罔措。公打僧一掌曰：“虾蟆窟里，果没蛟龙。”

从以上二则看，李弥逊、张九成的喝、打功力，至少已与禅僧悉敌了。

由于宋代僧人与文人有如此密切的交往，宋诗受禅宗的影响远比唐诗要深。除了禅宗在应对方法上影响了宋诗，使宋诗常多翻案之作，或以“活法”将“死蛇”弄活、夺胎换骨之外，宋诗受禅宗的影响有两大端，即以禅入诗和以禅喻诗。

先看以禅入诗。

以禅入诗并非宋人的专利。唐人如王维的“行到水穷处，坐看云起时”“松风吹解带，山月照弹琴”，韦应物的“经声在深竹，高斋空掩扉”，常建的“山光悦鸟性，潭影空人心”，都极富禅趣。然而宋诗中的禅意远较唐诗为多。苏轼、黄庭坚以外，以禅入诗者不在少数。如朱熹，是理学家，叶适，重视功利，被后人认为有唯物主义思想，但二人诗中都极有禅趣。朱熹《春晴》诗：“不如抛却去寻春。”陆九渊闻而色喜，曰：“元晦至此有觉矣。”《春日偶作》的“谁识乾坤造化心”，《观书有感》的“昨夜江边春水生”，《春日》的“等闲识得东风面，万紫千红总是春”，皆可窥其道学渐进的心得。又如著名的《观书有感》的另一首：“半亩方塘一鉴开，天光云影共徘徊。问渠那得清如许？为有源头活水来。”也极有理趣。其《水口行舟》：“昨夜扁舟雨一蓑，满江风浪夜如何？今朝试卷孤篷看，依旧青山绿树多。”实可窥见以“心定”自励的意味。吴子良《林下偶谈》卷四析叶适诗“‘花传春色枝枝到，雨递秋声点点分，’此分量不同，周匝无际也。‘江当阔处水新涨，春到极头花倍添’，此地位已到，功力倍进也。‘万卉有情风暖后，一筇无伴月明边’，此惠和夷清气象也。‘包容花竹春留巷，谢遣荷蒲雪满涯’，此阳舒阴惨规模也”均非谬托知己之言。

朱熹曾在《语类》卷十八中说：“释氏云：‘一月普现一切月，一切水月一月摄’，这是那释氏也窥见得这些道理。”此处所引二语，出于南禅永嘉玄觉的《永嘉证道歌》，朱熹以此说明“理一分殊”的道理。宋人诗中，仅于此道就颇多充满禅味之作。《五灯会元》卷六有僧本如偈：“处处逢归路，头头达故乡。木来成现事，何必待思量。”实是《坛经》“菩提只向心觅”，“西方只在眼前”之意。而“分殊”之诗，较著名者则有《宋诗纪事》卷九〇夏元鼎诗：“崆峒访道至湘湖，万卷诗书看转愚。踏破铁鞋无觅处，得来全不费功夫。”《鹤林玉露》卷一八又有某尼悟道诗：“尽日寻春不见春，芒鞋踏破陇头云。归来拈把梅花嗅，春在枝头已十分。”当然，诚如有些论者（如沈德潜、纪昀）所说，诗宜参禅味，不宜作禅语，宋诗中的“禅语”远逾于唐诗。

再看以禅喻诗。

以禅喻诗最著名的是严羽《沧浪诗话》。然而早在此前，已有不少著名的有关论述。大体说来，以禅喻诗可分两类，即将学诗与学禅相拟，论诗与论禅相拟。

较早将学诗与学禅相拟的是苏轼，他在《夜直玉堂携李之仪端叔诗百余首，读至夜半，书其后》云："暂借好诗消永夜，每逢佳处辄参禅。"苏轼以此种态度读李之仪诗，大概与李之仪诗富有禅味有关，因为李作《赠祥瑛上人》诗，就有"得句如得仙，悟笔如悟禅"二语。范温《潜溪诗眼》论柳宗元诗云："识文章当如禅家有悟门。夫法门百千差别，要须自一转语悟入。如古人文章直须先悟得一处，乃可通于他处。"苏轼论诗颇有通于禅家悟门之处，如《诗颂》曰："冲口出常言，法度去前轨，人言非妙处，妙处在于是。"这种崇尚自然的观点，正得之于南宗之尚自然。《送参寥师》的"欲令诗语妙，无厌空且静。静故了群动，空故纳万境"，更以学诗与禅悟相通。后来的清人刘熙载在《艺概》中说"东坡诗善于空诸所有，又善于无中生有，机括实自禅悟中得来"，就洞见了苏轼之诗学得之于禅学。对宋诗中另一代表人物的黄庭坚，楼钥《攻媿集·书张式子诗集后》评之曰："山谷晚年诗皆是悟门。"

自苏轼以惮悟论诗之后，继轨者颇多。韩驹、吴可及南宋杨万里为其中代表。韩驹《赠赵伯鱼诗》：

学诗当如初学禅，未悟且遍参诸方。一朝悟罢正法眼，信手拈出皆成章。

吴可《学诗诗》更著名：

学诗浑似学参禅，竹榻蒲团不计年。直待自家都了得，等闲拈出便超然。
学诗浑似学参禅，头上安头不足传。跳出少陵窠臼外，丈夫志气本冲天。
学诗浑似学参禅，自古圆成有几联？春草池塘一句子，惊天动地至今传。

诗中虽不废渐修，但更重"自家了得"的顿悟，与韩驹"一朝悟罢"相同；反对头上安头，要跳出少陵窠臼，则是南宗"学我者死"之意。龚相《学诗诗》为和吴可作，又赵蕃也有《学诗诗》，又作进一步引申。杨万里论诗之诗颇有以参禅相拟者，如《读唐人及半山诗》的"半山便遣能参透，犹有唐人是一关"，《答徐子材谈绝句》的"《国风》此去无多子，关捩挑来自等闲"，不仅有禅人话头，且以学禅通于学诗，颇有心得。其推尊南宗的更见于《送分宁主簿罗宏材秩满入京》：

要知诗客参江西，政如禅客参曹溪。不到南华与修水，于何传法更传衣？

此外，如葛天民《寄杨诚斋》："参禅学诗无两法，死蛇解弄活泼泼。"则是南宗反对"参死句"倡"活法"之见。戴复古《论诗十绝》："欲参诗律似参禅，妙趣不由文字传。"正是南宗"不立文字"之意。

以论诗与论禅相拟，以定诗之尚下，明其取法正途，当推严羽《沧浪诗话》。严羽在《沧浪诗话》中所说的"不涉理路，不落言筌"，"羚羊挂角，无迹可求"，其实也是南宗禅不重文字之意，以"禅道惟在妙悟"与"诗道"相通，亦不无可取。严羽所论不同于他人

之处在于将诗之“三等”与禅之“三等”相拟,《沧浪诗话·诗辨》说:

> 论诗如论禅:汉、魏、晋等作与盛唐之诗,则第一义也。大历以还之诗,则已落第二义矣。晚唐之诗,则声闻、辟支果也。学汉、魏、晋与盛唐诗者,临济下也。学大历以还者,曹洞下也。

> ……且借禅以为喻,推原汉、魏以来,而截然谓当以盛唐为法……

尽管严氏对禅宗所知不深,以致颇多错误,如声闻辟支属小乘,严氏将其作为小乘之下,以喻晚唐诗,实为一错。又临济、曹洞并出南宗,二者虽机用不同,却难分高下,严氏将二者分属南、北,并判定优劣,又是一错。即便如此,他倡“入门须正”,推尊盛唐,将诗禅相拟,在宋人诗论中确是自出一门,亦有其理。

三

元朝僧人地位很高,但因汉族知识分子在蒙古族统治之下,处境发生了很大变化,追求隐居生活者众,钻研禅宗哲理者寡。禅宗的再盛,当在明中叶之后了。

这一过程当始于王守仁。在理学禁锢了人们的思想,士夫文人都深感压抑之时,面对着种种危机,王守仁迎合喜新厌旧的时代心理,以陆九渊心学和禅宗为基础,建立起王氏心学。其宇宙观可概言为“心外无理”“心外无物”。《传习录·上》云:“身之主宰便是心,心之所发便是意,意之本体便是知,意之所在便是物。”《传习录·下》又有如此记载:“先生游南镇,一友指岩中花树问曰:‘天下无心外之物,如此花树在深山中自开自落,于我心亦何相关?’先生曰:‘你未看此花时,此花与汝心同归于寂;你来看此花时,则此花颜色一时明白起来,便知此花不在你的心外。’”这种“心外无理”“心外无物”,岂非禅宗“只向心觅”的话头?其“致良知”的儒家说教,其实与禅宗的“直指本心”并无多大差别。他虽然不同意禅宗的社会政治观点,认为佛的逃世主义不能治天下,但他又说:“夫禅之学与圣人之学,皆求尽其心也,亦相去毫厘耳。”(《阳明全书·重修山阴县学记》)

王守仁的弟子承其学,且更近于禅,诚如黄宗羲《明儒学案》卷三十二所说:“泰州、龙溪时时不满其师说,益启瞿昙之秘而归之师,盖跻阳明而为禅矣。”此“泰州”即王艮,“龙溪”即王畿。王艮在回答如何将失去的良知找回的提问时,说:“尔心见在,更何求乎?”他在《与俞纯夫》中说:“只心有所向,便是欲。有所见便是妄。既无所向,又无所见,便是无极而太极。良知一点分分明明,亭亭当当。”这种神秘的精神境界岂非禅宗教人的不要“心动”?泰州学派传人韩贞《答友》诗“此真真出口难陈”“才说思通也落尘”“不识不知登道岸,无声无臭会心神”,《自在吟》其四“人人天地性,个个圣贤心。原不少些子,何须向外寻”,与禅宗所说等无二致。王畿更是直接以禅宗语明理,《答南明汪子问》曰："所思所虑，一出于自然，而未尝有别思别虑，我何容心焉？譬之日月之明，自然往来，而万物毕照，日月何容心焉……惠能曰：'不思善，不思恶，却又不断百思想。'此上乘之学，不二法门也。"《趋庭谩语》又说："一念明定，便是缉熙之学。一念者，无念也，即念而离念也。故君子之学，以无念为宗。"王畿认为儒、道、佛并无差别，他在《三教堂记》中说："老氏曰虚，圣人之学亦曰虚；佛氏曰寂，圣人之学亦曰寂，孰从而辨之？世之儒者不揣其本，类以二氏为异端，亦未为通论也。"这就把他老师所划定的道学与禅学之界彻底消除了。

王氏心学的流行成为中介，嘉靖以后，禅宗又极度兴盛。士夫文人不是从心学中接受"天理"之说，而是以"良知"即在"本心"，去挣脱伦理纲常对个性的束缚，学习了南宗的呵佛骂祖，掀起了"狂禅"之风。一方面是李贽从王守仁的"良知"发展出"童心"说，将"绝假纯真"的"童心"等同于禅宗的"清净心"；又将"佛性"拉回到现实生活中。《焚书》卷一《答周西岩》说："天下宁有人外之佛，佛外之人乎？""佛无益于事，成佛何为乎？"他甚至落发为僧。另一方面则是达观、德清等著名禅师也加入了批判程朱理学的行列，宣称朱熹的理论只有五百年寿数，已到了寿终正寝之时。

李贽和达观禅师作为异端的领袖，号称"两大教主"，王元翰《凝翠集·与野愚和尚书》开列了僧俗两界精于禅宗者的名单："善知识，则有达观、朗目，憨山、月川、雷浪、隐庵、清虚、愚庵诸公；宰官，则有黄慎轩、李卓吾、袁中郎、袁小修、王性海、段幻然、陶石篑、蔡五岳、陶不退、蔡承植诸君。声气相求，函盖相合。"在"我心即佛"的影响下，李贽的"童心"说，袁宏道的"性灵"说，汤显祖的"师讲性，某讲情"，都给传统的文学观念以巨大冲击。

明代的这股禅悦之风掀起了一场异端运动，使封建卫道者借助皇帝的力量攻击"狂禅"，李贽被迫害致死，达观禅师也遭同样命运，憨山、德清也因私造寺院罪被发配雷州。紫柏、真可(达观)、憨山、德清是天台、贤首二宗的"明末四大家"的人物，尚遭此厄运，可见统治者们对"狂禅"之风的破坏力是何等重视了。即使异端领袖人物或死或放，士夫悦惮的兴趣并未衰减，禅宗对诗歌的影响也并未消歇，钟惺《答同年尹孔昭》云："兄怪我文字大有机锋，谓尽之一字有道者所不居，真是当头一棒。然兄书终篇机锋二字，兄自反何如？我辈文字到极无烟火处，便是机锋，自知之而无可奈何，亦是一业，何时与兄参之？"即可见之一斑。

明人以禅入诗者可举王守仁例。其《咏良知示诸生》：

无声无臭独知时，此是乾坤万有基。抛却自家无尽藏，沿门持钵效贫儿。

又《次栾子仁韵送别》：

悟到鸢鱼飞跃处，工夫原不在陈编。正须闭口林间坐，莫道青山不解言。

前者近于禅语，后者却有禅意。以禅论诗者可举钟惺和谭元春。纳兰性德《渌水亭杂识》卷四就称钟惺“妙解《楞严》，知有根性”，《诗归》中颇多禅语。如《古诗归》卷二评《伯牙水仙操·序》，钟评有“禅机”“伯牙大悟头，立地成佛，毕竟从精神寂寞来。将字妙，顿、渐二义俱有”等语。谭评有“大指点”“七字悟头”等语。《唐诗归》中亦不乏以禅说诗之例，评王维、王昌龄、柳宗元等人诗时都可见。

诚然，明中叶之后的禅宗复兴使诗、禅再度遇合，但是，王、李主要是学人，汤显祖多着力于戏曲，三袁不乏才名却入于闲逸。真正的诗人，如“七子”的王、李流于肤廓，竟陵的钟、谭入于纤仄，因而，禅宗向诗歌渗透，且在理论与实践上都结出硕果，当在清初，其代表人物当推王士祯。

王士祯虽以“神韵”论诗，但其以禅义言诗，实较明人更有心得，而“神韵说”本身与禅宗的关系亦极为密切。在他的诗论中，兼有以禅喻诗和以禅论诗，对于发见前人诗中禅义，亦极有体会。《蚕尾续文》中有《昼溪堂诗序》云：

> 严沧浪以禅喻诗，余深契其说，而五言尤为近之。如王、裴《辋川绝句》，字字入禅。他如“雨中山果落，灯下草虫鸣”，“明月松间照，清泉石上流”。以及太白“却下水精帘，珑玲望秋月”。常建“松际露微月，清光犹为君”。浩然“樵子暗相失，草虫寒不闻”。刘眘虚“时有落花至，远随流水香”。妙谛微言，与世尊拈花，迦叶微笑，等无差别。通者解者，可语上乘。

文中首肯严羽的以禅喻诗，但所得却是唐诗中的禅义。

《带经堂诗话》所录《渔洋文》，较全面地论述了为诗之道：

> 夫诗之道，有根柢焉，有兴会焉，二者率不可得兼。镜中之像，水中之月，相中之色；羚羊挂角，无迹可求，此兴会也。本之风雅，以导其源；溯之楚骚、汉魏乐府诗，以达其流；博之九经、三史、诸子以穷其变；此根柢也。根抵原于学问，兴会发于性情，于斯二者兼之，又幹以风骨，润以丹青，谐以金石，故能衔华佩实，大放厥词，自名一家。

但是，王士祯神韵说之要义及其论诗之所好，多在吞吐妙悟，揣摩虚空，不为法障，但求活路，“根柢”是其沿传统之论，“兴会”才是独得之秘。他从唐人五绝的“入禅”之作，引出自己的“伫兴之言”，《香祖笔记》中云：

> 唐人五言绝句往往入禅，有得意忘言之妙，与净名默然、达磨得髓同一关捩。观王、裴《辋川集》及祖咏《终南残雪》诗，虽钝根初机，亦能顿悟。程石臞有绝句云：“朝过青山头，暮歇青山曲。青山不见人，猿声听相续。”予每叹绝，以为天然不可凑泊。予少时在扬州，亦有数作，如：“微雨过青山，漠漠寒烟织。不见秣陵城，坐

爱秋江色。”“萧条秋雨夕，苍茫楚江晦。时见一舟行，蒙蒙水云外。”“雨后明月来，照见下山路。人语隔溪烟，借问停舟处。”“山堂振法鼓，江月挂寒树。遥送江南人，鸡鸣峭帆去。”又在京师有诗云：“凌晨出西郭，招提过微雨。日出不逢人，满院风铃语。”皆一时伫兴之言，知味外味者，当自得之。

“根柢”之与“兴会”，实又与禅宗的北“渐”南“顿”之义通。《渔洋诗话》载：

洪昇昉思问诗法于施愚山，先述余夙昔言诗大指。愚山曰：子师言诗，如华严楼阁，弹指即现，又如仙人五城十二楼，缥缈俱在天际。余即不然，譬作室者，瓴甓木石，一一须就平地筑起。洪曰：此禅宗顿、渐二义也。

尽管王士祯并非身在五城十二楼，难入天才过人之列，但他之窥见前人诗作禅义，及以禅喻诗、论诗，都确有自己的独到心得，且不止满足于禅理、禅趣，在方法论上亦与禅宗相通，这都是超迈明人之处。而且，在“神韵”旗帜下的风格特征，又以“清远”为尚，其自作亦多合之，较之宋人的禅入诗中偏于理趣，更见渔洋诗立足本位之可贵，于此端能追唐而越宋。《香祖笔记》又说：

舍筏登岸，禅家以为悟境，诗家以为化境，诗禅一致，等无差别。

这可以算作“透彻之悟”了。至此，禅宗向诗歌的渗透，无论在理论标举或创作实践上，都可以打上一个句号了。尽管直到晚清的龚自珍，还可以看到禅语对诗的影响，但从艺术角度言，王士祯“神韵”的灵光、佛光，实已是禅宗向诗歌渗透的返照之回光了。

（原载《中国韵文学刊》总第 4 期）

玄学、佛学与山水之趣

刘勰《文心雕龙·明诗》论魏、晋、宋的诗歌变化之迹，曾有“正始明道，诗杂仙心”，“江左篇制，溺乎玄风”的不同阶段之说，所言诚然在理，但继而所说的“庄老告退，而山水方滋”，却给人造成二者截然分开的印象。从表面看来，玄言诗与山水诗形成了兴衰更替的不同发展阶段，而实质上，山水与玄言密不可分。甚至可以认为：玄学、佛学正是追求山水之趣的灵魂。

钱锺书先生注意到汉末思想家仲长统，《管锥编》第 1036 页指出：他所著《昌言》

"使居有良田广宅,背山临流"一节,遭董其昌、尤侗所讥,"言若退而望甚奢,异于饭蔬饮水枕肱者,殊中肯綮"。同页中又说:"《全后汉文》卷六七荀爽《贻李膺书》:'知以直道不容于时,悦山乐水,家在阳城';参之仲长欲卜居山涯水畔,颇征山水方滋,当在汉季。"这里,已将"山水方滋"的时限从刘勰的"宋初文咏"提前到了汉季。而笔者个人认为,在仲长统之前,张衡《归田赋》已有类似况味。试读赋中的"于是仲春令月,时和气清。原隰郁茂,百草滋荣""于焉逍遥,聊以娱情。尔乃龙吟方泽,虎啸山丘。仰飞纤缴,俯钓长流""于时曜灵俄景,系以望舒。极般游之至乐,虽日夕而忘劬""苟纵心于物外,安知荣辱之所如? "当可看作在魏晋南北朝之前寻求山水田园之乐的先声。

钱锺书先生又认为:仲长统"不信天道、神怪而信神仙长生之术"(《管锥编》第三册第1031页),以其"安神闺房,思老氏之玄虚;呼吸精和,求至人之仿佛",而下"归依道教"的判断。又说:"统《述志诗》有曰:'叛散《五经》,灭弃风雅',则摈斥儒书也。得与嵇、阮、王、何辈把臂称同调矣。"(《管锥编》第三册第1038页)而我们又可以看到,尽管仲长统一般被看作唯物主义者,却受到道家思想的显著影响,同为"唯物"圈中人的张衡,对谶书迷信进行了激烈抨击,却也可见其思想中的道家色彩。如他的《灵宪》认为宇宙生于"虚无","太素之前,幽清玄静,寂寞冥默,不可为象。厥中惟虚,厥外惟无"。连用语都与《老子》十分相似。

以上我们从汉代寻"山水方滋"的道家思想之源,现在进入正题,探讨魏晋以来玄学、佛学与山水之趣的关系。

魏晋精神是以人的觉醒为标志,以区别于汉代天人感应、天人合一的神学目的论,这样,魏晋玄学的主要面就在于对人格作本体建构。这种建构包含着丰富的内容,下面当从与本论题相关的一线论之。

老子的理想人格是"含德之厚,比于赤子"(《老子》第五十五章),而玄学追求的理想人格却是庄子的"神人",阮籍的"大人先生"。庄子《逍遥游》曰:"藐姑射之山,有神人居焉:肌肤若冰雪,绰约若处子,不食五谷,吸风饮露,乘云气,御飞龙,而浮乎四海之外。"阮籍《大人先生传》曰:"夫大人者,乃与造物同体,天地并生,逍遥浮世,与道俱成,变化散聚,不常其形,天地制域于内,而浮明开达于外。"在形体上,与宇宙自然同一,"天地与我并生,万物与我为一";在精神上,"乘天地之正,而御六气之辩","天地制域于内,而浮明开达于外",故超脱于尘世。

欲超脱尘世,与宇宙同一,庄子虚构出神人所居的藐姑射之山,阮籍则"登临山水,终日忘归",足迹遍武牢山、苏门山,又有东平、竹林之游。庄子空物我、齐死生、等利害、一寿夭,似是万物无足以撄其心,但他在《大宗师》中又有"有情有信"之语,及"喜怒通四时"一说。何劭《王弼传》介绍了王弼对此的观点:"圣人茂于人者神明也,同于人者五情也。神明茂,故能体冲和以通无;五情同,故不能无哀乐以应物。然则圣人之情,应物而无累于物者也。"可见,"五情应物"而尤见于山水,正是玄学思想发展的结果。刘勰《文心雕龙·时序》说:"自中朝贵玄,江左称盛,因谈余气,流为文体。是以世极迍邅,而辞意夷泰,诗必柱下之旨归,赋乃漆园之义疏。"这"诗必柱下之旨归,赋乃漆园之义疏”二句，就指出了老庄(其实是玄学)对文学的渗透、浸润。

西晋末玄言诗人郭璞的《游仙诗》显有山水之趣，如“临流挹清波，陵冈掇丹黄”，“放情凌霄外，嚼蕊挹飞泉”，“寒露拂陵苕，女萝辞松柏”都可见之。《世说新语·文学》曰：“郭景纯诗云：‘林无静树，川无停流。’阮孚云：‘泓峥萧瑟，实不可言，每读此文，辄觉神超形越。’”可谓很好的旁证。

钟嵘《诗品》说：“永嘉时，贵黄老，稍尚虚谈，于时篇什，理过其辞，淡乎寡味。爰及江表，微波尚传。孙绰、许询、桓、庾诸公诗，皆平典似《道德论》，建安风力尽矣。”以上所言，对东晋这些玄言诗人所评很准确。但我们也应注意到，他们的诗在谈玄说理中，常是“得意”而未“忘象”，写出了自然风光之美。孙绰的“流风拂狂渚，停云荫九皋。莺语吟修竹，游鳞戏澜涛”，许询的“青松凝素髓，秋菊落芳英”，孙统的“因流转轻觞，冷风飘落松。时禽吟长涧，万籁吹连峰”，庾阐的“翔霄拂翠岭，绿涧漱岩间”等，都是较好的例子，都可看出玄学家托身自然，将理想人格与山水相结合的精神。

《世说新语·文学》注引《续晋阳秋》云：“正始中，王弼、何晏好庄、老玄胜之谈，而世遂贵焉。至过江佛理尤盛，故郭璞五言，始会合道家之言而韵之。询及太原孙绰，转相祖尚，又加以三世之辞，而《诗》、《骚》之体尽矣。”这里，值得注意的是“至过江佛理尤盛”一语。以孙绰、许询而言，都与名僧支遁有交往，孙且写过《名德沙门论目》，许询舍山阴、永兴之宅建寺院。从深层次而言，西晋动乱和门阀士族的腐朽，使玄学的理想人格追求失去了意义；而玄学欲到之境其实质正在于“静”与“达”，却与佛学旨趣相同。且佛学更能指出身心灵性人于宗教修养之境，远较纵酒谈玄来得高明，“同”而又“进”，佛学终于取代了玄学的地位而“尤盛”。初时，僧徒以沟通玄、佛迎合士人。晋室南渡后，北来的僧人继与名士交游，左右逢源于般若和老庄。支遁曾注《逍遥游》，著《逍遥论》，将佛教的“内心澄静”与玄学的自由无拘相会通，其“色空”说与向秀、郭象的“有无”说不二。慧远少年时“博综六经，尤善庄老”，二十四岁时讲佛学，以庄子义而连类以解惑，时称此法为“格义”。僧肇“旨好玄微，每以庄老为心要”(《高僧传》卷六)。又由于名僧多与名士交游，他的沟通玄、佛，庄、老加上佛的“三世之辞”，就不仅影响了孙、许，也影响了王羲之、谢安等名士。

无论是庄的“虚静恬淡，寂寞无为”，抑或佛的“超落尘封”，都以淡泊清静而通向于隐居山林。支遁求买岇山之侧沃洲小岭，慧远长年结宇匡庐，他们的诗中都不乏山水情趣，如支遁《咏怀诗》有“尚想天台峻，仿佛岩阶仰。冷风洒兰林，管濑奏清响。霄崖育灵蔼，神蔬含润长”。慧远《庐山东林杂诗》有“崇岩吐清气。幽岫栖神迹。希声奏群籁，响出山溜滴。有客独冥游，径然忘所适”。文士与玄、佛携手又终于走至一起，形成了共同的思想和心理，左思《招隐诗》所说的“何必丝与竹，山水有清音”，终于奏响于诗坛。

孔子一生以入世为宗旨，却又有赞同曾晳暮春时“浴乎沂，风乎舞雩，咏而归”(见《论语·先进》)之愿；庄子以出世为志向，当然感叹：“山林与！皋壤与！使我欣欣然而乐与！”(《庄子·知北游》)但直到晋人，才真正将儒者浴沂风雩之愿与庄子山林皋壤之乐结合起来，实现在他们名教与自然相并，庙堂与山林兼顾的生活中。佛学与玄学携手，从内省、思辨、静悟等方面，共同参与了民族文化心理的建设，而名士的谈玄论佛，也与吟啸风月结合在一起，这样一来，诵三玄（易、老、庄），谈般若、挥麈尾、游溪山，就成为晋人的主要生活方式。这种生活方式的实现，又与江南的山水风光大有关系。

《世说新语·言语》载：卫玠“初欲渡江，形神惨顇，语左右曰：‘见此芒芒，不觉百端交集。苟未免有情，亦复谁能遣此！’”而诸多的“过江诸人”，在对泣新亭之时也长叹：“风景不殊，正自有山河之异！”以后南渡之痛渐消，人们逐渐发现了魅力独到的江南美景。同是《世说新语·言语》所载：

> 简文入华林园，顾谓左右曰：“会心处不必在远，翳然林水，便自有濠、濮间想也，觉鸟兽禽鱼自来亲人。”

> 荀中郎在京口，登北固望海云：“虽未睹三山，便自使人有凌云意。若秦、汉之君，必当褰裳濡足。”

> 王司州至吴兴印诸中看，叹曰：“非唯使人情开涤，亦觉日月清朗。”

尤其是会稽，“境特多名山水，峰崿隆峻，吐纳云雾，松栝枫柏，擢干竦条。潭壑镜彻，清流泻注”（《世说新语·言语》注引《会稽郡记》）。因此，顾恺之有“千岩竞秀，万壑争流，草木蒙笼其上，若云兴霞蔚”（《世说新语·言语》）的印象。又：

> 王子敬云：“从山阴道上行，山川自相映发，使人应接不暇。若秋冬之际，尤难为怀。”

正是山阴兰亭的崇山峻岭、茂林修竹、清流激湍、天朗气清、惠风和畅，引起了王羲之“仰观宇宙之大，俯察品类之盛”后的死生之概，而四十一人的“兰亭禊集”，更是一次名士清流的颇为壮观的山水文化活动。

我们还可以注意到：从阮籍、嵇康、山涛、向秀、阮咸、王戎、刘伶的“相与友善，游于竹林，号为七贤”（《三国志·魏志·嵇康传》裴松之注引《魏氏春秋》语），经惠帝元康六年（296）石崇与潘岳等三十人的“金谷游集”，穆帝永和九年（358）三月三日王羲之等人的“兰亭禊集”，到安帝隆安四年（400）仲春二月，“释法师”（当是慧远）率僧众三十余人游庐山石门，留下了《庐山诸道人游石门诗序》，这一百多年中的山水文化集群性活动，不仅有着参与者身份从士人向僧众转移的变化，而且体现出以玄学观看待山水到以佛学观看待山水的变化。前者如早在汉末三国时代的葛玄（葛洪从祖）的游仙诗中，已有“散诞游山水，吐纳和灵津。竦气同希夷，静咏道德篇。至心宗玄一，冥感今乃宣"等语(《历代真仙体道通鉴》卷二十三《葛仙公传》引诗第三首),嵇康的《幽愤诗》"托好老庄,贱物贵身。志在守朴,养性全真……采薇山阿,散发岩岫",是"玄学内蕴"之作。中间经郭璞而至许询、孙绰,已将"庄老玄胜之谈"与"过江尤盛"之佛理结合在一起。如孙绰《游天台山赋》,在登山览胜之举中,就既云"发五盖之游蒙"(佛经中指食欲、嗔恚、睡眠、调戏、疑悔为"五盖"),又云"蹑二老之玄踪"(二老指老子和老莱子)。而在《庐山诸道人游石门诗序》中,既有"若玄音之有寄""乃悟幽人之玄览"等话头,又有"以虚明朗其照""神丽""灵鹭"等语,但从山水悟"神趣""达恒物之大情",则又见以佛学为基本思想。

总之,从魏至晋,文士们完成了从积极参与到达观随遇,从拘礼法到任自然,从人世的失落到山水的逍遥之转移。"常在尘垢之外,虽柔心应世,蠖屈其迹,而方寸湛然,固以玄对山水"(《世说新语·容止》第二十四则注引孙绰《庾亮碑文》语)成为时代之精神。随着文化心理积累过程的渐臻完成,和艺术思想与形式技巧的日益成熟,发展至晋宋之交,山水诗迎来了第一个发展高潮。

(原载《中文自学指导》1997 年第 4 期)

论汉语的语法、修辞特点与古代诗歌的民族特征

摘　要　汉语的词汇具有词性的不定性、多义性、词类活用、词法缺少形态变化等特点。因此,一词多类或词无定类,句法简单,灵活多变,随势转移。而修辞上则长于对偶、排比、倒置、隐喻、稽古、引经、代称、委婉。汉语的这些特点,造就出古代诗歌的形象性、直观性、联想性、简约性、整一性、抒情性等诸多民族特色。

关键词　汉语　词法　句法　修辞　古代诗歌　民族特色

汉语不仅是汉族文学的表现、传达工具和媒介,又是汉民族情感意志、思维方式的表现,同时折射出民族的社会生活和行为方式内容,其本身是民族文化中的一个有机构成部分,与整个文化系统间存在着同构对应关系。缘于此,本文拟从汉语的语法、修辞特点,来专论汉语所决定的古代诗歌的民族特征。

一　汉语的语法和修辞特点

以单音节词汇为基础的古代汉语,在词法和句法上都有自己的特点。先看词法上的特点。

首先,汉语的词汇具有词性的不定性、多义性,所以词类可以活用。

古代汉语中词汇的词性还是较为固定的,在句子中所扮演的“角色”也大致可分,如名词多作主语、宾语,也作定语,动词多作谓语,形容词多作定语,也作状语,副词多作状语。但是,因为单音节词在最早的汉语中占据优势,后来发展出的一词多义现象也造成了词性多变的情况,所以在不同的语境中,常有因词类活用所造成的词性变化。

我们不妨随手拈出一个单音节词,以见它在多义同时的“多性”。如“穿”,在“谁谓鼠无牙? 何以穿我墉”(《诗·召南·行露》),“衡乃穿壁引其光,以书映光而读之”(《西京杂记》),“即从巴峡穿巫峡, 便下襄阳向洛阳”(杜甫《闻官军收河南河北》)等句中,“穿”都作动词,第一个是咬穿意,第二个是凿穿意,第三个是穿过意;而在“厅事柱有一穿……若能入穿,后出必得此郡”(《宋书·刘秀之传》)中是名词,意为孔洞;“古者,杅不穿,皮不蠹,则不出于四方”(《公羊传·宣十二年》),“衣弊履穿贫也,非惫也”(《庄子·山木》),两句都用作形容词,均为破败意。

换个角度再看词性的改变。最常见的是名词用作动词。如:“师还,馆于虞。遂袭虞,灭之。”(《左传·僖公五年》)此处名词“馆”用作动词。“曲肱而枕之”(《论语·述而》)中,“枕”也是名词用作动词。又“且布闻之,鼓行而西耳”(《汉书·张良传》),此句中的“西”是方位名词用作动词。形容词也可以用词,不过多为使动用法。如《孟子·告子下》的名言:“天将降大任于斯人也,必先苦其心志,劳其筋骨,饿其体肤,空乏其身。”带短横线的词都是形容词作使动用法。有时同一个词反复出现在一个句子中间,会表现出不同的词性,如孟子所说的“老吾老以及人之老,幼吾幼以及人之幼”,“老”本为形容词,但此处前一“老”用作动词,后二“老”用作名词,后面一句相同。

因为词汇的词性之多义和不定,所以在运用时可以活用。以“之”字言,一般将它作为人称代词,但实际上在具体的运用时,却往往有所突破。作为人称代词,可用作第三人称,如:“陈胜佐之,并杀两尉”(《史记·陈涉世家》)。又可作第二人称,如:“君亟定变法之虑,殆无顾天下之议之也。”最后的“之”字相当于“你们”。还可以作第一人称,如:“君将哀而生之乎”(柳宗元《捕蛇者说》),“之”即“我”。而有时又作指示代词用,如:“均之二策,宁许以负秦曲。”(《史记·廉颇蔺相如列传》)还可以作动词用,如:“先生将何之?”(《孟子·告子下》)“之”为“到”、“往”意。作助词,相当于“的”:“夫子之文章,可得而闻也。”(《论语·公冶长》);变主谓结构为偏正结构,如:“孤之有孔明,犹鱼之有水也。”(《隆中对》);构成动宾倒装式,如:“宋何罪之有?”(《公输》)作语助词,无实义,如:“于是天龙闻而下之。”(《叶公好龙》)作连词,相当于“和”、“与”,如:“皇父之二子死焉。”(《左传·文公十一年》)作介词,相当于“于”,如:“人,之其所亲爱而辟焉。”(《大学》)以上还只是主要的用法,并未包括全部。

其次,词法上缺少形态变化。

一般的西方语种,名词有性、数、格的变化,动词有时、态、式的不同,无论是动词之变为形动词或动名词,或者形容词之转为副词,都要经过词形变化。在这些语言里,同一词的诸种形态,是很常见的,其中的一个主要原因就在于西方语种的多音节性,多音节，可以通过变更部分而保留基干，以体现其不变为主而变者为次，从中见出科学性和用词的严格、准确。汉语由于最初由单音节词占优势，一词一音一形的结构方式，使得语法造型难以形成复杂的形态变化，也就不能建立起西方语种那样的词的形态学，词法也不发达。仅以上面所举的“之”字为例，如用作第三人称代词，是既可以表示单数（如《左传·宣公二年》的“宰夫胹熊蹯不熟，杀之”的“之”代“宰夫”），又可以表示复数（如《诗·邶风·谷风》的“凡民有丧，匍匐救之”的“之”代“民”，为多数），同一个词不作任何变化。到了现代汉语中，第一、第二、第三人称的复数就用“我”、“你”、“他”后面加上“们”来表示。由于古汉语对动词的时态很难表现，到了现代汉语中，就用动词后面连缀“着”“了”“过”分别表示。严格说来，以上仅是形态学的初成。

再看句法的特点。

因为汉语缺少形态变化，句法也随之变得简单。可以认为，在古汉语的体系中，要“因字而生句，积句而成章”，只有依靠词汇的排列顺序，除此以外，似乎没有什么好办法。“因字生句”只有通过词序将词汇组织起来，才能够确立词与词之间的逻辑关系，句子也才能表示完整的、合乎逻辑的涵义，才能够“积句成章”。如与印欧语系诸语种相比较，可见出明显的不同，因为这些语种的语言结构并不是单纯靠词序，还更要依靠词形变化来决定，这恐怕可以算是西语的通则。在西语中，从词形就可以看出词的性、数、格。而汉语的名词单复数，动词的时态，都必须联系上下文才能判别，全部的“语境”是非常重要的。

句法的特殊性反过来又影响了词法。同一个词，在不同句子组合中可以由这一类转向那一类，此即前面所说的情况，可概括为“一词多类”或“词无定类”。如“田有封洫”（《左传·襄公三十年》）之“封”为名词，是疆界、范围之意；“是聚民利以自封而瘠民也”（《国语·楚语上》）之“封”为形容词，是富厚之意；“王乃使使者封三钱之门”（《史记·越王勾践世家》）之“封”为动词，是查封之意；“自寄一封书，今已十月后”（杜甫《述怀》）之“封”为量词。由此可看出，汉语因为要靠词与词之间的逻辑联系，要根据上下文的意思才能断定其“类”，所以词法又受制于句法，词性确实是灵活多变，随势转移。

由于词法、句法的相对简单，有人认为汉语是不成熟的，同西方语言的语法相比是很幼稚的，而且由于“一词多类”等现象，遂认为汉语缺乏科学性、逻辑性，不宜于作严整的阐释、演绎。实际上这样的看法是很片面的。语法复杂、体系严密的语言固然有科学性、逻辑性的长处，但是，在善于阐释、演绎、分析的同时，往往就在综合、概括、归纳上显得费力，见出了短处。如果说，西语更适用于科学和哲学，汉语则更适合于文学和艺术；西语之长在于分而析之，汉语之长在于和而合之；西语尤能体现为客观、精细，甚至有些刻板，汉语最善于表现主观、直觉，不失其为灵动；西语长在语言局部严密关系的处理，汉语善于对语言作整体有机联系的把握……当然，很难用简练的、对比性的语言概括西语与汉语的区别，用“五四”时代惯用的方式和语言来踏上比较语言学“研究”的“初阶”，当然只能是印象式的、极其肤浅而缺乏科学性的。上面的说法，只能算是古汉语印象式的思考和表达，也算是对贬低汉语的简单回答吧。

举几个直观的例子:在汉语中,可以通过词序颠倒造成特殊的语言效果,如对联“客上天然居,居然天上客”,“人过大佛寺,寺佛大过人”。又可以通过词序变更,表达比较性的话题,如“江西人不怕辣,湖南人怕不辣,四川人辣不怕”,最后三字的次序变动体现出“辣文化”的地域性差别,一变而一进,试想有哪种语言可以做得到?又比如阔老来到饭店,问:“有什么可吃的?”掌柜恭敬地回答:“您老,吃什么有什么。”而对穷汉所问却答道:“有什么吃什么。”词序一变,一恭一倨,不用任何描写,神态立见,又试问有哪种语言能够办到?在向皇帝上奏折时,将原来的“臣屡战屡败”改成“臣屡败屡战”,马上就将一个败将变为了不屈不挠的英雄,轻轻的两字词序变更,让皇帝看到了对朝廷的一片忠心,谁又能说汉语不够严格、乏善可陈呢?就连前些年民间流传的顺口溜:“说你行,你就行,不行也行;说不行,就不行,行也不行。”都大可称道,比起专门论述如何贯彻选拔干部标准的文章来,短短几句,却更深刻、形象得多。

汉语与西语相比,有自己的短处,但也有显见的长处。以上几例可以说明,在简练性、生动性、形象性上,汉语确实有自己的优势。汉语由于单音节性所造成的词汇特点,使之在修辞上也形成了显著的民族特色。约之,以下几种修辞手法最具有民族性。

一是对偶。汉语单音节、双音节词汇的特点,使得对偶成了汉语修辞中几乎是最常见的一种。最早是在文章中的偶见,可能因为其显见的视觉与听觉之长,让后出的文体、尤其是韵文大感兴趣,到了骈文和近体诗中就成了常用或必用的修辞手法了。因俯拾皆是,不必举例了。其他国家的语言并不是不能用对偶,但绝对没有汉语的效果,因为多音节语言的词汇无法达到汉语的对偶效果。

二是排比。排比也不是汉语所独有的修辞手法,但也因汉语单音节、双音节词汇之多,使其排比的效果也为他种语言所难及。因为排比是最常用的修辞,也可以不必举例,我们只要设想“因字而生句”的一个个汉字排列出来的排比句效果,无论是读,无论是看,恐怕都是外语所难以相比的。

三是倒置。前面我们已说过词序颠倒问题,因为汉语的单音节词汇多,单文独义的特点使之即使颠倒顺序也能表达合乎逻辑的意思, 所以古人每以作回文诗以见才学,苏东坡就很长于此。倒置不是完全的词序颠倒,而是因辞赋骈文有对仗、平仄、押韵的要求,对部分句子作了词序颠倒的处理。如:“使人意夺神骇,心折骨惊”(江淹《别赋》),本应为“心惊骨折”,倒置后虽意义不合逻辑,但上下两句却完全是平仄相对,两两相形,有音乐美,况读者也完全可以理解其本来意义。

四是隐喻。比喻或隐喻都不是汉语所独得,但汉语的隐喻却有凝练、简约、意味深长的特点。如:“世混浊而不清,蝉翼为重,千钧为轻。”(屈原《卜居》)“宝玉玙璠,难得而易毁,故箧椟以养其全。”(苏轼《谢馆职启》)文中的“蝉翼”“千钧”分别代表轻、重,以喻人们认识上的偏颇甚至颠倒;“宝玉”、“玙璠”(美玉)喻人才,因难得而易毁,所以要仔细保护起来,“箧”(小箱子)、“椟”(匣子)喻良好的环境。

五是稽古。由于我国的历史悠久,且又有连续不断、重视历史的传统,引用古人古事以证明自己的论点遂成为一种常用的修辞方式,这就是稽古。较之西方来,确有深厚的底蕴。如:“镎仪幽而楚奏兮,庄舄显而越吟。人情同于怀土兮,岂穷达而异心!”(王粲《登楼赋》)作者思念故土,用楚乐官镎仪被晋所俘仍奏楚国的乐调,和越人庄舄在楚国当大官而病中仍吟越语,来说明“人情同于怀土”的并不因“穷”(镎仪)“达”(庄舄)而“异心”的道理。

六是引经。引经其实是特殊的稽古,即正面引用古代圣贤的言论。如:“孔曰成仁,孟曰取义。惟其义尽,所以仁至。”(《宋史·文天祥传》载文天祥语)是引儒家圣人孔孟的观点以证明自己杀身成仁、舍生取义的决心,以此来坚持民族气节。

七是代称。我国因历史悠久,文化积累丰厚,许多的事物在长期作为语言材料的流传过程中,使人能够通过对其约写而能知其完全意义,于是就有代称的修辞法。如:“岂余身之惮殃兮,恐皇舆之败绩。”(屈原《离骚》)“皇舆”指国君乘坐的高大车辆,以代楚王朝。“居庙堂之高,则忧其君;处江湖之远,则忧其民。”(范仲淹《岳阳楼记》)此以“庙堂”代朝廷,以“江湖”代民间。代称有多种,如部分代全体,具体代抽象,地代人,官代人,专名代通名,原料代成品等,不一一例举了。

八是委婉。因为我国封建社会之漫长,长期实行家长式的统治,所以“为尊者讳”成为通行的原则,在对上行文时或外交场合中免不了要用委婉的修辞手段,而专门的委婉语则有让词、谦词、敬词等不同类型。难以一一例举了。

此外,迂回、夸饰等也较常用,都因汉语特点而呈现独特的面貌,有西语所难到之处。

二　汉语所决定的古代诗歌的民族特性

以上讲汉语语法、修辞的主要特点,下面再看由汉语特点所决定的汉文学的民族特性。

汉语由于特性显著,对汉文学从体制、形式到艺术表现都有巨大的影响。大致说来,这些影响造成了汉文学的形象性、直观性、联想性、简约性、整一性、抒情性。下面逐点分析之。

第一,形象性。

汉字是从象形字发展过来的,后来象形的成分越来越少了,而作为表意文字,毕竟性质在于表意,比起纯粹的表音符号来,字形与字义还有着密切的联系。单音节词的单文独义,在积字成句的过程中发挥出独特的作用,使得所成的句、节、段,具有明显的直观形象性。尤其在诗歌中,常有省略词语之间联系词之举,使意象密集罗列,西方有人称之为“并置脱节法”(当然,这又与汉语语法有关),造就出文学作品鲜明的形象性。比如人们经常引用的温庭筠诗句“鸡声茅店月,人迹板桥霜”,和马致远散曲“枯藤老树昏鸦,小桥流水人家,古道西风瘦马”,都是每句由三个意象构成,温诗两句共六个意象,每句的前两个意象由名词(定语)+ 名词(主语)组成,而散曲则是每句三组意象,每个意象由形容词(定语)+ 名词(主语)构成。无论是温诗还是马曲,作品的意象间并无任何虚词联系,但读者在阅读过程中,不仅没有感到难于理解之处,而且特别能感受到意象后面所透露出来的情绪。电影大师爱森斯坦就是受到了我国古代诗歌的启发,创造出著名的“蒙太奇”手法,词语的形象性造就出意象的密集和意蕴的丰富,而“蒙太奇”也可以通过较少的镜头跳动,形成如乘法而非加法的效果,它的基本原理则来自汉语词汇的形象性。

汉文学的形象性还直接来自汉字本身的形象性。尽管后来的汉字已不是原始汉字的象形,但其表意性质还是能给文学家提供一种可能,即将相同或相近事物通过字形组合,来构成形象的画面。如枚乘的《七发》,并列“溷章、白鹭、孔雀、鹔鹄、鹓雏、䴔䴖”等鸟类,又用众多三点水旁的字来状水势,给人以形象的感受。到司马相如的《上林赋》更是大量运用相同偏旁的字,如第一段用较大的篇幅写水,其中用三点水旁的字多达 50 多个,第三段前八句写山,一共 35 个字,其中用山字旁或山字头的字共20个。《七发》与之相比,只能是小巫见大巫。尽管不无文字学家炫耀学问的一面,对读者来说也感到堆砌过甚,然而却很难否认其形象性。后起的诗歌逐渐由长变短,到近体诗甚至只有四句、八句,不会再像汉赋那样的排列文字,但是对于运用汉字的形象性来达到诗歌形象鲜明的效果,则是沿用和发挥不已的。

汉字本身的形象性不但表现在字形上,而且还体现在语音上。从单音节发展过来的汉语,为了达到最大表达、交际的功能,凭借声、韵、调的三元结合,形成了极具变化的语音,文学家们为了使自己的作品写得好,对用词造句是免不了要费心思多作揣摩的,因此,汉字声韵的形象性是他们颇为关心的问题。近代学者刘师培认为字义起于字音,如“吐”字像吐哺之声,“咳”字之音验以喉,“呕”字之音验以口,“兮”字之音验以鼻,“斥”“驱”之音像挥物使退之声,“止”“至”之音像招物使止之声,“奚”之音像意有所否,“思”之音像敛齿度物。元音中有的音浏亮清越,多表欢愉、轻快、悠闲之情,有的音发音重浊阴沉,多表沉痛、暗淡、抑郁之感,鼻化元音发音浑重,常表模糊之意。辅音的发音也相同。《诗·七月》:“八月剥枣,十月获稻。”“剥”即“扑”,敲击扑打之意,弃“打”而用“剥(扑)”,发音短促沉着,其义阻抑沉痛,与上声之“打”字之开朗激昂不同,故能与“采荼薪樗,食我农夫”等诗句相呼应,与全诗风格的沉郁、悲愤一致。《诗·东山》中“町畽鹿场,熠耀宵行。不可畏也,伊可怀也”,“伊”字平声,发音清新激扬,有欢愉轻逸之感,难怪“五四”后文学家喜用“伊”作青年女子的第三人称。王之涣《登鹳雀楼》:“白日依山尽,黄河入海流。欲穷千里目,更上一层楼。”后二句虽是虚写,但“千”字从鼻音,模糊含混,隐约可辨,表黄昏之千里苍茫极好,而“更”字直硬,发音梗塞难吐,传使劲、着意之情,且有递升上楼之感。[①]

汉字声韵的形象性对于表现文学作品的思想感情确有很大的作用。如曹植的《赠白马王彪》一诗,人称开杜甫之宗,不但有很深刻的思想内涵,在艺术上也很有特色,其中除了用章节结构的顶真蝉联,造就出抑扬顿挫之妙以外,其用词注重声韵的形象性也是一个特点。如诗的第二节结于“我马玄以黄”,第三节开头说“玄黄犹能进,我心郁以纡”,结尾为“揽辔止踟蹰”,其中几个词都可体现出声韵的形象性。“玄黄”状马之

---

① 张永鑫:《古代文学理论研究(第三辑)》,上海古籍出版社,1981 年版。

病，语出《诗·周南·卷耳》。“郁”意为愁，“纡”意为屈，“踟躇”是徘徊不前。我们若仔细品味，可以感到“玄黄”是叠韵词，本来分状天地之色，以此写马病，不但有天地相混之感，而且似可感受到病马之昏然难行，“郁”“纡”二字的读音给人以束紧难吐之感，“踟躇”是双声词，读音似觉行进费力，加上用足字旁，更有举足困难之感。又如李清照《声声慢》的著名十四叠字：“寻寻觅觅，冷冷清清，凄凄惨惨戚戚。”七组的音节重叠，读之已令人有每步一留的沉重感，多用齿音声母，可想象愁绪难嚼难咽之状，而闭合式韵母、鼻韵母，更有此愁挥之难去之感。从文意看，“寻寻觅觅”是“怅然若失”的心理表现，可以见出那种空虚孤苦、不能希求、不敢追忆、难于排遣、起而又坐、止而又行的神态，“冷冷清清”则是如有所失、欲有所觅、旧欢不来、新愁又至，袭上心头的只有孤独之感，“凄凄惨惨戚戚”是由轻而重，由浅入深，复由“戚戚”的较淡转出，可见反复缠绵，已不是一次。这样的文意得到声韵上形象的帮助，对表现主人公孤独、凄苦、复杂而深细的心理状态，渲染哀怨幽咽的气氛，的确起到了极大的作用。

第二，直观性。

以汉语为媒介的文学作品在具有形象性同时，也具有直观性。所谓“直观”是相对于理性的淡出而言的。按理说，文学与科学有异，应该呈现感性而不那么容纳知性、理性，但是由于语言的不同，也导致感性、直观的异趣。以诗为例：为了要将语言表达得更为清晰、准确、精密，西语不能省略句子中的某些成分，汉语却不然。试看王维的《山中送别》：“山中相送罢，日暮掩柴扉。春草明年绿，王孙归不归？”诗中没有主语、宾语，还省略了后两句前表明自己所想的文字。如换成西洋诗的写法再译为现代汉语，应当是：“我在山中送走了朋友，太阳下山时掩上了柴门。我想：春草明年返绿的时候，这贵族青年回不回来呢？”带短横线的词语似都不能省略。从词汇的角度说，汉语没有冠词，诗中的连接词、前置词以及不少的其他词汇都可省去。省略的结果犹如前面所说的造成意象突出、鲜明，更为直观可感，尤其因没有主语，给读者消除了“他人”的隔阂，似乎就是自己的所感所思，拉近了与诗歌的阅读距离。汉语因没有时态变化，在诗中常能消除知性的障碍，观照之中形成读者与诗的面对面感觉，在突破了特定的过去、现在、将来的时空限制之后，造就出诗性的永恒。如李白的《苏台览古》：“旧苑荒台杨柳新，菱歌春唱不胜春。只今唯有西江月，曾照吴王宫里人。”四句中完成了历史的大跨越，表达了怀古主题，但诗里却没有时态的现在、过去变化，而正是如此，才拉近了读者与作品的距离，使心灵与之谐振。同样，周邦彦的词《浣溪沙》：“日射敧红蜡蒂香，风干微汗粉襟凉，碧纱对掩簟纹光。自剪柳枝明画阁，戏抛莲药种横塘，长亭无事好思量。”前面五句写了一位夏天的佳人形象，人与装束、举动、环境都鲜明如画，呼之欲出，而最后一句却告诉读者，原来自己是在行途休息时“长亭无事好思量”的思念伊人，前面所写都是过去情景。因为没有时态变化，阅读时不知是“过去式”，所以直观而如面对佳人，其效果确实比表明时态要好。

顾名思义，诗歌的意象应该是主观的“意”与客观的“象”之融合，既有时间的属性，也有空间的属性，因为汉语的不讲时态，诗中又常常省略了主语和宾语，使抒情主体和对象淡出、隐去，这样，诗中意象被读者经阅读而理解、赏玩时，不带着时间对空间的限制，也不带着明确的抒情指向,所以,“感”的成分要远过于“知”的成分,读者就更为贴近诗歌本身的抒情、状物要素,而不是理性内容,从而也更具有直观性。如崔国辅的《小长干曲》:“月暗送湖风,相寻路不通。菱歌唱不彻,知在此塘中。”如按照西洋诗歌的写法,应当是:“当月亮暗淡的时候,湖上吹来了阵阵清风,我想要寻找心上人,可是道路却很难通。听见采菱的歌声,唱啊唱个不断,好像要让我知道,她就在这里的池塘之中。”显然,后者的“当……时候”是必要的时态说明,“相寻”的前面应加上主语,后面要加上宾语,两者都不能缺失,这样一来,说明性的内容使得“知”者显了、实了,但陈述太多,失去了“虚”“活”,则使“感”者有了隔阂,破坏了直观性。从另一个角度讲,如果像西洋的语言那样注重主观与客观的关系,诗歌也就要明确表现出主体的抒情与客观的描写之间的距离,那样很容易造成“意”与“象”的分离,知性过于分明也就失落了对美的直切感受。如刘长卿的《逢雪宿芙蓉山主人》:“日暮苍山远,天寒白屋贫。柴门闻犬吠,风雪夜归人。”如果出现“我”,清楚表明“我”的所觉所感,又清晰地说明远处太阳和山、近处“白屋”的地理方位,到达时的迎接,住下后的安顿,也是陈述性、说明性太多,有碍于直观得来的美感。而事实上此诗是一系列的意象并置:日、苍山、天、白屋、柴门、犬、风、雪、人,“暮”透露出时间,“远”是距离、方位,“寒”是主观感受而移于物,“贫”是对“白屋”的概括,前面没有明确的“见”和“感”,只有“闻”字直接写出,风雪之中,深山之内,夜归之人与无边的荒寒形成了强烈的对照,只要对诸般意象有直观的感受,就不难理解羁旅行役之苦和静夜未言之情。而且,在“我”隐去、淡出后,诗歌呈现的是由远而近的画面,由高天、大山、风雪走进了虽简陋却温馨的人家,正像人所亲历、所亲感,阅读时会调动自己的经验、经历,在接受中进行再创造。由上面例子可见,直观性对于诗歌来说是多么重要。

第三,联想性。

汉语词汇的不定与多义,恰恰给人提供了联想的空间。因为汉语中同音词多,加上文学作品(尤其是诗)体制较短,简练的语言极容易造成同音联想。我们所熟知的南朝乐府吴声歌如《子夜四时歌》:“乘月采芙蓉,夜夜得莲子”,“愿天无霜雪,梧子解千年”,“莲”与“怜”谐音,“梧”与“吾”谐音,就是通过同音词的联想表现青年男女的爱情。《子夜歌》的“金铜作芙蓉,莲子何能实”,“莲子”同样是“怜子”,用今天的话讲就是“爱你”,而“芙蓉”则为“夫容”,即丈夫的容颜,所以从字面上看,意为:“用金铜铸成的莲花,怎能结出果实——莲子来呢?”而实际的意思是:对方这样无情,板着面孔,一番爱怜之意是终究要落空的。所以诗的表面意义与实际意义是不同的,如何理解真实含义呢?那就要靠同音联想了。比起西方的诗歌来,汉语单音词的同音联想确有自己的优越性,传情达意很见委婉动人。

同音联想建立在读音相同的基础上,是有限制的,而词汇的多义导致形象的丰富意蕴,则能使简练的诗歌诱发读者的联想。如陈子昂的《感遇》:“兰若生春夏,芊蔚何青青。幽独空林色,朱蕤冒紫茎。迟迟白日晚,嫋嫋秋风生。岁华尽摇落,芳意竟何成!”兰草和杜若都是香草,人们在长期的用词过程中将原义加以引申而“移植”,成了幽洁的贤士的象征,而春、夏也由特定的季节可转指生命中的青年、壮年时期,由诗中形象透露出岁月流逝、难有作为之意，使读者在读后联想作者的遭遇，遂由表面的咏物深入到内心的思想感情，了解诗中的寄托。如果说上诗只能给人单向性的联想，有的却能诱发多向性联想。如刘方平的《夜月》："更深月色半人家，北斗阑干南斗斜。今夜偏知春气暖，虫声新透绿窗纱。""春气"是实指，而"春"字的引申意义又非常丰富，失眠者的吟咏既可以让人在虫声透出的节候之变中联想到思家、怀人、叹老、嗟卑、功业之慨、身世之悲，又可以从古人所说的"春，女感阳气而思男"联想到女子的思春之意，之所以能作此想，又与诗中并无特定的"我"的出现有关。

第四，简约性。

汉语词法、句法特点，使中国人可以用少量词语、句子来传达更多的意思，在尽可能地省略句中的附加关系成分后，人们可以发现，不用变化动词，不讲究单复数，不表示时态，不用冠词等，确实会使语言变得非常经济，作品也随之呈现出简约性。

我们很同意陈伯海先生在《中国文学史之宏观》第四章中所说的，我国文学的简约性带来了意象密集、意象朦胧的文学效果。[①]这里不妨移用陈先生所说，西方语言包含的实体观念，跟许多附加的关系成分纠缠在一起，后者成分多了，意象就难以密集，汉语尽量削减关系成分，造成集点式的意象链索，在文学上有独特的鲜明性和生动性。如王维《鹿砦》："空山不见人，但闻人语响。返景入深林，复照青苔上。"除"不""但""复"三虚词分别表示否定、限制、层进关系外，其余词语都是描摹意象，所以篇幅寥寥，却传递出丰富的视听印象和内心感受。

与简约相关的是意象的朦胧性。如李白诗《越中览古》："越王勾践破吴归，义士还家尽锦衣。宫女如花满春殿，只今唯有鹧鸪飞"的不辨今古，前面王维诗的不分人我、时空、主客，往往交相融合为浑然一体的感知印象，这就带有几分朦胧性。若谓这只是语言的朦胧，并非意象的朦胧，那么，温庭筠的"鸡声茅店月，人迹板桥霜"，仅平列叠加意象而不限定意象间的逻辑联系。又如王维 "日落江湖白，潮来天地青"，"白"和"青"究竟是形容词还是动词？若前，则为静景；若后，则为动景。至于朦胧性的成因，主要在于语法关系成分的省略，使得意象组合有多向发展的可能，加上汉语词类不甚固定，同一词可有几种用法所致，而诗歌由于齐言、骈偶、声律等限制，更要灵活地调整句子成分、词性、乃至词序，因而这种朦胧、含混的特点显得更为充分。

意象的朦胧易造成歧义，故传统批评中常多争论，造成"诗无达诂"的现象，但朦胧性、多义性也并非坏事，可使欣赏打开思路，提供多样化联想，由不同侧面进入语言文字的深层内涵，此较单一思路要远为丰富和深刻的体验，辞约义丰，言近旨远，弦外之音，味外之旨，根据即在此。如将李商隐《无题》中二句写成"大海里的珍珠在月光下闪闪发亮，有如晶莹的泪花"，物象关系坐实了，不难理解了，但其岂有"沧海月明珠有泪"那样的神味？

第五，整一性。

整一性是指文学体制的整一性。这里所用的也是陈伯海先生上书的观点、材料。

---

① 陈伯海：《中国文学史宏观》，中国社会科学出版社，1995 年版。

汉语文学体制的整一性，在古代韵文创作中反映得最为明显，几乎构成了民族古典诗歌韵律的整个基础。西方诗律由长短音交替或轻重音间隔构成，而汉语诗歌除用韵脚表示和谐外，只有依靠语言的整一性来建构韵律，其具体形态是齐言、骈偶和声律。

齐言是中国诗歌的第一要素，从上古的四言诗到后来的五七言，是主要形式，乐府、词曲是杂言，但仍有“奇偶相生”的规律，形成整齐的音步组合，在不齐中显示出齐一性，即“不齐之齐”。

齐言之外，骈偶和声律构成古典诗歌韵律的另两个要素。骈偶又名对仗，指上下两句之间词义、字数、结构严格相对待的组合方法。这也是汉语特有的修辞现象。

西方语言受多音节限制，虽有上下句意义的排比，终不能像方块字那样排列整齐。骈偶既适合于汉语性能，故应用非常普遍，从上古歌谣、散文之偶见，到辞赋兴起之大量采录，再到骈体文赋而登峰造极，影响了诗歌之发展出一种中间诸联必讲对仗的律体诗，下及词曲。这样的语句组织，上口自有铿锵的声韵，比起一般齐言句子，在整一性上又进了一大步。

再说到声律，固然是基于汉语声调而对字音所作的协调，但那种平仄相间、上下相生的格式，却是骈偶原理在音律上的推广。声律说的兴起，大致在骈体诗文宣告成熟之际，而声律的运用范围，也经由初起时限于一联，逐步扩大到全篇的历程。这都反映出声律和骈偶间的内在联系。唐人已将诗文创作中这两个新的要素予以规范化、定型化，并同五七言诗的齐言精神结合起来，才创建了近体诗的格律，使民族文学的整一的美发挥到极致。宋元词曲对齐言的形式有所改造，而依然保留着声律规定，可见作用之深刻。

第六，抒情性。

这是陈先生对词语形象性、体制整一性、表达简约性、意念朦胧性等各点的综合归纳。词语的形象性使汉语声韵和形体上富于音乐感与造型美，便于配合文意的传达，做到情文并茂；体制的整一性为作品（特别是诗歌韵律）提供了合适的规范；表达的简约性有助于意象的密集、生动，感受真切；意念的朦胧性带来了联想丰富、含蓄不尽的风神。这些众多特点归纳起来，可以看出：汉语的长处与其说在于逻辑推导，毋宁说在于直观显现；与其说在于事理的解剖，毋宁说在于情意的暗示。汉语不长于作学理论析和概念演绎，但却是无与伦比的形象的语言，情感的语言，诗的语言。我们古代哲人不乏深刻的思想，却善用散漫的富于启示性的语录体，我们以抒情诗独步世界，连叙事文学的散文、戏曲、讲唱、小说都带诗的韵味，这与汉语的功能有关（当然还有其他原因）。汉语之长于抒情，必对民族心理起潜移默化影响，并使文学走上抒情性道路。

以上择要论述了汉语的语法、修辞特点及由此带来的古代诗歌的特性，因为是立足于古汉语的一般特点，所以对汉语在其演进历史上的变化，尤其是近现代的剧变，及文言白话代兴，雅俗文学对立，单音节向多音节过渡，语法关系渐趋严密等，都未遑论及。倘再作论述，当另写专文了。

（原载《忻州师范学院学报》2002年第2期）

进士文化与唐诗

进士文化与唐诗

摘 要 唐代重进士科,逐渐形成了进士文化,历来对此多作负面评价。由于科举冲破了六朝贵族文化对庶族人士的桎梏,尊进士而重诗赋,受时代精神感召,为社会风气鼓舞,诗人焕发出高度的政治热情,对诗歌影响极大。诗人关注社会、人生,改变了六朝的迂诞浮华、"不涉世务",恢复和发展了诗歌的现实主义传统。在建立起强烈的社会责任感同时,也激发出蓬勃振奋的精神,树立起健康的心态和足够的自信心,使诗歌具有刚健的生命力和雄阔的气象。进士文化改变了传统的道德观,虽"露才扬己"、"轻薄无行",却德消而情长,仅唐诗抒写的怨情与爱情而言,都真切动人,影响后来之文学至巨。

关键词 进士文化 唐诗 人生 心态 真情

严羽《沧浪诗话·诗评》云:"或问:'唐诗何以胜我朝?'唐以诗取士,故多专门之学,我朝之诗所以不及也。"历年来不少论者也注意到唐诗的兴盛与诗赋取士的关系,持肯定和否定态度的都有。笔者认为,对这一问题的认识不应只停留在进士科及诗赋取士本身,而应上升到进士文化的层面来认识。为此,特撰此文,以探寻在历史流变中进士文化与唐诗繁荣的关系。

一 科举制与进士文化

魏晋行九品中正制,原意在选择人才,但造成的结果,却如尚书仆射刘毅上疏晋武帝所说,是"高下任意"、"爱恶随心","上品无寒门,下品无势族"。隋唐行科举制而唐尤重进士:"缙绅虽位极人臣,不由进士者,终不为美,以至岁贡常不减八九百人。其推重谓之'白衣公卿',又曰'一品白衫';其艰难谓之'三十老明经,五十少进士'。"[①]这一由重门第到重才学的变化,在改变了官吏录用办法的同时,也使之成为了变古代为近代的标志之一。

日本史学家内藤湖南认为,以朝代划分时代的方法未必正确,史学上所说的近世,应具备近世的特点,"在中国,具有那样内涵的近世,当起于宋代以后,而至宋代为止,是从中世走向近世的过渡期"。又说:"贵族政治是从六朝开始,止于唐朝中期。"[②]实是认为中世转为近世始于唐。

未考闻一多先生是否读过内藤湖南的著作,而他的文学史分期,却在方法论上与

① 王定保:《唐摭言》卷一,《唐五代笔记小说大观》,上海古籍出版社,2000年版,第1579至1580页。
②《中国史通论》上卷,社会科学文献出版社,2004年版,第323页。

内藤氏颇能相通。闻先生在西南联大为学生讲课时，曾分中国文学史为古代和近代，古代从周成王时到汉建安五年，近代前期是建安五年到唐天宝十四载，后期是天宝十四载到民国九年。之所以如此划分，是因为到建安时代才因曹氏父子而能见作品就知作者，此前多半茫然无考；从曹魏时期建立九品中正制，发展到东晋的门阀制度，贵族诗歌形成，延续到安史之乱；天宝大乱后，门阀贵族几乎消灭干净，以杜甫为代表的平民诗风形成。[①]今天，虽然没有人采用闻一多独特的文学史分期法，却很难否定其相当的合理性。

内藤湖南和闻一多之将中唐作为贵族政治向平民政治转换的切点，其标志在于此时门阀制才彻底崩溃，进士文化真正处于主导地位。

进士制始于隋，盛于唐初贞观、永徽之际，陈寅恪先生认为起根本变化的是武则天时期，她在主持中央政权后，破坏府兵制，且"大崇文章之选，破格用人，于是进士之科为全国干进者竞趋之鹄的。当时山东、江左人民之中，有虽工于为文，但以不预关中团体之故，致遭屏抑者，亦因此政治变革之际会，得以上升朝列，而西魏、北周、杨隋及唐初将相旧家之政权尊位遂不得不为此新兴阶级所攘夺替代"，"故武周之代李唐，不仅为政治之变迁，实亦社会之革命"[②]。

政治之变迁、社会之革命，必然影响文化。陈寅恪先生指出了文化的地域性历史渊源及其变化，他引了"山东之人尚婚娅，江左之人尚人物，关中之人尚冠冕，代北之人尚贵戚"之说，进而论述东汉末中原丧乱后学术虽变，但通经义、励名行以求从政，在河北(即所谓山东地域)尤为显著的史实。由于武则天"专尚进士科，以文词为清流仕进之唯一途径"，将一批被视为浮华放浪的进士出身者提拔为新兴的统治阶级，也就必然改变了原先主张经学为正宗的情况："唐代贡举名目虽多，大要可分为进士及明经二科。进士科主文词，高宗、武后以后之新学也；明经科专经术，两晋北朝以来之旧学也。"[③]

虽岑仲勉先生不同意陈寅恪"关陇集团"和"关中本位政策"等说，也质疑高宗、武后专尚进士科一事，而《唐摭言》卷一所说的史实也可以支持岑说："进士科与隽、秀同源异派，所试皆答策而已……有唐自高祖至高宗，靡不率由旧章。垂拱元年，吴师道等二十七人及第，后敕批云：'略观其策，并未尽善。若依令式，及第者唯只一人；意欲广收其材，通三者并许及第。'后至调露二年，考功员外郎刘思立奏请加试帖经与杂文，文之高者放入策。寻以则天革命，事复因循。至神龙元年，方行三场试，故常列诗赋题目于榜中矣。"[④]但其中所说的垂拱元年之敕批，已可见转变之关纽，中宗神龙元年后的"行三场试，故常列诗赋题目于榜中"，更是导源于武后的广收人才之愿，因此，陈寅恪先生所说是有根据的。而据徐松《登科记考》，贞观二十三年中，进士共二百零五人，

---

① 以上参见郑临川(述评)：《闻一多论古典文学》，重庆出版社，1984年版，第83至85页。

②《隋唐政治史述论稿》，上海古籍出版社，1997年版，第18页。

③《隋唐政治史述论稿》，上海古籍出版社，1997年版，第71、81页。

④《唐五代笔记小说大观》，上海古籍出版社，2000年版，第1282页。

武则天掌权的五十年中，进士为一千多人，从取士的数目看，也可支持陈先生所说。武后时的名相薛元超自称一生有三恨，又“不以进士擢第”入仕为首恨，其“进士情结”的生成，岂非缘于时代对进士的重视？

在历来关于进士科以诗赋取士始于何时的讨论中，所本有《唐会要》的始于初唐，《唐音癸签》的始于调露中，《唐摭言》的始于中宗神龙元年诸说，而论者较倾向于徐松《登科记考》的始于开元说，定此为下限。唐玄宗尽管有崇儒之举，他本人却很有文学才能、极富艺术气质，因此，也对文艺人才礼遇有加，在他的统治下，更是进士科独尊，诚如《通典》卷一五《选举典》《历代制》下所说：“开元以后，四海晏清，士无贤不肖，耻不以文章达”，虽“五尺童子，耻不言文墨焉”。

虽说武则天专尚进士科，唐玄宗大行诗赋取士，但所取进士还是旧公卿子弟为多，寒族甚少，岑仲勉先生《隋唐史》对此述之甚详，傅璇琮先生《唐代科举与文学》也论述了势要之家对科举取士所施加的影响。安史之乱后，贵族政治真正崩溃，即使宰相杨绾、权德舆、李德裕等，都坚持世族立场，不断反对进士科，最终却未能阻拦其继续推行。

进士科的实行不仅使新的选官制为之确立，随着这一制度的推行，实际上逐渐形成了崭新的进士文化。

罗庸先生指出：“就文化史而言，科举制实为一大分水岭。自隋唐迄今，莫不如此。”“先秦子家以著书干王侯，末流所趋，成为清客之流。汉文则创孝悌力田以培养礼重士人之风。有此四百年之培养，遂有东汉党锢清流诸公，然其病又在矫情，国势隳败，复成战国局面，文人再度沦为幕客，此建安七子之所由产生也。西晋为贵族政治，文人仍过依附生活，陆机、潘岳等靡不如此。其后一变而为东晋门阀把持之政局……隋大业二年(606)，建明经、进士二科，明经为国子生，进士为外县考生。唐复创制举，即由天子御试而举擢者也。士风因之改变。”[①]将科举制视作文化史上一大分水岭，其意义可见。

《通典》所载大臣之谏，指出了进士文化的弊病。如武后天授三年(692)薛谦光上疏称：“炀帝又变前法，置进士等科，故后生复相仿效，皆以浮虚为贵。”肃宗宝应二年(763)礼部侍郎杨绾奏曰：“近炀帝始置进士之科，当时犹策试而已。至高宗朝，刘思立为考功员外郎，又奏进士加杂文，明经填帖，从此积弊，浸转成俗。幼能就学，皆诵当代之诗，长而博文，不越诸家之集，递相党羽，用致虚声，六经则未尝开卷，三史则几同挂壁……祖习既深，奔竞为务，矜能者曾无愧色，勇进者但欲凌人，以毁讟者为常经，以向背为己任。校刺干谒，驱驰于要津；露才扬己，喧盛于当代。”而据《旧唐书》及《新唐书》所载，在此疏交廷臣会议时，李廙、李栖筠、贾至、严武等人均持赞同意见。赵匡也说：“主司褒贬，实在诗赋，务求巧丽，以此为贤，不唯无益于用，实亦妨其正习，不唯挠其淳和，实又长其佻薄。”杨绾、李栖筠都是进士出身，持此说应是有事

① 《箫吹弦诵传薪录》，上海古籍出版社，2002年版，第271页。

实根据的。

“以浮虚为贵”，重诗文而轻经史，使得传统的儒林精神为之不彰，而文苑的不良习气炽盛，士风浇薄，道德沉沦，“递相党羽，用致虚声”“奔竞”“矜能”“校刺干谒”“露才扬己”，皆其显证。罗庸先生也具体从请托之风、怕说师承、行卷温卷、献赋献诗、专作枪手、闹事以广声誉、题诗以求怜悯等方面，对士风堕落作了归纳。他认为，虽大诗人亦有所不免，“陈子昂捶破百金胡琴即是一例；或献赋于大典礼之间，老杜献三大礼赋，即其例也；或跪天子车前献诗，而跻身侍驾之臣，所谓终南捷径是也”，认为“种种怪事，不一而足，士人廉耻扫地，故宋代遂有理学兴起”①。

笔者以为，从我国以立德为重的传统眼光看，进士文化确有以上负面特点，但又具有更应肯定的、代表时代发展方向的正面意义。尽管《尚书》《礼记》等认为商周时代已有选贤举能的制度，不过真正可信的还是汉代实行的选举制，而汉唐相比，后者更为进步。熟知唐代科举的王定保说得很好：“文皇帝拨乱反正，特盛科名，志在牢笼英彦。迩来林栖谷隐，栉比鳞差，美给华资，非第勿处；雄藩剧郡，非第勿居。斯乃名实相符，亨达自任，得以为圣作则，为官择人。有其才者，靡损于瓮牖绳枢；无其才者，讵系于王孙公子……然此科近代所美。知其美之所美者，在乎端己直躬，守而勿失；昧其美之所美者，在乎贪名杇宦，得之为荣。”②《新唐书·选举志》以史家之识而有云：“大抵众科之目，进士尤为贵，其得人亦最为盛焉。方其取以辞章，类若浮文而少实。及其临事设施，奋其事业，隐然为国名臣者，不可胜数。”所说都堪称持平公允。

史学家柳诒徵先生认为，对唐代的科举，“世多病其法之不善，然九品中正之弊，致成贵族政治。矫之以科举，而平民于贵族乃得均享政权，是亦未始无关于国家社会之进化也”③。钱穆先生所论更详：“九品中正制，本想替当时用人定出一客观标准，还是不失此项制度所应有的传统精神的。但后来却变成拥护门第，把觅取人才的标准，无形中限制在门第的小范围内，这便大错了。唐代针对此弊，改成自由竞选，所谓‘怀牒自列’，即不需地方长官察举，更不需中央九品中正评定，把进仕之门扩大打开，经由各人各自到地方政府报名，参加中央之考试。这制度，大体说来，较以前是进步的。”“汉代的选举，是由封建贵族中开放政权的一条路。唐代的公开竞选，是由门第特殊阶级中开放政权的一条路。唐代开放的范围，较诸汉代更广大，更自由。所以就此点论，我们可以说唐代的政治又进步了。”④

科举制对于九品中正制的进步，颇类于春秋时期“天子失官，学在四夷”（《左传·昭公十七年》）对于西周宗法等级制下“学在官府”的改变。

春秋时代的这一变化，使先秦诸子得以产生，在重“士”的时代风气下，能够突破宗法制时的生活圈子和固定人生角色的束缚，放眼天下，焕发出强烈的社会责任感，

---

①《箫吹弦诵传薪录》第272至274页。

②《唐摭言》卷三，《唐五代笔记小说大观》第1609至1610页。

③《中国文化史》，东方出版中心，1996年版，第448页。

④《中国历代政治得失》，三联书店，2001年版，第54至55页、57页。

努力发挥自己之所长，在谋求实现自身价值的同时，也为社会的发展作出了自己的贡献。“士而怀居，不足以为士矣”（《论语·宪问》），应是普遍的信念，他们抱定“士不可以不弘毅，任重而道远”（《论语·泰伯》）的宗旨，以“天将降大任于斯人”的自觉，怀着“如欲平治天下，当今之世，舍我其谁”（《孟子·公孙丑下》）的壮志，积极参政，演出了一幕幕生动的历史活剧。

进入进士文化时代的唐代士人，也具有相似的特点。王定保以战国及汉朝相拟：“其负倜傥之才，变通之术，苏、张之辨说，荆、聂之胆气，仲由之武勇，子房之筹画，弘羊之书计，方朔之诙谐，咸以是而晦之，修身慎行，虽处子之不若；其有老死于文场者，亦无所恨。故有诗云：‘太宗皇帝真长策，赚得英雄尽白头。’”[①]政治进步以外，进士文化且不应拘限于进士制本身，而应覆盖制度、行为、思想，直到物质的诸多层次。今人冯天瑜等认为：“科举制的推行，对于唐代文化乃至其后的整个中国文化流程都有至关重要的影响。”并从此制使隋唐政权具有开放性与流动性，影响读书人的心态和生活道路等方面作了较为全面的正面论述。[②]

由于进士科的独尊，造成了事实上的文学崇拜，擅长诗赋的文人地位提高，也引起了一系列从诗人内心到外在生活的变化，对唐诗的影响是极其巨大的。

二　现实、人生与世务

从历史的发展看，科举制对于冲破门阀的限制，改变六朝贵族文化对庶族士人的桎梏，其积极意义是显见的。在时代精神的感召下，被社会氛围所鼓舞，这一制度的推行，使出身寒门者焕发出强烈的求官愿望和高度的政治热情。因此，进士文化对唐诗的积极影响当首先在于诗人关注社会、人生，改变了六朝的迂诞浮华、“不涉世务”，同时也恢复和发展了诗歌的现实主义传统。

汉代以察举取士，其结果正如汤用彤先生所说，“朝廷以名为治（顾亭林语），士风亦竞以名相高”。魏晋以后，汉代士人专尚的月旦品题，其内容发生了变化，即从“论形之例”转为“精神之谈”，造就出“益期神游，轻忽人事”[③]的现象。此虽或有确立“人的主题”意义，但结果却是逐渐发展出“不涉世务”。

以孔孟为代表的先秦儒家，提倡修身—齐家—治国—平天下，是一条由内到外的路线，即俗称的“内圣外王”，个人修养与君国大业不可分，前者是为后者服务的。魏晋以后的“益期神游，轻忽人事”，则将重心全部落在了前者，且“内圣”是重在德，而“精神之谈”“神游”却非如此。试看《世说新语》，记德行与政事分别仅为47则和26则，而言语108则，文学104则，属于评价性的赏誉和品藻分别多达156则和88则，倾向可见，时风亦可见。

---

①《唐摭言》卷一，《唐五代笔记小说大观》第1579页。

②《中华文化史》，上海人民出版社，1990年版，第570至575页。

③ 以上分见《汤用彤学术论文集》，中华书局，1983年版，第202、226页。

似刘琨和温峤那样关心“晋祚”，欲“以桓、文之姿，建匡立之功”的，很是罕见(第53、54页)；如桓温的不评箕子、比干之是非，表示“仁称不异，宁为管仲”(第286页)的以功业为念者也不多。贵族政治造成的贵族文化所尚者是清谈。《世说·文学》典型地记录了丞相王导、太尉庾亮、长史王濛、蓝田侯王述、大司马桓温、中军殷浩、镇西将军谢尚等大人物的一次聚会：“殷中军为庾公长史，下都，王丞相为之集，桓公、王长史、王蓝田、谢镇西并在。丞相自起解帐带麈尾，语殷曰：‘身今日当与君共谈析理。’既共清言，遂达三更。丞相与殷共相往反，其余诸贤略无所关。既彼我相尽，丞相乃叹曰：‘向来语乃竟未知理源所归。至于辞喻不相负，正始之音，正当尔耳。’”(第115页)志于“戮力王室，克服神州”，斥过江诸人只会新亭对泣的王导尚如此，时风实可见之。相似的例子还有《世说·言语》所记：“王右军与谢太傅共登冶城，谢悠然远想，有高世之志。王谓谢曰：‘夏禹勤王，手足胼胝；文王旰食，日不暇给。今四郊多垒，宜人人自效；而虚谈废务，浮文妨要，恐非当今所宜。’谢答曰：‘秦任商鞅，二世而亡，岂清言致患耶？’”(第71页)“虚谈废务，浮文妨要”是切中时弊之论，号为江左风流宰相第一的谢安，以秦朝用法家主政、二世而亡来掩饰、辩解清谈之害，实在是于理不符。王羲之所言虽不错，而他本人也难出时代风气之外。《世说·文学》载，他因自己“本自有一往隽气”，故颇轻支道林，但在听了支所论庄子《逍遥游》，有感于他的“作数千言，才藻新奇，花烂映发”后，“遂披襟解带，留连不能已”(第121页)。

桓温在践北境与僚属眺望中原时曾说：“遂使神州陆沉，百年丘墟，王夷甫诸人不得不任其责！”所斥的王衍，是一位最合乎时尚，既善清谈又外貌风度过人的人物，《世说·容止》称其“容貌整丽，妙于玄谈，恒捉白玉柄麈尾，与手都无分别。”这位空谈大师，在被石勒所杀前曾说：“吾等若不祖尚浮华，不至于此。”(第447页)[①]可惜悔之已晚。

干宝《晋纪·总论》曾对两晋贵族文化作了很透彻的批评：

> 学者以庄老为宗，而黜六经；谈者以虚薄为辩，而贱名检；行者以放浊为通，而狭节信；仕进者以苟得为贵，而鄙居正；当官者以望空为高，而笑勤恪。其倚杖虚旷，依阿无心者，皆名重海内。

《颜氏家训·勉学篇》也说：

> 何晏、王弼祖述玄宗……周孔之业，废之度外。直取其清谈雅论，剖玄析微，宾主往复，娱心悦耳，非济世成俗之要也。

《涉务篇》进而论及晋室南渡后的官员擢用和文士风气：

---

① 以上引文注页码者均见《世说新语校笺》上册，中华书局，1984年版，下亦同。

> 晋朝南渡，优借士族，故江南冠带有才干者，擢为令仆已下，尚书郎、中书舍人已上，典掌机要。其余文义之士，多迂诞浮华，不涉世务。

唐代兴于隋末大起义后，力革六朝之风，唐太宗兼重武功文治，兴科举取士，意欲获得人才。《唐摭言》卷一载，太宗当年幸端门，见新进士缀行而出，不由喜曰："天下英雄入吾彀中矣！"视进士为英雄，岂能止于文辞和言论？尽管有人批评取士重诗赋、求巧丽而无益于用，但我们更应看到进士文化与贵族文化的"迂诞浮华，不涉世务"是有很大不同的。虽说唐代士人为能进士及第而努力于文词，但这只是敲门砖，一旦门被敲开，就不得不面对诸多的"世务"，且必然要被现行体制塑造成"济世成俗"的人物。

唐朝的科目繁多，其中的进士科要考时务策，未免使士人留心于此。《新唐书·选举志》载："凡进士，试时务策五道，帖一大经，经、策全通者为甲第；策通四、帖过四以上为乙第。"又《唐摭言》卷一云："进士科与隽、秀同源异派，所试皆答策而已。两汉之制，有射策、对策二义者何？射者，谓列策于几案，贡人以矢投之，随所中而对之也。对则明以策问授其人而观其臧否也。如公孙弘、董仲舒，皆由此而进者也。有唐自高祖至高宗，靡不率由旧章……后至调露二年，考功员外刘思立奏请加试帖经与杂文，文之高者放入策。寻以则天革命，事复因循。"①

考试方法和内容固然是士子们重视政治、世务的原因，但更应是如前引柳诒徵、钱穆所说的因"平民于贵族乃得均享政权"，"由门第特殊阶级中开放政权"，焕发出参政愿望和热情所致，既然陈寅恪认为"政权尊位遂不得不为此新兴阶级所攘夺替代"，"攘夺"者又岂能不关心现实，不热心世务？最高统治者将进士视作英雄，文士们岂有不想成为进士之理？对皇帝而言，"入吾彀中"固有将进士视作猎物之意，而文士之主动期盼入之，又何尝不是想实现自己的抱负，施展自己的才干！

在尤重文才的高宗、武则天时代，激发起"初唐四杰"不甘"憔悴于圣明之代"（王勃《夏日诸公见寻访诗序》）的强烈用世之心。卢照邻"不息恶木枝，不饮盗泉水。常思稻粱遇，愿栖梧桐树"，有"追能借风便，一举凌苍苍"（《赠益府群官》）之志。骆宾王《畴昔篇》在感慨"淹留坐帝乡，无事积炎凉"同时，并未丧失信念："文昌隐隐皇城里，由来奕奕多才子。潘陆词锋络绎飞，张曹苑翰纵横起。"诗中展示了"挥戈出武帐，荷笔入文昌"两条道路。因"入文昌"并不顺利，杨炯《从军行》遂感叹"宁为百夫长，胜作一书生"，其《紫骝马》更托物言志："发迹来南海，长鸣向北州。匈奴今未灭，画地取封侯。"卢照邻《西使兼送孟学士南游》则似对两条道路作了回答："零雨悲王粲，清尊别孔融。裴回闻夜鹊，怅望待秋鸿。骨肉胡秦外，风尘关塞中。唯馀剑锋在，耿耿气成虹。"因此才会以文人之质而有"孙宾遥见待，郭解暗相通。不受千金爵，谁论万里功"（《结客少年场行》）之句。初唐四杰未能以进士为官，多有不遇之叹，却仍在他们的诗歌中强烈

①《唐摭言》卷三，《唐五代笔记小说大观》第1582页。

充溢着进士文化感召出的用世之志。

如果说初唐四杰还是难出文人之外，且除王勃曾在未及冠时应幽素举及第外，皆非进士，那么继之而起的陈子昂却既是进士，又是不为空言、极想有为的人物。他“以格致为实学，以践履为实地，文与行俱一”①，曾自请从军征讨叛乱，在万岁通天元年(696)从武攸宜北征契丹，求分兵万人为前驱。陈沆《诗比兴笺》卷三因人谓其“党附”“躁进”而为之辩诬：“历考武后一朝，惟子昂谏疏屡见。武后欲淫刑，而子昂极陈酷吏之害；武后欲黩兵，而子昂极陈丧败之祸；武后欲歼灭唐宗，而子昂请抚慰宗室。”无怪乎王夫之曾感慨：“陈子昂以诗名于唐，非但文士之选。使得明君以尽其才，驾马周而颉颃姚崇，以为大臣可矣。”②而进士出身的张说历仕四朝，三度拜相，“忽惊水上光华满，疑是乘舟到日边”(《和尹从事懋泛洞庭》)，“笔涌江山气，文骄云雨神”(《过庾信宅》)实为其自况，当然更不乏“胜敌在安人，为君汗青史”(《送李侍郎迥秀薛长史季昶同赋得水字》)的志向。

士族意识受到冲击，庶族的从政热情大为激发，一批政治家兼文学家登上了政治舞台，同时实行政治和文学改革。唐玄宗统治的初期，任用姚崇、宋璟、张说、张九龄等贤相，推行开明政治，并下《举贤良诏》，以“才有王霸之略，学究天人之际”为用人标准，给真正的人才进入政权核心打开了大门。因此，盛唐时代的著名诗人，更有热衷于“世务”的特点。

李白《在寿山答孟少府移文书》自谓志在“申管晏之谈，谋帝王之术，奋其智勇，愿为辅弼，使寰区大定，海县清一”。虽苏辙以其“骏发豪放，华而不实，好事喜名，而不知义理之所在”③，但李白本人却明确讥笑儒者“问以经济策，茫如坠烟雾”(《嘲鲁儒》)。李华所写墓铭称“宜其上为王师，下为伯友”，虽他未走进士之路，却因得到延誉而供奉翰林。后得罪权贵，被赐金还山，无法实现自己的理想，仍在永王东巡时写下“但用东山谢安石，为君谈笑净胡沙”的诗句，长流夜郎遇赦得还，还在六十一岁时因李光弼东镇临淮而请缨杀敌。“苟无济代心，独善亦何益？”(《赠韦秘书子春》)应是他一生的处世原则。杜甫“自谓颇挺出，立登要路津。致君尧舜上，再使风俗淳”(《奉赠韦左丞丈二十二韵》)，却遇奸相李林甫当道，应举被黜，在天宝末献《三大礼赋》得玄宗赏识并召试文章后，始授京兆府兵曹参军的微职。即使官职卑微，或不在其位，但关注世事、忧国忧民之心一生不变，“穷年忧黎元，叹息肠内热”，“葵藿倾太阳，物性固难夺”(《自京赴奉先县咏怀五百字》)是他一生的写照。据《旧唐书》本传，高适“喜言王霸大略，务功名，尚节义，逢时多难，以安危为己任”，因此有志于“永愿拯刍荛，孰云干鼎镬”(《淇上酬薛三据并寄郭少府微》)。即使是孟浩然，也曾有“端居耻圣明”之志，只是“欲济无舟楫”(《望洞庭湖赠张丞相》)，而以隐居终老的。托身山水田园的“诗佛”王维，曾以“圣代无隐者，英灵尽来归。遂令东山客，不得顾采薇”(《送綦毋潜落第还乡》)劝勉友

① 杨澄：《陈伯玉文集后序》，四部丛刊影印明弘治本。

②《读通鉴论》卷二十一，转引自韩理洲《陈子昂研究》第363页，上海古籍出版社，1998年版。

③ 王琦注：《李太白集》卷三十四之附录，中华书局，1977年版，第1535页。

人而兼自勉，在其初入仕途之时，诗中充满了追求功业的豪情壮志，《燕支行》《少年行》等作都可见之。

初唐时期以进士入于宫廷的多以诗人称，盛唐时期进士出身的诗人成为高官者仍较少，大诗人李白、杜甫和高适都非进士，待到安史之乱后，门阀彻底崩溃，中唐时期的进士文化遂有了覆盖“仕”与“诗”的双重意义。因此，中唐以后成为进士，并进入领导层的诸多诗人文士，在“世务”的实践上更较盛唐突出。

兼具儒林与文苑风概的韩愈，生当儒学衰退、佛道炽盛之时，他在踏上仕途之后，就一直以振兴儒学、排斥佛道为己任，并力图整顿朝纲、清除弊政，以强烈的使命感慷慨自任。德宗时上疏论宫市之弊，被贬，宪宗时，不避披鳞之险，谏迎佛骨，差点丢掉性命，后得大臣相援，才贬为潮州刺史，在潮州除鳄鱼之患，转袁州政绩斐然，穆宗时，宣慰叛军，使之拜服。刘禹锡与柳宗元同科进士及第，后又登制举博学宏辞科，他们都参加了王叔文政治集团，王失败后，刘、柳都被贬，虽说历史上对这一集团评价不一，但如所行的罢宫市、免租税、放女乐、惩贪官、擢忠良等，都是有利于人民的。刘在任夔州刺史时，上书宰相要求废除州县的释奠仪礼，以所费用于兴学。“罪谤交织，群疑当道”，柳宗元“身虽陷败，而其论著往往不为世屈”（《上襄阳李愬仆射献唐雅诗》），在柳州时生活艰苦，心情抑郁，却依然关怀民生疾苦，《旧唐书》本传称其改革当地“以男女质钱，过期则没入钱主”的恶俗，甚至“其已没者，仍出私钱赎之，归其父母”。白居易被召为翰林学士后，屡次上疏宪宗，批评时政，并作积极建议，促使宪宗下诏蠲租税、出宫人、绝进奉、禁掠买，并废除以宦官统军之令，在被贬而召还后，他对穆宗的荒纵不法和不能用人也多有批评，作《新乐府》一事人所尽知，可不述。因避父讳而不能参加进士考的李贺，本是“少年心事当拏云”，不得已才成为诗人的。杜牧有“平生五色线，愿补舜衣裳”（《郡斋独酌》）之志，留意于“治乱兴亡之迹，财赋兵甲之事，地形之险易远近，古人之长断得失”（《上李宗丞书》），饮酒狎妓之诗不应被看作他思想情趣的主导面。李商隐虽因受累于党争而潦倒，但早年所作诗如《行次西郊作一百韵》《安定城楼》等，都可见对政治的关心，其咏史诗则多针砭现实、引为殷鉴之寓意。

对“世务”的重视，使进士文化一改六朝“益期神游，轻忽人事”之习，关注外部世界和社会生活，也实现了文学对政治的干预。宋人洪迈说：“唐人歌诗，其于先世及当时事，直辞咏寄，略无避隐。”①并列举大量例子，证实他们或直咏、或寄托的诗歌，都具有强烈的干政意识，都与现实政治相关。唐代一系列文学运动和相关创作题材、风气的改变，也都与此有关。陈子昂倡“风骨”“兴寄”，李白批评“自从建安来，绮丽不足珍”，杜甫所作的“诗史”价值，张王元白的新乐府和韩柳古文运动，都应是重视现实、“世务”的体现。

歌德在对爱克曼的谈话中曾提出了这样一个观点：“一切倒退和衰亡的时代都是主观的，与此相反，一切前进上升的时代都有一种客观的倾向。”②从总体而言，唐朝属

---

①《容斋续笔》卷二，上海古籍出版社，1978年版。

②《歌德谈话录》，人民文学出版社，1982年版，第97页。

于上升的时代，因此也具有客观的倾向，诗人重视现实、人生和“世务”，成为共同的时代特色。以歌德此说观照六朝贵族文化与唐代进士文化，可以认为它们之间的区别主要是时代造成的。

三 精神、心态与诗人

唐代进士文化与六朝贵族文化相较，又一个显著的特点是：士人在建立起强烈的社会责任感的同时，也焕发出蓬勃振奋的精神，树立起健康的心态和足够的自信心，并影响了诗歌创作，使之具有健康向上的生命力和雄阔壮伟的气象。

汉末魏晋六朝时期的士人精神、心态，带上了普遍的时代病。

混乱的时世，黑暗的政治，相伴的是难以掌握自己命运的人生。汉末以至南北朝，充斥着不断的动乱：清议、党锢、黄巾起义、董卓之乱、李郭举兵、三国之争、司马篡魏、贾后之乱、八王之乱、胡族南徙、王敦与桓玄之乱、五胡乱华、十六国如走马灯、六镇反魏、河阴之变、侯景之乱……写满历史的是数不清的纷争与杀戮，灾荒与疾疫。曹植四十而亡，曹丕父子贵为天子，死时也不到四十，孔融、祢衡、杨修被曹操所杀，丁仪、丁廙死于曹丕之手，何宴、嵇康遭司马懿父子杀害，潘岳、石崇丧命于赵王、孙秀，陆机、陆云被害于成都王，刘琨、郭璞分别丧命于段匹磾、王敦之手，挚虞饿死在洛阳荒乱中，殷仲文被刘裕以谋反罪杀害，谢灵运也是获罪被杀，鲍照死于乱军，谢朓、王融死于狱中……之所以列举如此多的“死亡档案”，目的在于说明，乱世是文士们不够健康的精神、心理的土壤。

建安时代，尚能激发出诗人强烈的社会责任感，以曹操为代表的“不戚年往，忧时不治”的信念，造就出诗歌独特的“风骨”。正始之后，汉末的清议变为清谈，玄风独畅，虚无放诞之风遍及上下。裴頠《崇有论》曾批评当时的风气：“立言籍其虚无，谓之玄远；处官不亲所司，谓之雅远；奉身散其廉操，谓之旷达。”人们宗庄老、贱名检、通放浊、鄙居正、笑勤恪，与儒家所倡的修身、进德、勤政、节用传统完全不同。汉末的名实之辨被置之不顾，孔子所奠基的内“仁”外“礼”的文化——心理结构已遭冲决，外在的社会规范不复存在，内在的个体意识极度张扬，与此同时，也让人看到了时代的苦闷和人们的心理变态。

如果说，“建安七子”的雍容衽席、洒笔酣歌、和墨谈笑，是正常的文士“沙龙”活动，透露出健康情调；那么“竹林七贤”的“相彼非礼，遵乎达生”“旨酒厥德，凭虚其性”①，则显然发生了改变；到谢鲲等“八达”，甚至沦为“散发裸袒，闭室酣饮”。当时，名人文士任达放旷，服药饮酒，蓬发乱鬓，亵衣接人，在这种种风气、丑态的背后，其实有深沉的苦闷。《世说·伤逝》记载了两次吊丧而学驴鸣事：一次是魏明帝因王粲生前好驴鸣，故叫赴客各作一声以送，皆作驴鸣；另一次王济死，孙楚也学驴鸣，因“体似真声，宾客皆

---

①《晋书》卷四阮籍等传的史臣赞语。

笑”,孙竞说:“使君辈存,令此人死!”至少这后一次学驴鸣事,透出了不正常的心理。若谓当时人好为驴鸣是我们今天所不能理解的,那么如《世说·任诞》所载:“诸阮皆能饮酒,仲容至宗人闲共集,不复用常杯斟酌,以大瓮盛酒,围坐相向大酌。时有群猪来饮,直接去上,便共饮之。”实难说是旷达之举,而只能是变态心理的反映。

门阀制度也应是造成士人心态和精神不够健康的主因。

在两晋南北朝时期,人们最重视的不是真才实学,而是出身门第。《世说·品藻》载:“何次道为宰相,人有讥其信任不得其人。阮思旷慨然曰:‘次道自不至此。但布衣超居宰相之位,可恨唯此一条而已!’”陶侃性检厉,勤于事,《晋阳秋》记其常说的“民生在勤。大禹圣人,犹惜寸阴;至于凡俗,当惜分阴。岂可游逸!”斥“老、庄浮华,非先王之法,言而不敢行”。因功而升任大司马,却仍被温峤骂作“溪狗”①。他的儿子陶范在任乌程令时,曾因王修龄居东山而甚贫乏,赠米一船,王却不肯取,说:“王修龄若饥,自当就谢仁祖索食,不须陶胡奴米。”②世族意识、门第偏见可窥得一斑。

世族子弟垄断了从政的特权,左思因父亲左雍出身小吏,自己貌寝口讷,难以实现“铅刀贵一割,梦想骋良图。左眄澄江湘,右盼定羌胡”的志向,遂感慨“郁郁涧底松、离离山上苗”,为“地势使之然”(以上《咏史》)愤愤不平。后人曾认为他“若有见于孔、颜用舍行藏之意,但其壮志勃勃,急于有为,故气象极似孟子”(吴琪《六朝选诗定论》卷十一)。而在现实中,他却“不好交游,惟以闲居为事”(《晋书·本传》),即使自知文辞出众,《三都赋》成,也“恐以人废言”,只能求皇甫谧作序以延誉,多少透露出其中的心理。鲍照“欲贡诗言志”,对劝阻者说:“大丈夫岂可遂蕴智能,使兰艾不辨,终日碌碌与燕雀相随乎?”(见《南史》本传),结果却“才秀人微,故取湮当代”(钟嵘《诗品》中),在忌才的孝武帝刘骏面前,连文学才能也不敢显露了,在他的诗歌中,可以看到“今我独何为?坎壈怀百忧”(《代结客少年场行》),“心非木石岂无感,吞声踯躅不敢言”(《拟行路难》)的深深苦闷。

既遭遇动乱的时世,多政治迫害,又因传统门阀之见的歧视,即使是陶渊明这样的以平淡任真著称的诗人,也并非只有“静穆”而已。陶渊明年轻时也曾“猛志逸四海,骞翮思远翥”(《杂诗》其五),可在门阀制度盛行的时代,自己既无曾祖陶侃那样的显赫功劳,又“性刚才拙,与物多忤”(《与子俨等疏》),在微官任上最终只能“不能为五斗米折腰向乡里小人”,解印绶去职,归隐田园,成为隐逸诗人。观其诗,少有金刚怒目之作,“辞意夷泰”中却仍可让人窥出了“世极迍邅”,其《感士不遇赋》有云“密网裁而鱼骇,宏罗制而鸟惊”,联系他曾作桓玄的幕僚,而刘裕对桓玄余党大开杀戒的事实,隐居以避祸的内在恐惧心理也多少可见。

有些被收入《世说·雅量》的人物,即使不属于“薄综世之务,贱功烈之用,高浮游之业,卑经实之贤”(裴頠《崇有论》)的人物那样的“任自然”,而是有用世之志者,也因既受制于门阀制,又未逢盛世,难践其志,导致心态抑郁或愤愤不平。

---

①《世说新语·容止》。

②《世说新语·方正》。

唐代的大诗人们尽管有经历、教养、思想、性格与创作个性的诸多不同，但在时代的氛围下，在进士文化的环境中，显然有着与六朝文士、诗人不同的精神、心态。

唐太宗在立国不久就下令修订《氏族志》，对高士廉在志中将山东旧氏族崔氏列为第一等极为不满，明确提出“我今特定种姓者，欲崇重今朝冠冕……不须论数世之前，只取今日官爵高下作等级”（见《旧唐书·高俭传》），列崔氏为第三等。现实中的贞观之治和蓬勃向上的时代精神，给人以激发和感召，过去的旧贵族不能垄断对政权的参与权，而文士也因能够显示自己的才华而对前途充满希望。虽然比起后来的宋朝，唐朝还没有那么多起自寒门的高官，但唐初的不少重臣也确实是靠着功勋从布衣成为为卿相。唐太宗对新进的进士们也怀有很大热情，当李义府以《咏鸟》诗“上林如许树，不借一枝栖”作试探时，竟然答以“吾将全树借汝，岂惟一枝”[①]！高宗时，修改《氏族志》为《姓氏录》，规定得五品官者“皆升士流”，武则天为排挤唐宗室和旧功臣，下达《求贤制》，推出了“无隔士庶，具以名闻，若举得其人，必当擢以不次”的用人方针，使一批布衣之士得以进入政权。当年出身寒门而欲借“一枝栖”的李义府，如今占得“全树”地位，终得施展其特有的才干，彻底改变了旧士族势力把持政权的情况。

唐太宗那种天下英雄尽入彀中的胸襟，一方面表现出最高统治者将进士视作英雄的观念，另一方面也可见文士对“尽入”的期待，这也必然使他们产生出足够的自信心和自豪感。高宗、武后、玄宗时期，文人在对进士第充满期待的同时，也对实现自身的价值有足够的信念，呈现出开阔的胸襟。即使曹氏父子重视文才和文士，罗庸先生尚将建安七子视为幕客，而唐代则不然。唐太宗推重诗人文士，《隋唐嘉话》卷中载：“太宗称虞监博闻、德行、书翰、辞藻、忠直，一人而已，兼是五善。太宗闻虞监亡，哭之恸，曰：‘石渠、东观之中，无复人矣。’”由此则记载，可见一斑。同书下又记载了武则天游龙门时命群臣赋诗、先成者赐予锦袍一事，结果东方虬、宋之问获赐，被传为佳话。唐玄宗虽未能重用李白，但纳吴筠推荐，下诏征赴长安，降辇步迎，御手调羹，也可见对诗人的尊敬。

这样的时代精神和文化环境，当然对诗人很有感召力，使他们对自己的从政报国满怀信心。卢照邻的“人生贵贱无终始，倏忽须臾难久恃，谁家能驻西山日，谁家能堰东流水”（《行路难》），固有人生无常之感，却已经与左思《咏史》的感慨“地势使之然，由来非一朝”显为不同。“朱门无复张公子，灞亭谁畏李将军”，这虽是“相顾百龄皆有待，居然万化咸应改”（骆宾王《帝京篇》）的变迁，又何尝不是初唐时期人们的自信呢？王勃《重别薛华》表达了“旅泊成千里，凄遑共百年”的哀怨，但《杜少府之任蜀川》仍以“无为在歧路，儿女共沾巾”相勉。陈子昂，“奇杰过人，姿状岳立。始以豪家子，驰侠使气……入乡学，慨然立志……年二十一，始东入咸京，游太学。压抵群公，都邑靡然属目矣……子昂貌寝寡援，然言王霸大略，君臣之际，甚慷慨焉”，“子昂有天下大名，而不以矜人；刚果强毅，而未尝忤物；好施轻财，而不求报……”[②]其抱负与性格可见。因

①《隋唐嘉话》卷中，《唐五代小说笔记大观》，上海古籍出版社，2000年版，第100页。

② 卢藏用：《陈氏别传》，转引自韩理洲《陈子昂研究》第279至281页。

此，虽首次应试以落第告终，回乡与道佛之徒交往，向往隐逸，却仍借鬼谷子事自表“囊括经世道”，不愿“遗身在白云”（《感遇诗三十八首》之十一），后来自感贤人失志而作《登幽州台歌》，满怀悲凉的情绪，却仍可见出通之于无尽时空的伟大孤独感。而刘希夷、张若虚，也都在对岁月不居、青春难再的慨叹中升华出积极的人生哲理和“宇宙意识”。

盛唐时期，诗人的精神更为振拔，心态更见开张。皮日休《七爱诗》曾感慨李白“大鹏不可笼，大椿不可植。蓬壶不可见，姑射不可识”，对其气度是何等钦佩。苏轼《李太白碑阴记》兼有褒贬，认为他作为“狂士”并失节于李璘，并非真正的济世之人，但对其使高力士脱靴殿上的“气盖天下”十分折服，并以夏侯湛赞东方朔之语相认同：“开济明豁，包含弘大……出不休显，贱不忧戚。戏万乘若僚友，视俦列如草芥。雄节迈伦，高气盖世。”可见出对其精神气度和不凡胸襟的赞叹。李白未能成为当世的张良、谢安，仍能“阳春召我以烟景，大块假我以文章”（《春夜宴从弟桃花园序》），是诗中鲲鹏非而寒虫。

杜甫有过“朝扣富儿门，暮随肥马尘。残杯与冷炙，到处潜悲辛”的无奈与窘况，由左拾遗改任华州司功参军时，在金光门前又有“无才日衰老，驻马望千门”的自悲自怜，但他不仅在忧国忧民中努力消泯对个人不幸的牵挂，更以对宇宙人生的深沉思考来提升自己的精神境界。杂诗《发秦州》既云“无食问乐土，无衣思南州”，可结句“大哉乾坤内，吾道长悠悠”，以类于宇宙意识将衣食之虞化解，在险阻的历程中所感触的是“始知五岳外，别有他山尊”（《木皮岭》），对行役之苦，用“自古有羁旅，我何苦哀伤”来自宽。居成都时，茅屋为秋风所破，所牵挂的却是“安得广厦千万间，大庇天下寒士俱欢颜”，在夔州的孤城内，所思者是“不眠忧战伐，无力正乾坤”（《宿江边阁》），直到临终前还不忘“战血流依旧，军声动至今”（《风疾舟中伏枕书怀》）。

无论是王维明对“幸有先人业，早蒙明主恩”（《寓言》）的不满，还是李颀“须知圣代举贤良，不使遗才滞一方”（《送从弟游江淮》）的期盼，抑或李白“富贵吾自取，建功及春荣”（《邺中赠王大》）的自信，和“安能摧眉折腰事权贵，使我不得开心颜”（《梦游天姥吟留别》）的自尊自傲，都透露出共同的时代精神，即在进士文化业已生成的氛围中，彻底清除了六朝贵族文化对诗人心灵、意志的桎梏，即使是不遇、不达也难以抑制那种昂扬奋发的气概，不能改变其独立的人格、个性。因此，也可以说，“盛唐气象”虽是客观的，但又出于作为创作主体的诗人，其主观的精神和心态，应是造就出特有“气象”的重要原因。

四　德消情长与诗歌

进士制使士人的传统道德观发生了改变，“露才扬己”“轻薄无行” 是最典型的评价，但我们不妨在作出符合历史发展规律的理解同时，也看到德消情长对唐诗的积极作用。

六朝的“养望”，所重者在风度、外貌和玄谈，而不是道德和政事。贵族文化背景下的文士，有着普遍的道德、性格缺陷，颜之推《颜氏家训·文章》曾概言各人，并开列出一份较长的名单。虽难以令人全部赞同，所说还是有一定道理的。

唐代生成的进士文化是否改变了颜之推所说“自古文人，多陷轻薄”的现象呢？恐怕至少在门阀制崩溃，庶族出身的文士真正登上政治舞台的中唐之后，还听到了前引诸臣对进士制的批评。所抨击者，不少正是从士人道德沉沦、风气败坏着眼的。而进士文化在道德伦理以至行为方式上，也确与传统的优良士风大异。虽说杜牧《上宣州高大人书》列举十九位名臣的功业，指出“国朝自房梁公已降，有大功、立大节，率多科举人也”，认为“智效一官，忠立一节，德行文学，不可悉数”。然而《旧唐书·儒学传》将儒士与文士加以对照，认为重文轻儒造成了“淳风大衰”的结果：“古称儒学家者流，本出于司徒之官，可以正君臣、明贵贱、美教化、移风俗……近代重文轻儒，或参以法律。儒道既丧，淳风大衰，故近理国多劣于前古……高宗嗣位，政教渐衰，薄于儒术，尤重文吏，于是醇浓日去，华竞日彰，犹火销膏，而莫之觉也。”《新唐书·文艺传》也指出：“夫子之门，以文章为下科，何哉？盖天之付与，于君子小人无常分，惟能者得之，故号一艺。自中智以还，恃以取败者有之，朋奸饰伪者有之，怨望讪国者有之。若君子则不然，自能以功业行实光明于时，亦不一于立言而垂不腐；有如不得试，故且阐绎优游，异不及排，怨不及悱，而不忘纳君于善政，故可贵也。”在对文士与君子加以比较中，显然有着对前者的道德批判。

对进士“轻薄”风气的形成，钱穆先生有一很通俗的解释：“……唐代门第正盛，在那时推行考试，应考的还是有许多是门第子弟。门第子弟在家庭中有家教熏染，并亦早懂得许多政治掌故，一旦从政，比较有办法。如是渐积到晚唐，大门第逐步堕落，应考的多数是寒窗苦读的穷书生。他们除却留心应考的科目，专心在文选诗赋，或是经籍记诵外，国家并未对他们有所谓教育。门第家训也没有了，政治传统更是茫然无知。于是进士轻薄，成为晚唐一句流行语。”①

如果说“轻薄”主要是政治性的，“无行”则主要见于生活。唐代进士的“无行”确实是不争的事实，且较之六朝来，又有新的发展。王仁裕《开元天宝遗事》卷上载：“长安有平康坊，妓女所居之地，京都侠少萃集于此，兼每年新进士，以红笺名纸游谒其中。时人谓此坊为风流薮泽。”其“颠饮”一则更见进士之无行：“长安进士郑愚、刘参、郭保衡、王冲、张道隐等十数辈，不拘礼节，旁若无人。每春时，选妖妓三五人，乘小犊车，指名园曲沼，藉草裸形，去其巾帽，叫笑喧呼，自谓之颠饮。”②而《开元天宝遗事》及唐人孙棨的《北里志》等笔记，都对进士与妓女的交往作了颇多记载。如《北里志》附录《狎游妓馆五事》载：“裴思谦状元及第后，作红笺名纸十数，诣平康里，因宿于里中。因旦赋诗曰：‘银缸斜背解明珰，小语低声贺玉郎，从此不知兰麝贵，夜来新惹桂枝香。’”又载：“郑合敬先辈及第后，宿平康里，诗曰：‘春来无处不闲行，楚润(楚娘，“妓之尤者”)

① 《中国历代政治得失》，三联书店，2001年版，第86至87页。

② 分见《唐五代笔记小说大观》第1725、1727页。

相看别有情。好是五更残酒醒，时时闻唤状元声。’”[①]进士之风可觇。

此类“无行”，背景应是唐朝思想开放，追求自由的新风气，也与不重礼教的“胡气”影响有关。新进士在长期苦读后，一朝得中，为释放紧张情绪，一头扎进平康、北里，并不奇怪，而当时流行的宴游，则更助其势。《唐摭言》卷三曾记进士宴游之盛：“其日，状元与同年相见后，便请一人为录事。其余主宴、主酒、主乐、探花、主茶之类，咸以其日辟之。主两人，一人主饮妓……故曹松诗云：‘追游若遇三清乐，行从应妨一日春。’敕下后，人置被袋，例以图障、酒器、钱绢实其中，逢花即饮。故张籍诗云：‘无人不借花园宿，到处皆携酒器行。’”同则中又说“曲江之宴，行市罗列，长安几于半空。公卿家率以其日拣选东床”，新进士在得到被高门贵族选婿的荣耀同时，还享受到如同奉旨而行的携妓宴游之乐，其行为放浪也就适不足怪了。

从杨绾等重臣到近人罗庸所说的进士诸般道德上的问题，并非构陷恶名，而确实见于记载。但也应看到，我国的文学发展受到情与理此消彼长的制约，大体说来，情能助之，而理则碍之。汉代的正统文学批评重德而轻情，班固《离骚序》谓屈原“露才扬己”，所作“皆非法度之政、经义所载”。《毛诗序》之强调文学的政教作用，将《诗经》看作道德教本，就是显证；而汉代却是被郑振铎先生认作“诗思最消歇的一个时代”[②]。因此，对唐代进士文化在道德层面上的负面评价，也不妨转换视角，予以新的认识。

白居易说：“诗者，根情、苗言、华声、实义。”情感在诗歌创作中的作用是不言而喻的，唐诗之所以能成为“一代之文学”，与其合于诗歌本质上的抒情特质大有关系。情动于中而形于言，即使是坚持正统立场的班固，也肯定了“故哀乐之心感，而歌咏之声发”（《汉书·艺文志》）的合理性。诗歌不应是道德的教本，而应重真情的抒发，此处不能对唐诗的重情与进士文化间的关系作出全面的论述，仅就怨情与艳情而论之。

诗歌的情感出自何处？陆机、刘勰等六朝的文论家都对此作了探索。尤其是钟嵘，认为在自然性的“四候之感诸诗”外，还有社会性的“嘉会寄诗以亲，离群托诗以怨”，他对孔子所说的“兴观群怨”，最重者是“群”与“怨”，且尤重于对“怨”的阐发。在他看来，“怨”生之于“楚臣去境，汉妾离宫”等诸般原因，“凡斯种种，感荡心灵，非陈诗何以展其义，非长歌何以骋其情”？因此，“使穷居易安，幽居靡闷，莫尚于诗矣”（以上均见《诗品序》）。钟嵘所说，是对他之前怨诗生成原因的探求，唐代情况如何呢？自初唐四杰起，已明确宣示：“志之所之，用清文而销积恨，我之怀矣，能无情乎！”（王勃《秋日游莲池序》）即使是被视作“道德诗人”的杜甫，也有“愁极本凭诗兴遣，诗成吟咏转凄凉”（《至后》）之说，因此，怨恨确应是唐诗所抒发的主要感情之一。我们难以尽列唐诗所抒的各种“怨”，而不妨仅就进士及第本身直接观之。

宋人洪迈曾对举得意与失意之诗，前者：“久旱逢甘雨，他乡见故知。洞房花烛夜，金榜挂名时。”后者：“寡妇携儿泣，将军被敌擒。失恩宫女面，下第举人心。”[③]其中只

---

① 分见《唐五代笔记小说大观》第1416、1417页。

②《中国俗文学史》，上海书店，1984年版，影印本，第46页。

③ 见《容斋随笔》第701页。

有科考这同一事造成了大喜和大悲，及第与否对于士人来说，确实也因感情的大起大落而成为了诗歌创作的重要之“根”，而悲怨之作更能感人。韩愈继承了司马迁“发愤著书”的思想，在《送孟东野序》中阐发了“其歌也有思，其哭也有怀”的“不平则鸣”说。且不说孟郊属于第几流诗人，但其诗中倾诉了对取士的期盼，写出了落第时痛苦的心情，也让人能体会其真切的感受。如《下第诗》：“晓日难为光，愁人难为肠。谁言春物荣，独见花上霜。”次年的《再下第》：“一夕九起嗟，短梦不到家。两度长安陌，空将泪见花。”虽说《登科后》：“昔日龌龊不足夸，今朝放荡思无涯。春风得意马蹄疾，一日看遍长安花。”写得意兴飞扬，也并不能改其一生诗歌的主调。其他诗人虽或不似孟郊如此的直言，但从初唐四杰直到晚唐的诸多诗人的倾诉不遇、不达，申其难以实现理想、怀抱之情，又岂不是与进士及第与否直接相关？不是“诗可以怨”的体现吗？

再看艳情诗。苏轼《祭柳子玉文》的“郊寒岛瘦，元轻白俗”，是评论唐诗的名言，所评的四家中，孟、白、元三人都是进士。孟郊的穷愁辛酸似乎与其一生相伴，而缘于不第所作之诗一如上述。这里的元、白并称，不在于他们的以讽谕诗干政，杜牧《唐故平卢军节度巡官陇西李府君墓志铭》述李戡语所云：“元、白诗者，纤艳不呈，非庄士雅人，多为其所破坏……淫言媟语，冬寒夏热，入人肌骨。”[①]“轻”与“俗”的涵义当与此为近。而元、白也被认为是中唐最具通脱放浪、轻视礼法色彩的人物，是进士文化在这一方面的代表。他们二人都少年得志，白居易自谓“慈恩塔下题名处，十七人中最少年”，而元稹制举及第自述诗云“天子下帘亲考试，宫人手里过茶汤”，都可谓“露才扬己”。白居易不讳言当年的浪漫生活：“忆昔嬉游伴，多陪欢宴场。寓居同永乐，幽会共平康……旧曲翻《调笑》，新声打《义扬》。名情推阿轨，巧语许秋娘。风暖春将暮，星迴夜未央。宴馀添粉黛，坐久换衣裳。结伴归深院，分头入洞房。彩帷开翡翠，罗荐拂鸳鸯。留宿争牵袖，贪眠各占床。”（《江南喜逢萧九彻因话长安旧游戏赠五十韵》）这一长诗形象地展示了进士与妓女的狎游。《会真记》记录了元稹自己对女子的始乱终弃，白居易也写下了与邻女湘灵的爱情，《长恨歌》之凄婉动人，与自己的爱情体验不无关系。而引李戡语讥弹元、白的杜牧，其本人也有轻狂的进士风，孟棨《本事诗·高逸》不仅记录了他“登科后，狎游饮酒”所作之诗，又对其羡李司徒罢镇闲居后的声妓豪华，务求亲见且作诗，“意气闲逸，旁若无人”十分叹赏。

白居易曾说：“圣忘情，愚不及情，情所钟者，唯居易与兄。”（卷二二《祭符离六兄文》）所说的情，当然包括爱情在内。且这种钟情之所现，不止于新进士之日，还见于士大夫之时。洪迈感慨白居易作《琵琶行》“妇对客奏曲，乐天移船，夜登其舟与饮，了无所忌”，以及在此诗之前作的《夜闻歌者》，谓所写“亦一女子独处，夫不在焉，瓜田李下之疑，唐人不讥也”，他既引陈鸿《长恨传序》所说的“乐天深于诗，多于情者也，故所遇必寄之吟咏，非有意于渔色”[②]。可见对白居易多情而非渔色的肯定，又因宋而论唐，从“唐人不讥也”的感慨中，也透露出了宋人眼中唐宋文化区别之一端。

---

①《唐诗汇评》，浙江教育出版社，1995年版，第1992页。

② 以上见《容斋随笔》第487页。

唐诗普遍的抒情性确实是同进士文化息息相关的。对吟咏穷愁的诗，虽得韩愈推重，后来人却少有赞同韩愈所评者，至于倡游宴甚而狎妓者，就更难有称赏之语了。然而《滹南诗话》说得好："郊寒白俗，诗人类鄙薄之，然郑厚评诗，荆公、苏、黄辈曾不比数，而云乐天如柳荫春莺，东野如草根秋虫，皆造化中一妙。何哉？哀乐之真，发乎情性，此诗之正理也。"后来《人间词话》更明确宣称："'昔为倡家女，今为荡子妇。荡子行不归，空床难独守。''何不策高足，先据要路津？无为守贫贱，轗轲长苦辛。'可谓淫鄙之尤。然无视为淫词、鄙词者，以其真也。"无论是王若虚，还是王国维，以真情论诗，而非道德裁判，对于诗歌来说，确实是更为可取的。袁枚对文学作品以"性灵"相取，其《答蕺园论诗书》说："且夫诗者由情生者也。有必不可解之情，而后有必不可朽之诗。情所最先，莫如男女。"[①]对男女情诗的认识，所论更进一步。

抒情的文人"怨"诗自古即有，因此，文人所作涉及婚外男女之情的情诗，更是因唐代进士文化而生，且独得于前代的。陈寅恪先生对元稹所写情遇之作具体论道："吾国文学，自来以礼法顾忌之故，不敢多言男女间关系。""微之天才也。文笔极详繁切至之能事。既能于非正式男女间关系如与莺莺之因缘，详尽言之于会真诗传……"虽其对女子始乱终弃的态度不可取，但留下了心路和感情的记录，对于文学创作，尤其是抒情性的文学而言，是有贡献的。确如陈先生所说："微之以绝代之才华，抒写男女生死离别悲欢之情感。其哀艳缠绵，仅在唐人诗中不可多见，而影响及于后来之文学者尤巨。"[②]尽管进士们的爱情意识还不能超越时代的限制，且从行为而言，更表现为放荡、滥情，但是，他们所作与南朝宫体诗的"止乎衽席之间""思极闺阁之内"[③]不同，他们不是宫廷的统治者，而是上升的新兴阶级，他们将原本只见于民歌的男女爱情，写入自己的诗歌中，是有所发展创造。对元、白等"纤艳不呈"之作，不妨就他们将诗从"言志"移入"缘情"，表现出较为强烈的爱情意识之角度来看待，因此，在"绮语"之中，所透出的是时代的进化。

朱光潜先生《中西诗在情趣上的比异》曾说，中国诗写友朋交谊的要比男女恋爱的多，除中西的伦理观念不同外，还有其他三方面的原因，其中所说的西方社会侧重个人主义，诗人的恋爱史接近他的生命史，发展至近代尤其如此。据此，与唐代进士文化息息相关的爱情诗，不妨也可看作是诗歌具有接近于近代性的转变标志，对以元、白为代表的艳情诗，实可如此相观照。

（原载《中国文化研究》2006 年秋之卷）

①《小仓山房文集》卷三十，乾隆刻本。

② 以上分见《元白诗笺证稿》，上海古籍出版社，1978 年版，第 81 页、第 99 至 100 页。

③《隋书》卷三十五《经籍志四》。

进士文化与诗可以兴

摘　要　“兴”的本义为“起”，唐代于诗人、诗歌皆见之。汉、唐虽并称，而汉代重儒，唐推行进士制，文学重于儒学，由武后至玄宗，跨越了唐诗的初、盛唐发展，“文章之选”应有作用。“兴”又被释为“感发志意”，唐人所“感发”者具有特殊的涵义和指向，诗人“起”而作，“志意”也成为唐诗的基础与主要内容。孔子言“兴”，尚有“兴于诗，立于礼，成于乐”一说，唐人以“振奋之心”“勉进之行”突破了传统的“中道”，发扬文苑精神，一改儒林传统，重情性不重德行，诗歌创作表现为极情尽致，乐而淫、哀而伤。

关键词　诗可以兴　进士文化　感发意志　成于礼　突破

“兴”是孔子以“用”论《诗》的重要内容之一：“子曰：小子何莫学夫《诗》？《诗》可以兴，可以观，可以群，可以怨。迩之事父，远之事君，多识于鸟兽草木之名。”（《论语·阳货》）后世对此说作了诸多阐释、推演。本文不拟对此作全面论述，而就诗歌之为何大盛于唐，特从进士文化与“诗可以兴”的关系作一探讨。

一　“兴，起也”与汉、唐之别

“兴”的本义是“起”，《说文》：“兴，起也。”《诗·卫风·氓》：“夙兴夜寐，靡有朝矣。”郑玄笺：“早起夜卧”①，此“兴”即其本义。汉人包咸努力体会孔子所说的原意以解释“兴”，曰：“起也，言修身当先学诗。”②他从《诗》的美感和教育作用立论，基本符合孔子的原意，因为从上引孔子的话来看，确实是先言修身，再言事父事君的。

就“兴”的本义言，无论诗人之“起”，还是诗歌之“起”，唐代都最能体现之。历史上常将汉、唐并称，而在诗歌的发展、成就上，两代显见不同。

纵观汉代，诚如《文心雕龙·时序》所说：“高祖尚武，戏儒简学……施及孝惠，迄于文景，经术颇兴，而辞人勿用，贾谊抑而邹枚沈，亦可知已。”汉武帝时期发生了显著的变化，“柏梁展朝讌之诗，金堤制恤民之咏”，“遗风余采，莫与比盛”。但即使是武帝“润色鸿业，礼乐争辉，辞藻竞骛”，也由于“罢黜百家，独尊儒术”，士人多以通经登上仕途，或辅以献赋一路，相比之下，诗人的地位是不及经师和赋家的。此后，“自哀平陵替，光武中兴，深怀图谶，颇略文华”，虽非不重文士诗人，但相较而言，东汉诸帝都更重儒生，“明帝迭耀，崇爱儒术”，“迄至顺桓”，“磊落鸿儒，才不时乏，而文章之选，存而

① 孔颖达等：《毛诗正义》卷三，《十三经注疏》，中华书局，1979年版，第325页。

② 何晏集解、邢昺疏：《论语注疏》卷十七，《十三经注疏》，中华书局，1979年版，第2487页。

不论”，“华实所附，斟酌经辞”①，皆能证之。可见，终汉之世，儒学始终在文学、尤在诗歌之上。

汉代虽有乐府的繁盛，后来又有以《古诗十九首》为代表的无名诗人之作，但仍然是“诗思最消歇的一个时代”②，直到汉末，才是“魏武以相王之尊，雅爱诗章；文帝以副君之重，妙善辞赋；陈思以公子之豪，下笔琳琅：并体貌英逸，故俊才云蒸”，因此而能造就出“傲雅觞豆之前，雍容衽席之上，洒笔以成酣歌，和墨以藉谈笑”，“雅好慷慨，良由世积乱离，风衰俗怨，并志深而笔长，故梗概而多气也”③。遂有了建安时期诗歌之“兴”。由汉末的历史可知，诗歌的兴盛尽管与儒学的渐衰并无直接的因果关系，却是曾发生过的历史。

汉代独尊儒学，哲学史家冯友兰先生因此将其定为经学开启的时代，而此前的先秦则是子学的时代④。自汉末以来，儒学经由了中衰而再兴的变化。皮锡瑞指出了汉末之变：“经学盛于汉；汉亡而经学衰。桓、灵之间，党祸两见，志士仁人，多填牢户，文人学士，亦扞文网，固已士气颓丧而儒风寂寥矣。”⑤而《南史·儒林传》则对魏晋时“更尚玄虚，公卿士庶罕通经业”⑥的情况所述甚详。南北朝时期，属于皮锡瑞所说的“经学分立时代”⑦。隋朝统一全国后，南北儒学合流，隋初的牛弘，后期并称的刘焯、刘炫，都是著名的儒家学者，隋末王通聚徒讲学河、汾间，培养了大批儒学人才。隋文帝纳牛弘之议，征集儒家经典，虽晚年废学校，隋炀帝继位后随即恢复之，并大力搜集、整理经籍。唐太宗称帝前已尊崇儒学，置秦府十八学士，即位后更大倡儒学，命颜师古考定五经，令孔颖达著《五经正义》，统一注释，以颁行天下，陆德明《经典释文》亦通行于世。当时“四方儒士，多抱负典籍，云会京师”，“儒学之盛，古昔未之有”。虽“高宗嗣位，政教渐衰，薄于儒术，尤重文吏”，但“玄宗在东宫，亲幸太学，大开讲论……及即位，数诏州县及百官荐举通经之士，又置集贤院，召集学者，校选募儒士及博涉著实之流”⑧，儒学为之再盛。

诚然，唐朝是重儒学的，但又兼崇道、释，此期的儒家学说不具汉武帝时所确立的“独尊”地位，从特定的角度理解，皮锡瑞所说的“经学盛于汉；汉亡而经学衰”，是有道理的。汉、唐虽皆因国力强盛而并称，但在思想文化和制度文化上却显见不同。儒家学说地位有异，选官方法复又不同，即两代的主要之别、且影响诗歌至巨者。这里论后者。

汉武帝以建太学、行察举来选拔人才，延续至汉末。曹丕纳陈群之议，行九品中正

---

① 以上见刘勰著、范文澜注：《文心雕龙注》，卷九人民文学出版社，1978 年版，第 672、673 页。

② 郑振铎：《中国俗文学史》，上海书店，1984 年版，第 46 页。

③ 刘勰著、范文澜注：《文心雕龙注》卷九，人民文学出版社，1978 年版，第 673、674 页。

④ 冯友兰：《中国哲学史》（上册），华东师范大学出版社，2000 年版，第 25 页。

⑤ 皮锡瑞：《经学历史》，中华书局，1959 年版，第 141 页。

⑥ 李延寿：《南史》卷七一《儒林传序》，《二十五史》，上海古籍出版社、上海书店，1986 年版，第 2858 页。

⑦ 皮锡瑞：《经学历史》，中华书局，1959 年版，第 170 页。

⑧ 以上见刘昫：《旧唐书》卷一八九《儒学传序》，《二十五史》，第 4070、4071 页。

制，迄两晋南北朝而不变。而唐朝则取隋炀帝所行的科举制，引起了革命性的变化。

西汉的官吏选拔以察举为主，辅以荐举、辟署、征召、纳赀等形式。察举即察廉举孝，先由地方推举，再经考试策问，以决定任用。由于地方推举易生弊病，导致被推者名实不符，所荐非人。而无论是皇帝或公卿的辟举、征召，也易为特权者所得，至于以物买官的“纳赀”，则更是富家子弟所专有。东汉的选官，除察举外，还有郎选、召辟、贡举、特召、射策等名目，但实际上与西汉大同小异，且到后期贿选成风，十分腐败。

曹魏以“中正”考察选人，初始愿望是好的，但行之愈久，弊病亦出，正如尚书仆射刘毅上疏晋武帝所说：“今立中正，定九品，高下任意，荣辱在手，操人主之威福，夺天朝之权势，爱憎决于心，情伪由于己……是以上品无寒门，下品无势族。”①由于重在门第，左思《咏史》的“郁郁涧底松，离离山上苗。以彼径寸茎，荫此百尺条。世胄蹑高位，英俊沉下僚”，确实是喊出了“才秀人微”的数朝庶族知识分子的不平之声。

唐太宗本着抑旧姓高门而崇新朝勋业的宗旨，修订《氏族志》，将五品官“皆升士流”，且又推行科举，以选拔人才。武则天在掌权后，出于政治需要，极力排挤唐宗室和旧功臣，下达《求贤制》，推行无隔士庶擢用贤才的方针，遂使一批布衣得以进入政权，她还大力推行科举，从制度上加强了保证的举措。

科举制努力将重门第扭转为重才学，大异于六朝，不需经过地方长官察举，更不需中央九品中正评定，士子们“怀牒自列”，自由竞选，仕进之门大为打开，这一制度虽也有种种缺陷，但大体说来，其历史进步性是显见的。《唐摭言》较为公允地总结道：“文皇帝拨乱反正，特盛科名，志在牢笼英彦……斯乃名实相符，亨达自任，得以惟圣作则，为官择人。有其才者，靡损于瓮牖绳枢；无其才者，讵系于王孙公子！莫不推理画一，时契大同。垂三百年，擢士众矣。”②

若进一步考察唐代的科举，进士科更在明经之上，也因此带来重文学更甚于儒学的变化。难怪以诗文自诩而又学兼道、侠、纵横的李白，虽无意于走科举道路，却对儒学颇为鄙视：“鲁叟谈五经，白发死章句。问以经济策，茫如坠烟雾。”（《嘲鲁儒》）高适《塞下曲》亦云：“大笑向文士，一经何足穷！古人昧此道，往往成老翁。”

唐代行科举，最重制科，其名目至多，随时不同，即使中进士者，也应制科。此外，尚有秀才、明经、进士、明法、书、算六项。因制科每次仅取三数名，且非岁岁举行，对仕途无甚影响，又因贞观后秀才科废，明法、书、算较为专门，所以，士族所趣向，唯明经、进士二科而已。二者相较，进士较明经更难考，因此，人谓之：“缙绅虽位极人臣，不由进士者，终不为美，以至岁贡常不减八九百人。其推重谓之‘白衣公卿’，又曰‘一品白衫’；其艰难谓之‘三十老明经，五十少进士’。”③

以陈寅恪先生所见，武则天为夺权之需，屏弃唐初以来的“关中本位政策”，遂行破坏府兵制及推行进士科两件大事。推行后者的结果是：

① 房玄龄等：《晋书》卷四五《刘毅传》，《二十五史》，第1391页。

② 王定保：《唐摭言》卷三，《唐五代笔记小说大观》，上海古籍出版社，2000年版，第1609至1610页。

③ 王定保：《唐摭言》卷一，《唐五代笔记小说大观》，第1578至1579页。

> 大宗文章之选，破格用人，于是进士之科为全国干进者竞趋之鹄的。当时山东、江左人民之中，有虽工于为文，但以不预关中团体之故，致遭屏抑者，亦因此政治变革之际会，得以上升朝列，而西魏、北周、杨隋及唐初将相旧家之政权尊位遂不得不为此新兴阶级所攘夺替代。①

“大宗文章之选”体现在进士科的以诗赋取士。虽说诗赋取士的起始时间，学界有不同说法②，但是，以武则天开始“大宗文章之选”，是基本正确的。因此，虽在武后之前唐诗已经兴盛，但“初唐四杰”之出现在此期，到玄宗时，诗歌更为之大盛。由武后而至玄宗，跨越了被称为唐诗“四唐”中的初唐与盛唐，并不是偶然的，“文章之选”、诗赋取士，应有很大的作用。

对于唐代诗歌的发达与进士制的关系，前人曾多次论及。如杨万里曾说：“唐人未有不能诗者，能之矣，亦未有不工者，至李杜极矣。后有作者，蔑以加矣。而晚唐诸子，虽乏二子之雄浑，然‘好色而不淫’，‘怨悱而不乱’，犹有《国风》《小雅》之遗音。无他，专门以诗赋取士而已。诗又其专门者也，故夫人而能工者也。”③严羽《沧浪诗话·诗评》也说：“或问：‘唐诗何以胜我朝？’唐以诗取士，故多专门之学，我朝之诗所以不及也。”④明人黄淳耀更从诗人之众而论：“唐世以诗取士，上自王侯有土之君，下至武夫、卒吏、缁流、羽人、妓女、优伶之属，人人学诗，篇之工，播在人口，故诗人易以得名。”⑤以上所说虽有片面处，“专门之学”也未免过于拘泥，但唐朝诗歌的繁荣与科举并非全无关系。至少可以认为，汉唐相较，显然是后者更重视诗歌。

虽说历代有不少人质疑诗赋取士与唐诗发达的关系，但倘若并非仅从二者的直接关系上立论，而是就进士文化的角度而言，至少在“诗可以兴”的意义上颇有可发掘者。

二　进士文化与“感发志意”

由于重才学而非门第，政治对庶族开放，诗赋取士更使得富于文才者满怀希望，唐代进士制促使诗人之“兴”而“起”，诗歌的“起”而盛，成为了必然之势。

统治者的思想就是统治的思想，加以制度的保证，进士制所造成的进士文化，确与唐诗的兴盛密切相关。而因擅长诗文者具有了进入统治阶层的可能，也赋予了诗人“可以兴”的另一重要涵义。

---

① 陈寅恪：《唐代政治史述论稿》，上海古籍出版社，1997 年版，第 18 页。

② 主要有《唐会要》的初唐说，《唐音癸签》的调露中说，《唐摭言》的中宗神龙元年说，徐松《登科记考》的始于开元说。实际上开元时期当为诗赋取士的时间下限。

③ 杨万里：《周子益训蒙省题诗序》，《诚斋集》卷八三，《四部丛刊》本。

④ 严羽著、郭绍虞校释：《沧浪诗话校释》，人民文学出版社，1961 年版，第 136 页。

⑤ 黄淳耀：《闵裴村诗集序》，《陶庵全集》卷二，文渊阁《四库全书》本。

本义为“起”的“兴”，在后来的诠释中，逐渐被认为是兼及主客观的“感”而“发”之义。挚虞《文章流别论》以“有感之辞”释“兴”①，贾岛《二南秘旨》也说：“兴者，情也。谓外感于物，内动于情，情不可遏，故曰兴。”②王安石《诗义》卷一作比兴之别曰：“以其所类而比之，之谓比。以其感发而况之，之为兴。”③明人郝敬《毛诗原解》也说：“意象附合曰比，感动触发曰兴。”④当然，最具权威性的还是朱熹所言，他在《四书集注》中将“兴”释为“感发志意”⑤。“感发”即“起”，且是不能外现如“夙兴”者的“志意”。朱熹的解释可谓坐实了包咸所说之“起”与“修身”之间的关系，即“志意”之“感发”而“起”是修身的第一步，进而则可推知“感发”的又一义：因诗人具有了“事君”的可能而为之鼓舞。

若从“感发志意”论“诗可以兴”，主要可从两方面寻绎其与唐代进士文化之间的关系。

其一，因进士科所行的诗赋取士，使得诗人的“感发志意”具有特殊的涵义和指向，从而也形成了进士文化的一个主要特点。

“兴”以“起”为本义，此外，尚有“推举”与“起用”之义。《周礼·地官·大司徒》：“以乡三物教万民，而宾兴之。”郑玄注：“兴，犹举也。”⑥《礼记·中庸》：“国有道，其言足以兴；国无道，其默足以容。”郑玄注：“兴，谓起在位也。”⑦若将以上二义与“感发志意”相结合，可见唐代诗人的“感发”是事出有因，是有特殊指向的，因为唐朝诗人之“举”而“用”是此前各代所未有的。如果说古代曾有过《周礼·地官·遂大夫》所说的“三岁，大比，则帅其吏，而兴甿。”如郑玄注：“兴甿，举民贤者能者。”⑧但还是被动地等待举荐；那么，此时受到进士文化的感召，士人们则是主动地“兴，起也”。由于诗赋取士，诗人几可与士人划上等号，制度文化之变使得诗不仅用于内修，更应是“感发”实现怀抱、追求功名的“志意”之体现，使孔子“诗可以兴”的原意从兼及内外的修身与“事父事君”，转向了单侧的“外王”。

虽说魏徵在“中原初逐鹿，投笔事戎轩”时，发出了“请缨系南粤，凭轼下东藩”，“岂不惮艰险？深怀国士恩”（《抒怀》）的遒劲声音，虞世南也有“焰焰戈霜动，耿耿剑虹浮”（《结客少年场行》）之作。但是，唐太宗时期的文人多从隋朝过来，太宗本人所好在宫体诗，初唐的诗歌还带着齐梁的惯性，因此，确如闻一多先生所下的判断：“从高祖受禅（618）起，到高宗武后交割政权（660）止。靠近那五十年的尾上，上官仪伏诛，算是强制地把‘江左余风’收束了，同时新时代的先驱，四杰及杜审言，刚刚走进创作的年华，沈宋与陈子昂也先后诞生了，唐代文学这才扯开六朝的罩纱，露出

① 挚虞：《文章流别论》，严可均辑本《全上古三代秦汉三国六朝文·全晋文》卷七七，商务印书馆，1999年版，第819页。

② 贾岛：《二南秘旨·兴论》，曹溶辑、陶越增删《学海类编》，江苏广陵古籍刻印社，1994年版，第5册第36页。

③ 王安石撰、邱汉生辑校：《诗义钩沉》，《诗义卷第一国风》，中华书局，1982年版，第8页。

④ 郝敬：《毛诗原解·读诗》，《续修四库全书》第58册，上海古籍出版社，1996年版，第234页。

⑤ 朱熹：《四书章句集注》，中华书局，1983年版，第178页。

⑥ 郑玄注、贾公彦疏：《周礼注疏》，《十三经注疏》，第707页。

⑦ 郑玄注、孔颖达疏：《礼记正义》，《十三经注疏》，第1633页。

⑧ 郑玄注、贾公彦疏：《周礼注疏》，《十三经注疏》，第742页。

自家的面目。”[①]

如果说以上官仪为代表的诗歌主要是奉和、游宴之作，那么“感发志意”则多见于虽非进士出身、却是进士文化初成期的“初唐四杰”。

“初唐四杰”作为唐诗新时代的先驱，表达了不愿“憔悴于圣明之代”[②]的共同愿望。门第观的改变唤醒了庶族知识分子内心的壮志，既然贞观时“虞、李、岑、许之俦，以文章进；王、魏、来、褚之辈，以才术显。咸能起自布衣，蔚为卿相”[③]，自己也应以“拾青紫于俯仰，取公卿于朝夕”[④]自励。因此，进文章、显才术，目的在于为卿相、拾青紫，诗中所“感发”的志意自是十分明确。

盛唐时期是诗歌的鼎盛期，也是最见诗人“感发志意”的时期。进士出身的张说历仕四朝，三度拜相，“忽惊水上光华满，疑是乘舟到日边”（《和尹从事懋泛洞庭》），“笔涌江山气，文骄云雨神”（《过庾信宅》）实为其自况，当然更不乏“胜敌在安人，为君汗青史”（《送李侍郎迥秀薛长史季昶同赋得水字》）的志向。诗人们满怀自信：“天覆吾，地载吾，天地生吾有意无？不然绝粒生天衢，不然鸣珂游帝都；焉能不贵复不去，空作昂藏一丈夫？”（李泌《长歌行》）李峤的咏物诗《剑》云：“我有昆吾剑，求趋天子庭……倚天持报国，画地取雄名。”李颀也说：“腹中贮书一万卷，不肯低头在草莽。”（《送陈章甫》）“男儿立身须自强，十年闭户颍水阳。业就功成见明主，击钟鼎食坐华堂。”（《缓歌行》）王维自称“所不卖公器，动为苍生谋”（《献始兴公》），“岂学书生辈，窗间老一经！”（《送赵都督赴代州得青字》）《少年行》其二表达了“孰知不向边庭苦，纵死犹闻侠骨香”的志向。杜甫也曾“自谓颇挺出，立登要路津”（《奉赠韦左丞丈二十二韵》），岑参则“十五隐于嵩阳，二十献书阙下，尝自谓曰：云霄坐致，青紫俯拾。”（《感旧赋》）曾与杜甫、高适、岑参、储光羲同登慈恩寺塔的薛据，诗名虽难逮诸人，却也有“明时无废人，广厦无弃材。良工不我顾，有用宁自媒”（《怀哉行》）的信念。

以上所引，足征诗人们积极入世、自我期许的“志意”，虽不免夸饰而至于太过，但同汉魏至齐梁文人相比，确与那种只能充当幕客的依附心理显著不同，其“事君”的愿望十分强烈，“外王”的色彩极其显见。

其二，诗人“起”而有作，“感发志意”遂成为诗的基础，也是诗中的主要内容。

以“初唐四杰”言，卢照邻“常思稻粱遇，愿栖梧桐树”，有“追能借风便，一举凌苍苍”（《赠益府群官》）之志。骆宾王虽感叹“汲黯薪逾积，孙弘阁未开。谁惜长沙傅，独负洛阳才”（《帝京篇》），但在怀才不遇中并未泯灭其入世建功精神。杨炯《紫骝马》托物言志：“发迹来南海，长鸣向北州。匈奴今未灭，画地取封侯。”这些，都可证他们所作诗是以“感发志意”为基础和主要内容的。

“初唐四杰”自负才情，任侠使气，虽生活在进士文化生成的时代，却未能成为进

① 闻一多：《类书与诗》，《唐诗杂论》，上海古籍出版社，1998年版，第1页。

② 王勃：《夏日诸公见寻访诗序》，何林天校订《重订新校王子安集》，山西人民出版社，1990年版，第106页。

③ 卢照邻：《南阳公集序》，《幽忧子集》卷六，《四部丛刊》本。

④ 王勃：《上绛州上官司马书》，《重订新校王子安集》第148页。

士,多在任职京城不久就遭迁谪。但并不因自己的不遇而消沉,而在嗟叹岁月蹉跎中仍曲折地表达着他们的意志和理想,在他们行旅、边塞、怀古、咏史诸多题材的作品中,都充盈着不平之气。

陈子昂出身进士却异于宫廷进士诗人,王夫之以之为"驾马周而颉颃姚崇"[①]的人物。他文行合一,立志报国,"每愤胡兵入,常为汉国羞","感时思报国,拔剑起蒿莱"(《感遇》),以鬼谷子事表达"岂徒山木寿,空与麋鹿群"之意,赠人亦以"勿使燕然上,惟留汉将功"(《送魏大从军》)相勉。他曾从武攸宜北征契丹,却如《感遇》所说,"岁华尽寥落,芳意竟何成","但恨红芳歇,凋伤感所思"。即使难以建功立业,仍然是"冠剑日苔藓,琴书坐废撤。唯有报恩字,刻意长不灭"(《岳州作》)。

盛唐时期,受到时代的感召,诗人对于自己的前途未免过于理想化:"忽从被褐中,召入承明宫。圣人借颜色,言事无不通。"(卢象《赠程秘书》)李白是很有这种信念的,在进士文化业已生成的时代环境中,他不愿踩着常规的进士阶梯拾级上行,而以大鹏自喻,"寄言燕雀莫相啅,自有云霄万里高"(《观放白鹰二首》),自信"天开青云器,日为苍生忧"(《赠清漳明府侄聿》),希望能"申管晏之谈,谋帝王之术,奋其智能,愿为辅弼"[②],或者"平明空啸咤,思欲解世纷。心随长风去,吹散万里云。羞作济南生,九十诵古文。不然拂剑起,沙漠收奇勋。老死阡陌间,何因扬清芬?"(《赠何七判官昌浩》)与李白相似,高适既不愿为章句宿儒,也不走寻常的进士之路,"永愿拯刍荛,孰云干鼎镬?"(《淇上酬薛三据兼寄郭少府微》)爱交游而选择从戎:"少时方浩荡,遇物犹尘埃。脱略身外事,交游天下才。单车入燕赵,独立心悠哉。宁知戎马间,忽展平生怀。"(《酬裴员外以诗代书》)以李白、高适为代表,他们与向往成为进士的诗人在"感发志意"上并无区别。

安史之乱造成了社会的极大破坏,同时也粉碎了贵族政治,中唐以后,庶族出身的诗人成为进士者渐多,而进士也成为诗人的一大情结。直到唐末,翁承赞《题槐》还写道:"雨中妆点望中黄,句引蝉声送夕阳。忆昔当年随计吏,马蹄终日为君忙。"《诗话总龟》引《遯斋闲览》:"俗云:'槐花黄,举子忙。'谓槐之方花,乃进士赴举之时。"身为女子而不能赴考的鱼玄机曾感慨:"自恨罗衣掩诗句,举头空羡榜中名。"(《游崇真观南楼睹新及第题名处》)唐季的聂夷中,仍有《长安道》之作,可见奔竞以求名利者之多:"此地无驻马,夜中犹走轮。所以路傍草,少于衣上尘。"

成为进士,踏上仕途,实现抱负,确实是诗人们的普遍向往,虽说后来逐渐异化为对功名利禄的追求,"志意"为之变质,但藉诗而"起","感发"其志应是贯穿了整个唐代的。

三 "兴于诗"对"成于礼"的突破

孔子以"兴"论诗,除了上引《论语·阳货》的一段话以外,尚有《论语·泰伯》的"子

① 王夫之:《读通鉴论》卷二一,中华书局,1976年版,第634页。

② 李白:《代寿山答孟少府移文书》,王琦注:《李太白集》,上海古籍出版社,1992年版,第468页。

曰:兴于诗,立于礼,成于乐”。这里显然是将诗、礼、乐视作提高人的道德修养的手段,和相应的必经阶段。朱熹《集注》认为:“诗本性情……吟咏之间,抑扬反复,其感人又易入。故学者之初,所以兴起其好善恶恶之心而不能自已者,必如此而得之。”①

清人李塨《论语传注》有更为详尽的论述:

> 《诗》之为义,有兴而感触,有比而肖似,有赋而直陈,有风而曲写人情,有雅而正陈道义,有颂而形容功德。说之故言之,言之不足,故长言之;长言之不足,故嗟叹之;学之而振奋之心、勉进之行油然兴矣,是兴于“诗”。②

其说兼及《诗》之“六义”,非常全面,而“兴”又实为其中的基础,由“兴”之“感触”起,才能进而有“振奋之心、勉进之行”。但“兴于诗”还需“立于礼”,李塨接而论道:

> 恭敬辞让,礼之实也。动容周旋,礼之文也。朝庙、家庭、车舆、衣服、宫室、饮食、冠昏、丧祭,礼之事也。事有宜适,物有节文,学之而德性以定,身世有准,可执可行,无所摇夺,是立于礼。③

然后再通过音乐的陶冶,而完成道德修养,即“成于乐”。显然,这是实践孔子“内圣”路线、环节较为齐全的人生修养论。

孔子重中道,感叹“中庸之为德也,甚至矣乎”(《论语·雍也》),人之于文艺,他提倡“乐而不淫,哀而不伤”(《论语·八佾》),认为“《诗》三百,一言以蔽之,曰:‘思无邪’”(《论语·为政》),以中和之美为最高。因此,《礼记·经解》篇云:“孔子曰:‘入其国,其教可知也。其为人也,温柔敦厚,诗教也。’”④这一思想应该是“兴于诗”后再“立于礼”才能实现的。

唐代的诗人,固然因诗“有兴而感触”,不乏“振奋之心,勉进之行”,将“兴于诗”发挥到极致;同时,却在“成于礼”上大有逾越,也在诗歌创作中将“志意”的“感发”不加约束,突破了传统的“中道”,感情的抒发也非温柔敦厚所限。这样,就使“诗可以兴”向重情的方向发展,造就出一代唐诗的强烈抒情性。而这,是与进士文化大有关系的。

魏晋以来推行九品中正制,是被动等待被中正官所“品”,唐代实行进士制,士人们主动“怀牒自列”,积极参与到科举中去,在挣脱了贵族政治体制下的依附关系,不再满足于文人的幕客身份同时,也突破了六朝贵族文化相对窄小的生活圈子,改变了被土地制度、庄园经济所束缚的生活方式,南北漫游,广为结交,目睹了江山的壮丽,人文的丰富,生活的多姿多彩,时代和社会的巨大变化。“东山可望,林泉生谢公(一版

---

① 朱熹:《四书章句集注》,第104至105页。

② 李塨:《论语传注》,《四库全书存目丛书》经部第173册,齐鲁书社,1997年版,第213页。

③ 李塨:《论语传注》,第213页。

④ 郑玄注、孔颖达疏:《礼记正义》,《十三经注疏》,第1609页。

为"客")之文,南国多才,江山助屈平之气。"[①]因"受"而"作",唐人眼界开阔,出手自与前代有别。从"初唐四杰"之写帝都、市井,到盛唐时更广阔的江山、边塞、大漠,以及与谢灵运、陶渊明不同的山水、田园,直至刘希夷、张若虚、陈子昂等人的"宇宙意识"。于是,诗歌不是沉湎于虚幻的游仙、无谓的玄言,或所见有限的山水、狭窄的宫廷之中,而是受到时代召唤而"感发"出豪情壮志,也因胸襟与眼界的开阔,使所作的题材大为拓展,诗风也大大改变。

唐诗所"感发"者甚多:且不说对国家的热爱,对政治的热情,对前景的向往,对历史的凭吊,对爱情的追求,对事物的感触,生死病老的叹惋,悲欢聚散的真情……因自己的春风得意、失意无聊、羁旅行役、贬谪迁徙,因国家的政治良窳,百姓的劳逸饥饱……仅就政治、经济中心的长安城来说,对诗人就有很大的吸引力,其作为世界性都城的环境,吸纳外来文化且融合成新的开放型文化的氛围,对诗人来说就是极好的创作土壤,可使之大为感发。而胡乐、胡姬、胡酒、胡食、胡风、胡气……更使得盘桓于帝都的进士或准进士们陶醉其中,快意享受,逞才使气,甚至飞扬跋扈。加以社会以至上层对进士风的助长,曲江游宴,高门纳婿,名园赏花,快意饮酒,平康狎妓,使诗人们一改儒士宗风,将文苑精神大为发扬,重情性而不重德行成为时代的新风气。不仅是李白有强梁之气,连以诗风冲淡出名的韦应物,也自谓"身作里中横,家藏亡命儿。朝持樗蒲局,暮窃东邻姬"(《逢杨开府》)。以至王世贞《章给事诗集序》有"陶之壮志不能酬,发之于《咏荆轲》;韦之壮迹不能掩,纪之于《逢杨开府》"一说。

进士制本来具有两面性,以王定保所见,"此科近代所美。知其美之所美者,在乎端己直躬,守而勿失;昧其美之所美者,在乎贪名巧宦,得之为荣"[②]。而实际上,推行此制在"感发"诗人的"志意"同时,也伴随着进士文化的生成而逐渐改变了传统道德观念,使得士风浇薄,道德沉沦。因此,唐代的许多重臣都对此抨击甚力,望能取消进士试。"后汉取士,必经明行修;盖非专重其文,而必深考其行。"[③]唐人"专重其文",汉人"经明行修",两相对照,判然有别。现代学者罗庸先生也从求人请托、行卷温卷、献赋献诗、专作枪手、闹事以广誉、题诗以求怜等,对进士文化作出了负面的评价。[④]

从行为方式看,如择古人之说,鄙意以为王定保所说的"寻芳逐胜,结友定交,竞车服之华鲜,骋杯盘之意气,沽激价誉,比周行藏"[⑤],差可概括进士文化的主要特点。比照李塨所论"立于礼",实与"恭敬辞让"的"礼之实","动容周旋"的"礼之文",以及具体的"车舆、衣服、宫室、饮食"等"礼之事"很见不同。进士文化显然突破了"事有宜适,物有节文",而恰是这些有悖于传统道德的行为,颇能形之于"兴"的诸多衍生义:作、举、发动、兴起、兴盛、喜悦,兴会、兴致、兴味、兴趣、兴高采烈等,而这些也与儒家

① 王勃:《越州秋日宴山亭序》,何林天校订:《重订新校王子安集》,第96页。

② 王定保:《唐摭言》卷三,《唐五代笔记小说大观》,第1610页。

③ 皮锡瑞:《经学历史》,第124页。

④ 郑临川记录、徐希平整理:《笳吹弦诵传薪录——闻一多、罗庸论中国古典文学》,上海古籍出版社,2002年版。

⑤ 王定保:《唐摭言》卷三,《唐五代笔记小说大观》,第1610页。

所倡的合度、中节判然有别。至于进士在交游中爱情意识的觉醒，在仕与婚之间选择的困惑、痛苦，使之创作不避真情实感的发抒，表现为乐而淫，哀而伤，则更常见于唐代诗歌和传奇、笔记中，此处不赘。

正是有违于儒家传统的中道，而向极情尽致发展，使得唐诗以强烈的抒情性见长，而非后来的宋诗之以理趣见胜。总之，唐人“兴于诗”之侧重“外王”，在相对忽略“内圣”而突破“成于礼”的同时，收到了情长而诗盛的特殊效果，在某种意义上，这应是造就唐诗成为“一代之文学”的主要原因。

（原载《文艺研究》2007 年第 4 期）

进士文化与诗可以观

摘　要　古人以“观”具有“观政”“观德”和“鉴戒”之义。春秋时所重是诗之观政和观志，有献诗陈志与赋诗言志之举。“观风俗之盛衰”与“考见得失”，道出了诗的“观”政作用。汉代采诗以观，六朝诗与“观”无涉，直到唐代，才恢复并发扬了“诗可以观”的传统，且赋以新义。唐诗之可“观”，与进士文化很有关系：诗人有从政机会，也使诗歌回到了现实，发展了观政功能；“观志”之义，也得到了很大发扬。进士文化还使诗歌突破政教性阐释，“观”具有了新涵义：由儒生而诗人，恢复了“观”谛视、细看的原义，能观而能写，提高了诗歌的艺术表现力；诗人发展了“观”的游览之义，扩大了唐诗的游赏性题材；造就了诗人观察民情风俗的直接性、真切感。

关键词　观政　观志　科举　进士文化　唐诗

“诗可以观”为孔子所论，“观”与“兴”“群”“怨”一起，构成了诗歌较为完整的功能论，在我国的诗论史上影响极为深远。我国古代诗歌虽总体呈持续发展态势，但实际上仍存在着阶段性的兴衰变化，而诗之“可以观”也大体随之而变。唐朝是诗歌的黄金时代，诗歌自是大有可“观”，而这又与进士文化有密不可分的关系，本文拟作一专论。

一

“观”的本义是观看，《诗·小雅·庭燎》“君子至止，言观其旂”，即此。进而发展为谛视、细看，《易·系辞》下“仰则观象于天，俯则观法于地”，“观”二见，均此意。《周易》以“观物取象”为重要的方法论，孔子读《易》“韦编三绝”，应是其“诗可以观”思想的主要来源。

《易·观卦》:“《象》曰:风行地上,观;先王以省方观民设教。”杨万里《诚斋易传》:“天王省天下而无不至,故天下日见;圣人随其地观其俗,因其情设其教,此省方之本意也。”《易·观卦》又曰:“观我生,进退。《象》曰:‘观我生进退。’未失道也。”孔颖达《疏》:“时可则进,时不可则退,观风相机,未失其道,故曰观我生进退也。”因政教型文化的影响,以上虽后人所释,但与其基始义应是相合的。

周人重德,后来对《周易》“观”的理解,也贯注了重“德”精神。《易·观卦》:“《象》曰:大观在上,顺而巽,中正以观天下。‘观盥而不荐,有孚颙若’,下观而化也。观天之神道,而四时不忒;圣人以神道设教,而天下服矣。”程颐《周易程氏传》解释前三句云:“五居尊位,以刚阳中正之德,为下所观,其德甚大,故曰‘大观在上’;下坤而上巽,是能顺而巽也;五居中正,以巽顺中正之德,为观于天下也。”李鼎祚《周易集解》引虞翻解释“下观而化”一语曰:“下观其德而顺其化。”

古人合“政”“德”为一,以“观”具有“观政”“观德”和相关的“鉴戒”之义。如《书·咸有一德》:“七世之庙,可以观德;万夫之长,可以观政。”《孔丛子·论书》:“《皋陶谟》《益稷》可以观政,《洪范》可以观度。”《论语·里仁》:“人之过也,各于其党,观过,斯知仁矣。”

将“观”与“治道”相联系,又从“德”来理解“观”,遂使之带上政治性与道德性。早期的诗本来就是观世之作,“言志”在于“怀抱”,爱情诗外,尚无纯粹的“缘情”之作,情感的吐露与世道紧密联系。因此,诗之“观”也具有“政”与“德”的基本内容。

我国诗歌在其发展的初期与音乐、舞蹈三位一体,季札观乐实为“观诗”。他“请观于周乐”,对国风、雅、颂各有评价,是观乐(诗)知政、以德言政的全面演绎。季札观乐之时,孔子正当幼年,因此,“诗可以观”的思想,应又是受到季札影响,与之一脉相承的。

春秋时期,所重视的是诗之观政和观志,因之而有献诗陈志与赋诗言志之举。

献诗陈志多在内政。朱自清先生《诗言志辨》指出,《诗经》中说到作诗的共有十二处,“这些诗的作意不外乎讽与颂”,“所以‘言志’不出乎讽与颂,而讽比颂多”①。他举《国语·周语》所记厉王为弭谤而监视谤者并杀之一事,引邵公劝谏厉王语,其中的“天子听政,使公卿至于列士献诗”是听取民意的手段之一,此举意在求得“事行而不悖”。因此,献诗之目的甚明:陈志以讽,以使天子能知民之所盼、所恶,以修正所行、所为。因为献诗陈志有这一功能,遂成后来朱熹以“考见得失”解释“观”之所自,当然,这主要是就统治者的角度来立论的。

赋诗言志见于外交。据《诗言志辨》统计,《左传》说到诗与志关系的共三处,其中最详细的是襄公二十七年郑伯于垂陇享晋国赵孟一事。此次宴享,郑国共七位大夫相陪,赵孟请他们赋诗,“以观七子之志”,郑臣多赋诗称美赵孟,仅伯有因对郑伯有怨,赋诗有云:“人之无良,我以为君。”事后,范文子以之:“志诬其上而公怨之,以为宾荣,

---

①《朱自清古典文学论文集》,上海古籍出版社,1980年版,第196、197页。

其能久乎！”朱自清先生认为：“在这种外交酬酢里言一国之志，自然颂多而讽少，与献诗相反。”①《汉书·艺文志》认为外交场合“观诗”的功能是：“诸侯卿大夫交接邻国，以微言相感，当揖让之时，必称诗以谕其志，盖以别贤不肖以观盛衰焉。”

“诗言志”无论用于内政还是外交，以“观”相统，所表现出的都是它的政治功能，难怪孔子对其儿子和学生，都谆谆教导要努力学《诗》，因为《诗》负担着“事父事君”的使命。

“诗以言志”，故可“观”。“观”可以是直观，但更多的是“称诗谕志”，因“兴”而“观”。春秋时用于外交场合、上层宴享的称诗、赋诗、陈诗等，主要是因“兴”连类之想而曲“观”。私学教育中，孔子则以“观”了解学生的志趣、想法，因材施教地加以培养。

春秋时期诸侯国之间多有外交活动，“称诗以谕志”是极为普遍之事，诗“可以观”发挥的作用，正如孔子所说，尤在“使于四方”。由于战国时代“聘问歌咏不行于列国，学诗之士逸在布衣”(《汉书·艺文志》)，诗的外交功能遽失。汉代一统，而汉初分封诸侯，藩国间尚有交往，削藩后，外交活动渐少以至于无；而诗之“观”主要体现在对内政的考察，统治者采诗以知民情风俗，从而使“观”具有了特殊的政治性意义。

《汉书·食货志》言汉代采诗制之缘由：“冬，民既入，妇人同巷相从夜绩……男女有不得其所者，因相与歌咏，各言其伤……孟春之月，群居者将散，行人振木铎徇于路以采诗，献之大师，比其音律以闻于天子，故曰王者不窥牖户而知天下。”《汉书·礼乐志》云：“至武帝定郊祀之礼，祠太一于甘泉，就乾位也……乃立乐府，采诗夜诵。”《汉书·艺文志》以古言今，总结了采诗以观的政教功能：“《书》曰：‘诗言志，歌咏言。’故哀乐之心感，而歌咏之声发。诵其言谓之诗，咏其声谓之歌。故古有采诗之官，王者所以观风俗，知得失，自考正也。”又说：“自孝武立乐府而采歌谣，于是有代、赵之讴，秦、楚之风，皆感于哀乐，缘事而发，亦可以观风俗，知薄厚云。”

班固对采诗政教功能的理解，如观风俗，知得失，自考正，知薄厚，与前述的观乐知政说是一致的。而季札对《韶箾》的叹为“观止”，可以通之于《易·观卦》下坤上巽、象征“观仰”之意。“观”卦所揭示的这一意义，入于政教型文化体系，运用于阐发文学的功能、作用，就有交互性的理解：“上”者以德感化于“下”，“观”“下”之民风又可正“上”之“君道”。因此，在经学兴盛的汉代，《诗大序》遂将原系《诗》音乐基础之一的“风”解释为：“上以风化下，下以风刺上，主文而谲谏，言之者无罪，闻之者足以戒，故曰‘风’。”②显然，这是较班固更为详尽的论述。因此，“观”引入文学批评领域后，被作为诗歌重要的政教功能。《论语集解》引郑玄语，释“观”为“观风俗之盛衰”，后来朱熹也有“考见得失”(《四书集注》)之说。二人所释，实际上道出了以诗“观”政的连续、因果作用。而背后又显然可见《易·观卦》“《象》曰：‘观我生’，观民也”“观其生，君子无咎”的思想底蕴。

汉武帝“采诗夜诵”，自有观政目的。“越昭及宣，实继武绩”(《文心雕龙·时序》)，

① 《朱自清古典文学论文集》，上海古籍出版社，1980年版，第206页。

② 阮元刻：《十三经注疏·毛诗正义》卷一，中华书局，1980年版。

乐府相承。虽“自哀、平陵替,光武中兴,深怀图谶,颇略文华”(《文心雕龙·时序》),诗歌不那么受重视,但东汉却曾在全国范围内实行过“举谣言”制,即“观风采谣”,《汉书》颜师古注为“谓闾里歌谣,政教善恶也”,《后汉书》注:“谣言,谓听百姓风谣善恶而黜、陟之也。”百姓的歌谣谚讴竟可用作考量官吏,以决升降,也难怪现存的汉乐府民歌多为东汉作品。也因此,在“内有掖庭才人,外有上林乐府,皆以郑声施于朝廷”(《汉书·礼乐志》)的同时,“君子之作”的“雅”,与“野人之作”的“风”,“合而为鼓吹曲”,“列国之风”与“都人之雅”“合而为《相和歌》”(见郑樵《通志·乐府总序》),就不是奇怪的现象了。

建安时期,曹氏父子都爱好诗歌,在他们周围形成了“建安七子”的文人诗创作群,他们所作,或对后世有“观世”“观时”作用,却与汉乐府观风补政的民歌有异。到了正始时期,政治转为黑暗,诗人如阮籍、嵇康,所作类于战国时“贤人失志”之作,且更重在自诉,时人、后人或可透过表面意象观其旨趣,却非以供上“观”所用。自此,文人诗不断发展,诗人也代有所出,但“诗可以观”的传统却无疑是衰落以至消失了。《文心雕龙·时序》云:“自中朝贵玄,江左称盛,因谈余气,流成文体。是以世极迍邅,而辞意夷泰。”迍邅之世,作夷泰之诗,世情与世风何以“观”得?玄言诗、游仙诗、田园诗、山水诗、宫体诗之代兴,都无与于政教,无关乎“陈诗”“称诗”。总之,六朝是政争激烈以至南北分裂的时代,诗歌能成为国君、贵族席上唱和酬应之具,但更多的是个人创作。尽管后人能通过诗歌以观诗人的情志怀抱,并窥见相关的时代、环境或政治、社会状况,却与古时“观”诗之用无涉,大概只有民歌还多少可用于风俗之“观”。

二

直到隋唐,才恢复并发扬了“诗可以观”的传统,而一代唐诗之洋洋大“观”,则与进士文化颇有关系。

进士文化因推行科举、尤重进士而逐渐生成,笔者难以在此阐述其具体内涵。若撮其要,除浅层、外在物质文化形式(如曲江游宴等)外,当体现在以下三方面:其一,由九品中正行察举,改为士子主动参加科举考试,选官的制度文化之变引发了政治之变,导致了具有近代意义的社会逐渐生成。其二,因进士科取士较他科困难,在最为社会重视的同时,又因进士考试行以诗赋取士,遂改变了儒学与文学的传统地位。其三,儒生与文士地位的倒转,造成了文化从制度进而到思想、行为层面的改变,“儒林”传统向“文苑”精神倾斜、转化,使得统治阶级的新成员——进士阶层,形成了一系列被视作“无行”“轻薄”的特点。①

进士文化与“诗可以观”的关系又表现在何处呢?我们不妨用春秋时代的“观政”

① 礼部侍郎杨绾对进士制的负面评价,以及《唐摭言》卷三所说的“寻芳逐胜,结友定交,竞车服之华鲜,骋杯盘之意气,沽激价誉,比周行藏”,差可概括进士文化在思想、行为上的特点。前者可参见本文第三部分所引《旧唐书》卷一一九《杨绾传》。

与“观志”相衡以考察之。

首先，进士文化的形成机制主要在于推行进士制，在给诗人提供了从政机会的同时，又使诗歌从远离政治回到了现实，从而也恢复和发展了以诗“观政”的主要功能。

纵观我国古代的人才选拔，科举制虽在后期弊端甚多，仍应是最可肯定的。汉代行察举，后来却名实不符，正如童谣所说：“举秀才，不知书，察孝廉，父别居。”曹丕纳陈群之议，曹魏行九品中正制，欲通过“中正”的考察来选择人才，而造成的结果却如尚书仆射刘毅上疏晋武帝所说，是“高下任意”“爱恶随心”，“上品无寒门，下品无势族”。

科举制为隋炀帝始创，真正的推行是在唐朝。士人不经地方长官察举，也毋需九品中正评定，可“怀牒自列”，到地方政府报名，参加直至中央的考试。其结果导致了贵族政权向庶族均享的转化，开放度较此前各代都高，确是政治的一大进步。我们不具体论述科举制引起的巨大变化，仅就诗人、诗歌与现实、政治的关系而言，较之于六朝，就有显见的不同。

汉末以来，除建安诗歌“雅好慷慨，良由世积乱离，风衰俗怨，并志深而笔长，故梗概而多气”（《文心雕龙·时序》），而具有观世、观史的价值外，陈子昂感叹“文章道弊五百年矣。汉、魏风骨，晋、宋莫传”，“齐梁间诗，彩丽竞繁，而兴寄都绝”①，并非无由。

以门第相高的两晋贵族文化，其主要特点正如干宝《晋纪·总论》所说：

> 学者以庄老为宗，而黜六经；谈者以虚薄为辩，而贱名检；行者以放浊为通，而狭节信；仕进者以苟得为贵，而鄙居正；当官者以望空为高，而笑勤恪。其倚杖虚旷，依阿无心者，皆名重海内。

此后，因仅凭出身门第登上高位，也带来了如《颜氏家训·涉务篇》所说的虚浮不实之病：

> 晋朝南渡，优借士族，故江南冠带有才干者，擢为令仆已下，尚书郎、中书舍人已上，掌机要。其余文义之士，多迂诞浮华，不涉世务。

“迂诞浮华，不涉世务”，与干宝所说相证，可见六朝贵族脱离现实与政治的时代风气。影响及于文学，“正始明道，诗杂仙心”（《文心雕龙·明诗》）以来，游仙诗、玄言诗次第而行，而“儿女情多，风云气少”，既见于自西晋以迄南朝乐府，且尤变于宫体诗。因此，李白感慨“自从建安来，绮丽不足珍”（《古风》其一），是不无道理的。

唐太宗兴科举以求人才，同时也造就出时代的感召力。到了高宗、武则天时期，尤重文才，不甘“憔悴于圣明之代”（王勃《夏日诸公见寻访诗序》），成了众多文士诗人的

---

①《与东方左史虬修竹篇序》，《陈伯玉文集》卷一，《四部丛刊》本。

共同心声。推行科举，实行诗赋取士，在改变了六朝门阀制的同时，也使得诗人们消除依附心理，逐渐树立起独立人格，关注现实，关心政治，也必然影响了诗歌创作。

自唐初起，科举的进士考试，约有六十年是只考策文的。《唐代科举与文学》一书从《文苑英华》录贞观元年(627)的两道策问题，其一关于用刑宽猛，其二题为《求贤》，都与现实政治密切相关①。高宗后期，进士试由试策文一场改变为试帖经、杂文、策文三场，并自此成为定制。从玄宗开元十二年(724)开始有试诗的记载，后来渐重诗赋，士子亦用功于此。可由于占唐朝历史五分之一的唐初进士考试，对塑造有唐一代士人务实风气的影响，加以进士作为官员的预备队，要面对诸多的实际社会问题，使之不可能脱离现实。因此，唐代虽诗歌流派众多，风格不一，但大体而言，其创作主流都关涉现实政治，也因而能用以察风俗、晓民情、知得失、明进退，亦即"可以观"的。

东汉的"举谣言"，出于"观化听风"目的②，唐代类于此，且从官员设置上予以保证。唐太宗设观风使(亦名采访使)，玄宗更名为采访处置使，肃宗改为观风处置使，均遣之以巡视天下，观风察俗。唐代的进士，释褐授职，颇多拾遗、补阙之类的低级谏官，负起了进言之责。因此，发扬汉代因诗见政、检讨得失、知晓厚薄的传统，也应是逻辑的必然。而在朝廷上，唐太宗开启了很好的纳谏传统，也为后来的以诗为谏，直言论政，奠定了基础。

《容斋续笔》卷二《唐诗无避讳》一则云："唐人歌诗，其于先世及当时事，直辞咏寄，略无避隐。至宫禁嬖昵，非外间所应知者，皆反复极言，而上之人亦不以为罪。如白乐天《长恨歌》讽谏诸章，元微之《连昌宫词》，始末皆为明皇而发。杜子美尤多，如《兵车行》、前后《出塞》、《新安吏》、《潼关吏》……此下如张祜赋《连昌宫》……李义山《华清宫》……今人之诗不敢尔也。"③可见，即使是科举制更为完备、取士远较唐代为多的宋代，对唐人诗歌的关涉现实政治且不因此而获罪，仍有如慕如叹之论。

就诗人而言，杜甫并非进士却曾任左拾遗，其"诗史"之称当得之于目击时艰、直言以道的创作态度，而"新乐府"作者多出身进士，所作亦关注现实，且有以诗干政的理论自觉。从诗的题材言，盛唐边塞诗和中唐讽谕诗，最能作观政之用。因人所熟知，兹不论。

其次，"诗可以观"重在诗人一侧的"观志"意义，得到了很大的发扬。

"观"有内外，若外观主于观政，则内观主于观志。春秋时外交酬酢，以微言相感，揖让称诗，颂多讽少。唐初的宫廷诗，不是如春秋"称诗谕志"之引用他人所作，而多自作以奉和，虽有对当下政治的颂扬，但也有作诗者自己的志向抱负，当然，主要还是曲喻、寄托。至于宫廷之外，则有大量可以观"志"之作，体现出在进士文化逐渐生成、发展的大环境中，诗人可尽情表述个人志向，人亦可得而"观"之。

---

① 傅璇琮：《唐代科举与文学》第2版，陕西人民出版社，2003年版，第166页。

②《汉书·张敞传》："今天子以盛年初即位，天下莫不拭目倾耳，观化听风。"颜师古注："言改易视听，欲急闻见善政化也。"

③ 洪迈：《容斋随笔》，上海古籍出版社，1978年版，第236至237页。

进士文化打破士庶之隔，诗人多有意志之感发，唐诗也因此多言志之作。仅举数例：

陈子昂“宁知班定远，犹是一书生”（《和陆明府赠将军重出塞》），“从来思博望，许国不谋身”（《将赴朔方军应制》），读之可观其志朗然。孟浩然以隐者称，然《望洞庭湖赠张丞相》却云“欲济无舟楫，端居耻圣明”，其出仕之志亦可见。观李白诗，更可见言志的复杂性。李白不走通常的科举之路，却在进士文化的背景下满怀用世之志，他既以“不负明时”自励，又因历史上贤者难以久安，故以功成身退自期：“贾谊三年谪，班超万里侯。何如牵白犊，饮水对清流？”（《田园言怀》）“严光桐庐溪，谢客临海峤。功成谢人间，从此一投钓。”（《翰林读书言怀呈集贤诸学士》）而“但用东山谢安石，为君谈笑净胡沙”，“南风一扫胡尘净，西入长安到日边”（《永王东巡歌》），则如《蔡宽夫诗话》所说，既可见“当中原扰攘时，欲藉之以立奇功”[①]之志，又能辨其从逆之诬。长达八百余字的《经乱离后天恩流夜郎忆旧游书怀赠江夏太守良宰》，人谓其生平略具于此，其实太白之志与思虑亦可于此观之。拟陶之作《春日醉起言志》，为朱自清《诗言志辨》所重，《唐宋诗醇》引吴昌祺语：“有感时之思，而不觉自得于酒；有高歌之兴，而不觉遽忘其情。”所评甚是。而《拟古十二首》其三：“石火无留光，还如世中人。即事已如梦，后来我谁身？提壶莫辞贫，取酒会四邻。”所表为达生之意。二诗能让人观其用世之志以外的另一面。

刘勰认为：“晋虽不文，人才实盛……前史以为运涉季世，人未尽才，诚哉斯谈，可为叹息！”（《文心雕龙·时序》）其实，“人未尽才”非止于晋，而可推至六朝，不是“运涉季世”，而与人才选拔制度相关。诗人因出身低微而不能为官作宦，无与于国家政治事务，诗既难以言政，又难以见出相关的抱负、志向，而只能抒发壮志被抑的痛苦。李白虽有廊庙难安、“赐金还山”的经历，却尚能幻想作当代的谢安。而如左思，人以为“其壮志勃勃，急于有为，故气象极似孟子”（吴琪《六朝选诗定论卷十一》）。却由于世族子弟垄断了从政的特权，而他因父亲左雍出身小吏，自己又貌寝口讷，终难以实现“左眄澄江湘，右盼定羌胡”的志向，只能发乔松小草之叹。李白所心仪的鲍照，本以为“大丈夫岂可遂蕴智能，使兰艾不辨，终日碌碌与燕雀相随乎”（见《南史》本传），却“才秀人微，故取湮当代”（钟嵘《诗品》中），自谓“今我独何为？坎壈怀百忧”（《代结客少年场行》）。

虽说唐代诗人不如后来的宋代，能登上高位者并不多，但较之于六朝，他们却无因门第出身而志向被抑的时代性苦闷，在考察进士文化与诗歌“观志”的关系同时，也可以说，诗人之普遍抒发抱负、理想，应是造就“盛唐气象”的原因之一。

三

除恢复并发展了古代以诗观政与观志之用外，唐代进士文化还促使诗歌在突破

① 郭绍虞辑：《宋诗话辑佚》，中华书局，1980年版，第381页。

“可以观”的政教阐释同时，更在文学意义上有很大开拓，为“观”注入了新的涵义。

首先，随着进士制的推行，进士文化的成熟，士人轻经史而重文学，由儒生而诗人，使之从重在“观书”转为重在“观世”。诗人恢复并发展了“观”作为谛视、细看的原始意义，以其能观而能写，提高了诗歌的艺术表现力。

“观”的一个基本意义是观察世事，谛视、细看。唐代进士文化在促使士人从儒生向诗人倾斜的同时，也改变了以往皓首穷经的生活道路，既给社会注入活力，又使自己的生活方式发生了显著变化，观察世事的机会显著增加。唐代科举，较之前代，不似汉代相人以筋骨，魏晋识鉴在神明，[①]其铨选人才通过考察体貌、言语、书法、文理，[②]比较全面，无论是主考官还是被铨选的人才，都应具备“观”之能力。较之后代，不似宋之实行糊名制，唐代主考官取士，为了显示得人公正，往往要看考生的名声，在带有汉魏品藻人物遗风的同时，也是唐代政权具有开放性的表现，也因此，士子热衷于漫游、交往，以广邀声誉。

肃宗宝应二年(763)礼部侍郎杨绾上奏，对推行进士制、诗赋取士，及因此造成的士风之变抨击甚力。从他所说的“进士加杂文，明经填帖，从此积弊，浸转成俗。幼能就学，皆诵当代之诗，长而博文，不越诸家之集。递相党羽，用致虚声，六经则未尝开卷，三史则几同挂壁”，可见出士人从重经史转为重诗文。而“祖习既深，奔竞为务，矜能者曾无愧色，勇进者但欲凌人，以毁讟者为常经，以向背为己任。校刺干谒，驱驰于要津；露才扬己，喧盛于当代”[③]，则是对士风的批评。虽带有否定性倾向，却也概括出了进士文化的主要特点。

从重经史到重文学，诗赋取士使人皆习诗，尽管具体的考试难以见出应试者真正的创作水平，但无疑是促使了士人对诗歌的重视，“幼能就学，皆诵当代之诗，长而博文，不越诸家之集”，就是很好的说明。而“奔竞”“矜能”“勇进”“校刺”“驱驰”，则使士人们广为交友，互相引誉，争强斗胜，对文学的发展是有促进作用的。进士文化所形成的漫游、交往之风，东西南北的互动，使诗人深入观察社会人生、民情风俗的机会大为增加。

士人几与诗人划上等号，既燃起诗歌创作的激情，也锻炼、加强了诗人的观察、思考、表现能力，进士文化、诗赋取士对唐代诗歌的发展当然有推助作用。

汉魏以来，文学开始“自觉”，随着诗人对事物观察力的提高，诗歌的艺术表现水平也随之发展。汉赋的铺排影响了汉诗的长于描写和叙事，同时又能虚处着笔，《古诗十九首》不仅“文温以丽，意悲而远”(钟嵘《诗品》上)，而且善用比兴、含蓄蕴藉。建安诗歌总体上以风骨气韵见长，惟曹植“骨气奇高，词采华茂，情兼雅韵，体被文质”(钟嵘《诗品》上)。正始以“嵇志清峻，阮旨遥深”(《文心雕龙·明诗》)见称，但由于“嵇康师心以遣论，阮籍使气以命诗”(《文心雕龙·才略》)，都不以描写性见长。太康诗“采缛于

---

① 汤用彤:《魏晋玄学论稿》,《汤用彤学术论文集》,中华书局,1983年版。

② 洪迈:《容斋随笔》第127页。

③ 以上见《旧唐书》卷一一九《杨绾传》,上海古籍出版社、上海书店,1986年版。

正始，力柔于建安”（《文心雕龙·明诗》），惟左思以风力称，陆机善于描写，却有“士衡才优，而缀辞尤繁”（《文心雕龙·镕裁》）之评，后人甚至以之“意欲逞博，而胸少慧珠，笔又不足以举之，遂开出排偶一家……降自梁、陈，专攻队仗，边幅复狭，令阅者白日欲卧，未必非士衡为之滥觞也”（沈德潜《古诗源》卷七）。因为玄言诗多发挥老庄玄理，恬淡而寡情，质直而缺乏艺术性，所以继之而起的山水田园诗以形象思维营构意象，得到更高的评价。无论是“陶诗合下自然，不可及处，在真在厚。谢诗追琢而返于自然，不可及处，在新在俊”（沈德潜《古诗源》卷十），还是鲍照的“善制形状写物之词”（钟嵘《诗品》中），谢朓“藏险怪于意外，发自然于句中”（陈绎曾《诗谱》），直到何逊“探景每入幽微”（陆时雍《诗镜总论》），阴铿“务使穷态极妍，不肯直率”（陈祚明《采菽堂古诗选》卷二十九），都因善于观察外界事物，长于艺术表现，而得到人们的喜好。

但是，永明体追求声音和谐，有“八病”之说，以圆美流转、炼句工稳为尚，而齐梁体虽体物细致入微，尤长于描写女性，却多艳冶小巧而乏浑论刚健。因此，只是到唐朝，才因观世、观史、观事、观物而扩大了眼界，陶冶了心胸，加以其他种种条件，仅从艺术性而言，诗人将气骨与情采、刚健与婀娜作完满的结合，也将诗歌发展到了黄金时代。

柳宗元《梓人传》说：“视都知野，视野知国，视国知天下。”唐人在“驱驰于要津”或壮游天下时，视野渐宽，突破了齐梁的宫廷之限，“知野”“知国”而“知天下”，加之以诸多历练，“经事还谙事，阅人如阅川”（刘禹锡《酬乐天咏老见示》），观察力大进，能“受”而“作”，也就加强了艺术表现力。且不说众多的观世、观史之作，试看“万物自生起，太空恒寂寥。还从静中起，却向静中消”（韦应物《咏声》），就较玄言诗更具价值，不仅说理精彩，且观物更得其真，状物更得其理，耐人涵咏玩味。唐诗优秀作品太多，兹不列。

其次，在进士文化的动态体系中，诗人发展了“观”的游览之义，也扩大了唐诗的游赏性题材，提高了创作水平。

“观”的一个主要义项是游览。“女曰观乎？士曰既且”（《诗·郑风·溱洧》），此“观”即游览之意。又：“吾欲观于转附、朝儛，遵海而南，放于琅邪，吾何修而可以比于先王观也？”（《孟子·梁惠王下》）朱熹集注：“观，游也。”

南北统一，三教并行，华夏文化与外来文化碰撞与融合，使得唐代文化成为开放的体系。均田制改变了农业文化中生产者的人身依附关系，加以实行科举，士人可以“主动出击”，生活也从静止变为流动，不似隋唐以前，即使世族出身，也只能被动地等待铨选。无论是参加科举，还是举进士而释褐为官，不管是科举的得志者还是失意者，诗人们经行各地，得以观察山川胜景、历史遗迹、民风习俗。初唐时，诗人以进入宫廷为荣，不得已而走向了民间、市井、边塞；盛唐时，无论是科考、求官，得志而游宦，还是不得志而北走燕冀、西出阳关，从戎入幕，同样都拓展了生活体验的维度，扩大了眼界，使之观物、观世、观史，都别具一副眼光，在扩大了“观”的范畴同时，诗歌的题材也远较过去为广。中唐以后，进士文化成熟，诗人为官者日多，相关的升迁、贬谪、宠辱变化亦多，与盛唐的西北边塞生活不同，此时的不少诗人被贬至南方的“蛮夷之地”。随着经行之多，自然、地理造成的视域扩大，唐诗的游赏性题材，也得到很大发展。

唐代诗人的行踪确实远较此前各代为广。仅以“初唐四杰”和“文章四友”为例：骆宾王早年流寓博山，后移居兖州，曾从军西域，久戍于边塞，又曾入蜀居军幕，在朝为侍御史，因事被诬下狱，赦免后北游幽燕，侧身戎幕。卢照邻曾漫游蜀中，后客居洛阳，因染疾入太白山服饵，病转重，寓少室山之东龙门山，再徙阳翟具茨山。王勃虽以青年而溺海，也曾漫游巴蜀，后补为虢州参军，有经南昌、行交趾的经历。“初唐四杰”皆非进士，而“文章四友”却多为进士出身，他们较“初唐四杰”官运稍亨，但也多迁谪，并因此经行各地。如杜审言，除多次在京为官外，曾先在登第后作隰城尉，又转洛阳丞，武则天时贬为吉州司户参军，中宗时流峰州。李峤初授长安尉，后迁监察御史、给事中，因忤武后，出为润州司马，中宗时曾贬为通州刺史，睿宗时贬为怀州刺史，玄宗立，贬滁州别驾，又改庐州别驾。苏味道登进士第后调咸阳尉，后随裴行俭征突厥，曾居相位，但也又先后被贬集州、坊州、益州、眉州。崔融在京为官日久，然而也曾外任魏州、婺州、袁州，亦曾出塞为书记。

倘将四杰、四友与东晋以来诗人相较，显然是唐人的行踪要广得多。孙绰、许询等玄言诗人主要都是生活在山阴。陶渊明出仕江州、彭泽，后长期隐居家乡，生活过的地域很小。谢灵运、鲍照行踪较广，但也不出江南至永嘉一带。谢朓主要居建康，曾至荆州，出为宣城太守。沈约历仕三朝，享年七十余，亦仅外任东阳、清河数地而已。山水诗人何逊游踪稍广，亦主要曾生活于扬州、江州、荆州、会稽四地。

如果说东晋以来的诗人因汉族政权处于南方而所游有限，且乱世颇多隐者，那么唐代诗人就是有意无意地在辽阔的江山中尽展足迹。盛唐时期，诗人漫游更成为一时风尚。最具代表性的如李白，仗剑出蜀，辞亲远行，先游江汉、洞庭、金陵、扬州，在留居湖北安陆后，西入长安，再隐居山东徂徕山，应诏供奉翰林后，出京与杜甫、高适游于梁、宋，再游东鲁、吴越，北上幽、蓟，安史之乱时隐庐山，从璘坐罪，长流夜郎，遇赦还江夏，再游洞庭、皖南，终于当涂。如果说李白一生多为主动漫游，那么杜甫的后半生则主要为生活所迫而被动漫游。杜甫青年时期的十年中，曾东下姑苏，漫游吴越，归洛阳举进士不第，北上齐赵，与李白相识后曾渡河游王屋山，二人再与高适同游梁宋、齐鲁，后杜甫又与李邕游齐，与李白在兖州分手后，入长安而困顿十年，逢安史之乱，流离失所，陷贼脱身后赴行在凤翔，后为官华州，弃官而赴秦州、同谷，入蜀抵成都，其间曾漂泊梓州、阆州，离成都后居夔州二年，出三峡，转辗江、湘，死于长沙至岳阳的小舟上。

主要出于事干谒、求知己的目的，唐人“漫游无远近，漫乐无早晏”（元结《漫酬贾沔州》），仕途失意者也无奈漫游，李白“一朝去京国，十载客梁园”（《书情题蔡舍人雄》）即如此，进士文化与游赏性诗歌的发达是有直接关系的。而唐诗中颇多送下第者出游之篇，游者也多借山水以淘洗，寻求安慰，去其郁结。山水诗之盛，出于诗人之漫游，仍关系到进士文化，而唐代山水诗艺术风格之变化多端，则得之于江山之助、风云淘洗，清人朱庭珍所说甚是："永嘉山水奇丽，康乐诗境肖之；西蜀山水雄险，工部诗境肖之；永、柳山川幽峭，柳州文笔诗境肖之。"①

最后，进士文化造就了诗人观察民情风俗之直接性、真切感。

古代"命大师陈诗以观民风"(《礼记·王制》)，意在观察民情，以了解施政得失。而在进士文化的背景下，诗人或为生计，或作仕宦，或播迁，或贬谪，都看到了底层或边远地区真正的民情风俗，使所作诗歌越出了政教观的制约，突破了狭义的"观风"，且具有直接性、真切感，是对儒家所释"诗可以观"的发展。

如杜甫在夔州，写下了特殊的民俗："土风坐男使女立，男当门户女出入"(《负薪行》)，"旧俗烧蛟龙，惊惶致雷雨"(《火》)，"殊俗状巢居，层台俯风渚"(《雨二首》之一)，"家家养乌鬼，顿顿食黄鱼"(《戏作俳谐体遣闷二首》之一)。被贬巴山蜀水的刘禹锡，其《竹枝词》"道风俗而不俚，追古昔而不愧"②。元稹更进而写及江陵一带的巫风、习俗、蛊毒等。晚唐时，从皮日休《太湖诗》的长序，可知其游历时间之长，行程之广，《唐音癸签》评其《太湖诗》二十章曰："皮袭美未第前诗，尚朴涩无采。第后游松陵，如《太湖》诸篇，才笔开横，富有奇绝句矣。"虽难说及第是其作诗的分水岭，进士文化对诗歌的影响于此也可见一斑。

如果说初唐时进士进入宫廷而成为官员，眼界受到了拘限，诗歌多为游宴、奉和之作，只是因唐太宗的《帝京篇》，使奉和也具有"观风俗"的作用；那么，在进士文化成熟后，诗人既走出家园，也走出宫廷，生活面远较以前宽阔。随着游踪之广，对人与事、自然与地理、历史与现实，所观自多，所思也深，笔下所写远较以前丰富，风俗之盛衰更为可"观"。

(原载《学术研究》2006 年第 11 期，刊发时有删节)

进士文化与诗可以群

摘　要　《诗经》时代的"诗可以群"分有下层的群而歌与上层的群而诗，汉乐府民歌继承前者，公宴诗继承后者，晋代又生贵族游宴诗。唐以诗取士，诗人群渐盛，群而诗亦多。进士文化引起政治之变，形成了时代的感召力，确立起新的价值观，重诗而诗人众，改变了思想、行为方式，造成精英文化的开放性、外向性，使之由"独"而"群"。唐代"诗可以群"在延续并改变了上层的群而诗的同时，更提升了下层的群而歌。韩孟诗人群具有《诗经》和汉乐府群歌而怨的精神，倡"不平则鸣"，"穷而后工"。初唐宫廷诗在艺术上有发展，中唐讽谕诗旨在表民怨、革弊政，

① 《筱园诗话》卷一，郭绍虞编选、富寿荪校点：《清诗话续编》，上海古籍出版社，1983 年版，第 2344 页。

② 黄庭坚：《跋刘梦得〈竹枝词〉》，《山谷题跋》，上海远东出版社，1999 年版，第 37 页。

具诤谏性质。新进士的曲江游赏和诗歌活动,对贵族游宴诗有所突破。

关键词 诗可以群 进士文化 进士前 群歌 进士后 群诗

“兴、观、群、怨”是孔子论诗歌功能的一个重要命题,见于《论语·阳货》,其中的“群”被释为“群居相切磋”(《论语集解》引孔安国语),“和而不流”(朱熹《四书集注》语)等义。由于孔门既重视诗歌、音乐的教育,又常得师生间切磋之乐,互相交流思想,情感融洽,诗歌在其中常能起曲喻胜于直言,兴发多于灌输的作用,“群”与“兴”可谓相辅相成,在四者之中尤为重要。而综观诗歌史的发展,“群”经由了春秋之起,两汉之续,魏晋南北朝见于诗体之发展,而尤盛于唐朝。可以认为,唐之为诗歌黄金时代,与“群”大有关系,而这又与唐代进士文化密不可分。

一 群而歌与群而诗

考察诗歌发展的历史,“群”具有产生在下层的“群”而“歌”,以及上层的“群”而“诗”之别,《诗经》时代即如此。

下层的“群”而“歌”主要体现为创作。

从《诗·豳风·七月》可知,西周时期,农人终年从事劳动,只是到“十月蟋蟀入我床下”之后,才“穹室熏鼠,塞向墐户。嗟我妇子,曰为改岁,入此室处”。虽《诗经》中可见劳动中群歌互答的情景,但《汉书·食货志》认为,民歌创作主要在冬天“入室”之时:“春令民毕出在壄,冬则毕入于邑……冬,民既入,妇人同巷相从夜绩……男女有不得其所者,因相与歌咏,各言其伤。”待来春则有采诗之举:“孟春之月,群居者将散,行人振木铎徇于路以采诗,献之大师,比其音律以闻于天子,故曰王者不窥牖户而知天下。”虽说有人怀疑采诗制,但不仅是《礼记·王制篇》有“天子五年一巡守(狩)。岁二月……命太师陈诗以观民风”之说,更早的《左传·襄公十四年》,也已有引《夏书》“遒人以木铎徇于路,官师相规,工执艺事以谏”一说,杜预注:“遒人,行令之官也。木铎,木舌金铃。徇于路,求歌谣之言。”可见在左丘明之前已有遒人之职,不必待汉人才有采诗一事。颜师古将“孟春之月,群居者将散”释之为“各趣农晦”,无非是从事春种秋收,那么,冬“藏”而无农事,“民既入”之“群”,也显然具有农业文化的背景。他又将“各言其伤”解释为怨刺之诗,如此,则“群”与“怨”可谓相辅相成,“相与而歌”所体现的是“男女有所怨恨,相从而歌。饥者歌其食,劳者歌其事”(《春秋公羊传注疏·宣公十五年》何休解诂)。

可见,下层的“群”而“歌”,比较接近“群居相切磋”之意。

上层的“群”而“诗”主要体现为诗的运用。

与原生态的男女之“民”“相与歌咏”不同,虽说《诗经》有“家父作诵,以究王讻”(《小雅·节南山》),“君子作歌,维以告哀”(《小雅·四月》)等“究讻”“告哀”之作,但主要是个人化的,诗之“群”尚待于“用”,其中最主要的是外交活动。孔子在紧接“兴、观、群、怨”后所说的“远之事君”，是对诗与君国大事之间关系的总述，而“使于四方，不能专对，虽多，亦奚以为”(《论语·子路》)，则专言诗之用于外交活动。朱自清先生《诗言志辨》举《左传·襄公二十七年》所载事：郑伯享赵孟于垂陇，七子从君，赵孟请赋诗“以观七子之志”。结果子展赋《草虫》，伯有赋《鹑之贲贲》，子西赋《黍苗》之四章，子产赋《隰桑》，子大叔赋《野有蔓草》，印段(子石)赋《蟋蟀》，公孙段(子石)赋《桑扈》。可见，郑国诸臣都在借赋诗而称美赵孟，意在联络晋国与郑国的友谊。朱先生引顾颉刚先生《古史辨》语：“有的是谦而不敢受，有的是回敬几句好话。”[①]这种“群”而“诗”的外交活动，正如《汉书·艺文志》所说：“古者诸侯卿大夫交接邻国，以微言相感，当揖让之时，必称诗以谕其志，盖以别贤不肖以观盛衰焉。故孔子曰‘不学《诗》，无以言’也。”称诗谕志，目的在于通过“兴”而达到“群”的沟通、交流，以求密切关系，增进友谊。

由于称诗谕志的史实，杨树达先生《论语注疏》不从古人之说，而自有符合诗之功能的解释：“春秋时朝聘宴享动必赋诗，所谓可以群也。”

朱熹所说的“和而不流”虽较虚泛，将以上两者合观之，却也大体能涵盖“群”之意义。

“诗可以群”是儒家关于文学社会功能的一个重要看法，春秋时代因诸侯国多外交活动，“称诗以谕志”将这一功能发挥得淋漓尽致。但后来却发生了变化，《汉书·艺文志》指出：“《春秋》之后，周道浸坏。聘问歌咏不行于列国，学诗之士逸在布衣，而贤人失志之赋作矣。”这既涉文体的兴衰转换，更因为“聘问歌咏不行于列国”，诗之“群”也随之隐退。班固所说的“贤人失志之赋作”，应主要指屈、宋之《楚辞》。《楚辞》之作，是诗人创作的真正开始，主于自诉，《诗经》的民歌时代不再。

贤人失志而作赋，学《诗》之士逸在布衣，使之发生了似与春秋时期相反的变化：诗之作由下层民歌为主转为上层之诗，而诗之用则由上层的称诗谕志转为民间之唱，楚国的一人歌之而“国中属和”可见其状。

如果说先秦时期男女相从咏唱的是“歌”，而“诗”主要是私人化的创作，“群”则体现为“称诗以谕志”的“献诗陈志”和“赋诗言志”；那么汉代就有了兼及上下的集体创作，使“诗可以群”再度兴盛。

汉代行采诗制，从所采的“代、赵之讴，秦、楚之风”中，可以体会其中继承、发扬《诗经》时代下层“群”而“歌”、“歌”而“怨”的精神，《汉书·艺文志》所说的“感于哀乐，缘事而发”，即主要见于乐府民歌。另外，汉武帝的“柏梁展朝讌之诗”(《文心雕龙·时序》)，因“孝武爱文，柏梁列韵”(《文心雕龙·明诗》)，而曾有过皇帝与群臣的连句作诗。但此后“越昭及宣，实继武绩。驰骋石渠，暇豫文会”(《文心雕龙·时序》)，主要是学者的活动，或是辞赋的创作，而非上层的诗歌集体活动，因此，从创作的主流看，汉代“诗可以群”应主要是行于下层的“群”而“歌”。

上层“群”而“诗”之再兴，是建安、曹魏之时。因“魏武以相王之尊，雅爱诗章；文帝

---

① 以上参见《朱自清古代文学论文集》，上海古籍出版社，1981年版，第204至205页。

以副君之重，妙善辞赋；陈思以公子之豪，下笔琳琅。并体貌英逸，故俊才云蒸”，故能造成“傲雅觞豆之前，雍容衽席之上，洒笔以成酣歌，和墨以藉谈笑”的创作盛状（《文心雕龙·时序》）。“体貌”二字，“谓礼容而敬之”（《汉书·贾谊传》颜师古注），可见，统治者对人才的尊重是文学繁荣的前提。自此以后，魏晋六朝时期上层的“诗可以群”，从公宴赋诗发展出遵命或奉命文学，即应制、应诏、应教诗等，而新的创作形态则为诗赋的同题共作、赋得诗、联句诗等。①由于魏晋六朝的“诗可以群”主要行于公宴、朝会，属遵命文学，真正的诗人言志抒情的诗歌创作，是很少以“群”的状态出现的。尽管建安时期曾有《文心雕龙·时序》所说的“俊才云蒸”，“七子”也多经历过汉末的动乱，眼界不窄，但他们对最高统治集团来说，实际上是以幕客的身份出现，“群”而作诗只是“傲雅觞豆之前，雍容衽席之上”而已，他们表现真情实感之作，多非出于此种场合。谢灵运《拟魏太子邺中集诗》指出了“七子”的不同，如王粲“家本秦川，贵公子孙，遭乱流寓，自伤情多”，徐幹“少无宦情，有箕颍之心事，故仕世多素辞”，阮瑀“管书记曹魏之任，故有优渥之言”，但在同题共作的诗中，都是以颂扬曹魏盛德为主旨，并无多少区别。

因之，此期抒情言志的“群”而诗，不属于宫廷文学，而是贵族的游宴文学。

西晋的金谷游集，东晋的兰亭集会，都是著名的贵族集体文学活动。前者于西晋惠帝元康六年（296）由富商、重臣石崇所组织，有30人参加。后者是东晋永和九年（365），王羲之、谢安、孙绰、支遁等41人在会稽兰亭的集会。据石崇《金谷诗序》记载：“时征西大将军、祭酒王诩当还长安，余与众贤共往涧中昼夜游宴……遂各赋诗，以叙中怀，或不能者，罚酒三斗。”后者因王羲之的《兰亭集序》而知名，集会的主题是在山水之中领会生命的意义，在究天人之际的富有哲理意义的探询中，回到了对个体生命存在的自足及不足的体认，此次聚会所写的《兰亭诗》，保留完整的有5家，不完整的有21家（《先秦汉魏晋南北朝诗·晋诗》卷十二）。金谷游集和兰亭集会，是较大规模的“群”而作诗，据石崇和王羲之二序，所作分属于“以叙中怀”和“世殊事异，所以兴怀”，并非遵命文学，但一者此类“诗可以群”组织得甚少，两者竟相隔70年之久，二者金谷游集所成之诗，如石崇序中所说，当属“娱目欢心”者为多，兰亭所作虽表达了对自然的深情，不乏玄远的意趣，但欣、惧交汇，毕竟留下了时代的消极印迹。

二 以诗取士与唐代诗人群

尽管如《世说新语》有颇多众人参与的清谈记载，集体的游宴活动也如前述，然而六朝诗歌却多为个人创作，“七贤”有竹林之游，阮籍、嵇康的诗却非作于此中，陶渊明、谢灵运、鲍照、谢朓等诗人也如此，更不以游宴诗知名。

唐代则不然，作为诗歌黄金时代的标志之一，就是出现了“诗可以群”的高峰，既表现在有成就诗人之多足以称群，又可见诗人们形成创作群体的显著特点。此中原因

① 吴承学、何志军：《诗可以群》，《中国社会科学》，2001年第5期。

很多,而推行进士制,且实行以诗赋取士,当是很重要的一点。如严羽《沧浪诗话·诗评》就说过:“或问:‘唐诗何以胜我朝?’唐以诗取士,故多专门之学,我朝之诗所以不及也。”林慈《唐诗品汇序》也说:“诗自《三百篇》而下,莫盛于唐,盖唐以诗设科取士,故当时士大夫辈,多以诗鸣。”虽后来不少人不以此说为然,省试之诗也确乏佳作,[①]但以诗取士关系到士人的前途命运,须着力于此,人人作诗必然造成诗歌的普及和提高,诗人之众多也是必然的。而以诗取士也促使士子在试前“群”而切磋诗艺,在登第为官后或游宴奉制、或赠答唱和,有形或无形地由群体创作变成了创作群体。

要确立进士制与“诗可以群”二者关系这一论题,有必要对唐代诗人作一考察。

纵观唐代诗坛,除诗名最著的李白、杜甫,以及初唐四杰、高适、贾岛、李贺等不是进士,唐代主要的诗人多为进士出身。如上官仪、李峤、杜审言、苏味道、刘希夷、宋之问、沈佺期、贺知章、陈子昂、张九龄、李颀、綦毋潜、王昌龄、王湾、祖咏、王维、刘眘虚、崔颢、王翰、薛据、崔国辅、储光羲、刘长卿、岑参、常建、元结、张继、钱起、郎士元、韩翃、司空曙、李端、顾况、李益、孟郊、崔护、陆贽、张籍、王建、韩愈、刘禹锡、柳宗元、白居易、元稹、李绅、姚合、朱庆余、许浑、杜牧、李商隐、皮日休、司空图、韩偓、郑谷、韦庄等,都曾进士及第。辛文房《唐才子传》录唐代诗人共278名,其中进士及第者为171人,足见诗人出身于进士之多。

上述名单应很能显示唐代进士与诗歌之“群”的关系。

再看诗人群的情况。

据贾晋华博士《唐代集会总集与诗人群研究》一书,可知在一定的时段、聚于一地从事诗歌唱和所形成的诗人群体情况。书中对隋唐之际的河汾作家群,太宗朝宫廷诗人群,高宗武后时期三大修书学士群,中宗朝文馆学士群,大历浙东诗人群,大历浙西诗人群,韩孟诗人群,大和至会昌东都闲适诗人群,襄阳诗人群,咸通苏州诗人群,以及唐末五代庐山和泉州的两个诗人群,都作了详尽考论。若不论几个宫廷诗人群,由《大历年浙东联唱集》可知,参与这群诗人活动的原有58人,可考者38人,可能参加者7人,虽多系中小诗人,声势却相当大。颜真卿任湖州刺史4年半,邀集一批文士诗人编书、作诗、论诗,大开诗会,前后聚集了95人,形成了大历浙西诗人群。襄阳诗人群成于唐宣宗大中年间,徐商镇襄阳,段成式、温庭筠等游幕唱和,辑成诗集。咸通苏州诗人群在宣宗咸通年间,皮日休为苏州刺史崔璞从事,与陆龟蒙唱和,陆又与多人屡次集会,多有联诗,并结集10卷。庐山诗人群系唐末五代所成,持续半个多世纪,先后聚集了20多人,为两个创作群体,前一个为僧道、隐士、进士和官员,后一个因南唐恢复科举并以诗取士而生,与进士制关系更密切。唐末五代的泉州诗人群因避中原战乱而生成,是僧人与进士的集合体,韩偓等重要诗人亦曾来此。

隋唐之际的河汾作家群生当乱世,自难参加科举考试,太宗朝的宫廷诗人多系由隋入唐的大臣或弘文馆学士,仅上官仪为进士,而自此的宫廷诗人群则颇多进士出身

① 如杨慎《升庵诗话》云:“诗之盛衰,系于人之才与学,不因上之所取也。唐人所取五言八韵之律,今所传省试题诗多不工,今传世者非省题诗也。”王世贞《艺苑卮言》云:“人谓唐以诗取士故诗独工,非也。”

者。高宗时以许敬宗为首的修书学士群、武后前期北门学士群、武后后期珠英学士群，以及相继的中宗朝文馆学士群，都是宫廷诗人，其中的上官仪、李义府、李峤、沈佺期、张说、宋之问、李乂、苏颋、卢藏用、杜审言等，都曾登进士第。他们在进入宫廷后，可以看作进士的"已完成式"，却仍在持续着进士的诗文之用。后面几个诗人群，不在宫廷之内，多处于求仕阶段，且处在安史之乱后贵族政治彻底崩溃，进士文化完全成熟的历史时期，与进士文化的特点更相合，此在下面再论。至于隐逸诗人，如前所述庐山诗人群，人数不少，[1]其中不乏真正的隐士，但也有走隐而求仕道路者，对于"终南捷径"与进士文化的关系，亦在下面再论。

由集会总集所定的诗人群是较为稳定的创作群体，另有因创作主张、艺术思想相近，互相交往、唱和的诗人群，一般以之作为唐诗风格流派看待，如初唐时方外十友，中唐的大历十才子，晚唐的咸通十哲、芳林十哲等，其实也具有"群"的意义。

《新唐书·陆馀庆传》云："（馀庆）雅善赵贞固、卢藏用、陈子昂、杜审言、宋之问、毕构、郭善微、司马承桢、释怀一，时号'方外十友'。"姚合《极玄集》李端小传载：李端"与卢纶、吉中孚、韩翃、钱起、司空曙、苗发、崔峒、耿湋、夏侯审唱和，号'十才子'"。《新唐书·文艺传》亦云："（卢）纶与吉中孚、韩翃、钱起、司空曙、苗发、崔峒、耿湋、夏侯审、李端皆能诗，齐名，号'大历十才子'。""十才子"的得名与交游唱和主要在大历初年，因多出身贫寒，故依傍权门，在权豪华宴上联袂唱和，后来各奔东西，诗风各异。"咸通十哲"指晚唐懿宗咸通时期的一群诗人，《唐摭言》卷十云："张乔，池州九华人也，诗句清雅，夐无与伦。咸通末，京兆府解，李建州时为京兆参军主试，同时有许棠与乔，及俞坦之、剧燕、任涛、吴罕、张蠙、周繇、郑谷、李栖远、温宪、李昌符，谓之十哲。"[2]据研究，这群诗人有三个特点："其一均出身寒微，久游举场，四方飘游，未为显宦。其二都广结僧人，有一段隐居经历……其三……许棠宣州，张乔、周繇池州，喻坦之睦州，任涛筠州，郑谷袁州，均为江南东、西道人。李昌符原籍亦未详……亦以江南人可能为大。唯温宪太原（亦久居江南）、张蠙清河，为北人。十子之目得自长安，而其主体却为江南人。"[3]"芳林十哲"亦见《唐摭言》卷九："咸通中自（沈）云翔辈凡十人，今所记者有八，皆交通中贵，号芳林十哲。芳林，门名，由此入内故也。"除沈亚之之弟沈云翔外，尚有林缵、郑玘、刘业、唐珣、吴商叟、秦韬玉、郭薰等，他们经芳林门入内侍省结交宦官，故有此称。

此外，还有唐人普遍的唱和，虽非集体创作，但也可视作"诗可以群"的一类。

因为中唐以后诗人成为进士者渐多，进士文化真正与诗人及诗歌创作密切关合，所以中晚唐诗人"群居相切磋"渐成风气。除韩愈为首的一群外，不少著名诗人任地方官时，常有诗歌唱和，如杜牧为刺史时，孟迟、严恽、李郢曾先后相从。从诗人个人的交

---

① 《唐诗纪事》卷四六"刘轲"条："乐天云：庐山自陶谢后，正元初有符载、杨衡辈隐焉，今读书属文，结茅岩谷者犹一二十人。"而据《新唐书·隐逸传》，卢鸿在嵩山甚至"广学庐，聚徒至五百人"。

② 王定保：《唐摭言》卷十，《唐五代笔记小说大观》，上海古籍出版社，2000年版，第1667页。

③ 赵昌平：《郑谷诗集笺注·前言》，上海古籍出版社，1991年版，第16页。

往唱和而言，分别有：贾岛与韩愈、孟郊、张籍、王建、姚合、无可；赵嘏与元稹、沈传师、沈述师、卢弘止、杜牧；马戴与令狐定、姚合、贾岛、无可、李廓、顾非熊；喻凫与姚合、顾非熊、方干、无可；刘得仁与姚合、无可、段成式、雍陶、厉玄、顾非熊；刘驾与曹邺、薛能、李频、聂夷中；李郢与杜牧、李商隐、温庭筠、方干、鱼玄机；曹邺与李频、郑谷、张蠙、李洞；储嗣宗与顾非熊、顾陶、司马扎；李昌符与张乔、李洞；林宽与许棠、李频；周繇与段成式、温庭筠、韦蟾；周朴与方干、李频；王贞白与罗隐、方干、郑谷、贯休；崔道融与方干、司空图；曹松与贯休、方干；女诗人鱼玄机与温庭筠、李郢。不少诗人在不同地方、不同时期，分别与不同的诗人交游：如方干不第隐居会稽鉴湖时，与郑仁规、李频、陶详相善，咸通末，与段成式、吕述、于兴宗、李群玉等唱和；唐末的沈彬，应进士举不第，浪迹湖湘时，与诗僧齐己、虚中游，入蜀后与韦庄、贯休、杜光庭唱和，后入吴，与孙舫、李建勋结为诗社。

我们尚应注意唐代诗僧这一重要队伍：灵一与李华、张继、皇甫冉、朱放、张南史、李纾、严维唱和甚多；皎然居湖州时与陆羽、吴季德、皇甫曾、崔子向、李崿等交游，在湖州时，历任湖州刺史的颜真卿、崔论、卢幼平、陆长源等，均与之交游唱和；无可则与姚合、朱庆馀、贾岛、顾非熊、章孝标、殷尧藩、马戴、段成式、厉玄、雍陶等为诗友，唱和甚多。唐末五代的尚颜，与方干、陈陶、陆龟蒙、郑谷、司空图、吴融、李洞，诗僧齐己亦有唱和。

以上仅分从一人言其相交唱和，各人间形成互相交叉的复杂现象更难以尽述。

由于某一诗人树立起的榜样，使得师从者成风，也形成了一定规模的创作群。如晚唐时期的“咸通十哲”与贾岛、姚合诗派较为相近，而“郑谷晚年归居宜春后，又有南昌孙舫、长沙齐己及连州黄损等从之学诗。后二人又与郑谷共定诗格，为湖海骚人所宗。又形成一诗人群”①。

由上可知，唐代的诗歌集群性创作活动，无论从历史延续的时间看，还是从地理分布的范围看，都是前代无法比拟的。

三 进士文化与唐诗之“可以群”

以上对进士制直接或间接造成的唐代诗人群作了描述，现在进而论述进士文化与唐诗“可以群”之间的关系。

我们很难在本文中对进士文化作出全面的定义，仅能就与本论题相关者概言之。

首先，进士制的推行引起了政治的变化。

进士制始于隋，继于唐初，陈寅恪先生《隋唐政治史述论稿》认为，起根本变化的是武则天时期。由于武后“大崇文章之选，破格用人，于是进士之科为全国于进者竞趋之鹄的。当时山东、江左人民之中，有虽工于为文，但以不预关中团体之故，致遭屏抑

① 赵昌平：《郑谷诗集笺注·前言》，上海古籍出版社，1991年版，第17页。

者，亦因此政治变革之际会，得以上升朝列，而西魏、北周、杨隋及唐初将相旧家之政权尊位遂不得不为此新兴阶级所攘夺替代”①。这是对推行进士制后政治变化的精辟论述。

其次，社会的宗尚，普遍的追求，使士人们确立起新的价值观。

王定保《唐摭言》卷一说：“进士科始于隋大业中，盛于贞观、永徽之际；缙绅虽位极人臣，不由进士者，终不为美，以至岁贡常不减八九百人。其推重谓之‘白衣公卿’，又曰‘一品白衫’；其艰难谓之‘三十老明经，五十少进士’。”又说：“其负倜傥之才，变通之术，苏、张之辨说，荆、聂之胆气，仲由之武勇，子房之筹画，弘羊之书计，方朔之诙谐，咸以是而晦之，修身慎行，虽处子之不若；其有老死于文场者，亦无所恨。故有诗云：‘太宗皇帝真长策，赚得英雄尽白头。’”②这一段话可以理解为：对“白衣公卿”的追求，使得其他才能、资质“咸以是而晦之”，历来所重的“修身慎行”，竟然“虽处子之不若”。可见，进士制对传统价值观的改变确实具有决定性的作用。

最后，以诗取士引发、造成了士人思想与行为方式的改变。

肃宗宝应二年(763)礼部侍郎杨绾上奏批评进士科：“近炀帝始置进士之科，当时犹策试而已。至高宗朝，刘思立为考功员外郎，又奏进士加杂文，明经填帖，从此积弊，浸转成俗。幼能就学，皆诵当代之诗，长而博文，不越诸家之集，递相党羽，用致虚声，六经则未尝开卷，三史则几同挂壁……祖习既深，奔竞为务，矜能者曾无愧色，勇进者但欲凌人，以毁讟者为常经，以向背为己任。校刺干谒，驱驰于要津；露才扬己，喧盛于当代。”③其中不少就涉及思想与行为方式，其负面评价只能说是评价标准不同，而难以说是不实之词。宋人李昭玘说：“唐自元和以后，士人多以辞章游王公之门，谓之投卷。所幸者，大则荐闻于朝，小则资以赇货。士之急于人知，无盛于此时也。”④“校刺干谒”确实成为了进士文化的一个具有群体性的特征。而在开成初召为国子司业，历太常少卿、大理卿、国子祭酒的杨敬之，曾作诗：“几度见诗诗总好，及观标格过于诗。平生不解藏人善，到处逢人说项斯。”项斯由此而名振，遂登高科，诗人得到了有地位者的延誉，“露才扬己”的效果可见。

如果说以上三方面是进士文化的主要特点，那么，这些特点与唐代的“诗可以群”又有什么相对应的关系呢？

首先，因推行进士制所引起的政治变化，对士人们具有极大的感召力，使得儒家传统的处世方式仅向“兼济天下”一端倾斜。唐人因“兼济”而“群”，并形成了具有时代精神的诗歌创作群体。

顾名思义，“兼济”是从自我出发、兼及他人而济众，由“独善”之一人，而至天下之众人，本身即具“群”之意义。达则兼济天下，穷则独善其身，是多少代士人的人生信

---

① 陈寅恪：《隋唐政治史述论稿》，上海古籍出版社，1997年版，第18页。

②《唐摭言》卷一，第1579页。

③《旧唐书》卷一一九《杨绾传》，上海古籍出版社、上海书店，1986年版。

④ 李昭玘：《录张祜诗》，《乐静集》卷五，《文渊阁四库全书》本。

条,“出”与“处”则取决于“道”,天下有道则仕,无道则隐,是传统的原则。而“道”之有与无除了为政之清浊、民生之欢戚外,常又与士人自身的感受相关。若朝廷重视自己,就有出路,有路即有“道”,应是很直观的体会。

唐朝立国不久,太宗就下令修订《氏族志》,“欲崇重今朝冠冕……不须论数世之前”(《旧唐书·高俭传》),不少出身布衣者,以功业成为唐初新士族。高宗时,改《氏族志》为《姓氏录》,五品官“皆升士流”。武则天为排挤唐宗室和旧功臣,下《求贤制》,用人“无隔士庶,具以名闻”,尤重进士科,使得一批寒素布衣得以进入政权。唐玄宗实行以诗赋取士后,[①]更使诗人们产生出足够的自信心和自豪感。

科举制、尤其是进士科的实行,改变了魏晋以来“九品中正制”的选才选官方式,打破了贵族门阀对政权的垄断,庶族知识分子能“怀牒自列”,凭借学识、文辞踏上仕途,个人的命运掌握在自己的手中,也满怀信心地以田舍郎可以登上天子堂自励。加之以受南北统一、国力强大、盛世来临的鼓舞,逐渐形成了一种充满希望、积极向上的时代精神。追求功业、强烈自信、匡时济世、从政报国,成为时代的声音。慷慨昂扬、蓬勃向上是诗人们的共有基调,即使不达、不遇而感叹时运不济、功业难期,仍梗概多气、志深笔长。

唐朝在太宗与玄宗的百余年间,出现了我国历史上最著名的两个盛世——贞观与开元,也召唤出无数士人强烈的“兼济”精神,形成了上述的进士文化重要表征。这种集体性的品格和精神,造就出唐诗“可以群”的基础,诗人们普遍具有这种精神和信念,也就自然形成了诗歌的创作“群”。安史之乱以后,贵族退出政治舞台,进士文化成熟,诗人群出现得更多。

其次,新价值观的确立,使得人们尤重诗赋,士人几与诗人划上了等号,对诗歌的普遍重视必然造就出群众性的诗人队伍,形成了前代难以相比的创作群体。

如杨绾所说,推行进士制使得“幼能就学,皆诵当代之诗,长而博文,不越诸家之集……六经则未尝开卷,三史则几同挂壁”。只重诗赋而不重经史,写诗人众,必然造就出群众性的诗人队伍。

最后,思想与行为方式的改变,造成了唐代精英文化的开放性、外向性:不是自我封闭的“独”,而是积极交游的“群”。进士制与诗赋取士的逐渐完备,将士人培养、塑造成诗人,也使得诗歌创作从自诉变为了及人,“群居相切磋”为之发扬光大。

魏晋南北朝时期,贵族们的生活圈子相对窄小,政治黑暗,迫害有加,人们心有惴惴,易入于内向。唐代不然,生活在思想开放、三教并行的环境中,不似六朝士人那样热衷于谈玄或佞佛,或在内省式的论辩中思考“名教”与“自然”的孰可相从,人们受时代鼓舞,奋发昂扬,积极吸收外来文化,主动接受胡风胡俗影响,以至于放浪通脱、不检细行。唐人不似六朝贵族那样静态地“养望”,而是以增见识、重交游、广声誉为目的,漫游东西南北各地。他们“寻芳逐胜,结友定交,竞车服之华鲜,骋杯盘之意气,沽

① 关于进士科以诗赋取士的起始时间,有《唐会要》的始于初唐,《唐音癸签》的始于调露中,《唐摭言》的始于中宗神龙元年诸说,多数论者较倾向于徐松《登科记考》的始于开元说,定此为下限。

激价誉，比周行藏”[①]。甚至如杨绾所批评，是奔竞矜能，校刺干谒，露才扬己，喧盛当代。这些，都带有显著的外向性，并成为了群体的特征。

唐代诗人在漫游中开阔眼界，了解山川风物、民情风俗、历史掌故、增长见识，又交结朋友、切磋文学、作诗争胜、揄扬名声。同时，改变了以往重在修身、依仁游艺、奉行中道的儒者传统，大大发挥了文苑精神，追求身心自由和文辞美妙。而恰是这些特点，为诗歌创作、欣赏、传播提供了基础，为“诗可以群”创造了极好的条件，也使得“诗”之“群”具有了不同于以往诗歌发展史的新形态，和有异于前述上层之“诗”或下层之“歌”的作者基础。甚至官员与文士不讲身份，以诗会友，以酒相交，杜甫《饮中八仙歌》就是典型的例子，《竹庄诗话》评之为“见开元太平人物之盛”。

开元人物之中，出现了我国诗歌史上最负盛名的李白与杜甫，思想多元、兼有胡汉文化背景的李白且不说，连固守儒家传统的杜甫，青年时代也是“放荡齐赵间，裘马颇清狂”(《壮游》)，与李邕谈文论艺，同苏源明驰马游猎，随李白访道寻仙，后又有高适加入，在孟诸一同游猎，三人登吹台，上琴台，怀古言今，感叹吟咏。杜甫后来困顿长安，为了生活，充当贵族府中的“宾客”，为了仕进，不得不投赠诗歌以求援引，但他更多是与诗人结交：同郑虔酬唱，偕高适、岑参、储光羲、薛据登慈恩寺塔而作诗，后来在肃宗时期，他任左拾遗，又与贾至、王维、岑参、严武友善，也有唱和。中唐以后诗人的订交、酬唱，更成为普遍的现象。

交往和唱和，使自诉为主的诗歌创作发生了很大变化，也在“切磋”上延续并发展了“诗可以群”的精神。

以上三点之外，还要补充的是：对特有的隐居诗人群之生成机制，当从以隐求仕的角度看待之，这是进士文化在制度上的体现之一。

唐代诗人之隐逸风气与进士制颇有关系，而且唐代诗人的隐逸又不是前代的多为个人之隐，却多集体性的隐逸，终南山、嵩山、庐山，都有很多读书求仕的隐逸之士。此外，隐逸的另一原因是养名以求荐举。就后者而言，是与制举密切相关的。据《新唐书·选举制》上：“天子又自诏四方德行、才能、文学之士，或高蹈幽隐与其不能自达者，下至军谋将略、翘关拔山、绝艺奇伎，莫不兼取。其为名目，随其人主。”[②]唐朝历代皇帝所开与隐逸有关的制举科目，其名称短者有高宗时的“幽素科”、穆宗时的“山人科”，长者有“养志丘园嘉遁之风戴远科”(高宗)，“哲人奇士隐沦屠钓科”、“高才草泽沈沦自举科”(玄宗)，“隐居丘园不求闻达科”(德宗)，更多的是适中的四字名称，如“销声幽薮科”(高宗)，“草泽遗才科”、“藏器晦迹科”(中宗)，“高蹈不仕科”(玄宗)，“乐道安贫科”(代宗)，“高蹈丘园科”(德宗)，“草泽应制科”(文宗)等。因为制举一经登第即可授官，无须如进士、明经那样要过礼部、吏部的考试关，待释褐而逐个阶梯攀升，所以，遂有“终南捷径”一说。

既然有“终南捷径”可走，隐居诗人群之形成也就不奇怪了。

---

①《唐摭言》卷三，第1610页。

②《新唐书》卷四十五《选举志》上，上海古籍出版社、上海书店，1986年版。

四　进士前的"群歌"与进士后的"群诗"

唐代进士科特重诗赋，进士文化也就与诗歌密切相关。进士文化伴随科举制而逐渐生成，是与贵族文化相对立的文化，是作为瓦解后者的新兴文化出现的，因此，唐代的"诗可以群"就不是沿着魏晋六朝贵族文化的一条路线发展，而具备了前论先秦时代的两方面特点，在延续并改变了上层的"群"而"诗"的同时，更提升了下层的"群"而"歌"。在引出一系列变化的同时，既促进了诗歌的繁荣，"诗可以群"的理论命题也在实践中大为发展。

安史之乱造成了极大的破坏，也造成了贵族政治的彻底崩溃，随着庶族知识分子以才学登科，踏上政坛，进士文化更为发展成熟，"诗可以群"也有了新的涵义。

前引贾晋华书所述，与进士文化关系最为密切，在诗史上地位最高的，当是以韩愈为首的韩孟诗人群，和以白居易为代表的东都闲适诗人群。二者可分别看作是进士前诗人群和进士后诗人群的代表。他们之间，还应有刚登第的"群诗"和进士后的"群诗"。

诗人的群体性创作与进士文化有密切关系者，尤见于韩孟诗人群，他们所作可看作是进士前的"群歌"，具有《诗经》和汉乐府"群"而"歌"、"歌"而"怨"的精神。

韩愈幼年失怙，苦读力学，于贞元八年(792)二十五岁时登进士第，却"四举于礼部乃一得，三选于吏部卒无成"(《上宰相书》)，于贞元十二年(796)入汴州董晋幕。不久，李翱来汴，与韩定交，次年，举进士未第，又来汴从韩愈学文。其年孟郊亦来汴。同年十月，张籍因孟郊介绍，来汴州从韩愈学文。后韩愈往徐州入张建封幕约半年，其间张彻来徐州从韩愈学文，张籍也来探访游从，李翱亦来。在韩愈、孟郊两年多的聚会中，两人的诗风互相影响，张籍、李翱、张彻则受到韩、孟的共同影响。元和元年(806)六月，韩愈回到长安，任国子博士，此时孟郊、张籍、张彻都已在京，后张署、侯喜又来。李翱分司洛中，孟郊也赴官洛阳，不久，韩愈为避谗而来到东都分司，皇甫湜任陆浑尉，去洛不远，李贺也赴洛客居，本居此地的卢仝与韩孟交，刘叉、贾岛等又陆续来此。于是，在元和元年至六年(806—811)，韩孟诗人群在京洛地区"群"而有作，成就了元和诗坛上极有特色的创作流派。①

这一派所作诗歌不仅在艺术上具有怪奇险涩的特点，于盛唐之音以外另作开辟，而且他们的所作，颇有与进士落第相关者，被苏轼称为"郊寒岛瘦"的孟郊和贾岛，就以落第诗的悲怆动人著称。因此，他们所作在表达对士人本身命运的关注同时，"诗可以群"又体现为"诗可以怨"，而且"有所怨恨"又从"自歌"变为"相从而歌"。作为此派诗歌的领袖，韩愈"进则不能容于朝，退又不肯独善于野，疾恶甚严，爱才若渴"(叶燮《原诗》)，反映在创作上，"昌黎诗有正有奇，正者所谓'约六经之旨而成文'，奇者即所

① 以上分别参见贾晋华：《唐代集会总集与诗人群研究》，北京大学出版社，2001年版，第499至500，511至512页。

谓‘时有感激怨怼奇怪之辞’”（刘熙载《艺概》）。由于自己对才高而落第有切身体会，他作于贞元十九年的《送孟东野序》提倡“不平则鸣”，《荆潭唱和诗序》更认为“和平之音淡薄，而愁思之声要眇，欢愉之辞难工，而穷苦之言易好也”。显然，这是对《风》《雅》《骚》《辩》以及汉乐府民歌传统的继承和发扬。

进士后的群诗有唐前期与唐后期之别：前期多为进士出身者，进入宫廷后经常从事奉制酬应之类创作，而后期则从歌功颂德转变为或具诤谏性质、或有政治意义的创作。

先论前期之作。由于时代之变，盛世作诗，贞观时期的征边、感怀、咏史、述志之作，颇多颂扬开国功业，总结历史教训内容，气骨较为刚健，境界较为开阔，对南朝宫廷诗有显著的突破。然而，诗人一旦进入宫廷，在奉和应制之中，多旨在颂圣称美，兼有道德说教，很难创作具有个性特点、真正言志抒怀之作。虽说“贞观之风，同乎三代。高宗天后，尤重详延。天子赋横汾之诗，臣下继柏梁之奏。巍巍济济，辉烁古今”（《旧唐书·文苑传序》），但形态上的“群”而为诗，除了规模之盛，并体现了“群”之“和”、或也有“切磋”之义外，此期的宫廷所作，较之于汉武或曹魏时期的公宴诗，并无本质的区别，“诗可以群”也无根本性的发展。

不过，即使是相沿汉魏六朝公宴、朝会的遵命文学，唐代也因诗人从幕客到官员的身份变化，使之在歌功颂德的主调中有所突破。如李峤、苏味道、杜审言、崔融等“文章四友”，所作的侍宴应制诗，较之沈、宋等人，能较多地表现内心感受、抒发自己的情感，体现出个性化的因素。据《唐诗纪事》记载，仅景龙二年七月至四年六月的两年间，宫廷游宴赋诗就多达 41 起，若往上推，武后时期的情况可以想见。武后至中宗朝，“游宴以兴其篇，奖赏以激其价”（胡震亨《唐音癸签》），对于诗歌艺术形式和表现技巧的发展提高，有较大的推助作用，尤其是“沈宋裁辞矜变体”（李商隐《漫成》之一），更使七律为之成熟。

后期的进士后群诗又可分为新乐府的一群，和为官不久就遭贬谪的一群，前者以元、白为代表，后者以刘、柳为代表。

白居易的讽谕诗只是他作品的很小一部分，然而《旧唐书》本传称：“所著歌诗数十百篇，皆意存讽赋，箴时之病，补政之缺。”评价甚高。元稹《和李校书新题乐府十二首》序有云：“昔三代之盛也，士议而庶人谤。”本着这一精神，白居易《新乐府》自序称“首句标其目，卒章显其志：《诗》三百之义也。其辞质而径，欲见之者易喻也；其言直而切，欲闻之者深诫也；其事核而实，使采之者传信也；其体顺而肆，可以播于乐章歌曲也。”可见，他不仅有以诗干政的自觉，而且在诗歌体制上也有意识地学习《诗经》，在创作上与国风、小雅精神较合。

从杜甫、元结发展而来的关怀民生的精神，到张、王，元、白，可看作是具有历史长度、非严格意义的创作群体；而以新乐府为代表的诗歌，虽“诗”亦“歌”，实为诗人对“男女有所怨恨，相从而歌”的代言。讽谕是“采诗”精神的发扬，也受到了唐代谏诤制度的影响。唐人在登进士第后，释褐颇多授职为拾遗、补阙等低级谏官，据《唐六典》，拾遗因“言国家有遗事，拾而论之”而命名，补阙则是“言国家有过阙而补正之”。担任谏官者，多有责任感：“见君过失而不谏，是轻君之危亡也。”（刘向《说苑》卷九《正谏》）因进谏而及于诗歌，诗人以百姓的代言人自命，以诗歌表民怨、革弊政，是参与政事的自然延伸。此类诗歌虽是进士后所作，却仍具有进士前“群歌”的性质，如果说韩孟诗派因感慨士人自身命运，而创作表现不平、怨愤的诗歌，那么元、白等人的讽谕诗，则构成了表现人民之怨的另外一翼。

刘、柳是王叔文集团的主要成员，在宪宗登位后，二王被杀，刘、柳等被贬，史称“二王八司马”。严格说来，他们并非文学创作群体，但因“群”而“党”，造成了政党政治，也开启了唐代党争文学和贬谪文学的创作，故附带论之。孔子有“君子群而不党”之说，“群”本不应结“党”，然而实际上，又不能不相涉。后汉灵帝时，大臣与宦官间的斗争引发了著名的“党锢”，中唐时又有牛李党争，延续到北宋，更形成了政党政治。刘、柳遭贬谪后“有所怨恨”，虽非“相从而歌”，诗旨、感情与精神却是一致或相似的。就特殊的文体角度而言，他们的被贬，使之能身处荒蛮之地，有利于汲取当地“群”而作之的民歌营养，而创立新的体式，刘禹锡的《竹枝词》就是很好的例子。

在进士前与进士后之间，还有刚中进士的短暂时期，这一时期的群而作诗产生在登进士第后的曲江游宴中。

进士科的推行，使得“递相党羽，用致虚声”，“群”而结党遂成进士文化的特点之一。之所以“树党”，缘于士子见赏于主事者，成为“座师”与门生的关系，有人奏请罢停新进士的曲江之宴，理由正是“自谓门生，遂成胶固。所以时风浸薄，臣节何施？树党背公，靡不由此”。并提出“今日已后，进士及第任一度参见有司，向后不得聚集参谒，及于有司宅置宴。其曲江大会朝官及题名、局席，并望勒停”。虽起因是“盖赞皇公不由科第，故设法以排之”，而“洎公失意，悉复旧态”，但所言并非无由。而这“起自神龙以来，然盛于开元之末”的曲江游赏，除个别时期外，是延续不已的。①

曲江游赏及相伴的慈恩寺题名、采摘名花等系列活动，对诗歌创作有何意义呢？上引《唐摭言》此则载：武宗会昌三年王起“再主文柄”，华州刺史周墀以诗寄贺，而王起门生一榜22人皆以诗和周墀。虽说其中难有佳作，却是“群”的一个很好注脚，而同则所载的杨汝士“压倒元、白”一事，也可觇当时文人作诗争胜的风气。曲江游赏和相关活动常为人所诟病，成了进士轻薄的理由，但这是新进士脱离了“沙龙”的大规模活动，具有社会性，对魏晋以来贵族游宴及诗歌集群活动有所突破，新进士的上进心、自豪感充溢其中，与文学侍从为上而作的游宴诗自是不同，也胜于前述金谷“以叙中怀”、兰亭“世殊事异，所以兴怀”的自诉，具有一种向上的进取精神，对推动诗歌的集体性创作是有益的。若从杨树达先生所释，此类活动，虽非“朝聘”，却仍接近“群”之“宴享”本意，又因具备进士文化的背景，这一种“诗可以群”实又有质的变化。

至于东都闲适诗人群，是为官已久，且身为闲职，他们的诗歌唱和具有白居易“中

① 以上见《唐摭言》卷三“慈恩寺题名游赏赋咏杂记”则，第1597至1598页。

隐”思想的背景，中隐以成闲适，又得佛道之用，与进士文化距离已经甚远，可看作是后进士文化的体现，故此处不论。

结　语

综上所论，由于推行进士制，士人形成了具有时代特点的群体性品格，与此同时，进士文化造成了他们从个体走向群体的变化，诗赋取士之实行，对诗歌的重视，使得唐代的“诗可以群”在行为方式和创作实践上相结合，焕发出新的生命和光彩。

从朝野两端来看，一方面是以诗赋之长成为进士并进入馆阁的诗人们，推动了宫廷诗的兴盛，并探索新的艺术手法，使某些体式臻于成熟、完备，从而使得上层的“群”而“诗”较前朝有更大的规模，更高的水准。另一方面，因唐代特有的进士文化，“诗可以群”被赋予了新的涵义，出现了因这一文化而生成的群体性创作，而地方性的诗人群，因不同的历史时期和写作背景，在诗歌的创作观念、思想、题材、体制、艺术技巧上都各有建树，形成了创作流派，使唐诗具有了多姿多彩的面貌。

“诗可以群”与进士文化的结合，使诗人能以诗歌来关注人民和自身的生存状况。前者是本着体恤“群居”作“怨歌”而代言的精神，在某种意义上是《诗经》和汉乐府民歌群居互答、歌其食与歌其事的继续，具有欲达上听的干政意义，改变了汉代以来上层公宴“群”诗的遵命、歌颂性质。后者突破了“温柔敦厚”的影响，抒发内心的真情实感，继承司马迁“发愤抒情”的传统，确立了“哀怨起骚人”“不平则鸣”“穷而后工”的创作思想，使得唐诗具有强烈的抒情性，感人的力量。韩孟、元白和刘柳，所作不同，却都以群而歌的精神，群而诗的形态，共同提升了下层的群而歌。

（原载《文学评论》2006年第4期，刊发时略有删节）

进士文化与诗可以怨

摘　要　唐人怨诗之生，直接与科举制的进士科及实行诗赋取士相关，由于期望与事实的差距，诗人或未能进士登第，或虽入仕而难展抱负，都会作诗以诉怨。进士文化的外向性品格、文苑精神对儒林传统“中道”的突破，形成了怨诗的感情基础；进士多作谏官，唐代诤谏制度及相关精神，造就了为民申怨的怨诗生成机制。进士文化主要在政争与党争、政事与民生、狎妓与爱情三方面，促使了不同题材怨诗的产生。

关键词　唐代　进士制　进士文化　怨诗

昔人多以性情、气象、风骨、意兴等论唐诗，却不甚重视其中的怨诗。如元好问，虽注意到唐代怨诗，却作了“温柔敦厚”的理解：“唐诗之所以绝出于三百篇之后者，知本焉耳矣。何谓本？诚是也……唐人之诗，其知本乎？何温柔敦厚、蔼然仁者之言之多也！幽忧憔悴，寒饥困惫，一寓于诗，而其阨穷而不悯，遗佚而不怨者，故在也。至于伤谗疾恶，不平之气，不能自掩，责之愈深，其旨愈婉，怨之愈深，其辞愈缓。优柔餍饫，使涵泳于先王之泽，情性之外，不知有文字。”[①]可见，诗教说的影响是多么巨大。

其实，唐诗中怨诗颇多，不少作品实难说是温柔敦厚、旨婉辞缓、蔼然仁者之言。而这，又与唐代的进士文化大有关系，本文尝试论之。

一　进士科与诗人之怨

我国古代的文化之变与选官制度很有关系，唐代科举之尤重进士科，造就了进士文化。

唐代实行隋炀帝创立的科举制度，其中的进士科尤其得到了武则天的重视。陈寅恪先生认为，武后为夺权之需，屏弃唐初以来的“关中本位政策”，主要作了破坏府兵制和推行进士科两件大事。后者的“大崇文章之选，破格用人，于是进士之科为全国干进者竞趋之鹄的。当时山东、江左人民之中，有虽工于为文，但以不预关中团体之故，致遭屏抑者，亦因此政治变革之际会，得以上升朝列，而西魏、北周、杨隋及唐初将相旧家之政权尊位遂不得不为此新兴阶级所攘夺替代”[②]。

统治者“大崇文章之选”，士子们不必似前代需经中正荐举，而是“怀牒自列”，以学识文才踏上仕途，尤其是唐玄宗大行诗赋取士，使得“开元、天宝之中……太平君子唯门调户选，征文射策，以取禄位，此行己立身之美者也。父教其子，兄教其弟，无所易业。大者登台阁，小者任郡县，资身奉家，各得其足，五尺童子耻不言文墨焉”（《通典》卷一五《选举》三《历代制下》）。虽传统观念是“才子何须借科第，男儿终久要功勋”（姚合《送陈偶赴江陵从事》），但实际上正如权德舆所说：“万方砥平，仕进者以文讲业，无他蹊径。”[③]可见至少此时靠门荫或功勋得官已非主流。

唐代行科举制较之魏晋六朝的九品中正制，无疑有很大的进步，后天重于先天，独立而非依附，庶族知识分子可以凭借自己的知识文才踏上仕途，即使会有左思“英俊沉下僚”的感叹，也不应为“世胄蹑高位”而愤慨。但实际上唐诗中所表现的“怨”仍然非常多。即以进士文化生成初期的武则天时代来说，不但是初唐四杰有怨诗，其后陈子昂也有怨诗，甚至进入宫廷，颇以诗赋文章见赏于上的沈、宋、杜也有怨诗。同样，被公认施行诗赋取士的唐玄宗时代，怨诗更多。而进士文化真正成熟的中晚唐时期，仍然是作怨诗的诗人层出不穷。可以认为，怨诗创作持续了整个唐代。

---

① 《杨叔能小亨集引》，《遗山先生文集》卷三六，《四部丛刊》本。

② 陈寅恪：《隋唐政治史述论稿》，上海古籍出版社，1997年版，第18页。

③ 《故尚书工部员外郎赠礼部尚书王公神道碑铭并序》，《全唐文》卷五百，中华书局，1983年版，影印本，第5069页。

在唐朝这一诗歌的黄金时代,怨诗竟然是主要的组成部分,原因何在呢?

怨诗的产生和持续、发展,首先缘于诗人对进士科取士的期待,同现实之间的失衡。

虽说推行进士制使以文词见长者有机会踏上仕途,但是取士毕竟有限,据《文献通考》卷二九,唐代贡举每年各科所取人数,多者三五十人,少者仅数人,大抵进士约千人,得第者百之一二,明经倍之,得第者十一二。且礼部试中后,尚要通过吏部考试才能入仕。①

辛文房《唐才子传》录唐代诗人共 278 名,其中进士及第者为 171 人,进士所占比例不可谓不高,但另一个事实却如郑处诲《明皇杂录》所说:“天宝中,刘希夷、王昌龄、祖咏、张若虚、孟浩然、常建、李白、杜甫,虽有文名,俱流落不偶。”这一“流落不偶”的名单中,既有进士,也有非进士者,因此,无论这些著名诗人是否进士出身,都不是仕途得意者。可以认为,在盛唐气象的背后,也确实存在着一股特别的“气”——怨气。

唐诗之所以有怨,直接是因诗人未能成为进士而作怨诗。

期望与事实差距过大,诸多士人难以登第,深感怀才不遇,如钱起所说,“郢客文章绝世稀,常嗟时命与心违”(《送邬三落第还乡》),而他自己也是“不遂青云望,愁看黄鸟飞”(《下第题长安客舍》),当然会有怨。“落羽羞言命,逢人强破颜。交疏贫病里,身老是非间”(卢纶《落第后归终南别业》),当是普遍的状况,怨诗之生可谓必然。

郑处诲所说天宝时期流落不偶者中,诗名最大的是李白、杜甫,次则孟浩然。李白不走通常的科举道路,而孟浩然和杜甫都曾应举,却都未能成为进士。

孟浩然仅应举一次,所受下第的打击却很大:“苦学三十载,闭门江汉阴……二毛催白发,百镒罄黄金。泪忆岘山堕,愁怀湘水深。谢公积愤懑,庄舄空谣吟。”(《秦中苦雨思归赠袁左丞贺侍郎》)遂黯然回乡隐居。他并非自来就以隐居为志,而因“乡曲无知己,朝端无亲故。谁能为扬雄,一谏《甘泉赋》”(《田家作》),走上隐居之路是很无奈的。他为诗冲淡,却也有“欲济无舟楫”的微怨,《入峡寄弟》甚至表达了“泪沾明月峡,心断鹡鸰原”的怨而悲、悲而伤,《岁暮归南山》谓“不才明主弃,多病故人疏”,《新唐书·文艺传下》记唐明皇“卿不求仕,而朕未尝弃卿,奈何诬我”诸语,可见是体会出其中之怨,故后人评为“一生失意之诗,千古得意之作”(《瀛奎律髓汇评》记冯舒语)。

杜甫“自谓颇挺出,立登要路津。致君尧舜上,再使风俗淳”(《奉赠韦左丞丈二十二韵》),却因奸相李林甫当道,应举被黜,此诗的“朝扣富儿门,暮随肥马尘。残杯与冷炙,到处潜悲辛”,“青冥却垂翅,蹭蹬无纵鳞”,都流露出怨意。他后来也未能登第,因此,其“翻手作云覆手雨,纷纷轻薄何须数!君不见管鲍贫时交,此道今人弃如土”(《贫交行》),是对故人之怨,而“君不见才士汲引难,恐惧弃捐忍羁旅”(《白丝行》),怨意亦显。《醉时歌》为郑虔鸣不平,也应是自己的诉怨之作,因而感喟“相如逸才亲涤器,子云识字终投阁”,“儒术于我何有哉?孔丘盗跖俱尘埃”!久困长安,使他感叹“自断此生休问天,杜曲幸有桑麻田,故将移住南山边。短衣匹马随李广,看射猛虎终残年”(《曲

① 王鸣盛《十七史商榷》卷八十一:“东莱吕氏云:‘唐制:得第后不即释褐,或再应皆中,或为人论荐,然后释褐。’”

江三章章五句》其三），被视作长安生活总结的《自京赴奉先县咏怀五百字》，其中的悲愤，岂非怨之所积而致？

孟浩然、杜甫都是著名诗人，此处举一不知名者之例：《大唐新语》载，郑蜀宾未能登第，年老方授江左一尉，亲朋相别之时，郑赋诗留别："畏途方万里，生涯近百年。不知将白首，何处入黄泉？"可谓悲怨而至伤恸，以致"满座为之流涕"。不是进士出身又非靠门荫而能得高官者，很是罕见。即如高适，曾以为"二十解书剑，西游长安城。举头望君门，屈指取公卿"，却"白璧皆言赐近臣，布衣不得干明主"（《别韦参军》），腾达是后来的事。

"白首相逢征战后，青春已过乱离中"（刘长卿《送李录事兄归襄邓》），安史之乱结束了封建社会的鼎盛期，贵族政治瓦解，进士文化成为主体、甚而主宰，但诗人要登第仍很困难。孟云卿诗多以"悲""伤"为题，《中兴间气集》称之"词意伤怨"，除了对"虎豹不相食，哀哉人食人"（《伤时二首》其一）的战乱回顾外，怕与天宝中应进士试落第的"情结"也有关。孟郊之所以屡为愁苦之诗，更因于登第之难。他既抱怨不得引荐："玉京十二楼，峨峨倚青翠。下有千朱门，何门荐孤士。"（《长安旅情》）因落第所作的诗更可谓怨而痛，《下第》："晓日难为光，愁人难为肠。谁言春物荣，独见花上霜。"次年的《再下第》："一夕九起嗟，短梦不到家。两度长安陌，空将泪见花。"皆可证之。贾岛落第，作诗云："下第只空囊，如何住帝乡？""泪落故山远，病来春草长。"（《下第》）据孟棨《本事诗》载："贾岛于兴化里凿池种竹，起台榭。时方下第，或谓执政恶之，故不在选。怨愤尤极，遂于庭内题诗曰：'破却千家作一池，不栽桃李种蔷薇。蔷薇花落秋风后，荆棘满庭君始知。'由是人皆恶侮慢不逊，故卒不得第，抱憾而终。"[①]韩愈《荐士》诗有云："有穷者孟郊，受材实雄骜……酸寒溧阳尉，五十几何耄。孜孜营甘旨，辛苦久所冒。俗流知者谁？指注竞嘲慠。"倾注了很深的同情。而苏轼评价的"郊寒岛瘦"诗风，缘于韩愈所说"自鸣不幸""穷饿""愁思"，与二人的落第大有关系。

元和十三年登进士第的李廓，也曾下第，其《落第》："榜前潜制泪，众里自嫌身。气味如中酒，情怀似别人。暖风张乐席，晴日看花尘。尽是添愁处，深居乞过春。"所说或不如孟郊那样直切，却是身受者的真正心理体验，带有普遍性。顾况之子顾非熊，困举场三十年，对落第自有体验："有情天地内，多感是诗人。见月长怜夜，看花又惜春。愁为终日客，闲过少年身。"（《落第后赠同居友人》）胡曾《下第》："翰苑何时休嫁女，文昌早晚罢生儿。上林新桂年年发，不许平人折一枝。"则怨自内生而形于外。

"落第逢人恸哭初，平生志业欲何如"（赵嘏《下第后上李中丞》），说出了诸多不得志者的心态，尤其在晚唐更是如此。晚唐诗人较之盛、中唐，更多文场的"屡战屡败"者，因此而生的怨诗也更多。刘虚白《献主文》诗："二十年前此夜中，一般灯烛一般风。不知岁月能多少，犹著麻衣待至公。"据《唐摭言》，刘与太平裴公早同砚席，及公主文，虚白犹是举子，直到大中十四年（860）方登进士第，此诗不言怨而怨自可见。罗隐十举

---

① 《唐五代小说笔记大观》，上海古籍出版社，2000年版，第1249页。

不第，只能归隐，即使强为自宽，终是难消积怨。其《感弄猴人赐朱绂》："十二三年就试期，五湖烟月奈相违。何如买取胡孙弄，一笑君王便著绯。"讥讽之中颇见怨愤。温庭筠与李商隐齐名，却连举进士而不第，更有人奏其搅扰场屋而黜为县尉，文士诗人争为辞送，进士纪唐夫《送温庭筠尉方城》："何事明时泣玉频？长安不见杏园春。凤皇诏下虽沾命，《鹦鹉》才高却累身。且尽绿醽销积恨，莫辞黄绶拂行尘。方城若比长沙路，犹隔千山与万津。"确是代为诉怨的好诗。

中晚唐不少著名诗人之未能成为进士，使之甚有怨愤，也因此而有唐昭宗纳韦庄奏，追赐李贺、贾岛、温庭筠、陆龟蒙、李群玉等多人进士及第并各赠补阙、拾遗之事。昭宗又取新及第进士中的年高者，不拘常例，各授一官，其中年最高的王希羽七十三岁，最少的曹松五十四岁，以至有"五老榜"一说。①

另一类是：虽进士及第，或以他途入仕，却仅得微官，而诉诸怨诗。

进士得第者百之一二已见其难，何况即使得官，也多为县尉、校书郎等微职，未必能施展才能、实现抱负，也未免有怨。

陈子昂素有大志，"犹悲堕泪碑，尚想卧龙图"（《岘山怀古》），"感时思报国，拔剑起蒿莱"（《感遇》三十五）），"勿使燕然上，独有汉臣功"（《送魏大从军》）。但先因落第而惶惑，"转蓬方不定，落羽自惊弦"，"还因北山径，归守东陂田"（《落第西还别魏四懔》），后虽登第，并因连向武则天上书而得赏识，但他随军北征却"纵横未得意"，在赞同改革弊政同时，又反对兴冤狱、用佞臣和穷兵黩武，未合上意而不得重用，甚而被诬入狱。后来随军征契丹，与武攸宜冲突而被降职，最终挂冠归里。因此，纵观陈子昂的诗，其中颇多怨意："昔记山川是，今伤人代非。往来皆此路，生死不同归"（《还至端州驿前与高六别处》），"他乡对摇落，并觉起离忧"（《深渡驿》），"迟迟白日晚，袅袅秋风生。岁华尽摇落，芳意竟何成"（《感遇》其二），"但恨红芳歇，凋伤感所思"（《感遇》三十），"逢时独为贵，历代非无才。隗君亦何幸，遂起黄金台"（《蓟丘览古·郭隗》）。如果说"还汉功既薄，逐胡策未行。徒嗟白日暮，坐对黄云生。桂枝芳欲晚，薏苡谤谁明。无为空自老，含叹负平生"（《题居延古城赠乔十二知之》），是因北征而写怨，兼及被谤的乔知之；那么征契丹时所写的《登幽州台歌》，则在孤独之中继承了《楚辞·远游》之旨，可谓怨诗中的黄钟大吕。

青年时代"慨然立志"的陈子昂，遭遇尚如此，诸多仅以诗鸣的进士诗人，更是空有其志了。

此处且看郑处诲所说"流落不偶"的进士刘希夷、祖咏。刘希夷为高宗时进士，曾被开元中孙季良所编的《正声集》誉为"集中之最"，所作诗多写从军与闺怨，其代表作《代悲白头翁》，难掩伤感情绪，而"白发今如此，人生能几时"（《览镜》），"旧里多青草，新知尽白头。风前灯易灭，川上月难留"（《故园置酒》），亦如此。祖咏为开元时进士，因仕途失意而移居汝坟，所作被誉为"盛唐正轨"（《唐七律诗钞》），但《载酒园诗话又编》

---

① 以上见《容斋三笔》卷七，《容斋随笔》，上海古籍出版社，1978 年版，第 501、502 页。

仍认为“咏与卢象，稍有悲凉之感，然亦不激不伤”。再如储光羲，虽二十一岁登第，却因多年官职卑微，“蹭蹬失归道，崎岖从下位”（《赴冯翊作》），而选择了归隐，其牢骚可知。王昌龄先登进士第，授秘书省校书郎，后举博学宏辞科，授汜水尉，一贬岭南，再谪龙标。“仆本东山为国忧，明光殿上论九畴。簏读兵书尽冥搜，为君掌上施权谋”（《箜篌引》），却一生多舛，死于非命，难怪沈德潜《唐诗别裁集》认为：“龙标绝句，深情幽怨，意旨微茫，令人测之无端，玩之无尽，谓之唐人《骚》语可。”

登第是仕途的始点，释褐后的官宦生涯常不理想，以至于诗人感叹：“我欲升天天隔霄，我欲渡水水无桥。我欲上山山路险，我欲汲井井泉遥。”（顾况《悲歌》）“衰门海内几多人，满眼公卿总不亲。四授官资元七品，再经婚娶尚单身。”（王建《自伤》）“作吏荒城里，穷愁欲不胜。病多唯识药，年老渐亲僧。梦觉空堂月，诗成满砚冰。故人多得路，寂寞不相称。”（姚合《武功县中作三十首》其十四）。

以上所举诸例都属进士出身者。不是进士的，不妨看两位很不相同的诗人：盛唐的李白，和晚唐的李群玉。

李白不应科举，虽得供奉翰林，却未能奋智勇、为辅弼，而被“赐金还山”，“故友不相恤，新交宁见矜”（《赠新平少年》），因此，有“白璧竟何辜，青蝇遂成冤。一朝去京国，十载客梁园”（《书情题蔡舍人雄》）之怨。他虽生性豁达，在放还之后，也感叹“遥望长安日，不见长安人。长安宫阙九天上，此地曾经为近臣”（《单父东楼秋夜送族弟沈之秦》）。而《答王十二寒夜独酌有怀》一诗，有论者从“有其时而无其位”（乐史《李翰林别集序》）来理解其中的怨气，严羽则有“感愤放达”之评。

李群玉有隐居之志，却不愿“朱颜与芳景，暗赴东波流”（《雨夜呈长官》），在漫长的等待中，“羁栖摧剪平生志，抱膝时为梁甫吟”（《长沙紫极宫夜雨愁坐》），“正作庄生蝶，谁知惠子鱼？人间无乐事，直拟到华胥”（《昼寝》），流露微怨。得官后，因贫居帝京而与家人分离，只能以无用之诗名侍奉达官贵人，为此而生幽怨：“百里奚身悲甚似，五羊皮价敢全身。日与文苑陪高步，赢得芳尘接武名。”（《薛侍御处乞靴》）

二　进士文化与怨诗

虽说自唐初就重视进士，但进士文化的成熟，尚在安史之乱以后的中唐和晚唐。《唐摭言》卷一记太宗在端门“见新进士缀行而出”，感慨“天下英雄入吾彀中矣”，武则天尤重进士，使寒素布衣之士得以进入政权，她当政时的名相薛元超自谓一生有三恨，首恨即入仕“不以进士擢第”，可见出从门第观到崇尚进士科的转变。

然而又应看到，武则天虽专尚进士科，唐玄宗又大行诗赋取士，但所取进士还是旧公卿子弟为多，寒族甚少。①直到安史之乱以后，贵族政治才真正崩溃，即使先后不断有重臣坚持世族立场，反对进士科，终未能阻拦其继续推行，而进士文化也渐臻成

① 参见岑仲勉先生《隋唐史》，傅璇琮先生《唐代科举与文学》。

熟。我们在此难以全面探讨、论述进士文化的内涵和特点,仅就其与怨诗生成机制间的关系,作一探讨。

唐代虽重儒学,但出于"君权神授"的政治需要,君主上攀老子而重道教,佛学也大为发展,道、释二家与儒家并行,实际上销蚀了儒学。随着进士文化的发展,士人们逐渐离异儒林传统,却发展了文苑精神。加以全面热衷外来文化,受胡风胡俗的影响,以礼法为基础的传统观念和生活方式,都在逐渐改变,以至趋于崩溃。唐代文化从整体上形成了外向性的品格,作为其中精英的进士文化也如此。在思想、行为上,如杨绾所说:"祖习既深,奔竞为务,矜能者曾无愧色,勇进者但欲凌人,以毁讟者为常谈,以向背为己任。校刺干谒,驱驰于要津;露才扬己,喧盛于当代。"[①]显然,这与正统儒林君子的"阐绎优游,异不及排,怨不及悱"是很不相同,与孔子所倡"思无邪""温柔敦厚"的中道、中行也是相异的。在感情的抒发上,不是内向地求敛约、中正、平和,不是以德制情、以理节情,而是外向地顺其本然,不避极情尽致。诗歌之重在表现真情实感,必然导致了在创作和理论上对怨诗的重视与肯定。而诗人在进士文化中形成了较多的交往,相互间的唱和、投赠较为普遍,不似屈原因怨而成自诉式的创作,而是以诗歌排遣怨愤,且欲诉之于他人,诗歌之写怨是很自然的。

此外,如洪迈所说,"唐人歌诗,其于先世及当时事,直辞咏寄,略无避隐。至宫禁嬖昵,非外间所应知者,皆反复极言,而上之人亦不以为罪"。并举出诸多例子[②],其中不少就属于怨刺之诗。唐人之所以能"略无避隐"地写怨诗,与唐代的谏议制度有关,诗人在登进士科后,释褐授官颇多拾遗、补阙之职,虽为低级谏官,却一样承担起谏诤之责,陈子昂、卢藏用、张九龄、卢象、王维、郎士元、皇甫冉、司空曙、白居易、元稹、李绅、郑谷等著名诗人登第后都曾任拾遗,非进士出身的高适、杜甫也曾任此职;而张说、卢象、王维、岑参、严维、崔峒、李绅、杜牧、郑谷、吴融等,则曾任补阙。其中有的后来升为谏议大夫、给事中、左右散骑常侍等品级较高的谏官。据《唐六典》,拾遗之命名是因于"言国家有遗事,拾而论之",而补阙则是"言国家有过阙而补正之",因此,担任谏官者,多有"见君过失而不谏,是轻君之危亡也"(刘向《说苑》卷九《正谏》)的责任感、使命意识,因进谏而及于诗歌,以之表民怨、革弊政,可谓自然的延伸。因此,怨诗是与进士文化及相关的谏诤制度有密切关系的。

进士文化与怨诗的直接关系,大体可从以下三方面探讨。

第一,政争、党争与怨诗。

唐代的科举,"世多病其法之不善,然九品中正之弊,致成贵族政治。矫之以科举,而平民于贵族乃得均享政权,是亦未始无关于国家社会之进化也"[③]。"汉代的选举,是由封建贵族中开放政权的一条路。唐代的公开竞选,是由门第特殊阶级中开放政权的一条路。唐代开放的范围,较诸汉代更广大,更自由。所以就此点论,我们可以说唐代

①《旧唐书》卷一一九《杨绾传》,上海古籍出版社、上海书店,1986年版。
②《容斋续笔》卷二,《容斋随笔》第236、237页。
③ 柳诒徵:《中国文化史》,第448页。

的政治又进步了。”[①]“均享政权”,“开放政权”,进士文化成就了诗人参政,也使之卷入了政争和党争,并因此而使怨诗为之产生。

如张九龄,于武后神功元年(697)登进士第,授校书郎,自此踏上仕途,玄宗时期为著名贤相。但不久即遭李林甫中伤、排挤,被罢相,贬为荆州长史,三年后病卒。张九龄为人刚直不阿,坚持礼制,曾在重要官员的任命、太子的废立等问题上与玄宗有不同意见,并力作劝谏,其罢相和被贬,虽直接缘于李林甫,但又何尝不是与其为人的不肯曲阿有关?《四库全书总目》云:“九龄守正嫉邪,以道匡弼,称开元贤相,而文章高雅,亦不在燕、许诸人下……今观其《感遇》诸作,神味超轶,可与陈子昂方驾;文笔宏博典实,有垂绅正笏气象,亦具见大雅之遗。”但也应看到他在“大雅之遗”以外颇类于“小雅怨悱而不乱”的一面。陈沆《诗比兴笺》云:“史迁有言:《诗》三百篇,大抵人圣贤人发愤之所为作也。至曲江以姚、宋之相业,兼燕、许之文章,诗人遭遇,于斯为盛。所谓不平之鸣,有托之作,宜若无有焉。”[②]张九龄本人《陪王司马宴王少府东阁序》也说:“诗有怨刺之作,骚有愁思之文,求之微言,匪云大雅。”其晚年被贬,所作自然流露出贤人失志之怨悱和忧愤:“念别朝昏苦,怀归岁月迟。壮图空不息,常恐发如丝。”(《初发道中寄远》)尤其是《感遇》:“永日徒离忧,临风怀蹇修。美人何处所,孤客空悠悠……夜分起踯躅,时逝易淹留。”(其八)“抱影吟中夜,谁闻此叹息?美人适异方,庭树含幽色。白云愁不见,沧海飞无翼。”(其九)“冥冥愁不见,耿耿徒缄忆。紫兰秀空蹊,皓露夺幽色。馨香岁欲晚,感叹情何极。白云在南山,日暮长太息。”(其十)“但欲附高鸟,安敢攀飞龙。至精无感遇,悲惋填心胸。归来扣寂寞,人愿岂天从?”(其十一)“闭门迹群化,凭林结所思。啸叹此寒木,畴昔乃芳蕤。朝阳凤安在,日暮蝉独悲。浩思极中夜,深叹于待谁……天壤一何异,幽默卧帘帷。”(其十二)

张九龄之时兼及政争与忠奸之争,中晚唐却因进士文化的成熟而产生党争,遂使诗人身不由己地处于其中,李商隐就是因党争之累而作怨诗的典型。

唐肃宗宝应二年(763)礼部侍郎杨绾上奏要求取消进士科,其理由除前引者外,还有“递相党羽,用致虚声”一说,可见,这是进士文化的一个重要特点。顺延之,就是举子们入朝为官后易于结党,与之相关,党附和党争也随之生成。

李商隐早年受知于令狐楚,登进士第后娶王茂元之女为妻,时牛李党争方炽,王属李党,令狐属牛党,后来令狐楚之子令狐绹长期执政,李商隐被牛党视作背恩之人,遂遭排挤,“虚负凌云万丈才,一生襟抱未尝开”(崔珏《哭李商隐》),使之以绝世之才而坎壈终身。因此,对他来说,诗“可以怨”是很突出的特点。李商隐《哭刘司户蕡》前四句:“路有论冤谪,言皆在中兴。空闻迁贾谊,不待相弘孙。”据《重订李义山诗集笺注》引程梦星所云:“刘蕡应直言极谏对策,指斥宦官,事在太和二年,时文宗初即位,恭俭儒雅,政事修饬,当时号为清明,此所以曰‘言皆在中兴’也。无如一遭远谪,遂卒贬所,竟不待朝廷之悟而复用。考之于古,汉公孙弘初以贤良对策,亦尝罢斥,既而再征,则

① 钱穆:《中国历代政治得失》,三联书店,2001年版,第57页。

② 陈沆:《诗比兴笺》,上海古籍出版社,1981年版,第116、117页。

擢用至相。苟刘蕡不死，未必不然，此所以曰‘不待相弘孙’也。”因刘蕡终如贾谊之迁而未得公孙之相，李商隐也难施展自己的抱负，宜其哭而难掩怨恨。其《漫成五章》，《玉谿生诗集笺注》逐篇分析，以为首二章为令狐父子而言：“义山始受知彭阳……岂知后为其子所弃哉……义山自负才华，不得内用，而绚以浅陋之胸，居文学禁密之职，岂非苍蝇之乱晨鸡耶？”第三首以孙权比王茂元，以王羲之自比，“愁愤固无如何矣”。王茂元将材，而为卫国公李德裕所用：“故四五两章则大白卫国任将运筹之勋，而恨谗口之无良。以卫国之相业、石雄之战功，尚遭排斥，更何有广于他人哉！”五诗既应是对牛李党争的是非判断，又在这“义山一生吃紧之篇章”中流露了甚多的哀怨。

第二，关注政事、民生与怨刺之诗。

如果说因政争与党争所产生的怨诗多是抒发个人之怨，那么，因谏诤制度及其造就的相关精神，使得关注政事与民生的怨诗成为创作的大宗，对此不妨可称之为“公怨”。

进士文化具有开放性特点，士子“怀牒自列”，毋需推荐，主考官为示得人公正，对考生的名望颇为重视，因此，为“养望”而漫游天下，结交权贵、名人，成为一时风气。在这一过程中，也加深了对社会的了解，开阔了眼界，看到了民生的实际，了解了人生的苦难，以诗歌来表现人民的哀怨遂有了生活基础。至于中进士得官后，以人民的喉舌自居，用讽谕诗表现民怨，以发挥讽刺传统，求得政治清明，则是“诗可以怨”的重要课题。

从杜甫、元结以来，多角度、多侧面关注民生疾苦的诗歌，到以白居易为代表的新乐府之创作讽谕诗，以及晚唐的继续者，是个很大的课题，难以在此展开。本文只论反战和宫怨。

反战和宫怨是初盛唐时代怨诗的两大主题，并持续到中晚唐。

先说反战。

陈子昂“每愤胡兵入，常为汉国羞”（《感遇》三十四），并两度出征，却认为“圣人御宇宙，闻道泰阶平”（《感遇》二十九），“王师非乐战，之子慎佳兵”（《送著作郎崔融等从梁王东征》）。这一思想也多为其他诗人所继承、发扬。因此，“可怜闺里月，长在汉家营。少妇今春意，良人昨夜情”（沈佺期《杂诗三首》其三），就委婉表现出怨战之意。

唐玄宗在开元时励精图治，社会经济达到极盛，改府兵制而行募兵制，军事实力更为增强，从开元十五年(727)起，乘破吐蕃之势而大开边功。天宝年间，更是穷兵黩武，改变了边塞战争的性质，边将也以边功邀赏，于是诗人的边塞诗渐多怨刺之作。

如李白《战城南》所用是古题乐府，但确如陈沆《诗比兴笺》所说，是“陈古刺今”之作。其《行行游且猎篇》则如《唐宋诗醇》所说，是“愤时有激而作，盖天宝以后益好边功，武士得志，亦世道之忧也”。其《春思》《秋思》皆从闺中人着眼，堪称思妇词双璧，后者的“征客无归日，空悲蕙草摧”，短语长情，所表达的是人民对长期边战之怨。以边塞诗著称的高适，不仅在其名篇《燕歌行》中表现了征人思妇之怨，《金城北楼》的“为问边庭更何事？至今羌笛怨无穷”，更直切道出了普遍的怨战心理。

中唐边塞诗的代表李益，善写征人之怨：“鸿雁新从北地来，闻声一半却飞回。金河戍客肠应断，更在秋风百尺台。”（《夜上西城听梁州曲二首》之二）“回乐峰前沙似雪，受降城下月如霜。不知何处吹芦管，一夜征人尽望乡。”直到唐末的卢汝弼，仍持续写出了征人思妇对战争的幽怨：“少妇不知归不得，朝朝应上望夫山。”“乡国近来音书断，至今犹自著寒衣。”“陇头流水关山月，泣上龙堆望故乡。”（《和李秀才边庭四时怨》）

再说宫怨。

宫怨诗的产生缘于封建君主对女子的大量占有。白居易《长恨歌》有“后宫佳丽三千人”，杜甫《观公孙大娘舞剑器行》有“先帝侍女八千人”之说，其实玄宗的宫女远不止此，据新旧《唐书》的宦官传，开元、天宝时期长安、洛阳及各地行宫的宫人超过了四万之数。后来肃宗宝应二年所放即有三千。当年晋武帝内宠多至万人，莫知所适，乘羊车恣其所之。玄宗后宫佳丽更多，宫女“承恩”之难可以想见，有怨可谓必然。

王昌龄是玄宗时期最善写宫怨的诗人，颇多以“怨”为名的诗歌。《西宫春怨》的“欲卷珠帘春恨长”，“朦胧树色隐昭阳”，《西宫秋怨》的“谁分含啼掩秋扇？空悬明月待君王”，所表现的或有“借美人珠翠伴说，相形亦以自况”（清黄叔灿《唐诗笺注》语）之意，但更是实际情况。即使“罗衣犹带御衣香”（刘长卿《昭阳曲》）也难久，难怪王昌龄会屡陈“玉颜不及寒鸦色，犹带昭阳日影来”（《长信秋词》）之怨。“月光欲到长门殿，别作深宫一段愁”（李白《长门怨二首》），“泣尽无人问，容华落镜中”（崔颢《长门怨》），都是借汉写唐的宫怨之作。李白《玉阶怨》，论者皆以其不着一个“怨”字，却怨自深，在王昌龄之上。此外，崔国辅《怨词》：“妾有罗衣裳，秦王在时作。为舞春风多，秋来不堪着。”也是宫怨佳作。

“泪湿罗巾梦不成，夜深前殿按歌声。红颜未老恩先断，斜倚薰笼坐到明。”（白居易《后宫词》）形象展示了宫女之怨，而“白头宫女在，闲坐说玄宗”（元稹《行宫》），虽岁月流走，“闲”中仍可想见当年之怨。对无法与外界接触的宫女，唐人颇多御沟流红的故事，顾况藉此而有怜宫女之作：“花落深宫莺亦悲，上阳宫女断肠时。君恩不闭东流水，叶上题诗寄与谁？”（《叶上题诗从苑中流出》）直到晚唐司马扎的《宫词》，仍以“年年花落无人见，空逐春泉出御沟”表达了老死宫中者之怨。

第三，狎妓、爱情与怨诗。

因进士与妓人交往，形成了一类特殊的怨诗。

进士文化造成了开放的思想和风气，士人与妓女交往司空见惯，这也是唐代进士“无行”的主要表现。王仁裕《开元天宝遗事》卷上载：“长安有平康坊，妓女所居之地，京都侠少萃集于此，兼每年新进士，以红笺名纸游谒其中。时人谓此坊为风流薮泽。”[①]此书及唐人孙棨的《北里志》等，都有颇多记载。而当时流行的宴游，则更助其势。《唐摭言》卷三曾记进士宴游之盛：“其日，状元与同年相见后，便请一人为录事。其余主宴、

①《唐五代笔记小说大观》，上海古籍出版社，2000年版，第1725页。

主酒、主乐、探花、主茶之类，咸以其日辟之。主两人，一人主饮妓……故曹松诗云：'追游若遇三清乐，行从应妨一日春。'敕下后，人置被袋，例以图障、酒器、钱绢实其中，逢花即饮。故张籍诗云：'无人不借花园宿，到处皆携酒器行。'"[①]同则中又说还享受到如同奉旨而行的携妓宴游之乐，其行为放浪也就适不足怪了。

"忆昔嬉游伴，多陪欢宴场。寓居同永乐，幽会共平康……宴馀添粉黛，坐久换衣裳。结伴归深院，分头入洞房。彩帷开翡翠，罗荐拂鸳鸯。留宿争牵袖，贪眠各占床。"（白居易《江南喜逢萧九彻因话长安旧游戏赠五十韵》）这一长诗形象地展示了进士与妓女的狎游。狎游之中也会产生爱情，唐人传奇小说和笔记对此就不乏描述、记载。但由于新进士是贵族选婿的对象，"曲江之宴，行市罗列，长安几于半空。公卿家率以其日拣选东床"[②]，在仕与婚这两大密切相关的问题上，进士们当然要理智地对待感情问题，《会真记》之所以被认定是元稹青年时的"自传"，而且他对所爱女子的始乱终弃能得到社会的谅解，至少是士子的同情，就缘于这两大问题。但也因此造成了新进士与下层女子或妓女交往、生情后的不得不分离，即使以善于补过而自饰的元稹，也免不了会表现出遗憾或伤怨："曾经沧海难为水，除却巫山不是云。取次花丛懒回顾，半缘修道半缘君。"（《离思》其一）之所以对花丛（指妓女的集中地）懒于回顾，修道之化情并不是主要的，首二句才是真正的原因，而其中难道没有幽怨吗？元稹写《梦游春七十韵》，白居易《和梦游春诗一百韵序》有"叙婚仕之际所以至感者"一语，可见无论是自写其情，还是为女子的代言，受制于时代而在婚仕问题上的抉择、弃取，其留于诗中的感情印迹，还能以"怨"动人。

这类怨诗有的是客观的写实和主观的抒情。如"昔年曾向五陵游，子夜歌清月满楼。银烛树前长似昼，露桃花里不知秋。西园公子名无忌，南国佳人字莫愁"（韦庄《忆昔》）。此诗形象地展示了长安的冶游盛况，而"萧娘脸下难胜泪，桃叶眉头易觉愁。天下三分明月夜，二分无赖在扬州"（徐凝《忆扬州》），则是对扬州风流生活的感受。如果说"水纹珍簟思悠悠，千里佳期一夕休。从此无心爱良夜，任他明月下西楼"（李益《写情》）所表达的还是难以指实、兼及男女的失恋，那么韩翃与柳氏的离合故事，以及他们两人间的赠答诗，却让人看到的不是进士轻薄，而是专属的真情。而如"试妾与君泪，两处滴池水。看取芙蓉花，今年为谁死"（孟郊《怨诗》），"欲别牵郎衣，郎今到何处？不恨归来迟，莫向临邛去"（孟郊《古别离》），则是"男子作闺音"的怨诗佳篇，在别出心裁的构思和形象的表达中，生动地展现了在爱情中处于弱者地位的女性的感情世界。至于如李商隐《无题》，在半明半暗、近通近塞之中，虽难指实题旨，却无疑其中应有不少属于爱情的怨诗。

"诗可以怨"在体现了诗歌功利性、实用性的干政性质同时，又突破其所限，不仅立足于"王者"，而且走向人民，使文学有了更大的发展空间和更强的生命。在继承《诗经》"饥者歌其食，劳者歌其事"，汉乐府"感于哀乐，缘事而发"传统的同时，又结合了

---

① 《唐五代笔记小说大观》，上海古籍出版社，2000年版，第1594、1595页。

② 《唐摭言》卷三，《唐五代笔记小说大观》，上海古籍出版社，2000年版，第1595页。

"哀怨起骚人"的屈骚精神,"发愤抒情"有了新的发扬,"晋宋莫传"的"汉魏风骨"得以延续、发展。怨诗兼及诗歌创作主体的诗人,和创作客体的广阔社会现实、人民大众,使之成为唐诗达到我国诗歌史高峰的一个重要标志,表现了士子、人民、妇女的生存状态,和他们的感情,在兼及社会史的同时,也是他们心灵史的记录和展示。对此,实可以作出足够的肯定。

(原载《文艺理论研究》2007年第4期)

从"考见得失"论唐代的"诗可以观"

摘　要　唐代恢复并发展了"诗可以观"的"考见得失"传统,原因有三:推行进士制为诗人参政创造了条件,皇帝纳谏及谏议制度促使谏诤精神的确立,文网较松使以诗论政成为了可能。从"观风俗之盛衰",到"考见得失",是以诗干政的理论概括,其变化关纽在唐朝。孔颖达以官方立场阐释了诗歌的功能,杜甫、元结、白居易等都强调了诗歌的政教作用,而皮日休道出了以"诗"言政多类"歌"的特点。唐代具观政价值的诗歌兼涉内外,不仅是杜甫,盛唐边塞诗和悯民诗、张王乐府、元白讽谕诗及晚唐指陈弊政之作,都属于此类。

关键词　诗可以观　考见得失　进士制　以诗干政　观政诗

"兴、观、群、怨"是孔子对诗歌功能论的重要认识,两千多年来一直都有很大的影响。其中的"观",先被释为"观风俗之盛衰"(《论语集解》引郑玄注),后则被理解为"考见得失"(朱熹《四书集注》),虽或未全合孔子原意,却大致体现了我国政教型文化的理性、实用精神,故多为后人所接受、认可。孔子所论因《诗经》而发,其后的诗歌史却并非沿此直线发展,也因此而有对诗骚传统、汉魏风骨、正始之音的肯定。唐代是诗歌的黄金时代,"可以观"者甚多,本文拟就"考见得失"作一专论。

一　从政、谏诤与诗歌

唐代真正恢复并发展了"诗可以观"的传统,笔者以为当从以下三方面探究其原因。

其一,诗人参政。

诗歌能否用于观政,与统治者是否重视诗歌,及相关的诗人之地位大有关系。

《诗经》主体是群众性的创作,虽能用以观风俗、考得失,个人表述政见者却不多。《楚辞》是诗人创作的结集,而作为政治抒情诗的《离骚》,却借用了巫觋文化的形式,难以直接观政。汉代发生了诗与歌的分流,"乐辞曰诗,诗声曰歌"(《文心雕龙·乐府》),汉武帝时“柏梁展朝讌之诗”(《文心雕龙·时序》),是皇帝与诗人的联句,乐府因在宫廷,亦多“延年以曼声协律,朱、马以骚体制歌”。朝讌之诗与朱、马之歌,都无观政之用。而“赵、代之音”“齐、楚之气”,以及此后采自民间的歌咏,虽“匹夫庶妇,讴吟土风”(以上《文心雕龙·乐府》),却有师旷觇盛衰,季札鉴兴废之效。

汉代诗人之诗无观政之用,而让位给乐府民歌,与汉代重儒生而轻诗人有关。高祖“《诗》、《书》未遑”,“施及孝惠,迄于文、景,经术颇兴,而辞人勿用”。武帝虽“润色鸿业,礼乐争辉,辞藻竞骛”,却更崇儒术,赋家、诗人仅是文学侍从而已。“越昭及宣,实继武绩。驰骋石渠,暇豫文会”,昭、宣二帝的石渠阁是藏书讲学之所,而非诗歌“沙龙”。“自哀、平陵替,光武中兴,深怀图谶,颇略文华”,此后,东汉诸帝都更重儒生,“明帝迭耀,崇爱儒术”,“迄至顺、桓”,“磊落鸿儒,才不时乏,而文章之选,存而不论”(以上《文心雕龙·时序》)。可见有汉一代,儒学始终在文学之上。

诗歌虽在汉末魏初得曹氏父子重视而一度兴盛,且以“风骨”著称于后世,但邺下歌咏多颂扬之声,此时士人已非东汉党锢清流,“七子”得礼遇而成幕客。西晋是贵族政治,诗人只能依附而生,东晋门阀把持政局,王、谢大族不乏诗人,诗却多不涉现实政治。逮至宋、齐、梁、陈,则如陈子昂《修竹篇序》所叹然。可见,魏晋以降,诗亦无与于观政之用。

唐代实行科举制,且行诗赋取士,诗人有了从政的可能,诗歌与政治的关系也为之密切。

《唐摭言》卷一载,太宗幸端门,见新进士缀行而出,喜曰:“天下英雄入吾彀中矣!”网罗人才之心溢于言表。进士被视为英雄,成为统治集团成员,科举制造就的感召力难以低估。高宗、武则天时,文才更受重视,行诗赋取士,虽未必能直接促使诗歌繁荣,但诗人的进士“情结”与参政意愿、干政意识相结合,使之能将诗歌创作自觉地与现实、政治相联系。

初唐宫廷诗人的创作多近于“柏梁展朝讌之诗”,而“四杰”则多表达用世之心。到陈子昂,更将其诗歌创作与国事、大政及个人抱负紧密结合,成为张九龄、李白、杜甫等诗人以诗论政的先导。安史之乱后,进士文化成熟,诗人从政渐多,中唐时,韩愈排斥佛道,强调君权,充满了使命意识,白居易以新乐府直接服务于政治,柳宗元、刘禹锡的诗歌也与政治密切相关,都以各自的创作提供了观政的价值,这一传统一直持续到晚唐。

虽肃宗宝应二年(763)礼部侍郎杨绾上奏,尽言进士科及诗赋取士之弊,李廙、李栖筠、贾至、严武等亦表赞同,赵匡甚至认为试诗赋,“不唯无益于用,实亦妨其正习,不唯挠其淳和,实又长其佻薄”[①],但实际上正如《新唐书·选举志》所说:“大抵众科之目,进士尤为贵,其得人亦最为盛焉。方其取以辞章,类若浮文而少实。及其临事设施,奋其事业,隐然为国名臣者,不可胜数。”以举进士为阶梯的诗人,其诗作不以“浮文而

① 以上参见《旧唐书》卷一一九及《新唐书》卷四四,上海古籍出版社、上海书店,1986年版。

少实”为主导，“奋其事业”的志向，以诗干政的意识及相关抒情，才是诗的灵魂。

其二，谏诤与诗人。

在经历了初期的沿袭江左余风后，唐诗回归于现实，逐渐入以时政，在表现诗人对政治的态度同时，建立起因诗见政的传统。究其原因，与君主纳谏及相应的制度有很大关系。

赵翼说，贞观中直谏者首推魏徵，但还有其他人：“薛收谏猎，帝即赐金四十铤以奖之。孙伏伽谏元律师罪不当死，帝即赐以兰陵公主园直百万……温彦博谏长安令杨纂失察，罪不当死，帝即赦之。虞世南谏田猎，谏山陵之制不宜过厚，谏宫体诗不宜作，恐天下从风而靡，谏勿以功高自矜，勿以太平自怠。帝尝曰：‘群臣皆若世南，天下何忧不理。’……”此外，直谏者还有马周、王珪、姚思廉、高季辅、戴胄、张玄素、褚遂良等。赵翼认为，唐太宗之能纳谏，除个人品质外，“盖亲见炀帝之刚愎猜忌，予智自雄，以致人情瓦解而不知，盗贼蜂起而莫告，国亡身弑，为世大僇。故深知一人之耳目有限，思虑难周，非集思广益，难以求治，而饰非拒谏，徒自招祸也”。

赵翼又历数武则天之嗜杀，却认为：“武后之淫恶极矣，然其纳谏知人，亦自有不可及者。”如朱敬则疏谏选美少年，宋璟劾张昌宗，桓彦范再谏，“皆直揭后之燕昵嬖幸，可羞可耻”，武后不惟不加罪，而赏赐朱敬则，倚任宋璟、桓彦范。他说：薛怀义、张易之等，与武后“床笫之间，何言不可中伤善类，而后迄不为所动摇，则其能别白人才，主盟国是，有大过人者”[①]。

唐玄宗经历过复杂的宫廷斗争，即位以来励精图治，先后重用姚崇、宋璟，革新政治，抑制权贵，重视爵赏，纳谏诤、禁贡献、反奢华、倡薄葬，为汲取历史上成败兴亡的经验教训，喜读史书，以求鉴戒，对侍读马怀素、褚无量待以师傅之礼。确实，在天宝初李林甫为相之前，唐玄宗是很能纳谏的。

肃宗以后的皇帝，虽难逮太宗的从容纳谏，也多非武后、玄宗可比，但为了继承祖业，也不能不认真对待臣下的谏劝。如唐宪宗对白居易多次上疏不满，欲将其调离翰林院，却终能接受李绛劝阻，复能待白如初。

唐代有为的君主不仅能纳谏，还建立起有效的谏议制度，武则天置左右拾遗，掌供奉讽谏，目的就是要直接听到朝臣的政见。作品涉及现实较多的诗人中，陈子昂、张九龄、白居易、元稹、李绅、郑谷等，登进士第后都曾任拾遗，非进士出身的高适、杜甫也曾任此职。谏官以外，唐太宗还设立观风使（亦名采访使），遣之巡视天下，以观风察俗，并了解民众对政治的看法。玄宗时更名采访处置使，肃宗改为观风处置使，职能不变。官职的设置，也影响了诗歌创作的观政作用。

这里试以陈子昂、张九龄、杜甫和白居易四人为例，以一窥唐代诗人的谏诤精神。

陈子昂屡次上书上言，得武则天召见，对以三事。吐蕃九姓叛，上疏言羁戎长策，论为政之要而奏措刑、官人、知贤、去疑、招谏、劝赏、息兵、安宗子等八科。随武攸宜讨

① 以上见赵翼：《廿二史劄记》（补订本）卷十九，中华书局，1984年版。

契丹，因其无将略而屡谏。武则天称帝，陈子昂上《周受命颂》，陈沆曾为其“党附”“躁进”辩诬，肯定其善谏：“历考武后一朝，惟子昂谏疏屡见。武后欲淫刑，而子昂极陈酷吏之害；武后欲黩兵，而子昂极陈丧败之祸；武后欲歼灭唐宗，而子昂请抚慰宗室。”①

张九龄认为边将忠于职守实为本分，以张守珪虽破契丹有功，却不宜赏以代天子理政，谏阻唐玄宗的宰相之命，后又屡次反对加封赏赐朔方节度使牛仙客。玄宗宠安禄山，安伐奚、契丹失败，张守珪执之送京师奏请斩首，张九龄以安不可免死。在对待太子的废立问题上，又劝谏以不可随意。

杜甫置生死于度外，奔行在朝见肃宗，由布衣任左拾遗。他敢犯龙颜，上书救房琯，惹怒肃宗，诏三司推问，宰相张镐为之辩护：“甫若抵罪，绝言者路。”其直谏精神可见。

白居易任翰林学士时，因久旱，宪宗欲降恩诏以示爱民，居易与李绛上疏，以减租税为善，且提出多项建议，宪宗即下令蠲租税、出宫人、绝进奉、禁掠卖。不久，又上疏反对命宦官为诸军招讨处置使，得众臣支持，为宪宗采纳。后多次批评时政，又因元稹弹劾河南尹而被贬、且受辱于宦者而上疏，反对朝廷对成德节度使王宪宗用兵，以为将使吐蕃、回纥有可乘之机。可以认为，在被贬江州司马之前，白居易确是直言上谏的诤臣。

其三，文网与言政。

在我国历史上，士人议政、干政既因于其精神、气节，也与政党政治及专制形成有关，东汉太学生的“清议”，消弭于宦官所行的“党锢”，就是证明。唐代推行进士制，士风渐变，汉代勇于干政、重视气节的儒林传统为之一改。但是，由于唐代政治相对开明，尤其文网较疏，言今事的限制较少，而进士作为准官员或成为官吏，不能脱离现实政治，也使得以诗言政、干政成为了可能。对此，洪迈《容斋续笔》卷二有《唐诗无避讳》一则，可以证之，而他所说的唐人作诗与宋人有别，则有两朝政治不同的内因。

一方面，宋代彻底打破士庶之隔，真正以才学取士，杜绝了“后门”，且每科所取人数都远过于唐代，使得文人、学者与高官能够一统，将唐代的进士文化发展为士大夫文化。高官的政论可见于上疏，而不必以诗发之，故相对而言，宋诗较唐诗言政者为少。而唐代进士文化的主要特点之一是以文学见长，也成了诗歌言政的基础和原因。另一方面，由于政党政治的成熟，政治基础的不同，也决定了党争在宋代的严酷性，文网渐张，使相关的文学创作也受到影响。苏轼被乌台诗案所累，是人所尽知的例子。秦观亦因被贬处州时写过《题法海平阇黎》诗：“寒食山川百鸟喧，春风花雨暗川原。因循移病依香火，写得弥陀七万言。”被政敌以“谒告写佛书”为罪名，削职流徙郴州。反观唐代，虽也有党争，却多未累及文学创作，也因此而为以诗言政提供了可能。

---

① 陈沆：《诗比兴笺》卷三，上海古籍出版社，1981年版，第96页。

二　以诗观政的理论自觉

从“观风俗之盛衰”，到“考见得失”，既是对创作发展的体会，又是以诗干政理论的浓缩，其变化之关纽在唐朝。

《诗经》时代，诗歌创作有对现实政治和生存感受的内容。此类作品多为自发的、下层的创作，多具“群居而歌”的性质。因为具有原生态特点，多真情实感，“观”之而能得知百姓对政治的评价，所以具有知风而正政的作用。也因此，《汉书·食货志》记载了采诗制度，《汉书·礼乐志》亦以武帝立乐府是缘于“采诗夜诵”，自有其观政目的。

汉儒《毛诗序》沟通天人，阐发了诗歌的政治功用：“故正得失，动天地，感鬼神，莫近于《诗》。先王以是经夫妇，成孝敬，厚人伦，美教化，移风俗。”由于“上以风化下，下以风刺上，主文而谲谏，言之者无罪，闻之者足以戒，故曰风”，“言天下大事，形四方之风，谓之雅。雅者，正也，言王政之所由废兴也”。因之，与《颂》“美盛德之形容”[①]不同，《国风》《小雅》以其批评性而具有观政价值。纵观《毛诗序》，所论重点在“风”，郑玄“观风俗之盛衰”一说，显然与之相关。而《汉书·艺文志》也汲取《毛诗序》所见，总结了古代采诗以观的政教功能：“《书》曰：‘诗言志，歌咏言。’故哀乐之心感，而歌咏之声发。诵其言谓之诗，咏其声谓之歌。故古有采诗之官，王者所以观风俗，知得失，自考正也。”[②]

魏晋以还，对文学自身探讨渐多，诗歌的政教功能论却阐发很少。这种情况直到唐代才有较大改变，出现了以诗干政的理论自觉。

唐太宗大力倡儒，命颜师古考定五经，令孔颖达著《五经正义》，颁行天下，使得“儒学之盛，古昔未之有”(《旧唐书·儒学传序》)。孔颖达《毛诗正义序》汲取并调整汉儒所论，代表官方立场，阐释了诗歌的功能，所说兼及内、外与情、志：

> 夫诗者，论功颂德之歌，止僻防邪之训，虽无为而自发，乃有益于生灵……若政遇醇和，则欢娱被于朝野；时当惨黩，亦怨刺形于咏歌。作之者所以畅怀抒愤，闻之者足以塞违从正。[③]

为政有“醇和”与“惨黩”，诗歌也有“欢娱”与“怨刺”，但“兴”而或颂或“怨”，都归之于可“观”，以求有益于生灵、政事，对于统治者而有“塞违从正”之用。

难以在一文之中全面梳理相关理论，这里就闻一多先生所说盛唐时期文学与良心的关系，以及唐诗创作的状况，侧重从杜甫、元结开始，探寻以诗干政的理论发展。

---

① 以上见《毛诗正义》卷一，阮元刻：《十三经注疏》，中华书局，1980年版。

② 班固：《前汉书》卷三十，上海古籍出版社、上海书店，1986年版。

③ 阮元刻：《十三经注疏》，中华书局，1980年版。

杜甫《同元使君舂陵行》序云：

……当天子分忧之地，效汉官良吏之目。今盗贼未息，知民疾苦，得结辈十数公，落落然参错天下为邦伯，万物吐气，天下小安可待矣。①

此诗有句："贾谊昔流恸，匡衡尝引经。道州忧黎庶，词气浩纵横……何时降玺书，用尔为丹青。狱讼永衰息，岂惟偃甲兵。"序表"忧黎庶"之旨，诗道偃兵息讼之愿。

元结《系乐府十二首》序有云：

古人歌咏，不尽其情声者，化金石以尽之，其欢怨甚耶戏。尽欢怨之声者，可以上感于上，下化于下，故元子系之。②

所作也多为悲怨之声，目的当在能观政而考见得失，如他自己所说，是"古之显达者，与世竟何异？不能救时患，讽谕以全意"(《酬孟武昌苦雪》)。其名作《舂陵行》，是因为有感于自己刺道州正在兵贼之后，赋税之重令民不堪命，自己若应命则州县破乱，若不应命则又获罪，"故作《舂陵行》以达下情"，诗的结句云："何人采国风？吾欲献此辞。"可谓真正是以诗言政，而欲使下情上达，得观政而更之。其《贼退示官吏》，王士禛《唐贤三昧集》以为"如读《变风》《小雅》。不独有仁慈之心，亦可以为诗史也"。

白居易以诤臣自任，以诗作为考见得失的工具，将诗歌的政教作用强调到绝对地步。其《新乐府》自序说：

……首句标其目，卒章显其志，《诗》三百之义也。其辞质而径，欲见之者易谕也。其言直而切，欲闻之者深诫也。其事核而实，使采之者传信也。其体顺而肆，可以播于乐章歌曲也。总而言之，为君、为臣、为民、为物、为事而作，不为文而作也。③

五十首的题目多与现实、民生密切相关，宜乎其自谓"欲开壅蔽达人情，先向歌诗求讽刺"(《采诗官》)。而《读张籍古乐府》，则可看作白居易对诗歌"考见得失"功能的理解：

……为诗意如何？六义互铺陈。风雅比兴外，未尝著空文……上可裨教化，舒之济万民。下可理情性，卷之善一身。

《寄唐生》亦云："篇篇无空文，句句必尽规。功高虞人箴，痛甚骚人辞。非求宫律高，不

① 浦起龙：《读杜心解》卷一至六，上海古籍出版社，1961年版。
② 孙望校：《元次山集》卷二，中华书局，1960年版。
③ 朱金城笺校：《白居易集笺校》卷三，上海古籍出版社，1988年版。

务文字奇。惟歌生民病,愿得天子知。”虽夸大了诗歌的作用,但他的讽谕诗所起的干政和观政作用却是不可否认的。

陈寅恪先生云:

> ……新乐府之作,乃以古昔采诗观风之传统理论为抽象之鹄的,而以唐代杜甫即事命题之乐府,如《兵车行》者,为其具体之楷模,固可推见也。
>
> 虽然,微之之作,似尚无摹拟《诗经》之迹象。至于乐天之《新乐府》,据其总序……则已标明取法于《诗》三百篇矣。是以乐天《新乐府》五十首,有总序,即摹《毛诗》之大序。每篇有一序,即仿《毛诗》之小序。又取每篇首句为其题目,即效《关雎》为篇名之例。全体结构,无异古经。质而言之,乃一部唐代《诗经》,诚韩昌黎所谓‘作唐一经’者。不过昌黎志在《春秋》,而乐天体拟《三百》。韩书未成,而白诗特就耳。①

可见,白居易确实不仅有以诗干政、以达观政目的之自觉,而且在诗歌体制上也有意识地向《诗经》靠拢,在功能上与“兴观群怨”精神最合。这一“复古”之举,遥接《诗经》传统,又真正自觉给“诗可以观”赋予了“考见得失”之义。

鄙意以为,对陈寅恪先生所说的新乐府“体拟《三百》”可作些补充:白居易在自觉学习《诗经》中,是侧重于学习《国风》的,这包括内容与形式两方面。其内容,仅新乐府诸题即可知;其形式,虽“诗”而近于“歌”。

其实,唐代能以之观政的诗歌多为“歌”而非“诗”,这应是古老传统的发扬。从季札观乐可知,他对《大雅》与《颂》的正面评价均立足于周之有德,而因“周德之衰”才有《小雅》的“思而不贰,怨而不言”,能见民之怨政者皆出《国风》。而汉代所采亦为各地土风。这一传统影响了唐代,诗人固然有以“诗”直接言政,或以咏史出之者,但更多的是类“歌”式的创作。皮日休作《正乐府十篇》,其序道出了“正乐府”命名之由,及类歌的特点:

> 乐府,盖古圣王采天下之诗,欲以知国之利病,民之休戚者也……今之所谓乐府者,唯以魏、晋之侈丽,陈、梁之浮艳,谓之乐府诗,真不然矣。故尝有可悲可惧者,时宣于咏歌,总十篇,故命曰《正乐府》诗。②

这段话既包含古代采诗之意,又指出“宣于咏歌”的特点,兼综上面所说二意。

三　唐代观政诗的发展

闻一多先生说:“两汉时期的文人有良心而没有文学,魏晋六朝时期则有文学而

① 陈寅恪:《元白诗笺证稿》,上海古籍出版社,1978年版,第119至120页。

② 萧涤非点校:《皮子文薮》卷十,上海古籍出版社,1979年版。

没有良心，盛唐时期则文学与良心二者兼备，杜甫便是代表，他的伟大就在这里。”他又指出：“元结与杜甫两人同是新乐府的前驱，他们的区别在元是有意的创作……杜甫的作品完全是出于自然感情的流露，不是有计划作出来的。这一点，白居易无疑是跟元结有着继承关系，他对杜甫的社会诗感到不足，原因就在这里。”[①]从元结到白居易，因“发于理智”“有意的创作”，虽感情不逮杜甫，却体现了臣以诗干政、望君以诗观政的理论自觉，又可见此类诗歌的发展历程。

有唐一代，具有“考见得失”意义的诗歌兼涉内外，“内”者遍及内政，“外”者主要是边塞诗。杜甫有“诗史”之称，作品包涵极广，本文不论，而就时间顺序分论盛唐边塞诗和悯民诗、张王乐府、元白讽谕诗及晚唐指陈弊政之作，以体现诗歌“考见得失”的发展。

对于边塞战争，陈子昂说“王师非乐战，之子慎佳兵”（《送著作佐郎崔融等从梁王东征》），用“连年大军后，不日小康辰”（《将赴朔方军应制》）表达以战求和的思想。唐玄宗在天宝时大开边衅，大量边塞诗应运而生，多表现了诗人近于陈子昂的战争观。李白《古风》其十四“胡关饶风沙，萧索竟终古”，《唐宋诗醇》评为：“此诗极言边塞之惨，中间直入时事，字字沉痛，当与杜甫《前出塞》参看。”可谓能“观”而“可怨”。李白期待“何日平胡虏，良人罢远征”（《子夜吴歌》），高适因“忆昔霍将军，连年此征讨。匈奴终不灭，寒山徒草草”（《登百丈峰二首》），叹苦战无益，而希望“青海只今将饮马，黄河不用更防秋”，“到处尽逢欢洽事，相看总是太平人”（《九曲词三首》）。相近的有常建《塞下曲》：“北海阴风动地来，明君祠上望龙堆。髑髅皆是长城卒，日暮沙场飞作灰。”谴责耀武之非，而期待“玉帛朝回望帝乡，乌孙归去不称王。天涯静处无征战，兵气销为日月光”。清贺裳《载酒园诗话又编》谓之“唐三百年，《塞下曲》佳者多矣，昌明博大，无如此篇”[②]。

杜甫是新乐府的前奏，其他盛唐诗人体现悯民之旨的作品，也都近之。如李白《丁督护歌》在怜悯劳役之苦同时，也表现了人民的怨痛。高适以边塞诗著称，但其“试共野人言，深觉农夫苦。去秋虽薄熟，今夏犹未雨。耕耘日勤劳，租税兼舄卤。园蔬空寥落，产业不足数”（《自淇涉黄河途中作十三首》其九），也写出了农民生存的窘况。遇大水而尤感于此，因之而曰：“农夫无倚著，野老生殷忧。圣主当深仁，庙堂运良筹。仓廪终尔给，田租应罢收。”（《东平路中遇大水》）。与杜甫同时的张谓，以“疲马山中愁日晚，孤舟江上畏春寒。由来此货称难得，多恐君王不忍看”（《杜侍御送贡物戏赠》），读之或有观政之一得。即使被《中兴间气集》称为“秀发当时，诗体清迥”的张继，也感叹“齐宋伤心地，频年此用兵。女停襄邑杼，农废汶阳耕”，而有“深仁荷君子，薄赋恤黎甿”（《送邹判官往陈留》）之劝。他在苏州，不仅有名作《枫桥夜泊》，也有《阊门即事》：“耕夫召募逐楼船，春草青青万顷田。试上吴门窥郡郭，清明几处有新烟。”写天宝乱后募民为兵致使人民逃亡的情景，在表现自己情怀的同时，

① 郑临川记录、徐希平整理：《笳吹弦诵传薪录》，上海古籍出版社，2002 年版，第 108、109 页。

② 郭绍虞编选、富寿荪校点：《清诗话续编》，上海古籍出版社，1983 年版，第 324 页。

对上也有观政之用。

在盛唐与元白之间是张王乐府。王建所作诗歌有显见的干政意识和观政之效，白居易《授王建秘书郎制》称道：“诗人之作丽以则，建为文近之矣。”范晞文《对床夜语》卷二则云：“古乐府当学王建，如《凉州行》、《刺促词》、《古钗行》、《精卫词》、《老妇叹镜》、《短歌行》、《渡辽水》等篇，反复致意，有古作者之风，一失于俗则俚矣。”[①]这“古作者之风”不仅是艺术，也是汉乐府“感于哀乐，缘事而发”精神的体现。“闻道西凉州，家家妇女哭”(《古从军》)，“来时父母知隔生，重着衣裳如送死”(《渡辽水》)的反边战，“三日开箔雪团团，先将新茧送县官。已闻乡里催织作，去与谁人身上着”(《簇茧辞》)，“当窗却羡青楼倡，十指不动衣盈箱”(《当窗织》)的悯织妇，“田家衣食无厚薄，不见县门身即乐”(《田家行》)，“我愿此水作平田，长使水夫不怨天”(《水夫谣》)的怜农人，都是很好的鉴政之作。与王建并称的张籍，所作也广涉底层百姓的生活。如“苗疏税多不得食”的老农与“西江贾客珠百斛，船中养犬长食肉”(《野老歌》)形成了鲜明对照，在沉重的劳役下，“力尽不得抛杵声，杵声未尽人皆死。家家养男当门户，今日作君城下土”(《筑城词》)，也有讽谏之用。

当然，最具观政价值的是元白新乐府的讽谕诗。

陈寅恪先生《元白诗笺证稿》以为，元稹《古题乐府十九首》，“皆依旧题而发新意。词极精妙，而意至沉痛。取较乐天新乐府之明白晓畅者，别具蕴蓄之趣”。而《野田狐兔行》的结尾点题“鹰犬就烹，狐兔俱哂”，确是“从来姑息骄将，黜戮直臣，遂致寇盗蔓延，败亡由之，诵此殊为惕然”[②]。其《捉捕歌》云：“捉捕复捉捕，莫捉狐与兔。狐兔藏窟穴，豺狼妨道路。道路非不妨，最忧蝼蚁聚。豺狼不陷阱，蝼蚁潜幽蠹……岂是惜狐兔？畏君先后误。愿君扫梁栋，莫遣蝼蚁附。此及清道涂，尽灭豺狼步。”显然是诗人论政的见解。其《连昌宫词》，如洪迈所说：“《长恨歌》不过述明皇追怆贵妃始末，无他激扬，不若《连昌宫词》有监戒规讽之意……其末章及官军讨淮西，乞‘庙谋休用兵’之语，盖元和十一二年间所作，殊得风人之旨，非《长恨》比云。”[③]元稹《和李校书新题乐府十二首》序有云：“余友李公垂贶予《乐府新题》十二首，雅有所谓，不虚为文。余取其病时之尤急者，列而和之，盖十二而已。昔三代之盛也，士议而庶人谤。又曰：世理则词直，世忌则词隐。余遭理世而君盛圣，故直其词以示后，使夫后之人，谓今日为不忌之时焉。”[④]以“不忌之时”撑起保护伞，所作各题，颇有观政之用。如《西凉伎》，开头谓：“吾闻昔日西凉州，人烟扑地桑柘稠。葡萄酒熟恣行乐，红艳青旗朱粉楼。”而“一朝燕贼乱中国，河湟没尽空遗丘”，最后感慨且谴责：“连城边将但高会，每听此曲能不羞！”安史之乱后，吐蕃据河湟，至宪宗元和时，朝廷欲收复失地，边将却无此志，故此诗的针对性是很强的。

---

① 丁福保辑：《历代诗话续编》，中华书局，1983年版，第422页。

② 贺裳：《载酒园诗话又编》，《清诗话续编》，上海古籍出版社，1983年版，第303、361页。

③ 洪迈：《容斋随笔》卷十五，上海古籍出版社，1978年版，第198页。

④ 冀勤点校：《元稹集》卷三十，中华书局，1982年版。

白居易与元稹并称，《旧唐书》本传称其“所著歌诗数十百篇，皆意存讽赋，箴时之病，补政之缺”。《新乐府》五十首之中，有“戒求仙”“憨怨旷”“戒边功”“苦宫市”“怜幽闭”“疾贪吏”“哀冤民”等与现实政治、民生密切相关的题目，宜乎白居易自谓“欲开壅蔽达人情，先向歌诗求讽刺”（《采诗官》）。其《秦中吟十首》，自诩为“十首秦吟近正声”（《赠李绅》），可见所重。人以为：“若《重赋》诗：‘夺我身上暖，买尔眼前恩。’《伤友》诗：‘虽云志气高，岂免颜色低。’《不致仕》诗：‘朝露贪名利，夕阳忧子孙。’《买花》诗：‘一丛深色花，十户中人赋。’劲直沉痛。诗到此境，方不徒作。”[①]叶燮《原诗》亦谓：“《重赋》、《致仕》、《伤友》、《伤宅》等篇，言浅而深，意微而显，此风人之能事也。”白居易自己说：“凡闻仆《贺雨》诗，而众口藉藉，已谓非宜矣。闻仆《哭孔戡》诗，众面脉脉，尽不悦矣。闻《秦中吟》，则权豪贵近者相目而变色矣。闻《乐游园》寄足下诗，则执政者扼腕矣。闻《宿紫阁村》诗，则握军要者切齿矣。”[②]其《凶宅》诗阐明祸福之道，结句“寄语家与国，人凶非宅凶”更深究事理，发人警醒。虽说不少人都认为白居易的讽谕诗写得太直露，“有美意而无佳词”，但似是《唐宋诗醇》引冯班所说更为可取：“白公讽刺诗，周详明直，娓娓动人，自创一体，古人无是也。凡讽谕之文欲得深隐，使言者无罪，闻者足戒，白公尽而露，其妙处正在周详，读之动人，此亦出于《小雅》也。”

元白以外，可以观政的作品尚多。仅举二例：李绅《悯农二首》，写出了稼穑之艰难，宜论者以之与元结《舂陵行》、孟郊《游子吟》、韩愈《拘幽操》相并，《载酒园诗话》称之为“真六经鼓吹”，《诗法易简录》誉之为“《豳》之变风”。而“汴水通淮利最多，生人为害亦相和。东南四十三州地，取尽脂膏是此河”（李敬方《汴河直进船》），短短一绝，写出了汴河有利于国用与为害生民之相同，对为政者应有警示作用。

晚唐指陈弊政之诗，是新乐府精神的继续。曹邺《捕鱼谣》讥刺上好而下甚：“天子好征战，百姓不种桑。天子好年少，无人荐冯唐。天子好美女，夫妇不成双。”《官仓鼠》：“官仓老鼠大如斗，见人开仓亦不走。健儿无粮百姓饥，谁遣朝朝入君口。”可见吏治之坏。而于濆《苦辛吟》：“垅上扶犁儿，手种腹长饥。窗下抛梭女，手织身无衣。我愿燕赵姝，化为嫫母姿。一笑不值钱，自然国家肥。”前四句写劳者不得衣食，后四句则对君王重女色很有警示意义。汪遵的七绝《长城》：“秦筑长城比铁牢，蕃戎不敢过临洮。虽然万里连云际，争及尧阶三尺高。”咏史而表达了德政高于武功之意。聂夷中《咏田家》：“二月卖新丝，五月粜新谷。医得眼前疮，剜却心头肉。我愿君王心，化作光明烛。不照绮罗筵，只照逃亡屋。”无论写田家之苦，还是对统治者的期许，都极其真切，《唐诗别裁集》以之“可匹柳文”。杜荀鹤《山中寡妇》一诗，人以其鄙陋、粗浅，但诚如《诗林广记》所言：“此诗备言民生之憔悴，国政之烦苛，可谓曲尽其情矣。采民风者，观之其能动心否乎？”其《乱后逢村叟》当中四句：“因供寨木无桑梓，为著乡兵绝子孙。还似平宁征赋税，未尝州县略安存。”也形象展示了现实。又《再经胡城县》：“去岁曾经此县城，县民无口不冤声。今来县宰加朱绂，便是生灵血染成。”《蚕妇》：“粉色全无饥色加，岂

---

① 潘德舆：《养一斋诗话》卷十，《清诗话续编》，上海古籍出版社，1983年版，第2166页。

② 白居易：《与元九书》，《白居易集笺校》卷四十五，上海古籍出版社，1988年版，第2792页。

知人世有荣华。年年道我蚕辛苦,底事浑身着苎麻。"《田翁》:"白发星星筋力衰,种田犹自伴孙儿。官苗若不平平纳,任是丰年也受饥。"都与新乐府相近。至于皮日休,正如《东目馆诗见》所说:"《正乐府》十章,虽不及乐天《新乐府》深透沉痛,而指抉利弊,何让《讽谕》!"这也可作为晚唐指陈弊改诗歌的总体评价。

(原载《华东师大学报》2007年第1期)

唐人的游观、怀古诗

闻一多先生论唐诗而有"诗唐"之说,认为"一代之文学"的唐诗产生在诗的唐朝。均田制和科举制的推行,突破了庄园经济和贵族文化的拘限,诗人的眼界和胸襟大为开阔,见之于诗,游观和怀古无疑是唐诗远胜于前代的两大题材。

一

就地理及相关的地域文化而言,游观诗主要有哪些类型呢?

首先,对帝都的赞颂,对城市的热爱。

唐太宗既作宫体诗,又"观文教于六经,阅武功于七德",以"沟洫可悦""麟阁可玩""丰镐可游"(《帝京篇序》),其"明雅志"的《帝京篇》成为典范之作,宫廷诗人纷起仿效,一时帝都景象遂成诗中大观。由于推行科举,诗人毋需被察举,等待铨选,而是"怀牒自列",由静而动,从耕读生活转而进入都市、京城,眼界为之大开。他们所作,近于汉大赋之"控引天地、错综古今",或"苞括宇宙、总览人物"(见《西京杂记》及所记司马相如语)。帝都文化之从汉赋转入唐诗,见证了唐人的眼光、胸襟和气度。不仅是初唐,后来如贾至、王维、杜甫和岑参的早朝大明宫诗,也写出了"典雅重大"(杨万里《诚斋诗话》语)的气象。而大历十才子之一的耿湋,其《早朝》:"钟鼓馀声里,千官向紫微。冒寒人语少,乘月烛来稀。清漏闻驰道,轻霞映琐闱。犹看嘶马处,未启掖垣扉。"论者以为较之盛唐显得气象寒俭。直到晚唐,杜牧仍有《长安杂题长句六首》,方回《瀛奎律髓》以为:"当其时,郊、岛、元、白下世之后,张祜、赵嘏诸人皆不及牧之,盖颇能用老杜句律,自为翘楚,不卑卑于晚唐之酸楚凑砌也。"

帝都的中心是宫廷,诗人能以其奇情妙思将常人难见的宫廷文化呈现笔下。欧阳修《六一诗话》已指出:"王建《宫词》一百首,多言唐宫禁中事,皆史传小说所不载者,往往见于其诗。"张祜写宫廷的诗,如《正月十五夜灯》:"千门开锁万灯明,正月中旬动帝京。三百内人连袖舞,一时天上着词声。"《上巳乐》:"猩猩血采系头标,天上齐声举画桡。却是内人争意切,六宫红袖一时招。"洪迈《容斋随笔》认为能补开天遗事。晚唐郑嵎，虽《全唐诗》仅存其《津阳门诗》一首长诗，但有人以之与白居易《长恨歌》、元稹《连昌宫词》并论，认为“其于开、宝时事纤悉无遗”，“读此，觉《明皇杂录》、《天宝遗事》诸书尚有挂漏”（宋长白《柳亭诗话》语），可“作明皇内苑事实看”（翁方纲《石洲诗话》语），无论是“开、宝时事”还是“明皇内苑事实”，都具有史实的可“观”价值。

除了京城，还有经济与人文都很发达的中心城市，诗人们都对之怀有很大兴趣。如扬州：“暖日凝花柳，春风散管弦。园林多是宅，车马少于船。”“有地惟栽竹，无家不养鹅。春风荡城郭，满耳是笙歌。”（姚合《扬州春词三首》）使得他们感叹“十里长街市井连，月明桥上看神仙。人生只合扬州死，禅智山光好墓田”（张祜《纵游淮南》）。杜牧更以扬州诗著称，名作如“谁家唱水调，明月满扬州。骏马宜闲出，千金好旧游”（《扬州三首》其一），“暮霭生深树，斜阳下小楼。谁知竹西路，歌吹是扬州”（《题扬州禅智寺》），“二十四桥明月夜，玉人何处教吹箫”（《寄扬州韩绰判官》），“春风十里扬州路，卷上珠帘总不如”（《赠别二首》），更为后人传唱不已。又如苏州其地，诗人以之“人家尽枕河”，“古宫闲地少，水港小桥多。夜市卖菱藕，春船载绮罗”（杜荀鹤《送人游吴》），特色明显，使人观之如身临其地。

其次，对外来文化的兴趣，对各地风俗的了解。

唐朝是当时最强盛的国家，长安作为国际大都市，具有巨大的包容性和融聚力，诗人也以自信、开放的心态对待外来文化，写出了多彩的胡风胡俗。李白的《少年行》：“五陵年少金市东，银鞍白马度春风。落花踏尽游何处，笑入胡姬酒肆中。”李端的《胡腾儿》：“扬眉动目踏花毡，红汗交流珠帽偏。醉却东颠又西倒，双靴柔弱满灯前。环行急蹴皆应节，反手叉腰如却月。”皆其代表。

诗人们改变了以往皓首穷经的生活道路，广为涉猎典籍，注重全面修养，且多远大抱负，又因喜好游历，得江山之助，对事物的观察力、表现力都较前代诗人为高。从“初唐四杰”起，就来到帝都，又走向市井、边塞和广漠，扩大了诗歌的题材。而进士文化的开放性体系，使得诗人在增见识、长见闻同时，又多方结交，广邀声誉，行卷、温卷，交往各种人物，来往各方土地。进士及第、释褐为官后，还能“问俗兆人阜，观风五教宣”（张说《奉和圣制暇日与兄弟同游兴庆宫作应制》）。因此，无论是否能成为进士，能否踏上仕途，诗人们大多都有漫游的经历，得以一睹各地的人情风俗。

如孟浩然，虽后来隐居鹿门山，早年也有游历经过，其《大堤行寄万七》云：“大堤行乐处，车马相驰突。岁岁春草生，踏青二三月。王孙夹珠弹，游女矜罗袜。携手今莫同，江花为谁发？”写出了江汉女子好游之俗。杜甫的夔州诗，呈现了特殊的民俗：“土风坐男使女立，男当门户女出入”（《负薪行》），“家家养乌鬼，顿顿食黄鱼”（《戏作俳谐体遣闷二首》之一）。而“玉关西路出临洮，风卷边沙入马毛。寺寺院中无竹树，家家壁上有弓刀”（朱庆馀《自萧关望临洮》），可见西北边民的勇武习俗，至于“年年到此日，沥酒拜街中。万户千门看，无人不送穷”（姚合《晦日送穷三首》其一），则是当时的普遍习尚。

壮游者如李白出蜀后多游文化中心，杜甫也从中原行至吴越，而另一类却非主动的游历，而是因贬谪从长安贬往荒凉之地，得以体会“蛮夷”风俗。李嘉祐《题前溪馆》云：“两年谪宦在江西，举目云山要自迷。今日始知风土异，浔阳南去鹧鸪啼。”江西仅是“风土异”，柳宗元则在柳州见到了“青箬裹盐归峒客，绿荷包饭趁虚人。鹅毛御腊缝山罽，鸡骨占年拜水神”（《柳州峒氓》），写出了此地“异服殊音不可亲”之外的风俗。刘禹锡的“荆巫脉脉传神语，野老娑娑起醉颜。日落风生庙门外，几人连蹋竹歌还”（《阳山庙观赛神》），则将古已有之的楚地“淫祠”之习写得非常生动，其《踏歌词》状荆楚之风，《竹枝词》写蜀地之俗，都非常传神。

最后，通过对所游地盛衰的对比，寓诗人对政事的评判。

游历所见，使得诗人思考历史和现实，表达了自己对政事的理解。李嘉祐“往往涉于齐、梁，绮靡婉丽”（高仲武《中兴间气集》），却因“东吴黎庶逐黄巾”而感慨“那堪回首长洲苑，烽火年年报虏尘”（《自苏台至望亭驿人家尽空春物增思怅然有作因寄从弟纾》）；针对“明主频移虎符守，几时行县向黔黎”（《宋州东登望题武陵驿》），所造成“处处征胡人渐稀”的现状，他认为“天子如今能用武，只应岁晚息兵机”（《题灵台县东山村主人》）。再如张籍《凉州词三首》其三：“凤林关里水东流，白草黄榆六十秋。边将皆承主恩泽，无人解道取凉州。”因感慨凉州陷于吐蕃六十年，咎边将之有负皇恩，故沈德潜《唐诗别裁集》将此诗与高适所作对比：“高常侍亦云：‘岂无安边书，诸将已承恩。’高说得愤，此说得婉。”

唐末，过去繁华已变成了“西北乡关近帝京，烟尘一片正伤情。愁看地色连空色，静听歌声似哭声”（司空图《浙上》其二）。因此，韩偓晚年入闽依王审之，写其南国所见：“中华地向边城尽，外国云从岛上来。四序有花长见雨，一冬无雪却闻雷。”（《登南神光寺塔院》）既有风光的感受，更以“中华”“外国”寓其对国事的感伤。

二

中国古代文化是农业文化，长期的小农生产方式所奠定的血缘根基和宗法制度，使得祖先崇拜成为民族文化的一个重要特征。这一崇拜所造就的尚古意识和历史情结，左右了政治家、思想家和文艺家，也开启了后代诗人的怀古之思和以古论政传统。

随着历史积累的愈形丰厚，文学中的怀古题材愈见增多，唐代推行进士制，政权向庶族开放，政治较清明，社会流动性大，开阔了诗人的视野，加以文网较疏，时忌较少，因而诗中颇多因怀古而导入现实的作品。漫游、科考、出仕、贬谪、从戎、入幕、避难等，使得唐人足迹较广，所到之地多，所见古迹众，因思古、怀古而生出的相关作品也多。大致说来，因地理而通向历史的诗歌，似可分为以下几类。

首先，怀古之情。

在人世变换面前，唐人的历史意识特别强烈，他们目击今昔之改、沧桑之变，未免感叹：“边城路，今人犁田昔人墓。岸上沙，昔日江水今人家。”（顾况《悲歌》）惊变于人世，感触尤深：“昔时金阶白玉堂，即今唯见青松在”（卢照邻《长安古意》），“王侯第宅皆新主，文武衣冠异昔时”(杜甫《秋兴八首》)。面对着“一朝人事变，千载水空流”(戎昱《云梦故城秋望》)，因而“对古良可叹，念今转伤情”(聂夷中《早发邺北经古城》)，触发出怀古伤今的感情，使得唐代的怀古诗呈现出前所未有的兴旺发展之势。且看诗人们的感叹：

宫中歌舞已浮云，空指行人往来处。(刘长卿《铜雀台》)

武帝宫中人去尽，年年春色为谁来。(岑参《登古邺城》)

西陵歌吹何年绝？南陌登临此日情。(司空曙《南原望汉宫》)

汉家箫鼓空流水，魏国山河半夕阳。(李益《同崔邠登鹳雀楼》)

弦管变成山鸟哢，绮罗留作野花开。(李远《听话丛台》)

有感于山河人事之异，未免有不胜怀古之思，对名胜之地、历史陈迹，常因思古而抒情。李白《苏台览古》：“旧苑荒台杨柳新，菱歌清唱不胜春。只今惟有西江月，曾照吴王宫里人。”《越中览古》：“越王勾践破吴归，义士还乡尽锦衣。宫女如花满春殿，只今惟有鹧鸪飞。”二诗由吴而越，古今对比，不论不断，却短语长情，令人怀想不已。由于吴、越之争是春秋霸业的尾声，诗人览古迹而生感慨，是很自然之事，因此，不仅是李白，韦应物也有《阊门怀古》：“独鸟下高树，遥知吴苑园。凄凉千古事，日暮倚阊门。”仅二十字，怀古之思却绵亘不断。中唐的陈羽则有《吴城览古》：“吴王旧国水烟空，香径无人兰叶红。春色似怜歌舞地，年年先发馆娃宫。”刘禹锡写馆娃宫的两首五绝之一：“宫馆贮娇娃，当时意大夸。艳倾吴国尽，笑入楚王家。”以及《姑苏台》：“故国荒台在，前临震泽波。绮罗随世尽，麋鹿古时多。筑用金椎力，摧因石鼠窠。昔年雕辇路，唯有采樵歌。”更是手眼不同。直到晚唐刘沧，对“吴王此地有楼台”，仍发“千年事往人何在，半夜月明潮自来”(《长洲怀古》)之叹。

金陵作为六朝的亡国旧都，成为众多诗人怀古吟咏的对象。李白《金陵三首》其二“亡国生春草，离宫没古丘。空馀后湖月，波上对江州”，写金陵而缅怀六朝历史；这种感慨，又凝结在“吴宫花草埋幽径，晋代衣冠成古丘”(《登金陵凤凰台》)二句之中。包佶的《再过金陵》：“玉树歌终王气收，雁行高送石城秋。江山不管兴亡事，一任斜阳伴客愁。”专从陈后主的荒政亡国，引发出兴亡之感。刘禹锡感叹盛衰成败的历史意识和怀古之情尤为强烈，除名作《金陵五题》组诗外，其《金陵怀古》前四句写山水名胜，后四句转为怀古咏叹：“兴废由人事，山川空地形。《后庭花》一曲，幽怨不堪听。”议论与抒情并到，思想性与艺术性皆高。而晚唐的“英雄一去豪华尽，唯有青山似洛中”(许浑《金陵怀古》)，“三百年间同晓梦，钟山何处有龙盘”(李商隐《咏史》)，“无情最是台城柳，依旧烟笼十里堤”（韦庄《台城》），则能给人留下无尽的怀想与感叹。

其次，历史之思。

与现实对比，一方面是对古代的理想化理解，另一方面则是以古代的兴衰为借鉴，或就历史人物、事件表达自己的价值观。

经行古迹胜地，常不止于缅怀古人，由历史而入现实，表达诗人自己的思考，是常有之事。韦应物《经函谷关》就此关的“万古为要枢，往来何时息”，从“秦皇既恃险，海内被吞食”，到“圣朝及天宝，豺虎起东北”，其“驰车一登眺，感慨中自恻”，历史意识与现实思考相结合，感慨、自恻显为安史之乱而发，其题旨当然不止于经行与怀古。雍陶《天津桥望春》：“津桥春水浸红霞，烟柳风丝拂岸斜。翠辇不来金殿闭，宫莺衔出上阳花。”写出了宦官用事后，天子不能复游东都，其伤感可知。

有的诗人从古迹、名人发感慨，从而也表达了自己的价值判断。如罗隐《严陵滩》的“世祖升遐夫子死，原陵不及钓台高”，所表现的是“见权势不足重之意”（刘永济《唐人绝句精华》语）。唐彦谦《仲山》：“千载遗踪寄薜萝，沛中乡里旧山河。长陵亦是闲丘陇，异日谁知与仲多？”仲山原为汉高祖兄仲隐居之所，高祖得天下后，与兄仲较产业之多少，而死后无论是长陵还是仲山，都只是一抔黄土，故论者有“读之何异冷水浇背”（清徐增《而庵说唐诗》语）之慨。

最后，不遇之叹。

吟咏古迹、思考历史时，诗人也将笔触转到自己，抒发不遇、不达的感伤。

高适《宋中十首》感慨梁王全盛、宾客多才已成陈迹，其中也透出昔时不再、人才难用之意。而韦应物《金谷园歌》的结尾六句：“嗣世衰微谁肯忧？二十四友日日空追游。追游讵可足，共惜年华促。祸端一发埋恨长，百草无情春自绿。”以及司空曙《金陵怀古》的“辇路江枫暗，宫庭野草春。伤心庾开府，老作北朝臣”，都将历史的思索关合文士自身。

杜牧《将赴吴兴登乐游原一绝》的结句“乐游原上望昭陵”，兼写汉宣帝寝庙所在的乐游原和唐太宗的昭陵，应是自伤不遇于二帝之时，历史意识与个人之志可共观。李商隐既以“大树思冯异，甘棠忆召公”（《武侯庙古柏》）表达对历史人物的评价和倾心，又以《贾生》借贤才未得重用的史实，在谴责晚唐君主迷信鬼神的同时，也流露出自己的不遇之情。温庭筠富于文才，却因好讥讽权贵，开罪于权相令狐绹，累试不第，故常借古人以自伤，《过陈琳墓》的“词客有灵应识我，霸才无主始怜君”，《苏武庙》的“茂陵不见封侯印，空向秋波哭逝川”，都因古人生不逢时而涉及自身，其七绝《蔡中郎坟》后两句“今日爱才非昔日，莫抛心力作词人”，由古人而自己，表现出对黑暗现实的愤激不平。

（原载《文史知识》2010年第3期）

唐诗的咏史与观政

摘　要　唐人以咏史诗体现“观往知来”的鉴戒作用，历史上汉、唐并称，唐诗人也多以汉言唐，表观政之旨，同时又不避反思本朝历史而直言者，安史之乱是唐由盛转衰的关键，中唐以后写玄宗朝的咏史诗尤多，唐诗中有的于诗人为观世，于后人具观史、观政价值者，如果说杜甫的“诗史”所写是社会史，唐季诗人所作则进而涉及宫廷史，晚唐时期，以李商隐为代表的咏史诗达到了艺术的高峰。

关键词　唐诗　咏史　观政　宫廷史　艺术性

“诗可以观”是一个重要的理论命题，由于受传统的政教型文化制约，“观”先被郑玄释为“观风俗之盛衰”(《论语集解》引郑语)，后被朱熹解作“考见得失”(《四书集注》)，被赋予了专门的“观政”意义。“观”风俗与“考”政事，所据当然是反映现实的诗歌，《诗经》的国风、小雅，汉乐府的民歌，多属此类。唐诗为“一代之文学”，杜甫有“诗史”之誉，白居易作讽谕诗，前者广涉政事，后者更是直接言政、观政。此外，唐诗中还有大量的咏史诗，其中也不乏具有观风俗、考得失价值者，在扩大了观政诗的外延的同时，又深化了“诗可以观”的理论内涵。

一　见出知入，观往知来

诗以“咏史”命名，始于班固，所咏为缇萦救父事。魏晋南北朝所作渐多，名篇有左思《咏史》八首，陶渊明《咏荆轲》，颜延之《五君咏》等。因有一定的创作积累，到萧统编《文选》时，已将“咏史”单列为一类。但是，这些作品或写古人、古事，或借古咏怀，极少可见借古鉴今之意。

唐代建立在隋末农民大起义的基础上，唐太宗深知“载舟之水也覆舟”的道理，能从容纳谏，造就出以清明政治为基础的“贞观之治”。唐代推行进士制，后又行诗赋取士，焕发出诗人的从政热情，也使之在关注现实政治同时，又系心历史，因此，留意古代治乱兴亡之道，树立治世良吏能臣的榜样，歌颂扶危济困的人物，抒发怀才不遇之感，是诗中常见的内容，也使得咏史诗有很大的发展。

唐诗的历史意识特别强烈，怀古成为重要的创作题材，“人事有代谢，往来成古今”(孟浩然《与诸子登岘山》)，几成一种“集体无意识”；与此同时，不是“万事翻复如浮云，古人空在今人口”(岑参《梁园歌送河南王说判官》)，而是咏史以求鉴戒的创作渐兴。《列子·说符》云：“是故圣人见出以知入，观往以知来，此其所以先知之理也。”随着唐人咏史诗的发展，也体现、发挥了观往知来、借古鉴今的作用和意义。

唐人的咏史与怀古诗常有混称，此处不辨。应注意的是，“摅怀旧之蓄念，发思古之幽情”（班固《西都赋》），怀古、思古幽情通向历史，是咏史的前奏，是必要的感情准备，而咏史则进而作“蓄念”的理性思索，因此，以史为鉴的目的出以借古言今、古今对照的形式，确是“诗可以观”的涵义开拓和合理延伸。

虽初唐时期就不乏咏史诗，而以之负起观政之责，却是陈子昂，此后王维、李白、杜甫等大诗人都有此类作品。陈子昂《感遇》其四：“乐羊为魏将，食子殉军功。骨肉且相薄，他人安得忠？吾闻中山相，乃属放麑翁。孤兽犹不忍，况以奉君终。”此诗咏战国历史以刺现实：魏将乐羊受命攻中山，其子在该国，被杀死烹为肉羹，以送乐羊，为示忠于魏，乐羊忍痛食之，魏文侯赏其军功，却疑其残忍，不予重用；中山君打猎得小鹿，交侍卫秦西巴带回，母鹿悲鸣相从，秦不忍而放之，中山君以其善心可嘉，任之为太傅以教王子。之所以吟咏此段历史，是缘于武则天因夺取政权，对李唐宗室，甚而太子、皇孙大行杀戮，而文武大臣也上行下效，表示效忠。其写作宗旨正如陈沆所说，因朝中“是皆有食子之忠，无放麑之情”，故作以“刺武后宠用酷吏淫刑以逞也”①。

李白《古风》多有以咏史而观政、刺政之作。如其三（秦王扫六合）：“亦刺明皇之词。而有二意：一则太白乐府中所谓‘穷兵黩武有如此，鼎湖飞龙安可乘’，二则人心苦不足，周穆、秦、汉同一辙也。”其四十三（周穆八荒意）：“刺明皇荒淫怠废政事”；其五十一（殷后乱天妃），“叹明皇拒直谏之臣。张九龄、周子谅俱斥窜死也。”再如其五十三：“战国何纷纷，兵戈乱浮云。赵倚两虎斗，晋为六卿分，奸臣欲窃位，树党自相群。果然田成子，一旦杀齐君。”笺者以为：“此即《远别离》篇‘权归臣兮鼠变虎’之意。内倚权相，外宠骄将，卒之国忠、禄山两虎相斗，遂致渔阳之祸。”②汉王符《潜夫论·实质》云：“国以贤兴，以谄衰；君以忠安，以佞危。”李白亲历开元、天宝，见玄宗从用贤兴国到信佞见败的历史，其咏史以刺今之旨确非空论。

杜甫虽多以“即事名篇”指陈时政，但也有咏史以观政论政之作。如《述古》三首的第二首，有“农人望岁稔，相率除蓬蒿。所务谷为本，邪赢无乃劳？舜举十六相，身尊道何高。秦时任商鞅，法令如牛毛”。因军旅费用支出大，第五琦、刘晏、元载，皆以宰相领度支盐铁使，榷税四出，民不堪其困，故诗中申固本务农之旨，以商鞅令多扰民的历史以警之。

中唐时期，方镇跋扈，宦官专权，朝政日益腐败。诗人韩愈、柳宗元、刘禹锡、白居易、元稹等，虽政见、仕历不同，但都是以进士登上仕途，都有士人从政之志，都希望改革时弊，以求政治清明。他们以强烈的政治意识创作诗歌，或如元白的以讽谕诗直接干政，或以咏史诗言事论政。

柳宗元《读书》开头云：“幽沉谢世事，俯默窥唐虞。上下观古今，起伏千万途。”可见借鉴历史以思考现实的读书之旨，所作《咏史》《咏荆轲》等诗，也透出以史为鉴之意。刘禹锡以怀古诗负盛名，人们又常视之为咏史诗，其实他的咏史之作有别于怀古，

---

① 陈沆：《诗比兴笺》，上海古籍出版社，1981年版。

② 陈沆：《诗比兴笺》，上海古籍出版社，1981年版。

多是别具手眼,言简意赅而余味无穷。有的以咏古人寄托自己的情怀,如《韩信庙》:“将略兵机命世雄,苍黄钟室叹良弓。遂令后代登坛者,每一寻思怕立功。”韩信功高被杀,自己未功而逐,虽不同而又有其同,古今的联想实出于自然。有的虽历史而可联系现实,如《经檀道济故垒》:“万里长城坏,荒营野草秋。秣陵多士女,犹唱白符鸠。”不仅将檀道济被王义康枉杀拟作长城之坏,将人民三百年来的伤痛、怀念,表现得语短情长,而且能令人勾起王叔文被宪宗赐死之想。

晚唐政权逐渐走向衰落,咏史诗却呈方兴未艾之势,大概在唐宣宗咸通(860—874)以后,咏史组诗更大量出现,且超越了一般的今昔之慨,兼有借古讽今和以史遣兴之旨。杜牧、许浑、温庭筠,均擅长咏史,尤其是李商隐,不仅以六十多首的数量远过于他人,而且具有显著的以史讽时特点,在艺术上也代表了咏史诗的最高成就。下面再论。

二 托古刺时,炯鉴以规

“细腰争舞君沉醉,白日秦兵天上来”(许浑《楚宫怨二首》其一),被《唐诗选脉会通评林》称为“千古炯鉴”。的确,无论写哪一朝代,诗人们借古为鉴,以古说法,赞美仁政、否定暴虐,都是希望统治者能行德政、重民心。韩愈的七绝《题楚昭王庙》:“丘坟满目衣冠尽,城阙连云草树荒。犹有国人忆旧德,一间茅屋祭昭王。”与许浑的七绝《途经秦始皇墓》:“龙盘虎踞树层层,势入浮云亦是崩。一种青山秋草里,路人唯拜汉文陵。”所咏分在楚与秦,却立意相近,论者以为前者“虽题美昭王,实规世主,当留德泽于民心也”,并认为与许诗“同有言外远思”(《唐诗选脉会通评林》引周珽语),规世主而期待德泽,美汉文而鄙弃暴秦,可谓深得诗人借古鉴今之旨。

咏史诗“观往以知来”,目的在针砭现实,而所“观”之“往”,则常与当今具有可比性。历史上汉、唐并称,皆为强盛的朝代,唐诗人也多以汉言唐,借汉鉴唐,表达观政之旨。“长空澹澹孤岛没,万古消沉向此中。看取汉家何事业,五陵无树起秋风”(杜牧《登乐游原》)可涵括之,如清人李瑛《诗法易简录》所说:“寄慨深远,借汉家说法,即殷鉴不远之意。”如杜甫《述古》第三首:“汉光得天下,祚永固有开。岂惟高祖圣,功自萧曹来。经纶中兴业,何代无长才?吾慕寇、邓勋,济时信良哉!耿、贾亦宗臣,羽翼共徘徊。休运终四百,图画在云台。”诗从汉开国名臣萧何、曹参写起,而重在光武中兴功臣寇恂、邓禹、耿弇、贾復。因现实中郭子仪、李光弼功高被忌,肃宗使之受制于宦官鱼朝恩,故浦起龙指出“首提汉光,意在收京诸将”,“结到‘休运’,仍应‘祚永’”,“讽切时事,俱关治要。”[①]因此,赞光武以讽肃宗,当是此诗之托意。

不仅是杜甫,以汉言唐之作其实甚多,兹举中唐韩翃、戎昱二家以论之。韩翃《汉宫曲二首》,其一云:“骏马绣障泥,红尘扑四蹄。归时何太晚,日照杏花西。”李攀龙《唐

① 浦起龙:《读杜心解》,中华书局,1961 年版,第 107 页。

诗训解》谓之“托言于汉，寄刺于时”，是借汉时韩嫣、董贤兰等诸侯游冶，出入宫掖，以刺时事。其七绝《寒食》后二句：“日暮汉宫传蜡烛，轻烟散入五侯家。”沈德潜《唐诗别裁集》以为“或指王氏五侯，或指宦官灭梁冀之五侯”，其以汉刺唐之旨正如吴乔《围炉诗话》卷一所说：“唐之亡国由于宦官握兵，实代宗授之以柄。此诗在德宗建中初，只‘五侯’二字见意，唐诗之通于《春秋》者也。”[①]而戎昱的《咏史》更是借汉言唐的咏史佳作：“汉家青史上，计拙是和亲。社稷依明主，安危托妇人。岂能将玉貌，便拟静胡尘！地下千年骨，谁为辅佐臣？”《云溪友议》云：唐宪宗之时，北狄频犯边境，大臣多惧其强悍，提议行和亲以求息兵，宪宗以此诗示朝臣，罢和戎之论，并以之“足称诗人之兴咏”。

中唐咏史的“托言于汉，寄刺于时”又见于刘、柳二家。刘禹锡《咏史二首》其二：“贾生明王道，卫绾工车戏，同遇汉文时，何人居高位？”事实是卫绾在景帝时始拜相，诗人不拘史实，是借此以讽唐宪宗信奸佞而逐贤臣。柳宗元的《古东门行》，论者皆以是咏盗杀武元衡事，虽以聂政刺韩相侠累事相拟，但开头的“汉家三十六将军”是用周亚夫事，诸多事典亦出于汉。

“借汉家说法”以李商隐最为擅长。《汉宫》《汉宫词》《茂陵》皆吟汉武，其实是对唐武宗信神仙、好女色的讽谕。《贾生》表面写贾谊未得汉文帝重用，实际上宣室的夜召问鬼一事，真意在于讽刺唐代统治者。《四皓庙》就萧何居功第一的异议，表其对晚唐诸帝多未能解决立储问题，导致多生宫廷变乱的见解，笺者以为是特因李德裕而发，李虽有拔石雄、破回鹘、平泽潞之功，却未能安储定国，故作此诗。晚唐咏史尚有薛逢的《汉武宫辞》，以汉武帝求仙之谬，讽刺今朝皇帝。许浑《学仙》其二亦近之：“心期仙诀意无穷，采画云车起寿宫。闻有三山未知处，茂陵松柏满西风。”潘德舆《养一斋诗话》卷三认为此诗甚至高过李商隐：“义山讥汉武云：‘侍臣最有相如渴，不赐金茎露一杯。’意无关系，聪明语耳。许丁卯则云：‘闻有三山未知处，茂陵松柏满西风。’隽不伤雅，又足唤醒痴愚。”[②]

借前朝“说法”，不限于汉，六朝及隋的历史距唐更近，更有借鉴的意义、价值，所以诗人常以之入诗。尤其隋朝在本朝之前，隋炀帝又不同于梁、陈诸帝的“生于深宫之中，长于妇人之手”，曾很有作为，却很快亡国，遂引起诗人的感慨并透出悲伤：“汴水东流无限春，隋家宫阙已成尘。行人莫上长堤望，风起杨花愁杀人。”（李益《汴河曲》）。咏隋诗的一类主于怀古，如中唐鲍溶《隋宫》：“柳塘烟起日西斜，竹浦风回雁弄沙。炀帝春游古城在，坏宫芳草满人家。”表今昔盛衰之感，晚唐刘沧“香销南国美人尽，怨入东风芳草多”（《经炀帝行宫》）作了更为广远的概括。另一类则在怀古中讽今，如许浑《金陵怀古》感慨六代豪华不再，怀想与悲悼盛世，似刘禹锡的《西塞山怀古》，借古人以鉴诫现实；七律《汴河亭》前六句写尽隋炀帝的穷奢极侈、煊赫无比，最后的“四海义师归有道，迷楼还似景阳楼”，陡转笔锋，无情嘲讽其荒淫招致亡国，以隋炀帝事为亡陈之续，对于晚唐统治者的奢靡腐败，无疑也是“炯鉴”。

① 郭绍虞编选，富寿荪校点：《清诗话续编》，上海古籍出版社，1983 年版，第 498 页。
② 刘学锴，余恕诚：《李商隐诗歌集解》，中华书局，1988 年版，第 574 至 575 页。

三 开元之治，天宝覆辙

唐人咏史诗固多以汉言唐，或以前朝示鉴于今朝，但又有不避反思本朝历史而直言者，其观政之直切，使之尤具价值。

诗人多以诗凭吊前朝，而本朝旧事，也激起深深的哀情："愁云漠漠草离离，太乙句陈处处疑。薄暮毁垣春雨里，残花犹发万年枝。"（窦庠《陪留守韩仆射巡内至上阳宫感兴二首》其二）洛中上阳宫为高宗晚年经常听政之处，武则天传位太子后也居此，昔日繁华已经不在，黍离之悲不是为易代而发，却更令人伤感。相近的还有卢纶《过玉真公主影殿》："夕照临窗起暗尘，青松绕殿不知春。君看白发诵经者，半是宫中歌舞人。"至如韩愈的《游太平公主山庄》："公主当年欲占春，故将台榭压城闉。欲知前面花多少，直到南山不属人。"则不止于感伤，对公主"占春"之举，显然持批评、否定态度，其诗足当婉而多讽之评。而赵嘏的《经汾阳旧宅》："门前不改旧山河，破虏曾轻马伏波。今日独经歌舞地，古槐疏冷夕阳多。"感慨郭子仪身后之寂寞，表达的是"'山河不改'，唐祚无恙，而汾阳第宅，'古槐疏冷'，德宗待功臣如此"（《唐诗选脉会通评林》引唐汝询语），当令统治者反省深思。

安史之乱既是唐朝由盛转衰的关键，又是封建社会整个行程的变化枢纽，因此，中唐以后诗人对玄宗一朝的政事及相关历史，怀有很大的兴趣，关于此朝的咏史诗尤多。韩愈《和李司勋过连昌宫》："夹道疏槐出老根，高甍巨桷压山原。宫前遗老来相问：今是开元几叶孙？"《韩集点勘》认为："诗意盖谓昔年父老幸值元和中兴，皆欣欣复见太平之盛，惟安乐而思终始，克绍开元之治，免蹈天宝之覆辙耳。"[①]中唐以后，诗人对"天宝覆辙"尤多感慨。元稹《和李校书新题乐府十二首》中的《胡旋女》，开头与结尾数句："天宝欲末胡欲乱，胡人献女能胡旋，旋得明王不觉迷，妖胡奄到长生殿……翠华南幸万里桥，玄宗始悟坤维转。寄言旋目与旋心，有国有家当共谴。"针对玄宗在天宝时的荒政误国，批判甚力，以史观政、鉴古知今的作意显见。杜牧善作咏史七绝，《过勤政楼》："千秋令节名空在，承露丝囊世已无。唯有紫苔偏称意，年年因雨上金铺。"通过对开元时勤政楼之荒废，表达了对盛时的凭吊。薛逢的七律《开元后乐》仅八句，却与白居易《长恨歌》有异曲同工之妙，诗以"莫奏开元旧乐章"开头，在帝王追求享受的全盛时期，在玉笛、金车的繁华中，安史之乱发生了，"一自犬戎生蓟北"，笔法陡转，战乱至今未靖，难怪闻旧乐要断肠了。若谓白居易对玄宗颇多同情，薛逢却在感喟中将同情更多地给了平乱的功臣和遭乱的百姓，而开元旧乐对新贵来说，也应是有警戒和启迪的。

华清宫在玄宗一朝具有特殊意义，可视作玄宗由明君而昏君的特定符号，因而诗人吟咏甚多。张祜《华清宫四首》，别饶怀古之意，如其三："红树萧萧阁半开，上皇曾幸

① 陈伯海主编：《唐诗汇评》，浙江教育出版社，1995年版，第1732页。

此宫来。至今风俗骊山下，村笛犹吹阿滥堆。”其《雨淋铃》：“雨淋铃夜却归秦，犹见张徽一曲新。长说上皇和泪教，月明南内更无人。”除了上皇思妃之意外，还如《而庵说唐诗》所云，有“肃宗不得辞其责”，“其意不止悼妃子，于父子间有说不得处”。如此，则玄、肃父子关系可见，读者亦能藉此一窥高墙内隐秘的宫廷史。杜牧《华清宫三十韵》，《竹坡诗话》虽批评其中“一千年际会，三万里农桑”，“置在此诗中，如使伶优与嵇、阮辈并席而谈，岂不败人意哉”，但仍承认“其叙开元一事，意直而词隐，晔然有《骚》《雅》之风。”①杜牧《过华清宫绝句三首》的第一首“长安回望绣成堆”，《唐诗绝句类选》谓之“此赋当时女宠之盛，而今日凄凉之意于言外见之，太白‘吴王美人’篇同意。”②第二首“新丰绿树起黄埃”，诙谐中更见讽刺，历史意识也很强烈。晚唐崔橹，慕杜牧为诗，七绝《华清宫三首》其一的“明月自来还自去，更无人倚玉栏干”，其三的“红叶下山寒寂寂，湿云如梦雨如尘”，今昔盛衰之感，的确是欲夺牧之、义山之席而自树一帜。吴融也不止一次的写及华清宫，如“四郊飞雪暗云端，唯此宫中落旋干。绿树碧檐相掩映，无人知道外边寒”，“渔阳烽火照函关，玉辇匆匆下此山。一曲羽衣听不尽，至今遗恨水潺潺”，都能自出新意，语轻意重，发人深思。

马嵬是杨贵妃的死地，也是唐玄宗的伤心地，诗人对这一题材也写得甚多。李商隐《马嵬二首》其二“海外徒闻更九州”，《唐诗选脉会通评林》以之是“讥明皇专事淫乐，不亲国政，不唯不足以保四海，且不能庇一贵妃，用事用意皆深刻不浮。”罗隐《帝幸蜀》：“马嵬山色翠依依，又见銮舆幸蜀归。泉下阿蛮应有语，这回休更怨杨妃。”对玄宗与僖宗的先后幸蜀，诗人所见已超越“女祸”之说，自有其历史评判的眼光。唐末徐夤所作《马嵬》：“二百年来事远闻，从龙谁解尽如云？张均兄弟皆何在？却是杨妃死报君。”则系翻案妙笔。

唐玄宗曾励精图治，造就出贞观之治以后的开元之治，杜甫《忆昔》很恰当地以之为“全盛日”，却终因图奢侈、贪享乐、远贤人、用佞臣，导致安史之乱，转为衰世，自此藩镇割据、宦官擅权、党争迭起，虽有短暂的“中兴”，终于走向没落。因此，“克绍开元之治，免蹈天宝覆辙”，确实是诗人以史为鉴而热衷于以玄宗朝为题的原因。

四　面貌不同，波澜莫二

唐代不少诗，于诗人为观世之作，于后人具观史意义，都有观政价值在。不仅杜甫有“诗史”之誉，其他不少诗人也能直击现实，为后人提供了观世、观政且尤具观史价值的诗歌，晚唐的这类作品长短不一，体式、风格有异，却具有同样的功用和价值。

杜牧的七绝最为人称道，所作长诗，则颇多写现实而给后人以观史之用者。如《感怀诗一首》，写沧州用兵事，《杜秋娘诗》写宪宗时事，都可见当时历史。虽《载酒园诗话又编》谓后者“真如暴涨奔川，略少渟泓澄澈……滔滔不绝，如此作诗，十纸难竟”，但

① 何文焕：《历代诗话》，中华书局，1981年版，第350页。

② 陈伯海：《唐诗汇评》，浙江教育出版社，1995年版。

王士禛就曾考其始末,其诗史价值是可以肯定的。李商隐的《有感》《重有感》,人多以为是为甘露事变而写,《石园诗话》谓之"感愤激烈,不同于众论",《唐诗三百首续选》则有"词严义正,忠愤如见,可配少陵"之评。而《行次西郊作一百韵》,《义门读书记》认为:"此等杰作,可称'诗史',当与少陵《北征》并传。"冯浩以之"朴拙盘郁,拟之杜公《北征》,面貌不同,波澜莫二"(《玉谿生诗集笺注》)。罗隐屡试不第,曲江成了他进士"情结"的伤心地,但其七绝《偶兴》云:"逐队随行二十春,曲江池畔避车尘,如今赢得将衰老,闲看人间得意人。"人以为"'赢得'二字殊有深意,想为白马之祸杀名士作也"(《唐诗绝句类选》)。而对于后来的读者而言,看到的不应是祸福相倚之想,而应有观史之用。

历来多称赏杜甫的"即事名篇",却较少注意晚唐诗,尤其是"香奁"诗人的"诗史"之作。实际上,杜甫所写是社会史,唐季韩偓所作则涉宫廷史。如《八月六日作四首》,原注"壬申年作",《唐音戊签》以为:"此诗自记朱温弑昭宗事,甲子年所作也。意温于壬申年被弑,此诗方敢出,故附之'壬申'耳。"诗中虽多用典及隐语,仍可见所写史实,如其一的颈联"左牵犬马诚难测,右袒簪缨最负恩","'犬马'指全忠,'簪缨'指附逆者,二语乃昭宗一朝定案"(《中晚唐诗叩弹集》杜诏按语);其二是写朱全忠弑逆而并刘季述之乱,此诗颔联"御衣空惜侍中血,国玺几危皇后身","季述幽昭宗于少阳院,凡宫人左右为上所宠信者皆榜杀之。又胁帝内禅,何后恐贼加害,即取玺授之。'御衣'、'国玺'二语皆切指……"(《中晚唐诗叩弹集》);其三"簪裾皆是汉宫卿,尽作锋铓剑血腥。显负旧恩归乱主,难教新国用轻刑。穴中狡兔终须尽,井上婴儿岂自宁。底事亦疑惩未了,更应书罪在泉扃",《唐音戊签》认为:"'用轻刑',指蒋玄晖、朱友恭、叔琮辈。'穴中狡兔'指附逆诸臣。'井上婴儿',为哀宗危也。"《中晚唐诗叩弹集》杜诏按语云:"天祐二年,全忠与柳璨、李振谋杀宰相以下三十余人于白马驿,投尸黄河,'簪裾'、'剑血'谓此也……"

吴融的《金桥感事》,人以之与韩偓并论,方回《瀛奎律髓》谓之"慨叹兵戈之间,诗律精切,皆善用事",高步瀛《唐宋诗举要》更指出是"感李克用叛唐事"。杜荀鹤的《旅泊遇郡中叛乱示同志》:"握手相看谁敢言,军家刀剑在腰边。遍搜宝货无藏处,乱杀平人不怕天。古寺拆为修寨木,荒坟开作甃城砖。郡侯逐出浑闲事,正是銮舆幸蜀年。"虽论者以为粗直,却写出了因黄巢之乱而僖宗幸蜀的情况,可作史实来读。韦庄的七律《咸通》:"咸通时代物情奢,欢杀金张许史家。破产竞留天上乐,铸山争买洞中花。诸郎宴罢银灯合,仙子游回璧月斜。人意似知今日事,急催弦管送年华。"可观"懿宗在位十四年,荒诞失德,臣下晏安宠禄,自是内盗迭兴,南诏再乱,民逐其上而唐室大坏矣"(《中晚唐诗叩弹集》庭珠按语)①。其《辛丑年》亦可观史:"九衢漂杵已成川,塞上黄云战马闲。但有羸兵填渭水,更无奇士出商山。田园已没红尘里,弟妹相逢白刃间。西望翠华犹未返,泪痕空湿剑文斑。"名作《秦妇吟》,更是全幅展现了黄巢农民军攻占长安

---

① 以上皆引自陈伯海:《唐诗汇评》,浙江教育出版社,1995年版。

后的真实画面。

吴融《禅月集序》肯定了盛中唐诗歌的“骨气高举，不失颂美讽刺之道”，批评“李长吉以降，皆以刻削峻拔、飞动文彩为第一流。有下笔不在洞房蛾眉、神仙诡怪之间，则掷之不顾”。而上面这些诗，则能令人想起闻一多《唐诗杂论》对唐初宫体诗的“自赎”之评。的确，它们能上追杜甫的“诗史”，堪比杜诗的不仅是李商隐一人，“面貌不同，波澜莫二”应有较大的覆盖面。

五　案而不断，意味无穷

咏史诗虽有悠久的历史和持续的创作传统，但在唐代以前，其题材既有限，艺术价值也不很高。唐人的咏史诗，非但作者甚众，持续至久，且与唐诗的总体发展有别，呈现一路向上的态势，到晚唐时期，无论在思想、艺术上都达到高峰。

初唐虽也有咏史诗，却多借历史来歌颂新朝，不具观政意义。陈子昂《感遇》开始了言此意彼、以古刺今的创作。李白受其影响，不少作品在艺术上很有创造，如《古风》其十二“松柏本孤直”，人以“气体高妙”“不著议论”称之，其五十一“殷后乱天纪”，更以比兴见长。王维《夷门歌》被吴汝纶评为“叙古事而别有寄托”，《息夫人》以历史写现实，怨而不怒，含蓄隽永。杜甫不仅首创《咏怀古迹》，怀古抒情，议论精警，《蜀相》《禹庙》《八阵图》等作，将思古、议论、述怀融为一体，对后来的咏史诗影响较大。

中唐咏史诗有较大发展，其中以刘禹锡成就最高。刘禹锡以怀古诗著称，所作咏史诗不似后来者之有特定刺时、讽政之意，常与怀古难作区别，而艺术上仍有显著特色。因多以咏怀古迹起兴，故常是前几句用地名，后作“一篇之断案”，末句寓悲怆之情，总体上是借山川点化人事，感慨与讽刺托之于物，其惩前毖后之旨，常如《唐诗品汇》评其《金陵五题》所说，是“意在言外，寄有于无”，令人于言外思之，整体上以气魄、格调、笔力见长。

晚唐的咏史诗在艺术上达到了最高水准，杜牧、李商隐、温庭筠、许浑均长于此。杜牧素有大志，其《上李中丞书》自称读书关注“治乱兴亡之迹，财赋兵甲之事，地形之险易远近，古人之长短得失”，对后者的见解常施于诗。七绝《赤壁》《乌江亭》《桃花夫人庙》等作，被《许彦周诗话》称为“二十八字史论”，长于对历史的假设、翻案，《泊秦淮》以陈亡之由，为现实示警。《题木兰庙》：“弯弓征战作男儿，梦里曾经与画眉。几度思归还把酒，拂云堆上祝明妃。”木兰与昭君所历不同，而同可归于戎昱《咏史》的“安危托妇人”，“明主”究竟是否能主导国家的命运，于此甚明。许浑咏史，《唐诗品汇·七律叙目》以之与刘沧、李商隐并论：“用晦之《凌歊台》、《洛阳城》、《骊山》、《金陵》诸篇，与乎蕴灵之《长洲》、《咸阳》、《邺都》等作，其古今废兴，山河陈迹、凄凉感慨之意，读之可为一唱而三叹矣。三子者虽不足以鸣乎大雅之音，亦变风之得其正者矣。”

如《唐诗品汇》所指出：“元和后，律体屡变，其间有卓然成家者，皆自鸣所长。若李商隐之长于咏史诗……”李商隐的咏史诗不仅内容丰富厚实，可分为以古鉴今、借古喻今、借题托讽三类[①],而且艺术性也达到了高峰。方东树《昭昧詹言》以其七律《南朝》"叙四代兴亡,全不费力",李瑛《诗法易简录》认为其《隋宫》"言外有无限感叹,无限警醒",七绝《咏史》(北湖南埭水漫漫)、《齐宫词》(永寿兵来夜不扃)、《南朝》(地险悠悠天险长)、《汉宫》(通灵夜醮达清晨)等作,都是咏史而兼讥讽的佳作。《诗境浅说续编》云:"玉谿绝句,属辞蕴藉,咏史诸作,则持正论,如咏《宫妓》及《涉洛川》、《龙池》、《北齐》与此诗(指《贾生》)皆是也。汉文、贾生,可谓明良遇合,乃召对青蒲,不求说论,而涉想虚无,则孱主庸臣又何责耶?"[②]《龙池》:"龙池赐酒敞云屏,羯鼓声高众乐停。夜半宴归宫漏永,薛王沉醉寿王醒。"写杨妃事而十分微婉,论者皆谓得风人之旨。善于以议论使书卷,却不乏神韵,是其咏史七绝的主要长处。《贾生》一诗,较之刘禹锡《咏史》的"贾生明王道",更见含蓄隽永,不同之中自有高下之别。《北齐二首》:"一笑相倾国便亡,何劳荆棘始堪伤!小怜玉体横陈夜,已报周师入晋阳。""巧笑知堪敌万几,倾城最在着戎衣。晋阳已陷休回顾,更请君王猎一回。"《重订李义山集笺注》引程梦星语,"以托北齐以慨武宗、王才人游猎之荒淫也",其艺术性之高,确在于"案而不断,意味无穷"(王士禛《唐人万首绝句选评》)。

综言之,义山咏史诗的主要艺术特色如《瀛奎律髓》所说,是"感事托讽,运意深曲",《唐诗品汇》则谓之"造意幽深,律对精密,有出常情之外者"。之所以"深曲"或"幽深",沈德潜《说诗晬语》卷上解释得甚好:"义山近体,襞绩重重,长于讽喻。中多借题摅抱,遭时之变,不得不隐也。"朱鹤龄《笺注李义山诗集序》进而指出,因阉人暴横、党祸蔓延,"其身危,则显言不可而曲言之;其思苦,则庄语不可而漫语之"。

唐末咏史,如皮日休《汴河怀古》:"尽道隋亡为此河,至今千里赖通波。若无水殿龙舟事,共禹论功不较多。"造福与为祸的对照,可见对历史的正确评价,较之前引韩愈《题楚昭王庙》、许浑《途经秦始皇墓》的正写,此诗用假设、反讽,似更能发人深思。章碣《焚书坑》:"竹帛烟销帝业虚,关河空锁祖龙居。坑灰未冷山东乱,刘项元来不读书。""乱不生于读书之辈,乃兆于焚书之时"(《唐诗选脉会通评林》引周珽语)的严肃题旨,出以揶揄口吻,将议论寄于讽刺,也不失为论史佳作。窃以为,若对晚唐咏史诗的艺术下一最简单评语,似大致可取前引"案而不断,意味无穷"一说,而《唐诗品汇》以李商隐咏史诗作为元和诗变后的晚唐代表,评价是很正确的。

由郑玄到朱熹所释,"诗可以观"的政教意义更强,而朱熹此见应与历史的积累,尤与唐诗(包括咏史诗)所体现的功能相关。后来黄宗羲《汪扶晨诗序》将"兴观群怨"作了较大的推衍,认为"凡论世采风,皆谓之观",并以后出的吊古、咏史等作属之。因此,咏史诗以史为鉴、考见得失的"论世"之旨,确是"诗可以观"发展出的题内之义和必然功能。

(原载《中国文学研究》2011年第4期)

---

① 刘学锴:《李商隐诗歌研究》,安徽大学出版社,1998年版,第6至7页。

② 陈伯海:《唐诗汇评》,浙江教育出版社,1995年版,第2476页。

唐人的怨诗

摘　要　严羽说："唐人好诗，多是征戍、迁谪、行旅、离别之作。"天宝时期，穷兵黩武，边塞诗多表现征人思妇之怨，对统治者不吝讥刺。唐代以流贬处罚官员，武后称制，中宗复辟，安史乱后追究罪臣，贞元、元和的政治斗争，使诸多著名诗人被贬，怨诗频生。由于游宦、从军、经商、战乱，唐人多行旅之诗，既抒发自己的旅愁，也写所见人民的痛苦。唐代行科举，漫游、结交、行卷，诗人尤多离别，加以上述行旅之由，造就出许多真情感人的好诗，唐末更兼及家、国的离愁，诗人自诉外，还有专写人民怨旷的离别诗。

关键词　怨诗　征戍　迁谪　行旅　离别

韩愈《荆潭唱和诗序》云："夫和平之音淡薄，而愁思之声要妙，欢愉之辞难工，而穷苦之言易好也。"[①]严羽更具体说道："唐人好诗，多是征戍、迁谪、行旅、离别之作，往往能感动激发人意。"[②]本文据严羽所说论述之。

一　征　戍

隋炀帝"大纵奢靡，加以东西行幸，舆驾不息。征讨四夷，兵车屡动"，以至"数年之间，公私罄竭。财力既殚，国遂亡矣"[③]。唐初，统治者汲取了这一教训，着力于缓和矛盾，发展经济，轻徭薄赋，休养生息。因社会安定、国力强盛，唐太宗在二十多年中，先后败突厥，平高昌，和吐蕃，灭薛延陀，改变了高祖时因中原未定而一度被迫向突厥称臣的状况，且因对边裔少数民族实行羁縻政策，西北诸藩尊之为"天可汗"，又通过文成公主嫁吐蕃赞普松赞干布，使汉藏两族交好。后来武则天时期的收复安西四镇，平定契丹叛乱，也是正义的战争。

唐玄宗在开元时励精图治，社会经济达到极盛，改府兵制而行募兵制后，军事实力大增，在打败外族侵略的同时，又能正确处理和战关系。如开元十五年与吐蕃争夺西域的战争，其目的正如陈寅恪先生在《外族盛衰的连环性及外患与内政的关系》一文中所说，是"欲保其腹心之关陇，不能不固守四镇。欲固守四镇，又不能不扼据小勃律，以制吐蕃，而断绝其与大食通援之道。当时国际之大势如此，则唐代之所以开拓西北，远征葱岭，实有其不容已之故，未可专咎时主之黩武开边也"[④]。开元十七年大败吐

---

① 韩愈：《昌黎先生集》卷三十四，四部丛刊影印元刊本。

② 郭绍虞：《沧浪诗话校释》，人民文学出版社，1961年版，第198页。

③ 刘昫：《旧唐书》卷四十八《食货志》，上海古籍出版社、上海书店，1986年版，第3725页。

④ 陈寅恪：《唐代政治史述论稿》，上海古籍出版社，1997年版，第133至134页。

蕃后，玄宗纳皇甫惟明之议，与吐蕃相约更不相侵，后来界碑被毁，也是出于吐蕃侵勃律之故。因此，开元时期的边塞诗多为爱国主义、英雄主义的歌唱。但到了天宝时期，玄宗一意开边，边将极力邀功，穷兵黩武，百姓受苦，边塞诗也发生了较大的转变。

盛唐边塞诗，因战争性质不同而可作前后期的大体区分。

诗人们认为，战争本期于"庶物随交泰，苍生解倒悬。四郊增气象，万里绝风烟"（高适《信安王幕府诗并序》），杜甫更理解为："杀人亦有限，列国自有疆。苟能制侵陵，岂在多杀伤？"（《前出塞》其六）但"古人重守边，今人重高勋"（杜甫《后出塞》其三），唐玄宗在天宝后宠信边将，大开边功，高适的"为问边庭更何事？至今羌笛怨无穷"（《金城北楼》）可谓道出了普遍的怨战心理。李白《战城南》"去年战，桑乾源"用古题乐府，但确如陈沆《诗比兴笺》所说，是"陈古刺今"之作。其《行行游且猎篇》非直接写边塞战争，但亦如《唐宋诗醇》所说，是"愤时有激而作，盖天宝以后益好边功，武士得志，亦世道之忧也"[①]。

由于"穷海别离无限路，隔河征战几归人"（刘长卿《送耿拾遗归上都》），唐诗颇多表现征人思妇之怨。初唐时，沈佺期《杂诗三首》其三已说"可怜闺里月，长在汉家营。少妇今春意，良人昨夜情"。王昌龄不但善写宫女之怨，更将笔触伸到了社会各阶层的妇女，既明写少妇"悔教夫婿觅封侯"（《闺怨》），又以"肠断关山不解说"（《青楼怨》）状闺中人对良人从军之怨。"良人昨日去，明月又不圆。别时各有泪，零落青楼前。君泪濡罗巾，妾泪满路尘。"（孟郊《征妇怨》）兼写征人思妇，真切动人。由于直到晚唐仍征戍不已，边塞诗所表现的征人思妇之怨也持续不断。从常建《塞上曲》的客观描写："塞云随阵落，寒日傍城没。城下有寡妻，哀哀哭枯骨。"到马戴《征妇叹》的设为女子口吻："稚子在我抱，送君登远道。稚子今已行，念君上边城。蓬根既无定，蓬子焉用生？但见请防胡，不闻见罢兵。"都深切生动地表现了人民对战争的怨恨。

边塞诗透露的怨恨，既出于下层人民，又来自军官将帅。刘湾《出塞曲》的"死是征人死，功是将军功"，是对统治者喜边功、边将以武邀宠的直白，尤其说出了征人之怨。而军官们即使是从个人功名出发，也有"大小百余战，封侯竟蹉跎。归来灞陵下，故旧无相过"（陶翰《燕歌行》）之怨。而"流落征南将，曾驱十万师。罢归无旧业，老去恋明时"（刘长卿《送李中丞之襄州》），虽"老气深衷"（陆时雍《唐诗镜》语），怨意亦自可见。

诗人既对人民深怀同情，又对统治者和边将不吝讥刺。李白的《幽州胡马客歌》，被《唐宋诗醇》认为是："明皇喜事边功，宠任番将。天宝十载，高仙芝败于大食，安禄山败于契丹。是诗之作，必刺禄山也。'出门不顾后，报国死何难'，诘之也。'名将古谁是，疲兵良可叹'，叹之也。言切而意悲矣。"[②]而"功成画麟阁，独有霍嫖姚"（《塞下曲六首》之三），《唐诗解》看出其中的怨刺之意："汉唐命将，大抵皆亲戚幸臣，往往妨功害能，令勇敢之士丧气，是以无成功。太白盖有为而发。"[③]《唐诗别裁集》亦谓"独有贵戚得以

① 陈伯海：《唐诗汇评》，浙江教育出版社，1995年版，第578页。
② 陈伯海：《唐诗汇评》，浙江教育出版社，1995年版，第596页。
③ 陈伯海：《唐诗汇评》，浙江教育出版社，1995年版，第598页。

纪功,则勇士丧气矣”[①]。高适《燕歌行》不仅以“战士军前半死生,美人帐下犹歌舞”写将士苦乐不同,以“少妇城南欲断肠,征人蓟北空回首”状生离死别之情,而且还讥讽张守珪隐瞒败状、妄奏克捷之功,思念李将军,则显然是对将帅不恤士兵的讥刺。而“近传天子重武臣,强兵直欲静胡尘。安边自合有长策,何必流离中国人”(张谓《代北州老翁答》),更是怨、刺并到,显著而强烈。

二 迁 谪

唐代对官员的处罚多从前朝曾用的肉刑转为流贬,而无论是事关皇室、方镇、宦官的权力斗争,还是牵涉改革或党争,失败者多被迁谪。缘于以上原因,唐人多贬谪之怨诗。

据杜佑《通典》卷一五六《刑三·刑制下》载:唐太宗“除趾法,加役流三千里,居作二年……玄宗又令删定格式,令名为开元格,又删定律,令名为开元后格……三品以上犯公罪,流;私罪,徙……流罪以下减一等,其犯十恶者不用此律”,并对犯罪者不同罪名与相关的家属、财产处置,都有详尽规定。《唐会要》卷三九、四一,《资治通鉴》卷一九四皆载唐律禁刖足等酷刑,而以“流”为主。“流”以外还有“贬”,《唐会要》等有载。

武后称制,“今大臣流放者数万族”[②],中宗复辟,依附二张者多被流贬,沈、宋与杜审言、崔融、苏味道等均在其中。沈、宋本以宫廷应制见长,被贬时抒发怨愁悲愤之情,似换了一副面孔。若谓宋之问的“卧病人事绝,嗟君万里行。河桥不相送,江树远含情。别路追孙楚,维舟吊屈平。可惜龙泉剑,流落在丰城”(《送杜审言》)尚是惺惺相惜之中流露出微怨,到自己被贬时所作的:“我行殊未已,何日复归来?”(《题大庾岭北驿》)“度岭方辞国,停轺一望家。魂随南翥鸟,泪尽北之花。山雨初含霁,江云欲变霞。但令归有日,不敢恨长沙。”(《度大庾岭》)流露的就是自己的深切怨意了。沈佺期《遥同杜员外审言过岭》:“天长地阔岭头分,去国离家见白云。洛浦风光何所似?崇山瘴疠不堪闻。”《入鬼门关》:“昔传瘴江路,今到鬼门关。土地无人老,流移几客还?”以及《初达驩州》:“搔首向南荒,拭泪看北斗。何年赦书来?重饮洛阳酒。”也是怨而见悲之作。

安史之乱后,追究罪臣,授伪职及追随永王的,如张均、卢象、储光羲、郑虔、李白等都被流贬。以李白为例,他虽仅在永王幕中数月,却被系寻阳狱,问罪当诛,得郭子仪援救,才改为长流夜郎。李白获罪,事本冤屈,故作《上崔相百忧章》《万愤词投魏郎中》以自申,据本人《为宋中丞自荐表》所云“前后经宣慰大使崔涣及臣推覆清雪”,以及前一首原注的“时在寻阳狱”,可知都是作于从璘被问罪时期,前者的“星离一门,草掷二孩。万愤结缉,忧从中催……举酒太息,泣血盈杯”,后者的“南冠君子,呼天而啼。恋高堂而掩泣,泪血地而成泥”,可见热情、浪漫的诗人,至此“百忧”而“万愤”,岂非因

---

① 沈德潜:《唐诗别裁集》,上海古籍出版社,1979年版,第339页。

② 欧阳修:《新唐书》卷一一七《裴炎传》,上海古籍出版社、上海书店,1986年版,第4563页。

"怨"之已极而发！其后被长流夜郎，"流"在五刑中仅次于死刑，是最重的刑法之一，几无量移召还的可能，因而"远别泪空尽，长愁心已摧。三年吟泽畔，憔悴几时回！"（《赠别郑判官》）在流至江夏时，即使感情已降温，仍感叹"一为迁客去长沙，西望长安不见家。黄鹤楼中吹玉笛，江城五月落梅花"（《与史郎中钦听黄鹤楼上吹笛》）。《唐宋诗醇》卷八称之为"凄切之情，见于言外，有含蓄不尽之致"①。

"草色迷征路，莺声伤逐臣。独醒空取笑，直道不容身。"（刘长卿《负谪后登干越亭作》）说出了众多诗人对被贬之"情"与"理"的思考。而"万事无成空过日，十年多难不还乡"（戎昱《江城秋霁》），"一自经放逐，裴回无所从。便为寒山云，不得随飞龙……离心与羁思，终日常草草"（窦参《迁谪江表久未归》），更是众多被贬者的共同体会。被贬多贬至荒蛮的南方，"大都秋雁少，只是夜猿多。东路云山合，南天瘴疠和"（高适《送郑侍御谪闽中》），因此，即使是送贬者，高适也感慨"巫峡啼猿数行泪，衡阳归雁几封书"（《送李少府贬峡中王少府贬长沙》），更何况诗人自己"十年憔悴到秦京，谁料翻为岭外行"（柳宗元《衡阳与梦得分路赠别》），甚至身在"鸟飞犹是半年程"（李德裕《登崖州城作》）的海南，感受当更为直接、深刻。

贞元、元和时期，几位著名诗人都被贬：贞元十九年（803），韩愈上书请缓征京畿百姓赋税，贬为连州阳山令。永贞元年（805），柳宗元、刘禹锡欲革弊政，参加王叔文集团，遭宦官及新旧势力联合打击，被贬邵州、连州刺史。元和元年（806），元稹因支持裴度等人，触犯宰相，贬为河南尉。元和十年（815），白居易上疏论盗杀武元衡事，为宰相所恶，贬为江州司马。这里简论贬至岭外的韩、刘、柳三家。

韩愈《左迁至蓝关示侄孙湘》，作于谏迎佛骨而被贬潮州时，《小清华园诗谈》谓之"终无怨辞，所以为有德之言"，却"不无怨意"②。当贬潮南行至宣溪时，他曾作诗："韶州南去接宣溪，云水苍茫日向西。客泪数行先自落，鹧鸪休傍耳边啼。"（《晚次宣溪辱韶州张端公使君惠书叙别酬以绝句二章》其一）感物兴怀，凄怨之意油然而生。后虽还朝，却因迁谪而牵累家人，女儿死于道中，故深为自责，"致汝无辜由我罪，百年惭痛泪阑干"（《去岁自刑部侍郎以罪贬潮州刺史乘驿赴任其后家亦谴逐小女道死殡之层峰驿旁山下蒙恩还朝过其墓留题驿梁》），"蒙恩"之外，可见伤之也痛，怨之也深。

刘禹锡、柳宗元对贬谪的幽怨有轻重之别，这固然有性格原因，但不能否认，柳被逐的时间更长，地方更僻，他自云"一身去国六千里，万死投荒十二年"（《别舍弟宗一》），借刘长卿诗来说，是"同作逐臣君更远，青山万里一孤舟"（《重送裴郎中贬吉州》），故所为诗更多怨意。"嘉会寄诗以亲，离群托诗以怨"（钟嵘《诗品序》），如果说唐人在交游、宴集等"嘉会"场合多"兴"而作诗，那么"离群以怨"则体现了另一个"兴"的向度：理想的失落，现实的冷酷，使之"穷"而有感作诗。柳宗元虽"偶兹循山水，得以观鱼鸟"（《与崔策登西山》），但终起哀愁，"荒山秋日午，独上意悠悠。如何望乡处，西北是融州"（《登柳州峨山》），常是"升高欲自舒，弥使远念来"（《湘口馆潇湘二水所会》），

① 陈伯海：《唐诗汇评》，浙江教育出版社，1995年版，第717页。
② 陈伯海：《唐诗汇评》，浙江教育出版社，1995年版，第1736页。

引起身世无依之想,“宦情羁思共凄凄,春半如秋意转迷”(《柳州二月榕叶落尽偶题》)。其“兴”而“比”之甚者,有:“海畔尖山似剑铓,秋来处处割愁肠。若为化得身千亿,散上峰头望故乡。”(《与浩初上人同看山寄京华亲故》)兴感而直言者,如:“羁禽响幽谷,寒藻舞沦漪。去国魂已远,怀人泪空垂。孤生易为感,失路少所宜。”(《南涧中题》)因其诗愁怨之深切,故瞿佑《归田诗话》以为“读之令人惨然不乐”[①]。至于“溪路千里曲,哀猿何处鸣。孤臣泪已尽,虚作断肠声”(《入黄溪闻猿》),则更是怨而悲甚。刘禹锡虽较柳宗元旷达,然而“巴山蜀水凄凉地,二十三年弃置身”(《酬乐天扬州初逢席上见赠》),也留下了被贬时幽怨的心曲:“归目并随回雁尽,愁肠正遇断猿时。桂江东过连山下,相望长吟有所思。”(《再授连州至衡阳酬柳柳州赠别》)

三 行 旅

我国的农业文化造就了定而忌动的特点,政治家深知:“民安土重迁,不可卒变,易以顺行,难以逆动。”[②]这与游牧文化的逐水草而居,商业文化的求利润而行,是很不相同的。唐代游宦、从军、经商、战乱等原因,既造成了离别,又多羁旅行役,因此,唐人多行旅之诗亦为必然。

古时的行旅大异于今日的旅行,或为谋生,或被驱使,多出于不得已。风餐露宿,冬寒夏暑,道路崎岖,野兽出没,匪乱盗劫……“行路难”成为真实的主题。唐代国土辽阔,南北东西的地理、气候不同,诗人对行旅的感受较古人更多,所抒发的怨情也更丰富。

“共问寒江千里外,征客关山路几重”(王勃《采莲曲》),是对前程的悬想、瞻念,“郎今欲渡缘何事?如此风波不可行”(李白《横江词》),是对行者的好心劝告。“三朝上黄牛,三暮行太迟。三朝又三暮,不觉鬓成丝”(李白《三峡》),水路之行的愁绪可知,“朝登剑阁云随马,夜渡巴江雨洗兵”(岑参《奉和相公发益昌》),则兼及水陆而见路途的艰辛。蜀人感慨“欲渡黄河冰塞川,将登太行雪满山”(李白《行路难》),而入蜀之人又说“蜀门去国三千里,巴路登山八十盘”(雍陶《到蜀后记途中经历》)。始行时“语别在中夜,登车离故乡”(马戴《早发故园》),行程中“鸡声茅店月,人迹板桥霜”(温庭筠《商山早行》),感受各有不同。“胡笳怨兮将送君,秦山遥望陇山云”(岑参《胡笳歌送颜真卿使赴河陇》)表达了“河、陇之不堪使,而惜别在言外”[③],是送人远行,而“寒窗危竹枕,月过半床阴。嫩叶不归梦,晴虫成苦吟。酒无通夜力,事满五更心。寂寞谁相似,残灯与素琴”(刘威《冬夜旅怀》),则是“调不高而有至情”(吴乔《围炉诗话》语)的自身所感。

诗人们所行目的不同,诗中抒发的感情亦异:“凭添两行泪,寄向故园流”(岑参

---

① 丁福保:《历代诗话续编》,中华书局,1983年版,第1244页。

② 陈寿:《三国志》卷一一《袁涣传》,上海古籍出版社、上海书店,1986年版,第1107页。

③ 沈德潜:《唐诗别裁集》,上海古籍出版社,1979年版,第165页。

《西过渭州见渭水思秦川》)，是出塞的乡愁，“况与故人别，那堪羁宦愁”(韩愈《祖席秋字》)，是为宦的离愁，“沧波归处远，旅食尚边愁”(项斯《中秋夜怀》)，是旅食的边愁。而所行的去处不同，旅愁也不同：“对酒惜馀景，问程愁乱山。秋风万里道，又出穆陵关”(戴叔伦《别友人》)，“风生淮水上，帆落楚云间”(马戴《夕次淮口》)，“明月异方意，吴歌令客愁”(常建《江行》)，穆陵关在今湖北麻城与河南交界处，淮水、楚云、吴地，这些地方虽非长安、洛阳，却开发较早，经济、人文都较发达，故旅愁不应太重。而“失意还独语，多愁只自知”(张籍《蓟北旅思》)，“寂寞江山摇落处，怜君何事到天涯”(刘长卿《长沙过贾谊宅》)，“坐到三更尽，归仍万里赊……二年随骠骑，辛苦向天涯”(戎昱《桂州腊夜》)，旅情之重，与蓟北之僻，桂林之远，长沙为特定迁谪之地，是密切相关的。因此，就更不必说前述的韩愈、刘禹锡、柳宗元等人了。

空间的阻隔固然是旅愁生发之由，特定的时间、场所，也催生出羁情旅思。“摇落暮天迥，青枫霜叶稀……乡心正欲绝，何处捣寒衣”(刘长卿《余干旅舍》)，“黄叶黄花古城路，秋风秋雨别家人”(李群玉《金塘路中》)，“庭销荒芜独夜吟，西风吹动故山心”(薛能《秋夜旅舍寓怀》)，“促织声尖尖似针，更深刺着旅人心”(贾岛《客思》)，都是秋天兴旅愁的很好例子。除夕、新年之日，更为离家独宿逆旅而悲伤：“旅馆寒灯独不眠，客心何事转凄然？故乡今夜思千里，霜鬓明朝又一年。”(高适《除夜作》)“旅馆谁相问？寒灯独可亲。一年将尽夜，万里未归人。”(戴叔伦《除夜宿石头驿》)而“老至居人下，春归在客先”，也是客中对新年来时、岁月流逝的感受，“已似长沙傅，从今又几年”(刘长卿《新年作》)，则更入之以迁谪之意。诗人将时光流逝、乡愁加重的体验，概括为“异国久为客，寒宵频梦归”(于武陵《客中》)，是不少人的真实体验。

古代士人似乎只有仕宦与隐逸这两条传统的人生道路，又因男权社会的原因，朋友交谊的重要，甚至过于家庭，因而对行旅的感情常系心于良朋挚友。诗人们在送别时感慨“手折衰杨悲老大，故人零落已无多”(刘长卿《七里滩重送严维》)，行旅中也是“旅涂谁见客青眼，故国几多人白头”(刘沧《秋日寓怀》)。既为离别而伤感：“故人从此去，望远不胜愁”(刘绮庄《扬州送人》)，“客愁何并起？暮送故人回”，“独坐离容惨，孤灯照不开”(贾岛《泥阳馆》)。又为知己的远方来信而伤情：“两行灯下泪，一纸岭南书。”(卢纶《夜中得循州赵司马侍郎书因寄回使》)郑谷《淮上与友人别》：“扬子江头杨柳春，杨花愁杀渡江人。数声风笛离亭晚，君向潇湘我向秦。”被《增定评注唐诗正声》评为“茫茫别意，只在两‘向’字写出”[①]，深情厚谊，于此可见。

诗人抒发的主要是自己的旅愁，但也有因行旅所见，对人民遭受的痛苦感同身受，形之于诗，使之成为一类特殊的怨诗。如皮日休曾南涉洞庭，又登庐山，经箕颍樊邓入蓝关，行程二万余里，后应举。其《三羞诗》其二小序云：“旅次于许传舍，闻叫咷之声动于城郭。问于道民，民曰：蛮围我交阯，奉诏征许兵二千征之。其征且再，有战皆没。其哭者，许兵之属。”有感于自己道不足以济时，“又手不提桴鼓，身不被兵械，怡然

① 陈伯海：《唐诗汇评》，浙江教育出版社，1995年版，第2849页。

自顺，怡然自乐”，故“作诗以吊之”。其三亦云：“丙戌岁，淮右蝗旱，日休寓小墅于州东。下第后，归之，见颍民转徙者，盈途塞陌，至有父舍其子、夫捐其妻、行哭立匄、朝去夕死。”自己虽山居而不虞温饱，遂“因羞不自容，作诗以唁之”。因此，这些颇具新乐府意味和内省精神的作品，是因求进士而行旅，从而开阔了眼界，接触了现实，“兴”而作之。此类作品，是行旅怨诗的“另类”，却因对人民所遭受苦难的深切同情，而具有很强的社会性，很高的思想价值。

四　离　别

离别与行旅有因果互动关系，后者是一个较长的过程，前者则兼有片刻与长期的双重意义。唐代行科举制，士子“怀牒自列”参加考试，衍生出漫游、结交、行卷等一系列行为，他们踏上求仕的旅程，遂造成了诸多的离别；而科场中的胜利者，也通过铨选得官，踏上仕途，因游宦而生离别，当然也是必然之事。唐代的商业远较前代发达，与之相关的手工业也有很大发展。且不说从军、战乱，仅就“四民”的比例言，士、商、工的增多，当然行旅者多，离别也多，“点点抱离念，旷怀成怨歌”（马戴《晚眺有怀》），成为了真情感人的好诗。

“不敢要佳句，愁来赋别离”（杜甫《偶题》），离愁之生常缘于游宦，虽说为官是士人的追求，但“况与故人别，那堪羁宦愁”（韩愈《祖席秋字》），至有诗人总结道：“虽言千骑上头居，一世生离恨有馀。叶下绮窗银烛冷，含啼自草锦中书。”（耿湋《古意》）岑参侧身军幕，远行西域，其诗开出一个新奇的世界，却又有“塞花飘客泪，边柳挂乡愁”（《武威春暮闻宇文判官西还已到晋昌》），“别家赖归梦，山塞多离忧”（《初过陇山途中呈宇文判官》）的离愁表达，《逢入京使》尤见酸楚：“故园东望路漫漫，双袖龙钟泪不干。马上相逢无纸笔，凭君传语报平安。”白居易《朱陈村》有云：“孤舟三适楚，羸马四经秦。昼行有饥色，夜寝无安魂。东西不暂住，来往若浮云。离乱失故乡，骨肉多散分。”因对宦游、离情有极深体会，其离别小诗也十分感人：“南浦凄凄别，西风袅袅秋。一看肠一断，好去莫回头。”（《南浦别》）至如“身多疾病思田里，邑有流亡愧俸钱”（韦应物《寄李儋元锡》），则离思交织愧意，又多了一份情感。尤其是不能遂高官之愿，“青云未得平行去，梦到江南身旅羁”（方干《旅次洋州寓居郝氏林亭》），为微职远走他乡，使离情更甚。

唐人喜结交，切磋琢磨，志同道合，未免情深，故即别时感叹“明朝牵世务，挥泪各西东”（杜甫《酬孟云卿》），“知有前期在，难分此夜中”（司空曙《别卢秦卿》），分手时更是“东流若未尽，应见别离情”（李白《口号》），或谓“春风知别苦，不遣柳条青”（李白《劳劳亭》），或云“故人一别几时见，春草还从旧处生”（顾况《赠远》）。离别之后，常是“忆君遥在潇湘月，愁听清猿梦里长”（王昌龄《送魏二》），感叹“人间多离别，处处是相思”（雍陶《寒食夜池上对月怀友》）。至如顾非熊《下第后送友人不及》：“失意经寒食，情偏感别离。来逢人已去，坐见柳空垂。细雨飞黄鸟，新蒲长绿池。自倾相送酒，终不展愁眉。”春思、落第、别情本已多愁叠加，却又送友不及，其情更是不堪。

“别离岁岁如流水，谁辨他乡与故乡”（李颀《失题》）是无奈之语，故土观念仍使诗人感叹“绝知春意好，最奈客愁何”（杜甫《江梅》），思归而怨生：“渺渺春生楚水波，楚人齐唱竹枝歌。与君皆是思归客，拭泪看花奈老何！”（顾况《早春思归有唱竹枝歌者坐中下泪》）。杜甫借燕托情，“可怜处处巢君室，何异飘飘托此身”（《燕子来舟中作》），李涉以水言离，“关门不锁寒溪水，一夜潺湲送客愁”（《再宿武关》），而“峡口花飞欲尽春，天涯去住泪沾巾。来时万里同为客，今日翻成送故人”（司空曙《峡口送友人》），则见客中送客牵动宦情离愁的真切感。诗人创造了诸多思乡形象：“落叶他乡树，寒灯独夜人”（马戴《灞上秋居》），“洞庭一夜无穷雁，不待天明尽北飞”（李益《春夜闻笛》），“不用凭栏苦回首，故乡七十五长亭”（杜牧《题齐安城楼》），“山牵别恨和肠断，水带离声入梦流”（罗隐《绵谷回寄蔡氏昆仲》），“函关归路千余里，一夕秋风白发生”（无名氏《杂诗》）。无论是赋而比、兴，“为客正当无雁处，故园谁道有书来”，“心似百花开未得，年年争发被春催”（曹松《南海旅次》），还是纯粹赋体，“迢递三巴路，羁危万里身。乱山残雪夜，孤独异乡春。渐与骨肉远，转于僮仆亲……”（崔涂《巴山道中除夜书怀》），都以真情感人。

“故国无消息，流年有乱离”（郑谷《摇落》），唐末之诗，还可读出兼及家、国的离愁。郑谷以七律《鹧鸪》得名，时号“郑鹧鸪”，但应是另一写及鹧鸪者更能引发读者的离愁：“花月楼台近九衢，清歌一曲倒金壶。座中亦有江南客，莫向春风唱鹧鸪。”（《席上贻歌者》）《诗境浅说》以之与李白“宫女如花满春殿，如今唯有鹧鸪飞”相较，并说：“因其凄音动人，故怀古思乡，易生惆怅也。”①崔涂的“怀君非一夕，此夕倍堪悲。华发犹漂泊，沧州又别离。冷禽栖不定，衰叶堕无时。况值干戈隔，相逢未可期”（《秋夕与友人话别》），也将别离、漂泊与干戈、烽火相联系，带着晚唐特有的时代特点。韩偓《伤乱》的“故国几年犹战斗，异乡终日见旌旗。交亲流落身羸病，谁在谁亡两不知”，则更见沉痛，其写乱后避地或途中所作，都是家愁国恨交织，令人读之黯然。

除诗人自诉外，还有专写人民的离别诗，其中颇多如《诗·邶风·雄雉·序》所说：“军旅数起，大夫久役，男女怨旷。”从杜甫到白居易等，甚多此类作品，且尤以从女性角度写而见长。专表怨妇之情，如：“朝朝候归信，日日登高台”（孟郊《望远曲》），“自家夫婿无消息，却恨桥头卖卜人”（施肩吾《望夫词》）。表商妇对重利轻离之怨，则有李白《江夏行》《长干行》等，其《山鹧鸪词》显为南姬嫁作北妇而作，比之鸟而表其哀怨。又，离别诗中还有近于“男子作闺音”的代言体一类，如顾况的《弃妇词》：“古人虽弃妇，弃妇有归处。今日妾辞君，辞君欲何去？本家零落尽，恸哭来时路。忆昔未嫁君，闻君甚周旋。及与同结发，值君适幽燕。孤魂托飞鸟，两眼如流泉。流泉咽不燥，万里关山道。及至见君归，君归妾已老。物情弃衰歇，新宠方妍好……”将弃妇之由、之怨表现得非常深刻动人。李益《江南词》：“嫁得钱塘贾，朝朝误妾期。早知潮有信，嫁与弄潮儿。”

① 陈伯海：《唐诗汇评》，浙江教育出版社，1995年版，第2846页。

写商妇的怨情可谓无理而真。晚唐孟迟的《闺情》:“山上有山归不得,湘江暮雨鹧鸪飞。蘼芜亦是王孙草,莫送春香入客衣。”虽为体验闺情而非代言,但确如《唐诗选脉会通评林》所说:“盖怨有馀悲,非深谙闺情者不能道此。”①杜牧说“正是客心孤迥处,谁家红袖凭江楼”(《南陵道中》),是诗人客游中对“红袖”的思念,而女子自己也善写离情,如“已惊颜索寞,渐觉鬓凋残。泪眼描将易,愁肠写出难”(薛媛《写真寄外》),“胡麻好种无人种,正是归时底不归”(葛鸦儿《怀良人》),都是好诗。

(原载《中国韵文学刊》2006年第4期)

刺政、舒愤与唐代怨诗

摘　要　“诗可以怨”具“怨刺上政”和“舒心志愤懑”两个向度,虽正统思想重在“中和”,但钱锺书先生仍指出了经学家的异端看法,列举出从何休以来刘勰、钟嵘等人对“可以怨”思想的发展。而韩愈对怨诗的肯定,可看作是唐代文艺思想的一个重要标志,白居易所论也与之相辅。若不包括讽谕诗及宫怨、闺怨等诗,因唐代特有的政治、社会生活及所行制度,使得怨诗有了各自的生成机制,唐人的怨诗主要可分为四类:怨战、迁谪、落第、离别,它们多是以真情动人的好诗。

关键词　诗可以怨　唐人　怨战　迁谪　落第　离别

“诗可以怨”是一个恒久的话题,在唐诗众多的题材中,怨诗占据了很大的一席,研究者较多关注的是其中与女性相关的宫怨与闺怨诗,另外则是边塞诗中的怨战之作,对于其他的怨诗则相对论述较少。宋人方逢辰《邵英甫诗集序》对历代诗人作了如此“分工”:“前辈有以放而诗者,谢灵运是也;有以狂而诗者,李太白是也;有以寓而诗者,陶渊明是也;有以穷而诗者,郊、岛是也;有以怨而诗者,屈平是也。以文为诗者,昌黎;以史为诗者,少陵;以侠为诗者,非今之江湖子乎。”②上述诗人中,尤以唐代为多,郊、岛之“穷”固多怨诗,李白、杜甫、韩愈等诗人也有不少怨诗,他们所作证明了“以怨而诗”不仅屈原一家,在“气象”“风骨”“兴寄”“讽谕”“兴趣”之外呈现出唐诗的另一面目。

一

“怨”的本义是“不满”“埋怨”,《书·康诰》“爽惟天其罚殛我,我其不怨”,《诗·卫

① 陈伯海:《唐诗汇评》,浙江教育出版社,1995年版,第2546页。

② 方逢辰:《蛟峰文集》卷四,文渊阁四库全书本。

风·氓》"及尔偕老,老使我怨",即此义。进而发展为"恨",《易·系辞下》"益以兴利,困以寡怨",《荀子·尧问》"禄厚者民怨之,位尊者君恨之",皆"怨""恨"同义。

"诗可以怨"是孔子关于文艺功能的一个重要看法,《论语·阳货》载:

> 子曰:"小子何莫学夫诗?诗,可以兴,可以观,可以群,可以怨。迩之事父,远之事君。多识于鸟兽草木之名。"

孔子本主张"无怨",《论语·宪问》有"不怨天,不尤人"之说,《里仁》亦曰:"事父母……劳而不怨。"《卫灵公》则云:"躬自厚而薄责于人,则远怨矣。"所以,当子张问其"何谓五美"时,他答以"君子惠而不费,劳而不怨,欲而不贪,泰而不骄,威而不猛"(《尧曰》)。之所以将"劳而不怨"作为其一,他如此解释:"择可劳而劳者,又谁怨?"因为这是与"因民之所利而利之"的"惠而不费"(以上均出《论语·尧曰》)密切相关、相辅而行的。但是,现实并不是"百姓足,君孰与不足?百姓不足,君孰与足"(《论语·颜渊》),却不乏"苛政猛于虎"的现象,人民焉得不怨?因此,在面对事实上存在的怨诗时,孔子采取了肯定的态度,认为"诗可以怨"。

《尚书》所载的《五子之歌》是我国较早的怨诗,其后,《诗经》中怨诗渐多。先民对现实生活的感受正如《大雅·板》所说:"辞之辑矣,民之洽矣;辞之怿矣,民之莫矣。"《毛传》:"辑,和;洽,合;怿,说;莫,定也。"此"辞"主要指政令教化,意为:政令协调和缓,人民也和谐安定。反之亦反,怨声遂作,"心之忧矣,我歌且谣"(《魏风·园有桃》),"夫也不良,歌以讯之"(《陈风·墓门》),《说文》:"讯,数谏也。"段玉裁注云:"谓数其失而谏之。凡讥刺字当用此。"忧而怨作,谏而刺生,其甚者则"忧心如惔,不敢戏谈","民言无嘉,憯莫惩嗟"(《小雅·节南山》),以至于明言"君子作歌,维以告哀"(《小雅·四月》)。"告哀"的《四月》,《诗序》以为是大夫刺幽王之作,"在位贪残,下国构祸,怨乱并兴焉"。虽主于自伤,但更体现为"诗可以怨"。

对奉行中道的孔子来说,承认诗歌之可以怨,应是他的政治观、文艺观超越他哲学观之体现,也是他人道意识、民本主义和仁政思想的体现,且对我国的文艺批评有很大的影响。

"诗可以怨"应有两个向度:对外和对内。对外是"怨刺上政"(《论语集解》引孔安国语),皇侃《论语义疏》兼及为政者和怨政者而言:"讽谏之法,言之者无罪,闻之者足以戒,故可以怨。"若借用孔颖达《诗大序·正义》语,对内则有"舒心志愤懑"的作用,因而朱熹《论语集注》以"怨而不怒"作了补充性的解释,认为应合度而不"过"。所以,"可以怨"兼及干政功能和抒情作用,是对诗歌为"用"之一的充分肯定。

在政浊君昏的时代,"介眇志之所惑兮,窃赋诗之所明"(《楚辞·悲回风》),诗歌的这一功能变为了以自诉为主,对内抒发愤怨之作渐多,尤其是"屈平正道直行,竭忠尽智以事其君",却"信而见疑,忠而被谤,能无怨乎?屈平之作《离骚》,盖自怨生也"(司马迁《史记·屈原传》)。"怨"是"诗""骚"传统的主要体现,如果说《诗经》的民歌多人民对“上政”的怨刺，那么《楚辞》则多因对“上政”的失望而生怨，使之具有强烈的抒情性。

本来，怨刺和自怨难以截然划分，在古代优秀的创作传统中，两者经常交织一起。阐发汉代正统思想的《诗大序》和《汉书·艺文志》，都对情感问题采取居中态度，不偏不倚。而司马迁则因自己的切身体会，肯定了屈原的“自怨”，他关于创作动因的见解，如“意有所郁结”，尤其是“圣贤发愤之所为作”（均见《史记·太史公自序》），更是奠定了发愤抒情的传统，而因此还引发了对屈原的不同评价。班固《离骚序》云：“今若屈原，露才扬己，竞乎危国群小之间，以离谗贼。然责数怀王，怨恶椒、兰，愁神苦思，强非其人，忿怼不容，沉江而死，亦贬絜狂狷景行之士。”显然与司马迁所说相左。

虽说《诗大序》《汉书·艺文志》都为“中道”所制约，但即便是经学家也有“异端”思想。正如钱锺书先生《诗可以怨》一文所说：

> 《公羊传》宣公十五年“初税亩”节里“什一行而颂声作矣”一句下，何休的《解诂》也很耐寻味。“太平歌颂之声，帝王之高致也……独言‘颂声作’者，民以食为本也……男女有所怨恨，相从而歌：饥者歌其食，劳者歌其事。”《传》文明明只讲“颂声”，《解诂》补上“怨恨而歌”，已近似横生枝节了；不仅如此，它还说一切“歌”都出于“有所怨恨”，把发端的“太平歌颂之声”冷搁在脑后。①

后来，陈子龙也认为：“我观于《诗》，虽颂皆刺也——时衰而思古之盛王。”（《陈忠裕全集》卷二一《诗论》）钱先生联系何休和陈子龙所说，紧接上面一段引文而论道：“陈子龙认为‘颂’是拐弯抹角的‘刺’；何休仿佛先遵照《传》文，交代了高谈空论，然后根据经验，补究了真况实话：‘太平歌颂之声’那种‘高致’只是史书上的理想或空想，而‘饥者’‘劳者’的‘怨恨而歌’才是生活里的事实。何、陈两说相辅相成。中国成语似乎也反映了这一点。”②

在从何休到陈子龙的漫长历史中，钱锺书先生列举了刘勰、钟嵘和韩愈三人对“诗可以怨”思想的发展。《文心雕龙·才略》讲到冯衍时说：“敬通雅好辞说，而坎壈盛世；《显志》、《自序》亦蚌病成珠矣。”或许因为刘勰出身僧人，故其所说虽为“郁结”“发愤”之意，却“淡淡带过，语气不像司马迁那样强烈”。论到司马迁与钟嵘的不同时，钱先生说：

> 司马迁举了一系列“发愤”的著作，有的说理，有的记事，最后把《诗三百篇》笼统都归于“怨”，也作为一个例子。钟嵘单就诗歌而论，对这个意思加以具体发挥。《诗品·序》里有一节话，我们一向没有好好留心。“嘉会寄诗以亲，离群托诗以怨。至于楚臣去境，汉妾辞宫；或骨横朔野，魂逐飞蓬；或负戈外戍，杀气雄边，塞

---

① 钱锺书：《七缀集》，上海古籍出版，1985 年版，第 121 页。

② 钱锺书：《七缀集》，上海古籍出版，1985 年版，第 121 页。

客衣单，孀闺泪尽；或士有解佩出朝，一去忘反，女有扬蛾入宠，再盼倾国。凡斯种种，感荡心灵，非陈诗何以足其义？非长歌何以骋其情？故曰：'诗可以群，可以怨。'使穷贱易安，幽居靡闷，莫尚于诗矣！"……钟嵘不讲"兴"和"观"，虽讲起"群"，而所举压倒多数的事例是"怨"……《序》结尾又举了一连串的范作，除掉失传的篇章和泛指的题材，过半数都可以说是"怨"诗。[①]

钟嵘之所以肯定怨诗，当因为晋宋以后的诗逐渐重形式（声病）而轻内容，渐远现实，或游仙、玄言，或隐逸、山水，因此，上面所举"离群托诗以怨"诸例，多属社会性、政治性题材。钟嵘《诗品序》论诗提倡"滋味"，以"穷情写物，最为详切"，在他心目中，怨诗当最能"穷情"也最有"滋味"，故"所举压倒多数的事例是'怨'"。

钱先生认为，司马迁的"愤"就是"坎壈不平"，即通常所谓的"牢骚"，而韩愈《送孟东野序》所说的"不平"包括愤郁和欢乐，与"牢骚不平"并不相等，可谓"细读"而作此发覆之见。但他又指出了韩愈《荆潭唱和诗序》"确曾比前人更明白地规定了'诗可以怨'的观念"，因为"这篇文章是恭维两位写诗的大官僚的，恭维他们的诗居然比得上穷书生的诗，'王公贵人'能'与韦布里闾憔悴之士较其毫厘分寸'。言外之意就是把'憔悴之士'的诗作为检验的标准，因为有一个大前提：'夫和平之音淡薄，而愁思之声要眇，欢愉之辞难工，而穷苦之言易好也。'"[②]回过头来看《送孟东野序》，此文最后所说的："抑不知天将和其声，而使鸣国家之盛耶，抑将穷饿其身，思愁其心肠，而使自鸣其不幸邪？"显然在二者之中是选择了后者，是对"诗可以怨"之认定。

韩愈出身进士，却以重建儒家道统自任，更应属于儒林人物。他在这里表达与正统汉儒不同的思想，肯定不平之鸣、诗可以怨，既是对司马迁"发愤"说的继承，也清楚地看到历史与现实生活中引起发愤、不平的诸多事实，承认了抒发真情的合理性。因此，这不掩情性之处，又是文苑精神的所在。据此可断定，韩愈的思想跨越了儒林、文苑两大传统。而他的所论在突破"温柔敦厚"影响，充分肯定怨诗价值的同时，在某种意义上又成为了唐代文学思想转变的一个关纽，也为后人评价唐诗确立了理论标志。

唐人在扭转六朝文学观而导向政教之论的同时，又重在抒发情性。限于篇幅，本文不论前者，而仅论"情"与"怨"。

王通在隋讲学河汾，从者甚众，对唐初影响颇大。他在评价六朝文士时，本着儒家正统思想而多加否定，但在回答薛收"今之民胡无诗"之问时，答以："诗者民之情性也，情性能亡乎？"[③]孔颖达《毛诗正义序》说："夫诗者，论功颂德之歌，止僻防邪之训，虽无为而自发，乃有益于生灵……若政遇醇和，则欢娱被于朝野；时当惨黩，亦怨刺形于咏歌。作之者所以畅怀抒愤，闻之者足以塞违从正。"[④]兼及内外、上下，创作动因与

---

① 钱锺书：《七缀集》，上海古籍出版，1985年版，第123至124页。

② 钱锺书：《七缀集》，上海古籍出版，1985年版，第127页。

③ 王通：《中说 关朗篇》，四部丛刊影宋本。

④ 阮元刻：《十三经注疏》，中华书局，1980年版，第261页。

功能，而尤其肯定了怨刺、抒愤之作。王通之孙王勃《上吏部裴侍郎启》虽否定自屈宋以至南朝的大批文士，但《秋日游莲池序》却有以诗文抒发愤懑之论。出于对现实生活的感受，又关乎自己的遭遇，不少人都适度肯定前人的文学创作，表达了对作品抒情性、尤其是对怨诗的认同。卢照邻《五悲·悲才难》就以孤愤情怀肯定发愤之作，骆宾王《上吏部裴侍郎启》也有“怨于心者，哀声可以应木石；感于情者，至性可以通神明”之说。

在陈子昂倡“风骨”“兴寄”之后，盛唐诗人的诗歌创作在继续这一精神的同时，多以真情见长，其中不乏怨诗，与之相应，诗论也有涉及。如元结《箧中集》，所收诗人都是“名位不显，年寿不将，独无知音，不见称颂”者，“皆以正直而无禄位，皆以忠信而久贫贱，皆以仁让而至丧亡”（见《箧中集序》）①，他所激赏的孟云卿，因“词气伤苦”，被高仲武《中兴间气集》认作“怨者之流”。于是，重情且肯定怨诗之论，到中唐已成必出之势。

中唐的不少诗歌，从多方面表现出《新唐书·文艺传》所说的“怨望讪国”之意。与之相关的诗论也明显发生了重情的变化。如白居易《与元九书》云：“感人心者莫先乎情，莫始乎言，莫切乎声，莫深乎义。诗者，根情，苗言，华声，实义。”②《策林·采诗》云：“大凡人之感于事，则必动于情。然后兴于嗟叹，发于吟咏，而形于歌诗矣。”③其《序洛诗》进而有云：“予观览古今歌诗，自《风》、《骚》之后，苏、李以还，次及鲍、谢徒，迄于李、杜辈……观其所自，多因谗冤谴逐，征戍行旅，冻馁病老，存殁别离，情发于中，文形于外。故愤忧怨伤之作，通计今古，什八九焉。世所谓文士多数奇，诗人尤命薄，于斯见矣。”④他的《读李杜诗集因题卷后》：“翰林江左日，员外剑南时。不得高官职，仍逢苦乱离。暮年逋客恨，浮世谪仙悲。吟咏留千古，声名动四夷。文场供秀句，乐府待新词。天意君须会，人间要好诗。”也形象表明了好诗与“怨”“悲”“恨”紧密相关的思想。其同道元稹，基于创作实践，将“怨”作为诗之一体，其《乐府古题序》云：“是后诗之流为二十四名……怨、叹、章、篇。”

以韩愈、白居易为代表，可见中唐诗人对怨诗的态度。影响至晚唐，李商隐《献侍郎钜鹿公启》仍说：“推李杜则怨刺居多，效沈宋则绮靡为甚。”此时李杜并称已成定局，是唐诗公认的最高峰，将李杜与沈宋对举，说明了对怨诗的肯定，也呼应了韩愈对李杜的尊崇，以及不平则鸣、穷而易好之论。而“怨刺”既与“绮靡”相对，结合李杜诗的创作实际，应是包括了“怨刺上政”和“舒心志愤懑”二义，是兼及主客观两端的。

二

前引白居易《序洛诗》，将“谗冤谴逐，征戍行旅，冻馁病老，存殁别离”等，作为“情

①《唐人选唐诗》，上海古籍出版社，1978年版，第27页。
② 朱金城：《白居易集笺校》，上海古籍出版社，1988年版，第2790页。
③ 朱金城：《白居易集笺校》，上海古籍出版社，1988年版，第3551页。
④ 朱金城：《白居易集笺校》，上海古籍出版社，1988年版，第3757页。

发于中，文形于外”的“愤忧怨伤之作”，所说大致可概括唐人怨诗的几种不同题材。笔者以为，若结合唐代社会、文化的实际特点，对上说又可略作调整，如不将诗人讽谕政事、代人民诉怨的诗歌，以及宫怨、闺怨类算在本论题范围内，唐人怨诗主要似可分为四类：怨战、迁谪、落第、离别。前两类多有“怨刺上政”意义，后两类则主于舒愤诉怨。

第一，怨战。

怨战之所以被认为是唐代怨诗的主要题材，是与这一朝代特有的政治、军事、外交、内政相关的，且与边塞战争及因此而起的武人跋扈、方镇割据、内乱不止相伴生。唐太宗努力靖边，实行羁縻政策，被西北诸藩尊为“天可汗”，又与吐蕃交好，稳定了西部边陲。武则天收复安西，平定契丹，也属正义的战争。唐玄宗在其统治前期成就了“开元盛世”，改府兵制为募兵制，军事实力大增，屡败侵略，正确处理和战关系，故此开元时期的边塞诗多歌颂正义战争、英雄主义。但到了天宝时期，玄宗锐意开边，穷兵黩武，边将极力邀功，人民妻离子散，边塞诗也多转为对不义战争的谴责和怨恨。安史之乱后，唐室虽或有短暂的中兴，但盛世已不复现，方镇割据、宦官专权、战乱不断。

陈子昂说“王师非乐战，之子慎佳兵”(《送著作佐郎崔融等从梁王东征》)，李白期待“何日平胡虏，良人罢远征”(《子夜吴歌》)，杜甫也说“苟能制侵凌，岂在多杀伤”(《前出塞》)，都以诗人的良知表达了对战争的正确看法。诗人希望“青海只今将饮马，黄河不用更防秋”(高适《九曲词》之三)，“玉帛朝回望帝乡，乌孙归去不称王。天涯静处无征战，兵气销为日月光”(常建《塞下曲》)。然而现实却是“为问边庭更何事？至今羌笛怨无穷”(高适《金城北楼》)，因此，他们说出了人民普遍的怨战心理：“年年战骨埋荒外，空见蒲桃入汉家”(李颀《古从军行》)，“由来征战地，不见有人还”(李白《关山月》)，“组练弃如泥，尺土负百夫”(杜甫《遣怀》)。唐玄宗大开边衅，此时的诗歌颇多怨战、反战思想。如李白的《塞上曲》，王琦注谓之是“借汉以喻，而叹其失御戎之策”。其《古风》有“银台金阙如梦中，秦皇汉武空相待”，“穷兵黩武今如此，鼎湖飞龙安可乘”等语，胡震亨《唐音癸签》说：“……时玄宗方用兵吐蕃、南诏，而受箓、投龙……大类秦皇、汉武之为……”而王夫之《唐诗评选》云：“后人称杜陵为诗史，乃不知此九十一字中有一部开元、天宝本纪在内。”“一部开元、天宝本纪”岂无怨战之意？天宝诗人刘湾存诗仅六首，但其《云南曲》却深刻揭示了唐玄宗用兵南诏所造成的结果：“去者无全生，十人九人死。岱马卧阳山，燕兵哭泸水。妻行求死夫，父行求死子。苍天满愁云，白骨积空垒。哀哀云南行，十万同已矣。”即使“怨”字不出亦怨气自现。

杜甫谴责穷兵黩武的名篇尤多。天宝十载，玄宗讨南诏大败，杨国忠大行募兵以再击之，杜甫作《兵车行》，借汉喻唐，谴责“边庭流血如海水，武皇开边意未已”，其“千村万落生荆杞”，“古来白骨无人收”等，传递出人民的深切怨恨。安史之乱，歌舒翰失守潼关，三年后，杜甫经此地，对当时全军覆灭、将士淹死黄河之中的惨剧，以“哀哉桃林战，百万化为鱼”(《潼关吏》)表伤痛之情。而《垂老别》开头就将战乱的苦难写得极其沉痛：“四郊未宁静，垂老不得安。子孙阵亡尽，焉用身独完！”乱平后，杜甫在夔州，因“野哭千家闻战伐”(《阁夜》)，故“正思戎马泪盈巾”(《又呈吴郎》)，深为军阀混战及吐蕃侵扰而痛心。至其绝笔《风疾舟中伏枕书怀》，仍以“战血流依旧，军声动至今”写出了自己的极度沉恸，也表达了人民的无尽悲怨。

刘湾《出塞曲》有云“死是征人死，功是将军功”，平定安史之乱的李光弼、郭子仪等，自应肯定其功绩，而安史降将李宝臣、李怀仙、田承嗣亦被分别封为成德、幽州、魏博节度使，渐成“河朔三镇”的割据，随之又是兵祸连绵不已。一直到中晚唐，诗人都持续着对不义战争的批判谴责，代为人民诉怨：“万里无人收白骨，家家城下招魂葬”（张籍《征妇怨》），“可怜无定河边骨，犹是春闺梦里人”（陈陶《陇西行》）。所以，“凭君莫话封侯事，一将功成万骨枯”（曹松《己亥岁二首》），是以形象的对比与刘湾所说呼应，而“几时拓土成王道，从古穷兵是祸胎”（李商隐《汉南书事》），则是理性的历史总结了。

第二，迁谪。

早在《尚书·虞书·舜典》已有“流共工于幽州，放驩兜于崇山，窜三苗于三危”之说，可谓迁谪之祖。屈原与贾谊，才高被谗而放逐，是贬谪文化的早期代表。汉代统治者鉴于秦朝刑罚太重，减少、减轻肉刑，改短徒刑期，并渐行流刑之法。北魏、北周以“流”为五刑之一，隋《开皇律》将五刑分二十等，其中“流”为三等。唐太宗减死刑及肉刑，“除趾法，加役流三千里，居作二年”（杜佑《通典》卷一五六《刑三·刑制下》），唐代对罪官本人的“流”“徙”，以及家属的相关处置，都有详尽的规定，对迁谪制作了很大发展，而唐代的政治斗争则累及许多诗人，使之踏上了迁谪之途。

据《新唐书》卷一一七《裴炎传》，武后称制，“大臣流放者数万族”。中宗复辟，依附二张者多被流贬，沈、宋与杜审言、崔融、苏味道等人都在内。宋之问作《度大庾岭》：“度岭方辞国，停轺一望家。魂随南翥鸟，泪尽北之花。山雨初含霁，江云欲变霞。但令归有日，不敢恨长沙。”沈佺期《入鬼门关》：“昔传瘴江路，今到鬼门关。土地无人老，流移几客还？”及《初达驩州》：“搔首向南荒，拭泪看北斗。何年赦书来？重饮洛阳酒。”都怨而见悲。

安史之乱授伪职及追随永王者，如张均、卢象、储光羲、郑虔、李白等都被流贬。李白《上崔相百忧章》和《万愤词投魏郎中》，都作于被问罪时，仅“百忧”“万愤”，就可见“怨”之已极。长流途中，他感叹：“我愁远谪夜郎去，何日金鸡放赦回。”（《流夜郎赠辛判官》）“远别泪空尽，长愁心已摧。三年吟泽畔，憔悴几时回！”（《赠别郑判官》）心境、情感可知。

韩愈先因论事被贬阳山，后因谏迎佛骨被贬潮州。柳宗元、刘禹锡都因永贞革新失败被贬，刘还京又因诗涉讥刺再被贬。白居易上疏言事被贬江州司马。因牛李党争以及反宦官，李德裕、牛僧孺、元稹等也被流放到岭南、云贵、川湘等地。“嗟我亦拙谋，致身落荆蛮。茫然失所诣，无路何时还？”（韩愈《宿曾江口示侄孙湘二首》）“雨滑危梁性命愁，差池一步一生休。黄泉便是通州郡，渐入深泥渐到州。”（元稹《酬乐天雨后见忆》）“不堪断肠思乡处，红槿花中越鸟啼。”（李德裕《谪岭南道中作》）“归目并随回雁尽，愁肠正遇断猿时。”（刘禹锡《再授连州至衡阳酬柳柳州赠别》）这些诗都充满了被贬的幽怨。尤其是柳宗元，“一身去国六千里，万死投荒十二年”（《别舍弟宗一》），更是："去国魂已远，怀人泪空垂。孤生易为感，失路少所宜。"(《南涧中题》)"海畔尖山似剑铓，秋来处处割愁肠。若为化得身千亿，散上峰头望故乡。"(《与浩初上人同看山寄京华亲故》)葛立方《韵语阳秋》卷一一云："呜呼！子厚之穷极矣！观赠李夷简书云：'……穷踬殒坠，废为孤囚，日号而望，十四年矣！'当时同贬之士，程异为宰相，而梦得亦得召用，则子厚望归之心为如何？然竟不生还，毕命于蛇虺瘴疠之区，可胜叹哉！"①对其所怨十分了解，是真正知人的同情之言。

第三，落第。

唐代行科举，其中的进士科更成为了庶族知识分子走上仕途的阶梯，而不似六朝在九品中正制之下，"上品无寒门，下品无势族"，只能如左思《咏史》那样感慨"世胄蹑高位，英俊沉下僚"。辛文房《唐才子传》所录唐诗人共278名，其中进士及第者171人，所占比例不可谓不高。但这只是一方面，另一个事实是："初唐四杰"都不是进士，孟浩然不得已成为了隐士，大诗人李白、杜甫亦非进士，中晚唐的李贺、贾岛、温庭筠、陆龟蒙、李群玉等著名诗人也未能登进士第。虽说推行进士制使诗人有出仕的机会，但取士毕竟有限，据《文献通考》卷二九，唐代贡举每年各科所取人数，多者三五十人，少者仅数人，大抵进士约千人，得第者百之一二，明经倍之，得第者十一二。且礼部试中后，尚要通过吏部考试才能入仕。②唐代的进士科取士数远不能与宋代相较，唐人也因落第而颇多怨诗。

诗史上孟郊、贾岛并称，苏轼以"郊寒岛瘦"论其诗风，实与二人的经历大有关系。试看孟郊《下第》："晓日难为光，愁人难为肠。谁言春物荣，独见花上霜。"次年的《再下第》："一夕九起嗟，短梦不到家。两度长安陌，空将泪见花。"可知其怨痛。孟郊老而登第，贾岛累举不第，笔下穷愁实多，以至有将二人相比者："或问二子其穷孰甚？曰：阆仙甚也。何以知之，曰：以其诗见之。郊曰：'种稻耕白水，负薪斫青山。'岛云：'市中有樵山，我舍朝无烟。井底有甘泉，釜中仍空然。'盖孟氏薪水自足，而岛家柴水俱无。"③虽是玩笑话，贾岛之穷态确实更甚于孟郊。从他的诗句，如"坐闻西床琴，冻折两三弦"(《朝饥》)，"鬓边虽有丝，不堪织寒衣"(《客喜》)，"羁旅复经冬，瓢空盎亦空"(《冬夜》)，皆可见之。韩愈说郊、岛所作多"穷饿""愁思"，以至"自鸣不幸"，是真正的知人之言。

顾况之子顾非熊，困举场三十年，其《落第后赠同居友人》："有情天地内，多感是诗人。见月长怜夜，看花又惜春。愁为终日客，闲过少年身。"体验极其真切。赵嘏的"落第逢人恸哭初，平生志业欲何如"(《下第后上李中丞》)，说出了诸多仕子的情态与心态。葛立方《韵语阳秋》卷十八载："杜荀鹤老而未第，求知己甚切，《投裴侍郎》云：'只望至公将卷读，不求朝士致书论。'《投李给事》云：'相知不相荐，何以自谋身。'《投

---

① 葛立方：《韵语阳秋》，上海古籍出版社，1979年版，第137至138页。

② 王鸣盛：《十七史商榷》卷八十一："东莱吕氏云：'唐制：得第后不即释褐，或再应皆中，或为人论荐，然后释褐。'"

③ 欧阳修：《欧阳修全集》，中华书局，2001年版，第1981页。

所知》云：'知己虽然切，春官未必私。宁教读书眼，不有看花期。'……如此等句，几于哀鸣矣。"[①]罗隐十举不第，只能归隐，其《感弄猴人赐朱绂》云："十二三年就试期，五湖烟月奈相违。何如买取胡孙弄，一笑君王便著绯。"较之元人宫天挺杂剧《范张鸡黍》[南吕一枝花]的"有那等刀笔吏入省登台，屠沽子封侯建节"，可谓讥讽、怨愤更甚，而元朝却是"九儒十丐"的社会！

第四，离别。

"黯然销魂者，唯别而已矣！"古往今来为离别而伤感惆怅可谓夥矣，江淹《别赋》列举七类离别，其中游宦、从军、学道、赴绝国属于离因，而恋人、刺客、富贵者则是离人。唐人的离别，身份且不言，离因则更多：前述科举、贬谪、战争，已涵盖江淹所说，仅科举就派生出漫游、行卷、考试、滞京等多种离因；唐代商业发达，因行商而离别，成为广泛的社会现象；至于战乱所造成的离别故土，或亲人的生离死别，也不鲜见。

中国传统的农业文化与宗法制度，形成了很强的故土、宗族、亲属意识，使诗人为离别而尤为感伤，慨叹"青山欲暮惜别酒，碧草未尽伤离歌"（司马扎《送孔恂入洛》），"点点抱离念，旷怀成怨歌"（马戴《晚眺有怀》）。孟郊《古怨别》写出了沉痛的离情别意："飒飒秋风生，愁人怨离别。含情两相向，欲语气先咽。心曲千万端，悲来却难说。别后唯所思，天涯共明月。"而"独坐离容惨，孤灯照不开"（贾岛《泥阳馆》），"旅涂谁见客青眼，故国几多人白头"（刘沧《秋日寓怀》）也与之相近。他们为与故人离别而伤感："手折衰杨悲老大，故人零落已无多"（刘长卿《七里滩重送严维》），"况与故人别，那堪羁宦愁"（韩愈《祖席秋字》）；也为离家独宿旅店而悲伤："旅馆谁相问？寒灯独可亲。一年将尽夜，万里未归人。"（戴叔伦《除夜宿石头驿》）白居易《朱陈村》有感这二村"亲疏居有族，少长游有群"，"生者不远别，嫁娶先近邻"，联想自己为仕宦奔忙而诉怨："孤舟三适楚，羸马四经秦。昼行有饥色，夜寝无安魂。东西不暂住，来往若浮云。离乱失故乡，骨肉多散分。"因此，耿湋《古意》说："虽言千骑上头居，一世生离恨有馀。叶下绮窗银烛冷，含啼自草锦中书。"

儒者以治国平天下为人生最高目标，但在唐人笔下，离绪别意更过于功业之念："故人行役向边州，匹马今朝不少留。长路关山何日尽，满堂丝竹为君愁。"（张谓《送卢举使河源》）

边塞诗人岑参虽有充满豪情壮志的诗歌，却仍流露出西行时的故园情，"凭添两行泪，寄向故园流"（《西过渭州见渭水思秦川》），在特殊的时节则更甚，"玉关西望肠堪断，况复明朝是岁除"（《玉关寄长安李主簿》）。若谓"语我他年旧，看君此日还。因将自悲泪，一洒别离间"（耿湋《送王润》，一作司空曙《送王闫》）所表达的是游宦中的羁愁，那么"渡头风晚叶飞频，君去还吴我入秦。双泪别家犹未断，不堪仍送故乡人"（顾非熊《瓜州送朱万言》）则是藉客中送客、各奔东西，写出了对故乡与他乡的特别体验。

由家而乡，由乡而国，乱而又离，则更有特殊的乡愁："乡人来话乱离情，泪滴残阳

---

① 葛立方：《韵语阳秋》，上海古籍出版社，1979年版，第245页。

问楚荆。白社已应无故老,清江依旧绕空城。高秋军旅齐山树,昔日渔家是野营。牢落故居灰烬后,黄花紫蔓上墙生。”(郑谷《渚宫乱后作》)相近者还有吴融的《重阳日荆州作》:“万里投荒已自哀,高秋寓目更徘徊。浊醪任冷难辞醉,黄菊因暄却未开。上国莫归戎马乱,故人何在塞鸿来。惊时感事皆无奈,不待残阳下楚台。”而崔涂的“病知新事少,老别旧交难”,“那堪试回首,烽火是长安”(《南山旅舍与故人别》),更将人情、国事打成一片。他们所作带着晚唐特定的时代特点,又与杜甫的离乱之作相近。

离情出之以思妇口吻,除边塞诗常见的思妇、怨女形象外,商妇也是重要角色。李白来往襄、汉、金陵,知吴俗好贾,所作《江夏行》《长干行》等,多表思妇之怨。李益《杂曲》:“爱如寒炉火,弃若秋风扇。山岳起面前,相看不相见。”被认为有汉魏乐府遗风,而施肩吾《佳人览镜》:“每坐台前见玉容,今朝不与昨朝同。良人一夜出门宿,减却桃花一半红。”体会思妇感情甚切,是近于“男子作闺音”的好诗。

总之,如严羽所说:“唐人好诗,多是征戍、迁谪、行旅、离别之作,往往能感动激发人意。”[①]其中三者可与上面所论相对应,足证“诗可以怨”的命题。

(原载《齐鲁学刊》2011 年第 5 期)

贵族文化、进士文化与唐诗

著名史学家吕思勉先生在《先秦学术概论》的《总论》中,对我国的学术流程作了很准确的概括和描述:“吾国学术,大略可分七期:先秦之世,诸子百家之学,一也。两汉之儒学,二也。魏、晋以后之玄学,三也。南北朝、隋、唐之佛学,四也。宋、明之理学,五也。清代之汉学,六也。现今所谓新学,七也。”[②]倘若仿照吕先生的说法,并取陈寅恪先生以华夏文化历数千年之演进而造极于赵宋之世的观点相观照,立足于“士”与我国文化的关系,对主流、精英文化在元朝以前的变迁作一个大略的描述,也差可概括为:先秦,诸子文化,一也;两汉,儒学文化,二也;六朝,贵族文化,三也;隋唐,进士文化,四也;宋朝,士大夫文化,五也。

循以上文化变迁之轨迹,或许可以写出一部新的文化史。但是,论述和判断这不同朝代的不同性质文化的特点,应是写出这一新的文化史的前提,是很不容易的,笔者当然无力、也无意于此,只是认为,我们研究文学史,实在不可离开文化史,而从文化史的角度看待文学的流变,当会有新的体会、发现。比如,历年以来,对唐诗繁荣原因的研究已是指不胜屈,不少论者都注意到了唐代诗歌的发达与科举制度的关系。笔者认为,对这一问题的认识还有继续深入的余地,尤其不应只停留在进士科本身,而

① 严羽著,郭绍虞校释:《沧浪诗话校释》,人民文学出版社,1961 年版,第 198 页。
② 吕思勉:《先秦学术概论》,中国大百科全书出版社,1985 年版,第 3 页。

应上升到进士文化的层面来认识，并可与前代相对照，以见出其间的不同。为此，特撰此文，对比论述以两晋为主的贵族文化与唐代的进士文化的主要特点，并在历史的流变中探求两种文化与诗歌间的关系。

一

贵族文化的生成与九品中正制相关。要说明这一问题，不妨先考察此前的选官制。

春秋战国时期，“士”阶层崛起。“士”本属贵族的最低层。《左传·昭公七年》记载楚人无宇论“古之制”时，有“天有十日，人有十等”之说，其中的“士”即处在王、公、大夫之下，是贵族的末等，而居于被统治的皂、舆、隶、僚、仆、台之上。在严格的宗法、等级制社会中，士不能有丝毫的僭越之举，只能终身依附于卿大夫。春秋时代，礼崩乐坏，士在失去了生活保障的同时，也挣脱了宗法制的约束，在大变动时期充分发挥所长，登上历史舞台，被西方史学家以世界性的眼光所叹赏，以为他们同印度、波斯、巴勒斯坦和希腊的学者一起，同时确立起人类精神的基础，造就出“轴心时代”的辉煌。

在结束了秦末的混乱，汉代大一统的政权建立起来之后，最高统治者确立起选官制度。汉文帝诏“举贤良能直言极谏者”，武帝采纳董仲舒的建议，建立起郡国岁举孝廉的察举制，使孝廉一科成为士大夫仕进的主要途径，且又令公卿、郡国举茂才、贤良方正、文学等，以选拔人才。此外，武帝又兴建太学，使太常博士弟子学成并经考试后能按等第录用。察举制和太学的建立，改变了官僚富豪垄断官位的局面，对加强皇权有积极作用。但是，正如《后汉书·左周黄列传》所说：“汉初诏举贤良方正，州郡察孝廉秀才，斯亦贡士之方也。中兴以后，复增敦朴、有道、贤能、直言、独行、高节、质直、清白、敦厚之属，荣路既广，觖望难裁。自是窃名伪服，浸以流竞。权门贵仕，请谒繁兴。”汉末童谣也有“举秀才，不知书。察孝廉，父别居。寒素清白浊如泥，高第良将怯如鸡”之说。东汉时期郡国行察举时的“率取年少能报恩者”[①]，则使门生、故吏对举主、府主形成新的依附关系，并结成集团，成为重要的政治力量。而东汉后期出现了一些“通经”的“专业户”，他们专攻一经，以经学入仕，以至累世为公卿。他们世居高位，且门生故吏遍布天下，演为门阀大族，并在察举制中得到寒门所不能得到的利益。

汉末动乱之中，曹操本着“有行之士，未必能进取；进取之士，未必能有行”的认识，下令求才。裴松之注《魏志·武帝纪》记其建安二十二年八月所下令，有云：“今天下得无有至德之人放在民间；及果勇不顾，临敌力战；若文俗之吏，高才异质；或堪为将守，负侮辱之名，见笑之行；或不仁不孝、而有治国用兵之术：其各举所知，勿有所遗。”曹操死后，曹丕建立了“九品中正制”，基本上延续了曹操的选举用人政策。此制度是在择取“贤有识鉴”的官员，在州郡兼任“中正”，按“才能”和家世，将士人分为九品，并加上评语，以之作为朝廷除授官职的依据，而中正定品，三年一改，且设“访问”

---

①《后汉书·樊儵传》。

一职以助中正调查。此制初行之时,确实对改革旧官制有积极作用,中正采纳正确舆论,按人才的优劣来定品第,使名士左右舆论、操纵选举的情况有所改变,但行之既久,弊病遂生。

西晋政权是司马氏建立的,这一家族在东汉以后就是世家大族,而西晋占据高位的文臣武将,也都是出身于名门望族,这一政权完全由世族把持,因此,一切政治措施都是为了维护世族的利益,巩固世族的势力。西晋的选举官吏,虽沿袭了曹魏政权的九品中正制,但逐渐地将重视才能演变为注重门第,使品定人才优劣之制逐渐蜕变为定世族高卑之举。正如《文献通考》所说:"其后中正任久,爱憎由己,而九品之法渐弊。遂计官资以定品格,天下惟以居位者为贵。"尚书仆射刘毅曾上疏晋武帝,论其法之弊,陈损政之道者八:"今之中正,定九品,高下任意,荣辱在手,操人主威福,夺天朝权势,爱恶随心,情伪由己。上品无寒门,下品无势族。公无考校之负,私无告诉之忌,损政之道一也……使是非之论,横于州里;嫌隙之仇,结于大臣,损政之道二也……今之中正,坐徇其私,推贵异之器,使在九品之下,负载不肖,越在成人之首,损政之道三也……委以一国之重,而无赏罚之防,使得纵横无所顾惮。诸受枉者,抱怨积久,独不蒙天地无私之德,长壅蔽于邪人之铨,损政之道四也……任己则有不识之弊,所受则有彼此之偏,所知以爱憎夺其平,所不知者以人事乱其度,损政之道五也。凡所以立品设状者,求人才而论功报也。今于限当报,虽职之高,还附卑品;无绩于官,而获高叙,是为抑实功而崇虚名也,损政之道六也……以品取人,或非才能之所长;以状取人,则为本品之所限。若状得其实,犹品状相妨,况不实者乎?损政之道七也……今之九品,所下不章其罪,所状不列其善。废褒贬之义,任爱憎之断,天下之人,焉得不懈于德行,而锐于人事乎?损政之道八也。"太尉司马亮、司空卫瓘也上疏请废九品中正制。卫瓘很正确地指出此制所起之由及后来之弊:"魏氏承颠覆之运,起丧乱之后,人士流移,考详无地,故立九品之制,粗具一时选用之本耳。其始造也,乡邑清议,不拘爵位,褒贬所加,足为劝励,犹有乡论余风。中间渐染,遂计资定品,使天下观望,惟以居位为贵,人弃德而忽道业,争多少于锥刀之末,伤损风俗,其弊不细。"[1]晋武帝虽认为他们所说在理,最终却仍未能采纳。

其实,刘毅上疏最关键的,除"爱恶随心,情伪由己"外,就是"上品无寒门,下品无势族"两句话。而这恰恰是造就贵族文化的缘由。

曹丕纳陈群所创的"九品官人法",行九品中正制,是使各州郡选用"贤有识鉴"的人兼任无品级、无俸禄的"中正",是按才能选人。而西晋时的州郡大小"中正",都是由高门世家担任,他们并非真正的"爱恶随心,情伪由己",而是有意识地将世族子弟置为上等。因为吏部选用官吏必须征询于中正,自己仅剩下了使用权,所以中正是真正掌握官吏选用权,"上品无寒门,下品无势族"也是势之必然。《南史·谢弘微传》云:"晋世名家,身有国封者,起家多拜员外散骑侍郎。"确是道出了历史的事实。

---

①《晋书》卷三六《卫瓘传》。

东晋政权的建立，主要得到了南渡的侨姓世族和江东大族的支持，门阀制度成为了东晋政治斗争的主要动因。东晋之初，已有“王与马，共天下”的民谣，说明了与司马氏共享政权的还有琅邪王氏，后来又有以庾亮为首的颍川庾氏，以桓温为首的谯国桓氏，以谢安为首的陈郡谢氏，他们作为东晋一代的“四大家族”，是掌握政治权力的门阀大族。由于东晋政权始终被门阀世族所控制，维护他们的利益是必然的。九品中正制依然被门阀世族用作操纵官吏选举，一些地位高、待遇好、不负实际责任，却悠闲自在的官职，被世族担任。如《初学记》所说：“秘书郎与著作郎，江左以来，多为贵游起家之选。故当时谚曰：‘上车不落，为著作；体中何如，则秘书。’”他们多从著作郎、秘书郎起，一直可以升迁到吏部尚书、尚书令等最高的职务。相比之下，出身寒门庶族的，只能担任处理实际事务的“浊官”，或经举察而成为秀才、孝廉，需经“策试”才能授官，而世家子弟则不须经过这一途径。

刘宋政权在选官制度上比起两晋有所变化。可能由于宋武帝刘裕少时家贫，出身行伍，故在登上皇位后，他有意于革除东晋弊政，使寒门庶族得以主政，在加强皇权、抑制士族势力的同时，他在选官制度上也部分改变了两晋的做法。虽州举秀才仍多为士族出身，但郡举孝廉则多出于寒素，且秀才、孝廉均需经策试，并形成制度。但是，在寒族势力兴起的同时，尚无法真正在选官制度上享有与士族相同的待遇。在宋末的内战中掌握了禁军的萧道成，自立为帝，改国号为齐。萧齐时代，寒族虽也可以靠皇帝擢拔，或通过引荐而得官，但选官主要还是着眼于士族，他们凭借祖荫，甚至可以位至公卿，与此相关的是撰修谱牒一事甚盛。雍州刺史萧衍灭齐，自立为帝，建立了梁朝，即梁武帝。梁武帝废除了中正定品制度，以“通经”为选举之要，为寒族开辟了为官的道路。但是，他又改定了北来士族的百家谱，令吏部据谱牒任官，以保证士族的地位。陈霸先废梁自立，建立了陈朝。陈朝恢复了被梁武帝废止的九品中正制，意在得到世族的支持，其选官制可谓是倒退之举。赵翼《陔余丛考》很正确地论谱学之由：“至魏九品中正法行，于是权归右姓。州有大中正主簿，郡中正功曹，皆取著姓士族为之。有司选举，必稽谱牒，故官有世胄，谱有世官，于是贾氏王氏谱学出焉。”

总之，九品中正制几乎贯穿了整个魏晋南北朝的历史，这一选官制度从西晋后就发生了蜕变，造就出世族子弟垄断高官显要的现象，甚至连北方政权也沾染此风。《陔余丛考》说：“当时风尚，右豪宗而贱寒畯，南北皆然，牢不可破。高允请各郡立学，取郡中清望人行修谨者为学生，先尽高门，次及中等。魏孝文帝以贡举猥滥，乃诏州郡慎所举，亦曰‘门尽州郡之高，才极乡闾之选’。”虽非世袭、却分高下的门阀制，造就出两晋和南北朝的贵族集团，“由来非一朝”的“世胄蹑高位，英俊沉下僚”成为社会的主导面，因此，六朝文化实可看作为贵族文化。

唐代的主流文化则是进士文化。

马克思有一个著名的论断：统治阶级的思想就是统治的思想。若统治阶级的最高统治者将其思想推之于政治，见之于制度，其对于社会生活和历史的影响自不待言。观察唐代的历史，我们不能不注意陈寅恪先生的《隋唐政治史述论稿》。在此书中，陈先生从朱熹《语类》的一句话“唐源流出于夷狄，故闺门失礼之事不以为异”得到启发，认为此语含有种族及文化二问题，“而此二问题实李唐一代史事关键之所在”。因为唐高祖之母独孤氏、太宗之母窦氏（即纥豆陵氏）、高宗之母长孙氏都是胡姓，不待阐述，所以陈先生重点对唐代皇室的氏族作了考证。他据唐室自称是西凉武昭王正支后裔，采诸书详考之，得出了李唐血统其初本是华夏，较晚才与胡夷混杂的结论，其先世则是赵郡李氏的“破落户”或“冒牌货”。鲜卑统治者实行汉化政策，宇文泰又有改易氏族之举，引起了谱系郡望的变化，此举也适合于汉人，李唐之改华夏名家的赵郡李氏为出于陇西，就是当时所施行政策的产物，反过来也可以证明李唐之祖至少并非赵郡高门。①

对李唐皇室的“查三代”当然不在于考察是否“根正苗红”，也并非因其有胡族血统而确定唐朝文化的开放与包容是仅在于这一原因。问题的关键是在陈先生所说的对“关中本位政策”的维护与破坏。陈先生说：“李唐皇室者唐代三百年统治之中心也，自高祖、太宗创业至高宗统御之前期，其将相文武大臣大抵承西魏、北周及隋以来之世业，即宇文泰‘关中本位政策’下所结集团之后裔也。”但是，“自武曌主持中央政权之后，逐渐破坏传统之‘关中本位政策’，以遂其创业垂统之野心”。在陈寅恪先生看来，破坏府兵制及推行进士科为武则天屏弃“关中本位政策”的两件大事。后者的“大崇文章之选，破格用人，于是进士之科为全国干进者竞趋之鹄的。当时山东、江左人民之中，有虽工于为文，但以不预关中团体之故，致遭屏抑者，亦因此政治变革之际会，得以上升朝列，而西魏、北周、杨隋及唐初将相旧家之政权尊位遂不得不为此新兴阶级所攘夺替代”。陈先生认为：“故武周之代李唐，不仅为政治之变迁，实亦社会之革命。若依此义言，则武周之代李唐较李唐之代杨隋其关系人群之演变，尤为重大也。”

政治的变迁、社会之革命，必然引起文化的变化。陈寅恪先生很正确地指出文化的地域性历史渊源及其变化。他引了“山东之人尚婚娅，江左之人尚人物，关中之人尚冠冕，代北之人尚贵戚”之说，进而论东汉末中原丧乱以后学术虽变化，但通经义、励名行以求从政，在河北即所谓山东地域尤为显著。《新唐书·选举志》云，“唐取人之路盖多矣”，朝廷在科举之外，又下诏征召各种人才，仕进并非只能通过一座独木桥，但科举仍无疑是最主要的途径。科举分常举和制举两种，前者每年进行一次，其中最重要的科目是明经与进士，在每年应考的大约数千名举子中，就比例而言，进士的录取人数只有明经的十分之一，故进士显比明经要难得多。因此，《唐摭言·散序进士》门说：“进士科始于隋大业中，盛于贞观、永徽之际。缙绅虽位极人臣，不由进士者，终不为美。以致岁贡常不减八九百人。其推重谓之‘白衣公卿’，又曰‘一品白衫’。其艰难谓之‘三十老明经，五十少进士’……其有老死于文场者，亦无所恨。故有诗云：‘太宗皇帝真长策，赚得英雄尽白头。’”由于武则天要改变“关中本位政策”，欲将一批被视

① 陈寅恪：《隋唐政治史述论稿》，上海古籍出版社，1997年版，第1至13页。

为浮华放浪的进士出身者提拔为新兴的统治阶级，也就必然改变了原先主张经学为正宗的情况。诚如陈先生所说："唐代贡举名目虽多，大要可分为进士及明经二科。进士科主文词，高宗、武后以后之新学也；明经科专经术，两晋北朝以来之旧学也。"唐高宗、武则天本是想改变初唐所行的政治利益世袭制，却又因此后"专尚进士科，以文词为清流仕进之唯一途径"，由于进士的主要应试科目是诗赋，遂使唐朝士人转向了对"文词"的重视，如《旧唐书·儒学传》所云，是"醇浓日去，华竞日彰"，这就必然促进了文艺的发展。

此后，玄宗虽有崇儒之举，但他本人却是一个极有文艺才能、极富文艺气质的人物，因此，也对文艺人才礼遇有加，这对促使文艺的繁荣无疑起了很大的作用。开元年间，科举制度中可谓进士科独尊，玄宗在进士科的考试中，又开始了加试诗赋之举，这无疑从制度上保证了文艺的被重视。所以，后来虽不断有人反对进士科，中唐时期的几个宰相如杨绾、权德舆、李德裕等，都坚持世族立场，对庶族知识分子凭借文词美妙而仕进、参政不满，却最终并未能阻拦这一政策的推行。

我们不必将武则天执政看作唐代文化的分水岭，从整体而言，隋唐以后行科举，与六朝的九品中正制已有根本的区别。李唐并非起于赵郡高门，最高统治者用遥认李耳为宗、崇尚道教、借助神权的方法来确立自己的地位。唐太宗重用功臣，改变了过去的门阀制，又承袭隋朝的科举制并加以完善，若将武则天的举措看作唐太宗所行的发展亦无不可。进士科的实行不仅是选官制度的问题，因为随着这一制度的推行，实际上逐渐形成了崭新的进士文化。对唐代进士文化的内涵，很难在此作详细的论证，其主要特征当在于其主体与传统的通经义、励名行以求仕者不同，在传统的"儒林""文苑"区分中，主要属后者，却并非截然两分，因之主要是文士及由他们仕宦后所形成的阶层造就出的文化。这一文化固然有其由文士本然带来的追求生活情趣和才情、文辞美妙的一面，在后期甚至异化为浮浪、轻薄、追逐利禄，但其主导面则在于对国家、社会、政治、民生等的责任感和理想的追求。我们在此不展开论述，而只拟将其与六朝(主要是两晋，适当上推至魏，下延至宋)贵族文化相比，并论述因此而造就的诗歌之变。

二

进士文化重视"世务"，关注社会、人生，改变了贵族文化的迂诞浮华，和文人的自恋倾向。同时也恢复并拓宽了诗歌的现实主义传统。

学者们多认为，人的觉醒与文的自觉是魏晋南北朝时期的两大主题。但我们也应注意，肇始这两大主题的《古诗十九首》，其作者却主要是游学洛阳的文人，而代表魏晋以来"人"与"文"的却是贵族。如果说《古诗十九首》大胆肯定人的欲望、感情，是对东汉以来谶纬神学目的论的否定，是人性与生命的觉醒，那么六朝则在继续的觉醒与自觉中逐渐发展出自恋的倾向。

魏晋以还的贵族文化的确具有自恋倾向，这一特点在刘劭《人物志》中已肇其端倪。汤用彤先生曾指出,《人物志》的书中大义可注意者有八,我们倘细审之,除“致太平必赖圣人”和“创大业则尚英雄”是重在“外”,其余的“一曰品人物则由形所显观心所现”,“二曰分别才性而详其所宜”,“三曰验之行为以正其名目”,“四曰重人伦则尚谈论”,“五曰察人物常失于奇尤”,“八曰美君德则主中庸无为”,都重在人物本身、尤其是内在的东西。这种现象与汉代以察举取士大有关系,诚如汤先生所说,“朝廷以名为治(顾亭林语),士风亦竞以名相高”①。魏晋以后,汉代士人专尚的月旦品题,其内容发生了变化,即从“论形之例”转为“精神之谈”,造就出“益期神游,轻忽人事”②的现象。尽管有确立“人的主题”之意义,但是,注重自身的言谈风度及由此而生的名声,却“轻忽人事”,其结果必然是逐渐发展为“不涉世务”。

以孔孟为代表的先秦儒家,提倡修身—齐家—治国—平天下的由内而外的路线,即素来所称的“内圣外王”,个人修养与君国大业不可分,前者是为后者服务的。魏晋以后的“益期神游,轻忽人事”,则将重心全部落在了前者;且“内圣”是重在德,而“精神之谈”“神游”却非如此。试看《世说新语》,记德行与政事分别仅为47则和26则,而《言语》108则,《文学》104则,属于评价性的《赏誉》和《品藻》分别是156则和88则,其倾向可见,时风亦可见。余如《方正》、《雅量》、《识鉴》、《捷悟》、《夙惠》、《豪爽》、《容止》、《任诞》、《简傲》诸篇,都侧重于记载和赞赏人物内在的素养、资质、品行和外在的姿容、风度。时尚与导向是密不可分的,士人从“自觉”向“自恋”变化,也是很自然之事了。

美男子们被喻为玉人、玉山、玉树、璧玉、珠玉等,不仅见赏于贵族之间,还被群众性的“追星族”所“追捧”。潘岳因“妙有姿容,好神情”,少时挟弹出洛阳道,被女子连手共萦,掷果满车。卫玠虽美却弱,在众人的围观中竟成病而死,以至有“看杀卫玠”之说。左思貌丑,却学潘岳遨游,遭群妪乱唾,委顿而返。同样是丑鬼的刘伶以其悠悠忽忽、土木形骸、肆意放荡的形象来求名,似是一条更可取的路。观《世说新语》中的《品藻》,载有诸多的将自己与他人相较之事,颇多“我与徐公孰美”式的相询,可谓适不足怪。有“飘如游云,矫如惊龙”之誉的王羲之都叹赏杜乂“面如凝脂,眼如点漆”,晋人对美男子极其艳羡,尤其崇尚柔美和清瘦,因此,我们才会看到那么多衰弱、短命者,和甚而以“妖冶”为美的不正常现象。③而他们之如此在乎自己的形象,是因为外貌风度是基础,与“精神之谈”互为辅车,二者缺一不可。因“时尚”的导向,使得人们普遍重视自己的形象、名声,发展出自恋倾向实属正常。

以两晋为代表的贵族文化,在具有自恋倾向同时,显然又轻视“世务”,而后者其实应是前者的合理延伸。《颜氏家训·涉务篇》明确指出,因“晋朝南渡,优借士族”,故“文义之士,多迂诞浮华,不涉世务”。像刘琨和温峤那样的关心“晋祚”,欲“以桓、文之姿,建匡立之功”的,很是罕见;如桓温的不评箕子、比干之是非,表示“仁称不异,宁为

---

① 汤用彤:《汤用彤学术论文集》,中华书局,1983年版,第202页。

② 汤用彤:《汤用彤学术论文集》,中华书局,1983年版,第226页。

③《世说新语·品藻》第21则。

管仲”的以功业为念者也不多；如简文帝那样的口诵庾阐《从征诗》“志士痛朝危，忠臣哀主辱”，自谓：“身不能以道匡卫，思患预防。愧叹之深，言何能喻！”更是难得。桓温在践北境与僚属眺望中原时曾说：“遂使神州陆沉，百年丘墟，王夷甫诸人不得不任其责！”所斥的王夷甫即王衍，是一位最合乎时尚，既善清谈又外貌风度过人的人物，《世说新语·容止》称其：“容貌整丽，妙于玄谈，恒捉白玉柄麈尾，与手都无分别。”这位空谈大师，在被石勒所杀前曾说：“吾等若不祖尚浮华，不至于此。”可惜悔之已晚。

贵族们为何重视清谈呢？《晋书·陈頵传》所载陈頵致王导的信透出了其中的玄机。信中说，当时“取才实所，先白望而后实事”，人们都以“养望者为弘雅，政事者为俗人”。外貌风度和善于清谈无疑最有助于“养望”，因此，我们可以看到如王衍那样的注重个人风度形象：被族人举樏掷面，无言而去，在车中照镜，对王导说：“汝看我眼光，迺出牛背上。”《世说新语》入此于《雅量》，其实不与人较正在于自谓风神英爽；也可以看到如谢安那样的临事刻意镇定：无论是游海遇风浪，还是以擅长的“洛生咏”镇定地对待桓温的帐内伏兵，甚至在淝水之战捷报传来时仍不动声色地照样下棋，却不免被真识者以其为“矫情”。至于清谈，不妨举些例子。《世说新语·文学》载：“孙安国往殷中军许共论，往反精苦，客主无间。左右进食，冷而复暖者数四。彼我奋掷麈尾，悉脱落满餐饭中，宾主遂至莫忘食。”连最高的官员也将清谈置于政务之上，《世说新语·文学》曾记载了丞相王导、太尉庾亮、长史王濛、蓝田侯王述、大司马桓温、中军殷浩、镇西将军谢尚等人的清谈：“殷中军为庾公长史，下都，王丞相为之集，桓公、王长史、王蓝田、谢镇西并在。丞相自起解帐带麈尾，语殷曰：‘身今日当与君共谈析理。’既共清言，遂达三更。丞相与殷共相往反，其余诸贤略无所关。既彼我相尽，丞相乃叹曰：‘向来语乃竟未知理源所归。至于辞喻不相负，正始之音，正当尔耳。’”《世说新语·言语》载有谢安与王羲之一段对话：“王右军与谢太傅共登冶城，谢悠然远想，有高世之志。王谓谢曰：‘夏禹勤王，手足胼胝；文王旰食，日不暇给。今四郊多垒，宜人人自效；而虚谈废务，浮文妨要，恐非当今所宜。’谢答曰：‘秦任商鞅，二世而亡，岂清言致患耶？’”王羲之所说的“虚谈废务，浮文妨要”是切中时弊之论，而号为江左风流宰相第一的谢安，以秦朝的用法家主政、二世而亡来掩饰、辩解清谈之害，实在是于理不符的。王羲之所言虽不错，但他本人也是倾心于清谈，难出于时代风气之外。此篇又载，王羲之因自己“本自有一往隽气”，故颇轻支道林，但在听了支所论庄子《逍遥游》，有感于他的“作数千言，才藻新奇，花烂映发”后，“遂披襟解带，留连不能已”。

《世说新语·政事》记王濛、刘惔与支道林同去看骠骑将军何充，何正看文书而不顾，王说：“我今故与林公来相看，望卿摆拨常务，应对玄言，那得方低头看此邪？”何答道：“我不看此，卿等何以得存？”虽“诸人以为佳”，却难以改变当时的空谈风气。论青、楚历史人物，本来无非是推重他们的功业，却换来“无可无不可”之评；甚而至之者，王献之竟以曾建大功的羊祜不如铜雀台上妓。善作玄言诗的孙绰，其评价自己，谓“下官才能所经，悉不如诸贤；至于斟酌时宜，笼罩当世，亦多所不及。然以不才，时复托怀玄圣，远咏老庄，萧条高寄，不与时务经怀，自谓此心无所与让也”，但时人却仍以其“婴纶世务”。即使是小小的名字一事，也透露出远离“世务”之意。如《世说新语·言语》载：孙齐由、孙齐庄之以“由”、“庄”为字，是得之于许由、庄周，书中记录了当时尚为小儿的孙放与太尉庾亮的对答：“何不慕仲尼而慕庄周？”对曰：“圣人生知，故难企慕。”《世说新语》津津于此事，实也折射出时代之所尚。

“祖尚浮华”，“摆拨常务，应对玄言”，是因为当时的社会重虚名而轻实际，所以《世说新语》中独多“名士”一词，而名士们又对别人的看法评价那么重视。观魏晋风气，确如《颜氏家训·勉学篇》所说：

> 周孔之业，弃之度外……直取其清谈雅论，剖玄析微，宾主往复，娱心悦耳，非济世成俗之要也。

“多迂诞浮华，不涉世务”，喜空谈而非致力于“济世成俗”，确是两晋贵族文化的特点。裴頠《崇有论》曾批评当时的风气：“立言籍其虚无，谓之玄远；处官不亲所司，谓之雅远；奉身散其廉操，谓之旷达。”种种玄远之言、雅远之举、旷达之行，与“世务”相距何其太远。因此，干宝《晋纪·总论》曾对此作了很精到地概括，很透彻地批评：

> 学者以庄老为宗，而黜六经；谈者以虚薄为辩，而贱名检；行者以放浊为通，而狭节信；仕进者以苟得为贵，而鄙居正；当官者以望空为高，而笑勤恪。其倚杖虚旷，依阿无心者，皆名重海内。

从隋末动乱中走过来、获得了政权，唐太宗当然懂得务实的重要，唐朝的开国大臣无不是实干家，对此已无陈述的必要。比起两晋和南朝来，唐代士人的最大变化就是对“世务”的重视。唐朝的科目繁多，其中的进士科要考时务策，未免要使士人留心世务。《新唐书·选举志》载：“凡进士，试时务策五道，帖一大经，经、策全通者为甲等第；策通四、帖过四以上为乙等。”虽武则天之专尚进士科，以文词为要，但时务策的考试又使仕子们不能不重视政治、时务。在时代精神的感召下，庶族知识分子多想奋发有为、积极从政，也使得重视“世务”成为因推行进士科而造就的进士文化的一大特征。

不妨就著名的诗人以观之。

高宗与武则天时代，“初唐四杰”都有强烈的用世之心。卢照邻“不息恶木枝，不饮盗泉水。常思稻粱遇，愿栖梧桐树”，有“追能借风便，一举凌苍苍”之志[①]，其“人生贵贱无终始，倏忽须臾难久恃，谁家能驻西山日，谁家能堰东流水”[②]，固有人生无常之感，却已经与左思《咏史》的感慨“地势使之然，由来非一朝”显为不同。“朱门无复张公子，

①《赠益府群官》。

②《行路难》。

灞亭谁畏李将军”，这虽是“相顾百龄皆有待，居然万化咸应改”[1]的变迁，但又为何不是初唐时期人们的自信呢？王勃《重别薛华》表达了“旅泊成千里，凄遑共百年”的哀怨，但《杜少府之任蜀川》仍以“无为在歧路，儿女共沾巾”相勉。骆宾王《畴昔篇》在感慨“淹留坐帝乡，无事积炎凉”的同时，也并未丧失信念，“文昌隐隐皇城里，由来奕奕多才子。潘陆词锋络绎飞，张曹苑翰纵横起”，诗中展示了“挥戈出武帐，荷笔入文昌”两条道路，或许是“入文昌”并不顺利，杨炯《从军行》遂感叹“宁为百夫长，胜作一书生”，其《紫骝马》更托物言志：“发迹来南海，长鸣向北州。匈奴今未灭，画地取封侯。”卢照邻《西使兼送孟学士南游》似乎是对两条道路的回答：“零雨悲王粲，清尊别孔融。裴回闻夜鹊，怅望待秋鸿。骨肉胡秦外，风尘关塞中。唯余剑锋在，耿耿气成虹。”因此，才会以文人之质而有“孙宾遥见待，郭解暗相通。不受千金爵，谁论万里功”[2]之句。

如果说初唐诗人大体分处于山野（如王绩）或宫廷（如李峤、杜审言、苏味道、崔融等“文章四友”），“初唐四杰”还难出文人之外，那么继之而起的陈子昂却是一位不为空言、极想有为、不为文人所限的人物。他“以格致为实学，以践履为实地，文与行俱一”[3]，曾自请从军征讨叛乱，在万岁通天元年（696）从武攸宜北征契丹，求分兵万人为前驱。陈沆《诗比兴笺》卷三因人谓其“党附”“躁进”而为之辩诬：“历考武后一朝，惟子昂谏疏屡见。武后欲淫刑，而子昂极酷吏之害；武后欲黩兵，而子昂极陈丧败之祸；武后欲歼灭唐宗，而子昂请抚慰宗室。”非常在理。无怪乎王夫之曾感慨：“陈子昂以诗名于唐，非但文士之选。使得明君以尽其才，驾马周而颉颃姚崇，以为大臣可矣。”[4]

盛唐时代的著名诗人，同样多有热衷于“世务”的特点，这与唐玄宗在其前期统治中推行开明政治有关。在唐初寒士纷起、士族意识受到很大冲击之后，庶族知识分子的从政热情为之大大激发，一批政治家兼文学家登上了政治舞台，同时推行政治和文学改革。唐玄宗统治的初期，任用姚崇、宋璟、张说、张九龄等贤相，并下《举贤良诏》，以“才有王霸之略，学究天人之际”为人才标准，给真正的人才进入政权核心打开了大门。李白不愿走科举之路，却不乏从政之望。他在著名的《在寿山答孟少府移文书》中自谓志在“申管晏之谈，谋帝王之术，奋其智勇，愿为辅弼，使寰区大定，海县清一”。李华为其所写墓铭称之为“宜其上为王师，下为伯友”，虽供奉翰林而赐金还山，无法实现自己的理想，仍在永王东巡时写下“但用东山谢安石，为君谈笑净胡沙”的诗句，长流夜郎遇赦得还，还在六十一岁时因李光弼东镇临淮而请缨杀敌。杜甫“自谓颇挺出，立登要路津。致君尧舜上，再使风俗淳”[5]，“穷年忧黎元，叹息肠内热”，“葵藿倾太阳，物性固难夺”[6]，其忧国忧民之心一生不变。孟棨《本事诗高逸第三》称其“逢禄山之难，流离陇蜀，毕陈于诗，推见至隐，殆无遗事”，故有“诗史”之称，对“世务”的撄心可谓贯串

① 骆宾王：《帝京篇》。

②《结客少年场行》。

③ 杨澄：《陈伯玉文集后序》，四部丛刊影印明弘治本。

④《读通鉴论》卷二十一，转引自韩理洲：《陈子昂研究》，上海古籍出版社，1998 年版，第 363 页。

⑤《奉赠韦左丞丈二十二韵》。

⑥《自京赴奉先县咏怀五百字》。

一生。高适其人，据《旧唐书》本传所载，是“喜言王霸大略，务功名，尚节义，逢时多难，以安危为己任”，因此，有志于“永愿拯刍荛，孰云干鼎镬”①。即使是田园诗人孟浩然，也并非在壮年无求官之志。后期以山水诗著称的“诗佛”王维，在其初入仕途之时，诗中也充满了追求功业的豪情壮志，《燕支行》《少年行》等作都可见之。

至于中唐时期由文苑人物成为进士，并进入领导层的诸多诗人文士，在“世务”上更较盛唐人物突出。如兼跨儒林与文苑的韩愈，生当儒学衰退、佛道炽盛之时，他在踏上仕途之后，就一直以振兴儒学、排斥佛道为己任，并力图整顿朝纲、清除弊政，以强烈的使命感慷慨自任，德宗时上疏论宫市之弊，被贬，宪宗时，不避披鳞之险，谏迎佛骨，差点丢掉性命，后得大臣相援，才贬为潮州刺史，到潮州后，除鳄鱼之患，转袁州后，政绩斐然，穆宗时，宣慰叛军，使之拜服。柳宗元积极参与王叔文的政治革新，失败后被贬柳州，虽生活艰苦，心情抑郁，但依然关怀民生疾苦，《旧唐书》本传称其改革当地“以男女质钱，过期则没入钱主”的恶俗，甚至“其已没者，仍出私钱赎之，归其父母”。白居易与韩愈不同，其仕进之途较后者顺利得多，与身政治、关注现实的特点尤其体现在其早期，他的《策林》屡言对皇帝的期许：“思酌下言，乐闻上失，弊无不革，利无不兴”（《美谦让》）；“工商得以流议，士庶得以传言，然后过日闻而德日新矣”（《纳谏》）。并屡屡上疏批评时政，又作《新乐府》，“惟歌生民病，愿得天子知”。刘禹锡与柳宗元一样，也是永贞革新的核心人物，对朝政、经济和诸多实务曾有诸多筹划，他曾应既是宰相又是著名学者杜佑的征辟，杜著《通典自序》的“征诸人事，将施有政”思想对他有很深的影响，又由于他是具有唯物主义自然观的思想家，曾作《天论》，并将哲学思想服务于政治思想，使其对“世务”的重视可谓一以贯之。

并称“小李杜”的杜牧和李商隐，都是进士出身，堪称晚唐进士文化的代表。杜牧为杜佑孙，有济世之才，留意于财赋兵甲之事，曾注《孙子兵法》，研究治乱战守之道，自称“平生五色线，愿补舜衣裳”（《郡斋独酌》），他的诗对时政之失与藩镇之祸皆有所议，咏史和怀古之作也多为借古言今的政治诗。李商隐早年非常关注时势，其《行次西郊一百韵》与杜甫的《北征》极为相似，既反映了民生疾苦，又表达了忧国情怀，抨击弊政不遗余力，对甘露事变曾作有系列诗篇，只是后因受累于牛李党争，长期不能施展抱负，遂使诗歌转入到对自己心灵世界的抒写。虽然他们写过不少“刻意伤春复伤别”的绮艳作品，甚至浪游江湖、薄幸青楼，但他们对国事和现实的关注实是一生未变。

进士文化以其重“世务”而大异于贵族文化，推而言之，应如何看待此点在历史流变中的地位和作用呢？

在我国思想文化史上最值得称道的是百家争鸣的先秦时代，而国力强大、疆域辽阔则推汉、唐。先秦诸子生活在礼崩乐坏的时代，突破了宗法制的生活圈子，挣脱了固定人生角色的束缚，放眼天下，焕发出强烈的社会责任感，尤其在战国“养士”之风盛行的情况下，努力发挥自己所长，力求为诸侯所用，在谋求实现自身价值同时，也为社

①《淇上酬薛三据并寄郭少府微》。

会的发展作出自己的贡献。“士而怀居,不足以为士矣”(《论语·宪问》),可谓时代普遍的信念,他们以“天将降大任于斯人”的自觉,怀着“如欲平治天下,当今之世,舍我其谁”(《孟子·公孙丑下》)的雄心壮志,纷纷陈策立说,欲求积极参政。如果说在思想的多元化方面,魏晋尚与先秦为近,六朝贵族却多无先秦儒、墨、法、兵诸家那样的用世观和进取心,同样是战火、纷争、杀戮,先秦诸子是积极的建树,六朝贵族却多消极的无为,这或许就是诸子文化与贵族文化的区别吧。自汉武帝“罢黜百家,独尊儒学”以来,遂从先秦的子学时代变为经学时代,权力的集中,思想的统一,国力的强大,确实是前所没有,但一元化造就的是经学、谶纬、礼制等官方学术文化,消极作用颇大,使得具有异端色彩的思想文化(如司马迁、王充)似更值得肯定。以唐代的进士(也包括儒林人物)为代表的进士文化,不仅改变了六朝贵族文化,也上越汉代,不同于汉人以通经或献赋途径主要达到干禄目的,对“世务”的重视,在一定意义上回归于先秦“士不可以不弘毅,任重而道远”(《论语·泰伯》)的精神,从而也推动了社会、历史的发展,造就出有唐一代的辉煌。

而且,唐朝进士文化对“世务”的重视,极大地改变了六朝贵族文化的自恋倾向,在向外部世界转移的同时,也实现了文学对政治的干预,对社会生活的关注,唐诗之所以能成为“一代之文学”,与此大有关系。这将在下面再论。

三

唐代进士文化与六朝贵族文化相较,又一个显著的特点是:士人在建立起强烈的社会责任感同时,也树立了足够的自信心,有健康的心态。这样的心态影响了文学,使之具有积极向上的生命力,蓬勃振奋的精神,对社会人生的深沉思考,或缠绵真挚的感情。

如今,人们已普遍接受了文学是人学的观念,而作为“人学”的文学,除却是人类社会生活的反映这一意义外,又应是人类心灵、情感的流露。因此,人的思想、心态和感情对文学来说,确具有非常重要的意义。

魏晋名士在生活方式上追求潇洒,在言谈风度上更过于前人,而心态却很难说是健康的。

建安时代的乱世,尚能激发出诗人强烈的社会责任感,以曹操为代表的“不戚年往,忧时不治”的信念,造就出诗歌独特的“风骨”。曹魏政权建立之初,曹植请自试,冀用世,却终不能,所作被认为是“肝肠气骨,时有块垒处”①。如果说,曹植有些作品(如《洛神赋》),以人神难接表其屈子之志,是有《离骚》“美人香草”之意,但他在文帝即位后,备受猜忌,据本传云:“植每欲求别见独谈,论及时政,希冀试用,终不能得。既还,怅然绝望。”使其心理与年轻时全然不同。正始时期,政治迫害使士人而兼诗人转为忧

① 钟惺:《古诗归》卷七。

生与忧世，汉末的清议也随之变为此时的清谈，玄风独畅，虚无放诞之风遍及上下，实有冲破对个性人格压抑的意义在，但与此同时其消极面也随之而生。如果说，"建安七子"的雍容衽席、洒笔酣歌、和墨谈笑，是正常的文士"沙龙"活动，透露出健康情调，那么"竹林七贤"的"相彼非礼，遵乎达生""旨酒厥德，凭虚其性"①，则显然发生了改变。到谢鲲等"八达"，甚至沦为"散发裸袒，闭室酣饮"。在当时名人文士任达放旷，服药饮酒，甚至蓬发乱鬓，亵衣接人的种种风气、丑态的背后，其实有深沉的苦闷。前引干宝《晋纪·总论》所说的一段话，与儒家所倡的修身、进德、勤政、节用传统是完全不同。在晋人已将汉末的名实之辨置之不顾的同时，孔子所奠基的内"仁"外"礼"的文化——心理结构已遭冲决，外在的社会规范不复存在，内在的个体意识极度张扬，与此同时，也让人看到了在时代的苦闷中人们的心理变态。

且就《世说新语·伤逝》所记载的两次吊丧而学驴鸣事，来看时风和人们的心理。一次是魏明帝因王粲生前好驴鸣，故叫赴客各作一声以送，结果皆作驴鸣；另一次王济死，孙楚也学驴鸣，因"体似真声，宾客皆笑"，孙竟说："使君辈存，令此人死！"驴鸣毕竟不似长啸那样有美感，至少这后一次学驴鸣多少可见变态心理。退一步说，若谓当时人好为驴鸣是我们今天所不能理解的，那么如"诸阮皆能饮酒，仲容至宗人闲共集，不复用常杯斟酌，以大瓮盛酒，围坐相向大酌。时有群猪来饮，直接去上，便共饮之"(《世说新语·任诞》)。作者对此也并不欣赏，而诸阮的与猪共饮实难说是旷达之举，而只能是变态心理的反映。

即使不属于"薄纵世之务，贱功烈之用，高浮游之业，卑经实之贤"②的人物那样的"任自然"，而是有用世之志者，也因难践其志导致心态抑郁或愤愤不平。许多有志于世者之所以也有不健康的心理，是与门阀制大有关系。

在两晋南北朝时期，推行门阀制度，人们最重的不是真才实学，而是出身门第。观《世说新语》可知。《品藻》载："何次道为宰相，人有讥其信任不得其人。阮思旷慨然曰：'次道自不至此。但布衣超居宰相之位，可恨唯此一条而已！'"陶侃性检厉，勤于事，《晋阳秋》记其常说的："民生在勤。大禹圣人，犹惜寸阴；至于凡俗，当惜分阴。岂可游逸！"斥"老、庄浮华，非先王之法，言而不敢行"。因功而升任大司马，却仍被温峤骂作"溪狗"③。他的儿子陶范在任乌程令时，曾因王修龄居东山而甚贫乏，赠送一船米，王却不肯取，说："王修龄若饥，自当就谢仁祖索食，不须陶胡奴米。"(见《世说新语·方正》)世族的意识可见。王氏是著名的世家大族，会稽王司马道子酒醉而呼王爽为"小子"，王说："亡祖长史，与简文皇帝为布衣之交；亡姑、亡姊，伉俪二宫。何小子之有？"(见《世说新语·雅量》)《世说新语·排调》有关于诸葛恢与王导争姓族先后之事，王说："何不言葛、王，而云王、葛？"诸葛回答道："譬言驴马，不言马驴，驴宁胜马邪？"则从反面说明了这种世族意识。

---

①《晋书》卷四阮籍等传的史臣赞语。

② 裴頠：《崇有论》。

③《世说新语·容止篇》。

世族子弟垄断了从政的特权，左思愤而感慨“郁郁涧底松、离离山上苗”，为“地势使之然”愤愤不平，借古人表达自己的失望和怨愤，后人曾认为他“若有见于孔、颜用舍行藏之意，但其壮志勃勃，急于有为，故气象极似孟子”①，但在现实中，他难以实现“铅刀贵一割，梦想骋良图。左眄澄江湘，右盼定羌胡”的志向。陶渊明年轻时也曾“猛志逸四海，骞翮思远翥”②，可在门阀制度盛行的时代，自己无曾祖陶侃那样的显赫功劳，又“性刚才拙，与物多忤”③，在微职任上最终只能“不能为五斗米折腰向乡里小人”，解印绶去职，归隐田园，成为隐逸诗人。鲍照“欲贡诗言志”，对劝阻者说“大丈夫岂可遂蕴智能，使兰艾不辨，终日碌碌与燕雀相随乎”④？结果却是“才秀人微，故取湮当代”⑤，在忌才的孝武帝刘骏面前，连文学才能也不敢显露了。

唐人则不然。唐太宗在立国不久就下令修订《氏族志》，对高士廉在志中将山东旧氏族崔氏列为第一等极为不满，明确提出：“我今特定种姓者，欲崇重今朝冠冕……不须论数世之前，只取今日官爵高下作等级。”⑥将崔氏列为第三等。现实中的贞观之治和蓬勃向上的时代精神，给人以激发和感召，过去的旧贵族不能垄断对政权的参与权，而文士也因能够显示自己的才华而对前途充满希望。虽然比起后来的宋朝，唐朝还没有那么多起自寒门的高官，但唐初的不少重臣也确实是靠着功勋从布衣成为卿相，魏徵、李勣等皆如此，正如《旧唐书·刘洎传》所说：“骥逢造父，一日千里。英主取贤，不拘阶陛。”而且，唐太宗对新进的进士们也怀有很大热情，《唐摭言》卷一《述进士上》记太宗在端门“见新进士缀行而出”，感慨“天下英雄入吾彀中矣”，气度可见。当李义府以《咏乌》诗“上林如许树，不借一枝栖”作试探时，竟然答以：“吾将全树借汝，岂惟一枝！”⑦

高宗时，修改《氏族志》为《姓氏录》，规定得五品官者“皆升士流”，《姓氏录》虽为贵族所轻，却因打破了士庶界限而得到广大庶族阶层的拥护。武则天为排挤唐宗室和旧功臣，下达《求贤制》，推出了“无隔士庶，具以名闻，若举得其人，必当擢以不次”的用人方针，使得一批寒素布衣之士得以进入政权。而当年以其出身寒门而欲借“一枝栖”的李义府，如今占得“全树”地位，终得施展其特有的才干，彻底改变了旧士族势力把持政权的情况。武则天时代的名相薛元超自谓一生有三恨，其首即入仕“不以进士擢第”，可见出从门第观到崇尚进士科的转变。至此，《新唐书·柳冲传》所说的“魏氏立九品，置中正，尊世胄，卑寒士，权归右姓……晋宋因之，始尚姓已……夫文之弊至于尚官，官之弊至于尚姓，姓之弊至于尚诈”的情况得到了根本的改变。

唐太宗那种“天下英雄尽入彀中”的胸襟，一方面表现出最高统治者将进士视作

---

① 吴琪：《六朝选诗定论》卷十一。

②《杂诗》其五。

③《与子俨等疏》。

④《南史·鲍照传》。

⑤ 钟嵘：《诗品》中。

⑥《旧唐书·高俭传》。

⑦《隋唐嘉话》，转引自陈伯海：《唐诗汇评》，浙江教育出版社，1995年版，第24页。

英雄的观念，同时也可见文士对“尽人”的期待，这也必然使他们产生出足够的自信心和自豪感。高宗统治的前期，只能看作是托庇于贞观之治的余荫，而后期则完全由武后主政。武则天正式在皇帝位虽仅十五年，但实际上掌握政权达半个世纪之久，在这半个世纪中，巩固和发展了科举制，据徐松《登科记考》，此期间的进士有一千多人，远非贞观年间的二百零五人可比，而制科之开，史称“贡士殿试自此始”，对庶族人士更是一条升官的捷径。此外，还召集文词之士“修书”，使之能参议朝政，以至有“北门学士”之称。据张鷟《朝野佥载》卷一载，武则天搜罗人才可谓不遗余力，尝“十道使人，天下选残明经、进士，及下村教童蒙博士，皆被搜扬”。而武举之设，又为擅武而短于文者开辟了一条为官之路。玄宗时期，各科之中更是进士独尊，诚如《通典》卷一五《选举典》《历代制》下所说，“开元以后，四海晏清，士无贤不肖，耻不以文章达”，虽“五尺童子，耻不言文墨焉”。天宝十三载，唐玄宗下令在制举考试考时务策之外，又加试诗赋，这对促进文艺的发展当然有不可估量的作用。

尽管如《通典·选举典·历代制》所说：科举制有“或扇结勾党，私为盟毁，以取科第，而声名动天下；或钩摭隐匿，嘲为篇咏，以列于道路，迭相谈訾，无所不至”的弊端，但在其实行的前期，且就主导面而言，其积极作用应该是主要的。自初唐到盛唐，科举选官制度的向进士倾斜，对文学艺术的重视，必然促使文人在对进士充满期待的同时，又受到时代精神的感召，使之对实现自身的价值有足够的信念，和开阔的胸襟。

“初唐四杰”虽多不遇，如卢照邻《赠益府群官》诗所说，有“谁能借风便，一举凌苍苍”的疑惑，但并不妨碍他们“拾青紫于俯仰，取公卿于朝夕”（王勃《上绛州上官司马书》）的志向。此后，可试以几位著名的诗人为例，以察其相同或相近的胸襟与心理。如陈子昂：“奇杰过人，姿状岳立。始以豪家子，驰侠使气……入乡学，慨然立志……年二十一，始东入咸京，游太学。压抵群公，都邑靡然属目矣……子昂貌寝寡援，然言王霸大略，君臣之际，甚慷慨焉。”“子昂有天下大名，而不以矜人；刚果强毅，而未尝忤物；好施轻财，而不求报……”[①]其抱负与性格可见。因此，虽《登幽州台歌》感慨不见古人、不见来者，但可见出一种伟大的孤独感和宇宙意识。再如李白，在《代寿山答孟少府移文书》中表达了自己“奋其智勇，愿为辅弼，使寰区大定，海县清一”的人生理想，自信“天生我材必有用”。皮日休《七爱诗》曾感慨其“大鹏不可笼，大椿不可植。蓬壶不可见，姑射不可识”，对其气度是何等钦佩。苏轼《李太白碑阴记》对其兼有褒贬、辨析，认为他作为“狂士”并失节于李璘，并非真正的济世之人，但对其使高力士脱靴殿上的“气盖天下”却不由得衷心赞叹，并以夏侯湛赞东方朔之语相认同：“开济明豁，包含弘大……出不休显，贱不忧戚。戏万乘若僚友，视俦列如草芥。雄节迈伦，高气盖世。”可见出对李白精神气度和不凡胸襟的赞叹。杜甫“窃比稷与契”，年轻时也心高气傲，但在困顿长安时，有过“朝扣富儿门，暮随肥马尘。残杯与冷炙，到处潜悲辛”的无奈与窘况，由左拾遗改任华州司功参军时，在金光门前又有“无才日衰老，驻马望千门”的自

① 卢藏用：《陈氏别传》，转引自韩理洲：《陈子昂研究》，上海古籍出版社，1998年版，第279至281页。

悲自怜。但他不仅在忧国忧民中努力消泯对个人不幸的牵挂，更以对宇宙人生的深沉思考来提升自己的精神境界。杂诗《发秦州》既云“无食问乐土，无衣思南州”，可结句“大哉乾坤内，吾道长悠悠”，以类于宇宙意识将衣食之虞化解，在险阻的历程中所感触的是“始知五岳外，别有他山尊”（《木皮岭》），对行役之苦，用“自古有羁旅，我何苦哀伤”来自宽。居成都时，茅屋为秋风所破，所牵挂的却是“安得广厦千万间，大庇天下寒士俱欢颜”，在夔州的孤城内，所思者是“不眠忧战伐，无力正乾坤”（《宿江边阁》）。

唐代的大诗人们尽管有经历、教养、思想、性格与创作个性的诸多不同，但在时代的氛围下，在进士文化的环境中，显然是与六朝文士、诗人不同。试看《晋书》本传所载的阮籍佯狂、酣醉，“率意独驾，不由径路，车迹所穷，辄恸哭而反”，以及诗歌的意旨遥深、归趣难求；陆机“天才秀逸，辞藻宏丽”，虽“服膺儒术，非礼不动”，却又“好游权门，与贾谧亲善，以进趣获讥”；潘岳性轻躁、趋势利，与石崇一起谄事贾谧，望尘而拜，虽遭其母之诮而不改，仕宦不达而作《闲居赋》，以致后来元好问还在《论诗三十首》中，以之作为“心画心声总失真”的典型而讥之；即使是被宗白华先生所称道的晋人哀乐过人，真情至深，但往往可见他们“过”于不节之处，很难说是健康心理之体现。即如刘琨，以豪雄著称，其诗令人有英雄失路、万绪悲凉之感，但从《晋书》本传看，不仅是“颇浮夸”，而且其母对其评价是“不能弘经略，驾豪杰，专欲除胜己以自安，当何以得济”，肚量之窄暴露无疑。出身于“华丽家族”的谢灵运，《宋书》本传称其“为性偏激，多愆礼度，朝廷唯以文义处之，不以应实相许。自谓才能宜参权要，既不见知，常怀愤愤”，出为永嘉太守的原因是“构扇异同，非毁执政”，而在太守任上，只知出游山水，“民间听讼，不复关怀”，被召回朝后，对自己的名位不满，意多不平，其贵族子弟的习气和自负可见，其文才虽得皇帝欣赏，却终因构怨权臣而遇害。

《颜氏家训·文章》虽不无偏见地认为“自古文人，多陷轻薄”，并对屈原以来的著名文人作了“轻薄”的判断，但是，其中的某些说法，则很难说没有道理。如：“傅玄忿斗免官，孙楚矜夸凌上，陆机犯顺履险，潘岳干没取危，颜延年负气摧黜，谢灵运空疏乱纪，王元长凶贼自诒，谢玄晖侮慢见及。”平心而论，在六朝贵族文化范围内的文士，造就他们不够健康的心态、人格的，不完全是个人原因，而与时代大有关系。即使不是从东汉末的党祸、清议开始，在曹操掌权的时代，孔融以其不凡的家世，遍传的重名，宽容少忌的性格，好士而喜益后进的作为，仍因对曹操“发辞偏宕，多致乖忤”，使曹操既惮且忌，而终遭杀害。在恐怖政治统治下的正始时期，如阮籍，本传载其“容貌瓌杰，志气宏放，傲然独得，任性不羁”，却只能“喜怒不形于色”，以佯狂醉酒避祸，未遭钟会的迫害，但他以青白眼看人，又有种种怪异的作为和感叹，能否看成是时代造就出的苦闷呢，回答应是肯定的。嵇康“有奇才，远迈不群”，“天质自然，恬静寡欲，含垢匿瑕，宽简有大量”，“常修养性服食之事，弹琴咏诗，自足于怀”，实在看不出有什么心理缺陷。只是因与向秀在大树下共同锻铁，对来访的钟会未为之礼，锻而不辍，得罪了钟会，就遭其报复，在皇帝前进谗言而被害。试想嵇康与王戎居山阳二十年，而王未见其喜愠之色,为人的内敛可见,却仅为得罪了钟会而遭杀身之祸。在这种时代气氛之下,难怪刘伶肆意放荡,携酒壶浪游,使人荷锸相随,云“死便掘地以埋”,入“七贤”之列却仅有一篇《酒德颂》,其中岂无自我保护的用意在?试想在这样的时代,岂能如李白那样“戏万乘若僚友,视俦列如草芥”?即使开罪于权贵,也仅是失宠于皇帝、赐金放还而已。向秀写《思旧赋》,思念亡友嵇康,但正如鲁迅先生所说,几乎是刚开了头便结束了,与当时政治的极端黑暗恐怖有关,由此也可想见那种难言之隐痛。

混乱的时世,黑暗的政治,难以掌握自己命运的人生,是产生不够健康的心态、情感的土壤。汉末以至南北朝,充斥着不断的动乱,清议、党锢、黄巾起义、董卓之乱、李郭举兵、三国之争、司马篡魏、贾后之乱、八王之乱、胡族南徙、王敦与桓玄之乱、五胡乱华、十六国如走马灯、六镇反魏、河阴之变、侯景之乱……综观汉末以来,是数不清的纷争与杀戮,灾荒与疾疫。曹植四十而亡,曹丕父子贵为天子,死时还不到四十,孔融、祢衡、杨修为曹操所杀,丁仪、丁廙死于曹丕之手,何宴、嵇康被司马懿父子杀害,潘岳、石崇丧命于赵王、孙秀,陆机、陆云被害于成都王,刘琨、郭璞分别丧命于段匹磾、王敦之手,挚虞饿死在洛阳荒乱中,殷仲文被刘裕以谋反罪杀害,谢灵运也是获罪被杀,鲍照死于乱军,谢朓、王融死于狱中。我们之所以列举如此多的“死亡档案”,目的就在于说明是乱世造就出文士们不够健康的感情。因此而在文学作品中多表现出病态情感:如游仙诗、志怪小说的空幻,志人小说(人物品藻)、玄言诗的空谈,宫体诗的色情,以及诸多的悲观消极、晦涩难懂、偏激、压抑。

歌德曾在对爱克曼的谈话中曾提出了创作的主、客观倾向和时代的关系问题。他说:“现在我要向你指出一个事实,这是你也许会在经验中证实的。一切倒退和衰亡的时代都是主观的,与此相反,一切前进上升的时代都有一种客观的倾向。我们现在这个时代是一个倒退的时代,因为它是一个主观的时代。这一点你不仅在诗方面可以见出,就连在绘画和其他许多方面也可以见出。与此相反,一切健康的努力都是由内心世界转向外在世界,像你所看到的一切伟大的时代都是努力前进的,都是具有客观性格的。”[①]以此相观照,或许对六朝和唐代文学的不同,能作出合理的解释,即使对诗歌在晚唐时代走向主观化的表现(如李贺、李商隐),也同样能以此观之。

四

社会地位与生活方式的改变,造成了文学功能与题材的转变。进士文化将文学导入广阔的生活中,改变了六朝文学题材狭窄的情况,将彼时因政治性、社会性退避而造成玄言诗、游仙诗、田园诗、山水诗、宫体诗代胜的情况,变为多题材、多风格的全面发展,在召唤“汉魏风骨”的同时,造就出诗歌的全盛。在诗歌的功能上,则尤见“诗可以观”的回归与发展。

---

① 朱光潜译:《歌德谈话录》,人民文学出版社,1982年版,第97页。

曹丕在其著名的《典论·论文》中，曾将文章称作“经国之大业，不朽之盛事”，谓“不假良史之辞，不托飞驰之势，而声名自传于后”，这一认识被认为是“文的自觉”的开始，而当时的邺下文人确也造就出一时之盛。不过，魏晋南北朝文学的发展毕竟受到许多限制。用宗白华先生的话来说，就是“精神史上极自由、极解放，最富于智慧、最浓于热情的一个时代”，又是“中国政治上最混乱、社会上最痛苦的时代”[①]，贵族文人所受到的迫害，所遭遇到的战乱，是非常频繁的，诸多名士死于非命的情况已见上述，在这样的乱世，文学活动只能在非常有限的圈子里进行。唐代则不然，而进士制的推行可谓很重要的原因，进士文化对文学创作起了很大的推动作用。钱穆认为：“汉代的选举，是由封建贵族中开放政权的一条路。唐代的公开竞选，是由门第特殊阶级中开放政权的一条路。唐代开放的范围，较诸汉代更广大，更自由。所以就此点论，我们可以说唐代的政治又进步了。”[②]唐太宗虽是从马背上过来的皇帝，却很重视人才的选拔，既积极推行科举制，自己对文艺又怀有很高的热情，有很好的修养，既重视文艺的社会功用，又强调其美感功能，很有宽容的态度。魏徵深知南北文学的长短，在《隋书·文学传序》中提出了“各去其短，合其两长”之见。唐朝不像汉武帝那样“罢黜百家，独尊儒学”，而是采取儒、道、释并行的方针，营造出宽松的氛围。唐太宗本人擅书法，也长于诗，对诗人文士多所推重，《隋唐嘉话》载：“太宗称：‘虞监博闻、德行、书翰、辞藻、忠直，一人而已，兼是五善。’及虞监亡，哭之恸，曰：‘石渠东观之中，无复人矣。’”由此则记载，可见一斑。同书下又记载了武则天游龙门时命群臣赋诗、先成者赐予锦袍一事，结果东方虬、宋之问获赐，被传为佳话，而武则天本人也有诗歌传世。唐玄宗具有多方面的文艺才能，对音乐、舞蹈、诗歌都有很高造诣，从“羯鼓催春”到梨园弟子都是艺林美谈，对李白虽有御用企图，但“御手调羹”之说又何尝不是对大诗人的礼遇？正如胡震亨《唐音癸签》卷二十七所云：“有唐吟业之盛，导源有自，文皇英姿间出，表丽缛于先程，玄宗材艺兼该，通风婉于时格……中间机纽，更在孝和一朝，于时文馆既集多材，内廷又依奥主，游宴以兴其篇，奖赏以激其价。”

大致说来，进士文化对文学创作的推动作用似主要表现在三方面。第一，士庶界限被打破，庶族士人登上了政治舞台，使其诗歌创作表现了济世匡时的怀抱，回到了现实主义的道路。第二，与之相关，诗人能面对现实，不回避众多的社会性题材。第三，进士科的推行，也造成了最高统治者对文艺的提倡、重视，使诗人着力于创作，也造就了诗歌的繁荣。这三者，都能改变诗歌仅用于自娱自乐、自我排遣、自我欣赏，或仅在文人有限的范围内交流、传播的状况，而充分发挥了“诗可以观”的功能。

六朝纯文学的诞生无疑是文学史上的一大进步，但是比起建安时代的作品来，显然是从社会性、政治性题材退到了个人情感的抒发上，如闻一多所概括的，“月光下，梦境中”是其主体和基调，发展到后来，甚至如他所说，是“全无心肝”的宫体诗。唐朝则不同。文学的现实性和相关的干政功能，反映生活面的宽度和广度都非六朝可比。

---

①《美学散步》，上海文艺出版社，1981 年版，第 177 页。

②《中国历代政治得失》，三联书店，2001 年版，第 54 至 55 页、57 页。

六朝贵族文化以世家的"白望"入仕为官，轻"世务"却并非不重视文学，但是，文学失却以政治内涵为主的现实主义传统，只能从玄言、游仙到山水发展。而进士文化虽未将诗人都造就为进士、官吏，政治人物及官吏也常非诗人，但因重视世务，使文学有现实主义的内容。因此，重玄谈、重养望、重评量以至重文学，却只能造就二流的文学，而本非意在文学，却因走向现实而成为一流的文学，使唐诗成就为文学史上的高峰。而唐诗在文学的题材、社会生活的方式、诗人的游历交往，以及从科举前的准备工作（行卷、温卷）等方面，都有很大的开拓、发展。至于风骨、兴寄、气格、复古等，都与此相关。总之，重视"世务"的结果，是在回归于如同先秦士人的社会责任感同时，使文学也回归于诗骚传统和汉乐府"感于哀乐，缘事而发"的精神，亦即回到了现实生活，使文学恢复了古代优秀的现实主义传统。我们也可以从这个意义上能够看待唐人的复古主义的召唤。

由于推行科举，尤其是重视进士制及相关的以诗赋取士，使得诗人不仅以诗作为仕进的敲门砖，更因有了从政的机会或可能，使之彻底改变了六朝诗歌多无关现实，与政治愈行愈远的状况，同时也恢复和发展了诗歌的言志、观政功能。"诗以言志"，故可观之而知其"志"。"观"可以是直观，但更多的是"称诗谕志"，因"兴"而观，春秋时期用于外交场合、上层宴享的称诗、赋诗、陈诗等，主要是"兴"之连类之想而曲"观"，私学教育中，孔子也注意对学生的"观"，以了解学生们的志趣、想法，因材施教地加以培养。唐代进士文化的逐渐生成与成熟，举子、进士成为官员的预备队，为诗歌之长于连类之想，以之观政、议政，提供了生长的沃土。

进士文化影响下的诗人言志之作，前已多有引述。此处不妨谈谈诗人的观政之诗。唐立国后，统治者较为开明，有从容纳谏的精神，给以诗代谏提供了可能。相应的谏官制度设置，以及批评时政权力的授予，使谏诤精神对政治生活、文学创作都产生了影响。进士在释褐后颇多授为拾遗、补阙类的低级谏官，使得他们以民众的代言人自居；而观风使的设立，则可以体现古代观风陈诗的精神，成为了以诗作谏的辅助。唐太宗深知"载舟之水亦覆舟"之理，在他统治时期，尚去隋朝亡国未远，故颇能从容纳谏。赵翼《廿二史劄记》指出，魏徵固然以直谏著称，但他并非唯一的诤臣："所传《十思》《十谏》等疏，皆人所不敢言，而帝悉听纳之，此贞观君臣间可直追都、俞、吁、咈之盛也。然其时直谏者不止魏徵也。"他列举了其他的例子："薛收谏猎，帝即赐金四十铤以奖之。孙伏伽谏元律师罪不当死，帝即赐以兰陵公主园直百万……温彦博谏长安令杨纂失察，罪不当死，帝即赦之。虞世南谏田猎，谏山陵之制不宜过厚，谏宫体诗不宜作，恐天下从风而靡，谏勿以功高自矜，勿以太平自怠。帝尝曰：'群臣皆若世南，天下何忧不理。'……"即使是武则天，虽被臣下揭其丑事，却仍能从容应对。赵翼说："此皆直揭后之燕昵亵幸，可羞可耻，敌以下所难堪，而后不惟不罪之，反赐敬则綵百段，曰：'非卿不闻此言。'而于璟、彦范亦终保护倚任。"又认为：薛怀义、张易之等，与武后"床笫之间，何言不可中伤善类，而后迄不为所动摇，则其能别白人才，主盟国是，有大过人者……至用人行政之大端，则独握其纲，至老不可挠撼。陆贽谓后收人心，擢才俊，当时称知人之明，累朝赖多士之用。李绛亦言后命官猥多，而开元中名臣多出其选。”唐玄宗即位以来励精图治，先后重用姚崇、宋璟，革新政治，抑制权贵，重视爵赏，纳谏诤、禁贡献、反奢华、倡薄葬。在天宝初李林甫为相之前确能造就政治清明，为汲取历史上成败兴亡的经验教训，他喜读史书，以求鉴戒，对侍读马怀素、褚无量待以师傅之礼。

因提倡谏诤精神，故诗人多能在上疏直谏同时，亦能以诗为曲谏。如陈子昂，论者有云：“历考武后一朝，惟子昂谏疏屡见。武后欲淫刑，而子昂极陈酷吏之害；武后欲黩兵，而子昂极陈丧败之祸；武后欲歼灭唐宗，而子昂请抚慰宗室。”[①]而陈子昂的《感遇》诗则有政“谏”之外、以史为鉴之作，如其四：“乐羊为魏将，食子殉军功。骨肉且相薄，他人安得忠？吾闻中山相，乃属放麑翁。孤兽犹不忍，况以奉君终。”此诗咏战国历史：魏将乐羊受命攻中山，其子在该国，被杀、烹为肉羹，以送达乐羊，乐羊忍痛食之，以表忠于魏国，魏文侯赏其功却疑其残忍，不予重用；中山君猎得小鹿，交侍卫秦西巴带回，秦见母鹿悲鸣而不忍，遂放小鹿，中山君因善而任之为太傅以教王子。此时因武则天夺取政权，对李唐太子、皇孙、宗室大开杀戒，文武大臣为表效忠之心，也上行下效。其作旨正如陈沆所说，是因朝中“是皆有食子之忠，无放麑之情”，故作之以“刺武后宠用酷吏淫刑以逞也”。

对于历史人物，李白诗中也屡屡道及，有选择的歌颂、咏叹或谴责，表明了他对历史的思考和判断。其他诗人也如此，因从政的愿望、热情，对政事的关注，类似于左思的以古比今，都使之关心历史，似乎诗人对史学的兴趣要超过经学，见于诗歌则以咏史见长。李白虽有“谪仙人”之号，有多种思想根基，却在希望“不负明时”而用世同时，也因其纵观历史和现实，多有具备论政、谏诤精神的咏史诗，如《古风》其五十三：“战国何纷纷，兵戈乱浮云。赵倚两虎斗，晋为六卿分，奸臣欲窃位，树党自相群。果然田成子，一旦杀齐君。”陈沆《诗比兴笺》即认为：“此即《远别离》篇‘权归臣兮鼠变虎’之意。内倚权相，外宠骄将，卒之国忠、禄山两虎相斗，遂致渔阳之祸。”

柳宗元《读书》开头云：“幽沉谢世事，俯默窥唐虞。上下观古今，起伏千万途。”可见借鉴历史以思考现实的读书之旨。他的《古东门行》，论者皆以是咏盗杀武元衡事，《咏史》《咏荆轲》等诗，则透出以史为鉴之意。刘禹锡以怀古诗负盛名，人们又常视之为咏史诗，其实他的咏史之作有别于怀古。有的以咏古人寄托自己的情怀，如《韩信庙》：“将略兵机命世雄，苍黄钟室叹良弓。遂令后代登坛者，每一寻思怕立功。”韩信功高被杀，自己未功而逐，不同而又有其同，古今的联想实出于自然。有的虽历史而可联系现实，如《经檀道济故垒》：“万里长城坏，荒营野草秋。秣陵多士女，犹唱白符鸠。”不仅将檀道济被王义康枉杀拟作长城之坏，将人民三百年来的伤痛、怀念，表现得语短情长，而且能令人勾起王叔文被宪宗赐死之想。《咏史二首》其二：“贾生明王道，卫绾工车戏，同遇汉文时，何人居高位？”虽卫绾在景帝时始拜相，但诗人不拘史实，是借此

① 陈沆：《诗比兴笺》卷三，上海古籍出版社，1981年版，第96页。

以讽唐宪宗信奸佞而逐贤臣。韩愈《琴操》十二篇,多据周、孔等史事写成,陈沆《诗比兴笺》以前四操作于阳山谪黜之时,后六操在潮海窜逐之后。其所笺或未可全信,但韩愈借史事而涉现实,虽非咏史正体,创作精神却颇为相近。

李商隐的咏史诗不仅内容丰富厚实,可分为以古鉴今、借古喻今、借题托讽三类①,而且艺术性也达到了高峰。《诗境浅说续编》云:"玉谿绝句,属辞蕴藉,咏史诸作,则持正论,如咏《宫妓》及《涉洛川》、《龙池》、《北齐》与此诗(指《贾生》)皆是也。汉文、贾生,可谓明良遇合,乃召对青蒲,不求谠论,而涉想虚无,则孱主庸臣又何责耶?"其艺术性之高,如王士禛《唐人万首绝句选评》所说,是"案而不断,意味无穷"。《瀛奎律髓》则以"感事托讽,运意深曲"评之,《唐诗品汇》则谓之"造意幽深,律对精密,有出常情之外者"。之所以"深曲"或"幽深",沈德潜《说诗晬语》卷上解释得甚好:"义山近体,襞绩重重,长于讽喻。中多借题摅抱,遭时之变,不得不隐也。"朱鹤龄《笺注李义山诗集序》进而指出,因阉人暴横、党祸蔓延,"其身危,则显言不可而曲言之;其思苦,则庄语不可而漫语之"。

即使不具论政、谏诤性质的咏史诗,亦可见诗人对人生价值的取向,并非无谓、无聊之作。如皮日休《七爱诗》为房玄龄、杜如晦、李晟、卢鸿、元德秀、李白、白居易七人作,其诗小序云:"皮子之志,常以真纯自许。每谓立大化者,必有真相,以房杜为真相焉;定大乱者,必有真将,以李太尉为真将焉;傲大君者,必有真隐,以卢徵君为真隐焉;镇浇俗者,必有真吏,以元鲁山为真吏焉;负逸气者,必有真放,以李翰林为真放焉;为名臣者,必有真才,以白太傅为真才焉。"其中《元鲁山(德秀)》有句:"尽日一菜食,穷年一布衣。清似匣中镜,直如弦上丝。"《白太傅(居易)》有句:"立身百行足,为文六艺全。清望逸内署,直声惊谏垣……天下皆汲汲,乐天独怡然。天下皆闷闷,乐天独舍旃。"评价本朝先贤时,贯注着以"真"相取的价值标准,从其为诗之目的即可见其为人之志。

观风与陈诗结缘,也并出于诗中:"观风久有作,陈诗愧未妍。"(颜延之《应诏观北湖田收》)唐诗之观风,与进士文化及相关的谏诤制度相联系,最典型的就是不少诗人针对现实作讽谕之诗,意在使皇帝了解民情和施政得失。若谓上引的陈子昂、李白直至中晚唐的咏史诗,颇多以史为鉴的观政诗,那么,元结、白居易等诗人则多直接以诗言政之作,这些被视作现实主义的诗歌,其实多与政治相关。闻一多认为元结、杜甫代表了贵族文化崩溃后的平民意识,而从他们以来,诗歌中对政治和社会的关注,确实是远远超过前人,而因进士及第登上政治舞台的元、白等人,则以新乐府的创作将文学对政治的干预强调到了空前的地步,是对春秋时代"赋诗陈志"精神的继承和发展;另一群进士人物如柳宗元、刘禹锡,似更具韧性,虽主要将政见诉诸载道之文,但诗歌中的政治意识还是很强烈的。李商隐等所创的无题之寄托政治情怀,还有韩偓、司空图等诗人,亦复如此。

---

① 刘学锴:《李商隐诗歌研究》,安徽大学出版社,1998年版,第6至7页。

元结有感于自己刺道州正在兵贼之后，赋税之重使得民不堪命，彷徨于州县破乱与抗命获罪的矛盾间，“故作《春陵行》以达下情”，诗的结句云“何人采国风？吾欲献此辞”，可谓真正是以诗言政。白居易《新乐府》自序云：“……首句标其目，卒章显其志，《诗》三百之义也。其辞质而径，欲见之者易谕也。其言直而切，欲闻之者深诫也……总而言之，为君、为臣、为民、为物、为事而作，不为文而作也。”其《读张籍古乐府》一诗更写道：“……为诗意如何？六义互铺陈。风雅比兴外，未尝著空文……上可裨教化，舒之济万民。下可理情性，卷之善一身。”《旧唐书》本传称其“所著歌诗数十百篇，皆意存讽赋，箴时之病，补政之缺”。《新乐府》五十首之中，有“戒求仙”、“愍怨旷”、“戒边功”、“苦宫市”、“怜幽闭”、“疾贪吏”、“哀冤民”等与现实政治、民生密切相关的题目，可见，白居易自谓“欲开壅蔽达人情，先向歌诗求讽刺”（《采诗官》）并非虚语。即使并非真正的讽谕诗，如他的《杂兴三首》其一“楚王多内宠”，论者亦谓之“指点色禽之荒，婉切痛快，字字炯戒”（《诗阀》）。白居易的盟友元稹亦以诗歌有“议”“谤”之用，其《和李校书新题乐府十二首》序有云：“余友李公垂贶予《乐府新题》十二首，雅有所谓，不虚为文。余取其病时之尤急者，列而和之，盖十二而已。昔三代之盛也，士议而庶人谤。又曰：世理则词直，世忌则词隐。余遭理世而君盛圣，故直其词以示后，使夫后之人，谓今日为不忌之时焉。”[①]“不忌之时”实为“免战牌”，誉之实为非之。陈寅恪先生《元白诗笺证稿》认为他的《古题乐府十九首》“皆依旧题而发新意。词极精妙，而意至沉痛”。仅《田家词》的“愿官早胜仇早复，农死有儿牛有犊，誓不遣官军粮不足”即可见之。即使不以讽谕诗著称的诗人，亦有此类佳作，如曹邺《捕鱼谣》：“天子好征战，百姓不种桑。天子好年少，无人荐冯唐。天子好美女，夫妇不成双。”人谓：“古谣云：‘城中好高髻，四方高一尺。城中好广眉，四方且半额。城中好大袖，四方全匹帛。’……合读之，觉古语欲笑，曹语欲哭矣。”（《龙性堂诗话初集》）这种对上好下甚的讥刺，既有观政的作用，又可见人们诸种怨恨的综合。

无论是以史为诗还是刺时而作，都给后世留下了了解历史真相的形象材料。洪迈说：“唐人歌诗，其于先世及当时事，直辞咏寄，略无避隐。至宫禁嬖昵，非外间所应知者，皆反复极言，而上之人亦不以为罪。”并举出诸多例子[②]。我们知道，正史出于官修，未免为立场所限，再者修史者或只关注大局，尤其宫闱内之事或未传于外，或因未曾亲历、亲见，所记未免疏漏，又受历史传统的影响，难以作披文以入情的阅读。因此，由当代人写当代事的诗歌，涉及历史事实，多具有生动、形象，且带感情的特点，可补史之不足，亦可纠史家之偏，于观政更得效果。这也是后来学者研究学问有诗史互证的缘由之一。但我国历来有忌讳的传统，统治者更如此，即董狐秉笔亦难有作为，因此，如唐代君主的不特别为祖宗讳，文网松弛，才能有以诗言政，或不忌诗人写当朝事，得以留下“直辞咏寄，略无避隐”，“而上之人亦不以为罪”的作品，其价值自不待言。

---

① 冀勤点校：《元稹集》卷三十，中华书局，1982年版。

②《容斋续笔》卷二，《容斋随笔》，第236、237页。

观政之外,因受进士文化影响,唐代诗人在“观世”上又有极大的进步。

唐朝的进士文化与六朝的贵族文化有很大的不同。魏晋南北朝时期,贵族们生活的圈子是相当窄小的。尽管建安时期曾有《文心雕龙·时序篇》所说的“俊才云蒸”,七子也多经历过汉末的动乱,眼界并不窄,但以后的情况则不同。集群性的活动充其量也就是“竹林七贤”的聚会,西晋时期惠帝元康六年(296)富商、重臣石崇的“金谷游集”,东晋永和年间的兰亭集会,和陶渊明的斜川之会,慧远组织的石门之游。竹林之游当是经常性的活动,并无具体的文学记载,“金谷游集”的重要内容是“各赋诗以叙中怀”[①],兰亭的聚会,因王羲之的《兰亭集序》而知名,而这次集会的主题,在序中也得以体现, 即在山水之中领会生命的意义, 在究天人之际的富有哲理意义的探究中,回到了对个体生命存在的自足及不足,另两次聚会所产生的文学作品也不是社会性的题材。就艺术性而言,自汉魏以来,文学开始“自觉”,随着诗人对事物观察力的提高,诗歌的艺术表现水平也随之发展。如汉赋的铺排影响了汉诗的长于描写和叙事,同时又能虚处着笔;《古诗十九首》不仅“文温以丽,意悲而远”(钟嵘《诗品》上),而且善用比兴、含蓄蕴藉;建安时期,三曹、七子皆负盛名,然“武帝雄才而失之粗,子桓雅秀而伤于弱”(《多岁堂古诗存》卷三),虽王粲、刘桢亦仅得“文秀而质羸”,“气过其文,雕润恨少”(钟嵘《诗品》上)之评,惟曹植“骨气奇高,词采华茂,情兼雅韵,体被文质”(钟嵘《诗品》上)。阮籍、嵇康以“嵇志清峻,阮旨遥深”(《文心雕龙·明诗》)称之,但由于“嵇康师心以遣论,阮籍使气以命诗”(《文心雕龙·才略》),故阮“直取自然,初非琢炼之劳,吐以匠心之感”(陈祚明《采菽堂古诗选》卷八),嵇“径遂直陈,有言必尽,无复吞吐之致”(同上),都不以描写性见长。西晋的太康诗人,辞藻富丽,多用对偶,却“采缛于正始,力柔于建安”(《文心雕龙·明诗》),陆机善于描写,却有“士衡才优,而缀辞尤繁”(《文心雕龙·镕裁》)之评,后人更以之“意欲逞博,而胸少慧珠,笔又不足以举之,遂开出排偶一家……降自梁、陈,专攻队仗,边幅复狭,令阅者白日欲卧,未必非士衡为之滥觞也”(沈德潜《古诗源》卷七)。因此,继之而起的山水田园诗,如陶渊明的“文体省净,殆无长语;笃意真古,辞典婉惬”(钟嵘《诗品》中),只重白描、平淡自然而不琢字句就是很大的进步。

如同汉代对匈奴作战的胜利,打通了对外路径,张骞通西域带来了外部物产与信息,改变了人们的地理与文化观念;唐代也在对外战争和文化交流中,发展了与周边国家、民族的关系,在文化融合中扩大了眼界,扩展了心胸。唐朝建立了强大的政权,南北统一,东西交汇,疆域之广为汉代以来之最,世界上最大的统一帝国赢得了各国的敬畏、尊重,一方面是国力的扩张,另一方面是文化的交流,在造就出“万国衣冠拜冕旒”盛况的同时,也大大增强了民族的自信心。由于推行均田制和科举制,突破了庄园经济和贵族文化的拘限,诗人的眼界和胸襟大为开阔,见之于诗,游观和怀古无疑是唐诗远胜于前代的两大题材。由于推行科举,诗人毋需被察举,等待铨选,而是“怀

---

①《世说新语·品藻》。

牒自列”,由静而动,从耕读生活转而进入都市、京城,眼界大开。他们所作诗,近于汉大赋之“控引天地、错综古今”,或“苞括宇宙、总览人物”(见《西京杂记》及所记司马相如语)。帝都文化之从汉赋转入唐诗,见证了唐人的眼光、胸襟和气度。不仅是初唐,后来如贾至、王维、杜甫和岑参的早朝大明宫诗,也写出了“典雅重大”(杨万里《诚斋诗话》语)的气象。

“观”卦是上巽为风、下坤为地之象。诗之能“观”,与诗人足踏大地、仰观风云大有关系。唐代的诗人们改变了以往皓首穷经的生活道路,广为涉猎典籍,注重全面修养,且多远大抱负,又因喜好游历,得“江山之助”,对事物的观察力、表现力都较前代诗人为高。从“初唐四杰”起,就来到帝都,又走向市井、边塞和广漠,扩大了诗歌的题材。而进士文化的开放性体系,使得诗人在增见识、长见闻同时,又多方结交,广邀声誉,行卷、温卷,交往各种人物,来往各方土地。进士及第、释褐为官后,还能“问俗兆人阜,观风五教宣”(张说《奉和圣制暇日与兄弟同游兴庆宫作应制》),“漫游无远近,漫乐无早晏”(元结《漫酬贾沔州》)。在游观中所见,使得诗人思考历史和现实,表达了自己对政事的理解。仅举一例:张籍《凉州词三首》其三云:“凤林关里水东流,白草黄榆六十秋。边将皆承主恩泽,无人解道取凉州。”因感慨凉州陷于吐蕃六十年,咎边将之有负皇恩,通过对所游地盛衰的对比,寓诗人对政事的评判,故沈德潜《唐诗别裁集》将此诗与高适所作对比:“高常侍亦云:‘岂无安边书,诸将已承恩。’高说得愤,此说得婉。”

唐诗既有诗史之作以供观世,也有如李商隐《偶成转韵七十二句赠四同舍》,“义山生平游历,略见于此篇”(《李义山诗集笺注》引朱鹤龄语),读者也可藉此而知人论世。其《井泥四十韵》,人以之为“感念一生得丧而作”(《玉溪生年谱会笺》),其“可以观”的价值也是能够肯定的。属于或近于观世的还有表现宦情、世情与闲情之诗,此处各举一例以论之。白居易作诗多,且屡言俸禄,故《瓯北诗话》云:“香山历官所得俸入多少,往往见于诗。为校书郎云:‘俸钱万六千,月给亦有馀。’盩厔尉云:‘吏禄三百石,岁晏有馀粮。’京兆户曹参军云:‘俸钱四五万,月可奉晨昏;廪禄二百石,岁可盈仓囷。’江州司马云:‘官品至第五,俸钱四五万。’太子宾客分司云:‘俸钱七八万,给受无虚月。’刑部侍郎云:‘秋官月俸八九万。’太子少傅云:‘月俸百千官二品,朝廷雇我作闲人。’刑部尚书致仕云:‘半俸资身亦有馀。’又云:‘俸随日计钱盈贯,禄逐年支岁满囷。’又有诗云:‘寿及七十五,俸沾五十千。’此可当《职官》、《食货》二志也。”其《达哉乐天行》一诗,写及自己“分司东都十三年”而“七旬才满冠已挂”之时,对家中经济和自己生活的安排:“先卖南坊十亩园,次卖东都五顷田。然后兼卖所居宅,仿佛获缗二三千。半与尔充衣食费,半与吾供酒肉钱。吾今已年七十一,眼昏须白头风眩。但恐此钱用不尽,即先朝露归夜泉。未归且住亦不恶,饥餐乐饮安稳眠。”则可观思想兼及儒道释的诗人的心理状态,而通过这些诗,至少可从一个特定角度了解宦情。至于笔记所载的王播少孤贫,投斋扬州惠昭寺木兰院,随僧斋餐,僧厌之,王播至,已饭。王播后中进士,三十年后,以高官出镇扬州,访旧游之地,见向日之题,已被碧纱所罩,遂感而作诗:“上堂已了各西东,惭愧阇黎饭后钟。三十年来尘扑面,如今始得碧纱笼。”世态炎凉,虽僧界亦不能免,于此诗可以观之。进士文化中的诗人交往,尤其如韩愈那样关怀贫寒之士,“一卧三四旬,数书唯独君”,“身上衣频寄,瓯中物亦分”(贾岛《卧疾走笔酬韩愈书问》),确实十分难得,若结合贾岛《病蝉》的“黄雀并鸢鸟,俱怀害尔情”,两相对比俨然,亦可观世情。唐诗中也有在闲居中的心态表露,如:“闲居无事扰,旧病亦多痊。选字诗中老,看山屋外眠。片霞侵落日,繁叶咽鸣蝉。对此心还乐,谁知乏酒钱。”(姚合《闲居晚夏》)“颠倒醉眠三数日,人间百事不思量。”(姚合《赏春》)则可见对闲情的表现……

总之,无论是否能成为进士,能否踏上仕途,诗人们大多都有漫游的经历,得以一睹各地的人情风俗,有得失进退的遭遇,有较多的生活感受及经验,有较广的生活面和朋友圈……诗人在观察事物,诗歌描写手段上,都有显见的进步。历代对此评论甚多,兹不赘述。

五

唐诗受进士文化的影响,还充分发挥了“诗可以怨”的功能。

据《尚书》所载的《五子之歌》:“太康尸位以逸豫,灭厥德,黎民咸贰。乃盘游无度,畋于有洛之表,十旬弗反。有穷后羿,因民弗忍,距于河。厥弟五人,御其母以从,徯于洛之汭。五子咸怨,述大禹之戒以作歌。”五人皆有歌,这恐怕是我国最早的怨诗(歌)。“诗可以怨”是孔子关于文艺功能的一个重要看法,《论语·阳货》载:“子曰:‘小子何莫学夫诗?诗,可以兴,可以观,可以群,可以怨。迩之事父,远之事君。多识于鸟兽草木之名。’”孔子本主张“无怨”,《论语·宪问》有“不怨天,不尤人”之说,《里仁》亦曰:“事父母……劳而不怨。”《卫灵公》则云:“躬自厚而薄责于人,则远怨矣。”所以,当子张问其“何谓五美”时,他答以“君子惠而不费,劳而不怨,欲而不贪,泰而不骄,威而不猛”(《尧曰》)。之所以将“劳而不怨”作为其一,他如此解释:“择可劳而劳者,又谁怨?”因为这是与“因民之所利而利之”的“惠而不费”(以上均出《论语·尧曰》)密切相关、相辅而行的。但是,现实并不是“百姓足,君孰与不足?百姓不足,君孰与足?”(《论语·颜渊》)却不乏“苛政猛于虎”的现象,人民焉得不怨?因此,在面对事实上存在的怨诗时,孔子采取了肯定的态度,认为“诗可以怨”。

“诗可以怨”应有对外和对内两个向度:对外是“怨刺上政”(《论语集解》引孔安国语),皇侃《论语义疏》兼及为政者和怨政者而言:“讽谏之法,言之者无罪,闻之者足以戒,故可以怨。”若借用孔颖达《诗大序·正义》语,对内则有“舒心志愤懑”的作用,因而朱熹《论语集注》以“怨而不怒”作了补充性的解释,认为应合度而不“过”。所以,“可以怨”兼及干政功能和抒情作用,是对诗歌为“用”之一的充分肯定。在我国古代文学的创作中,由“可以怨”发展而出的“发愤抒情”,是一个可贵的传统。《诗经》的民歌颇多人民对“上政”的怨刺,何休为《公羊传·宣公十五年》作《解诂》,提出了“男女有所怨恨,相从而歌:饥者歌其食,劳者歌其事”之说;而《楚辞》则多对“上政”的失望而生怨,司马迁《史记·屈原传》遂以“屈平正道直行，竭忠尽智以事其君”，却“信而见疑，忠而被谤，能无怨乎”？论定为“屈平之作《离骚》，盖自怨生也”。钟嵘《诗品·序》或因对当时诗歌创作的不满，故重申“诗可以怨”的命题：“嘉会寄诗以亲，离群托诗以怨。至于楚臣去境，汉妾辞宫；或骨横朔野，魂逐飞蓬；或负戈外戍，杀气雄边，塞客衣单，孀闺泪尽；或士有解佩出朝，一去忘反，女有扬蛾入宠，再盼倾国。凡斯种种，感荡心灵，非陈诗何以足其义？非长歌何以骋其情？故曰：‘诗可以群，可以怨。’使穷贱易安，幽居靡闷，莫尚于诗矣！”显然，其中虽将“群”“怨”并称，重心却显然是落在“怨”之上。

“怨”是“诗”“骚”传统的主要体现，为何说唐代进士文化使之在诗歌的创作中为之发扬光大呢？由于汉魏以来“文的自觉”，南朝范晔始立《文苑传》，士人遂有儒林与文苑之分。“古称儒学家者流，本出于司徒之官，可以正君臣、明贵贱、美教化、移风俗”（《旧唐书·儒学传》）；“文章者，盖情性之风标，神明之律吕也，蕴思含毫，游心内运，放言落纸，气韵天成，莫不禀以生灵，迁乎爱嗜”（《南齐书·文学传》史臣赞）。儒者以辅佐人君、大行治道为己任，而文士以抒发情性、驰骋文才为职责，这就是儒林与文苑传统、精神之主要区别。唐代推行科举而尤重进士，造成了“高宗嗣位，政教渐衰，薄于儒术，尤重文吏，于是醇浓日去，华竞日彰，犹火销膏，而莫之觉也”（《旧唐书·儒学传》）。因而《新唐书·文艺传》作出了这样的对比：“夫子之门，以文章为下科，何哉？盖天之付与，于君子小人无常分，惟能者得之，故号一艺。自中智以还，恃以取败者有之，朋奸饰伪者有之，怨望讪国者有之。若君子则不然，自能以功业行实光明于时，亦不一于立言而垂不腐；有如不得试，故且阐绎优游，异不及排，怨不及悱，而不忘纳君于善政，故可贵也。”显然，这是提倡道文合一的宋代史家之见，对于文章之士的“怨”是持否定态度的。但是，作为唐人的韩愈，其《荆潭唱和诗序》却认为：“和平之音淡薄，而愁思之声要眇，欢愉之辞难工，而穷苦之言易好也。”《送孟东野序》进而说：“抑不知天将和其声，而使鸣国家之盛耶，抑将穷饿其身，思愁其心肠，而使自鸣其不幸邪？”显然是对“诗可以怨”的肯定。白居易《序洛诗》进而有云：“予观览古今歌诗，自《风》、《骚》之后，苏、李以还，次及鲍、谢徒，迄于李、杜辈……观其所自，多因谗冤谴逐，征戍行旅，冻馁病老，存殁别离，情发于中，文形于外。故愤忧怨伤之作，通计今古，什八九焉。世所谓文士多数奇，诗人尤命薄，于斯见矣。”韩愈、白居易都是进士出身，所论亦可代表对诗歌功能的认识。在白居易《序洛诗》论列的基础上，宋人严羽《沧浪诗话》进而说道：“唐人好诗，多是征戍、迁谪、行旅、离别之作，往往能感动激发人意。”又循名责实而云：“以怨名者，古词有《寒夜怨》《玉阶怨》。”

唐代创作怨诗颇多，中晚唐又在“诗可以怨”的相关理论上大有发展，这与进士文化的成熟具有内在联系。知识分子虽是四民之首，却从来都不是独立的阶级，与农、工、商有别，士或进而“仕”之为官，或退而为耕读之家，而在从汉代到六朝的漫长历史阶段中，前者是很难实现的，原因就在于无论行察举还是行九品中正制，寒门都很难冲破世族对特权的垄断。唐代推行科举制，应是一个很大的变革。因此，现代许多著名学者都肯定了唐代的科举制度，而突破了门第所限的唐代庶族知识分子，也确实从科举制中获益。由于国家的繁荣,生活的安定,社会的进步,时代的发展,尤其诗人有了从政施展抱负的可能,诗歌也随之出现了前所未有的气象,和极其广阔的题材,表现出特有的时代精神,但也出现了众多的怨诗。我们说进士文化对唐代诗歌的促进,并不是进士科所行的诗赋取士直接促进了诗歌创作的繁荣(因为与科举直接相关的诗是窒息、扼杀创造性的东西),而是这一制度、措施对诗人的感召,对其意志、抱负的感发;但与此同时,取士之少,现实与理想之间形成了巨大的差距,诗人出于失落感而生怨诗,因此,唐代怨诗很多是落第诗。以上是从诗人个人立论的,虽说落第诗是科举制施行后才有的,但出于对个人遭际的不满,对社会不公的愤慨,对才秀人微怨怼,则六朝时的左思、鲍照等都曾有过,并非唐代所特有。倘非直接而言,尚应有以下原因,举起要者二:

其一,诗人走出了对贵族的依附关系,也走出了土地、农业的局限,在开放性、流动性的文化体制中,开阔了眼界,看到了诸多人间的不平,有了丰富的生活阅历,从个人主观世界中走出,尤其亲历了历史的大动乱,贴近了人民,表现人民的苦难,或感同身受的痛苦,杜甫就是其中的典型。六朝并非没有动乱,但诗人多取逃避态度,躲在玄言、山水之中,而唐代诗人能直面现实人生,写出了人民的怨愤。相对而言,唐代政治较为开明,唐太宗设立观风使,并能纳谏,后来亦如洪迈所说的唐人写诗多无禁忌,如果是"防民之口甚于防川"的时代,也难以创作并留下怨诗;而唐代在进士等第释褐后常授以低级谏官,故诗人有意于以人民的喉舌自命,以诗代谏,故以讽谕诗来表现人民之怨。此点在上面论观政诗时已论,不再赘述。而刺政的怨诗则因唐朝所行的对外战争,而尤见于怨战之作。其二,诗人若得成为进士并进而入于官员队伍,固然是改变了自己的命运,但从进士到"释褐"为官常要经历一个较长的过程,且所任者多是微官,家属不能相随任所,非但难以一遂青云之志,而且既有离愁别怨,又常有忧患随身。尤其是唐朝所行的谴谪制,使得许多官员踏上流贬之途,怨诗亦随之而生。

直接生于进士文化的怨诗,当然是落第诗。唐代行科举,其中的进士科更成为了庶族知识分子走上仕途的阶梯,辛文房《唐才子传》所录唐诗人共278名,其中进士及第者171人,所占比例不可谓不高。但这只是一方面,另一个事实是:"初唐四杰"都不是进士,孟浩然不得已成为了隐士,大诗人李白、杜甫亦非进士,中晚唐的李贺、贾岛、温庭筠、陆龟蒙、李群玉等著名诗人也未能登进士第。虽说推行进士制使诗人有出仕的机会,但取士毕竟有限,据《文献通考》卷二九,唐代贡举每年各科所取人数,多者三五十人,少者仅数人,大抵进士约千人,得第者百之一二,明经倍之,得第者十一二。且礼部试中后,尚要通过吏部考试才能入仕。[①]唐代的进士科取士数远不能与宋代相较,唐人也因落第而颇多怨诗。

郑处诲《明皇杂录》说:"天宝中,刘希夷、王昌龄、祖咏、张若虚、孟浩然、常建、李白、杜甫,虽有文名,俱流落不偶。"这一名单中,既有进士,也有非进士者,无论这些著

---

① 王鸣盛:《十七史商榷》卷八十一:"东莱吕氏云:'唐制:得第后不即释褐,或再应皆中,或为人论荐,然后释褐。'"

名诗人是否进士出身，都不是仕途得意者。以非进士来说，其中的孟浩然与杜甫诗名最高。孟浩然仅应举一次，下第的打击却很大："苦学三十载，闭门江汉阴……二毛催白发，百镒罄黄金。泪忆岘山堕，愁怀湘水深。谢公积愤懑，庄舄空谣吟。"（《秦中苦雨思归赠袁左丞贺侍郎》）黯然回乡隐居。他为诗冲淡，却也有"欲济无舟楫"的微怨。至如《岁暮归南山》的"不才明主弃，多病故人疏"，使得唐明皇体会出其中之怨，而有"卿不求仕，而朕未尝弃卿，奈何诬我"（《新唐书·文艺传下》）之说，故后人评之为"一生失意之诗，千古得意之作"（《瀛奎律髓汇评》记冯舒语）。杜甫"自谓颇挺出，立登要路津。致君尧舜上，再使风俗淳"（《奉赠韦左丞丈二十二韵》），却因奸相李林甫当道，应举被黜，此诗的"朝扣富儿门，暮随肥马尘。残杯与冷炙，到处潜悲辛"，"青冥却垂翅，蹭蹬无纵鳞"，都流露出怨意。他后来也未能登第，因此，其"翻手作云覆手雨，纷纷轻薄何须数！君不见管鲍贫时交，此道今人弃如土"（《贫交行》）是对故人之怨。《醉时歌》是为郑虔鸣不平，也应是自己的诉怨之作，因而感喟："相如逸才亲涤器，子云识字终投阁……儒术于我何有哉？孔丘盗跖俱尘埃！"久困长安，使他感叹"自断此生休问天，杜曲幸有桑麻田，故将移住南山边。短衣匹马随李广，看射猛虎终残年"（《曲江三章章五句》其三），被视作长安生活总结的《自京赴奉先县咏怀五百字》，其中的悲愤，岂非怨之所积而致？

诗史上孟郊、贾岛并称，苏轼以"郊寒岛瘦"论其诗风，实与二人的经历大有关系。试看孟郊《下第》："晓日难为光，愁人难为肠。谁言春物荣，独见花上霜。"次年的《再下第》："一夕九起嗟，短梦不到家。两度长安陌，空将泪见花。"可知其怨痛。孟郊老而登第，贾岛累举不第，笔下穷愁实多，从他的诗句，如"坐闻西床琴，冻折两三弦"（《朝饥》），"鬓边虽有丝，不堪织寒衣"（《客喜》），"羁旅复经冬，瓢空盎亦空"（《冬夜》），皆可见之。韩愈说郊、岛所作多"穷饿""愁思"，以至"自鸣不幸"，是真正的知人之言。而对于贾岛的终身未第，孟棨《本事诗》道出了个中原因："贾岛于兴化里凿池种竹，起台榭。时方下第，或谓执政恶之，故不在选。怨愤尤极，遂于庭内题诗曰：'破却千家作一池，不栽桃李种蔷薇。蔷薇花落秋风后，荆棘满庭君始知。'由是人皆恶侮慢不逊，故卒不得第，抱憾而终。"

顾况之子顾非熊，困举场三十年，其《落第后赠同居友人》："有情天地内，多感是诗人。见月长怜夜，看花又惜春。愁为终日客，闲过少年身。"体验极其真切。赵嘏的"落第逢人恸哭初，平生志业欲何如"（《下第后上李中丞》），说出了诸多仕子的情态与心态。葛立方《韵语阳秋》卷十八载："杜荀鹤老而未第，求知己甚切，《投裴侍郎》云：'只望至公将卷读，不求朝士致书论。'《投李给事》云：'相知不相荐，何以自谋身。'《投所知》云：'知己虽然切，春官未必私。宁教读书眼，不有看花期。'……如此等句，几于哀鸣矣。"刘虚白《献主文》诗："二十年前此夜中，一般灯烛一般风。不知岁月能多少，犹著麻衣待至公。"据《唐摭言》，刘与太平裴公早同砚席，及公主文，虚白犹是举子，直到大中十四年（860）方登进士第，此诗不言怨而怨自可见。罗隐十举不第，只能归隐，其《感弄猴人赐朱绂》云："十二三年就试期，五湖烟月奈相违。何如买取胡孙弄，一笑君王便著绯。”讥讽后面是显见的怨意。

因继承风骚传统，得谏诤精神推助，唐代颇多关注政事、民生的怨刺之诗。进士文化具有开放性特点，士子“怀牒自列”，毋需推荐，主考官为示得人公正，对考生的名望颇为重视，因此，为“养望”而漫游天下，结交权贵、名人，成为一时风气。在这一过程中，也加深了对社会的了解，开阔了眼界，看到了民生的实际，了解了人生的苦难，以诗歌来表现人民的哀怨遂有了生活基础。至于中进士得官后，以人民的喉舌自居，用讽谕诗表现民怨，以发挥讽刺传统，求得政治清明，则是“诗可以怨”的重要课题。其中，反战和宫怨是初盛唐时代怨诗的两大主题，并持续到中晚唐。

先说反战。陈子昂“每愤胡兵入，常为汉国羞”（《感遇》三十四），并两度出征，却认为“圣人御宇宙，闻道泰阶平”（《感遇》二十九），“王师非乐战，之子慎佳兵”（《送著作郎崔融等从梁王东征》）。这一思想也多为其他诗人所继承、发扬。因此，“可怜闺里月，长在汉家营。少妇今春意，良人昨夜情”（沈佺期《杂诗三首》其三）。就委婉表现出怨战之意。唐玄宗在开元时励精图治，经济达到极盛，改府兵制而行募兵制，军事实力更强，从开元十五年（727）起，乘破吐蕃之势而大开边功。天宝年间，更是穷兵黩武，改变了边塞战争的性质，边将也以边功邀赏，于是诗人的边塞诗渐多怨刺之作。如李白《战城南》虽用古题乐府，但正如陈沆《诗比兴笺》所说，是“陈古刺今”之作。其《行行游且猎篇》则是“愤时有激而作，盖天宝以后益好边功，武士得志，亦世道之忧也”（《唐宋诗醇》）。其《春思》《秋思》皆从闺中人着眼，堪称思妇词双璧，后者的“征客无归日，空悲蕙草摧”，短语长情，表达了人民对长期边战之怨。以边塞诗著称的高适，不仅在其名篇《燕歌行》中表现了征人思妇之怨，《金城北楼》的“为问边庭更何事？至今羌笛怨无穷”，更直切道出了普遍的怨战心理。中唐边塞诗人李益，善写征人之怨：“鸿雁新从北地来，闻声一半却飞回。金河戍客肠应断，更在秋风百尺台。”（《夜上西城听梁州曲二首》之二）“回乐峰前沙似雪，受降城下月如霜。不知何处吹芦管，一夜征人尽望乡。”直到唐末的卢汝弼，仍持续写出了征人思妇对战争的幽怨：“少妇不知归不得，朝朝应上望夫山。”“乡国近来音书断，至今犹自著寒衣。”“陇头流水关山月，泣上龙堆望故乡。”（《和李秀才边庭四时怨》）总之，从感叹“城池百战后，耆旧几家残”（刘长卿《穆陵关北逢人归渔洋》），“白骨半随河水去，黄云犹傍郡城低”（李嘉祐《宋州东登望题武陵驿》），到谴责“杀戍边将名，名著生灵灭”（于濆《陇头水》），反战、怨战之诗，其刺政、观史的价值是很高的。

再说宫怨。宫怨诗的产生缘于封建君主对女子的大量占有。杜甫《观公孙大娘舞剑器行》有“先帝侍女八千人”之说，白居易《长恨歌》则谓“后宫佳丽三千人”，其实玄宗的宫女远不止此，据新旧《唐书》的宦官传，开、天时期长安、洛阳及各地行宫的宫人超过了四万之数。当年晋武帝内宠多至万人，莫知所适，乘羊车恣其所之。玄宗后宫佳丽更多，宫女“承恩”之难可以想见，有怨可谓必然。王昌龄是玄宗时期最善写宫怨的诗人，亦多以“怨”为名的诗歌。其《西宫春怨》的“欲卷珠帘春恨长”，“朦胧树色隐昭阳”，《西宫秋怨》的“谁分含啼掩秋扇？空悬明月待君王”，所表现的或有“借美人珠翠伴说，相形亦以自况"（清黄叔灿《唐诗笺注》语）之意，但更应是宫女的实际愁怨。此外，如"月光欲到长门殿，别作深宫一段愁"（李白《长门怨二首》），"泣尽无人问，容华落镜中"（崔颢《长门怨》），都是借汉写唐的宫怨之作。李白《玉阶怨》，虽不着一个"怨"字，论者却皆以之有怨自深，在王昌龄之上。此外，崔国辅《怨词》"妾有罗衣裳，秦王在时作。为舞春风多，秋来不堪着"也是宫怨佳作。"泪湿罗巾梦不成，夜深前殿按歌声。红颜未老恩先断，斜倚薰笼坐到明。"（白居易《后宫词》）形象展示了宫女之怨，而"白头宫女在，闲坐说玄宗"（元稹《行宫》），虽岁月流走，"闲"中仍可想见当年之怨。对无法与外界接触的宫女，唐人颇多御沟流红的故事，顾况藉此而有怜宫女之作："花落深宫莺亦悲，上阳宫女断肠时。君恩不闭东流水，叶上题诗寄与谁？"（《叶上题诗从苑中流出》）直到晚唐司马扎的《宫词》，仍以"年年花落无人见，空逐春泉出御沟"表达了老死宫中者之怨。

诚然，唐代的科举，"世多病其法之不善，然九品中正之弊，致成贵族政治。矫之以科举，而平民于贵族乃得均享政权，是亦未始无关于国家社会之进化也"[①]。通过科举而进入统治者阶层，固然改变了诗人的命运，但是，进士文化成就了诗人参政，也使之卷入了政争和党争，并因此而使怨诗为之产生。如张九龄，于武后神功元年（697）登进士第，授校书郎，自此踏上仕途，玄宗时期为著名贤相，但不久即遭李林甫中伤、排挤，被罢相，贬为荆州长史，三年后病卒。《四库全书总目》云："九龄守正嫉邪，以道匡弼，称开元贤相，而文章高雅，亦不在燕、许诸人下……今观其《感遇》诸作，神味超轶，可与陈子昂方驾；文笔宏博典实，有垂绅正笏气象，亦具见大雅之遗。"但另外如陈沆《诗比兴笺》所云："史迁有言：诗三百篇，大抵人圣贤人发愤之所为作也。至曲江以姚、宋之相业，兼燕、许之文章，诗人遭遇，于斯为盛。所谓不平之鸣，有托之作，宜若无有焉。"[②]张九龄本人《陪王司马宴王少府东阁序》也说："诗有怨刺之作，骚有愁思之文，求之微言，匪云大雅。"其晚年被贬，所作自然流露出贤人失志之怨悱和忧愤。如《感遇》："抱影吟中夜，谁闻此叹息？美人适异方，庭树含幽色。白云愁不见，沧海飞无翼。"（其九）"冥冥愁不见，耿耿徒缄忆。紫兰秀空蹊，皓露夺幽色。馨香岁欲晚，感叹情何极。白云在南山，日暮长太息。"（其十）"但欲附高鸟，安敢攀飞龙。至精无感遇，悲惋填心胸。归来扣寂寞，人愿岂天从？"（其十一）"闭门迹群化，凭林结所思。啸叹此寒木，畴昔乃芳蕤。朝阳凤安在，日暮蝉独悲。浩思极中夜，深叹于待谁……天壤一何异，幽默卧帘帷。"（其十二）

张九龄之时是政争与忠奸之争，中晚唐却因进士文化的成熟而产生党争，遂使诗人身不由己地处于其中，李商隐就是因党争之累而作怨诗的典型。唐肃宗宝应二年（763）礼部侍郎杨绾上奏要求取消进士科，有"递相党羽，用致虚声"一说，可见，这是进士文化的一个重要特点。顺延之，就是举子们入朝为官后易于结党，与之相关，党附和党争也随之生成。李商隐早年受知于令狐楚，登进士第后娶王茂元之女为妻，时牛

① 柳诒徵：《中国文化史》，第 448 页。

② 陈沆：《诗比兴笺》，上海古籍出版社，1981 年版，第 116、117 页。

李党争方炽，王属李党，令狐属牛党，后来令狐楚之子令狐绹长期执政，李商隐被牛党视作背恩之人，遂遭排挤，“虚负凌云万丈才，一生襟抱未尝开”（崔珏《哭李商隐》），使之以绝世之才而坎壈终身。因此，对他来说，“诗可以怨”是很突出的特点。李商隐《哭刘司户蕡》前四句：“路有论冤谪，言皆在中兴。空闻迁贾谊，不待相弘孙。”据《重订李义山诗集笺注》引程梦星所云：“刘蕡应直言极谏对策，指斥宦官，事在太和二年，时文宗初即位，恭俭儒雅，政事修饬，当时号为清明，此所以曰‘言皆在中兴’也。无如一遭远谪，遂卒贬所，竟不待朝廷之悟而复用。考之于古，汉公孙弘初以贤良对策，亦尝罪斥，既而再征，则擢用至相。苟刘蕡不死，未必不然，此所以曰‘不待相弘孙’也。”因刘蕡终如贾谊之迁而未得公孙之相，李商隐也难施展自己的抱负，宜其哭而难掩怨恨。《玉谿生诗集笺注》逐篇分析其《漫成五章》，以为首二章为令狐父子而言：“义山始受知彭阳……岂知后为其子所弃哉！……义山自负才华，不得内用，而绹以浅陋之胸，居文学禁密之职，岂非苍蝇之乱晨鸡耶？”第三首以孙权比王茂元，以王羲之自比：“愁愤固无如何矣。”王茂元将材，而为卫国公李德裕所用：“故四五两章则大白卫国任将运筹之勋，而恨谗口之无良。以卫国之相业、石雄之战功，尚遭排斥，更何有广于他人哉！”五诗既应是对牛李党争的是非判断，又在这“义山一生吃紧之篇章”中流露了甚多的哀怨。

至于因谴谪而生的怨诗，自是缘于唐朝的流贬制度。据《唐律疏议》卷三《名例律》：“犯流者徙边，妻妾从之，父祖子孙欲随者，听之。移乡人家口亦准此……家役流者，流三千里，役三年。役满，及会赦免役者，即于配处从户口例。”又据杜佑《通典》卷一五六《刑三·刑制下》载：唐太宗“除趾法，加役流三千里，居作二年……玄宗又令删定格式，令名为开元格，又删定律，令名为开元后格……三品以上犯公罪，流；私罪，徙……流罪以下减一等，其犯十恶者不用此律”。《唐会要》卷四一：“开元七年三月十六日敕：左降人考未满间，重有犯，应解免及放归田里者，并申奏，更据状轻重量贬。若是五流及余犯，自依常法。”“（长庆）四年四月刑部奏：准其年三月三日起，请准制。以流贬量移，轻重相悬。贬则降秩而已，流为摈死之刑。”这就使我们不难理解为何唐诗中会有那么多因贬谪而生的怨诗。

从唐代历史看，武后称制，“大臣流放者数万族”[①]，中宗复辟，依附二张者多被流贬，沈、宋与杜审言、崔融、苏味道等均在其中。沈、宋本以宫廷应制见长，被贬时抒发怨愁悲愤之情，诗风剧变。宋之问的《送杜审言》云：“卧病人事绝，嗟君万里行。河桥不相送，江树远含情。别路追孙楚，维舟吊屈平。可惜龙泉剑，流落在丰城。”是惺惺相惜之中流露出微怨。到自己被贬所作的“度岭方辞国，停轺一望家。魂随南翥鸟，泪尽北之花。山雨初含霁，江云欲变霞。但令归有日，不敢恨长沙”（《度大庾岭》），就流露出深切怨意了。沈佺期《遥同杜员外审言过岭》：“天长地阔岭头分，去国离家见白云。洛浦风光何所似？崇山瘴疠不堪闻。”《入鬼门关》：“昔传瘴江路，今到鬼门关。土地无人老，流移几客还？”以及《初达驩州》：“搔首向南荒，拭泪看北斗。何年赦书来？重饮洛阳酒。”

① 欧阳修：《新唐书》卷一一七《裴炎传》，上海古籍出版社、上海书店，1986年版，第4563页。

也是怨而见悲之作。

安史之乱后，追究罪臣，授伪职及追随永王者，如张均、卢象、储光羲、郑虔、李白等都被流贬。李白虽仅在永王幕中数月，却被系寻阳狱，问罪当诛，得郭子仪援救，才改为长流夜郎。因此，比较王维与李白因被贬所作，就很见不同。王《初出济州别城中故人》："微官易得罪，谪去济州阴"，"纵有归来日，各愁年鬓侵"，论者以为"出调凄怆，寄情婉转，如此题必如此作，方得'可以怨'之旨"。(《唐诗选脉会通评林》)诗中感迁谪而叹年光，还只是轻愁，而李白则很不同。李白获罪，事本冤屈，故作《上崔相百忧章》《万愤词投魏郎中》以自申，据本人《为宋中丞自荐表》所云"前后经宣慰大使崔涣及臣推覆清雪"，以及前一首原注的"时在寻阳狱"，可知都是作于从璘被问罪时期，前者的"星离一门，草掷二孩。万愤结缉，忧从中催……举酒太息，泣血盈杯"，后者的"南冠君子，呼天而啼。恋高堂而掩泣，泪血地而成泥"，可见热情、浪漫的诗人，至此"百忧"而"万愤"，岂非因"怨"之已极而发！其后长流夜郎，因"流"在五刑中仅次于死刑，是最重的刑法之一，几无量移召还的可能，故"远别泪空尽，长愁心已摧。三年吟泽畔，憔悴几时回！"(《赠别郑判官》)在流至江夏时，即使感情已降温，仍感叹"一为迁客去长沙，西望长安不见家。黄鹤楼中吹玉笛，江城五月落梅花"(《与史郎中钦听黄鹤楼上吹笛》)。《唐宋诗醇》卷八称之为"凄切之情，见于言外，有含蓄不尽之致"①。

中唐时期，几位著名诗人都被贬：贞元十九年(803)，韩愈上书请缓征京畿百姓赋税，贬为连州阳山令。永贞元年(805)，柳宗元、刘禹锡欲革弊政，参加王叔文集团，遭宦官及新旧势力打击，革新失败，"二王八司马"被放，柳、刘被贬邵州、连州刺史。元和、长庆年间，因牛李党争以及反宦官，除李德裕、牛僧孺、李宗敏外，刘偾、元稹也被流放，他们多被流放到岭南、云贵、四川、湖南、福建等地。元和十年(815)，白居易上疏论盗杀武元衡事，为宰相所恶，贬为江州司马，故以其《琵琶行》"满腔迁谪之感，借商妇以发之，有同病相怜之意焉"(《唐宋诗醇》)。韩愈《左迁至蓝关示侄孙湘》，作于谏迎佛骨而被贬潮州时，《小清华园诗谈》谓之"终无怨辞，所以为有德之言"，却"不无怨意"②。当贬潮南行至宣溪时，他曾作诗："韶州南去接宣溪，云水苍茫日向西。客泪数行先自落，鹧鸪休傍耳边啼。"(《晚次宣溪辱韶州张端公使君惠书叙别酬以绝句二章》其一)感物兴怀，凄怨之意油然而生。后虽还朝，却因迁谪而牵累家人，女儿死于道中，故深为自责："致汝无辜由我罪，百年惭痛泪阑干。"(《去岁自刑部侍郎以罪贬潮州刺史乘驿赴任其后家亦谴逐小女道死殡之层峰驿旁山下蒙恩还朝过其墓留题驿梁》)可见伤之也痛，怨之也深。刘禹锡、柳宗元对贬谪的幽怨有轻重之别，这固然有性格原因，但不能否认，柳被逐的时间更长，地方更僻，他自云"一身去国六千里，万死投荒十二年"(《别舍弟宗一》)，借刘长卿诗来说，是"同作逐臣君更远，青山万里一孤舟"(《重送裴郎中贬吉州》)，故所为诗更多怨意。理想的失落，现实的冷酷，使之"穷"而有感作诗，哀愁怨恨不断："荒山秋日午，独上意悠悠。如何望乡处，西北是融州。""宦情羁思

① 陈伯海：《唐诗汇评》，浙江教育出版社，1995年版，第717页。

② 陈伯海：《唐诗汇评》，浙江教育出版社，1995年版，第1736页。

共凄凄,春半如秋意转迷。”(《柳州二月榕叶落尽偶题》)甚而有:“海畔尖山似剑铓,秋来处处割愁肠。若为化得身千亿,散上峰头望故乡。”(《与浩初上人同看山寄京华亲故》)“羁禽响幽谷,寒藻舞沦漪。去国魂已远,怀人泪空垂。孤生易为感,失路少所宜。”(《南涧中题》)刘禹锡虽较柳宗元旷达,然而“巴山蜀水凄凉地,二十三年弃置身”(《酬乐天扬州初逢席上见赠》),也留下了被贬时幽怨的心曲:“归目并随回雁尽,愁肠正遇断猿时。桂江东过连山下,相望长吟有所思。”(《再授连州至衡阳酬柳柳州赠别》)

远宦、流贬、兵祸、从军……都是怨诗生成之由,这些怨别诗多能传递人生的普遍情感,写得深刻动人。离别中的偶见会令之“乍见翻疑梦,相悲各问年”,“更有明朝恨,离杯惜共传”(司空曙《云阳馆与韩绅宿别》),而“门外若无南北路,人间应免别离愁”(杜牧《赠别》)则是借物而怨,“无理”而有情。若谓“主恩堪洒血,边宦更何心”,“天涯忧国泪,无日不沾襟”(戎昱《辰州建中四年多怀》)尚主题明确;“大渡河边蛮亦愁,汉人将渡尽回头。此中剩寄相思泪,南去应无水北流。”(雍陶《过大渡河蛮使许之泣望乡国》)是因文宗大和三年南诏陷成都,掠子女工伎数万而南,此诗写出了去国之别;而有些诗则若未深知其相关背景,是很难断定其性质的,如:“远树应怜北地春,行人却羡南归雁”(高适《送田少府贬苍梧》),“十口飘零犹寄食,两川消息未休兵。黄花催促重阳近,何处登高望二京”(郑谷《漂泊》)。但是,因各种个人不幸或社会动乱所造成的离别,得诗歌之传递情感,并因此而在唐诗中常见对离别之怨,很能感动读者。

上述的诸种离别原因,并非全出于进士制,而进士文化又确实是怨别诗生成的直接、主要的因由,所成者又可分为离家之怨与情别之怨。唐代行科举制,士子参加考试,衍生出漫游、结交、行卷等一系列行为,他们踏上求仕的旅程,遂造成了诸多的离别;而科场中的胜利者,也通过诠选得官,踏上仕途,因游宦而生离别,自是必然之事。此类怨别诗甚多,不论。兹对进士文化而生的情别之诗略作论列。

进士文化造成了开放的思想和风气,士人与妓女交往司空见惯,这也是唐代进士“无行”的主要表现。王仁裕《开元天宝遗事》卷上载:“长安有平康坊,妓女所居之地,京都侠少萃集于此,兼每年新进士,以红笺名纸游谒其中。时人谓此坊为风流薮泽。”[①]此书及唐人孙棨的《北里志》等,都有颇多记载。由《北里志》附录《狎游妓馆五事》所载:“裴思谦状元及第后,作红笺名纸十数,诣平康里,因宿于里中。因旦赋诗曰:‘银缸斜背解明珰,小语低声贺玉郎,从此不知兰麝贵,夜来新惹桂枝香。’”又载:“郑合敬先辈及第后,宿平康里,诗曰:‘春来无处不闲行,楚润(楚娘,“妓之尤者”)相看别有情。好是五更残酒醒,时时闻唤状元声。’”[②]则可觇当时的进士风。因此,可以在唐诗中看到:“忆昔嬉游伴,多陪欢宴场。寓居同永乐,幽会共平康……宴馀添粉黛,坐久换衣裳。结伴归深院,分头入洞房。彩帷开翡翠,罗荐拂鸳鸯。留宿争牵袖,贪眠各占床。”(白居易《江南喜逢萧九彻因话长安旧游戏赠五十韵》)这一长诗形象地展示了进士与妓女的狎游,而“昔年曾向五陵游,子夜歌清月满楼。银烛树前长似昼,露桃花里

① 《唐五代笔记小说大观》,上海古籍出版社,2000年版,第1725页。
② 《唐五代笔记小说大观》第1416、1417页。

不知秋。西园公子名无忌,南国佳人字莫愁”(韦庄《忆昔》),则可见长安城的冶游盛况。在大中年间与李商隐同朝为官的李群玉,其诗之浮艳也不下于温李,如:“骰子巡抛裹手拈,无因得见玉纤纤。但知谑道金钗落,图向人前露指尖。”(《戏赠姬人》)虽或非因身份而定,晚唐进士放浪之风可见一斑。而《本事诗》所载的元和九年状元张又新,在辟为广陵从事时,为二十年前所善酒妓作诗:“云雨分飞二十年,当时求梦不曾眠。今来头白重相见,还上襄王玳瑁筵。”亦可见当时风气。

进士们多与妓女逢场作戏,见证了进士文化的轻狂放浪,却对爱情诗作了拓展,其中不乏真情之作。狎游并不只是逢场作戏,也会产生爱情,唐人传奇小说和笔记对此不乏描述、记载。诗人多有对女子的不幸表现深切的同情,《容斋三笔》卷十二记白居易咏盼盼,刘禹锡咏泰娘,杜牧咏张好好三事,均与中唐进士风之重情有关。孟棨《本事诗》所载的乔知之与婢窈娘为情而死,韩翃与柳氏之情,崔护人面桃花事等,亦应属于或近于此类。但是,由于新进士是贵族选婿的对象,“曲江之宴,行市罗列,长安几于半空。公卿家率以其日拣选东床”[①]。在仕与婚这两大密切相关的问题上,进士们当然要理智地对待感情问题。对于元稹《梦游春七十韵》,白居易《和梦游春诗一百韵序》云:“夫感不甚则悔不熟,感不至则悔不深。故广足下七十韵为一百韵,重为足下陈梦游之中所以甚感者,叙婚仕之际所以至感者,欲使曲尽其妄,周知其非,然后返乎真,归乎实。”此诗确可见当时进士风与“仕婚之际”对爱情与仕途的选择。结合元稹《古决绝词》(其一),诚如陈寅恪先生《元白诗笺证稿》所说:“双文非负微之,微之实先负之,而微之所以敢言之无忌惮者,当时社会不以弃绝此类妇人如双文者为非……读者于此诗,可以决定莺莺在当日社会上之地位,微之之所以敢始乱而终弃之者,可以了然矣。”《会真记》之所以被认定是元稹青年时的“自传”,而且他对所爱女子的始乱终弃能得到社会的谅解,至少是士子的同情,就缘于这两大问题。但也因此造成了新进士与下层女子或妓女交往、生情后的不得不分离,即使以善于补过而自饰的元稹,也免不了会表现出遗憾或伤怨:“曾经沧海难为水,除却巫山不是云。取次花丛懒回顾,半缘修道半缘君。”(《离思》其一)之所以对花丛(指妓女的集中地)懒于回顾,修道之化情并不是主要的,首二句才是真正的原因,而其中难道没有幽怨吗?元稹写《梦游春七十韵》,白居易《和梦游春诗一百韵序》有“叙婚仕之际所以至感者”一语,可见无论是自写其情,还是为女子的代言,受制于时代而在婚仕问题上的抉择、弃取,其留于诗中的感情印迹,还能以“怨”动人。陈寅恪先生对元稹所写情遇之作曾表达了这样的理解:“吾国文学,自来以礼法顾忌之故,不敢多言男女间关系……微之天才也。文笔极详繁切至之能事。既能于非正式男女间关系如与莺莺之因缘,详尽言之于会真诗传……”虽其对女子始乱终弃的态度不可取,但留下了心路和感情的记录,对于文学创作,尤其是抒情性的文学而言,是有贡献的。确如陈先生所说:“微之以绝代之才华,抒写男女生死离别悲欢之情感。其哀艳缠绵,仅在唐人诗中不可多见,而影响及于后来

①《唐摭言》卷三,《唐五代笔记小说大观》,上海古籍出版社,2000年版,第1595页。

之文学者尤巨。”[①]可以认为，唐人的艳诗多与进士文化相关，对此当作专题论述，兹不再赘。

（本文为未刊稿，其中大部分已写为多篇论文并发表）

进士、歌妓与唐诗、宋词

一 进士文化与士大夫文化的主要特点

进士文化与士大夫文化分别是唐宋两代的主流文化。

实行科举且以进士科为重，变贵族文化为进士文化，是唐代区别于六朝的主要标志。由于安史之乱彻底粉碎了贵族门阀，自中唐以后，进士文化成熟，且被史学家视作中国近代的开始。

进士文化的主要特点体现在以下三方面：

(1)始于曹魏政权的“九品中正制”，为两晋南北朝沿袭，“上品无寒门，下品无势族”更为发展，因此，造就了六朝的贵族政治。唐代实行科举制，士子“怀牒自列”参加考试，门阀势力由强而弱，中唐以后逐渐退出历史舞台。以选官为核心的制度文化之变引发了政治之变，导致了具有近代意义的社会逐渐生成。

(2)因进士科取士较他科为难，在最被社会重视同时，又因进士考试行以诗赋取士，使得士人将所习的重心从儒学经典转到了诗赋文章。如果说汉代的“献赋”只是“通经”的辅助手段，后者毕竟是士人踏上仕途的主要途径，那么，唐代则因行科举、重进士而改变了儒学与文学的传统地位。

(3) 随着儒学与文学地位的倒转，习其业的儒生与文士的社会承认度也随之而变，造成了唐代文化从制度进而到思想、行为层面的改变。“儒林”传统向“文苑”精神倾斜、转化，使得统治阶级的新成员——进士阶层，在思想道德、出处大节上形成了一系列被视作“无行”、“轻薄”的特点。

士大夫文化的生成原因：

尽夺藩镇权力，实行右文政策。晚唐五代由于藩镇割据而坐大，君权旁落，酿成大乱。宋代以来，汲取这一教训，大改官制、兵制、法律，如朱熹所说：“本朝鉴五代藩镇之弊，遂尽夺藩镇之权，兵也收了，财也收了，赏罚刑政一切收了。”与此同时，实行右文政策，使得文人的地位得到很大提高。宋太祖与宋太宗出身武夫，却深知马上可得天下而不能治天下之理，“儒术污隆，其应实大，国家崇替，何莫由斯”（《续资治通鉴长

---

① 以上分见陈寅恪：《元白诗笺证稿》，上海古籍出版社，1978年版，第81页、第99至100页。

编》,大中祥符五年十月辛酉);宋真宗所撰的《崇儒术论》可以代表最高统治者对右文政策的认识。

与右文相关相辅的是学校教育的发达,以及科举制度的完善。

宋代科举,士庶之隔被彻底打破,为铨选人才大开门户,但选拔并不能代替培养,宋代十分重视教育。如果说唐代所重在人才的选拔,那么宋代则转为既重培养、又重选拔。宋代的人才培养,尤其得力于书院教育。黄宗羲《明夷待访录》批判教育的异化:"其所谓学校者,科举嚣张,富贵熏心,亦遂以朝廷之势利,一变其本领。"因此,名儒着力于发展书院教育,在授业解惑的同时,更重视道德培育。全祖望《庆历五先生书院记》指出:"有宋真仁二宗之际,儒林之草昧也。当时濂洛之徒,方萌芽而未出;而睢阳戚氏在宋,泰山孙氏在齐,安定胡氏在吴,相与讲明正学,自拔于尘俗之中。亦会值诸贤在朝,安阳韩忠献公,高平范文正,乐安欧阳文忠公,皆卓然有见于道之大概。左提右絜,于是学校遍于四方,师儒之道以立。"诸家讲学,兼重知行,覆盖体用,陶冶情性,培育人格,崇儒术而攘佛老,黜文辞而尚节义,对塑造宋代士人起了极大的作用。

由于教育与科举结合的完善,进士文化进而发展为士大夫文化。

士大夫文化的特点也主要概括为三:

(1)论道与作为相结合。《周礼·考工记序》:"坐而论道,谓之王公;作而行之,谓之士大夫。"宋代的士大夫应在具有"坐而论道"的阶层性品格的同时,尤具"作而行之"的特点,二者的结合体现出发扬先秦儒家"士"弘毅、重道的入世、淑世精神。

(2)政治意识与人生角色意识相结合。达则兼济天下、穷则独善其身的二元耦合,从庙堂到江湖,都重视道德气节。如朱熹就很推崇范仲淹的"大厉名节,振作士气,故振作士大夫之功为多"(《朱子语类》)陈寅恪先生在《寒柳堂集·赠蒋秉南序》中曾说:"欧阳永叔少学韩昌黎之文,晚撰五代史记,作义儿冯道诸传,贬斥势利,尊崇气节,遂一匡五代之浇漓,返之淳正。故天水一朝之文化,竟为我民族遗留之瓌宝。"《荀子·强国》云:"不比周,不朋党,倜然莫不明通而公也。古之士大夫也。"宋代士大夫在行事、处世上能做到结合"洁修"与"操守","不比周,不朋党","明通而公"。

(3)属于精英文化而非大众文化,雅文化而非俗文化。宋代不似前代之重视人之出身门第,而重道德与才学,知书、识礼,追求雅趣、雅玩而非俗趣、俗玩,与宋人"正性情"的追求互为表里。欧阳修晚年之号为六一居士,是因于集古录一千卷、藏书一万卷、琴一张、棋一局、酒一壶、鹤一双。苏轼、王诜等人的西园雅集,李清照与赵明诚的烹茶赌酒等雅趣……

二　唐代的妓女,以及举子、进士与她们的交往

妓女制度虽产生较早,但唐代无疑是其鼎盛时期。自上而下,唐代妓女有宫妓、官妓、营妓、家妓、私妓之分,因其特长而所司有别,则有歌妓、舞妓、乐妓、诗妓、饮妓等不同名份。各种名份也可以转换,如白居易任苏州刺史时曾作《问杨琼》,这位杨琼少

为江陵酒妓，后为苏州歌妓。

先说宫妓。

唐代结束了长期的动乱，自立国起就很重视礼乐建设，到唐玄宗时期，音乐及相关机构更有很大的发展，具有很大的规模，但是，又存在雅乐渐衰而俗乐大盛的现象。玄宗为太子时就喜好俗乐，“数遣使采女乐，就更率寺肄习”，舍人贾曾劝谏：“作乐崇德，以和人神。《韶》《夏》有容，《咸》《英》有节，而女乐不与其间……殿下渴贤之美未彰，好妓之声先闻，非所以追启圣、嗣尧舜之烈也。余闲宴私，后庭伎乐，古亦有之，犹当秘隐，不以示人，况阅之所私，明示群臣哉！愿令屏倡优女子，诸使臣采召，一切罢止。”李隆基虽作了策略性的采纳，但他喜好女乐之本性并未改变。于是，在武德年间已经设置内教坊，隶属太常寺。开元二年(714)在太常寺外又增四教坊。太常之外的乐工人数极多，长安教坊曾容一万一千零九人。《新唐书·礼乐志》载：

玄宗为平王，有散乐一部……及即位，命宁王主藩邸乐，以亢太常、分两朋以角优劣。置内教坊于蓬莱宫侧，居新声、散乐、倡优之伎……

玄宗既知音律，又酷爱法曲，选坐部伎子弟三百教于梨园，声有误者，帝必觉而正之，号“皇帝梨园弟子”。宫女数百，亦为梨园弟子，居宜春北院……

而据崔令钦《教坊记》所载，西京的右教坊多善歌者，左教坊多善舞者。又，“妓女入宜春院，谓之‘内人’，亦曰‘前头人’，常在上前头也。其家犹在教坊，谓之‘内人家’，四季给米，其得幸者，谓之‘十家’，给地宅，赐亦异等”。宜春院以下则是云韶院，“楼下戏出队，宜春院人少，即以云韶添之。云韶谓之‘宫人’，盖贱隶也，非直美恶殊貌，居然易辨明，‘内人’带鱼，‘宫人’则否。平人女以容色选入内者，教习琵琶、三弦、箜篌、筝等者，谓之‘弹家’”。王仁裕《开元天宝遗事》卷下载，天宝时宫妓们甚至被用作宫中戏笑之物：“明皇与贵妃，每至酒酣，使妃子统宫妓百余人，帝统小中贵百余人，排两阵于掖庭中，目为风流阵。以霞被锦被张之，为旗帜攻击相斗，败者罚之巨觥以戏笑。”唐玄宗年轻时统领军队作战，而老年却领着一批小太监与杨贵妃率领的宫妓玩打仗，真是可笑之极！

唐朝自上而下皆好声色，天子如此，诸王亦然。王仁裕《开元天宝遗事》卷上载：“岐王少惑女色，每至冬寒手冷，不近于火，惟于妙妓怀中揣其肌肤，称为暖手，当日如是。”另一位申王，则是：“每醉，即使宫妓将锦彩结一兜子，令宫妓辈抬舁归寝室。本宫呼为醉舆。”“申王每至冬月，有风雪苦寒之际，使宫妓密围于坐侧，以御寒气，自呼为妓围。”

次说官妓(同官伎)。

又名营妓，或“官使妇人”“风声妇人”。在礼仪制度异常森严的古代，也允许不同官阶的官员有一定数量的家妓，据《唐六典》，三品以上可备乐五人，五品以上三人，虽说有不少“超标”者，但真正一流色艺者，自应在宜春院等处。唐代的诏令，可以看到对于官员之蓄女乐有一个由禁而松的过程。如：神龙二年(706)，敕准“三品已上，听有女乐一部；五品已上，女乐不过三人，皆不得有钟磬。乐师凡教乐，淫声、过声、凶声、慢声皆禁之”。八年之后的开元二年(714)下《禁断女乐敕》曰：“自有隋颓靡，庶政凋缺，征声遍于郑卫，炫色靡于燕赵……朕方大变浇讹，用青淄蠹。眷兹女乐，事切骄淫，伤风害政，莫斯为甚。既违令式，尤宜禁断。”可是到了天宝十载(751)，已经是“五品已上正员清官，诸道节度使及太守等，并听当家蓄丝竹，以展欢娱，行乐盛时，覃及中外”。可见，变化逐渐发生了。即从只能允许皇家有女乐，且玄宗“以散乐非正声，置教坊于禁中以处之”。而官员则被禁断，或受到限制，到逐渐放开。

安史之乱不仅造成了极大的社会动乱，而且也使得音乐遭到很大的破坏，安禄山占领长安后，曾将乐舞的机构及相关人员迁至洛阳，经历战乱，使得“自此天下用兵不息，而离宫苑囿遂以荒烟，独其馀声遗曲传人间，闻者为之悲凉感动”(《新唐书·礼乐志》)。杜甫《秋日夔府咏怀奉寄郑监审李宾客之芳一百韵》就写到在夔州闻梨园弟子仙奴所歌：“南内开元曲，常时弟子传。法歌声变转，满座涕潺湲。”王建《温泉行》亦谓：“梨园弟子偷曲谱，头白人间教歌舞。”在伎人星散、浪迹天涯的同时，却产生了一个新现象，即：过去为皇帝所专有的音乐以及乐人，也“飞入寻常百姓家”。《乐府杂录》所载籍于宜春院的许永新，“既美且慧，善歌，能变新声。韩娥、李延年殁后千余载，旷无其人，至永新始继其能……最受明皇宠爱，每对御奏歌，则丝竹之声莫能遏。帝常谓左右道：‘此女歌值千金。’”但在安史之乱后，甚至沦落妓院，成为了“阿母”的摇钱树，困顿而死。后来的唐昭宗时期，亦类于此。《北梦琐言》载：“唐昭宗遭劫，百官荡析，名娼伎儿，皆为强诸侯有之。供奉弹琵琶乐工号关别驾小红者，小名也。梁太祖求之，既至，谓曰：‘尔解弹《羊不采桑》乎？’关伶俯而奏之，及出，又为亲近者俾其弹而送酒，由是失意，不久而殂。复有琵琶石潨者，号‘石司马’。自言早为相国令狐公见赏，俾与诸子涣、沨连水边作名也。乱后入蜀，不隶乐籍，多游诸大官家，皆以宾客待之。一日，会军校数员饮酒作欢，石潨以胡琴擅场，在坐非知音者，喧哗语笑，殊不倾听。潨乃扑槽而诟曰：‘某曾为中朝宰相供奉，今日与健儿弹而不蒙我听，何其苦哉！’于时识者亦叹讶之。丧乱以来，冠履颠倒，不幸之事，何可胜道，岂独贱伶云乎哉！”动乱造成了人民的生离死别，也造就了诸多艺人的不幸，但是，“国乐”凋零的同时，却让家乐得到了繁盛，也为诗人与伎人在诗歌与音乐的结合上，提供了发展条件。

中晚唐时期，由于朝廷财力不足，遂将大批乐工和伎女遣散。史载：贞元二十一年三月庚午，“出宫女三百人于安国寺，又出掖庭、教坊女乐六百人于九仙门，召其亲族归之”①。又，宝历二年十二月“己酉，敕凤翔、淮南先进女乐二十四人并放还本道”，“诏教坊乐官、翰林待诏、伎术官并总监诸色职掌内冗员才共一千二百七十人并宜停废……今年已来诸道所进音声女人赐束帛放还”，开成二年“三月甲子朔，内出音声女妓

①《旧唐书·顺宗本纪》。

四十八人,令归家”。这些被放出的女妓和乐工,有的流入州府或方镇,有的流落市井,继续以自己的歌舞技艺谋生,也提高了社会的歌舞艺术表演及欣赏水平。

至于地方官乐,则随着藩镇或地方势力的扩展而发展,发生了“华轩敞碧流,官伎拥诸侯”(张祜《陪范宣城北楼夜宴》)的变化,《尧山堂外纪》云:“唐宋间郡守新到,营妓皆出境而迎,既去,犹得以鳞鸿往返,面见不为异。”因此,地方官可以“回鞭招饮妓,分火送归人”(白居易《饮散夜归赠诸客》),白居易作苏州刺史时所作的《题灵岩寺》则有句:“使君虽老颇多思,携觞领妓处处行。今愁古恨入丝竹,一曲《凉州》无限情。”

再说家妓。

唐代中后期官员蓄养家妓之风很盛。以白居易为例,他本人进退于儒道释之间,诗酒与参禅是其晚年的主要功课,但他竟然认为享受歌舞之乐胜于西方极乐世界:“歌脸有情凝睇久,舞腰无力转裙迟。人间欢乐无过此,上界西方即不如。”(《与牛家妓乐雨夜合宴》)因此,蓄妓甚多。洪迈早就发现其家妓绝非仅有小蛮、樊素二人,《容斋随笔》卷一云:“予读集中《小庭亦有月》一篇云:‘菱角执笙簧,谷儿抹琵琶,红绡信手舞,紫绡随意歌。’自注曰:‘菱、谷、紫、红皆小臧获名。’若然,则红、紫二绡亦女奴也。”据考证,白居易的家妓有樊素、小蛮、罗敷、菱角、谷儿、红绡、紫绡、小玉、重莲、英、蒨、春草等人,比起韩愈来,确实多得多了,韩愈只有两名歌妓。

以上三类以外,还有私妓,属于不入流的妓女,故只能充当私妓。她们身份暧昧,职业也暧昧,目的只是为了生存。

读唐诗,可见到诗人恋妓的大量表述。

从初唐的诗歌中,就可看到对长安声妓繁华的艳羡。“初唐四杰”之一的骆宾王,其《长安古意》云:“小堂倚帐三千户,大道青楼十二重……侠客珠弹垂杨道,倡妇银钩采桑路。倡家桃李自芳菲,京华游侠盛轻肥。”“初唐四杰”的另一位诗人卢照邻《长安古意》也写道:“妖童宝马铁连钱,娼妇盘龙金屈膝……俱邀侠客芙蓉剑,共宿娼家桃李蹊。倡家日暮紫罗裙,清歌一啭口氛氲。北堂夜夜人如月,南陌朝朝骑似云。南陌北堂连北里,五剧三条控三市。弱柳青槐拂地垂,佳气红尘暗天起。汉代金吾千骑来,翡翠屠苏鹦鹉杯。罗襦宝带为君解,燕歌赵舞为君开……”甚而感叹“得成比目何辞死,愿作鸳鸯不羡仙!”再如刘希夷《公子行》也写道:“此日遨游邀美女,此时歌舞入娼家。倡家美女郁金香,飞来飞去公子傍。的的珠帘白日映,娥娥玉颜红粉妆……愿作轻罗著细腰,愿为明镜分娇面。与君相向转相亲,与君双栖共一身。愿作贞松千岁古,谁论芳槿一朝新。百年同谢西山日,千秋万古北邙尘。”

盛唐时的大诗人李白经常携妓而游。其《对酒》一诗曰:“葡萄酒,金叵罗,吴姬十五细马驮。青黛画眉红锦靴,道字不正娇唱歌。玳瑁筵中怀里醉,芙蓉帐里奈君何。”诗题明示与妓相关的有数首,主题多近于《古诗十九首》的及时行乐思想。如《携妓登梁山栖霞山孟氏桃园中》,作今昔对照而以醉卧桃园自劝:“谢公自有东山妓,金屏笑坐如花人。今日非昨日,明日还复来……君不见梁王池上月,昔照梁王樽酒中。梁王已去明月在,黄鹂愁醉啼东风。分明感激眼前事,莫惜醉卧桃园东。”《邯郸南亭观妓》在面对“歌鼓燕赵儿，魏姝弄鸣丝。粉色艳日彩，舞袖拂花枝”时，不由得想起此地历史上的风云人物早已逝去，而感叹：“平原君安在？科斗生古池。座客三千人，于今知有谁？我辈不作乐，但为后代悲。”

中唐以后，进士文化成熟，而因进士的阶梯不易攀登，科举的道路挤满了人，取士毕竟有限，一旦得中，自会夸示于人，除了作为“天子门生”而为之骄傲外，此时所产生的社会现象之一，是进士与歌妓的交往甚多，文人对此津津乐道而不以为耻，甚而有过于诗人之恋妓。据《文献通考》卷二九，唐代贡举每年各科所取人数，多者三五十人，少者仅数人，大抵进士约千人，得第者百之一二，明经倍之，得第者十一二。且礼部试中后，尚要通过吏部考试才能入仕。因此，如孟郊、贾岛那样以“寒”“瘦”著称的诗人，固然有“一夕九起嗟，短梦不到家。两度长安陌，空将泪见花”（孟郊《再下第》）之怨，但如果一旦得中，也会有《登科后》的极端快乐：“昔日龌龊不足夸，今朝放荡思无涯。春风得意马蹄疾，一日看遍长安花。”《通典》卷一五说：“自是士族所趣向，唯明经、进士二科而已。”二者相较，进士较明经更难考，因此，人谓之：“缙绅虽位极人臣，不由进士者，终不为美，以至岁贡常不减八九百人。其推重谓之‘白衣公卿’，又曰‘一品白衫’；其艰难谓之‘三十老明经，五十少进士’。”进士之为人所重，从唐太宗之感叹“天下英雄尽入彀中”，到官员、百姓，整个社会可谓有不同程度的“进士崇拜”，而经过苦读的新进士，在得中之后，也很自然地需要释放紧张情绪，一头扎入平康巷是不奇怪的。因此，唐代诗歌有不少均与娼妓相关，而从中晚唐涉及爱情的诗词而言，其现实基础就是出于朝廷允许的新进士与京城妓女之交往。

《唐摭言》卷三记进士宴游之事：“其日，状元与同年相见后，便请一人为录事。其余主宴、主酒、主乐、探花、主茶之类，咸以其日辟之。主两人，一人主饮妓……故曹松诗云：‘追游若遇三清乐，行从应妨一日春。’敕下后，人置被袋，例以图障、酒器、钱绢实其中，逢花即饮。故张籍诗云：‘无人不借花园宿，到处皆携酒器行。’”《唐摭言》同则中又说：“曲江之宴，行市罗列，长安几于半空。公卿家率以其日拣选东床，车马阗塞，莫可殚述。”新进士享受如同奉旨而行的携妓宴游之乐，又得高门择婿之荣，其行为放浪也就不足怪了。

从孙棨《北里志序》又可知举子、进士的狎妓是皇帝所特许：

> 自太中皇帝（宣宗）好儒术，特重科第，故其爱婿郑詹事再掌春闱，上往往微服长安中，逢举子则狎而与之语，时以所闻，质于内庭，学士及都尉皆耸然莫知所自。故进士自此尤盛，旷古无俦。然率多膏粱子弟，平进岁不及三数人，由是仆马豪华，宴游崇侈，以同年俊少者为两街探花使，鼓扇轻浮，仍岁滋甚。自岁初等第于甲乙，春闱开送，天官氏设春闱宴，然后离居矣。近年延至仲夏。京中饮妓，籍属教坊，凡朝士宴聚，须假诸曹署行牒，然后能致于他处……诸妓皆居平康里，举子、新及第进士、三司幕府但未通朝籍未直馆殿者，咸可就诣……

王仁裕《开元天宝遗事》卷上载:"长安有平康坊,妓女所居之地,京都侠少萃集于此,兼每年新进士,以红笺名纸游谒其中。时人谓此坊为风流薮泽。"其《颠饮》一则更见进士之"无行":"长安进士郑愚、刘参、郭保衡、王冲、张道隐等十数辈,不拘礼节,旁若无人。每春时,选妖妓三五人,乘小犊车,指名园曲沼,藉草裸形,去其巾帽,叫笑喧呼,自谓之颠饮。"而《开元天宝遗事》及唐人孙棨的《北里志》等笔记,都对进士与妓女的交往作了颇多记载。如《开元天宝遗事》卷下有《鸡声断爱》一则:

长安名妓刘国容,有姿色,能吟诗,与进士郭昭述相爱,他人莫敢窥也。后昭述释褐,授天长簿,遂与国容相别。诘旦赴任,行至咸阳,国容使一女仆驰矮驹赍短书云:"欢寝方浓,恨鸡声之断爱;恩怜未洽,叹马足以无情。使我劳心,因君减食,再期后会,以结齐眉。"长安子弟多诵讽焉。

《北里志》载,歌妓郑举举因"亦善令章",不少文人士大夫都与之交往,"孙龙光为状元,颇惑之,与同年侯彰正、杜宁臣、崔勋美、赵延吉、卢文举、李茂勋等数人,多在其舍"。《北里志》附录《狎游妓馆五事》载:"裴思谦状元及第后,作红笺名纸十数,诣平康里,因宿于里中。因旦赋诗曰:'银缸斜背解明珰,小语低声贺玉郎,从此不知兰麝贵,夜来新惹桂枝香。'"又载:"郑合敬先辈及第后,宿平康里,诗曰:'春来无处不闲行,楚润(楚娘,"妓之尤者")相看别有情。好是五更残酒醒,时时闻唤状元声。'"

白居易曾与元稹居长安,有过与歌妓频繁交游的生活,《江南喜逢萧九彻因话长安旧游戏赠五十韵》一诗,就是当年在长安北里生活的自供状,可见诸多歌妓的名字,诗中写道:"忆昔嬉游伴,多陪欢宴场。寓居同永乐,幽会共平康……旧曲翻《调笑》,新声打《义扬》。名情推阿轨,巧语许秋娘。风暖春将暮,星迴夜未央。宴馀添粉黛,坐久换衣裳。结伴归深院,分头入洞房。彩帷开翡翠,罗荐拂鸳鸯。留宿争牵袖,贪眠各占床。"后来回忆往事,尚有"十五年前似梦游,曾将诗句结风流。偶助笑歌嘲阿软,可知传诵到通州"(《微之到通州日授馆未安……因酬长句》)之句。

唐高彦修《唐阙史》卷下有《韦进士见亡妓》一则,虽小说家言,却足见进士对妓女用情之深。又:戎昱与浙西郡酒妓之情,韩翃与妓柳氏事,虽说如《本事诗》载有如崔护"人面桃花"的爱情故事,但中晚唐时期的进士、诗人很多都是将感情倾注到了妓女身上,对比李白的"南国新丰酒,东山小妓歌。对君君不乐,花月奈愁何",(《出妓金陵子呈卢六四首》其二)不仅是主题转移了,感情的深浅也大为不同。

三　进士之"无行"、"轻薄"与晚唐艳诗、情诗

在中唐的大诗人中,已经可以看到韩、柳与元、白的两种不同类型。他们尽管都是曾与政治密切相关的文学家,但前者更近于重视政教的儒者,而后者却更近于快意人生的新兴进士。苏轼曾以"文起八代之衰,而道济天下之溺;忠犯人主之怒,而勇夺三

军之帅”概括韩愈的一生。而白居易却是善于进退，“与刘禹锡游，人谓之刘、白，而不陷八司马党中。与元稹游，人谓之元、白，而不蹈北司党中。又与杨虞卿为姻家，而不陷牛李党中”。其诗则如《西清诗话》所说“贵在近俗，恨为苏小，虽美，终带风尘耳”。虽说从元、白所论可见对以诗干政的绝对强调，但更多的是体现出中唐诗歌对情的张扬，因此，他们虽作讽谕诗，流传最广的却是杂律诗和感伤诗，而白居易的感伤诗颇有与歌妓相关者。

白居易在青年时期就热衷于与妓女交往，其《江南喜逢萧九彻因话长安旧游戏赠五十韵》一诗说得很详细，这一长诗形象地展示了新进士与妓女的狎游。有人考证出与之交往的官伎或他人家妓有商玲珑、崔七、谢好、陈宠、沈平、胡容、阿满、李娟、张态、杨琼、心奴、阿软、态奴、得怜、秋娘、陈结之、萧炼师、盼盼、薛涛、吴二娘，以及李、马、房、窦、周家歌者等不知名字诸妓，共20多人，其实远不止这个数。白居易为官后外放杭州，自称“修娥慢脸灯下醉，急管繁弦头上催”(《忆旧游》)，田汝成《西湖游览志余》称其“放浪湖山，耽昵声妓，新词艳曲，布浃郡中”，后又任苏州刺史，苏州其地，“水驿路穿儿店月，花船棹入女湖春”(白居易《送刘郎中赴任苏州》)，是真正的富贵温柔之乡，因而在苏时，他自称“风流吴中客”，而以歌妓为“佳丽江南人”(见《郡斋旬假命宴呈座客示郡寮》)。白居易留连苏杭，因为杭州“灯火家家市，笙歌处处楼”，故而“无妨思帝里，不合厌杭州”(《正月十五日夜月》)，春日之时，他“逢花看当妓，遇草坐为茵”(《早春西湖闲游怅然……》)他吟咏“绿藤阴下铺歌席，红藕花中泊妓船。处处回头尽堪恋，就中难别是湖边”(《西湖留别》)。宋龚明之《中吴纪闻》说：“乐天为郡时，尝携容满、张态等十妓，夜游西湖虎丘寺，尝赋纪游诗。为见当时郡政多暇，而吏议甚宽。使在今日，必以罪闻矣。”

所以，我们可以看到这样一个有趣的现象：在后人心目中似是长于伤春伤别的风流诗人杜牧，不待后来的苏轼批评“元轻白俗”，已在《唐故平卢军节度巡官陇西李府君墓志铭》引李戡之语以谴责元、白：

> 尝痛自元和已来有元、白诗者，纤艳不逞，非庄士雅人，多为其所破坏。流于民间，疏于屏壁，子父女母，交口教授，淫言媟语，冬寒夏热，入人肌骨，不可除去。

而杜牧本人又如何呢？他虽是宰相之后，素有大志，留意财赋兵甲之事，但《唐才子传》又谓之“美容姿，好歌舞，风情颇张，不能自遏”。既因于个性，且受时代影响，故亦有风流放荡的一面。据李昉《太平广记》卷二七三引《唐阙史》，杜牧“少隽，性疏野放荡，虽为检科，而不能自禁。会丞相牛僧孺出镇扬州，辟节度掌书记。牧供职之外，唯以宴游为事。扬州胜地也，每重城向夕，倡楼之上，常有绛纱灯万数……牧常出没驰逐其间，无虚夕”(引自《唐宋词汇评·唐五代卷》)。孟棨《本事诗·高逸》曾记其在洛阳对声伎豪华的艳羡，可见其登科后狎游饮酒，作“青楼薄幸”之诗并非偶然。据载，杜牧“恃才名，亦颇纵声色，尝自言有鉴裁之能。闻吴兴郡有长眉纤腰有类神仙者，罢宛陵从事，专往观焉。使君籍甚其名，迎待颇厚。至郡旬日，继以洪饮，睨观官妓曰：'善则善矣，未称所传也。'览私选曰：'美则美矣，未惬所望也。'"继而竟然有了观泛彩舟，与所悦少女之母定下十年后迎娶此女之约一事，十四年后出刺湖州，女嫁已三载，有子二人，杜牧惆怅而有"绿叶成荫子满枝"之诗。其风流韵事于此可见一斑。《唐语林》还有这一记载："杜牧少登第，恃才，喜酒色。初辟淮南牛僧孺幕，夜即游妓舍，厢虞侯不敢禁，常以榜子申虞侯，僧孺不怪。逾年，因朔望起居，公留诸从事，从容谓牧曰：'风声妇人若有顾盼者，可取置之所居，不可夜中独游。或昏夜不虞，奈何？'牧初拒讳，僧孺顾左右取一篋，其间榜子百余，皆厢司所申。牧乃愧谢。"张祜曾有《读池州杜员外杜秋娘诗》：

年少多情杜牧之，风流仍作杜秋诗。可知不是长门闭，也得相如第一词。

"年少多情"一语，正道出了杜牧的特点。

如果说白居易留连苏杭，杜牧则醉心于扬州的生活。他自称"十年一觉扬州梦，赢得青楼薄幸名"(《遣怀》)，因为扬州并不亚于杭州，王建《夜看扬州市》：

夜市千灯照碧云，高楼红袖客纷纷。如今不似时平日，犹自笙歌彻晓闻。

张祜《纵游淮南》：

十里长街市井连，月明桥上看神仙。人生只合扬州死，禅智山光好墓田。

王诗直言，张诗曲说，但月明桥上的神仙亦即妓女，这些士大夫所恋者均无区别。

由于杜牧本质上与元、白无异，故刘克庄《后村诗话》卷四云：

杜牧罪元、白诗歌传播，使子父女母交口诲淫，且曰：'恨吾无位，不得以法绳之。'余谓此论合是元鲁山、阳道州辈人口中语，牧风情不浅，如《杜秋娘》、《张好好》诸篇，'青楼薄幸'之句，'街吏平安'之报，未知去元白几何？以燕伐燕，元、白岂肯心服。

杜牧的遗风亦见于其子杜晦辞，晦辞也"狂于美色，有父遗风。赴淮南之召，路经常州，李瞻给事方为郡守。晦辞于祖席忽顾营妓朱娘言别，掩袂大哭。瞻曰：'此风声妇人，员外如要，但言之，何用形迹？'乃以步辇随而遣之。晦辞自饮宴散，不及换衣，便步归舟中，以告其内。内子性仁和，闻之无难色，遂履而迎之。其喜于适愿也如是"。

再看其他诗人。张祜亦有经世之志，任侠尚义，却仕途不顺，遂往来扬州、杭州等地，留连诗酒，纵情声色。《到广陵》一诗实为他的自供状：

一年江海恣狂游，夜宿倡家晓上楼。嗜酒几曾群众小，为文多是讽诸侯。逢人说剑三攘臂，对镜吟诗一掉头。今日更来憔悴意，不堪风月满扬州。

夜宴之时，他对歌妓们的“粉项高丛鬓，檀妆慢裹头。亚身摧蜡烛，斜眼送香毬”(《陪范宣城北楼夜宴》)十分留心。张祜和他的朋友不仅与歌妓交游，还作诗嘲谑，而这些诗几乎具有汉魏两晋时名人品藻人物之效。据载：“崔涯、张祜为一时狂友，好嘲谑，尝戏赠营妓曰：‘虽得苏方木，犹贪玳瑁皮。怀胎十个月，生下昆仑儿。’又曰：‘布袍披袄火烧毡，纸补箜篌麻接弦。更有一双皮屐子，纥梯纥榻出门前。’又嘲李端端云：‘黄昏不语不知行，鼻似烟囱耳似铛。犹把象牙梳插鬓，昆仑山上月初生。’端端得此诗而慚，遂往见二子，再拜请曰：‘端端祇候三郎六郎，伏望哀怜。’乃重为一绝云：‘觅得骅骝备绣鞍，善和坊里取端端。扬州近日浑成错，一朵能行白牡丹。’前嘲乃解……”这等“戏”“嘲”之举足状其轻薄。

我们还应看到，“买笑歌桃李，寻歌折柳枝”(张祜《公子行》)几乎成为一个时代的现象，晚唐时期的诗人，绝非个别无行、轻薄。如薛能虽有“谁怜合负清朝力，独把风骚破郑声”(《春日使府寓怀二首》)之志，但其为人却“资性傲忽，又多佻轻忤世”(《唐才子传》语)，因此，其《并州》一诗也与张祜相类：

少年流落在并州，裘脱文君取次游。携挈共过芳草渡，登临齐凭绿杨楼。庭前蛱蝶春方好，床上樗蒲宿未收。坊号偃松人在否？饼炉南畔曲西头。

薛能自称“伤禽栖后意犹惊，偶向粘竿脱此生。身外不思簪组事，耳中唯要管弦声”(《彭门解嘲二首》)，“身防潦倒师彭祖，妓拥登临愧谢公”(《题彭祖楼》)，因此而有《赠歌者》，在称道其所歌“一字新声一颗珠，转喉疑是击珊瑚”的同时，又用汉皋解佩、文君当垆典，而最后的“谁人得向青楼宿，便是仙郎不是夫”，则露出了几分轻薄。薛能还有《舞者》《赠歌人》等诗，后者云：“温燠坐相侵，罗袜一水沈。拜深知有意，令背不无心。近住应名玉，前生约姓阴。东山期已定，相许便抽簪。”其《戏题》一诗分明在“戏”中有婚外情、甚而性事的暧昧期许：

闪闪动明珰，初来烛影旁。拥头珠翠重，萦步绮罗长……坐缺初离席，帘垂却入房。思惟不是梦，此会胜高唐。

又如温庭筠，段成式《嘲飞卿七首》有云：

曾见青楼一个人，入时装束好腰身。少年花蒂多芳思，只向诗中写取真。

另一首：

愁机懒织同心苣，闷绣先描连理枝。多少风流词句里，愁中空咏早环诗。

从中多少可以窥见飞卿与妓女交往的情况。而温庭筠自己也有《醉歌》，则是其诗酒游妓生活的反映：

锦袍公子陈杯觞，拨醅百瓮春酒香。入门下马问睡在，降阶握手登华堂。临邛美人连山眉，低抱琵琶含怨思。朔风绕指我先笑，明月入怀君自知。劝君莫惜金樽酒，年少须臾如覆手。

私人的蓄妓逐渐增多，诗人也多了与歌妓们面对面的交往与交流，诗中写及妓女者，也开始从远观变为近亵，如白居易有《代卖薪女赠诸妓》《湖上醉中代诸妓寄严郎中》《代诸妓赠送周判官》《九日代罗、樊二妓招舒著作》《醉戏诸妓》《忆杭州梅花因叙旧游》《武丘寺路宴留别诸妓》等诗，都是为官妓所作，其《忆旧游》"李娟张态一春梦"句，自注云"娟、态，苏州妓名"，《夜游西武丘寺八韵》"娉婷十翠娥"句，自注云"容、满、蝉、态等十妓从游也"。私妓，则有《听崔七妓人筝》诗："花脸云鬟坐玉楼，十三弦里一时愁。凭君向道休弹去，白尽江南司马头。"

由远观而近狎，遂产生出由羡而慕，甚而由慕而求取他人歌妓的情况。进士或诗人之迷恋他人所有的歌妓，固然有主人大度甚而以之相赠，但也有招来杀身之祸者。前者仅在《本事诗》中就载有数例。除了刘禹锡在司空李绅席上因妙妓所歌而作诗，因赋"司空见惯浑闲事，断尽江南刺史肠"，而得以妓相赠外，尚有二则。其一是："韩晋公镇浙西，戎昱为部内刺史。州有酒妓，善歌，色亦媚妙，昱情属甚厚。浙西乐将闻其能，白晋公，召置籍中。昱不敢留，饯于湖上，为歌词以赠之，且曰：'至彼令歌，必首唱是词。'既至，韩为开筵，自持杯，命歌送之。遂唱戎词。曲既终，韩问曰：'戎使君于汝寄情邪？'悚然起立曰：'然。'言随泪下。韩令更衣待命，席上为之忧危。韩召乐将责曰：'戎使君名士，留情郡妓，何故不知而召置之，成余之过！'乃十笞之。命与妓百缣，即时归之。其词曰：'好去春风湖上亭，柳条藤蔓系离情。黄莺久住浑相识，欲别频啼四五声。'"其二亦出李绅：李镇淮南，张郎中素与之构隙，但李绅却厚遇之，"张尝为广陵从事，有酒妓，尝好致情，而终不果纳。至是二十年，犹在席，目张悒然，如将涕下。李起更衣，张以指染酒，题词盘上，妓深晓之。李既至，张持杯不乐。李觉之，即命妓歌以送酒。遂唱是词曰：'云雨分飞二十年，当时求梦不曾眠。今来头白重相见，还上襄王玳瑁筵。'张醉归，李令妓夕就张郎中"。而《北梦琐言》卷十所载，则见全然不同的结果："唐乾宁中，宿州刺史陈璠，以军旅出身，擅行威断。进士张翱恃才傲物，席上调璠宠妓张小泰，怒而揖起，付吏责其无礼，状云：'有张翱兮寓止淮阴，来绮席兮兮放恣胸襟。'璠益怒云：'据此分析，合吃几下？'翱云：'只此两句，合吃乎三下五下；切求一笑，宜费乎千金万金。’金鞭响背，十三长逝。惜其恃才而取祸也。”韩晋公解人，听曲知意，李绅大度，皆能成人好事；陈璠粗人，性又暴烈，遂有进士张翱的悲剧。

白居易、元稹、刘禹锡等中唐诗人，杜牧、温庭筠、韦庄等晚唐诗人，都因与妓女有较多交往，而写下许多诸如题为“赠妓”“感妓”“戏妓”以至“怀妓”“伤妓”“悼妓”之类的诗歌。如白居易《醉后题李马二妓》还是以“行摇云髻花钿节，应似霓裳趁管弦。艳动舞裙浑是火，愁凝歌黛欲生烟”来状写妓女的歌舞，而“怀”“伤”“悼”诸作，其中不少作品都写得满怀深情，并无轻薄之意。如刘禹锡有《怀妓四首》，其一的“金盆已覆难收水，玉轸长抛不续弦。若向蘼芜山下过，遥将红泪洒穷泉”，其三的“云藏巫峡音容断，路隔星桥过往难。莫怪诗成无泪滴，尽倾东海也须干”，都情出肺腑，不作浮言。尤其是第四首：

> 三山不见海沈沈，岂有仙踪更可寻？青鸟去时云路断，姮娥归处月宫深。纱窗遥想春相忆，书幌谁怜夜独吟。料得夜来天上镜，只应偏照两人心。

令人想见此后李商隐《无题》的深沉与风貌。此外，如窦巩的《悼妓东东》：

> 芳菲美艳不禁风，未到春残已坠红。惟有侧轮车上铎，耳边长似叫东东。

崔涯的《悼妓》：

> 赤板桥西小竹篱，槿花还似去年时。淡黄衫子浑无色，肠断丁香画雀儿。

都是声情并茂的作品。诗人甚至为友人之妓亡而深深悼念，如给事中杨虞卿（字师皋）小妓英英死后，杨本人有《过小妓英英墓》诗，而白居易、刘禹锡皆有和作。白诗《和杨师皋伤小姬英英》：

> 自从娇呆一相依，共见杨花七度飞。玳瑁床空收枕席，琵琶弦断倚屏帏。人间有梦何曾入，泉下无家岂是归？坟上少啼留取泪，明年寒食更沾衣。

刘诗：

> 见学胡琴见艺成，今朝追想几伤情。扡弦花下呈新曲，放拨灯前谢改名。但是好花终易落，从来尤物不长生。鸾台夜直衣衾冷，雷雨无因入禁城。

而张祜《感王将军柘枝妓殁》：

寂寞春风旧柘枝，舞人休唱曲休吹。鸳鸯钿带抛何处？孔雀罗衫付阿谁？画鼓不闻招节拍，锦靴空想挫腰肢。今来座上偏惆怅，曾是堂前教彻时。

杜牧《伤友人悼吹箫妓》：

玉箫声断没流年，满目春愁陇树烟。艳质已随云雨散，凤楼空锁月明天。

韦庄《悼杨氏妓琴弦》：

魂归寥廓魄归烟，只住人间十八年。昨日施僧裙带上，断肠犹系琵琶弦。

都写得充满真情。

张祜《题苏小小墓》有云"不知谁共穴，徒愿结同心"，对苏小小的同情心可见，可谓与白居易、刘禹锡所作的《题真娘墓》异曲同工。他的《赠内人》："禁门宫树月痕过，媚眼微看宿燕窠。斜拔玉钗灯影畔，剔开红焰救飞蛾。"虽无"怀"、"伤"、"悼"等题目或字样，但诗中对宫中妓人的同情是很深刻的，真不亚于王昌龄的宫怨诗。还有侄子为叔叔作词以悼姬人之事：

唐张祎侍郎，朝望甚高，有爱姬早逝，悼念不已。因入朝未回，其犹子右补阙曙，才俊风流，因增大阮之悲，乃制《浣溪纱》，其词曰：'枕障薰炉隔绣帏，二年终日两相思，好风明月始应知。天上人间何处去？旧欢新梦觉来时，黄昏微雨画帘垂。'置于几上。大阮朝退，凭几无聊，忽睹此诗，不觉哀恸，乃曰：'必是阿灰所作。'阿灰，即中谏小字也。然于风教，似亦不可，以其叔侄年颜相似，恕之可尔。谚曰：'小舅小叔，相追相逐。'谑戏固不免也。

洪迈曾对白居易咏眄眄(一作盼盼)、刘禹锡咏泰娘、杜牧咏张好好颇有感触，以为"是三人者，特见纪于英辞鸿笔，故名传到今"，情诗的影响可见。

四　两类宋词：晏、欧与柳永，以及后者与主流文化的冲突

唐代进士文化的生成与发展使得儒学渐衰，传统的儒林与文苑地位发生了倒转，相应的进士"轻薄"与"无行"，除了立身行事、出处大节之外，尤见于追求一己之人生快意与文辞美妙。王定保《唐摭言》卷三所说的"寻芳逐胜，结友定交，竞车服之华鲜，骋杯盘之意气，沽激价誉，比周行藏"，差可概括进士文化的特点。因此，宋人在反思历史时对于进士文化是充满批判精神的。宋祁在《新唐书·文艺传》中说："夫子之门，以文章为下科，何哉？盖天之付与，于君子小人无常分，惟能者得之，故号一艺。自中智以

还,恃以取败者有之,朋奸饰伪者有之,怨望讪国者有之。若君子则不然,自能以功业行实光明于时,亦不一于立言而垂不腐;有如不得试,故且阐绎优游,异不及排,怨不及悱,而不忘纳君于善政,故可贵也。”对“文章”之士的批判,对“君子”的赞颂,其实是对晚唐五代历史的反思,在抑扬之中以求重构价值体系,再建儒学道统。宋祁所说,既是史家之见,也是宋代文人士大夫之见,很具有代表性。但是,由于从宋初以来实行的右文政策,高官厚禄,使得宋代官员蓄养家妓之风一点也不亚于唐人。

寇准喜爱柘枝舞,对歌妓舞妓的赏赐很丰厚,妾茜桃作诗劝戒,但寇准所和之诗竟然是:“将相功名终若何,不堪急景似飞梭。人间万事何须问,且向尊前听艳歌。”范仲淹有名篇《渔家傲》,非但明确了自己的士大夫责任意识,而且使“发乎情”能“止乎礼义”,但是他也有牢骚(如《剔银灯》),也有柔情(如《御街行》《苏幕遮》),但并不碍其最本质的“先天下之忧而忧,后天下之乐而乐”情怀,正如谢章铤《眠琴小筑词序》所说:“人必先有所不忍于其家,而后有所不忍于其国,今日之深情款款者,必异日之大节磊磊者也。”

北宋前期词,柳永、张先为一类,晏殊、欧阳修、宋祁为一类,李之仪《跋吴思道小词》对他们作出了较为公允的评价,认为后三人“以其余力游戏,而风流闲雅,超出意表”,虽“又非其类”,但“风流闲雅”四字,则准确道出了此期“士大夫之词”的特点。

北宋士大夫有感于晚唐五代的进士轻薄,而不惜发重道轻文的矫枉过正之论,但是,讲究出处大节并非不要功名富贵,应该看到在他们的心中,仍充满了矛盾:儒家与佛道,功业与时机,三不朽与及时行乐……欧阳修《送徐无党南归序》云:“……所以为圣贤者,修之于身,施之于事,见之于言,是三者所以能不朽而存也。”但是,此文的开头却说:“草木鸟兽之为物,众人之为人,其为生虽异,而为死则同,一归于腐坏澌尽泯灭而已。”在三不朽与万物皆死之间,为克服矛盾,他们力图以性化情。但是,情终于难去,《秋声赋》云:“草木无情,有时飘零。人为动物,惟物之灵,百忧感其心,万事劳其形,有动于中,必摇其精。”因此,生命意识与功名意识经常会发生冲突,前者因其“缘情”性质而见于词中,凝成了以伤春为代表的“闲情”主题,晏、欧所作,此类甚多,李之仪所说的“闲雅”,尤落在“闲”字上。

冯煦《蒿庵论词》说:“宋初大臣之为词者,寇莱公、晏元献、宋景文、范蜀公,与欧阳文忠公,并有声艺林。然数公或一时兴到之作,未为专诣。独文忠与元献,学之既至,为之亦勤,翔双鹄于交衢,驭二龙于天路。且文忠家庐陵,而元献家临川,词家遂有西江一派。”北宋前期的士大夫之词,断推晏、欧两家。

晏殊词,并不似其幼子晏几道所说的“不作妇人语”,相思离别之作颇多,而作为士大夫之词,最见特色的当是那些表达“闲情”之作。《浣溪沙》的“无可奈何花落去,似曾相识燕归来”,“满目河山空念远,落花风雨更伤春”,《采桑子》的“时光只解催人老,不信多情,长恨离亭”,《木兰花》的“当时共我赏花人,点检如今无一半”等,都在伤春悲秋中凸现了沉重的生命意识,是当年曹操“对酒当歌,人生几何,譬如朝露,去日苦多”的再版与延续。既因大平时代,又因个性,所作以“闲雅”从容为最大特色。

苏轼曾说:“欧阳子大道似韩愈,论事似陆贽,记事似司马迁,诗赋似李白,此非予言也,天下之公言也。”(《六一居士集叙》)虽全面论列欧阳修的道与文,及其良史之才,却未及其词。此或因当时之词尚未能登大雅之堂,更因欧公之词甚多谑浪笔墨之处。因词而见人,欧阳修的青年时代似乎更近于进士所为。钱世昭《钱氏私志》载:“欧阳文忠公任河南推官,亲一妓。时先文僖(钱惟演)罢政,为西京留守,梅圣俞、谢希深、尹师鲁同在幕下。惜欧有才无行,共白于公,屡讽而不之恤。”而以欧作《临江仙》(柳外轻雷池上雨)是为妓女所写。且不说此词之“本事”是否系于此,此词是否“后三句善写丽情,未乖贞则,自是雅奏”(俞陛云《唐五代两宋词选释》),现存欧词确实涉及艳情者甚多,赵令畤《侯鲭录》卷一亦有欧阳修居汝阴时与妓相约而类于杜牧“绿叶成荫”一事的记载。对欧作的艳词,曾慥《乐府雅词》以为“当时小人,或作艳曲,谬为公词”,罗泌《六一词跋》说“其甚浅近者,前辈多谓刘辉伪作”,而《直斋书录解题》却辨并非刘辉作,详而可信。还是陈廷焯《词坛丛话》所说较为通达:“欧阳公词,飞卿之流亚也。其香艳之作,大率皆年少时笔墨,亦非尽后人伪作也。”

欧阳修词的一个重要感情基础,即前面所引的《秋声赋》数语,由于“奈何以非金石之质,欲与草木而争荣?”遂生出了许多人生感慨,如其《玉楼春》所说,“人生自是有情痴,此恨不关风与月”。其词近于晏殊而见士大夫特点的也是闲情之作。其实闲情并不“闲”,欧阳修著名的组词《采桑子》十首,前九首都是在写景中表现雅致幽情,而第十首却在总收前九首时抒发了深长的感慨。欧阳修当年从扬州移知颍州,在经历了二十年的宦海生涯后,又退休而归颍。在人生的轮回中,他为“俯仰流年二十春”而有“富贵浮云”之叹。欧阳修另有《采桑子》三首,据考,是为忆谢绛而作,三词分别感叹“去年绿鬓今年白,不觉衰容”,“忧患凋零。老去光阴速可惊”,以“劝君满酌君须醉,尽日从容”相慰。由于“尊前贪爱物华新,不道物新人渐老”(《玉楼春》),“今年花胜去年红。可惜明年花更好,知与谁同”(《浪淘沙》),因此,“任是好花须落去。自古。红颜能得几时新。暗想浮生何时好。唯有。清歌一曲倒金尊”(《定风波》)。“行乐直须年少,尊前看取衰翁”(《朝中措》),另一主题是“美人才子传芳信。明月清风伤别恨。未知何处有知音,常为此情留此恨”(《玉楼春》)。因此,在其集中也有不少艳词。其中不少则当如其《采桑子·西湖念语》所说,是“敢陈薄技,聊佐清欢”的应歌之作。作为史学家的士大夫,欧阳修对历史的批判意识,见于因荔枝而咏史作《浪淘沙》,开北宋士大夫词之一脉,但他的词毕竟以艳情与闲情居多。

总之,士大夫词是他们情趣的反映,有特定的内容、风格,是多种人生角色、多种情感(《秋声赋》可见一个侧面)的凝聚,又可见《诗经》中《蟋蟀》《山有枢》意旨的延续与发扬。

北宋士大夫虽或出身低微,却因身份的改变而表现出士大夫的优游从容气度。吴处厚《青箱杂记》卷五云:

> 晏元献公虽起田里,而文章富贵,出于天然。尝览李庆孙《富贵曲》云:“装曲

谱金字书，树记花名玉篆牌。”公曰：“此乃乞儿相，未尝谙富贵者，不言金玉锦绣，而惟说其气象。若‘楼台侧畔杨花过，帘幕中间燕子飞’，‘梨花院落溶溶月，柳絮池塘淡淡风’之类是也。”故公自以此句语人曰：“穷儿家有这些景致也无？”

试读五代蜀后主王衍《醉妆词》的“只是寻花柳”，“莫厌金杯酒”，气度确实不同。由文而知人，士大夫之词的气象可见。

叶梦得《避暑录话》卷二云：“晏元献虽早富贵，而奉养极约。惟喜宾客，未尝一日不宴饮。而盘馔不预办，客至旋营之……既命酒，果实蔬茹渐至。亦必以歌乐相佐，谈笑杂出。数行之后，案上已粲然矣。稍阑，即罢遣歌乐，曰：‘汝曹呈艺已遍，吾当呈艺。’乃具笔札，相与赋诗，率以为常，前辈风流，未之有此也。”可见，好客的晏殊常在家中招待客人，包括酒菜，也包括妓乐，而“必以歌乐相佐”则清楚地说明了家妓之用是佐酒侑觞、娱宾遣兴。但是，作为士大夫，必须要有与其身份相适应的矜持，绝对不可能有示爱之举。晏殊也有爱情词：

燕子欲归时节，高楼昨夜西风。求得人间成小会，试把金尊傍菊丛。歌长粉面红。　　斜日更穿帘幕，微凉渐入梧桐。多少襟怀言不尽，写向蛮笺曲调中。此情千万重。(《破阵子》)

但是，这种不便明言的爱情，与柳永是决然不同的。

即如欧阳修曾有过年轻时的浪漫不检，但在地位很高时，可以如谢安那样携妓而游，在与歌妓交往中颇有兴致地创作，却不会与歌妓们有情感的纠缠。《采桑子》十首中，多次写到“笙歌”相随，醉中而归，但是，作为士大夫，欧阳修在其词中所表达的是对年光流走的感慨，以及时行乐劝人或自劝，歌妓的美貌和歌声只是为了饮酒侑觞，是行乐的一部分而已。如《浪淘沙》：

今日北池游，漾漾轻舟。波光潋滟柳条柔。如此春来春又去，白了人头。
好妓好歌喉，不醉难休，劝君满满酌金瓯。纵使花时常病酒，也是风流。

苏轼在任地方官时，酒宴上歌妓阵容之盛远在白居易之上。但是，他只是一种士大夫欣赏歌舞的情趣，对歌妓颇为同情，却未必有情。据陈善《扪虱新语》下集卷九载：“东坡集中有《减字木兰花》词云：‘郑庄好客。容我尊前先堕帻。落笔生风。籍籍名声不负公。高山白早，莹骨冰肤那解老。从此南徐。良夜清风月满湖。’人多不晓其意。或云：坡昔过京口，官妓郑容、高莹二人当侍宴，坡喜之。二妓间请于坡，欲为脱籍，坡许之而终不为言。及临别，二妓复之船所恳之。坡曰：‘尔当持我之词以往，太守一见，便知其意。’盖是‘郑容落籍，高莹从良’八字也。此老真尔狡狯耶！”

再说柳永。

柳永从武夷山走出来，到了汴京，那是一个他从未感受过的世界。北宋建都于汴京，人口最多时超过了26万户，加上10多万常驻军队和流动人口，最多之时，人口超过130万，而当时基督教世界最大的城市君士坦丁堡，只有30万人，其他欧洲的主要城市如威尼斯、佛罗伦萨、巴黎、伦敦等，人口均未超过5万。据李焘《续资治通鉴长编》卷二载，汴京的商铺超过160行，达6 400多家（一说两万多家，其中六千多家资本较大），商人和手工业者成了市民的主体，此外还有众多的店员、小吏、差役、艺人、乐工、妓女、僧道、乞丐……

《东京梦华录》全书共有十九处提到东京城内外的青楼，如：曲院街"向西去皆妓女馆舍，都人谓之院街"，朱雀门外"东去大街、麦秸巷、状元楼，余皆为妓馆"，"西通新门瓦子以南杀猪巷，亦妓馆"，又，旧曹门外"下桥，南斜街，北斜街……两街有妓馆"。其余如牛行街、鸡儿巷，相国寺北小甜水巷，景德寺前桃花洞，金明池西道者院前，皆有妓馆。

青楼是市井的重要成员，而市井文化又是帝都文化的重要组成部分。柳永对帝都的歌颂，其中颇多对市井生活的肯定和赞颂，其名作《望海潮》对杭州的赞美，如"市列珠玑，户盈罗绮，竞豪奢"，亦可见其兴趣所在。市井中很多娱乐、演出场所，柳永对此很有兴趣，他有音乐和文学才能，有移宫换羽的本领，当与接触艺人相关。妓女需要通过柳永的歌词来扬名，柳永也需要通过歌妓的传唱，使自己扬名，且得到报酬，柳永与歌妓之间是"双向互动"的。陈师道说："柳三变游东都南、北二巷，作新乐府，骫骳从俗，天下咏之，遂传禁中……"（《后山诗话》）叶梦得说："柳永，字耆卿。为举子时，多游狭邪。善为歌辞，教坊乐工每得新腔，必求永为辞，始行于世，于是声传一时。"（《避暑录话》卷下）。柳永的词经歌妓传唱，广为流传，是立体的，而非"平面媒体"的书籍，也不似士大夫之词是主人所作交与家妓，在较小范围内的传播。也因此而柳词所传甚远、甚广。在西夏，凡有井水饮处，皆能歌柳词，说明作为市井文化的代表，柳词已经越出了汉民族的范围，行于少数民族的"市井"。

在双向互动中，走得很近、很热，柳永也就作了很多与歌妓直接相关的词。首先，并不讳言自己对秦楼楚馆的兴趣：

> 因念秦楼彩凤、楚观朝云，往昔曾迷歌笑。（《满朝欢》）
>
> 小楼深巷狂游遍，罗绮成丛。（《集贤宾》）
>
> 追想秦楼心事，当年便约，于飞比翼。（《法曲献仙音》）
>
> 密约秦楼尽醉，仍携手，眷恋香衾绣被。（《长寿乐》）
>
> 秦楼风吹，楚馆云约，空怅望、在何处。（《西平乐》）

他与妓女的相识常出于偶然：

误入平康小巷，画檐深处，珠箔微褰。罗绮丛中，偶认旧识婵娟。（《玉蝴蝶》）

他与妓女的交往当然是出于对方色与艺的吸引，因色而颇可见柳永词中对此的津津乐道，因艺而见柳永对对方的欣赏。前者如：

宠佳丽。算九衢红粉皆难比……（《尉迟杯》）

后者如：

爱把歌喉当筵逞。遏天边，乱云愁凝。言语似娇莺，一声声堪听。（《昼夜乐》）

可见，他交往的是市井之妓，而非高官的家中歌妓，亦非营妓。据统计，柳永慢词与女性有关的占46%。从其词的题材与意象而言，可见对市井生活及相关的市井人物，对都市生活、市容市貌、喧嚣与热闹的兴趣；而爱情对象的歌妓身份，则见"天仙"的世俗化。邓廷桢《双砚斋词话》以为"《乐章集》中，冶游之作居其半，率皆轻浮猥媟，取誉筝琶"，可见艳词与市井的关系是非常密切的。

出于柳永对市井生活、市民情趣的兴致，与传统的重视耕读不同，对"本"与"末"的重新审视及所重，是对传统文化的一种挑战、变革。因此，"务本向道"的宋仁宗将他从进士榜中黜落，去求宰相晏殊放官，晏殊也以不给，对柳永的引为同类，回答以："我虽也作曲子，却不作那些'针线闲拈伴伊坐'之类。"显然是对柳永俗词的不满。

柳永对市井人物（妓女）的态度，对"被侮辱与被损害"者的同情、爱恋，虽尚未有完全平等的观念，但却是在文士的心目中提升了妓女的地位，重视妓女的人格和感情，以至柳永死后有妓女"吊柳七"一事。当然，受到历史的限制，柳永对歌妓的爱，绝非现代意义的爱情（当然，连贾宝玉也具有泛爱倾向，并不是那么专一的）。

由上可见，柳永的所作所为，自是与主流文化发生了冲突，亦为主流文化所不容。

五　文人的不同命运：白居易、晏欧与温庭筠、柳永

同样是在中国文学史上留下身影的人物，但在他们的生前却有着完全不同的命运。原因何在呢？除了运气，最主要的当在：即使都有进士之习，都有"轻薄"之举，但给人留下的印象是，"达"与"不达"与他们身上是多种色彩，抑或较为单色，且孰为主次有关。

白居易、元稹等人，固然也有过被贬官的经历，但总体而言，一生还是较为顺利

的，不仅中进士早，而且大部分时间处于高位，有足够的条件享受人生，欣赏女乐歌舞。北宋的晏殊、欧阳修也一样。之所以能够官运亨通，与他们的多色彩，且未给人以一味寻花问柳的印象有关。相反，温庭筠却因其太热衷于与歌妓交往，且得罪权贵，故而一直不达。《旧唐书》本传：

温庭筠，太原人，本名岐，字飞卿。大中初，应进士。苦心砚席，尤长于诗赋。初至京师，人士翕然推重。然士行尘杂，不修边幅，能逐弦吹之音，为侧艳之词，公卿家无赖子弟裴诚、令狐缟之徒，相与蒱饮，酣醉终日，由是累年不第。徐商镇襄阳，往依之，署为巡官。咸通中，失意归江东，路由广陵，心怨令狐绹在位时不为成名。既至，与新进少年狂游狭邪，久不刺谒。又乞索于杨子院，醉而犯夜，为虞侯所击，败而折齿，方还扬州诉之。令狐绹捕虞侯治之，极言庭筠狭邪丑迹，乃两释之。自是污行闻于京师。庭筠自至长安，致书公卿间雪冤。属徐商知政事，颇为言之。无何，商罢相出镇，杨收怒之，贬为方城尉。再迁隋县尉，卒。又，《唐诗纪事》载："庭筠才思艳丽，工于小赋，每入试，押官韵作赋，凡八叉手而八韵成，时号温八叉。多为邻铺假手，号日救数人也。而士行玷缺，缙绅薄之……宣宗爱唱《菩萨蛮》词，丞相令狐绹假其新撰密进之，戒令勿泄。而遽言于人，由是疏之。温亦有言云：'中书堂内坐将军。'讥相国无学也。宣宗好微行，遇于逆旅，温不识龙颜，傲然而诘之曰：'公非长史、司马之流？'帝曰：'非也。'又曰：'得非六参、簿尉之类？'帝曰：'非也。'谪为方城尉，其制词曰：'孔门以德行为先，文章为末。尔既德行无取，文章何以补焉。徒负不羁之才，罕有适时之用。'竟流落而死。""令狐绹曾以故事访于庭筠，对曰：'事出《南华》，非僻书也。或冀相公燮理之暇，时宜览古。'绹益怒，奏庭筠有才无行，卒不登第。庭筠有诗曰：'因知此恨人多识，悔读《南华》第二篇。'"

温庭筠命运坎坷是自有根由，也因此，在当时就有人为之鸣不平，在他身后，又有韦庄上奏追赠为进士，作了一个他无法得知的"安慰赛冠军"。

柳永几乎就是又一个温庭筠，他被皇帝黜落后自嘲"奉旨填词柳三变"，最终是改了名字才得到一微官的。李清照说："逮至本朝，礼乐文武大备。又涵养百余年，始有柳屯田永者，变旧声，作新声，出《乐章集》，大得声称于世。"(《词论》)宋翔凤说："词自南唐以后，但有小令，其慢词盖起于仁宗朝。中原息兵，汴京繁庶，歌台舞席，竞赌新声。耆卿失意无聊，流连坊曲，遂尽收俚俗语言，编入词中，以便伎人传习。一时动听，散播四方。其后东坡、少游、山谷辈，相继有作，慢词遂盛……先于耆卿，如韩稚圭、范希文，作小令，惟欧阳永叔间有长调。罗长源谓多杂入柳词，则未必欧作。余谓慢词，当始耆卿矣。"(《乐府余论》)对于柳永词的造诣、地位自无异议，即如文坛主帅苏轼，也将其视作"假设敌"。但是，我们又可看到士大夫对柳词的矛盾态度：爱其词而薄其人，阳抑其词而阴学之。

然而，柳永也不是被士大夫一味鄙薄，仍有人称道其能写出承平气象，苏轼也以其词“不减唐人高处”。北宋对柳永的评价与受容说明,士大夫文化因其所具有的追求享乐的一面(声色之娱)而受到了柳永的影响,使得北宋艳词呈现发展延续的态势;士大夫文化对市民文化的承认与接受,使得文学的“以故为新,变俗为雅”得以实行,柳永也就成为了一个可以学习的范型。但由于北宋文化的主流是士大夫文化,对晚唐五代进士文化的排斥与贬低,使得与之有相似性的市井文化也处于与士大夫文化分流的状况,虽非“汉贼不两立”,却终难调和,尤其在道学逐渐生成的形势下,柳永也就遭遇到一系列的批评了。只是到了理学消微之时,如元代的少数民族占据统治地位时,礼教松弛,明朝中后期城市资本主义逐渐兴起时,市民文艺愈形发达,市井文化也十分丰富多彩,柳永才会被更多人接受与认同(戏曲与拟话本关于柳永的作品甚多)。

六　唐宋艳诗、艳词在文学史中的地位与评价

唐宋的艳诗、艳词是文学史上存在的事实。但无论在古代还是现代,在政教型文化的中国,都不仅被忽视、轻视,也被鄙视。

因此,不少作者或理论家就充当起辩护士的角色。李商隐《献相国京兆公启》有云:“人禀五行之秀,备七情之动,必有咏叹,以通性灵。故阴惨阳舒,其途不一,安乐哀思,厥源数千……”韩偓《香奁集序》更说道:“余溺章句信有年矣,诚知非大夫所为,不能忘情,天所赋也……柳巷青楼,未尝秕糠;金闺绣户,始预风流。”此序与欧阳迥的《花间集序》已经非常接近。而从诗集的编选来看,也从中唐初期《河岳英灵集》的“文质半取,风骚两挟”来看,发生了钟情于艳情诗的变化。如元和十二年令翰林学士令狐楚编进的《御览诗》,其编选旨趣正如毛晋跋语所说的“唐至元和间,风会几变,章武帝命采新诗备览。学士汇次名流,选进妍艳短章三百有奇”。晚唐韦庄编《又玄集》三卷,收录有中晚唐著名诗人的艳情诗,而卷下将近三分之二的篇幅收唐代女诗人所作。据此,可见从诗歌创作到诗集的编选,皆体现出向妍艳方向的发展。可是,到宋代,则因谴责晚唐五代进士的轻薄无行,也当然地累及到艳诗艳词,甚而发展出道学,其代表性的话语就是“饿死事极小,失节事极大”,李清照因词中涉及离别相思,而被人讥诮,许多人写艳词,也只得躲躲闪闪,词也被认为是“小道”“诗余”,是没有地位的。

对于这些作品应该怎样看呢?

袁枚《答蕺园论诗书》说:“且夫诗者由情生者也。有必不可解之情,而后有必不可朽之诗。情所最先,莫如男女。”对男女情诗的认识,是很大胆的。到20世纪初,王国维《人间词话》更明确宣称:“‘昔为倡家女,今为荡子妇。荡子行不归,空床难独守。’‘何不策高足,先据要路津?无为守贫贱,轗轲长苦辛。’可谓淫鄙之尤。然无视为淫词、鄙词者,以其真也。”以真情论诗词,而非道德裁判,对于诗歌来说,确实是更为可取的。

德败与情生虽非有必然的关系,但似乎却反映在中晚唐的诗歌创作中。“无行”与“轻薄”,人之于文学,就是不讳言个人的情感,尤其是爱情,可以认为,唐代文学虽有诸多言志、载道的呐喊和号召,但抒情似乎更是主潮,而抒情固然有诸多属于政治性

的抒情，但更多的是男女之情的表现。陈寅恪先生《元白诗笺证稿》曾在论及元稹的创作时说："吾国文学，自来以礼法顾忌之故，不敢多言男女间关系……微之天才也。文笔极详繁切至之能事。既能于非正式男女间关系如与莺莺之因缘，详尽言之于会真诗传……"虽其对女子始乱终弃的态度不可取，但所作留下了心路和感情的记录，对于抒情性的文学而言，是有贡献的。确如陈先生所说："微之以绝代之才华，抒写男女生死离别悲欢之情感。其哀艳缠绵，仅在唐人诗中不可多见，而影响及于后来之文学者尤巨。"

由于受限于时代，古代的婚姻成于父母之命、媒妁之言，而不是当事者本人的感情基础，尤其唐代重视门第及家族利益，使得"仕"与"婚"成为士人的两大主题，且二者经常纠缠，互为因果。因此，如恩格斯所说，爱情往往只是少数能成为婚姻的附加物，也因而当时的爱情经常是出于婚外，士人不乏寻找婚外情者，妓女制度也就成为了婚外爱情的重要补充和来源，此时的艳诗之"终带风尘"，就是出于这一原因。

因为抒情的文人"怨"诗自古即有，所以文人所作涉及婚外男女之情的情诗，更是因唐代进士文化而生，且独得于前代的。尽管进士们的爱情意识还不能超越时代的限制，且从行为而言，更表现为放荡、滥情，但是，他们所作与南朝宫体诗的"止乎衽席之间""思极闺阁之内"不同，他们不是宫廷的统治者，而是上升的新兴阶级，他们将原本只见于民歌的男女爱情，写入自己的诗歌中，是有所发展创造。对元、白等"纤艳不呈"之诗，柳永、秦观等人的艳词，不妨就他们从"言志"移入"缘情"，表现出较为强烈的爱情意识之角度来看待，因此，在"绮语"之中，所透出的是时代的进化。

朱光潜先生《中西诗在情趣上的比异》曾说，中国诗写友朋交谊的要比男女恋爱的多，除中西的伦理观念不同外，还有其他三方面的原因，其中所说的西方社会侧重个人主义，诗人的恋爱史接近他的生命史，发展至近代尤其如此。据此，与唐宋两代进士文化息息相关的爱情诗词，不妨也可看作是诗歌具有接近于近代性的转变标志。

（本文为未刊稿，部分曾写入专著或论文）

诗歌美学

浅析《古诗十九首》的美学思想

《古诗十九首》(以下简称《十九首》)曾被刘勰誉为“五言之冠冕”(《文心雕龙·明诗》),前人和今人对其所作的笺释、研究以至批判,可谓多矣,但谈其美学思想的专文,笔者尚未见,因而想就此作一粗浅分析。

汉代以赋为“一代之文学”,汉代大赋体现的基本是神学唯心主义的美学思想,而产生于东汉末年的《十九首》却是唯物主义美学思想的初步体现。

第一,《十九首》表现了“真美”。

汉朝在政治上承袭秦制,在思想上独尊儒学(武帝之后),在文化上渊源楚国。楚国文化的浪漫主义和神话色彩与先秦儒学的理性精神相结合,非但浸淫了汉代的思想文化领域,而且使孔孟之道衍为董仲舒的神学目的论,在服务于政治的同时,又反过来对思想文化施加了巨大影响。

辞赋肇自屈原,“屈平正道直行,竭忠尽智以事其君,谗人间之,可谓穷矣。信而见疑,忠而被谤,能无怨乎?屈平之作《离骚》,盖自怨生也”[①]。《离骚》虽是萦于一己穷通的泄郁抒愤之作,但它“上称帝喾,下道齐桓,中述汤武,以刺世事。明道德之广崇,治乱之条贯,靡不毕见”[②]。不仅是《离骚》,《九章》《卜居》《渔父》都是在“缘情”中“言志”,都与政教大事相关,贤人失志,意仍在“讽”。但是,“汉兴,枚乘、司马相如,下及扬子云,竞为侈丽闳衍之词,没其风谕之义”[③]。讽谕之义消失,言志抒怀难见,“赋体物而浏亮”,它固有气势雄伟、善于铺排、夸张的艺术价值,但因为“讽一劝百”,遂基本上成为对天人感应的两端——神与帝王的歌颂(可参看施昌东《论汉代的神学与美学》,载《古代文学理论研究》丛刊第二辑),成为以文害义的庙堂文学。诗、骚的声音沉寂了,“汉代乃是诗思最消歇的一个时代”[④]。然而,诗思的消歇并非消灭,在前,有“饥者歌其食,劳者歌其事”,“感于哀乐,缘事而发”的乐府诗,在后,《十九首》的出现则又标志着抒情诗高峰的崛起。

《十九首》产生于汉末这一纷乱动荡的社会,此时,思想多元化体现的哲学分流,导致了神学唯心主义的解体,“天人相分”对“天人感应”的冲击,出现了对新的美学思想的追求,《十九首》就是这种新的美学思想的体现,且首先表现为“真美”。

两汉社会的经师和文人靠“通经”与“献赋”踏上仕途,而董仲舒所宣扬的“受命之

---

① 司马迁:《史记·屈原贾生列传》。

② 司马迁:《史记·屈原贾生列传》。

③ 班固:《汉书·艺文志》。

④ 郑振铎:《中国俗文学史》。

君,天意之所予也"[①]和司马相如的"控引天地,错综古今"[②]而作赋,可谓殊途同归,分别从哲学和文学上服务于帝王。而且,如果说东汉的具有神学法典性质的谶纬,相对于"天人感应"学说还有新意的话,那么,两汉辞赋则是颂功德、求仕进,且又是竞相摹仿的产物(就其主流言)。

《十九首》一反汉赋功利文学的面目,恢复了言志抒怀的传统,真实表达了时代的苦闷,表现了作者的志趣和感情,而这正是从假到真的体现。

"真美"的基础是真情。《十九首》中对现实的感喟,对人生的态度,游子思妇的思念,都是真切的。真切的感情来自对乱世现实的怨愤,这是歌功的对立,继承的是诗、骚对现实的传统,是"穷而怨"的表现。它们不像汉赋那样"苞括宇庙,总览人物",不描绘宫室之壮,田猎之盛,游宴之欢,不以铺张扬厉、罗列奇字为能事,它们不是"衔笔而腐毛",殚精竭虑地以词藻弥补感情的作品,而是确有真情,具有巨大美学感染力的,"文温以丽,意悲而远,惊心动魄,可谓几乎一字千金"[③]就是对这种感染力的评语。

《十九首》所写的怨愤、悲愁、苦闷、不平、相思、情谊,都围绕着时代的主题,都可看到社会的折光。它的感情、思绪尽管还受到几分制约,但仍是真切而显露,是直抒胸臆的。即以游子与思妇这两大题材来说,前者以传统的"游学"方式猎取功名而漂泊他乡,后者则盛年独处困守闺房,他们的企求和怨艾,有时到了毫不掩饰的地步,然而,却正是以"真"胜,诚如王国维所说:"'昔为倡家女,今为荡子妇。荡子行不归,空床难独守。''何不策高足,先据要路津。无为守穷贱,轗轲长苦辛。'可谓淫鄙之尤。然无视为淫词、鄙词者,以其真也。"(《人间词话》)这种以直语表达的真情,造成"不隔"的境界,读者可以直接感受到作者的思想和意愿,而不像在皇皇大赋面前,被铺排、夸饰、奥博所震慑,却无所感触。刘熙载说:"十九首凿空乱道,读之自觉四顾踌躇,百端交集。诗至此,始可谓其中有物也。"(《艺概·诗概》)这"四顾踌躇,百端交集"就是被"不隔"的境界、直率的真情所激发诱引出的实感。

《十九首》为何被推为"一字千金"呢? 因为它从"天"的文学、帝王的文学返回"人"的文学的同时,也从"合綦组以成文,列锦绣而为质"[④]返璞归真,回到现实,从陈陈相因,竞相摹仿的风气中回到对独创的要求。因而,《十九首》体现出独创的真美。

两汉辞赋,充满了摹拟作品,在众多的假古董制造者中,不乏久负盛名之士,如扬雄,尽管在哲学上是"革"和"创"的先驱,但在文学上却是"因"和"仿"的大师。

《十九首》追求独创,追求真实,它不以炫耀学问、铺采摛文为能事,它文质相称,对现实所作的概括准确而深刻,用简朴的语言传达了生活的真谛。王充说过,"饰貌以强类者失形,调辞以务似者失情"(《论衡·自纪》),《十九首》一反"饰貌"、"调辞",体现了独创的美、真的美。

---

①《春秋繁露·洞察名号》。

②《西京杂记》所记司马相如语。

③ 钟嵘:《诗品》上。

④《西京杂记》所记司马相如语。

第二，从《十九首》的“真美”可以看到生活美和艺术美的一定程度的统一。

车尔尼雪夫斯基曾有“美是生活”这一著名命题，他又说：“任何事物，我们在那里面看得见依照我们的理解应当如此的生活，那就是美的；任何东西，凡是显示出生活或使我们想起生活的，那就是美的。”（《生活与美学》）我们认为，车尔尼雪夫斯基关于“美”的这一定义是基本正确的，因为他既指出了这一概念的客观的实体（自然形态的美，即“显示出生活”），又指出了这一概念的主观的观念（观念形态的美，即“应当如此的生活”），而且，还阐明了这一概念的积极意义（“使我们想起生活”）。

说《十九首》的“真美”是生活美和艺术美的统一，正是因为它能够体现出“美是生活”的精神。

诚然，汉大赋确能一定程度上反映繁荣上升时期汉帝国雄沉开阔的气象，和劳动人民所创造的物质财富，表现了人对于自然的征服，对世界的驾驭。但是，由于神学唯心主义的主宰，由于神话、传说与历史、现实的杂糅，加上歌功颂德，踵事增华，使之与现实生活离得太远了（至少是离人民的生活太远了）。《十九首》切近了现实生活，它尽管未能像乐府诗那样描绘出广阔多姿的生活画卷，但它所提供的汉末社会生活图景还是丰富、典型的。

由于《十九首》产生在将乱未乱、沉闷不安、危机四伏的年代，由于作者怀疑、探索的思想，悲抑而又旷达的情怀，《十九首》的“显示出生活”是充满着矛盾、交织着冷峻与温馨的，然而，经过选择所表现出的生活之艺术美又与生活本身达到较为完善的统一。

《十九首》的作者并没有对凋敝的民生作广泛实写，笔下出现的常是具有象征意义，带着悲凉气氛的典型环境，使我们能充分感受到那个时代的精神和气息。

诗人常写夜空中的天象：明月夜光，众星历历，迢迢牵牛，皎皎河汉，三五月满，四五兔缺；诗人常写秋冬的节令：回风动地，凉风率厉，凛凛岁暮，胡马北风，孟冬寒气，北风惨慄；诗人常写衰朽的景物：白露野草，秋蝉鸣树，悠悠长道，白杨萧萧，东门广陌，郭北立坟。这一切，是冷色的、悲而壮的，在显示衰朽、没落、死亡的现象中，作者发出了人生无常、生命短促的深深感喟：“人生天地间，忽如远行客”；“人生寄一世，奄忽若飘尘”，“所遇非故物，焉得不速老”；“浩浩阴阳移，年命如朝露”……因而，在无可奈何的感叹之中，转而表达了对生活和人生的留恋和肯定，使人们“想起生活”，向往“应当如此的生活”。在《青青河畔草》中，有充满生气的六对叠字：青青、郁郁、盈盈、皎皎、娥娥、纤纤，展现了一幅明丽的图画；江上芙蓉、兰泽芳草，庭中奇树、绿叶华滋，自然的美景多么使人向往；长衢夹巷、郁郁洛中，高楼齐云、绮窗交疏，都市的生活多么使人留恋；斗酒相娱、驱车策马，筝奋逸响，歌发清商，及时行乐使人快意当前；客中游子、闺中思妇，互相思念，致书赠绮，诚笃的爱情使人深挚不忘。物质的“色”与“声”，精神的“情”与“谊”，都以温柔的暖色冲淡了寒气，使人感到生活仍有美好的、值得留恋的一面。进而，他们在清醒地认识到“服食求神仙，多为药所误”，“仙人王子乔，难可与等期”的同时，高倡“不如饮美酒，被服执与素”，“昼短苦夜长，何不秉烛游”的及时行乐。我们读《十九首》,并不因它数写丘坟、夜晚而感到鬼影森森,就是因为它悲中有旷,在对死的哀叹中,更有对生的追求,在世态炎凉中有友谊和爱情的温暖,而这一切,都以生活的艺术形象表现在诗篇里。

"《古诗十九首》情真、景真、事真、意真,澄至清,发至情。"①它之所以为"真",就是因为以艺术美表现了生活美,使二者得到较好的统一。

当然,值得指出的是,因为美是一个历史性、且又具有阶级性的概念,所以《十九首》所表现的生活美和它对"应当如此生活"的理解,与我们今天的理解是不一致的,它的颓废享乐思想、消极悲观情绪,它所带有的杨朱哲学的影响,都是极其严重的。我们肯定它的,是它不同于大赋对生活的游离,而是与生活的统一,且在表现生活美之中,创造了艺术美的形象。

第三,《十九首》创造艺术美,表现生活美的主要美学原则是以形写神。

以写江山、都市、宫室、歌舞、田猎、游宴为主要内容的汉赋是以铺采摛文为能事的,在赋家笔下,刻意的铺排描写,着力的夸诞,在堆砌之中又往往可见一幅幅动态纷呈的图画,行动和形态常常很有声色。刘勰说赋有"体物写志"之长,但"写志"似仅是西汉初期和东汉后期抒情赋(如贾谊《鹏鸟赋》、张衡《归田赋》)才具有的,大赋以体物、描状见长,因此,它创造艺术美是以"形"为主的。东汉思想多元化时代开始后,对人生的探索多起来了,赋家之作,"写志"逐渐为多,但限于文体,思想感情的发抒虽多了,但仍以"体物"为主。

随着人性对于神学的觉醒,《十九首》重在表现人的心灵和精神,至此,才变革了"今之赋,以事形为本,以义正为助"②的风气,用"以形写神"的美学原则作为艺术手法的基础。"以形写神"之说,虽始见于东晋顾恺之的画论,但《十九首》实际上已开其先声。

我们可以看到《子虚》《上林》赋中纷呈的动画已被《十九首》激昂、跌宕的感喟后的静想所代替,诗的节律慢了,对人生的探索是深沉的。诗中展现了不同的人物、事物形象,透过它们,更可看到后面的灵魂。且不说抒情的篇章,即以说理为主的诗,也可以看到以形写神的特点。如《迴车驾言迈》,全诗十二句,后八句说理,前四句描绘的是哲人式的诗人及其眼中所见:"迴车驾言迈,悠悠涉长道。四顾何茫茫,东风摇百草。"从"迴车"、"迈"、"长道"的形中,传递的是"路漫漫其修远兮,吾将上下而求索"的神,"四顾何茫茫"二句,更从诗人眼中看到的天地寥廓、春风拂草景象中,体会到诗人心中的茫然。仅此四句,在读者眼中就出现了一个人生长途上的探索者形象。

《十九首》的"以形写神",还表现在抒情诗中糅合了叙事诗刻划人物之长,而这种人物刻划之笔是采用了写神的意笔,不同于乐府诗着力于服饰、神态、语言、动作的工笔。如"驱车策驽马,游戏宛与洛"的玩世不恭,"同心而离居,忧伤以终老"的不绝思念,"著以长相思,缘以结不解"的轻松喜悦,"思君令人老,轩车来何迟"的怨艾,"音响

---

① 陈绎曾:《诗谱》。

② 挚虞:《文章流别论》。

一何悲，弦急知柱促”的知音，“三岁字不灭，一心抱区区”的笃情，等等，都是以形写神的好例子，虽用笔甚少，但人物的神态、性格、感情都清晰可见。

《十九首》之被称为“一字千金”，原因之一还在于它是以形写神的。它用传神的笔触，对生活现象作了准确、深刻的本质概括，所以，诗中展现的生活面虽既广又深，形象众多，但给人的印象却是单纯、清新。天地有恒，人生短促，前者是“青青陵上柏，磊磊涧中石”，后者是“人生天地间，忽如远行客”。诗人从“迴风动地起，秋草萋已绿”的节令物候变化中，想到了“《晨风》怀苦心（《诗经·晨风》中表现的忧伤感情），《蟋蟀》伤局促（《诗经·蟋蟀》中表现出的拘而不展的愁怀）”，从而表达了旷达的情怀“荡涤放情志，何为自结束”。此外，又如“相去日已远，衣带日已缓”，这对刻骨相思概括得多么准确深刻。从“令德唱高言，识曲听其真”中，我们可以看到唱者“外假德言而内实嗜权利”①的面目，听者却有由表及里的洞幽察微的锐利双眼。

明人陆时雍说：“《十九首》深衷浅貌，短语长情。”（《古诗镜总论》）深衷、长情指的是内蕴的思想感情，属于内在的本质的东西，亦即“神”，浅貌、短语指的是外部的语言和形象，亦即所示之“形”。从上述例句中，都可见到在以形写神的美学原则下，用简炼、生动、典型的形象表达出来的哲理、志趣、意向和感情，都可见到语、貌——衷、情，形——神的关系。

沈德潜说：“言情不尽，其情乃长，后人患在好尽耳。读《十九首》，应有会心。”（《古诗源·例言》）《十九首》之给人以“言情不尽”之感，正由于它以形写神，重在传神，重在传神而见其简约、“不尽”，反之则有发露无余之感了。

王充说过：“文贵约而指通，言尚省而趋明。辩士之言要而达，文人之辞寡而章……玉少石多，多者不为珍；龙少鱼众，少者固为神。”（《论衡·自纪》）这是对汉代文学不良风气痛下针砭之言。《十九首》的作者不管是否受到王充主张的影响，但在“约”与“指”，“省”与“明”的关系上，是与王充“心有灵犀一点通”的。《十九首》用“以形写神”表现了生活美，创造了艺术美，上纠两汉之弊，下开建安之风，在文学和美学上是功不可没的。

1980年9月初稿，1982年9月改写，原载《文艺理论研究》1983年第1期

“篇不可句摘，句不可字求”
——略谈《古诗十九首》的整体美

《古诗十九首》曾被刘勰称为“五言之冠冕”，它上承诗、骚余绪，下启建安新

① 黄节藏：《古诗赏析眉批》。

风，影响深远。其思想感情虽有消极之处，艺术成就却相当高。后人除赞赏它的自然美外，还特别称道它的整体美。清人王士祯说它“如天衣无缝，不可学已”(《诗友诗传录》)，沈德潜则统言“汉、魏诗只是一气转旋，晋以下始有佳句”(《说诗晬语》)。其实，在他们之前，明人胡应麟就说过，《十九首》是“篇不可句摘，句不可字求”的(《诗薮》)。

王夫之说：“作诗但求好句，已落下乘。”(《姜斋诗话》)可见好篇更重于好句。“不可句摘，不可字求”是由“汉人尚质”决定的。较之六朝诗，《十九首》表现出一种不事精工雕琢，不以藻绘为能的商周青铜器式的美，它以结构的完整性、连贯性和意境的浑融作为整体美的主要标识，而不是着力于字句琢炼。

《十九首》结构的完整性、连贯性体现了诗人组织形象、运用艺术手段的技巧。如《行行重行行》：

> 行行重行行，与君生别离。相去万余里，各在天一涯。道路阻且长，会面安可知。胡马依北风，越鸟巢南枝。相去日已远，衣带日已缓。浮云蔽白日，游子不顾反。思君令人老，岁月忽已晚。弃捐勿复道，努力加餐饭。

首六句是追述别离，用夹叙夹议法；“胡马”二句用直笔横插，以比兴统摄别意，点出“游子不返”之意；“相去”以下四句与前六句呼应，并承“胡马”“越鸟”之意，然后插入“思君令人老”的今日之情；最后两句换笔换意，绕回而作收，又与“衣带日已缓”相应。整首诗叙、议、横插、反承、宕开、绕回，加以比兴、追忆，十分复杂，但又组织严密，一气流转，极见浑成。

与《行行重行行》的多变回环不同，《驱车上东门》是另一种结构：

> 驱车上东门，遥望北郭墓。白杨何萧萧，松柏夹广路。下有陈死人，杳杳即长暮。潜寐黄泉下，千载永不寤。浩浩阴阳移，年命如朝露。人生忽如寄，寿无金石固。万岁更相送，贤圣莫能度。服食求神仙，多为药所误。不如饮美酒，被服纨与素。

前八句或叙或议，写死者；“浩浩”以下十句，转写生人，纯是议论，先承上面“陈死人”的“千载永不寤”，点明人生“寿无金石固”，进而从“常人”转向“圣贤”，指出他们亦“莫能度”；接着，转写服食求仙者的被药所误；最后转回并点明主题，得出“不如饮美酒，被服纨与素”的结论。全诗四转，却是一气盘旋，连贯紧凑。

又如《去者日以疏》和《明月何皎皎》：

> 去者日以疏，来者日以亲。出郭门直视，但见丘与坟。古墓犁为田，松柏摧为薪。白杨多悲风，萧萧愁杀人。思还故里闾，欲归道无因。

明月何皎皎，照我罗床帏。忧愁不能寐，揽衣起徘徊。客行虽云乐，不如早旋归。出户独彷徨，愁思当告谁。引领还入房，泪下沾裳衣。

二者都是思归之作，但结构很不相同，却又都表现出完整性和连贯性。前者首二句示之以理，末二句语之以情，道破"思还"却"欲归道无因"的主题，与首二句相应，中间六句叙事，以白杨的"萧萧"，结在"愁"上，收住叙事，而骤转出主题，又与"愁"一脉连贯，虽叙情夹叙事，但其间毫无裂缝。后者却是首尾叙事，首四句写愁而出户，尾四句写愁而入户，一出一入，从两头逼紧横放在当中的主题"客行虽云乐，不如早旋归"，起到充分展示、加深、突出作用。十句之中层次井然，环环相扣，其特殊的结构有千回百折之势。清人方东树指出："后人必移此(指"客行"二句)作结句，自以为有余音者，而不知其味反短也。"(《昭昧詹言》)对这一特殊结构用以抒发感情可谓体会颇深。

此外，如《今日良宴会》的先叙后议，《青青陵上柏》的先议后叙，《西北有高楼》的缘事起兴，继而抒情，《冉冉孤生竹》的托物起兴，夹以叙事、抒情，以及《迢迢牵牛星》的先推开牵牛，就织女而充分写其情致，《凛凛岁云暮》的插入梦境，因梦而思，因思而寻梦，都很见结构特点，却又都能做到浑融自然。

《十九首》结构的复杂多变体现了各首诗的独创性，较之汉乐府不仅有文野之别，而且可见从自然中求苦心经营，在参差变化中求统一。可以说，《十九首》经千锤百炼后，表现出整体性的结构完整、连贯，从而成为汉代抒情诗的最高峰。

《十九首》的整体美还表现为意境浑融，无支离破碎之感。意境是主观感情与客观物境的有机结合，要创造出有意境的诗歌，必须有真挚而深刻的感情，并要善于撷取外境，造就情景交融之作。

《明月皎夜光》是一首失意者怨朋友不相援引的诗：

明月皎夜光，促织鸣东壁。玉衡指孟冬，众星何历历。白露沾野草，时节忽复易。秋蝉鸣树间，玄鸟逝安适。昔我同门友，高举振六翮。不念携手好，弃我如遗迹。南箕北有斗，牵牛不负轭。良无磐石固，虚名复何益。

作者在秋夜仰观于天，见"众星何历历"，俯察于地，见"白露沾野草"，时节推移引起感叹，这感叹与人情的变化紧密联系，时节炎凉与人情冷暖可谓一致；富有秋天特征的蟋蟀、鸣蝉叫声悲苦，玄鸟(燕子)"去寒就暖"，二者对比，又联系到自己与"同门友"的处境，从客观事物过渡到主观心情；然后，又从箕、斗、牵牛的众星徒有虚名，落在朋友的实无益处之上。全诗情从景出，景中见情，善藏用意，既朴素无华，又情景交融，极有意境。

《回车驾言迈》是一首寓理于情的诗，表现了得志无时、托名身后之概：

回车驾言迈，悠悠涉长道。四顾何茫茫，东风摇百草。所遇无故物，焉得不速老。

盛衰各有时，立身苦不早。人生非金石，岂能长寿考。奄忽随物化，荣名以为宝。

诗中虽有说理，但不是冰冷的哲理，诗人笔下的景象事物是悠悠长道、东风拂草，时间虽是春天，却不见蓬勃生机，因为诗人主观的"焉得不速老"之情，已移百草之上，经春之草为新，去岁之草为故，新者日新，故者日故，时光抛人，人又焉得不老？可见此诗虽主于说理，但也极有意境。

又如《涉江采芙蓉》：

涉江采芙蓉，兰泽多芳草。采之欲遗谁？所思在远道。还顾望旧乡，长路漫浩浩。同心而离居，忧伤以终老。

这是一首游子思乡之作。涉江采莲，入泽采兰，却无以赠，因为"所思在远道"，旧乡路遥，所以同心者只能离居，在忧伤中终老了。细读此诗，可体会到主人公莲、兰盈掬又无人可赠的情态，通过联想可在心中形成江泽之畔思人怀乡的完整意境。

《十九首》比之后来的诗歌，如隋炀帝"寒鸦千万点，流水绕孤村"，确不是以个别句子有意境见长，而具有全局性的浑融境界。当然，亦诚如叶燮《原诗》所说：汉魏之诗"远近浓淡，层次脱卸，俱未分明"，因而《十九首》较之唐人律绝所创造的文省意现、隽永清新的意境来，尚显得"拙""朴"，从这点来说，也难于以字句相求。

（原载《中文自学指导》1985年第2期）

追《诗经》继《楚辞》

——从《行行重行行》等看《古诗十九首》的艺术性

《十九首》最早著录于萧统《文选》，不是一人一时之作，却是一个时代的歌唱，据学者研究，可推知产生在汉末桓、灵之世。刘勰《文心雕龙》誉之为"五言之冠冕"，钟嵘《诗品》称其"惊心动魄，可谓几乎一字千金"。后代诗论家也多所推重。

作为无名文人创作的十九首抒情短诗，所歌咏的主题与被传统所推重的关注民生、经济之怀并不相合，为什么能得到很高评价呢？我以为主要在于其高度的艺术性。

对《十九首》的艺术性，历代论述颇多，其中以明人陆时雍《古诗镜》所说"深衷浅貌，短语长情"概括得最为精当。这里，想从《十九首》如何继承《诗经》《楚辞》的角度，以《行行重行行》《涉江采芙蓉》《迢迢牵牛星》为例，来分析其艺术特色。

第一，《十九首》之所以能远远超越"质木无文"的早期五言诗，首先在于它从语言、形象上汲取了《诗经》《楚辞》的养料，并从意境上加以发展，脱略形似，得其神髓，以之高度概括、反映生活，抒发真情。

《行行重行行》等三诗所表现的都是《十九首》的基本主题：游子和思妇的相互思念。《行行重行行》先追叙初别，“与君生别离”一语，即来自《楚辞·九歌·少司命》：“乐莫乐兮新相知，悲莫悲兮生别离。”次是说到路途遥远，相会艰难，“道路阻且长”即出于《诗经·秦风·蒹葭》：“溯洄从之，道阻且长。”在自述因思念而憔悴时，有“思君令人老”一语，即《诗经·小雅·小弁》“惟忧用老”之意。全诗虽仅出现《诗经》《楚辞》语数次，但由联想可增见未申之意，让读者从短言浅语之中见长情深意。

如果说在《行行重行行》中对《诗经》《楚辞》的继承表现为语言的直接汲取、借用，那么《迢迢牵牛星》则是形象的再铸造了。《诗经·小雅·大东》中已出现了织女、牵牛二星之名：“维天有汉，监亦有光。跂彼织女，终日七襄。虽则七襄，不成极章。睆彼牵牛，不以服箱。”意思说：天上有银河，照着人有光而无影，织女织而不成文，牵牛也不能驾车，都空有其名。《迢迢牵牛星》则将二星作为夫妇，以他们隔天河相望而不能相聚来写人间的悲剧，寄托了游子思妇的深深哀怨。而且，这首从女方哀怨着笔的思妇词，以“盈盈一水间，脉脉不得语”的深长绵邈之笔写牛、女二星相隔于河汉，则是《蒹葭》“在水一方”的精神所在，但却脱略其形似了。

《涉江采芙蓉》以采芳赠人这一恋爱生活中的古老民俗为题，沿袭《诗经》《楚辞》的取材，更遗貌得神，创造了新的意境。《诗经·郑风·溱洧》中，写到了在溱水、洧水这两条河边，青年男女欢乐聚会的情况，诗中的“秉蕑（兰）”和“赠之以勺药”，前者为兰，后为芳草，撷芳送人，是结情之意。《楚辞·九歌》中的《湘君》《湘夫人》等篇，都写到采杜若赠人，也是赠芳草以寄情。《涉江采芙蓉》在用前人采芳相赠的原意上，又注入了漂泊他乡而欲归不得，从而更加怀念妻子的深挚感情。诗中所创造的意境与《楚辞》一脉相承，且简约之中见缠绵幽美。

第二，《诗经》《楚辞》所确立的民族艺术传统之一，在于运用比兴手法，《十九首》对此积极继承，并且还有所发展。

在《诗经》中，“兴”多为“起’，或兼有“比”义，《十九首》之“兴”则多“托物起兴”的喻义。如《行行重行行》在写了路远难会之后，插入“胡马依北风，越鸟巢南枝”两句，以鸟兽尚恋故土来反比人的远行他乡，且兴起下面游子不归之意。后面的“浮云蔽白日”一句，从思妇着笔，写出了她怀疑游子心有所惑，另有新欢，这一比况使全诗更为跌宕变化，加深了感染力。

《迢迢牵牛星》通篇用比，写牵牛、织女二星实是写思妇之情。《诗经》中的《魏风·硕鼠》《豳风·鸱鸮》等诗，以及《楚辞》中《九章·橘颂》等作，也是全篇用比的“比体诗”，但《迢迢牵牛星》是以神喻人，同它们的以物喻人不同，而且将人间生活置于天上背景，非仅寄情深切，意境也极优美。

汉代五言诗的早期作品以质直者居多，乐府诗重在叙事，赋体多而比兴少，其中的抒情诗也以径直发越者居多。因而《十九首》以其“婉转附物，怊怅切情”（刘勰语）的善用比兴，登上了汉代抒情诗最高峰，可谓适不足怪了。

第三，《诗经》以民歌为主，《楚辞》是在民间“楚声”“楚歌”基础上的诗人创作，前者淳朴自然，后者优美瑰丽。《十九首》对二者都有继承，以朴素自然、清新优美的语言，和曲折多变而又浑然一体的结构，造就出独特的面貌。

《诗经》的民歌风表现为乡土气息浓，应用口语多，《十九首》也有这一特点，但因是文人的精心创作，善于寓烹炼于自然，故能给人以“若秀才对朋友说家常语”（谢榛《四溟诗话》）之感。如“相去日已远，衣带日已缓”，表现刻骨的相思可谓准确而精炼。“采之欲遗谁？所思在远道”，自问自答，神态可见，采芳而无所赠的惆怅心情不难体会。“终日不成章，泣涕零如雨”，写来朴素，不见雕琢，而形象鲜明，呼之欲出。

《诗经》善以叠字来拟声状物，以增强形象性，《十九首》对此颇善学习，例子不少。仅这三首中，《行行重行行》是一例，《长路漫浩浩》又是一例。《迢迢牵牛星》中更多，如：迢迢、皎皎、纤纤、札札、盈盈、脉脉。“迢迢”以见距离之远，“皎皎”以见光线之明，“纤纤”可见手之柔细，“札札”形容机声，“盈盈”形容水态，“脉脉”形容含情，可谓极尽变化，生动自然之中具有特殊的音乐美。

《楚辞》的语言绚烂华美，汉赋推之至极，而《十九首》返璞归真，变之为清新优美。本文所论这三首中，如《涉江采芙蓉》意境脱化于《楚辞》，语言也不停止于摹仿，却是得其优美而更见清新。

从结构言，《诗经》多以重章叠句作回环复沓，《楚辞》却是繁辞丽句，参差错落，百转千回。《十九首》作为五言诗，句式长于四言的《诗经》而短于杂言的《楚辞》，且篇幅不长，以十数句为多，既得前者的短制，又兼有后者章法曲折多变的特点，可谓自具面目。如《行行重行行》六次换笔，往复曲折，构局多变，但中心意思却一以贯之，其神不散。《涉江采芙蓉》共八句，分采芳、无赠、望乡、忧伤四层意思，采芳和无赠是两层失望，于是又从望乡回到相思，结语又由曲转直。且此诗学《诗经》的复沓，见之于意而变换其语，首二句都说采芳，但江、泽、芙蓉、芳草有别，远道、归乡、长路意同而语异，较之《诗经》可谓出蓝。

总之，《十九首》语言清新优美，结构多变却又浑然一体，“一字千金”和“天衣无缝”的评语洵非虚誉。

还可以补充一点：《诗经》和《楚辞》在我国诗歌史上分别是现实主义和浪漫主义的源头，而《十九首》对此都有学习和继承。即以这三首为例，《行行重行行》现实色彩浓，《迢迢牵牛星》虽植根现实，却因善于想象而充满浪漫气息，《涉江采芙蓉》既写现实生活，但又是《楚辞》意境的再造，当然有浪漫色彩，因而可谓二者的结合。

以上所说，尚未能尽发三诗艺术之底蕴，更不必说窥《十九首》的全豹了，但仅此数端，就可以看到它的艺术性之高，因而，“五言冠冕”之说是值得体味的。

（原载《中文自学指导》1987 年第 2 期）

《古诗十九首》三题

摘 要 昔人论《古诗十九首》，以钟嵘“惊心动魄”“一字千金”最有代表性。这是《古诗十九首》对乱世中失意伤时与相思离别作深刻而形象传递的结果，是强烈感情的自然流露，是高度典型的艺术形象表达的真情美。它多直接抒情，又能托物寄意，质而不俚，直中见文，以其自然美成为“五言之冠冕”。它不着力于字、句琢炼，而以结构的完整性、连贯性和意境的浑融，表现出特有的整体美，被称道为“天衣无缝”，“篇不可句摘，句不可字求”。尽管其颓废的思想和享乐主义对后世产生过消极影响，但对于我国诗歌美学的积极作用是不可置疑的。

关键词 古诗十九首 真情美 自然美 整体美

《古诗十九首》作为“五言之冠冕”（刘勰语），可称为诗史上的一座界碑，它是汉代抒情诗的最高峰，上承“诗”“骚”余绪，下启建安新风，对后世有深远影响。本文拟从古人评述出发，将其思想、艺术归纳成“三题”，以求读者教正。

一 真情美：惊心动魄，一字千金

钟嵘《诗品》评《十九首》曰：“文温以丽，意悲而远。惊心动魄，可谓几乎一字千金！”《十九首》为何可当“惊心动魄”“一字千金”之评呢？因为它深刻、准确地概括、表现了富有时代特征的生活情景、思想感情和人生哲学，在封建社会里具有鲜明的典型性，广泛的共同性。

据多数研究者的意见，《十九首》产生于东汉末年，而这正是持续动乱的时代。从和帝开始，外戚和宦官集团就互相倾轧，政治极为黑暗，皇帝权力逐渐旁落于官僚集团手中，桓、灵时期的两次“党锢”，使一些鲠直之士遭杀戮囚禁。此时，土地兼并愈演愈烈，农村经济纷纷破产，大量失去土地的农民成为流浪汉，而在洛阳名利场中角逐失败的知识分子也加入了流浪队伍中。社会充满了混乱，中央政权已处于总崩溃的前夜，农民大起义正在酝酿之中。在思想上，经术、谶纬都已不能维系统治，佛教正逐渐渗入，桓谭、王充等人的唯物论也发生了一定影响，思想多元化更趋明朗。“诗人比任何人都更应该是自己时代的产儿”[①]。他们的作品必然折射出时代的色彩。

《十九首》的内容可以分为两大类：失意伤时和相思离别。前者主要表述了对“理”的认识，后者形象地作了“情”的传递。

---

①《别林斯基论文学》，第 21 页。

董仲舒合儒学与阴阳五行说为一体的神学目的论以及其后荒诞虚妄的谶纬,已不能左右人们的思想,刚传入的小乘佛教神不灭、因果报应、轮回说尚未产生足够的影响,不管人们在多大程度上接受了唯物论,《十九首》流露的对人生短促的共同看法却表现了时代的基调,其本质是唯物的。在乱世之中,固然有人因感于人生短促而持儒家积极用世的思想,唱出了“盛衰各有时,立身苦不早。人生非金石,岂能长寿考?奄忽随物化,荣名以为宝”的调子,与“立德、立功、立言”的自许相近,但更多人却流露出玩世之念和及时行乐的主张。试看:

青青陵上柏,磊磊涧中石。人生天地间,忽如远行客。斗酒相娱乐,聊厚不为薄。驱车策驽马,游戏宛与洛。

浩浩阴阳移,年命如朝露。人生忽如寄,寿无金石固。万岁更相送,圣贤莫能度。服食求神仙,多为药所误。不如饮美酒,被服纨与素。

为乐当及时,何能待来兹。愚者爱惜费,但为后世嗤。仙人王子乔,难可与等期。

这些直白而不加掩饰的语言,是对神学目的论的公开背叛,宣称人并非“天志”“天意”所显示的手段,人本身就是目的;诗中看不到任何谶纬迷信的色彩,而表达出对命定论的否定;与此同时,也大胆冲击和否定了传统的礼教观念。

无名诗人们从老庄哲学的虚无主义出发,又归宿于杨朱的“为我”(杨子取为我,拔一毛而利天下,不为也①)、“全生”(全生葆真,不以物累形,杨子之所立也②)、“贵己”(阳生贵己③)思想。这思想的基本内容就是为自我、重生命、足欲望(天生人而使有贪有欲④),老子讲“贵生轻利”,庄子讲“全形葆真”,与杨朱“为我”的思想甚近。

杨朱派的“为我”学说表现为政治上对统治阶级不合作,与儒、法二家相对立,对社会发展起了消极阻碍作用。但是,《十九首》表现出的杨朱思想在东汉末的历史条件下却具有一定的进步作用。

首先,在汉末天下大乱却又未极乱的时代,已不同于早年的“治世”,知识分子无法施展政治抱负,只能将目光专注于一己。但是,“人性的首要法则就是要维护自身的生存,人性的首要关怀就是对于自身的关怀”⑤,喊出了“人欲”的呼声,以人性反抗命定论的“天理”,有唤起人们努力把握人生、而不是任凭神学目的论随意驱遣的积极意义。马克思曾经说过:“扬弃了神的无神论是理论的人文主义的生成。”⑥虽然

①《孟子·尽心上》。
②《淮南子·汜论训》。
③《吕氏春秋·不二》。
④《吕氏春秋·情欲》。
⑤卢梭:《社会契约论》。
⑥马克思:《经济学——哲学手稿》,第140页。

汉末之时代尚未能提供理论的人文主义的生成土壤，其指向与革命导师的论述却可找到谐振点。

其次，《十九首》的作者表达了自己有限的物欲，而揭露统治者的无限诛求，使人们认识统治者贪得无厌的面目。正如陈沆《诗比兴笺》所说："以斗酒之足乐，反刺富贵者之无厌求，故推之冠带，又推之王侯，又推之两宫双阙，莫不盛满荣华，穷娱极宴，而我乃独为忧戚于其间，果何所迫而云然乎？毋亦狂且愚乎!"因此，陈沆将《青青陵上柏》比作梁鸿讥刺帝王的《五噫》之叹。

最后，在《十九首》放浪形骸的颓废人生观背后，蕴含着对帝王、权贵和富豪们的强烈讥刺，不乏积极的战斗精神："富贵之人，惟患一死。患死有二：一则爱惜费，为子孙千岁之忧……一则求仙享不死之乐，秦皇、汉武一辙也，苟知二者之皆妄!"[①]诚如方廷圭所说："直以一杯冷水，浇财奴之背!"对富贵者作了辛辣的讽刺。

高尔基说过："一般讲来，叛逆的个人在批判自己社会的生活的时候，是极少而且很难认识到自己对于这个社会的可耻的实际所负的责任的。"[②]《十九首》是从自我出发的抒情诗，它不宣告对这个社会所负的责任，它宣扬"为我"，却产生了"为人"的效果："墨子兼爱。杨子为我。墨子当然要著书；杨子就一定不著，这才是'为我'。因为若做出书来给别人看，便变成'为人'了。"[③]这种"为人"的效果就是给予人们"惊心动魄"的认识和美感作用，从而对社会不自觉地负了责任。

《十九首》之使人感到"惊心动魄"，不仅由于它大胆否定了传统的道德观念，赤裸裸地喊出了"为我"的强烈呼声，勇敢讥刺帝王，而且还由于它在相思离别之作中，表达了"意夺神骇，心折骨惊"的别情别恨。

《十九首》是文人诗，其中思妇之词实为诗人之作，虽为代言，却有实感。这是因为在这样一个动荡不安的社会里，下层人士都有颠沛流离的生活体验。《行行重行行》充分表达了"'与君生别离'，情何惨也。'相去日已远，衣带日已缓'，神何悴也"（陆时雍语）的巨大痛苦。《迢迢牵牛星》是"写无情之星，如人间好合绸缪"（李因笃语），在神话女主人公"泣涕零如雨"的形象上寄寓了人间闺中无数思妇的共同感情。《凛凛岁云暮》的"徙倚怀感伤，垂涕沾双扉"，和《明月何皎皎》的"引领还入房，泪下沾裳衣"，则是人间织女、牛郎隔不断痛苦思念的实写。至于《孟冬寒气至》的"愁多知夜长，仰观众星列"之思妇无眠，和《客从远方来》的"相去万余里，故人心尚尔"之"久在意中又出意外"，"日夜计之日夜冀之"[④]的骤得安慰、心魂甫定，确是有必然联系的。

"一切好诗都是强烈情感的自然流露。"[⑤]《十九首》就是强烈感情自然流露的结晶，之所以能产生"惊心动魄"的效果，引起后人众多的拟作，就是因为它表达了封建社会中失意者和离别者的真情。陈祚明《采菽堂诗话》真正道出了《十九首》历久弥新

---

① 陈沆：《诗比兴笺》。

②《苏联之文学》，《文学论文选》，第348页。

③ 鲁迅：《魏晋风度及文章与药及酒之关系》。

④ 成书：《多岁堂古诗存》。

⑤ 华滋华斯：《抒情歌谣集·序言》。

的生命基础:“《十九首》所以为千古至文者,以能言人同有之情也。人情莫不思得志,而得志者有几?虽处富贵,慊慊犹有不足,况贫贱乎?志不可得,而年命如流,谁不感慨?人情于所爱莫不欲终身相守,然谁不有别离?以我之怀思,猜彼之见弃,亦其常也。夫终身相守者不知有愁,亦复不知有乐,乍一别离,则此愁难已。逐臣、弃妻与朋友阔绝皆同此旨。故《十九首》惟此二意,而低回反复,人人读之皆若伤我心者,此诗所以为性情之物,而同有之情人人各具,则人人本自有诗也;但人有情而不能言,即能言而言不能尽,故特推‘十九首’以为至极。”《十九首》准确、形象、深刻地传递出人人心中所有、笔下所无的“同有之情”,是否有悖于阶级分析呢?毛泽东同志说过:“各个阶级有各个阶级的美。各个阶级也有共同的美。‘口之于味,有同嗜焉’。”[①]我们完全可以承认封建社会中失意者的共同心理。

《十九首》的“惊心动魄”还同它的“一字千金”分不开。也就是说,它是以极其概括、高度典型的艺术形象来揭示真理、表达感情,使人惊慑、信服,受到震撼和感染。如《生年不满百》,短短十句,却包含了四个内容:人生短促,劝人及时行乐,讥笑吝啬鬼,告诫求仙者。如《孟冬寒气至》中的“三五明月满,四五蟾兔缺”二句,将思妇经常失眠以至清晰地观察了月亮盈缺,写得惜墨如金,正是“三五云云,是因见众星列而追数从前之月圆月缺,不知经历多少孤凄之夜矣”[②]。又如《涉江采芙蓉》,全诗仅八句,但“思友怀乡,寄情兰芷,《离骚》数千言,括之略尽”(李因笃语),具有巨大容量。《庭中有奇树》与《涉江采芙蓉》意同,“而前曰‘望乡’,此称‘路远’,有行者居者之别”(邵长蘅语)。《东城高且长》中的结句“思为双飞燕,衔泥巢君屋”,表达了客游中的男子见异而思迁,但在全诗对音乐、动作所描绘的氛围中,我们看到的却是“驰情几往,敛襟怃然”(陆时雍语)的极为丰富的神态、心理。陈祚明评《回车驾言迈》曰:“慨得志之无时,河清难俟,不得已而托之身后之名;名与身孰亲?悲夫!古今唯此失志之感,不得已而托之名,托之神仙,托之饮酒;惟知道者,可以冥忘;有所托以自解者,其不解弥深。”非但点明了此诗的主题,而且说明了此诗之求“荣名”与他诗之“为我”的关系,许多人生哲理的领悟,目的受阻后的他求,只概括于几句诗中。

二　自然美:结体散文,直而不野,婉转附物,怊怅切情

刘勰《文心雕龙·明诗》称《十九首》“佳丽”,并谓“观其结体散文,直而不野,婉转附物,怊怅切情”,道出了《十九首》作为抒情诗的体式之“直”和手法之“曲”的辨证统一。由于他所在的齐梁时代正处在诗歌由古至律的转变期,文风日趋华丽,艺术手法渐臻成熟,所评既正确又有时代色彩。“直”是一方面,“婉”是另一方面。唐释皎然《诗式》亦有“十九首辞精义炳,婉而成章”之说,可见刘勰所论非止一人之见。

《十九首》的“直”对六朝诗来说,体现了重“质”,而对汉赋来说,它是文质相称的。

---

① 何其芳:《毛泽东之歌》,《人民文学》,1977 年第 9 期。

② 张庚:《古诗十九首解》。

汉代的统治思想是神学化的儒学，其文艺创作受神学唯心主义美学思想的指导和制约，艺术和文学的许多作品，都可以看到“天人感应”的浓重投影。如出现在同一画幅上的，既有人，又有人首蛇身的形象；马王堆出土的帛画中，既有主人公生前的生活图景，又有神话中的事物；宫廷郊庙音乐中，无论是汉武帝时的《郊祀歌十九章》的《帝临》《惟泰元》，还是东汉时的《武德武歌诗》，宫廷建筑中的辟雍、明堂等，都是“天人感应”的神学唯心主义美学思想的体现。汉代的史传文学和诗歌是写实多于幻想，朴实多于浮华的，但最为统治者激赏的大赋，却不同程度地流露了“天人感应”的思想倾向。在神学唯心主义美学思想指导下的文艺创作有一个共同点，那就是虚妄多于真实，夸饰胜过写实。由于辞赋盛行，“铺采摛文”“文绣鞶帨”的文胜于质的创作倾向更蔚成风气。

汉代乐府诗中的民歌多现实主义作品，《十九首》在写实上继承了乐府民歌的传统，所以表现为总体的“尚质”。胡应麟《诗薮》说：“汉尚质，故古诗、乐府多质；然自是两汉之质，非后世之质。”“文质彬彬，周也。两汉以质胜，六朝以文胜。魏稍文，所以逊两汉也；唐稍质，所以过六朝也。”尽管诗歌史上的文质更替及优劣评价并非尽如上说，但“汉尚质”“以质胜”的断语却是正确的。与辞赋的歌颂神仙、帝都、奇珍、异产不同，《十九首》是切近现实的，虽无乐府民歌的广阔包蕴，抒发的却都是真情实感。因而，在返回自然、重质胜于重文的同时，表现出来的是一种深沉、浑厚、朴直的美。宋张戒《岁寒堂诗话》将古诗与苏、李、曹、刘等并称，谓“其情真，其味长，其气胜”，就道出了对《十九首》自然美的印象。

《十九首》除了重质，表现为结体散文的“直”而外，作为抒情文学，它的抒情途径又分为“直”“曲”二路，此即“直而不野”“婉转附物”，而同归于“切情”的目的。“直”者如《青青河畔草》、《青青陵上柏》、《今日良宵会》、《驱车上东门》、《去者日以疏》、《生年不满百》、《明月何皎皎》等，都淋漓尽致，是直接抒情之作。它们远源国风，近承乐府，但又不是“质木无文”，在“直”的同时，还表现出寓巧于拙、寓美于朴的特点，即“直而不野”。如《青青河畔草》，以“荡子行不归，空床难独守”的直言不讳表达了对传统礼教的否定，近似于“恋爱结婚曾被宣布为人的权利，并且不只是男子的权利，而且在例外的情况下，也是妇人的权利”[①]的精神，但并不乏隽永之致。因为此诗以青草起兴，远处的芊芊芳草和近处的依依杨柳都在春光之中，青草似无尽头，“荡子”亦不可见，所以，“空床难独守”之念是经春光诱发后，怅想时间流逝、暗惜青春虚度、怨极而发的。此诗“用笔浑转精融”，且“以叠字为奇，凡三换势”[②]，是直而有转，文而不野的。又如《西北有高楼》的“叙事有次第，首尾完净，思员而调响，苍古中有疏快”（孙矿语），《去者日以疏》的“其来无端，其止无尾”（陆时雍语），以及其余的“直”诗，都有情从景出、情景相生，或层层说理、层层铺垫的特色。

《十九首》的“婉转附物”就是“托物寄意”，通过“体物”来写志、抒情。如《冉冉孤生

① 恩格斯：《家庭·私有制和国家的起源》。

② 方东树：《昭昧詹言》卷二。

竹》《迢迢牵牛星》,是典型的比体诗,其余篇章亦或多或少地具有类似特色。《冉冉孤生竹》用了两套比喻,第一套自喻“孤生竹”,将丈夫比“泰山阿”,又“菟丝”自比,“女萝”比丈夫,这是古代封建社会里女子在经济上、政治地位上都要依附男子的现实而生动的反映;第二套比喻是将花比人,红颜易老,青春速逝,忧愁的思绪难以遏止,故将珍惜青春、怨新婚后久别,表达得极为形象、深刻。《迢迢牵牛星》将《淮南子》中已出现的织女形象,结合《诗经》中的《大东》加以翻新,塑造出一对相思夫妇的生动形象,又借牛女双星写人间别离,从想象出发,充满了浪漫气息,但又完全落在实地,是现实生活的反映。

又如《客从远方来》,将收到爱人所赠“一端绮”后的瞬间感情,加以拓展和形象化的表达,在双关语“著以长相思(丝)”后,又托之“以胶投漆中,谁能别离此”,加深了对“故人心尚尔”的信念,双关、比兴用得浑化无痕,“从‘永以为好’意,写出如许浓至”(李因笃语)。另外,《明月皎夜光》中的箕斗、牵牛,都是以比兴表达主题:“秋蝉、玄鸟,托兴深微,寒苦者留,就暖者去。玉衡、众星,赋也;箕斗、牵牛,比也;交无磐石之固,名同箕斗之虚矣。实用圬然,何益之有?”[①]此外,还有一些局部的比兴,对表达主题也是不可少的,是紧紧相附的。如“愿为双鸿鹄,奋翅起高飞”的“伤知已之难遇,思远引而去”(姚鼐语),“思为双飞燕,衔泥巢君屋”的“景驶年摧,牢落莫偶,所以托念佳人”(陆时雍语),“良无晨风翼,焉能凌风飞”的“信无此鸟疾翼(迅疾的翅膀),何能凌风而飞以随夫去”[②]等等,都可见“婉转附物,怊怅切情”的特点。

在《十九首》之前,汉乐府民歌中的《有所思》《上邪》等,都表达了强烈的真情。《十九首》同样是“真”,却并非“直”,其摧刚为柔而带上温丽的特点,故以直中见文区别于前者的直中见野。陆时雍《古诗镜总论》既谓“十九首深衷浅貌,短语长情”,又云“诗之妙在托……夫所谓托者,正之不足而旁行之,直之不能而曲致之……故托为一意,托为一物,托为一境以出之”,称《十九首》“谓之风余,谓之诗母”。这“托”而“曲致”即“婉转附物”之善比兴,“深衷”“长情”隐于“短语”“浅貌”之内,虽经着力却不留痕迹,不失自然美。谢榛《四溟诗话》卷四云:“诗赋各有体制。两汉赋多使难字,堆垛联绵,意思重叠,不害于大义也。诗自苏、李暨十九首,格古调高,句平意远,不尚难字,而自然过人矣。”胡应麟《诗薮》亦谓《十九首》“质而不俚,浅而能深,近而能远”,“矢口成言,绝无文饰,故浑朴直至,独擅古今”。前者认为《十九首》以“自然”确立了自己的体性,后者对其“自然”更作了阐发展衍,均堪称的论。清黄子云《野鸿诗的》更益之以“平淡”一说:“理明句顺,气敛神藏,是谓平淡。如《十九首》岂非平淡乎?苟非绚烂之极,未易到此。”对其自然美有更深入、更全面的体会,值得我们注意。

---

① 陈沆:《诗比兴笺》。

② 五臣注:《古诗十九首》。

三　整体美：篇不可句摘，句不可字求

王士祯说："《古诗十九首》如天衣无缝，不可学已。"[①]沈德潜说："汉、魏诗只是一气转旋，晋以下始有佳句。"[②]叶燮说："汉、魏之诗，如画家之落墨于太虚中，初见形象，一幅绢素，度其长短阔狭，先定规模；而远近浓淡，层次脱卸，俱未分明。""又尝谓汉、魏之诗不可论工拙，其工处乃在拙，其拙处乃见工，当以观商、周尊彝之法观之。"[③]这些诗论家的话说明一个道理：《十九首》在自然美以外，还具有浑朴的整体美。其实，早在这些清人之前的胡应麟已在《诗薮》中说过：《十九首》是"篇不可句摘，句不可字求"的。

王夫之《姜斋诗话》说过"作诗但求好句，已落下乘"，好篇应重于好句。"不可句摘""不可字求"是由"汉人尚质"决定的，较之六朝诗，《十九首》表现出不事雕琢，不以藻绘为能的浑金璞玉式的美，它以结构的完整性、连贯性和意境的浑融作为整体美的主要标识，而非着力于字、句的琢炼。

《十九首》在结构上的完整性、连贯性是凭藉诗人组织形象、运用艺术手段的技巧来造就的。如《行行重行行》，前六句追述别离，用夹叙夹议法，"胡马"二句，用直笔横插，以比兴统摄别意，点出"游子不返"。"相去"四句与前六句呼应，并承"胡马""越鸟"之意，然后又插入"思君令人老"的今日之思、今日之情。最后两句，换笔换意，绕回作收，并又与"衣带日已缓"相应。整首诗叙、议、横插、反承、宕开、绕回，加以比兴、追忆，虽复杂却又组织严密，一气流转，极其浑成。

《驱车上东门》是另一种结构。诗中前八句夹叙夹议，写死者，"浩浩阴阳移"以下十句，转写生人，纯是议论。先承上面"陈死人"的"千载永不寤"，点明人生"寿无金石固"，进而从"常人"转向"圣贤"，指出其亦"莫能度"。接着，转写服食求仙者的被药所误，最后转回来，点明主题，得出结论："不如饮美酒，被服纨与素。"全诗四转，却是一气转折，意脉相连，极其紧凑。

《去者日以疏》和《明月何皎皎》都是思归之作，主题相近，结构却很不相同。前者首二句示之以理，末二句结之以情，道破"思还"却"欲归道无因"之旨，与首二句相应，中间六句叙事，以白杨的"萧萧愁杀人"结在"愁"上，收住叙事而骤转出主题，又与"愁"一脉相连，虽抒情夹杂叙事，其间却毫无裂缝。后者却是首尾叙事，前四句写愁而出户，尾四句写愁而入户，一出一入，从两头逼紧横放在当中的主题："客行虽云乐，不如早旋归"，起到充分表现、加深、突出主题的作用。有人评曰："因'忧愁'而'不寐'，因'不寐'而'起'，既'起'而'徘徊'，因'徘徊'而'出户'，既'出户'而'彷徨'，因彷徨无告而仍'入房'，十句中层次井井，而一节紧一节，直有千回

---

①《师友传诗录》。

②《说诗晬语》。

③《原诗》卷四。

百折之势，百读不厌。”[①]说的是它结构上的环环相扣。而“后人必移此(指‘客行’二句)作结，自以为有余音者，而不知其味反短也”[②]，则指出了此种结构对于抒发感情的艺术匠心。

此外，如《今日良宵会》的先叙后议，《青青陵上柏》的先议后叙，《西北有高楼》的缘事起兴，然后抒情，《冉冉孤生竹》的托物起兴，夹以叙事而抒情，以及《迢迢牵牛星》的“先用‘迢迢’二字将牵牛推远，以下方就织女写出许多情致”[③]，《凛凛岁云暮》的插入梦境，“因梦而思念深”，“‘眄睐’寻梦”[④]，表现出“空闺思妇，曲尽其情”(李因笃语)，都很见结构上的特色。

《十九首》结构的复杂多变体现了各首诗的独创性，从自然中见苦心经营，在参差变化中求得统一，而共同者则是经过诗人的千锤百炼造就出结构的完整性、连贯性。李渔的《闲情偶寄》在论戏曲结构时说：“倘先无成局，而由顶及踵，逐段滋生，则人之一身，当有无数断续之痕，而血气为之中阻矣。”对于诗而言，也同样是适用的，结构的完整、连贯确实非常重要。

《十九首》的整体美还表现为意境浑融，没有支离破碎之感。

《明月皎夜光》是一首失意者埋怨朋友不相援引的诗。作者在秋夜仰观于天，见“众星何历历”，又俯察于地，见“白露沾野草”。时节推移引起了感叹，这感叹又与人情的变化紧密联系。富有秋天季节特征的蟋蟀、秋蝉是鸣声悲苦的象征，玄鸟却“去寒就暖”，二者对比，遂联系到自己与“同门友”的处境，从客观事物过渡到主观心情。然后又从箕、斗、牵牛诸星的徒有虚名，落到朋友的实无益处之上。全诗情从景出，景中见情，时节炎凉关乎人情冷暖，加上结构的“茫茫然若上下不相属者，其用意善藏”(陈祚明语)。故能使之从朴实无华中不见斧凿之痕，却又情景交融，极有意境。

《回车驾言迈》是一首寓理于情的诗，表现了“慨得志之无时，河清难俟，不得已而托之身后之名”(陈祚明语)的旨意，诗中虽有说理，却并非冰冷的哲理。诗人笔下的景象事物是悠悠长道、四顾茫茫、东风拂草，时间虽是春天，但并无蓬勃的生机，因为作者主观的“焉得不速老”的感情已移到百草之上了，所以：“‘四顾茫茫’，正摹写‘无故物’光景，‘无故物’正从‘东风’句逼出，盖草经春来，便是新物；彼去年者，尽为故物矣。草为东风所摇，新者日新，则故者日故，时光如此，人焉得不老？老焉得不速？”(吴淇语)可见虽为说理诗，“天地不仁，以万物为刍狗”，却是见之于形象，自然界普遍的新陈代谢引发人生速朽之感，“四顾茫茫”的人生悲哀，使之在“东风”与“百草”间着一“摇”字，春之繁荣顿成秋之隶杀，经验感觉，既是“人人心中所有”，又是“人人笔下所无”，意境极其浑融。

《涉江采芙蓉》是游子思乡之作，涉江采莲，入泽采兰，然而采芳却无人可赠，因为

---

① 张庚：《古诗十九首解》。

② 方东树：《昭昧詹言》卷二。

③ 张庚：《古诗十九首解》。

④ 方东树：《昭昧詹言》卷二。

"所思在远道"。旧乡路遥,同心者只能离居,在忧伤中终老了。读此诗时,可体会到主人公莲、兰盈掬又无人可赠的情态,通过联想,在心中形成完整的江泽之畔思人怀乡的意境。

《十九首》比之后来的诗歌,更见整体性的浑融。如隋炀帝的诗可以摘出"寒鸦千万点,流水绕孤村"的个别有意境的句子,却是全首与之不称。两者相较,人们当然对前者的"诗皆思深远而有余意,言有尽而意无穷"①更为赞赏了。当然,诚如叶燮所说,汉、魏之诗"远近浓淡,层次脱卸,具未分明",因而《十九首》的意境较之唐人律绝所创造的文省义见、隽永清新的意境,是显得"拙"而"朴"的,故从这点来说,也是难于以字句相求的,我们也不应被尊古意识所左右,"前修未逮,后出转精",毕竟是文学进化的规律。胡应麟《诗薮》称其"天工神力,时有独至","用意警绝,谈理玄微,有鬼神不能思,造化不能秘者",是过誉、溢美之辞了。

《十九首》是文人诗,未免有"温柔敦厚"的"诗教"影响,《诗薮》所说的"蓄神奇于温厚,寓感怆于和平",意亦近于钟嵘《诗品》"文温以丽,意悲而远"之评,皆可见"诗教"的投影,比起乐府民歌来是别具一种面目。至于其颓废思想和享乐主义对后世产生的消极影响,也是不可否认的。梁启超在《中国之美文及其历史》中说得很中肯:"他的文辞既'惊心动魄,一字千金',故所诠写的思想,也给后人以极大印象,千余年来中国文学都带悲观的气象,《十九首》的作者怕不能不负点责任哩!"由于本文并非立足于作全局的评判,这里就不另作分析了。

总之,"评定艺术的价值"应该着眼于"人们对生活意义的理解"②,"美只有一种,即宣示真实的美"(罗丹语)。据此而看待《十九首》,其真情美自有值得肯定之处,其自然美、整体美也有独到的价值。

(原载《洛阳大学学报》1998 年 9 月第 13 卷第 3 期)

豪健浑朴　雄伟瑰丽
——高适、岑参边塞诗艺术摭谈

盛唐是唐诗的顶峰时期,蓬勃进取精神与浪漫主义风格的谐美结合,诚为盛唐诗歌的主流。其中,以高适、岑参为代表的表现边塞风光、战争生活的边塞诗派,和以王维、孟浩然等人为代表的山水田园诗派,可谓双峰对峙、二水分流。前者飞动壮美,后者宁静恬淡,分别代表了"盛唐之音"的不同美学范畴和艺术风格。以下专门谈谈高、岑的边塞诗。

① 《苕溪渔隐丛话》卷一,引吕本中《吕氏童蒙训》。
② 托尔斯泰:《艺术论》。

边塞诗虽极盛于盛唐，但在初唐时已闻先声。门阀制度的破除，给广大地主阶级知识分子昭示了新的道路。唐太宗对突厥、吐蕃、高丽、回纥的征讨招安，使唐朝成为当时最强大的封建帝国，在摈除外患、为国立功的英雄主义精神充斥社会的同时，文人们多向往建立边功、以登仕途的道路。研兵习武，侧身戎幕成为一时风尚。“宁为百夫长，胜作一书生”（杨炯《从军行》）；“投笔怀班业，临戎想顾勋”（骆宾王《宿温城望军营》），如果说在初唐还只是一种向往，那么到了盛唐则成为真实的行动了。高适和岑参都曾三度出塞，真实的生活体验和实践，使他们笔下的边塞风光和军旅生活更为生动、鲜明，富有强烈的艺术感染力。

高适早年到过蓟北，北方边地游侠少年的尚武精神，使他耳目一新，他在《营州歌》中写道：“营州少年厌原野，皮裘蒙茸猎城下。虏酒千钟不醉人，胡儿十岁能骑马。”在明快的诗句中表现出对纵骑射猎、豪饮雄迈生活的赞美。高适的蓟北之行，非仅写了民俗，还就所见所闻，展现了边塞生活的广阔画面。“边城十一月，雨雪乱霏霏，元戎号令严，人马亦轻肥，羌胡无尽日，征战几时归？”（《蓟门五首》之一）秋风苦雨之时出塞征奚，士卒离家开赴战场，自然会有“征战几时归”之虑，而主帅威严，人马勇壮，面对边患又何惧之有？短短六句，既渲染了出征的气氛，又流露出平息烽烟、返归故园的信心。“幽州多骑射，结发重横行，一朝事将军，出入有声名，纷纷猎秋草，相向角弓鸣。”（之二）边境地区的幽州人民，在长期的民族对峙、征战中形成的勇武精神，在豪情洋溢的诗句中充满动感，情态毕现。然而，“一朝事将军，出入有声名”，并非人人都能交上的好运。幽州少年的角弓引发了他飞动的豪情，而蓟门老兵的白发却牵动了他的深深感喟：“蓟门逢古老，独立思氛氲，一身既零丁，头鬓白纷纷，勋庸今已矣，不识霍将军。”（之三）高适目睹士兵们英勇杀敌的情景，深深为之感动，但是，一面是“胡骑虽凭陵，汉兵不顾身”（之四），另一面却是“戍卒厌糟糠，降胡饱衣食”（之五），胜者与降者的生活竟是如此不同，难怪他要“关亭试一望，吾欲涕沾臆”（之五）了。正因为高适以现实主义的目光关注着边塞生活，所以对民族战争并非一味狂热歌颂，尤其当他失意而回，“谁怜不得意，长剑独归来”（《自蓟北归》）后，经过生活的积淀，他写成了被称为边塞诗“压卷之作”的《燕歌行》。

《燕歌行》对照幽州节度使张守珪的用兵不慎、贪图宴乐和士兵的浴血苦战、奋不顾身，既写了军中的苦乐不平和士卒为国牺牲的精神，又写了征人思妇的别离之苦，在广阔的背景中“感征戍之事”，具有强烈的现实主义精神和深刻的人民性。作品以高度的概括写出了“战士军前半死生，美人帐下犹歌舞”，“少妇城南欲断肠，征人蓟北空回首”，和“相看白刃血纷纷，死节从来岂顾勋”的典型场面。辞家奉命出征，继而转战边地绝域，既感慨边将不得其人，又描述了征戍之苦。与其内容包孕之广相应，《燕歌行》采取了“双管齐下”的结构形式，主线见之于出师转战，副线见之于征夫思妇，表现副线之时主线潜藏，然后继续延伸发展。主副线的交叉形成壮烈与悲咽的结合，且在最后叙事、议论之相融合中，步入既有现实广度又有历史深度的高潮。《燕歌行》充分发挥了歌行体的特点，阖辟纵横，变化超忽，似凄风急雨、流云走月。其筋脉联络，环环相扣,排宕激昂,一气舒卷。叙事抒情,每每相间,在时间和空间的转换中,形成场景的大幅度调动,时间上泛写与特写结合,在时虚时实之中,显得挥洒自如,空间上亦时而内地,时而边塞,时而战场,时而后方,伏应转接,多方变化。此诗虽是沿用乐府旧题,但处处与"燕"字有关,难以移易,全诗凡七换韵,四句一转,在对偶之中一气连贯,纵横变幻,形成既豪健浑朴又淋漓悲壮的艺术风格。

岑参是与高适齐名的边塞诗人。他的边塞诗多成于天宝十三载,他第二次出塞后,"酬知己"之心驱动他的创作,北国风俗、异域情调陶冶了他的性情,尤其是大漠、急风、苦寒、酷热、天山、雪海,使他震撼感奋,诗境开阔,在浪漫主义的夸饰中,表达了雄奇壮美的西北风光;而艰苦激烈的战争生活,又使他以现实主义的笔触写出了战争的悲壮和军中的不平。

《白雪歌送武判官归京》是岑参的代表作之一。风花雪月,在诗史上屡见不鲜,六朝的咏雪诗更是继作不穷,而岑参此作,不仅越出了楼阁亭院,而且远逾江淮河汉,展现了一幅前所未见的边地风雪图。诗中一开始就抓住塞外风猛雪早的特点——朔风劲疾般地写出了动态的雪景,浓笔重彩地多方渲染出严寒的气氛和威力。陡健的气势、雄浑的笔触写出了奇伟阔大的美,既悲壮又瑰丽,创造了前所未见的美学境界。而歌行体的形式,在岑参手中用得熟练自如,极见功力,画面随韵脚转换,跳跃动宕,波澜起伏,与自然界的外观几趋一致。

《走马川行奉送封大夫出师西征》是岑参又一代表作,诗中先写风沙的险恶,再写敌人犯境,主帅出兵,顶风冒雪出征,最后写料想告捷。在风雪沙石伴随着敌兵入侵的氛围中,写出了形象可感的苦寒,紧张急促的节奏与战前行军配合,表现得天衣无缝。全诗句句用韵,又三句一转,与寻常的隔句押或双数句押韵不同,且韵脚平仄相间,在节奏急促之中略见舒缓,在以"奇"破"常"的同时,显得刚柔相济。

在岑参笔下,非仅有朔风、苦寒,还有中原不见的热海、火山。"海上众鸟不敢飞,中有鲤鱼长且肥",凌空而飞的鸟畏热而不敢飞,入水而游的鲤鱼却在热海中长得很肥硕,矛盾的情景在夸张中被可信地统一在一起。"蒸沙烁石燃虏云,沸浪炎波煎汉月",奇异的想象构成了壮丽的画面,是前所未见的创造。"火云满山凝未开,飞鸟千里不敢来",烈火烟云连飞鸟都感到恐惧,因为会带来危险和死亡,但无情的火云却又充满感情,"迢迢征路火山东,山上孤云随马去"。幻想的色彩赋予诗歌以新的意境创造。

不仅是描写塞外风光的诗篇富于浪漫主义精神,以夸张、幻想造就雄奇瑰丽的风格,即使是前人涉笔较多的描写征战之作,在岑参笔下也呈现了少见的壮阔画面:"四边伐鼓雪海涌,三军大呼阴山动。虏塞兵气连云屯,战场白骨缠草根。剑河风急雪片阔,沙口石冻马蹄脱。"(《轮台歌行奉送封大夫出师西征》)他在《献封大夫破播仙凯歌》中写道"丈夫鹊印摇边月,大将龙旗掣海云","洗兵鱼海云迎阵,秣马龙堆月照营",诗句中充满雄放动宕之气。

岑参除了上述两类作品外,在他的边塞诗中还揭露了边将的荒唐豪奢,这些诗最善于以鲜明的色彩描写来传递感官印象,造成似扬实抑的效果,在《玉门关盖将军歌》

中,红地炉、花氍毹、玉壶、金铛、紫绂、罗襦……这暖屋绣帘中的富丽陈设,该与冰天雪地的士兵生活形成多么强烈的对比!这就难怪作者以鄙夷的口气,直呼盖庭伦为“咸阳旧酒徒”了。

唐人殷璠说:“参诗语奇体峻,意亦造奇。”(《河岳英灵集》)可谓确切指出了岑参诗创意奇伟、造语奇特、诗体峻拔的特点。辛文房《唐才子传》评岑诗的“属辞清尚,用心良苦。诗调尤高,唐兴罕见此作”亦为公允之说。

高适与岑参都是边塞诗主将,都善作七古、歌行,虽有“高浑岑丽”(见胡应麟《诗薮》)和“岑超高实”(刘熙载《艺概》)之别,但无论是高适的豪健浑朴以“实”见长,还是岑参的雄伟瑰丽以“超”见长,都可谓典型的盛唐之音,表现出足够的时代力度和强烈的时代精神。不仅不同于汉乐府中对战争的怨悱诅咒,亦不同于南宋辛弃疾、陆游的感慨和悲凉,即与中唐边塞诗相较,亦有明显的区别。

安史之乱不仅造成政治衰败、财政匮乏,人口骤减,而且军事实力大大削弱,河北、山东已成藩镇割据局面,其余地区的节度使或将领叛变时有发生。安史之乱期间,唐政府征调河西、陇右的军队以拒叛军,形成边防空虚,陇右以至长安常处于吐蕃威胁之下,剑南西川亦常被吐蕃、南诏侵扰,以后虽然边备加强,修好回纥、南诏,能反击吐蕃,但国力已大不如前,因而中唐边塞诗的气魄和情调已非高岑可比。

中唐边塞诗的代表作家是李益,他曾从军十年,《唐才子传》称之为“高适、岑参之流”。但中唐衰落的国势给他的作品投上时代的阴影,已无盛唐的雄放、明丽、轻快,意气的奋发、功业的追求变为久戍思归、怨望感伤,“故多抑扬激厉悲离之作”(《唐才子传》)。此亦盛唐和中唐边塞诗不同之所在!

(原载上海广播电视《文科月刊》1984 年第 9 期)

李白二题

一　太白诗以《庄》《骚》为大源

唐朝结束了几百年的内战和分裂,建立了统一的大帝国。均田制的推行,使农业生产得到恢复和发展,阶级关系缓和,社会安定。赖九品中正制得以享受特权的门阀世胄受到冲击,制科考试和建立边功,为人才得到擢拔创造了条件。不仅使多年的南北分裂得以弥合,使南北学术全面融汇,而且随着开疆拓土,再度辟通丝绸之路,使东西文化也形成广为交流的局面。汉朝定儒学为一尊,魏晋玄风炽盛,齐梁佛教大行,唐朝则施行兼容并包的方针,使儒、道、佛思想并行发展。士人们思想解放,蔑视礼法、使气任侠、悦惮好道、纵酒狎妓,非但不遭谴责,甚至竟成时尚。

李白生活在最繁盛的“开天之世”。自然感受着时代的脉搏，唱出了时代精神的音符。由于他的独特的经历和思想，更使他的诗歌成为浪漫主义的盛唐之音的代表。

李白出生在中亚的碎叶城（今苏联吉尔吉斯北部的托尔马克附近），那是一个商胡杂居之地。后随父迁四川绵州彰明县，过着读书学剑的生活。他“五岁诵六甲，十岁观百家”（《上安州裴长史书》），“十五观奇书，作赋凌相如”（《赠张相镐》其二），而且“托身白刃里，杀人红尘中”（《赠从兄襄阳少府皓》），所行兼备文武之资，融合胡汉风俗。二十岁以后，他开始游览蜀中，散花楼赋诗，峨眉山听琴，戴天山访道。二十六岁“仗剑去国，辞亲远游”，下荆门、泛洞庭、历襄阳，涉溟海、游扬州，又返回湖北，“酒隐安陆，蹉跎十年”。他北游太行、山西，东行齐鲁，隐居徂徕，南下苏、皖，到浙江会稽后，又与道士吴筠共居剡中。由于吴筠推荐，唐玄宗下诏征至长安，李白不愿成为御用文人，对帝王权臣极为蔑视，自感帝都不可留，上书请还，玄宗做了顺水人情，“赐金还山”。离京后，李白在洛阳遇杜甫，携手同游，二人分手后，李白又开始了漫游生活，虽云“一朝去京国，十载客梁园”（《书情赠蔡舍人雄》），但实际上行踪更广。他北行赵、魏、燕、晋，西去秦地，东至齐鲁，后又南下江、浙，直到安史之乱爆发，入永王李璘幕府之前，他仍与魏万同游广陵，与崔宗之共游金陵，又先后移居宣城、剡中和庐山。

读书学剑、兼涉文武的过人资质，挥金如土、广为结交的豪爽性格，“遍干诸侯，历抵卿相”的非凡经历，必然造就李白诗歌浪漫主义的基础，周览名山大川，更得江山之助。但是，时代、性格、阅历，还不能成为主因，李白诗歌的浪漫主义有更主要的成因。

李白早年读书甚杂，“诵六甲”“观百家”“观奇书”，思想极为驳杂。青年时代“抚剑夜吟啸，雄心日千里”（《赠张相镐》其二），开始步入社会后，“性倜傥，好纵横术”（刘全白《唐故翰林学士李君碣记》），兼具游侠与纵横家的气质。他的理想是“申管晏之谈，谋帝王之术，奋其智能，愿为辅弼，使寰区大定，海县清一”（《代寿山答孟少府移文》），可见其以策士自许。但是，他曾请北海高天师授道箓，更是终生嗜酒，又使他的行径带上道士和酒徒的色彩。然而，造就李白诗歌浪漫主义基础的，最主要的就是道家思想和屈骚传统。诚如清人刘熙载所说：“太白早好纵横，晚学黄、老，故诗意每托之以自娱”，但其主流毕竟是“太白诗以《庄》《骚》为大源”（《艺概》卷二）。

诚然，李白一生关怀国事，极思有为。如《古风》五十九首的揭露政治黑暗，反映贤士失路的悲愤，《行路难》的追求理想、抒泄苦闷等，都是明证。直到晚年流放归来之时，还因安史之乱未平，而“中夜四五叹，常为大国忧”（《经乱离后，天恩流夜郎，忆旧游书怀，赠江夏韦太守良宰》）。因此，吴融称其“气骨高举，不失《颂》咏、《风》刺之道”（《禅月集序》），杨慎更赞其“曜《风》《雅》之绝麟”（《四川总志序》）。但是，李白在政治上并不能有为，历代评论家也鲜有以政治诗人看待李白的。他虽欲建功立业，却“不屈己，不干人”，高吟“安能摧眉折腰事权贵，使我不得开心颜”（《梦游天姥吟留别》），在蔑视权贵的同时，自诩“我本楚狂人，凤歌笑孔丘”（《庐山谣寄卢侍御虚舟》），鄙薄“鲁叟谈五经，白发死章句”（《嘲鲁儒》）。这种“戏万乘若僚友，视俦列如草芥”的人生态度，和“松柏本孤直，难为桃李颜”（《古风》第十二）的独立人格，显然都渊源于庄子。

庄子却楚王之聘，李白供奉翰林，对“仕”的态度似有不同。但李白对权臣大吏和蹴斗鸡之徒的轻蔑，从“一醉累月轻王侯”，到“东山白首还归去”（《忆旧游寄谯郡元参军》），与庄子的“我宁游戏污渎之中自快，无为有国者所羁；终身不仕，以快吾志”（《史记·老庄申韩列传》）并无本质区别。庄子将贪婪苛酷的统治者拟为大盗，李白更无情地揭露权贵的荒淫横暴，同样将宦官斥为大盗（《古风》第二十四）。

庄子追求适己任性，崇尚理想人格，要获得身心的绝对自由，将“无待而游于无穷”作为最高境界。李白不仅自比大鹏：“大鹏一日同风起，抟摇直上九万里”（《上李邕》），而且“追求无限的超越，追求最不平凡的存在，追求生命的永恒”（刘大杰《中国文学发展史》第十四章）。他自己也说“每思欲遐登蓬莱，极目四海，手弄白日，顶摩青穹”（《暮春江夏送张祖监丞之东都序》），他的放情山水、访道寻仙、纵酒高歌，都体现了这种追求。

屈原竭忠尽智，以辅楚国，在《离骚》中痛斥“党人之偷乐”，李白也极端憎恶邀功恃宠、荒政败国的权贵佞臣，他的“阊阖九门不可通，以额叩关阍者怒”（《梁甫吟》，可显见《离骚》中求索者形象的影响。

但是，屈原、《离骚》更多地是以楚文化的浪漫精神和瑰丽想象影响了李白。“俱怀逸兴壮思飞，欲上青天览明月”，这种精神贯注于李白的作品中。五岳寻仙、梦游天姥、驾鸿升天，种种“想落天外”之举，都带有屈骚的色彩。他的《蜀道难》《远别离》等，被评为“奇之又奇”（殷璠《河岳英灵集》），“变幻错综，窈冥昏默”（胡应麟《诗薮》），“笔阵纵横，如虬飞蠖动，起雷霆于指顾之间”（沈德潜《唐诗别裁集》），他的游仙、飞升，熔神话、传说、幻想于一炉，岂非屈原“诡异之辞”“谲怪之谈”（刘勰语）的影响？

龚自珍说：“庄、屈实二，不可以并，并之以为心，自白始。儒、仙、侠实三，不可以合，合之以为气，又自白始也。”（《最录李白集》）李白诗不但将儒、仙、侠“合之以为气”，更将庄、屈“并之以为心”。李白诗歌浪漫主义的源流在于庄、屈，其浪漫主义的核心同样在于庄、屈。

二 太白诗法如李广

宋人严羽的《沧浪诗话》针对宋代极为流行的抑李扬杜之论，曾有很公道的说法：“李、杜二公，正不当优劣。太白有一二妙处，子美不能道；子美有一二妙处，太白不能作。子美不能为太白之飘逸，太白不能为子美之沉郁。太白《梦游天姥吟》、《远别离》等，子美不能道；子美《北征》、《兵车行》、《垂老别》等，太白不能作。”他又说：“少陵诗法如孙、吴，太白诗法如李广。”

“太白诗法如李广”，道出了李白诗在艺术营构上的一个特征，用胡应麟《诗薮》的话来说，就是“青莲兴会标举，非学可至”。“兴会标举”同样来自庄子精神。李白虽能并庄、屈以为心，合儒、仙、侠以为气，但并不能调和“名教”和“自然”，他一生所崇尚与追求的是自然。

李白论诗，似与陈子昂一脉相承。陈子昂认为“汉魏风骨，晋宋莫传”，齐梁诗“采丽竞繁，而兴寄都绝”，李白也推崇汉魏，认为“自从建安来，绮丽不足珍”。但他的着眼点并不在于像陈子昂那样以“风骨”“兴寄”为标准，力图使诗歌回到现实主义道路，而是更多地注目于形式，他说：“梁、陈以来，艳薄斯极，沈休文又尚以声律，将复古道，非我而谁与？”（孟棨《本事诗》）他举起了以复古为革新的旗帜。鄙薄声律，恢复古道，其实就是追求自然，以“清水出芙蓉，天然去雕饰”为标准。

李白崇尚个性解放，追求自然，根源于庄子的思想。从感情上讲，“自然”就是“真”，在全生、保身基础上不是人为物役，心为形役，以礼节情，以理制欲，而是挥斥、抒发、适意、满足。在形式上，则是浑然天成，一片天籁，单纯、明净、自由、优美。正由于崇尚自然，李白的诗就做到了“才气豪迈，全以神运，自不屑束缚于格律对偶，与雕绘者争长”（赵翼《瓯北诗话》）。

所谓“诗法如李广”，就是摆脱束缚，不求法度。《史记·李将军列传》云：“广行无部伍行阵，就善水草屯，舍止，人人自便，不击刁斗以自卫”，因而李白的“诗法”就是“对旧社会规范和美学标准的冲决和突破，其艺术特征是内容溢出形式，不受形式的任何束缚拘限，是一种还没有确定形式、无可仿效的天才抒发”，表现为“痛快淋漓，天才极致，似乎没有任何拘束，似乎毫无规范可循，一切都是冲口而出，随意创造，却都是这样的美妙奇异、层出不穷和不可思议。这是不可预计的情感抒发，不可模仿的节奏音调……”（李泽厚《美的历程·盛唐之音》）。

元稹扬杜抑李，他认为李白的“壮浪纵恣，摆去拘束，模写物象，及乐府歌词，诚亦差肩于子美”，但“至若铺陈始终，排比声韵”，“属对律切而脱弃凡近”，则李远不如杜（见《唐故工部员外郎杜君墓系铭》）。前者正是李之所长，以“意”胜，后者则是杜之所长，以“法”胜。

在唐诗各体之中，最能体现李白“安得郢中质，一挥成风斤”（《古风》三十五）的审美理想的，最能供他自由抒发的，当在古诗、乐府、绝句，而不是律诗。

试读他的五古和七古：《春思》：“燕草如碧丝，秦桑低绿枝。当君怀归日，是妾断肠时。春风不相识，何事入罗帏？”《金陵酒肆留别》：“风吹柳花满店香，吴姬压酒劝客尝。金陵子弟来相送，欲行不行各尽觞。请君试问东流水，别意与之谁短长？”乐府《子夜歌》：“镜湖三百里，菡萏发荷花。五月西施采，人看隘若耶。回舟不待月，归去越王家。”“长安一片月，万户捣衣声。秋风吹不尽，总是玉关情。何日平胡虏，良人罢远征？”都确是风行水上，自然成文。

他的名篇如《蜀道难》《梦游天姥吟留别》《行路难》《将进酒》《远别离》等，虽是变幻超忽、阖辟纵横、起伏跳脱，但并非苦心营构，而是天机自动，妙造自然。

李白现存诗约一千首，律诗不足十分之一，尤其是最讲究“排比声韵”“属对律切”的七律仅有十二首，而乐府歌行远过于律诗。这是由于乐府歌行最适宜于他的神工自运，极尽其能。王世贞说："太白以气为主，以自然为宗，以俊逸高畅为贵"，故"笔力变化，极于歌行"(《艺苑卮言》)，是很有识力的。

李白长于绝句。五绝如《劳劳亭》："天下伤心处，劳劳送客亭。春风知别苦，不遣柳条青。"自然，和谐，而又精炼、隽永。他更擅七绝，《黄鹤楼送孟浩然之广陵》："故人西辞黄鹤楼，烟花三月下扬州。孤帆远影碧空尽，惟见长江天际流。"《早发白帝城》："朝辞白帝彩云间，千里江陵一日还。两岸猿声啼不住，轻舟已过万重山。"《赠汪伦》："李白乘舟将欲行，忽闻岸上踏歌声。桃花潭水深千尺，不及汪伦送我情。"《峨眉山月歌》："峨眉山月半轮秋，影入平羌江水流。夜发清溪向三峡，思君不见下渝州。"这些作品千余年来一直脍炙人口。

七言绝句格律或宽或严，源于歌谣，有回旋动荡之美，往往不是刻意经营而纯乎天籁。李白喜爱民间歌谣，而又天才俊发，"敏捷诗千首"，故最善为七绝。他的七绝如天马行空，又如源泉自涌，却又出之平淡："只眼前景，口头语，而有弦外音，使人神远。"(沈德潜《唐诗别裁集》)即如感慨历史兴亡和注目现实中重大题材者，写来也是语近情遥，含吐适度。前者如《越中览古》："越王勾践破吴归，战士还家尽锦衣。宫女如花满春殿，只今惟有鹧鸪飞。"后者如《永王东巡歌》其二："三川北虏乱如麻，四海南奔似永嘉。但用东山谢安石，为君谈笑静胡沙。"他之与王昌龄并称"七绝圣手"实非偶然。

李白曾说："屈平词赋悬日月，楚王台榭空山丘。"(《江上吟》)他虽然经历偃蹇坎坷，身后仅"荒垄穷泉骨"，但他的诗歌也如日月高悬，永远不朽！

（原载《中文自学指导》1988 年第 5 期）

何谓杜诗之"实"

杜甫生前，诗作并未为人所重。天宝初所选的《国秀集》，以及其后殷璠所选的《河岳英灵集》，都不见杜甫只字，这就难怪杜甫在《南征》一诗中自慨"百年歌自苦，未见有知音"了。中唐以后，白居易重申"六义"，阐明诗歌"补察时政""泄导人情"的作用，极其称道杜甫诗，尤其是他的同道元稹，更倡"诗人以来，未有如子美者"①。此后，杜甫日渐赢得了"首席"诗人的称号。尽管韩愈、李商隐等人并称李杜，但一俟入宋，杜甫的地位就显然超过李白。"李杜优劣"虽是诗史上长期聚讼纷纭的大问题，然而可以说，天平重心是倾向于杜甫这一边的。至若王维，虽被某些人尊为"诗佛"，欲一争与李杜并肩的地位，但除唐代大历年间和清初王士祯主盟诗坛之时，实在无法得到鼎之一足

①《唐故工部员外郎杜君墓系铭并序》。

的时誉。

王安石称誉杜甫“光掩前人而后来无继也”(见《杜诗镜铨》附录之评论),叶适在《对读文选杜诗成四绝句》诗中,更谓“一从屈原《离骚》赋,便至杜甫短长吟”。从宋朝直到清末,除王士祯、龚自珍等少数诗人以外,杜甫一直被奉为诗坛典范。“杜诗为高、大、深俱不可及。吐弃到人所不能吐弃,为高;涵茹到人所不能涵茹,为大;曲折到人所不能曲折,为深。”①真是地负海涵,无所不包。因此,“诗圣”杜甫如与“诗仙”李白相较,正如钱锺书先生在《中国诗与中国画》一文中所说:“此处李、杜齐称就好比儒家并提‘孔、孟’,一个‘至圣’一个‘亚圣’,还是以杜甫为主的。”

杜甫被尊为诗中周、孔,杜甫的诗风被认为是标准、正宗,这种诗风的基本特点是什么呢? 钱锺书先生在上文中,把它概括为一个“实”字。

何谓杜诗之“实 " 呢?笔者以为,这是指风格言,但又不仅属风格范畴,约之当有三端。

一　善陈时事、千汇万状的写实精神

孟棨《本事诗·高逸第三》说:“杜逢禄山之难,流离陇蜀,毕陈于诗,推见至隐,殆无遗事,故当时号为诗史。”其实,非但是流离陇蜀之时,凡他所经历的玄、肃、代宗三朝,从重大社会事件之巨,到里巷民情之微,都入于他挟带情韵而行的诗篇,非仅“《述怀》《北征》诸篇,穷极笔力,如太史公纪传”②,而且“在山林则山林,在廊庙则廊庙,遇巧则巧,遇拙则拙,遇奇则奇,遇俗则俗,或放或收,或新或旧,一切物,一切事,一切意,无非诗者”③。以这种“善陈时事”,“至千言不少衰”的写实精神来创作,杜甫留下了“浑涵汪芒,千汇万状,兼古今而有之”④的大量现实主义诗篇。这些被称为“诗史”的现实主义篇章,堪补史笔之不足:“代宗朝诗,有与国史不相似者。史不言河北多事,子美日日忧之;史不言朝廷轻儒,诗中每每见之。可见史家只载得一时事迹,诗家直显出一时气运。”⑤

因为杜甫怀着关心时世、窃比稷契的志向,始终以已饥已溺之心来推己及人,所以面对国变频仍、海宇昏昧的局面,他不像李白那样使气纵酒,不像王维那样遁入山林,而是上悯国乱,下痛民穷,苍生之忧、社稷之难始终系之于心,因而,“凡出处去就,动息劳佚,悲欢忧乐,忠愤感激,好贤恶恶,一见于诗,读之可知其世”⑥。在反映现实的同时,充满极为真实可感的激情。这种激情自然大别于王维俱入禅理、空灵远寂的山林隐逸之作,亦与李白高谈用兵、纵言游侠的俊发豪放、华逸脱实相异。他在作品中流

① 刘熙载:《艺概》卷二。
② 叶梦得:《石林诗话》。
③ 张戒:《岁寒堂诗话》。
④ 宋祁:《新唐书·杜甫传赞》。
⑤ 浦起龙:《读杜心解》卷首《读杜提纲》。
⑥ 胡宗愈:《成都新刻草堂先生诗碑序》。

露的感情是实实在在的，如《丽人行》《兵车行》已预感到天下将乱而充满隐忧，《前出塞》隐含着对当局黩武穷兵的谴责，《自京赴奉先县咏怀五百字》在揭露阶级对立、贫富悬殊的同时，充满对人民的同情，《哀江头》《哀王孙》显为亡国之痛，而“三吏”“三别”则为黎民戍役之悲，在长达七百字的《北征》和后来的《洗兵马》中，表现的是对复国太平的热望……杜甫在叙事中言情，往往情、事难分，酝酿交融；或愈拶愈紧，愈转愈深，或淋漓尽致，一气奔迸，在他的现实主义诗篇中洋溢着的都是真情实感。因此，善陈时事、千汇万状的写实精神遂在作品中表现为“绪密而思深”（王安石语）的特点。

这种由写实精神形成的“他人不足，甫乃厌余”[①]的绪密思深特点，无论入于古体、近体，或是一空依傍、随意立题的乐府，都成为一种沾丐后人的典范。即以近体言，七律之兴本于初唐应制。在沈、宋之时已臻完妙，陈子昂、李白意在汉魏风骨，以七律为壮夫不为，王维、岑参等人则将这种高堂华屋之体推之于边塞广漠和华渭山川，造就了高亢英爽而兼擅情韵之风。杜甫在七律的园苑中辟径自行，将君国之忧、沉论之感、古今之慨，打并入锦江天地、夔府巫峡，巨至高山大川，微至花鸟虫鱼，成就了巨刃摩天、金鸡擘海，飞沉起伏、雄浑磅礴，合精深华妙与朴郁苍凉于一体的杰出篇章。正是“杜公七律，含天地之元气，包古今之正变，不可以律缚，亦不可以盛唐限者”[②]，当然成了万代不祧之祖。同样，杜甫的五律也为后人所称道。但历代论家颇有以杜甫之“实”衡诗，而责其绝句为外道，甚至有“五七言俱无所解者少陵”[③]之说。因此，在以含蓄绵邈为正宗的绝句中，杜甫的绝句诗被认为是断锦裂缯，情韵不逮。即便如此，还是有人为之辩解：“杜老七绝，欲与诸家分道扬镳，故尔别开异径。独其情怀，最得诗人雅趣。”[④]因而可以说：在历代诗人和诗论家心目中，杜甫诗以其写实精神成为诗坛楷模，杜甫诗风亦是标准的诗风。

二　意辞相济、华实相兼的写实手法

唐初之世，“诗人承陈隋风流，浮靡相矜”[⑤]，经“初唐四杰”起而振之后，陈子昂在《与东方左史虬修竹篇序》中倡导“风骨”和“兴寄”揭起了复古求革新的旗帜。

李白也是汉魏风骨的企慕者，他曾说“自从建安来，绮丽不足珍”，“文质相炳焕，众星罗秋旻”[⑥]，他鄙薄“一曲斐然子，雕虫丧天真”，欲“安得郢中质，一挥成斧斤”[⑦]，他摒弃齐梁的浮艳，倡导“清水出芙蓉，天然去雕饰”[⑧]。“太白宗风雅，薄声律”[⑨]，他尽管

① 宋祁：《新唐书·杜甫传》。
② 姚鼐：《五七言今体诗钞序目》。
③ 胡应麟：《诗薮》。
④ 李重华：《贞一斋诗说》。
⑤《新唐书》卷二〇一。
⑥《古风》其一。
⑦《古风》其三十五。
⑧《经乱离后，天恩流夜郎，忆旧游书赠江夏韦太守良宰》。
⑨ 胡震亨：《李诗通》。

有“清新庾开府,俊逸鲍参军”[1]的一面,但更以作品风骨胜,这点尤体现在“意”上,“壮浪纵恣,摆去拘束”[2]可谓以“意”见长的准确评语,而“落想天外,局自变生,大江无风,涛浪自涌,白云舒卷,从风变灭”[3]则是极好的比喻形容。尤其是“连类引义,尤多讽兴”[4]的乐府诗更具价值。

杜甫与陈、李不同,他对文学遗产取积极继承的态度,他说:“骚人嗟不见,汉道盛于斯。前辈飞腾入,余波绮丽为。后贤兼旧制,历代各清规。”[5]对于前代,他力亲风雅,窃攀屈宋,推尊汉魏,不废齐梁,熟知二谢,颇学阴何,别裁伪体,转益多师。对于当代,他于李白、高适、岑参、王维、孟浩然、元结、孟云卿都有赞誉和取法之处,因而达到了“大而化”的程度:“上薄风骚,下该沈、宋,言傍苏、李,气吞曹、刘,掩颜、谢之孤高,杂徐、庾之流丽,尽得古今之体势,而兼人人之所独专矣。”[6]

因为杜甫“不薄今人爱古人”[7],而又能推陈出新,所以,他的诗以“法”胜,而不同于李白的以“意”胜,正是:“少陵诗法如孙、吴,李白诗法如李广,少陵如节制之师。”[8]这种如孙、吴引兵布阵的谨严诗法,可简言为意辞相济、华实相兼一语。

李白常以刺世讽喻之诗见“风骨”,但他或用《古风》为题,或沿用乐府旧题,虽骋才而达意,但并未脱六朝曹、刘、沈、鲍之习。杜甫则不然,他发扬了汉乐府“缘事而发”的精神,空诸依傍,以即事名篇的方式创造了乐府新题。这种即事名篇的创造,使形式和内容得以高度统一,使诗意落在实处,所以郑燮曾深有感慨地说:“作诗非难,命题为难。题高则诗高,题矮则诗矮,不可不慎也。少陵诗高绝千古,自不必言,即其命题,已早据百尺楼上矣。”[9]此外,杜甫还视内容的宽狭,主题的大小,感情的轻重来选择诗体诗题。因而,既无辞不逮意之篇,亦无辞过于理之作。尤其在渲染环境以表情达意之时,常不以己意之好恶褒贬掩盖了文辞,而是以辞见意,化意为辞,写之愈详,真情愈透。非止此,杜甫诗还能于长篇见其纵,于短篇见其收,慷慨淋漓与含蓄隽永并存,真正做到了意辞相济。

然而,“感人心者,莫先乎情,莫始乎言,莫切乎声,莫深乎义。诗者:根情,苗言,华声,实义”[10]。对诗歌之华的声律是不可忽视的,因之,杜甫诗在写实精神的主导下,又注重声律和诗义的华实相兼。杜甫对拘限声病,丧于雅正的诗风不满,但对好古遗近,去文尚质的习尚亦不敢苟同。他师法古近,博采众长,正是:“千古看齐梁诗,莫如杜老。晓得他好处,又晓得他短处。他人都是望影架子话。”[11]他倡之以“思飘云物外,律

---

① 杜甫:《春日忆李白》。
②《唐故工部员外郎杜君墓系铭并序》。
③ 沈德潜:《说诗晬语》。
④ 胡震亨:《李诗通》。
⑤《偶题》。
⑥《唐故工部员外郎杜君墓系铭并序》。
⑦《戏为六绝句》。
⑧《沧浪诗话》。
⑨《范县署中寄舍弟墨第五书》,《郑板桥集》。
⑩ 白居易:《与元九书》。
⑪ 冯班:《钝吟杂录》卷四。

中鬼神惊”[①],追求“晚节渐于诗律细”[②]将纵送激射之意纳于疾徐缓急之声,使严正的主题,深厚的感情,磅礴的气势,精工的语汇,华妙的声音和森严的格律熔铸一炉,成为浑化无痕,臻于神妙的整体。

“不知用意则浅近,不知用法则板俗”[③]。杜甫以其意辞相济、华实相兼之法成为后世师表,决非偶然。胡应麟《诗薮》曾颇有深见地论道:

> 李、杜两家,其才本无优劣,但工部体裁明灭,有法可寻;青莲兴会标举,非学可至。又唐人特长近体,青莲缺焉,故诗流习杜者众也。

李白与杜甫风格迥异可不论,即以白居易言,他虽曾为杜甫力争地位,创作亦继承了杜甫的写实精神,并创“根情,苗言,华声,实义”之说,但其诗作却被司空图讥为“力勍而气孱,乃都市豪估”[④],原因就在于实而过平,少于锤炼,无曲折跌宕之致。故苏辙云:“如白乐天诗词甚工,然拙于纪事,寸步不移,犹恐失之,此所以望老杜之藩垣而不及也。”[⑤]这就是“不知用法则板俗”之病,故难以做到意辞相济,华实相兼。

三　纵横恣肆、沉郁顿挫的写实风格

“沉郁顿挫,随时敏捷”,这是杜甫在《进雕赋表》中的“夫子自道”,而“沉郁顿挫”四字正是历来公认的杜诗风格。

什么是“沉郁顿挫”呢?“沉则不浮,郁则不薄。顾沉郁未易强求,不根柢于风骚,乌能沉郁?”[⑥]“沉郁”是深沉郁积,厚重不薄,“顿挫”是抑扬曲折,富于变化。只有“根柢于风骚”,对朝政有讽谏,对时弊有针砭,无论穷通否泰,都不易其忧国忧民之衷,正由于此,胸中才有忠愤,诗中才有风骨,才能见其沉郁。杜甫虽能即物深致,无细不摄,但又善于取舍,收纵得宜。其为诗往往起句惊人,灵动不羁,结句潇洒横逸,有余不尽;结构既谨严又活泼,句法多变,字法多创。“至于境逢险绝,情触缤纷,纬经相纠,榛楚结塞,他人撅指告却,少陵盘礴解衣。”[⑦]缒幽凿险,履险如夷之力,更难以为人所到,这就是“顿挫”之所在。

这样,杜诗就以其浑刻的思想,浓郁的感情和波澜老成、曲折变化的结构,铿锵抑扬、摇曳生姿的语言,构成根、苗、华、实的高度统一。所以论者赞美道:

> 杜陵之诗,包括万有,空诸依傍,纵横博大,千变万化之中,却极沉郁顿挫,忠

---

①《敬赠郑谏议十韵》。
②《遣闷戏呈路十九曹长》。
③ 方东树:《昭昧詹言》。
④《与王驾评诗书》。
⑤《苕溪渔隐丛话》前集卷十三载。
⑥ 陈廷焯:《白雨斋词话》。
⑦ 王嗣奭:《〈杜诗笺选〉旧序》。

厚和平。此子美所以横绝古今，无与为敌也。[1]

除“沉郁顿挫”外，杜诗“发敛抑扬，疾徐纵横、无施不可”（王安石语）的特点又可以称之为纵横恣肆，宋人孙仅对此作了很好的形容：“其夐邈高耸，则若凿太虚而噭万籁；其驰骤怪骇，则若仗天策而骑箕尾；其首截峻整，则若俨钩陈而界云汉。枢机日月，开阖雷电，昂昂然神其谋，挺其勇，握其正，以高视天壤，趋入作者之域，所谓真粹气中人也。”（见《草堂诗笺·传序碑铭》）这种纵横恣肆的特点与沉郁顿挫相结合，就成为杜诗的写实风格，并被目为绳矩，奉为圭臬，成为诗风的典范。

中唐侍僧皎然在《诗式》中曾以“气高而不怒”，“力劲而不露”，“情多而不暗”，“才赡而不疏”和“至险而不僻，至奇而不差，至丽而自然，至苦而无迹，至近而意远，至放而不迂”的要求衡诗，以“真于情性，尚于作用，不顾词彩，而风流自然”[2]，“成篇之后，观其气貌，有似等闲，不思而得”[3]的自然天趣作为诗的最高审美标准，这些自与杜甫着力甚重的诗风不合。“但见情性，不睹文字，盖诗道之极”[4]实已逗神韵消息，亦为大历诗风所本，所以，此时之追踪王孟，以钱郎为鹄的，认杜甫为别调，可谓适不足怪。

自元白确立了杜甫的地位以来，杜甫的写实诗风为人所企求。杜甫为诗固然有“下笔如有神”，“老去诗篇浑漫与”之处，但是，因求“毫发无遗憾”，“语不惊人死不休”，在“请公放笔为直干”[5]之时，又“意匠惨淡经营中”[6]，甚至以“十日画一水，五日画一石，能事不受相促迫”[7]为尚。因而，那些缺乏杜甫胸襟抱负和艺术修养的诗人，往往以“二句三年得，一吟双泪流”[8]，“吟安一个字，拈断数茎须”[9]的苦吟精神，堕入艰深、幽涩、险僻、怪异的境地。郊寒岛瘦不必说，即以韩愈言，也仅是硬语盘空、变雄奇为排奡，而未得沉郁顿挫。

由于看到了学杜的弊病，晚唐司空图倡“韵味”来矫正。他崇尚“味外之旨”“韵外之致”“象外之象”“景外之景”[10]，并以“超以象外，得其环中”[11]，“不著一字，尽得风流”[12]为创作极诣，较之皎然又大大推进了一步。然而，司空图虽偏爱于冲淡、典雅的风格，却并不排斥豪放飘逸，元气淋漓之作，不以纵横恣肆、沉郁顿挫为非，所以亦谓：“宏肆于老杜，极矣！”[13]宋代严羽《沧浪诗话》论诗主于透彻玲珑不可凑拍，为王士祯神韵说

---

① 陈廷焯：《白雨斋词话》卷八。
② 《诗式·文章宗旨》。
③ 《诗式·取境》。
④ 《诗式·重意诗例》。
⑤ 《戏为韦偃双松图歌》。
⑥ 《丹青引》。
⑦ 《戏题王宰画山水图歌》。
⑧ 贾岛：《题诗后》。
⑨ 卢廷让：《苦吟》。
⑩ 《与李生论诗书》和《与极浦书》。
⑪ 《诗品·雄浑》。
⑫ 《诗品·含蓄》。
⑬ 《与王驾评诗书》。

所祖,但他仍以沉着痛快高于优游不迫。他说:“诗之极致有一:曰入神。诗而入神,至矣,尽矣,蔑以加矣!惟李、杜得之。他人得之盖寡也。”[1]即使是王士祯“酷不喜少陵”,亦“特不敢显攻之,每举杨大年‘村夫子’之目以语客”[2]。龚自珍虽敢明讥杜甫“诗吻薄”,但仍称道“唐大家若李、杜、韩及昌谷、玉豁”等,“皆诗与人为一,人外无诗,诗外无人,其面目也完”[3]。由上可见,杜甫在诗坛的地位是不可动摇的。

杜甫以其善陈时事、千汇万状的写实精神,意辞相济、华实相兼的写实手法和纵横恣肆、沉郁顿挫的写实风格,造就了“精粗巨细,巧拙新陈,险易浅深,浓淡肥瘦,靡不毕具”[4]的众多篇章,成就了一个集大成的诗人,杜甫的诗风也自然成为高山景行,为后世所仰止了。

(原载《草堂》1986年第1期)

黄庭坚何以赞赏杜甫的夔州诗?

杜甫曾自道“忆在潼关诗兴多”(《峡中览物》),但宋人王十朋则云“暮年流落来夔子”(《诗史堂荔枝歌》),认为夔州诗才见出杜甫的创作高潮。应该说,杜甫一生的创作,决非只出现过一个高潮,但夔州(包括云安)两年零四个月的生活,竟产生了四百多首诗,约占杜诗总数的百分之三十,却不能不说是后期创作的一大高潮。

杜甫的夔州诗非仅数量可观,而且有其显见的特点。方回说:“老杜诗自入蜀又别,至夔州又别,后至湖南又别。”(《瀛奎律髓》卷二十)黄庭坚以家学渊源,心仪杜甫,尤其赞赏夔州诗。他在谪居黔州时,欲尽刻杜甫东西川及夔州诗,后约杨素翁尽书之,刻石并建大雅堂以藏。黄庭坚何以赞赏杜甫的夔州诗?笔者认为,对此很可探索一番,这可在为人所熟知的“夺胎换骨”“点铁成金”说以外,见到黄庭坚的又一重要创作思想。为此,想略陈管见,以就教于专家、读者。

一 以理为主,理得辞顺与强谏怨怒,失诗之旨

对黄庭坚的诗及诗论,历来毁誉不一,尽管他是江西诗派的开山祖师,“以故为新”的“夺胎换骨”“点铁成金”说,成为江西派诗人的不传之秘,且沾丐余沫,亦代不乏人,然而,王若虚却对这“世以为名言”,重重地斥之为“特剽窃之黠者耳”,并说:“鲁直

---

①《沧浪诗话》。

②赵执信:《谈龙录》。

③《书汤海秋诗集后》,载《龚自珍全集》第三辑。

④《唐音癸签》卷六。

好胜，而耻其出于前人，故为此强辞而私立名字。”（《滹南诗话》）直至现在，还不乏耳食者承王说而谓黄庭坚“剽窃”，黄庭坚在某些人心目中成了劣等的形式主义者。

近年来，随着驳难之作相继问世，对黄庭坚的污蔑不实之辞亦渐被推倒，但是，人们又在对“夺胎换骨”“点铁成金”颇多首肯的同时，仍认为黄庭坚论诗所重在艺术形式，在“法”。黄庭坚论诗难道不重思想内容吗？否！他在《胡宗元诗集序》中说：“其兴托高远，则附于国风；其忿世疾邪，则附于《楚辞》。”在《答洪驹父书》中说：“凡作一文，皆须有宗有趣。”在《戏呈孔毅父》诗中说：“文章功用不济世，何异丝窠缀露珠。”都可见倡导兴寄、疾邪、济世是作诗为文之旨。他的《与王观复书三首》之一，非但肯定了“所送新诗，皆兴寄高远”，而且在指出“但语生硬不谐律吕，或词气不逮初造意时”的缺点同时，正面提出了“以理为主”，且标举杜甫夔州诗为“理得而辞顺”的榜样。他说：

好作奇语，自是文章病，但当以理为主，理得而辞顺，文章自然出群拔萃。观杜子美到夔州后诗，韩退之自潮州还朝后文章，皆不烦绳削而自合矣。

“以理为主，理得而辞顺”之与“好作奇语”相对，可见黄庭坚将诗歌思想置于首位，非仅不是“法”重于“理”，而且是有“理”才能言“法”。

那么，什么是杜甫夔州诗之“理”呢？看来，对其涵义的阐释，山谷所论似未如其《与王观复书三首》之二言“法”之详明，但从《大雅堂记》提及的诗、骚看，亦可循之以探求，且他在该文中从反面论道：

彼喜穿凿者弃其大旨，取其发兴于所遇林泉人物草木鱼虫，以为物物皆有所托，如世间商度隐语者，则子美之诗委地矣。

既要见诗、骚之意，又不能买椟还珠地只注目寄托而弃其大旨，这当是山谷所认可的杜甫夔州诗之“理”。

我们进而要问，何谓夔州诗的“大旨”呢？

杜甫入夔，年已五十五岁，此前，虽是安史乱平，但局势仍然动荡不安，异族相继寇边，河北藩镇勾结，蜀中战乱频仍，加以友人高适、严武弃世，杜甫失去依托，遂出川入夔。老年的诗人，虽是“乱也看惯了，篡也看惯了”，但忧国忧民之心、欲济时艰之念并未销减，所不同的是，此时他病滞夔州，故旧凋零，长期投闲，青壮年的锐气转为苍老，感情的奔迸入于理智的思考，他深感中兴无望，盛世难期，因而念旧怀人，眼光多投向历史，感慨吟咏，关切世运复又感伤自身，伤乱而思治，念旧而怀乡，酝酿深而真情难泯，此时所作确是深挚动人，兼备文质。可以说，关注现实、追怀历史，陈时事而重民生，仍是夔州诗的第一大旨。

但是，如果说在“致君尧舜”“忧黎元”之中，融入深沉的历史思索和感慨自身，可作为夔州诗在整部杜诗中的“同中之异”，那么，从家国之慨到河山信美，由宏观的政治、历史转为微观的日常生活，则更足以看出夔州诗“大旨”之异。杜甫早年，曾壮游吴、越、齐、赵，肃宗时，又度陇入蜀，但山水诗之作远不及入夔后丰盛。夔州山高峡深，堑壑奇险，江云浮练，雷蟠峭壁，波涛翻飞，然而，除却苍莽雄奇，亦不乏美妙空灵，在杜甫笔下，除了高山大川、惊雷走电外，还有莺声相和、鹤群凌霄，有苍山吐月、夜水明楼，有楼光远影、峡雨霏霏。当然，此时诗人的心境远无草堂临江枕流时的平静，常可见岩间薄云、浪中孤月撩动他“不眠忧战伐，无力正乾坤”（《宿江边阁》）的忧国之情，高江急峡、古木苍藤亦引起他“哀哀寡妇诛求尽，恸哭秋原何处村”（《白帝》）的忧民之心。除了山水之外，杜甫在夔州还常写身边琐事和日常生活，如伐木、种菜、割稻、种柑、修水筒、树鸡栅、摘苍耳、督耕牛等，充满了平淡的生活气息和盎然的趣味。由于转写身边，入于微观，虽时有感兴，但既非直言，亦非含蓄，波澜壮阔、沉郁顿挫亦转为铺写细微、随理任情。

尽管夔州诗一仍杜甫的批判现实、关怀民生精神，但由于出现了上述的变化，遂成为黄庭坚认可的“理”，相应地，对夔州诗的苍老、遒劲、浑涵、顿宕，黄庭坚亦未加以颂扬，却一眼觑定了“老去诗篇浑漫与”的一面，从内容与形式两方面肯定了它的“平淡”。由此，我们又可以看到，黄庭坚论诗虽云“以理为主”，但这“理”，与讽谏、兴寄都无涉，因而也难免带来缺陷，也难怪遭人訾议。

黄庭坚在《答洪驹父书》中说：“东坡文章妙天下，其短处在好骂，慎勿袭其轨也。”他在《书王知载朐山杂咏后》更详言道：

> 诗者，人之情性也，非强谏争于廷，怨忿诟于道，怒邻骂坐之为也。其人忠信笃敬，抱道而居，与时乖逢，遇物悲喜，同床而不察，并世而不闻，情之所不能堪，因发于呻吟调笑之声。胸次释然，而闻者亦有所劝勉，比律吕而可歌，列干羽而可舞，是诗之美也。其发为讪谤侵陵，引颈以承戈，披襟而受矢，以快一朝之忿者，人皆以为诗之祸，是失诗之旨，非诗之过也。

正由于此，他所认可的杜甫夔洲诗，相当是“发于呻吟调笑之声”。谓予不信，还可证之。洪炎在《豫章黄先生退听堂录序》中载黄庭坚言：

> 若察察如老杜《新安》、《石壕》、《潼关》、《花门》之什，《秦中吟》、《乐游图》、《紫阁诗》则几乎骂矣，失诗之本旨也。

黄庭坚如此理解诗之“理”与“本旨”，决非偶然。如果仅仅将原因归于承儒家“温柔敦厚”的“诗教”，是难于解释的，况且杜甫一生奉儒，岂非矛盾？应该说，这是与北宋政治险恶、党争激烈的环境有关的。苏轼因“好骂”，遭“乌台诗案”，黄庭坚虽“于怡心养气，能为人所不为，故用于读书、为文，思致高远，亦似其为人”（晁补之《书鲁直题高求父杨清亭诗后》，见《鸡肋集》卷三十三），但仍以“修神宗实录多诬”罪遭贬谪，甚至因赵挺之的私仇而贬死宜州。正由于党祸酷烈，使他敛锋退避，潜心佛老，对诗的“本旨”，则有上述见解。但是，黄庭坚的为人却是真诚高洁，作诗亦多仁政、爱民的内容，贬住宜州时，能做到“横祸所加，随处安受，不悔不折”（包恢《跋山谷书范孟博传》），也委实不易。

陆游曾说：“……少陵，天下士也……然去国寝久，诸公故人熟睨其穷，无肯出力。比至夔，客于柏中丞、严明府之间，如九尺丈夫，俯首居小屋下，思一吐气而不可得。予读其诗，至‘小臣议论绝，老病客殊方’之句，未尝不流涕也。嗟夫，辞之悲乃至是乎！”（《东屯高斋记》）黄庭坚读夔州诗，怕未必无见“辞之悲”，他的“地褊未堪长袖舞，夜寒空对短檠灯”（《次韵几复》）亦在兀傲之中可见悲凉。但是，由于他能出入佛道，随缘任运，故仍不失达观、诙谐，在他眼中，夔州的杜甫虽“事业只浊醪，营葺但草屋”（《客堂》）“水深鱼极乐，林茂鸟知归。衰老甘贫病，荣华有是非”（《秋野》），但仍常在诗中透出诙谐，如“拂拭乌皮几，喜闻樵牧音。令儿快搔背，脱我头上簪”（《阻雨不得归瀼西甘林》）。即可见苦中之乐，应该说，在这点上黄庭坚亦不失为杜甫知音。

论至此，还未见得能将黄庭坚所说之“理”与夔州诗的关系完全揭示，为此，我们又不妨回首品味《大雅堂记》所提及的诗骚、发兴、“有托”，固然黄庭坚认为“喜穿凿者弃其大旨”不可取，但夔诗之“理”，难道不能包括思理、识见？那些以人事入于物情之作，如《种莴苣》的莴苣喻君子、野苋喻小人等“比体诗”，既非“几乎骂”的劲切、直陈，但有与风骚精神相合，难道不是黄庭坚认可之“理”？

我们说，是时代、政治影响了黄庭坚诗论的深刻性、全面性，但他决非无视诗歌政治内容的形式主义者。

二　平淡而山高水深，与丘壑自须胸次有之

前面说过，杜甫的夔州诗较之前期作品，有渐趋平淡的一面，因此，黄庭坚极为赏识，但所说又非仅平淡，他在《与王观复书三首》之二中论道：

> 所寄诗多佳句，犹恨雕琢功多耳。但熟观杜子美到夔州后古律诗，便得句法简易，而大巧出焉。平淡而山高水深，似欲不可企及。文章成就，更无斧凿痕，乃为佳作耳。

“理得而辞顺”，“不烦绳削而自合”，这些见解与“平淡”是一致的，当然，达到这样的境界自是“无斧凿痕”，但是，综观黄庭坚的己作，却烹炼多于自然，雕琢多于平淡，魏泰对他的批评“好用南朝人语，专求古人未使之事，又一二奇字缀葺而成诗”，“句虽新奇而气乏浑厚”（《临汉隐居诗话》）亦不为无理。但是，这里值得注意的是“平淡而山高水深”一语，因为此语实是指出了锻炼意境欲造平淡而不失拗峭的辩

证关系。

杜甫居夔以后，在闲旷之中，俯仰古今，将生活与历史积淀，加以回味，"他乡悦迟暮，不敢废诗篇"(《归》)。专精为诗，境界更进。他深慨"文章千古事，得失寸心知"(《偶题》)，对箇中甘苦，确是深味有得，而"诗律细"与"浑漫与"结合得如郢匠运斤。古体如《昔游》《壮游》等，都在史诗般的结构中自由驱遣，既平淡精细，又鲜明严整，虽以诗为文，却官止神行、游刃有余，确是"不烦绳削而自合"。而时局盛衰可见，好恶感慨可闻，叙事之中含理，感情流转深沉，确是"平淡而山高水深"。七律如组诗《咏怀古迹五首》《秋兴八首》等，意绪虽深，形象却丽，在属对精切、格律森严之中又见流转自如，且乐景哀思，更见伤时之叹，"格高律熟，意奇句妥，若造化生成如此等诗者，非真积力久不能到也"(方回《瀛奎律髓》卷二十三)。此评洵非虚誉。

总之，无论古、律，杜甫夔州诗都在出语平熟自然、意境浑融精美的同时，可见意象凌越现实、时空大笔转换的特点，确是陡健拗峭、真力弥满。

在山谷看来，"山高水深"是怎样来的呢？他主要强调的是"养"：

一丘一壑，自须其人胸次有之，但笔间那可得？(《题七才子画》)

夫心能不牵于外物，则其天守全，万物森然，出于一镜，岂待含墨吮笔，槃礴而后为之哉？故余谓臻欲得妙于笔，当得妙于心。(《道臻师画墨竹序》

仅有"养"还不够，他更注重"学"，他在指出王观复的诗语不谐律、词不逮意时，开示了要多读书的药方，说："此病亦只是读书未精博耳。长袖善舞，多钱善贾，不虚语也。"(《与王观复书三首》之一)在《答洪驹父书》中，对为文之道导之以"治经"，认为"深其渊源，乃可到古人耳"。在《大雅堂记》中更说道：

夫无意而意已至，非广之以《国风》、《雅》、《颂》，深之以《离骚》、《九歌》，安能咀嚼其意味，闯然入其门耶？

"学""养"结合，这就能渐臻"茂其根本，探其渊源"(《与秦少章帖》)之境，接近于"山高水深"。对于这种境界，他在《答洪驹父书》中形象地写道：

至于推之使高，如泰山之崇崛，如垂天之云；作之使雄壮，如沧江八月之涛，海运吞舟之鱼，又不可守绳墨令俭陋也。

黄庭坚兼备学养，他的诗常到此种境界。

翰墨场中老伏波，菩提坊里病维摩。近人积水无鸥鹭，时有归牛浮鼻过。(《病

起荆江亭即事》)

此诗作于宋徽宗建中靖国元年(1101),作者被贬湖北江陵,已是五十七岁的晚年。首句以文坛的伏波将军马援(六十二岁尚能上阵)自况,次句从如来得道于菩提道场,又讲起维摩语害病,关合自己病体初愈,自谓如寺院的病和尚,既切合自己的参禅学佛,又可见老骥伏枥之情,“养”和“学”紧密结合。三四句写住处无风景可言,但“归牛浮鼻”却出自唐人陈咏的诗句:“隔岸水牛浮鼻渡”,仍未离之“学”。虽遭贬谪,又逢老病,更无美景陶冶性情,但胸襟仍见开张,未入俭陋。又如《登快阁》:

痴儿了却公家事,快阁东西倚晚晴。落木千山天远大,澄江一道月分明。朱弦已为佳人绝,青眼聊因美酒横。万里归船弄长笛,此心吾与白鸥盟。

首句出自《晋书·傅咸传》所载杨济与傅咸书:“生子痴,了官事,官事未易了也。了事正作痴,复为快耳!”“朱弦”句出自《吕氏春秋》所载伯牙、钟子期事,“青眼”句出《晋书·阮籍传》,虽有本于“学”处,但并不晦涩难明,简洁、鲜明、高爽、开阔,确有“山高水深”之致。再如《寄黄几复》:

我居北海君南海,寄雁传书谢不能。桃李春风一杯酒,江湖夜雨十年灯。持家但有四立壁,治病不蕲三折肱。想见读书头已白,隔溪猿哭瘴溪藤。

首句出《左传·僖公四年》:“楚子使与师言曰:‘君处北海,寡人处南海,唯是风马牛不相及也。’”“持家”句出《左传·定公十三年》:“三折肱,知为良医。”全诗亦不乏使“学”,但熔铸得当,镶嵌贴切,“桃李春风一杯酒,江湖夜雨十年灯”二句,更是意度高远,以阔别显其情谊深长。此外,五律如:

巷僻过从少,官闲气味长。江南一枕梦,高卧听鸣根。(《呻吟斋睡起》)

七律如:

小雨藏山客坐久,长江接天帆到迟。(《题落星寺》)

诗酒一年谈笑隔,江山千里梦魂通。河天月晕鱼分子,槲叶风微鹿养茸。(《夏日梦伯兄寄江南》)

七绝如《雨中登岳阳楼望君山》,七古如《书磨崖碑后》、《听崇德君鼓琴》等,都可见“推之使高”而到开阔的境界,拗峭的风格,虽不到平淡自然,却可见“山高水深”。

黄庭坚认为，杜甫的夔州诗“似欲不可企及”，但他却肆力学杜，欲求企及，宋人颇能窥见此中消息。如陈长方说：

古人作诗断句，辄旁入他意，最为警策。如老杜云“鸡虫得失无了时，注目寒江倚山阁”是也。黄鲁直作《水仙花》诗，亦用此体，云：“坐对真成被花恼，出门一笑大江横。”（《步里客谈》卷下）

洪迈也说：

杜子美有《存殁绝句二首》云：“席谦不见近弹棋，毕曜仍传旧小诗。玉局他年无限笑，白杨今日几人悲？”“郑公粉绘随长夜，曹霸丹青已白头。天下何曾有山水，人间不解重骅骝。”每篇一存一殁。盖席谦、曹霸存，毕、郑殁也。黄鲁直《荆江亭即事》十首其一云：“闭门觅句陈无己，对客挥毫秦少游。正字不知温饱未？西风吹泪古藤州。”乃用此体，时少游殁而无己存也。（《容斋续笔》卷二）

但从山谷诗来看，他是学杜而非窃杜，学杜而非泥于杜，因而得杜诗神韵而非貌袭，甚至博得王士祯“鲁直得杜意”（《池北偶谈》）的赞誉。

总之，黄庭坚在赞赏夔州诗时确是注意到平淡与拗峭、胸襟与学养的关系，所论固是有见，自作亦取精用宏，虽未全到“理得而辞顺”之境，但许多作品的艺术性均不容低估。

黄庭坚以杜诗“无意于文”，当然不合杜甫初衷。杜甫在夔州多次写到宋玉、庾信，自非仅是理解前者的摇落之悲，后者的萧瑟生平，他在《偶题》中表明了“后贤兼旧制，历代各清规”的文学进化观，兼之以肯定宋玉“风流儒雅亦吾师”，庾信“暮年诗赋动江关”，可见他对前者演辞为赋，后者融合南北诗风的革新精神是赞赏的。而黄庭坚，亦谓“文章最忌随人后”（《赠谢敞王博喻》），“随人作计终后人，自成一家始逼真”（《题乐毅论后》）。他也是有革新精神的。杜甫在夔州创造“拗体”律诗，奇拗兀奡，黄庭坚于此亦颇善为之并有发展，至若他的“夺胎换骨”“点铁成金”说，近年文中多所辨证，他的变俗为雅、以故为新，峭拔瘦硬、力避柔词，亦多有论及，在此不赘述了。如果说，“不践前人旧行迹，独惊斯世擅风流”（张耒《读鲁直诗》）是揄扬过甚，但山谷的诗歌及创作观可肯定的还不算少。即以同样对夔州诗而言，朱熹就认为是“自出规模，不可学”，并从“郑重繁絮”“诗都哑了”诸端（均见《朱子语类》）加以艺术上的否定，“有比较才有鉴别”，相较而言，黄庭坚的诗歌创作观不是更为可取吗？

（1985年6月20日深夜，原载《古典文学知识》1990年第6期，有删节）

元好问的诗论

元好问是金代杰出的文学家，在诗词文章上都有很高的成就。处于北方的金朝，文学本来就落后于南宋，诗虽继作不休，但多模仿苏轼，或陶范于江西诗派。元好问以现实主义精神从事创作，力纠颓风，为金诗争得了地位。

元好问不仅以诗作力行变革，而且以诗论来分泾渭，张鹄的。他的诗论以《论诗绝句》三十首为代表，也最为后人称道。

以绝句论诗起自杜甫，杜甫针对时人"好古者遗近，务华者去实"的不能正确对待六朝文学的态度，既"别裁伪体"，又"转益多师"，提出了既批判，又吸收的正确主张。元好问对杜甫一生低首，因而也学习杜甫以诗论诗的形式，写成《论诗绝句》三十首。

这三十首诗，基本上都是对前代诗人的评判，但非止于此，此中既有"别裁"的"破"，又有"师"的"立"，他企图在"疏凿"之中正本清源，并树立作诗的标准。元好问在第一首中写道：

汉谣魏什久纷纭，正体无人与细论。谁是诗中疏凿手？暂教泾渭各清浑。

他认为汉魏风骨被伪体乱真，泾渭相混，无人疏通水系，凿开河道，言中分明以"疏凿手"自任。从第二首起，他就对建安以来的诗人诗作进行疏凿，并标举自己的主张了。

他的创作主张是什么呢？约之有三端：创作态度力主真诚，反对作伪；内容出于天成自得，反对模拟；诗之品格标举高雅，反对怪、俗；诗之风格倡导慷慨劲健与自然清新，反对纤仄软弱与逞才炫巧。下面分别作些评介。

首先，主"真"而反"伪"，主"天成"而反"模拟"。

心画心声总失真，文章宁复见为人。高情千古《闲居赋》，争信安仁拜路尘。

"文如其人"么？未必！孟子讲知人论世，元好问在此提出"文章宁复见为人"，为什么呢？因为"心画"之书与"心声"之言未必为真，有人善于掩真作伪，就拿潘岳（字安仁）来说，他与石崇等人谄事贾谧，甚至候其出门望车尘而拜，可未得显宦，又假充隐士，作《闲居赋》。相较之下，不为五斗米折腰而躬耕田园的陶渊明，情怀淡泊，不汲汲于富贵，才能"豪华落尽见真淳"。为人"真"，创作态度才能"真"，元好问在《杨叔能小亨集引》中祖述钟嵘"吟咏情性"作为诗的定义，因而以"诚"作为诗之"本"，并说："故由心而诚，由诚而言，由言而诗也。三者相为一……故曰不诚无物。"以"真"和"诚"论诗确是抓住了根本，否则如何琢句雕篇都难治浮伪之病，而他自己所作的挞阀金末弊政，关心人民疾苦的诗篇，以其熠熠光芒使金之诗坛为之振衰，尤其是丧乱之作，可谓杜甫之后的又一现实主义高峰。

从创作态度的真诚出发，元好问认为诗的内容应出于天然自得，而反对模拟。

眼处心生句自神，暗中摸索总非真。画图临出秦川景，亲到长安有几人？

他认为，只有亲眼见到，亲身经历，才能从所见所遇中激发真情，从而写出非徒具形模的入神之作，他以画画为例，说明只有亲到长安才能画出真正的长安美景，以临摹为归的是难以传神的，所以他对“诗肠搜苦白头生，故纸尘昏枉乞灵”（《论诗三首》）痛加讥诋，对一味模拟的“窘步相仍”和“俯仰随人”，亦深致不满。基于此，他既不满无真情实感，斗靡夸多，有“陆海潘江”之称的陆机、潘岳，又不满以“夺胎换骨”“点铁成金”为能事的宋代江西诗派。他写道：

斗靡夸多费览观，陆文犹恨冗于潘。心声只要传心了，布谷澜翻可是难。

“心声只要传心了”，像布谷鸟那样啼个不止有何意义呢。其实，元好问不但是不满晋人，而且是借陆、潘针砭宋人：“自苏、黄创为长篇次韵，于是牵于韵脚，不得不借端生议，勾留比附，而辞费矣。”（宗廷辅注此诗语）宋诗之弊不仅表现为苏、黄逞才的“辞费”，更表现为江西诗派的不以生活、真情作为诗作之源，而是崇尚“夺胎换骨”，因而堕入魔道。元好问写道：

古雅难将子美亲，精纯全失义山真。论诗宁下涪翁拜，未作江西社里人。

他认为，仅以“古雅”学杜，并未得杜诗的真谛，学杜而步李商隐后尘，着眼于艺术上的“精纯”，也同样未得其真，黄庭坚（号涪翁）虽不以古雅学杜，亦非宋初西崑体诗人学李商隐之精纯而失其真，但仅学杜甫的“读书破万卷”，以“取古人之陈言入于翰墨，如灵丹一粒，点铁成金”（黄庭坚《答洪驹父书》）相标榜，同样不是正道，所以黄庭坚虽有“本朝诗家宗祖，在禅学中比得达摩”（刘克《江西诗派小序》）之誉，元好问却有“宁下（案，岂下之意）涪翁拜”之句，表明一反潮流，不学江西派之意。正由于他尚“真”“天成”，故针对宋朝一代模拟杜甫的风气，指出：“谓杜诗为无一字无来处，亦可也；谓不从古人中来，亦可也。”（《杜诗学引》）这真是振聋发聩之声！

其次，标举高雅，反对险怪、俳谐。

元好问以“诚”为诗之“本”，但“由心而诚，由诚而言，由言而诗”并非满心而发，肆口而成，他受到儒家诗论的深刻影响，本着“温柔敦厚”的诗教，标举高雅的诗品，他曾为自己立下十多条“自警”，并通过评判权量古人来阐发“高雅”的主张。阮籍之狂，貌似不雅，但他忧生伤时之嗟，志在讥刺而文多隐蔽的特点，正与元好问所倡的"怨之愈深，其辞愈缓"相合，因而阮诗合于"雅"。综观诗史，元好问于唐代尤推陈子昂，原因在于初唐徐、庾余风正炽之时，他"始变雅正"，标举风骨、兴寄，因而元好问有"论功若准平吴例，合著黄金铸子昂"之赞。

与"雅"相悖的诗品，主要是"怪"与"俗"。

> 万古文章有坦途，纵横谁似玉川卢？真书不入今人眼，儿辈从教鬼画符。

中晚唐之时，形成"苦心为诗"的风气，除郊寒岛瘦之外，还有搜奇觅险的卢仝（号玉川子）等人，造就了怪异的诗风，看似纵横，实是不可控捉，元好问拟之以"鬼画符"的书法，因"真书不入今人眼"而感愤慨。元好问生活的时代，作为俗文学的曲和小说都很发达，市民色彩浓，市井之气重，俳优艺风和谐谑之习甚至浸染诗坛，他自立的十多条"自警"中，多是对此而发。对以俳谐詈骂入诗，元好问认为大背于高雅，因而写道：

> 曲学虚荒小说欺，俳谐怒骂岂诗宜？今人合笑古人拙，除却雅言都不知。

元好问之尚"雅"，可谓身体力行，他一生为诗，确是"无为薄恶所移，无为正人端士所不道"（《杨叔能小亨集引》），以致博得了"唐以来律诗之可歌可泣者，少陵数十联外绝无嗣响，遗山则往往有之"（赵翼《瓯北诗话》）的赞誉。

最后，提倡慷慨劲健与自然清新的风格，反对纤仄软弱和逞才炫巧。

元好问论诗崇雅，并推尊陶、谢、韦、柳（可参见《东坡诗雅引》），但由于他才气过人，性格豪迈，得北方高山大漠的"山川之助"，又遭逢世变，自作发为慷慨悲凉之音，他对苏轼虽有微词，但"程学盛南苏学北"，他无疑受到了苏轼的影响，早年多凌云健笔，晚年经兵燹转为苍老。他的论诗绝句虽是作于二十八岁的青年时期，但从末一首"老来留得诗千首"看，当经晚年改定，而诗中所倡风格，确也与自己的一生追慕相符。

> 曹刘坐啸虎生风，四海无人角两雄。可惜并州刘越石，不教横槊建安中。

这是对曹植、刘桢和刘琨慷慨苍凉风格的赞许。

> 邺下风流在晋多，壮怀犹见缺壶歌。风云若恨张华少，温李新声奈尔何！

曹操"老骥伏枥"之诗有起懦之力，致使王敦酒后咏此而击破唾壶，可惜晋人毕竟难传建安风骨，太康时代的著名诗人张华，所作风云气少，儿女情多，薪火相传，代代不已，晚唐温李的绮靡婉丽的那部分作品，也是难得遗山首肯的。元好问赞扬的是阮籍的

“纵横诗笔”,是陈子昂以风骨、兴寄救转陈隋颓风,他宁可赞美北齐苍莽豪壮的《敕勒歌》,而将秦观精美之作称为“女郎诗”。玉艳珠鲜之作不为元好问称道,困窘穷愁的诗风也是他所反对的,他推尊被贬潮阳,但豪气不减的韩愈,而鄙薄踏跼于高天厚地之间苦吟不已的孟郊,称之为“诗囚”。

元好问不满绮靡纤秾、仄狭困窘的诗风,但慷慨劲健并非一味粗豪、肆滥,逞才炫巧亦非诗之正道,他推尊的是自然清新的风格。他盛赞陶渊明的“一语天然万古新,豪华落尽见真淳”,称道谢灵运的“池塘生春草”是“万古千秋五字新”,他之称赞北方民歌的《敕勒歌》,非仅在其劲健,更在其“穹庐一曲本天然”,对宋朝元祐之后苏轼、黄庭坚、陈师道主宰诗坛,欧(阳修)、梅(尧臣)平淡深远的诗风尽废,他深为不平,对梅诗扭转宋初西崑诗风,给予“百年才觉古风回”的历史评价。

风雅远韵、自然清新自不是斗靡夸多可得,因而元好问认为元稹以“排比夸张”推重杜甫是并未真知杜甫,“少陵自有连城璧,争奈微之识碔砆”,他为之慨叹!同样,苏轼的逞才矜多,黄庭坚的“搜猎奇书,穿穴异闻”,亦使他叹为:“只知诗到苏、黄尽,沧海横流却是谁?”“布谷澜翻”固然不足尚,刻意求工,过于深微亦有损天然,因此,他虽称道李商隐的精纯,却将“独恨无人作郑笺”引为遗憾。闭门觅句的陈师道未足取,次韵逞才亦不过是窘步相仍而已,元好问是很懂得风格中的辩证关系的。

元好问的诗论主要是针对宋诗而发的,他受苏轼的影响,《论诗绝句》中对苏有褒有贬,他力图救苏诗之弊而作苏门功臣,权量古人亦为了度人与金针。总的来说,他的诗论是很有见地,很有建树的,虽因纠偏而略觉偏颇,但总的说来还是公允持平的,因而在文学批评史上有很高的地位。但正如苏轼推崇萧散简远的风格受到禅学影响一样,元好问也多少受病于禅人话头,他说过“诗为禅客添花锦,禅是诗家切玉刀”(《赠嵩山隽诗者学诗》),被认为开王士祯神韵说之先,此为小疵,亦是不必为贤者讳的。

(原载上海广播电视《文科月刊》1985 年第 1 期)

摹情弥真 动人弥易

——论徐渭题画诗的情感表现

摘　要　徐渭在题画诗里的情感表现相当矛盾复杂,既有批判世道不公、社会黑暗的激愤郁懑和感叹自己命运的颓败消沉,又有体验美好事物的轻松愉快和看穿世间百态的达观平和。其情感表现并无清晰的变化流程,受儒道互补规律的制约,随着岁月流逝,阅历增长,也大致似有发愤抒情与自我解脱的前后之别。

关键词　徐渭　题画诗　情感表现

徐渭自称“书一诗二文三画四”，当时或身后之评虽非如此，但其大写意画和行草在中国书画史上确实占有极重要的地位，诗文也极具个性。因徐渭的文学、艺术造诣均高，又皆以之抒情，故常在纸绢上作画题诗，融诗书画于一体，在创作了许多杰出绘画作品的同时也留下了大量的题画诗。徐渭常于醉中作画，所题多有“醉里偶成”“醉中狂扫”等字样，而“狂扫”“烂涂”“墨扫”“随意将墨涂”“谑墨涂花卉”……则见清醒时也是随意纵逸，不受束缚，若用他自己所说的“醉抹醒涂”概括，可见他在作画题诗时是得到真正的解脱和释放的。徐渭认为“古人之诗本乎情”，反对“设情以为之”①。曾序其友之诗云：“其情坦以直，故语无晦，其情散以博，故语无拘，其情多喜而少忧，故语虽苦而能遣其怀……盖所谓出于己之所自得，而不窃于人之所尝言者也。”②揆之于徐渭自己的题画诗，也大体相符，可见这是许于人而又可自许之评。徐渭作画题诗虽也不乏应酬，但更多的是直抒胸臆，是内心深处最真、最纯的情感表露，没有丝毫的矫揉造作和虚情假意；不像代人作文“若马耕耳”，心不愿为之，却因“士微非隐”，不得不作，需体现所代之人的思想意志。自作与代言有真、假之别，从徐渭题画诗的情感表现，我们可以看到一个真正的徐渭，一个才华横溢但怀才不遇的徐渭，一个饱受磨难却不向命运低头的徐渭，同时也看到了封建时代寒士的命运与普遍的感情。

一

中国古代文学有“发愤抒情”的传统，屈原《惜诵》云“惜诵以致愍兮，发愤以抒情”③，司马迁“意有所郁结，不得通其道也，故述往事，思来者”④，认为前人所著“大抵贤圣发愤之所为作也”。韩愈作了进一步发挥，其《送孟东野序》强调“大凡物不得其平则鸣”⑤，《荆潭唱和诗序》提出了“和平之音淡薄，而愁思之声要妙；欢愉之辞难工，而穷苦之言易好”⑥的对立性之说，欧阳修《梅圣俞诗集序》甚而发出“诗穷而后工”的极端之见。受“诗可以怨”“发愤抒情”一脉相承的影响，因文人参与绘画创作而将文学的抒情传统引入其中，怨、愤之情入于画中而尤见于画上题诗，徐渭即为其中代表。

我国宋代以前的绘画经由了实用化、礼教化、宗教化之变，而自宋代起即受文学影响、浸润，也担负起文学的功能。虽说宋代绘画中服务于礼教的有功臣像、历史画，服务于宗教的有道佛画，此外还有众多反映现实生活的风俗画，但文人画却多“吟咏性情”之作，其中一路是志在隐逸者，以山水画为主，发展为元人倪瓒的“聊写胸中逸气”，吴镇的“适一时之趣”。而文同的画竹以自拟人格，苏轼作枯木怪石如“胸中盘郁”以寓政治失意，到宋亡后郑思肖画《墨兰图》以“一国之香”寄托“一国之殇”，则见绘画

---

① 徐渭：《徐渭集》，中华书局，1983 年版，第 534 页。

② 徐渭：《徐渭集》，中华书局，1983 年版，第 519 至 520 页。

③ 金开诚，董洪利，高路明：《屈原集校注》，北京：中华书局 1996 年版，第 438 页。

④ 司马迁：《史记》，中华书局，1982 年版，第 3300 页。

⑤ 郭绍虞，王文生：《中国历代文论选》第二册，上海古籍出版社，1980 年版，第 125 页。

⑥ 郭绍虞，王文生：《中国历代文论选》第二册，上海古籍出版社，1980 年版，第 129 页。

之抒情已向“发愤”之变。徐渭《与两画史》虽云：“百丛媚萼，一干枯枝，墨则雨润，彩则露鲜，飞鸣栖息，动静如生。悦性弄情，工而入逸，斯为妙品。”[①]但在创作“怡性弄情”的“妙品”之外，更不乏禀承“发愤抒情”传统的花鸟、葡萄，其上的题画诗往往是画旨、画意的最好说明与注脚。

徐渭的悲愤不平源自他个人的不幸遭遇，使他内心充满了痛苦和悲愤，令其胸中“有一股不可磨灭之气，英雄失路托足无门之悲”[②]。他的生命意识充满了强烈的悲感，这种生命的悲感又使他常以命运来观照人情物事，他的写意水墨花卉情感表现直接而激切，歌哭言笑均付之其上，如其论诗所说：“如冷水浇背，陡然一惊，便是兴观群怨之品。”[③]而题画诗则使其作画时的悲怨愤懑、辛酸颓败之情尽出其上。

徐渭强烈的生命悲感与其怀才不遇大有关系。他是明代后期倡导进步思想的先驱，轻慢礼法，重视节义，具有超逸的天才，少时即以文闻名，为唐顺之、季本、王慎中等人赞赏，是开一代文艺新风的人物，通晓兵法，能谈兵论战，还参加过抗倭战争，而综其一生却可谓时乖命蹇，坎坷多难。受社会、时代的影响，为家人所期待，徐渭自幼即以科举为追求，希望能有所作为，却屡困场屋，八试不售，四十四岁时，因李春芳一事的缠挠，错过当年的科举，后又因发疯杀妻下狱，生籍被革，科举之路由是断绝。晚年自写《畸谱》道：“是岁甲子，当科，而以是故夺。后竟废考，上文曰长别者是也。”[④]可见徐渭到晚年仍对“废考”一事难以释怀，不难想象其内心之郁懑悲愤。于是，他托物言情，在《葡萄》《榴》等题画诗里，抒发了才高不售的心中郁愤。长期的困于场屋必然带来生活的困顿，徐渭题画诗也因此充满了辛酸无奈和颓败消沉。自长兄徐淮卒后，“有毛氏迁屋之变，赀悉空”，失去家业，胡宗宪倒台后，又失去依靠，科举屡试不第，后又仕路断绝，这使徐渭在贫寒中度过了余生。为了生计，他不得不卖画换米，如《梅花》所言：“曾闻饿倒王元章，米换梅花照绢量。花手虽低贫过尔，绢量今到老文长。”《题画梅二首》又重复了这一主题：“想见元章愁米日，不知几斗换冰枝。”王冕因家贫卖画换米，如今徐渭也面临同样际遇，可是因有王冕在先，多少都可获得一点安慰，可自我开解。但文人卖画换米，毕竟是落魄的无奈之举，《卖画》就道出了个中的辛酸和无奈：“到处凭将临赝估，倾箱拚共蠹鱼饥。卧游忽夺正惆怅，壁隙何遮风太吹。”

徐渭题画诗的不平和怨愤又因于对他有知遇之恩的胡宗宪的遭遇。徐渭因怀才不遇，故对于眷顾者尤为感激，他虽屡试不第，浙江总督胡宗宪却慕其名而聘之为幕府书记，得以充分发挥其知兵识略之长，在抗倭斗争中多有策划，后胡宗宪被罪下狱，徐渭仍视之为伯乐，在《畸谱》里列为“纪恩”一类，他在《胡公文集序》中，深情地回忆自己“始谒公时，亲见公束带阶迎，同食饮，从容谈说，退必导于其衙之门，若不知渭为

---

① 徐渭：《徐渭集》，中华书局，1983年版，第487页。

② 徐渭：《徐渭集》，中华书局，1983年版，第1343页。

③ 徐渭：《徐渭集》，中华书局，1983年版，第482页。

④ 徐渭：《徐渭集》，中华书局，1983年版，第1329页。

一贱士”[①]。可见对这种礼贤下士的知遇之恩是感戴不已的。因此，对胡宗宪的死，徐渭显然是非常愤慨，并以极隐晦的方式宣泄之。其《题雪压梅竹图》云：“云间老桧与天齐，滕六寒威一手提。折竹折梅因底事？不留一叶与山溪。”《雪竹》其二又云：“万丈云间老桧萋，下藏鹰犬在塘西。快心猎尽梅林雀，野竹空剩雪一枝。”胡宗宪与严嵩关系密切，后因徐阶上台，严嵩被倒，胡宗宪也因此致死。徐阶是松江府华亭县人，“云间”是松江别称，诗中“云间”实则影射徐阶，“老桧”则暗指徐阶是类似秦桧的人物。胡宗宪别号“梅林”，诗中“梅林”“梅”实暗指胡宗宪。两首诗都描绘了“云间老桧”对梅、竹、雀的摧残猎杀，狂虐过后，折竹折梅不留一叶，仅剩雪竹一枝。张汝霖在书序中对《题雪压梅竹图》评道：“其感慨激烈之意，悲于击筑，痛于吞炭。”[②]其实，徐渭不仅是对胡宗宪的遭遇感到悲愤，也担心自己受到牵连，有一种惧祸的痛苦和忧惧，“竹”这一形象正是自我的写照。

无能横蛮之人强权执政，有知遇之恩的胡宗宪因故致死，自己恐受牵连而战战兢兢、忧心不已，凡此种种，再思及自身的遭遇，更是让徐渭感到悲痛愤激、苦闷抑郁，却又无处释怀，只能让这股不平之气借诗画宣泄出来。他有的题画诗直斥天公，批判世事，如《雪里荷花》：“近来天道也私曲，莫怪笔底有差池。”将批判的矛头指向上苍，责天道徇私枉曲，令荷花雪里盛放。《王元章倒枝梅画》则说：“从来万事嫌高格，莫怪梅花着地垂。”梅花“皓态孤芳”，却因“木秀于林，风必摧之”，高格反不为俗物所容，横遭打压，只能倒枝低垂。

徐渭的悲愤还源于他对世事的关心和痛心。他留心时事局势，对社会上一些黑暗和不公现象深感愤怒，故借题画诗来批判现实、针砭时弊。《题宋人画睡犬》指斥了昏愦无能的当权者，《题画蟹一首》则嘲弄了横蛮强暴的官员，《伐木图》指出花费劳动人民无数血汗建成的皇宫，是为了满足执政者的奢侈享受。正因为自己对贫困生活的重压深有体会，使徐渭在《渔画五首》其三中道出了人生的不平等：“惊雁初横陈尚低，小鱼浅水命如丝。榼中泼剌堪怜汝，濠下从容却是谁？”有的鱼活得垂危痛苦，有的鱼却活得从容自由，喻指有人贫困潦倒，有人却奢侈享受，画鱼即是为人生世相写照。徐渭生活清贫，常处于困顿的境况，不得不代文卖画，或接受他人的资助来维持生计，诗中实是对此有感而发。世道如此，却又无力改变，故此徐渭在《题画》中写道：“年来世事不堪听，取垢今聪不若聋。”耳聋失聪本是人生的痛苦，“今聪不若聋”之叹自是对社会黑暗、人世不公的强烈愤慨。《掏耳图》一诗也道：“做哑装聋苦未能，关心都犯痒和痛。仙人何用闲掏耳，事事人间不耐听。”徐渭劝告仙人不必掏耳，因每一关心世间事即犯痛和痒，装聋作哑尚苦于未能，生动地传达出内心的激愤和悲苦，对这种抑而实扬的写法，读者自应作正话反说的理解。

“徐渭生命悲感既有对现实层面的焦虑，又有对自我意识层面的深切关注。对于前者的主要表现为饱尝忧患和磨难之后而滋生的生命被弃感；对于后者则表现为英

① 徐渭：《徐渭集》，中华书局，1983 年版，第 518 页。
② 徐渭：《徐渭集》，中华书局，1983 年版，第 1348 页。

雄失路、自我价值无法实现的生命荒废感。"[①]他的一生历经忧患与磨难,生命被弃感被屡屡表现在所画的葡萄、石榴及画上的题诗中。如《葡萄》:"半生落魄已成翁,独立书斋啸晚风。笔底明珠无处卖,闲抛闲掷野藤中。"在疏狂中又道尽了多少的辛酸无奈、悲愤苦闷。《葡萄》其二慨叹:"当年何用相如璧,始换西秦十五城。"借古言今自是慨叹人才之废而不用。《葡萄》其五也道明珠被弃,结果"闲抛闲掷"化成了葡萄:"明珠一夜无人管,迸向谁家壁上悬。"《榴》亦言《榴实》:"山深秋老无人摘,自迸明珠打雀儿。"无论是《葡萄》还是《榴实》,都以"明珠"相拟,而明珠之投暗,即孔子自叹之意:"……吾岂匏瓜也哉,焉能系而不食!"[②]虽是一个历来困扰士人的问题,却于今于己为烈。

生命被弃感渗透到徐渭对人情事物的观照,他经常从命运这一角度去感物评事。他的题画诗常将弱小的生命处于险恶的环境中,展示它们生存的艰辛,充满了悲悯的关怀和同情、无奈。徐渭的生命荒废感缘于有才不用、无路可走、自我价值无法实现,《葡萄》和《榴实》所表达的怀才不遇的悲愤,既有生命的被弃感,而葡萄的"闲抛闲掷",榴实的秋老不摘,自哀自怜中也见生命的荒废感。命运的不公,遭遇的坎坷,处境的凄凉,使徐渭感叹自己时运不济而产生颓败消沉的心境,如《菊》:"人如饷酒用花酬,长扫菊花会酒楼。昨日重阳风雨恶,酒中又过一年秋。"以画代付酒资,可谓是斯文之物辱没斯文,末两句更仿佛可见徐渭喝酒度日, 以酒浇愁的颓废落魄形象, 从中透出了沉重的生命荒废感。再如《葡萄》其三:"自从初夏到今朝,百事无心总弃抛。尚有旧时书秃笔,偶将蘸墨点葡萄。"道出了百无聊赖、消沉绝望的心境,唯有偶用秃笔蘸墨点画葡萄,才能一舒心中的抑郁无奈。徐渭甚至想跳入画中使万事俱休,《题雪景画》:"幽人凭水槛,钓者挈鱼投,况对千山雪,而无一客留。腊酒此时熟,老夫终岁忧,壶公能醉我,跳入画中休。"前四句描述了画中"千山鸟飞绝,万径人踪灭"的意境,后四句自抒己怀,用丰富奇特的想象,打破物我时空界限,藉"壶中天地"之典表其藉腊酒一醉,跃入画境而脱离现实之愿。当然,置之身外、万事皆休之愿正缘于现实中的种种忧愁,是内心郁闷难遣、常怀终岁之忧而生此奇思异想,奇思虽可赞而生命的荒废感却更为可悯。

不过, 人生的不幸不但没有消磨掉徐渭的生存意志, 反而激起他不屈的抗争意识。如《雪竹》其三:"画成雪竹太萧骚,掩节埋清折好梢。独有一股差似我,积高千丈恨难消。"竹萧骚有节,与清风共舞,虽被大雪掩埋,伤其节埋其清又折其梢,却独有一股如我之坚强,"积高千丈",愤激不平之气,托起了不倒的枝干,强硬不羁的性格,不屈不挠的意志,尽显出强烈的抗争意识。再如《倒竹》:"卷去忽开应怪叫,皂龙抽尾扫风雷。"虽倒伏于地,却仍似皂龙抽尾,气势压人。《题画竹》:"嫩篆捎空碧,高枝梗太清。总看奔逸势,犹带早雷惊。"高枝清梗,最易惹风,但态势奔逸,有早雷惊笋的勃勃生机。《竹》其四:"数叶传神为不朽,儒寒道瘦任人看。"纵被风雨摧折,仅剩数叶,却更能传达出寒儒瘦道的精神风格。相对于前面的那些题竹诗,这几首多了一份坚强不屈和洒脱无畏,可看到徐渭不向命运低头的抗争精神。

---

① 王祖龙:《生命悲感与自我挣扎》,《美术向导》,2002年第2期,第2页。

② 程树德撰,程俊英,蒋见元点校:《论语集释》,中华书局,1990年版,第1206页。

王国维《人间词话》云:“有我之境,以我观物,故物皆著我之色彩。”①徐渭作画题诗,因为渗透了个人情感,而使画和诗染上了强烈的主观色彩,观其画、阅其诗,如见其人。观徐渭所作,情感是画和诗的纽带,将二者合而为一,构成不可分割的整体。如《雪竹》《风竹》《雨竹》等组诗,将满腔之情倾注其中,无论是风、是雨、是雪,无论何种环境中的竹子,一枝一叶都渗透着作者的情感,读来觉得徐渭是“竹”,“竹”亦是徐渭。《雪竹》:“雪压烟迷月又蹉,前村昏黑水增波。梅花也自难主张,数尺寒梢奈尔何。”竹被置于凄迷、荒凉、阴暗的环境中,生命仿佛遭受到了威胁,无能为力、无可奈何,唯有任由命运宰割。再如《风竹》:“画里濡毫不敢浓,窗间欲肖碧玲珑。两竿梢上无多叶,何事风波满太空。”即使叶少不去招风,风波仍满太空,就像磨难要来挡也挡不住,诗中昭告了“树欲静而风不止”之理,风中之竹就像处于巨浪中的人,难以掌控自己人生的航舵,只有随命运的浪涛颠簸起伏,此诗可使人感受到徐渭的所思所虑,与其多舛的命运相互交织,同情其不幸的遭遇。再如另一组《风竹》诗,诗中的“风竹”是一个弱者的角色,受尽了风雨的欺凌:“只堪拟作钓竿横,岂有干云拂雾情。寄语风霜休更忘,只今已自瘦伶仃。”(《风竹》其二)竹叶已被风霜侵落得非常稀疏,竹竿清瘦伶仃如像钓竿,唯有寄语风霜休要相逼,如今的自己早已无干云拂雾的豪情了。自示衰象一方面是因为怕继续遭受风刀霜剑严相逼迫,另一方面则自诫莫要竹茂生风,免遭倾巢覆卵的厄运:“凭君莫画生风叶,卵破巢倾始得知。”(《风竹》其四)可见出徐渭经历了人生的种种磨难,已产生了避祸的心理。再如《雨竹》:“小露垂梢雨压竿,真成滴泪不曾干。问渠何事能衰甚,屈杀蛙泥笋一攒。”那垂梢压竿的雨露,就像流个不停的泪水一样,雨竹便成了一个“衰甚”的形象。

二

徐渭为人“疏纵不为儒缚”,“性不喜对礼法士,所与狎者多诗侣僧人,亦复磊落可喜者”②。他本非纯然儒者,又曾受业于季本、王畿,受心学姚江学派的影响,注重内心,强调本体,思想更杂。张元忭对其有救狱之恩,而一旦以礼法相规束,徐渭即不乐,大言道:“吾杀人当死,颈一茹刃耳,今乃碎磔吾肉!”③狂放纵逸、桀骜不驯的个性,使他率性而行;心学的浸润,僧人的影响,更使“不为儒缚”的他离礼法更远。中国士人多沿袭修身齐家治国平天下的人生道路,而真正能在这条路上走得顺当的并不很多,因而“独善其身”很自然地成为了“不达”时的自处原则。受“儒道互补”普遍规律的制约,不如意之时,或逆境之中,士人会以庄、禅的智慧自我开解,以求获得精神的解脱和心灵的安宁;甚而以游戏人生的态度面对厄运,进行文艺创作,出于“戏”而不为成法所缚,纵心放意,反而能更自由地宣泄内心情感,作品更能打动人。

徐渭一生坎坷,但在厄运的间隙也有过幸福美好的生活,亦有过为人赏识得以重

---

① 王国维:《人间词话》,上海上海古籍出版社,2004 年版,第 3 页。

② 徐渭:《徐渭集》,中华书局,1983 年版,第 1349 页。

③ 徐渭:《徐渭集》,中华书局,1983 年版,第 1340 页。

用的经历,他的精神也并不总处于紧张状态,所以他的题画诗的情感表现也有轻松愉悦、洒脱平和的一面。对人世间美好事物的情感体验,让徐渭压抑苦闷的心灵得到舒缓,绷紧的神经得以放松,也使题画诗焕发出清新逸丽的光彩。如《竹篱茅屋》:“纸窗屋矮似僧龛,春去春来总不堪。忽见桃花红映面,一时回首望江南。”茅屋矮窄如僧龛,但竹篱边的桃花,与人面相映,令人仿佛置身于桃红柳绿的江南,回首一望化解了陋室的不堪,沉重的心情也转为轻松愉快。再如花鸟类的题画诗,《水仙竹石》:“高楼醉酒一千觞,飞燕飞来过粉墙。”《牡丹》:“共指萧娘骑凤去,翠裙拖处尾偏长。”《题画四首》其二:“雷雨垂垂翠色繁,古松阴里了歌喧。问渠何事为人语,我爱山中听鸟言。”都透出了不同程度的轻松洒脱。在那些风景人物类的题画诗里,也看到了徐渭对自然、生活的热爱,如《山水》:“波光流不定,山色有无中。”《舟行观瀑图》:“架橹乘舟意兴豪,忽惊飞瀑挂竹梢。翛然清景看无厌,分付奚童慢慢摇。”

徐渭的不少题画诗更展现出一颗纯真的童心。在《风鸢二十五首》里描绘儿童的天真烂漫、可爱调皮,形象生动、风趣幽默。春风燕语时,正是放风筝的好时节,“此际不偷慈母线,明朝孤负放鸢天”(其二)。为此,小儿偷糊窗纸、拆鞋袜线脚做风筝:“鹞才料取剩糊窗,却吓天鹅扑地降。到得爷娘查线脚,拆他鞋袜两三双。”(其二十一)甚至在学堂上课,不专心听讲,倒打起庭前竹子的主意:“不向书堂讲课勤,糊藤拗竹觅风云。庭前几叶潇湘色,禁得儿们几斧斤。”(其二十二)而放风筝又是另一番趣味,其十四描述了放飞时的种种狼狈状:“筝儿个个竞低高,线断筝飞打一交。若个红靴不破绽?若人红袄不鏖糟?”只顾天上风筝顾不了脚下,踩着棠梨刺方知痛:“只顾鹞飞不顾脚,踏着棠梨才得知。”(其十三)看风筝的也如此:“爱看钻天鹞子高,不知前后只知跑。风吹昨夜棠梨折,卧刺如针伏板桥。”(其十七)这些小儿百般自由,放罢风筝又玩弹弓打鸟:“才见春郊鸢子罢,又搓弹子打黄头。”(其二十五)徐渭的描绘伴随着“我亦曾经放鸢嬉”的童年记忆,童年世界是纯真美好的,没有烦忧和苦恼,也没有坎坷和磨难,通过所见的放风筝、打黄头及回忆童年生活,可以获得暂时的解脱和恬静,让焦虑的心灵得到舒缓。

其实,苦难的人生对于徐渭固然是一种不幸,但也是一种幸运,正是苦难使他的文学艺术取得成就和地位,“穷而后工”确是铁的法则、规律。苦难也使徐渭思考问题更为成熟,对人生的感悟更为透彻。卡莱尔曾说过:“不曾哭过长夜的人,不足以语人生。”①说的正是同一道理。这种在苦难人生中的感悟,使徐渭在题画诗里表现出洞穿世间百态后的达观洒脱和萧散平和,表现出一种与悲愤颓放截然不同的情感。《杂花图限韵》感慨世事变幻莫测,犹如云之起灭,荣荣枯枯,生生灭灭:“物情真伪聊同尔,世事荣枯如此云。”透出一种沧桑感。《盛懋秋江画,董尧章索题》也道出了世事变幻无常:“莫笑渔郎多点检,从来风雨起晴天。”晴天突起风雨,犹如安稳的人生横遭不幸,有了这份认识,在世事变幻中冷静地观照自己的人生道路,也应“点检”时坦然相对。

庄周梦蝶,事后不知是自己梦蝶还是蝴蝶梦己,这一蕴涵相对主义哲学的故事,已

---

①[日]鹤见佑辅著,陈秋帆译:《拜伦传》,湖南人民出版社,1981年版,第18页。

成为了道家思想对人生的一种叩问。徐渭《秋草五蝶》也表达了对人生如梦的感悟:“秋光几点晓来匀,尺幅素纸好写真。我亦一生花底过,招来同话梦中身。”人生如梦,人生亦如戏,徐渭有《戏台》一副对联:“随缘设法,自有大地众生。作戏逢场,原属人生本色。”戏台上,人物角色是“大地众生”,逢场作戏本亦是“人生本色”。《为杭人题画二首》其一也感慨人生如戏:“帐头戏偶已非真,画偶如邻复隔邻。想到天为罗帐处,何人不是戏场人。”诗下注:“右帐竿木偶图”。木偶本已跟人是隔邻,画中木偶更是隔邻的隔邻了,然而想到若天为罗帐,有谁不是如同木偶这种戏场中人呢?当真人生如戏,戏如人生,而由命运操纵着人生,人也只能像木偶一样受其摆布,又多着一种无奈感。世事变幻难测,人生如梦似戏,徐渭对虚幻的人生就有了自己的感悟和安置,对荣华富贵的态度就会显得超脱。世人喜用胭脂画牡丹的雍容华贵,但徐渭绘牡丹时却不用胭脂,其《牡丹》诗云:“墨中游戏老婆禅,长被参人打一拳。涕下胭脂不解染,真无学画牡丹缘。”以没有用胭脂画牡丹的缘分来自嘲没有荣华富贵的命运。另一首《牡丹》诗:“五十八年贫贱身,何曾妄念洛阳春?不然岂少胭脂在,富贵花将墨写神。”不作“妄念”而自守贫贱之身,“岂少胭脂”之自问,用墨传写富贵花之举,透出了作者历经五十八年人生后的感慨与彻悟。

徐渭更在《桑枝半月一蝉振羽》中劝告人们,人生苦短,不必强求功名富贵:“高洁何心惭翳形,漫言薄弱媵双翎。空山有客琴初弄,碧树无情叶已零。饮露自怜留月伴,吟秋谁解倚风听。人间梦想冠缨贵,唱断清声唤不醒。”人生几何,生命短促,瞬息间已似寒蝉鸣秋,但世间又有多少人明白这个道理?人皆知冠缨为贵,孜孜以求,渴望能博取功名,将全部生命都付于追权逐贵,直至老死,终其一生都不明白,“唱断清声唤不醒”。徐渭自己仿佛终于放下被革除生籍之前的追求功名之念,心境也显得平和淡定。再如《画菊两首》,其一:“身世浑如拍海舟,关门累月不梳头。东篱蝴蝶闲来往,看写黄花过一秋。”其二:“经旬不食似蚕眠,更有何心问岁年。忽报街头糕五色,西风重九菊花天。”“身世浑如拍海舟”,这是对自己人生历程的总结和感慨,“关门累月不梳头”,“经旬不食似蚕眠,更有何心问岁年”,不难感受到他内心的消沉、凄凉和无奈,但随着岁月的流逝,徐渭心境已逐渐变得平静、安宁,所以这两首诗的最后两句,已没有以前的那种激愤,而是透露出一种无心外物、留意当前的自然、平和心情。

徐渭题《昭君下嫁图》有人世苦难甚众、罗网甚多的感慨:“人生触处有不幸,东脱网罟西亦阱。”但在《赠人》两副榜联里,却对人生的态度显得相当达观洒脱,其一:“世间无一事不可求,无一事不可舍,闲打混亦是快乐。人情有万样当如此,有万样当如彼,要称心便难脱洒。”其二:“乐难顿段,得乐时零碎乐些。苦无尽头,遇苦处休言苦极。”万事总要称心如意的话,便难以洒脱,因而得快乐时,纵使仅是“零碎”,亦不妨乐些。题画诗也反映了徐渭的达观洒脱,如《萱花》:“庭前自种忘忧草,直觉忧来笑辄缘。今日貌侬欢喜相,烦侬陪我一嫣然。”萱花亦称忘忧草,这里自谓于烦忧之时,效仿萱花的欢喜相,与之同一笑,把忧愁忘掉。再如《宜男草》:“金萱石畔生,丹粉弄娇色。谺然嘴乍开,掩映复翻侧。我本澹宕人,忘忧非尔力。”宜男草即萱花,有忘忧、贺得子及贺寿的含意,徐渭上一首诗尚道解忧还得仿萱花一笑,此首便自称本是“澹宕人”,无需萱花解忧而凭自性即可自解。

徐渭怀才不遇,内心颇为悲愤,正因如此,在晚年所著的《畸谱》里,对自己八试不售仍耿耿于怀,而对赏识自己的人却一直感激于心。在《葡萄》其四里,徐渭虽然抑郁不满,但也表现出难得的洒脱:"璞中美玉石般看,画里明珠煞欲穿。世事模糊多少在,付之一笑向青天。"再如《头陀趺坐》一诗:"四大谁从著故吾?十年浪迹寄菰芦。闲来写个头陀样,且读青莲笑矣乎。"诗后有题曰:"譬如到极没摆处,只以一笑付之,就是天地也奈何我不得了。"对人间世事付之一笑,纵有千苦万难,对我亦毫无影响,奈何不得,这是何等的豁达洒脱!这种洒脱是李白般的率性而为,不是勉强做作,就像画中的头陀一样,终日乐呵呵而笑。再如《芙蓉》:"老子从来不遇春,未因得失苦生嗔。此中滋味难全说,只写芙蓉赠与人。""从来不遇春"正是自况,而自己却未因人生的得失而"苦生嗔",是否当真如此且不论,但诗中确可看出他心境的开阔、平和及洒脱。

徐渭的作品没有明确的系年,为后人了解其思想感情发展变化的过程带来了困难。《徐文长评传》将他四十六岁被革除生籍作为分期点:"要彻底了解徐渭出狱以后的思想状况,必须注意到一点,即按明代的规定,生员犯法入狱后,必须首先革去学籍。换言之,徐渭下狱七载,虽幸免一死,但他已不是秀才了……因此,过去那种强烈的功名心在身上消失了,而贫贱者与高贵者的对抗意识则更为强烈了。"[①]虽事实上徐渭至老也没能完全忘却科举之路的痛苦遭遇,仍为自己的遭遇愤愤不平,《上冢》:"我今六十五,仍高破角巾。"《祖堂夜归》:"两地禅林一日穷,角巾面面折冲风。"皆可见之。角巾是明代布衣儒生的常服,面对祖宗,徐渭对自己的功名未就仍感到痛苦和怅恨,所以他在七十二岁作《畸谱》,回忆四十四岁时因与李春芳的纠纷而不能参与当岁科举一事,字里行间仍充满惆怅。上面论《桑枝半月一蝉振羽》诗,可知徐渭是劝他人莫将一生都花费于追权逐富,但他在《作牡丹送从子武会试》里却道:"近来懒病日关门,世事如毛等一髡。此际不知何以故,也将富贵望儿孙。"表达了对从子(侄子)博取功名的寄望,以求弥补自己的一生遗憾。但是,由于他的学籍被革,已无法求取功名,不得不接受事实,转而走向自我开脱。因此,可以大致认为:随着岁月的增长,生活经验的积累,徐渭对人生有了更深刻理解,又得于"出世"的庄、禅思想的启示,使他对世事变幻无常、人生如梦如戏感悟渐深,也随之对功名富贵的追求渐变淡然,对人生的苦难也能自我开解和调适,本来因之而起的愤激悲懑心境,也就渐渐得到熨平,其题画诗所见的情感心态,也因此逐渐趋于达观平和,对人生的态度也变得旷达洒脱。

徐渭有"摹情弥真则动人弥易,传世亦弥远"[①]之说,揆之他托物寄意的写意画及画龙点睛的题画诗,可谓甚为切合。

(本文与博士生李杰荣合作,原载《文艺理论研究》2010年第6期)

---

① 骆玉明,贺圣遂:《徐文长评传》,浙江古籍出版社,1987年版,第134页。

曲学及其他

精诚的至情 深沉的同情
——《长生殿》的主题和艺术

清朝康熙年间,“南洪北孔”的杰构《长生殿》和《桃花扇》先后问世,为昆腔全本戏提供了里程碑式的新作,使在北京一度处于劣势的昆腔又凌于弋调之上,形成“两家乐府盛康熙”,“勾栏争唱孔洪词”的局面。孔尚任的《桃花扇》因其现实主义的政治性而遭忌,加之声律上的原因,演出不久后就退出了舞台,到了近代,全剧仅存三出曲谱。而《长生殿》在定稿和演出后,不仅赢得北京城“家家收拾起,户户不提防”[①]的时誉,而且以它的艺术魅力长盛不衰。《长生殿》“为千百年来曲中巨擘”,使“学人、才人一齐俯首”(梁廷枏《曲话》卷三),爱文者喜其词,知音者赏其律,对剧坛的影响是巨大而深远的。但是三十多年来,人们对它的评价却颇见分歧,论者各执一端,虽各有所得,却未免抑扬过当。这里,就怎样评价《长生殿》的问题,谈一点粗浅见解。

一

自白居易《长恨歌》传世以来,唐玄宗和杨贵妃的故事一直在戏曲舞台上搬演不息。元代有杂剧《唐明皇哭香囊》(关汉卿),《唐明皇秋夜梧桐雨》、《唐明皇游月宫》(白朴),《杨太真霓裳怨》(庾天锡)等;明代有传奇《惊鸿记》(吴世美),《彩毫记》(屠隆,以李白为主角,亦写及李、杨)。《长生殿》能超迈前人,出于众上,博得盛誉,实在是由于它深刻地开掘了这一传统爱情题材的主题,在改造了的李杨爱情故事之中寄寓了理想主义色彩,表现了民主性的思想。

白居易写《长恨歌》的原旨是“惩尤物,窒乱阶,垂于将来者”,但由于时光的流逝,他对历史事件的感受已经不同于天宝时代的杜甫;又因安史之乱虽肇始于唐玄宗李隆基的昏庸腐败,但李、杨既是社会悲剧的制造者,也是爱情悲剧的亲尝者,所以以后对他们爱情悲剧的同情渐渐产生,再加以作者在诗中抒发和倾注了自己爱情生活的不幸,因此,就改变了初衷,把《长恨歌》写成了反映真诚爱情的长恨主题的诗篇。由于在长期的封建社会中,爱情不是婚姻的基础,“父母之命,媒妁之言”酿成了众多的爱情悲剧,而《长恨歌》中所倾诉的“在天愿作比翼鸟,在地愿为连理枝”,表达了无数被迫分离的男女恋人的心声,它的艺术力量使李、杨情缘越出了帝妃的身份,因而赢得了普遍的同情和强烈的共鸣。可以说,《长恨歌》为《长生殿》奠

① 李玉《千忠戮·惨睹》中[倾杯玉芙蓉]首句:“收拾起大地山河一担装。”《长生殿·弹词》中[一枝花]首句:“不提防余年值乱离。”

定了很好的基调。《长生殿》避去“史载杨妃多污乱事”，“止按白居易《长恨歌》，陈鸿《长恨歌传》为之”（见《长生殿·例言》），基本同于白诗对李、杨情缘原非纯真的本来面目的改造。

在封建社会已进入后期的晚明，个性解放的思潮渐汇成浪漫主义洪流，“情”和“理”的斗争使得戏曲创作多取材唐宋传奇的男女悲欢离合故事，这在汤显祖的《牡丹亭》中得到了充分的表现。洪昇在前人的启迪和影响下，在万历以来传奇写“情”的传统上，去表现生死不渝的爱情。首出《满江红》中明确写道：“今古情场，问谁个真心到底？但果有精诚不散，终成连理。”至若李、杨故事，并不重在重现历史人物的真面目，只是“借太真外传谱新词”，以体现“真心”和“精诚”的爱情理想。

剧中的唐明皇是在“升平早奏”、踌躇满志之时，“愿此身终老温柔，白云不羡仙乡”，选杨玉环作为解语花以悦晚年的。而杨妃的姿色体态、灵心慧性正迎合了明皇的趣味，从色欲出发，他完全将杨妃作为玩物，这在《春睡》《窥浴》等出中多有表现。为此，他用豪奢的物质来博取杨妃的欢心，并使杨氏一门封侯赐爵，跻身高位，而杨妃也因“位列贵妃，礼同皇后”而怙宠自恃。此时的李、杨并未逾于一般的帝妃关系。明皇与梅妃的重续旧情，也正说明了他对杨妃的爱并不是专一的。而杨妃的嫉妒引起了风波，她对明皇的斥责和要挟，是在激烈的排他感情驱使下的无所顾忌之举，使明皇在愧悔之余，深感她的“情真妒亦真”。这样他们的情缘发展到了“七夕密誓”的新阶段。密誓是李、杨关系的一大发展，权力与美貌的交换、结合，转而为专一、真诚的相爱。

然而，“情之所钟，在帝王家罕有”的真正体现，还是在马嵬《埋玉》之后。此时，明皇已失去“山河一统皇唐”，眼睁睁地看着杨妃为杨门的罪愆而赴死，成了自己荒政的牺牲品。而明皇因自己的背盟负约，无力援救而痛悔，在失势的迟暮之年，只有与杨妃重聚于地下是他的安慰。他完全沉浸在对杨妃的真诚而深刻的思念之中，而杨妃的一缕幽魂也追随明皇车驾，终得列入仙籍，她却只想续前缘，不愿位列仙班。双方的精诚感动了上天，得以超越死生之隔，终于在月宫重圆。经过这样的净化和升华，李、杨情缘已逾越了历史上真实的帝妃之爱，而具有广泛的意义，这也正如同样从不专一到专一的贾宝玉对林黛玉的爱情的净化一样，赢得了人们普遍的同情。

《长生殿》不像《梧桐雨》那样沉溺于绵绵长恨的悲剧气氛中，而是以浪漫主义精神和非凡的艺术力量，表现了人们对冲破障碍，实现圆满结合的理想，这对在禁锢之中争取美好爱情的人们确实具有普遍的鼓舞作用，这就是剧作的民主性精华之所在。

二

《长生殿》将李、杨情缘作为千千万万的爱情悲剧之一来感受，从而表现了“精诚不散”“终成连理”的主题。但又非仅止于此。如果说作者以理想主义之笔表现了李、杨爱情,那么他又以现实主义精神,同样体现出民主性精华的,就是真实而深刻地揭露了李、杨“弛了朝纲,占了情场”的恶果。洪昇写《长生殿》,经前后三易稿,共历时十五年,这十多年中,他饱览了人民的痛苦生活,洞察了深刻的社会矛盾,因而将李、杨情缘置于广阔的社会背景中,以艺术形象表明了对统治者的谴责,对人民的同情,所以对“专写钗合情缘”有所突破。

由于李、杨的帝妃身份,他们之间的爱情幸福首先是建立在后宫佳丽的痛苦之上的。且不说皇帝的广搜天下民女,造就了多少人间的苦难,就以杨妃的娇妒与狠毒而言,她用自己力求专一的爱来摧毁别人的那一点点可怜的爱(如果能称为“爱”的话)。李、杨乐极哀来的爱情悲剧正与这无数的悲剧纠结成复杂的连环套。尽管作者尚未能对现存制度的合理性表示怀疑,但从宫闱生活的揭示中,我们已能深感到《长生殿》中现实主义的力量。

然而,“占了情场”又非仅涉及宫廷,上阳白发人的不幸也仅是不幸的一端。李、杨情缘的发展是与现实政治紧密相联的,明皇的寄情声色造成了侈心滋长、谗谀并进的结果,以致“弛了朝纲”,吏治腐败,君纵欲而荒政,臣争权而倾轧,对人民的役使无度,更使百姓雪上加霜。为表达自己怜香惜玉之心,明皇不仅以人民的膏血染就外戚权臣的朱甍碧瓦,以千里进果来博妃子一笑,并使杨国忠这样的卑污小人权倾一朝,安禄山这样的奸诈之辈也跻身高位,倾轧权哄,终于酿成了天宝祸乱,使人民深陷于苦海。而统治阶级与人民的尖锐对立,则导致了“马嵬事变”的发生,造就了帝妃自身的悲剧。《舞盘》的美人清歌曼舞,《进果》的人民血泪交流;《絮阁》的帝妃爱情纠纷,《侦报》的渔阳暗起刀兵……宫廷的豪华奢侈与人民的苦难、社会的危机形成鲜明的对照。尽管作者在《自序》中表明了他“乐极哀来,垂戒来世”的劝惩之意,但是在《贿权》《禊游》《疑谶》《权哄》和《进果》各出中,所表现的是对统治阶级的无情暴露和强烈谴责精神,对人民苦难的深切同情,并把这些与作者对他所生活时代的黑暗现实的深切愤慨凝结在一起。这就超越了他的创作本旨,而闪射出现实主义的光芒。

作者以理想主义与现实主义笔触的交织,创造出这样一个名剧:剧中所塑造的明皇、杨妃的形象是复杂的,他们既是精诚的爱情理想的化身,又是社会悲剧的制造者和爱情悲剧的承担者;剧本虽然造就了团圆的结局,却无法改变主人公深刻的悲剧命运和完整的悲剧性格;作者虽同情李、杨的命运,但在前半部中却把更多的同情给予人民,把更多的钦敬倾注到爱国者身上;全剧虽以李、杨情缘为主线,但同时又深刻地刻画了阶级矛盾和民族矛盾的图画。这样复杂的连环套,亦使论者常各执一端,对其主题的理解产生了很大的歧异。

我们说,剧中的这种种矛盾,是对《长恨歌》及一些反映同一题材的续作的因袭(《长恨歌》之所以广泛流传,是与人们对李隆基这一功过相当的历史人物的评价,对李、杨既是悲剧制造者但更是承担者的评判有关),从中我们可以看到作者批判黑暗现实的思想(作者诗文集中的许多作品可与之互证),还可以看到作者反清民族意识的寄寓(康熙皇帝之恼恨此剧,可谓旁证)。《长生殿》所表达的主题思想是复杂的,而对精诚的至情的歌颂和对人民的深深同情则是其中最主要的两方面，二者的矛盾又可统一在民族主义的思想之上。可以说,《长生殿》的客观效果超越了作者主观的创作意图,这种情况,在文学史上是不乏其例的。

三

《长生殿》的艺术成就也是很高的。

首先,它在社会的广度中体现出历史的深度。明初的传奇,一度被谈忠说孝所桎梏,流风及于嘉靖年间,直到汤显祖的临川和沈璟的吴江两派竞胜时,才彻底改变了这种状况,使创作基本上形成两大题材:爱情故事和忠奸斗争,这实是元杂剧现实主义和人民性的余脉延伸。写爱情故事以情胜,有情节动人之长,写忠奸斗争以理胜,有立顽起懦之效,有些剧作家试图将阴柔、阳刚统一在一起,但却难得成功。且不说《浣纱记》中的吴越兴亡与范蠡、西施的恋爱捏合之痕的明显,即以《牡丹亭》来说,杜宝平叛的副线就很难与爱情主线相调和。《长生殿》则不然,尽管李、杨的“占了情场”与“弛了朝纲”向相反的方向发展,但“情场”与“朝纲”却是密切相关的。作者将故事从宫苑推向社会,继而人间、天上,展现了极为深广的场景,不仅将李、杨之情经净化而升华至顶点，以天神的评判来高度赞美精诚的真情。而且还借广阔的角度表现了不同阶级、阶层的众多的生活面,将天宝年间错综复杂的历史作了生动的艺术再现。可以说,“情场”和“朝纲”相辅相成地体现了作品的历史深度:一面是至情越出了帝妃的范围,表现了人类爱情专一的历史趋向;另一面是形象地揭示了阶级矛盾和民族矛盾,表现了封建王朝的深刻危机和人民对历史的公正的评判。作者同情李、杨,但并不袒护他们的过失,将对爱情理想的寄寓和对荒政恶果的批判结合在一起,使缠绵曲折的爱情故事和政治斗争的广阔背景混融交织，形成貌似不统一的主题思想的两个缺一不可的侧面。

其次,《长生殿》还体现出人物事件的典型化与生活的丰富性的高度和谐。《长生殿》展现了极其丰富的社会生活面,但长达五十出的剧本却是主脑清晰,头绪不乱,起阖转折波澜壮阔,情节安排却细针密线,在删枝夷叶之中精心刻画人物,安排情节。历史上的安史之乱,涉及众多的人物和事件,《长生殿》以前的剧本多是有闻必录,尽管有很好的唱词(如《梧桐雨》),却常因剧情的散漫使人物形象不那么鲜明、突出。《长生殿》则不然,它围绕着主题来设置人物、安排情节,除李、杨之外,主要人物仅六七人,可有可无的人物,可写可不写的事件常以侧笔或对话带过,既在剧情的纵深发展中深化了主题,又多层次、多角度地刻画了丰满、鲜明、生动的人物形象。前半部中,明皇的溺情、荒政,杨国忠、安禄山的弄权、骄恣,使主题的两个侧面不断发展,反映了酿成安史之乱和马嵬之变的重要原因。后半部则通过李、杨的深刻忏悔,使李、杨爱情高度升华,且不说女主角杨妃,即以明皇说,《闻铃》以后的数出戏,就让他洗净了卑污之念,在对杨妃的无穷怀恋中深化了他的性格，成功地完成了他从风流天子到至诚情种的过渡。

最后，以上两点之取得成功，当在于作者现实主义和浪漫主义创作方法结合之圆满。《长生殿》问世之前，戏曲创作主要是通过“征实”和“蹈虚”两种途径。前者多取材史实，后者多出虚构，这样也自然形成了现实主义或浪漫主义创作方法的两大流派。如果说，在《长生殿》前后的《牡丹亭》和《桃花扇》分别是浪漫主义和现实主义的杰构，那么《长生殿》则不失为二者圆满结合的范例。《牡丹亭》立足于现实的土壤，让被困于高墙深院中的杜丽娘死于对爱情的徒然渴望，然后，使丽娘的鬼魂由死而生，以“情”胜“理”，采取的是浪漫主义手法。《桃花扇》以李、侯的悲欢离合写兴亡之感，这在对历史记忆犹新的时代，产生的现实主义力量当然是巨大的。《长生殿》改造了《梧桐雨》将了未了的悲剧结局，将李、杨置于月宫团圆，并不是硬安上光明的尾巴，而是对至情逾越生死之界的理想的寄寓。这不能简单说成是幻诞，而是“出之贵实，用之贵虚”的体现，与人们普遍赞美的梁祝化蝶有异曲同工之妙。

此外，《长生殿》的艺术成就还表现在曲辞与特定环境、人物性格的统一；以及韵律的严整和语言的优美、生动、自然结合得天衣无缝。近代曲论家吴梅在检定南北词曲谱时就以《长生殿》为范本。

只有全面地、历史地理解《长生殿》，才能作出合乎实际的评价。我们深信，对《长生殿》价值的认识一定会臻于完整和正确的。

（原载《文史知识》1984 年第 5 期）

元杂剧简说

我国历来唐诗、宋词、元曲并称，这元曲常用以兼指散曲和杂剧。散曲包括短篇的小令和以若干小令组成的套曲，用以合乐歌唱，在元代的地位相当于宋代的词，属于广义的诗歌。杂剧的基本组成部分的唱词是套曲，但更具有故事情节，有科（动作）白（说白），而且，“小令套曲，则为自抒胸襟之作，杂剧传奇，则全是代人立言之作”（吴梅《辽金元文学史》）。杂剧以“代言体”立足于演出的形式区别于抒情性的散曲，由形式影响内容，它对社会生活的反映，要较散曲广阔、深刻、形象、具体得多，因而，“元曲”无疑主要指的是杂剧。

一

近代著名学者王国维曾以极其简洁的语言勾勒了中国戏曲发展史的大轮廓：

“知我国戏剧，汉魏以来，与百戏合，至唐而分为歌舞戏及滑稽戏二种；宋时滑稽戏尤盛，又渐藉歌舞以缘饰故事；于是向之歌舞戏，不以歌舞为主，而以故事为主，至元杂剧出而体制遂定。”（《宋元戏曲史·余论》）元杂剧的远祖不说了，我们且看其近源。

南宋时期，杂剧虽以诙谐嘲弄、滑稽调笑为主，但已从歌舞中完全独立，角色各有名目，任务各有所司，且以故事表演为主。据周密《武林旧事》卷十所载“宫本杂剧段数一节（“宫本”意为“通行之本”），共列二百八十本，其中许多都有故事情节，从名字可知，有些更是出于唐代传奇。在北中国的金朝，亦有杂剧，不过在金称为院本。据元代陶宗仪《辍耕录》所载，院本共有六百五十种，超出南宋“宫本杂剧段数”一倍多。

除了宋杂剧、金院本的戏剧因素外，元杂剧还继承和发展了诸宫调的讲唱文艺因素。诸宫调在宋、金时代盛行于民间，它以唱辞、说白相间，配有乐曲，唱说一个完整的长篇故事，并把它们按不同宫调（吴梅《顾曲麈谈》说宫调是“所以限定乐器管色之高低也”，这“管色高低”即相当于西洋音乐中的十二调）编排成套，套套相接，成为既有故事、人物，又有说、唱、伴奏的长篇叙事诗。这种说唱形式从第三者叙述进而发展为代言体，加上动作表演和舞蹈形式，并假以舞台和服装、道具，就成为正式戏剧了。

在宋杂剧、金院本、诸宫调的基础上，吸收和综合了前者歌舞、表演的戏剧因素，和后者按宫调联套编排唱词，以唱为主，唱、白相间的长篇故事体制的讲唱文艺因素，就逐渐诞生了新的、较完善的真正代言体戏剧——元杂剧。

当然，仅言文艺内部的发展还是不够的，元杂剧的发生、发展更有其外部原因。

元朝统治者以荒原大漠的游牧民族入主中原，继又占有江南，他们变农田为牧场，变农民为农奴，用落后的生产方式破坏了农业经济。后来，统治者发觉了这些做法的错误，就采取措施恢复农业生产，并改善手工业者待遇，产品除自己享用外，多用于贸易，促进了城市商业经济的繁荣，随之带来了市民文艺的兴盛。除了下层人民的喜好以外，统治阶级对戏曲歌舞的爱好、提倡，直接促进了杂剧的繁荣。

元朝依次将蒙古人、色目人、汉人、南人分成四等，对汉族人民（尤其南方人）实行严酷的民族歧视、政治压迫和深重的经济剥削。此外，科举制度被废数十年，大批读书人不但断了仕进之途，而且更处于“九儒十丐”的低下地位，“百年未几，世运中否，士失其业，志则郁矣”（朱经《青楼集序》），他们组织书会，与艺人合作，以杂剧为事业，造成了一支出色的艺术家与作家队伍。他们身处底层，与人民休戚与共，目睹了种种社会黑暗，饱尝了人世的艰辛，因而能以饱蘸血泪的笔，表达人民的感情、意志和愿望。当然，由于统治者明令严禁“妄撰词曲”，加以作家本身思想局限和受到市民意识落后一面的支配，元杂剧也必然存在思想上的局限性。

元杂剧的发展大致可分为三期：第一时期是灭金到灭宋的四十年间，第二时期是灭宋后到至元间的六十年，第三时期为元末二十余年。第一时期是民族矛盾、阶级矛盾最激烈之时，也是元剧的黄金时代。但随着异族统治日久，亡国之痛淡忘，加以重开科举，“试艺以经术为先”，知识分子又踏上读经求仕之途，杂剧作品的现实主义战斗精神渐渐消失了，又因杂剧活动中心南移，离其故土，故第二时期是由盛转衰期。第三时期则是强弩之末，渐被由南戏发展而来的新形式——传奇，取代了统治地位。

二

元杂剧的完整的文学剧本由曲和科白两大部分组成。

曲是唱词，全剧的曲一般分为四折（折原作“摺”，因为当时演戏将曲白写于纸摺上，故有此称），一折相当于现代话剧的一幕，个别剧本有五六折，更长的如《西厢记》，计五本二十一折，这是极罕见的。

于同一“宫”或“调”，按一定次序排列起来，如仙吕宫以［点绛唇］开始，接以［混江龙］、［油葫芦］、［天下乐］等曲。四折的宫调安排亦有一定习惯，大多是第一折用仙吕宫，第二折南吕宫，第三折为中吕宫（或正宫、越调），第四折为双调。曲子依曲牌写作，常加衬字，按以大都为中心的北方语言押韵，共十九个韵部，平、上、去三声通押。

杂剧除唱以外，还有剧中人物的说白，因为以唱为主，故说白又称“宾白”。宾白分对白（剧中人物对话）、独白（一人自叙）、旁白（虽有场上角色，但可背转身对观众叙述心理活动）、带白（唱词中插入的少量说白）四种，此外，独白中又有一种特殊的“上场诗”，是脚色上场时按人物身份职业，结合剧情所念的公式化诗句，下场又有下场诗。宾白多用口语，亦有诗、词或顺口溜。元杂剧重曲词而轻宾白，因此，常由演员灵活应用，有变通回旋余地。

杂剧立足于演出，除唱、白外，还有情态、动作，这就是“科”（或作“介”）。剧中人还使用道具，称“砌末”。此外，还有音响效果，亦归入“科”内。如白朴《梧桐雨》第一折，就有“内作吹打喧笑科”“做接驾科”“看科”“接科”等动作规定，又有“挑灯拿砌末”“正末与旦砌末科”等道具要求，和“内作鹦鹉叫”的音响效果。

剧本除四折之外，在首折之前或折与折之间，往往要交代线索情节、增强前后联系，就要另加“楔子”（其所起作用亦类于木器接榫的楔子），当然，也有不用楔子的。

此外，元杂剧还有一个特点，就是全剧结束前，由一地位较高者出场对剧情作最后处理，念诗词或顺口溜，概括剧情，作出褒贬判断。然后在最后出现本剧的题目正名，就是用两句或四句对子概括全剧内容，在收场时念出，并以末句中最有代表性的几个字作为简名。如马致远的《汉宫秋》是简名，题目为“沉黑江明妃青塚恨”，正名为“破幽梦孤雁汉宫秋”；孟汉卿《魔合罗》为简名，题目是“李文道毒药摆哥哥，萧令史暗里得钱多”,正名是“高老儿屈下河南府,张平叔智勘魔合罗”。

中国戏曲的程式化特点与元杂剧剧本相关的,就是剧中人的脚色分类。元剧脚色分末、旦、净(包括丑)、杂四类。“末”为剧中男角,相当于京剧的“生”,男主角称“正末”,此外,尚有副末、冲末、外末等。“旦”为剧中女角,女主角称“正旦”,此外,尚有副旦、贴旦、老旦、外旦、花旦等。“净”为强悍勇猛者,多男角,偶有女角,有净、副净、二净、丑等。“杂”为不属以上三类的杂角,如细酸(穷秀才)、邦老(盗贼)、孤(官)、孛老(老头)、卜儿(老妇)、徕儿(小孩)等,除“邦老”,“孤”多由净角扮演外,其余则为真正的“杂”角。因为元杂剧由一人主唱,而正末和正旦又是主唱的角色,所以由正末主唱的剧本称“末本”,由正旦主唱的称“旦本”。除正末、正旦外,只有冲末或副末之类能在楔子唱小令,其余角色只有宾白,虽偶有净、丑唱曲,但多属套外曲辞,而非正曲。即以正旦或正末主唱一项来说,亦偶有正旦、正末分折轮流主唱的,而且,在一剧之中正末或正旦可在不同折中兼扮两个以上的角色。至于演出情况,因限于篇幅,兹不再赘了。

元杂剧长期被看作“邪宗”,在封建社会后期才得以升到文苑附庸的地位,但是,它的群众性、民主性、现实主义精神是不可抹煞的,它的艺术性也是突出的。今天,研究整理这大宗遗产,将是很有意义的工作。

(原载《语文学习》1982 年第 11 期)

出之或然 入以必然

——从金西厢看金圣叹戏剧观的一个矛盾现象

亚里士多德在《诗学》中曾提出了以或然律和必然律来处理题材问题,但“无一人曾就这种或然性和必然性的确切含义对我们惠予说明”(高乃依《论戏剧的功用及其组成部分》)。此处,借用“或然”与“必然”二词,来分析金圣叹戏剧理论的矛盾现象。

金圣叹生活在明清易代时期,思想上充满矛盾。首先他是一个主观唯心主义者,他说:“《南华》何以名华?实不可说也。云何实不可说?本无实可说也。”(《随手通》)在论“华”(事物光辉)之焉存时,竟连“实”(事物本体)都否定了。但是,他又看到事物在发展,世界在变化,因而,在唯心主义的同时,却颇有辩证思想,他说:“盖心所以不清者,为住色、住声、香、味、触、法故。应知色声等尘,本无有住。《法华》云:‘天风吹萎花,更雨新好春’,他已一路簇新簇新下去,则我此心亦应一路簇新簇新下去。”(《语录纂·杂华林》)

金圣叹的文学观、戏剧观是与他的哲学思想相对应的,这在他所批的《西厢记》

——《第六才子书》中时有流露。

金圣叹的主观唯心主义，不仅表现在对客观世界存在的否定，而且更在于否定了自身："我固非我也。未生(以)前非我也，既去已后，又非我也，然则今虽尤尚暂在，实非我也。"(《第六才子书·序一·恸哭古人》，以下凡引该书，均不另注书名)因而，他在《惊梦》一折总批中大谈"郑人争鹿""庄周梦蝶"，称"今夫天地梦境也，众生梦魂也"，绝非偶然。面对清初的政治高压，他是消极的，但是，在把世界、人生看成是匆匆过客的同时，他认为亦有永恒之物，那就是："万物坏时，妙理不坏。"(语录纂)"夫世间之一物，其力必能至于后世者，则必书也。"(《序二·留赠后人》)"妙理"和"绝世奇文"是永恒的。

《西厢记》这样的"绝世奇文"是怎样产生的呢？金圣叹对此表现出十足的唯心观，我们可以简称之为"出之或然"。

他认为，妙文是天地自身的产物，至于作家能写出来，是因为"被灵眼觑见，便于此一刻放灵手捉住……今《西厢记》若干文字，皆是作者于不知何一刻中灵眼忽然觑见，便疾捉住，因而直传到如今"(《读法》十八)。他不仅将作文比作掷骰子，认为文章成功充满偶然性，而且进一步认为"既是风无成心，便是云无定规，都是互不相知，便乃偶尔如此。《西厢记》正然，并无成心之与定规，无非佳日闲窗，妙腕良笔，忽然无端，如风荡云，若使异时更作，亦不妨另自有其绝妙"(《读法》二十二)。接着，他更进一步发挥："《西厢记》正写《惊艳》一篇时，他不知道《借厢》一篇应如何，正写《借厢》一篇时，他不知道《酬韵》一篇应如何。"(《读法》四十四)可见，金圣叹是否定了作家认识生活，理解生活，表现生活这一创作过程，否定了"文"对于"事"的依赖关系；只讲灵感，否定作家的苦心经营和全盘写作计划。因此，他又进而否认作家熟悉生活，否认作家的创作个性和特点、风格。说什么"固不单会写佳人才子也，任凭换却题教他写，他俱会写"(《读法》五十七)。就这点来说，他的识见尚低于前，王骥德就说过："人之赋才，各有所近。马东篱、王实甫，皆胜国名手。马于《黄粱梦》、《岳阳楼》诸剧，种种绝妙，但一遇丽情，便伤雄劲；王于《西厢》、《丝竹芙蓉亭》之外，作他剧多草草不称。尺有所短，信然。"(《曲律》卷之三)

然而，金圣叹在对《西厢记》作具体分析、评价时，却是从生活真实出发，以客观艺术规律来衡量的，对此，可以简称为"入以必然"。

金圣叹不满于戏曲中许多青年男女形象的"轻狂"之举，固然是有其礼教思想作怪的因素，但也常常是因为剧作者无视剧中人的时代、身份，外加上元代节烈观淡薄的思想色彩或明代的市民性格，因而，剧中的官宦子女往往一见钟情，毫无顾忌，甚至佳人比才子还主动。所以，在金《西厢》中，莺莺一出场，瞥见张生就走，金圣叹极有针对性地批道："写双文虽见客走入，而不必如惊弦脱兔者，此是天仙化人，其一片清净心田中，初不曾有下土人民半星龌龊也，看他写相府小姐，便断然不是小家儿女。笔墨之事，至于此极，真神化无方。"(《惊艳》批)可见，金圣叹是以现实生活的真实性来要求和衡量人物塑造、情节表现的。这类例子，在批文中俯拾皆是。

金圣叹在对作品作分析的过程中还指出:剧中情节、人物应取之于古人,但不必定其所指,文不必限于事。实际上,这就是文学创作中从生活提取、概括、创造典型形象,创造自己理想人物的规律,而他却称之为"寄托笔墨之法"。他说:"古人实未曾有其事也,乃至古亦实未曾有其人也。即使古或曾有其人,古或曾有其事,而彼古人既未尝知十百千年之后,乃当有我将与写之……夫天下后世之读我书者,彼则深悟君瑞非他,君瑞殆即著书之人焉是也,莺莺非他,莺莺殆即著书之人之心头之人焉是也,红娘、白马,悉复非他,殆即为著书之人力作周旋之人焉是也……如彼夫亦可以大悟古人寄托笔墨之法也夫?"(《惊艳》总批)"世之愚生,每恨恨于夫人之赖婚,夫使夫人不赖婚,即《西厢记》且当止于此矣,今《西厢记》方将自此而起,故知夫人赖婚,乃是千古妙文,不是当时实事。"(《寺警》批)指张生为作者本人虽未免武断,但他确是看出了作者塑造自己的理想人物的创作意图,看到了人物设置与情节发展的关系,看到生活激变在戏剧情节发展中的作用,突破了"索隐派"的拘谨目光,比之许多人一味去考证张生即元稹,或崔果嫁于郑恒,又崔非莺莺,郑非郑恒等等,金圣叹的识见确是高出许多,确是谈出了带根本性的创作规律。在《请宴》总批中,他进一步谈了文(创作)和事(现实)的关系。他说:"然则世间之所谓骇目惊心之事,固不必定至于洞天福地,而后有此,亦为信然也……庄生有言,指马之百体非马,而马系于前者,立其百体而谓之马也。"这里,他实际上谈的是虚构情节的"因文生事",即文艺作品对事物的概括提高。

因为金圣叹从生活真实出发来衡量《西厢记》,所以,衷心服膺它的高度典型意义。他说:"《西厢记》不是姓王字实夫此一人所造,但自平心敛气读之,便是我适来自造。亲见其一字一句,都是我心里恰正欲如此写,《西厢记》便如此写。""想来姓王字实夫此一人亦安能造《西厢记》,他亦只是平心敛气,向天下人心里偷取出来。""总之,世间妙文原是天下万世人人心里之宝,决不是此一人自己之文集。"(《读法》七十三——七十五)他认为,正因为《西厢记》是真实、典型的,因而能引起读者的爱好、共鸣,作者的创作意图与读者的欣赏心理完全合拍、共鸣,达到高度的一致。

因为《西厢记》艺术地概括了生活,成为青年男女反对封建宗法礼教、争取婚姻自主的典范作品,所以,金圣叹据此典型,希望出现更多优秀作品。他说:"今日见《西厢记》,鸳鸯既绣出,金针亦尽度。""今此《西厢记》便是吕祖指头,得之者处处遍指,皆作黄金。"(《读法》二十三、二十四)

"出之或然,入以必然"使金圣叹的戏曲观瑕瑜互见,剔除其糟粕,汲取其精华,批判地继承这一份遗产,是不无意义的工作。

(原载《艺谭》1983年第4期)

元散曲的艺术特色

唐诗、宋词、元曲并称“一代之文学”，前后辉映，是中华民族的骄傲。通常所说的元曲包括散曲与剧曲（戏曲），剧曲设置人物，搬演故事，有“代言体”特点，散曲则可视为广义的诗之一体，是诗歌发展至后阶段的一种新形式。这里，想谈谈散曲的艺术特色。

“一代之文，每与一代之乐相表里”（吴梅《中国戏曲概论》），从《诗经》以来，诗歌多是合乐的。我国的文学与音乐，历来有地域之异，尤其有南北之分，大体说来，北方多刚健，南方多柔秀。在散曲这种形式出现以前的宋朝，演唱的是词，词兴于唐，繁衍于五代，带有浓厚的南方色彩，入宋之前，尤盛于地处南方的南唐、西蜀。宋代的政治中心虽在黄河流域，汴京的达官贵人也爱写词，但靖康之变以后，宋、金政权以淮河为界，词在南方势力不减，但在北方却渐形衰落。一方面，是南宋词愈趋典雅，另一方面，则是北方少数民族的“胡夷之曲”与流传民间的“里巷歌谣”相结合，极见质朴俚俗，其语言以现在北京的语音和词汇为基础，这种新的诗体不仅音乐、格律、语言与宋词不同，而且艺术风格亦与之大异。近人任讷在《散曲概论》中为之概况道：“总之，词静而曲动，词敛而曲放，词纵而曲横，词深而曲广，词内旋而曲外旋，词阴柔而曲阳刚，词以婉约为主，别体则为豪放，曲以豪放为主，别体则为婉约，词尚意内言外，曲竟为言外而意亦外。”大体说来，元散曲的艺术风格可以归纳为“俗”“露”“动”“广”四个字。

俗

历来有诗庄、词媚、曲俗的说法。诗贵言志，词善言情，故有“庄”“媚”之别，曲产生在俗谣俚曲的基础上，内容既驳杂通俗，又带有浓厚的民间色彩，因而“俗”是它的显著特色。

元代政治极其黑暗，军事占领与民族歧视相辅而行，汉族知识分子沦为“九儒十丐”的最低地位，断绝了传统的求仕道路。他们的散曲或咏史、叹世，或乐闲、写景，又“抑圣为狂，寓哭于笑”，以亦庄亦谐的态度游戏人生，在生活的底层，他们也接近了“俗人”“俗事”，因而，不仅写“书画琴棋诗酒花”，也写“柴米油盐酱醋茶”，不仅写俊女才郎、隐士渔翁，而且写娼妓弄人、贩贾走卒，不仅写春花秋月、燕雀鸣蝉，而且写粗牛笨马、恶疾畸颜，甚至滑稽调笑、琐事传闻都可写入曲中。与内容之俗相应，元散曲中多方言俗语、白话口语，也多用叠字、象声词。

但些儿头疼眼热，我早心惊讶。著诊热，只除咱。寻方裹药占龟卦，直到吃得粥食，离了卧榻，恰撇得心儿下。（乔吉[杂情·一支花]）

比起柳永的“针线闲拈伴伊坐”来，这种爱情更俗，也更真切。

恰离了绿水青山那搭，早来到竹篱茅舍人家。野花路畔开，村酒槽头榨，直吃的欠欠答答。醉了山童不劝咱。白头上黄花乱插。（卢挚[沉醉东风·闲居]）

白话口语似信口而道，清新野逸，自成妙曲。

相思有如少债的，每日相催逼。常挑着一担愁，准不了三分利。这本钱见他时才算得。（徐再思[清江引·相思]）

以通俗事物作比喻，更添几分俚俗。

想人生最苦别离，不甫能喜喜欢欢，翻做了哭哭啼啼。事到今朝，休言去后，且问归期，看时节勤勤的饮食，沿路上好好的将息。娇滴滴一捻儿年纪，碜磕磕两下里分飞，急煎煎盼不见雕鞍，呆答孩软弱身已。（刘庭信[折桂令]）

用众多通俗的叠字，更见生活气息之浓。

厮琅琅环辔响，吉丁剌镫敲鸣，呀剌喇齐和凯歌行。（无名氏[寨儿令·题章宗出猎]）

所用象声词通俗生动，直接可感。

露

诗词都崇尚比兴寄托，词以婉约为宗，尤称含蓄能留。与诗词之重在主观感情发抒不同，散曲因为处在叹世、玩世的时代，又与重在“再现”的戏剧血缘甚近，所以有显豁直露、豪辣迫切的特点，以一泻无余、极情尽致为工。

寻章摘句老雕虫，晓月当帘挂玉弓。不见年年辽海上，文章何处哭秋风！（李贺《南园》）

且置请缨封万户，竟须卖剑酬黄犊。甚当年、寂寞贾长沙，伤时哭？（辛弃疾

《满江红》)

> 夜来西风里，九天鹏鹗飞。困煞中原一布衣。悲，故人知未知？登楼意，恨无上天梯。(马致远《金字经》)

这三首作品都是感叹个人穷通出处的“言志”之作。在李贺诗中，可见辽海战场只需武士，文章无用，情虽激切，辞却尽力婉言。辛弃疾词中请缨无路之慨，借古人(贾谊)而言，既显言又借言，还是发露之时见敛藏之意。马致远曲则不同，显言其“困”，直言其“悲”，极言其“恨”，足见散曲显露的特色。

> 燕草如碧丝，秦桑低绿枝。当君怀归日，是妾断肠时。春风不相识，何事入罗帏？(李白《春思》)

> 想佳人、妆楼颙望，误几回、天际识归舟。(柳永《八声甘州》)

> 盼断归期，划损短金篦。一掐腰围，宽褪素罗衣。知他是甚病疾？好教人没理会。拣口儿食，陡恁的无滋味，越恁的难调理。(关汉卿[碧玉箫])

三者都写女子相思。李白诗借女子之怨春风入帏，写对男子不归的深刻思念。柳永词通过女子错将他人的船当成爱人的归舟，写其痴情。关汉卿曲则通过划损金篦，不思饮食，难于医治，以致宽褪罗衣，直露地尽情渲染女子的相思之情。

元散曲的叙事抒情，常通过多种途径以求显露。

> 忘忧草，含笑花，劝君及早冠宜挂。那里也能言陆贾？那里也良谋子牙？那里也豪气张华？千古是非心，一夕渔樵话。(白朴[庆东原·叹世])

这是置身仕途、功名外的旁观者的唱叹。

> 中年才过便休官，合共神仙一样看。出门来山水相留恋，倒大来耳根清、眼界宽。细寻思这的是真欢。黄金带缠着忧患，紫罗襕裹着祸端，怎如俺黎杖藤冠。(张养浩[水仙子·休官])

这是抽身官场后的现身言感说法。

此外，如睢景臣的套曲[哨遍·高祖还乡]，马致远的套曲[耍孩儿·借马]等，都通过描摹他人口吻，在显露中见逼真，言情之作中尤多此类。刘时中的套曲[新水令·代马诉冤]等作，则为直接代而言之。这些描摹他人口吻或直接代言之作，更是直露透辟，痛快淋漓。

动

诗词有别，但“欢愉之辞难工，愁苦之言易好”，却是共同的，散曲悲喜皆宜，用以表现“喜”，必有奔腾轻快之风。诗词以抒情为主，散曲却长于叙事，当然不是深静，而是动荡的。尤其是由于散曲受戏曲的表演影响，语言常带动作性。又由于形式、结构及应用多种修辞手法诸原因，散曲以“动”者为多。

> 裁剪下才郎名号，妆点的字体妖娆，做个面花儿铺翠镂金描。欢喜时贴在脸上，烦恼时贴在眉梢，更做一个符牌儿头上袅。（无名氏[红绣鞋]）

将青年女子在热恋中的痴情、天真，写得充满动态，声容毕现。

> 吸力力振动地户天关，吓的我扑扑的胆战心寒。那枪忽地早刺中彪躯，那刀亨地掘倒战马，那汉扑地抢下征鞍。（无名氏[感皇恩]（套曲））

富有表现力的语言充满动作性，使人如亲临其境。

散曲由于可用衬字，虚实并到，缓急相间，形成跳荡之势，如关汉卿《不伏老》套曲内的[尾]曲，用了许多衬字，可见奔腾飞动的风格。由于散曲常用博喻、诡喻、排比、复迭、夸张、用典等修辞手法，甚至诸般结合，显得动而不返，难遏难止。

> 眼前花怎得接连枝？眉上锁新教配钥匙，描笔儿勾销了伤春事，闷葫芦铰断线儿。锦鸳鸯别对了个雄雌，野蜂儿难寻觅，蝎虎儿干害死，蚕蛹儿别罢了相思。（乔吉[水仙子·怨风情]）

> 东村里鸡生凤，南庄上马变牛，六月里裹皮裘。瓦垄上宜栽树，阳沟里好驾舟。瓮来大肉馒头，俺家的茄子大如斗。（无名氏[梧叶儿·嘲谎人]）

这两首散曲都因其修辞手法之故，而呈动态。

广

散曲由于内容驳杂，形式多样，故又形成多种艺术风格，统曰之为“广”。

有的翻新出奇，逞才弄巧。如：

挨着、靠着云窗同坐，看着、笑着月枕双歌，听着、数着、怕着、愁着早四更过。四更过情未足，情未足夜如梭。天哪，更闰一更妨甚么？（贯云石[红绣鞋]）

既描摹动作，织入“着”字，且上下钩连，很见特色。

一年老一年，一日没一日，一秋又一秋，一辈催一辈。一聚一离别，一喜一伤悲。一榻一身卧，一生一梦里。寻一伙相识，他一会咱一会，都一般相知，吹一回唱一回。（无名氏[雁儿落带过得胜令]）

整首以“一”字贯之，在消极之中很见警策。

叹世间多少痴人，多是忙人，少是闲人。酒色迷人，财气昏人，缠定活人。钹儿鼓儿终日送人，车儿马儿常时迎人。精细的瞒人，本分的饶人。不识时人，枉只为人。（无名氏[折桂令]）

同样叹世，同样入木三分，但通篇叶一“人”字，亦极见尖新特色。

元散曲有特有的多种俳体，如两字一韵的短柱体，每句中除韵脚外都用叠韵字的叠韵体，每句嵌进特定字的嵌字体等。在取材上，有足古、集古、檃括、翻谱、集词曲调名、集药名等体。由于体式众多，亦呈现不同风格。

自唐人司空图撰《二十四诗品》，详列诗歌风格以来，后世从者甚众。其实，二十四品就其美学特征分，不出壮美、优美、古雅三类，词的豪放、婉约之别也实是壮美与优美之别。但元散曲除同于诗词风格之外，还有诗词中不见的华巧、戏谑、机趣、放诞等，因而以“广”论风格，唯散曲当之。

由于历来仅以诗文为正统文学，词被称为“诗余”，曲更被称为“词余”。其实，散曲既是汉民族与北方少数民族的共同创造，在时间与语言上又与我们最为接近，不仅值得研究，而且在艺术上也可资借鉴，扬其菁华，弃其糟粕，当是今人的责任。

（原载上海广播电视《文科月刊》1985年第3期）

散曲的艺术特色

曲之所以能与诗词并称，是因为它具有不同于诗词的独特的形式与艺术特色。笔者认为，散曲的艺术特色可以归纳为“俗”“巧”“露”“尖”“放”“动”六个字。

俗

诗词多是端庄、清新、典雅的，散曲的基本艺术特色却是“俗”。

“俗”首先表现在内容方面。为正统诗文所不屑道的里巷琐事、帷闼秘闻、贩贾走卒、娼妓舟人、米盐枣栗、恶疾畸形，乃至滑稽调笑之词，庸俗琐屑之物，在散曲中却常抒写不穷。姚华《曲海一勺》说：“一物之微，一事之细，尝为文章家所不能道，而曲特纤微毕露。”这话恰切地道出了散曲内容上“俗”的特色。

“俗”更表现在语言方面。词至南宋后期已走上雕琢一路，凝涩晦重，极需返璞归真。同时，作为戏曲的近亲，散曲必须考虑听众容易听懂，所以它的语言以本色为正宗。首先，散曲大量运用白话口语。如关汉卿[南吕·四块玉](闲适)：“旧酒投，新醅泼，老瓦盆边笑呵呵。共山僧野叟闲吟和。他出一对鸡，我出一个鹅，闲快活。”信口说来，自成妙曲。其次，散曲还多用方言俗语，把难以名状的事物、动作、情状形容得活灵活现。如无名氏[南吕·骂玉郎带感皇恩采茶歌]：“子见他歪剌剌赶过饮牛湾，荡的那卒律律红尘遮望眼，振的这滴溜溜红叶落空山。”运用北方方言，生动活泼，具有独特的地方色彩。最后，散曲还用象声词以描摹声音，既朴素通俗，又生动活泼。如无名氏[双调·水仙子]：“支楞的瑶琴上弦断，吉丁的掂断玉簪，扑通的半坠银瓶。”通俗生动，富有生活实感。

巧

散曲在形式、修辞、材料上有许多翻新出奇、逞才弄巧之作。

有的用博喻形容事物，写得生动形象。如乔吉[双调·水仙子](重观瀑布)：“石壁高悬雪练寒，冰丝带雨悬霄汉……似白虹饮涧，玉龙下山，晴雪飞滩。”用五种事物比喻瀑布，联想奇特，形象逼真。有的用叠字体。如王实甫[中吕·十二月带尧民歌](别情)：“自别后遥山隐隐，更那堪远水粼粼。见杨柳飞绵滚滚，对桃花醉脸醺醺。透内阁香风阵阵，掩重门暮雨纷纷……”句句用叠字，贴切生动地描绘了别后春景，婉丽绵密，情感深沉。有的字重句复，把感情表达得更加强烈，还是王实甫的作品：“……怕黄昏忽地又黄昏，不销魂争地不销魂。新啼痕压旧啼痕，断肠人忆断肠人。”(同上作)无名氏[齐天乐带红衫儿]：“好伤情，好伤情，独自珊瑚枕。泪如倾，泪如倾，眼见的我今春瘦损。”将缠绵缱绻的感情写得淋漓尽致。

此外，还有用同一字押韵的独木桥体，句中用韵的短柱体，每句中嵌进特定字的嵌字体，后句首字用前句末字的顶真体等，以上这些，都是诗词中不见或少见的巧体。在取材上，还有足古、集古、檃括、翻谱、集剧名、集词曲调名、集药名等体，虽不少是笔墨游戏，但也不乏清新健康之作，甚至有的巧体至今还活在戏剧或曲艺之中。

露

词尚比兴寄托，讲究含蓄能留，曲则以外露显直、极情尽致为工。为此，散曲常用现身说法，公开表白，写得直露透辟，痛快淋漓。有些作品甚至写牛、羊、马等动物也由作者代而言之，声情毕现。还有的描摹他人口吻，写得活灵活现。如睢景臣［般涉调·哨遍］（高祖还乡）套曲，生动地以乡民口吻，在人们眼前扯下了封建皇帝“真龙天子”的面具，还了一个流氓皇帝的无赖嘴脸。即使以旁观者写他人，也往往加以批评咏叹，直接表态。如无名氏［双调·梧叶儿］（贪）：“一夜千条计，百年万世心。火院有海来深，头枕着连城玉，脚踏着遍地金。有一日死来临，问贪公那一件儿替得您。”对绞尽脑汁、贪得无厌的富豪公开提出了劝诫和警告。

散曲因为显露，所以极少用典故。即使用典，“亦系耳根听熟之语，舌端调惯之文”（李渔《闲情偶寄》）。更少用比兴，即使用之，亦多予点明。它多用白描直说之法，使人一览无余。

尖

散曲在显露的表现手法的基础上，表现了尖新的艺术特色。李渔《闲情偶寄》说：“以尖新出之，则令人眉扬目展，有如闻所未闻。”

尖新，即尖锐、警策、新奇。如无名氏［商调梧叶儿］（嘲贪汉）：“一粒米针穿着吃，一文钱剪截充。但开口昧神灵。看儿女如衔泥燕，爱钱财似竞血蝇。无明夜攒金银，都做充饥画饼。”笔锋辛辣犀利，对剥削阶级的贪婪和无休止的搜括，揭露得何等尖刻！有的作品寥寥数语，精警深刻，醒人耳目。如张养浩［山坡羊］“兴，百姓苦；亡，百姓苦。”结尾二句挖掘很深，且极其凝炼。还有的作品不走熟途旧路，写得新奇有味。如卢处道［蟾宫曲］：“想人生七十犹稀，百岁光阴，先过了三十。七十年间，十岁顽童，十载尫羸，五十岁除分昼夜，则分得一半儿白日。风雨相催，兔走乌飞，子细沉吟，都不如快活了便宜。”用算细帐的新法来说明及时行乐的旧理，手法很是高明。

放

词着重在抒情，往往通过比兴寄托的途径，曲折地将思想感情表达出来。所以，它的风格表现为“敛”，因此，历来以婉约为正宗。而散曲却是显露的，它力求明白彻底，一览无余，使人易于看懂、听懂，所以，它以“放”为主流。这种“放”既表现为表现手法的显豁直率，又表现为风格的豪放泼辣。如关汉卿［南吕·一枝花］（不伏老）套数中的［黄钟尾］用显露直率的手法酣畅淋漓地表白其坚韧顽强、豪放不羁的性格，可谓豪放作品的典型代表。王氏［要孩儿·三煞］：“娘啊，你好下得，好下得！忒狠毒，忒狠毒！全没些子母情肠肚。则好教三千场失火遭天震,一万处疔疮生背疽。怎不叫我心中怒!你在钱堆里受用,撇我在水面上遭徒。”这种大胆泼辣的风格,是诗词中罕见的。

动

散曲的动,包括语言的动作性和意境、气势的跳荡飞动两个方面。散曲由于同戏曲血缘甚近,难免有表演的影响。因此,散曲的语言常有明显的动作性和戏剧性。如查德卿[仙吕·寄生草]:“姻缘簿剪做鞋样,比翼鸟搏了翅翰,火烧残连理枝成炭,针签瞎比目鱼儿眼,手揉碎并头莲花瓣。掷金钗撷断凤凰头,绕池塘摔碎鸳鸯弹。”句句带有动作性。词的意境多为静穆深婉,思致缠绵。散曲却是跳荡奔腾,气势飞动,妙趣横生。黄周星《制曲枝语》说:“制曲之诀,虽尽于‘雅俗共赏’四字,仍可以一字括之,曰‘趣’。”如无名氏[中吕·红绣鞋]:“裁剪下才郎名号,妆点的字体妖娆,做个面花儿铺翠缕金描。欢喜时贴在脸上,烦恼时贴在眉梢,更做一个符牌儿头上袅。”把热恋之中的天真女子的情态写得活灵活现。

王国维在《宋元戏曲史·序》中说:“唐之诗,宋之词,元之曲,皆所谓一代之文学,而后世莫能继焉者也。”但相较而言,人们首重唐诗,次则宋词,曲中的散曲又不如剧曲。因此,我们当知其所以“新变”而能“代雄”,使“后世莫能继”,确应加深对散曲的理解和研究。

(原载《学语文》1997 年第 4 期)

简论散曲生成的文化机制

摘　要　在以军事为基础的蒙古强势政治文化面前,汉族士人的人生角色和传统观念发生了很大改变,不得不以“有用之才”转而从事“声歌之末”。元代城市经济繁荣,民族歧视下的汉族知识分子沉沦市井,在杂剧创作、演出呈现高潮同时,散曲也极为兴盛。民族压迫,政治昏浊,使隐逸思想常见于散曲作品中。散曲之兴又是受雅俗文化更替规律支配的结果。宋代主流文学尚雅,南宋覆灭后,经数代精心营建起来的雅文学,也被金元粗犷劲健之风所取代。

关键词　散曲　异族文化　市井　隐逸　雅俗更替

“文律运周,日新其业”(刘勰《文心雕龙·通变》),能新变才有代雄。吴伟业说:“有一代之兴,必有一代之文以为之重。”[①]顾炎武也说:“用一代之体,则必似一代之文,而

---

①《陈百史文集序》,《梅村家藏稿》卷 27,清刊本。

后为合格。”[①]焦循《易余籥录》进而持“代有所胜”的观念。而到王国维，更明确列出了“一代之文学”的演进序列：

> 凡一代有一代之文学：楚之骚，汉之赋，六代之骈语，唐之诗，宋之词，元之曲，皆所谓一代之文学，而后世莫能继焉者也。[②]

虽说当代有不少人质疑“一代之文学”的说法，并认为此说使得许多同时并盛的文体被遮蔽，从而忽略了对它们的研究，造成了很大的误区，但是若从提供了新体的角度看，此说应是否定不得的。“一代之文学”都应有其特定的生成原因，而以元曲为“一代之文学”，更是杰出学者的卓识体现，对此，学界已论述甚多，本文不再赘，而拟简论散曲生成的文化机制。

一

散曲的生成、发展以及逐渐占据主流地位，有着异族强势新文化的背景。

南北朝时期，虽北方胡族政权对自己的军事优势很有自信，但“我是虏家儿，不解汉儿歌”，却在隔膜中多少流露出对南方文化优势的自卑感。在靖康之变后，金朝得到了原属于宋朝的黄河流域，在历史的进程中，逐渐接受汉文化，无形中完成了“用夏变夷”。而文化与“武化”地位的倒转，使得金朝在同新兴的蒙古政权对抗中处于劣势，终至灭亡。

柳诒徵先生曾指出：“辽、夏及金，以殊族而同化于汉族，固不能出中国之范围也。至于蒙古，则不然。成吉思汗之兴，先用兵于西北，至于太宗、宪宗之世，其疆域已据有今之内外蒙古、天山南北路、中国之西北部，阿富汗、波斯之北部、俄罗斯之南部，而分为四大汗国。至世祖时，始灭宋而全有华夏。故蒙古所吸收之文化，盖兼中国、印度、大食及欧洲四种性质，未可专属于中国之系统。是亦吾国历史上特殊之事也。”[③]正是由于这一原因，契丹、党项羌、女真等民族，可以同化于汉人的文教，而蒙古族却并非如此。

出于游牧文化的习性，成吉思汗将西进作为对外战争的重点，蒙古帝国的分封也以西方为重。虽元太宗(窝阔台，成吉思汗第三子)统治时已经开始设立国子学，选用儒士，并纳耶律楚材之议，减少杀戮，使用汉人，但是在蒙哥汗时代，仅忽必烈一人倾心于汉文化。虽说郑思肖《心史·大义略序》对蒙古文化、风俗陈述甚详，并以之为鄙陋，但由于蒙古政权灭金朝、西夏和南宋，又征服西域、欧洲等地，因此，元初时期，蒙古族本是较为落后的文化，却凭借其军事优势而成为了强势文化。

---

①《诗体代降》，《日知录集释》卷21，《四部备要》本。

②《宋元戏曲史·自序》，上海古籍出版社，1998年版。

③《中国文化史》，东方出版中心，1988年版，第544页。

以军事为基础的蒙古族强势文化主要表现在政治文化上。元朝沿袭并发展了金朝的民族等级制，将人民分为蒙古、色目、汉人和南人四等，在政治、法律上地位皆不同。以汉族士人历来最重的为官来说，高官职皆授予蒙古人、色目人，掌握军事的枢密院最高长官从来不给汉人、南人担任，御史台正官亦“非国姓不授”，各道廉访司使只由蒙古人担任，若蒙古人不足，则选择色目世臣子孙充任。蒙古统治者对汉人、南人管控甚严，不得私藏衣甲和武器，连弹弓和铁棒也禁用，违禁者轻则遭杖罚，重则被处死。

在异族的强势政治文化面前，汉族士人们的人生角色和传统观念有了很大的改变。忽必烈即帝位后，高智耀上书言事，说到“时淮、蜀士遭俘虏者，皆没为奴”，他对忽必烈说：“以儒为驱(即驱口)，古无有也。陛下方以古道为治，宜除之，以风厉天下。”[①]驱口本指蒙古灭金过程中所掠夺、被驱使的奴仆，在南方则仍奴婢之称。元代法律规定驱奴属于贱人，使主私宰牛马要受杖罚一百，而因故杀死驱奴则受杖八十七，可见驱奴的地位连牛马皆不如。忽必烈之时竟然还是“以儒为驱”，此时距耶律楚材向窝阔台建议将大量驱口释放为民，已经有三十年之久，儒生的遭遇和地位可以想见。即使在蒙古人久居汉地后，元仁宗开科取士，汉族儒生可以通过科举踏上仕途，但仍将蒙古、色目人和汉人、南人分为难易不同的两榜，且因蒙古、色目人少，中举的可能性要大大高于汉人、南人。同是中举，蒙古人授官六品，色目人正七品，汉人从七品。元代虽有两举不第可以恩授教授、学正、山长之例，却又规定享恩授的汉人、南人年龄须在五十以上，而蒙古、色目人只要三十即可。

胡侍《珍珠船》在论到元曲兴盛的原因时说：

> ……盖当时台省元臣，郡邑正官，及雄要之职，中州人多不得为之，每沉抑下僚，志不得伸。如关汉卿乃太医院尹，马致远行省务官，宫大用钓台山长，郑德辉杭州路吏，张小山首领官。其他屈在簿书，老于布素者尚多有之。于是以其有用之才，而一寓之于声歌之末，以抒其拂郁感慨之怀，所谓不得其平而鸣焉者也。

这段话道出了汉族士人人生角色转换之由，是在于元朝政治文化所具备的民族歧视性质。试想经隋唐、五代而至两宋，科举施行已久，不知有多少庶族知识分子通过科举登上政治舞台，元朝的异族统治且不说，“台省元臣，郡邑正官，及雄要之职，中州人多不得为之”，确与前代大异。如果说西汉削藩后藩臣无邦交之礼，使得纵横家退而为赋家[②]，尚是在汉民族内部的人生角色转换，那么元朝的汉族知识分子“每沉抑下僚，志不得伸”，却有着民族矛盾的背景。

---

① 见《元史》第一百二十五卷《高智耀传》，上海古籍出版社、上海书店，1986年版。

② 章炳麟《国故论衡·辨诗》：“虽然，纵横者，赋之本。古者诵诗三百，足以专对。七国之际，行人胥附，折冲于尊俎间。其说恢张谲宇，紬绎无穷，解散赋体，易人心志……武帝以后，宗室削弱，藩臣无邦交之礼，纵横既黜，然后退为赋家。”

因此，政治与仕进之巨变，使得长期以来习惯于以有用之才自居的士人，不得不转而为"声歌之末"的无用之业，且"抑圣为狂，寓哭于笑"，而这，正是散曲生成的主要文化机制，虽经多年研究，或另有新见，但笔者认为，对此仍是难以否定的。

二

散曲之兴是市井文化与隐逸文化发展、发达的结果。

市井文化是我国古代文化的重要组成部分。从宋代以来，由于城市的商业区不再被限定在特定的市内，除政治中心外，商铺遍布各个角落，除商业和手工业者以外，又出现了诸多的饮食、旅店业和文化娱乐业，妓院、乞丐和赌博等寄生性的行业也较前增多。无论是北宋或南宋的笔记，对市井文化都有详尽的记载。

在蒙古政权入主中国的初期，游牧文化与农业文化发生了大冲撞，前者凭借蒙古铁骑的优势军事，使后者遭受到很大破坏，同时，市井文化也遭遇了相同的命运。但是，随着对欧洲的征服，中断了数百年的丝绸之路被重新打通，大批的阿拉伯和欧洲商人纷纷涌入中国，中外贸易形成了新局面。在打败了阿里不哥，占领哈剌和林后，元世祖不再将都城迁回蒙古本土，而是选择了燕京作为新都，自此，遂有了上都（开平）和中都（燕京），形成了南北两都之制。元代的城市经济虽不及宋朝，但能承宋之余绪，除大都和杭州外，还有开封、扬州、金陵、苏州、镇江、西安等繁荣的城市。

由于民族歧视，大批的汉族知识分子不能升入庙堂，而是沉落到市井之中，并成为了市井本身的成员，以自己的文才同妓女们的歌舞相结合，使得市井文化的娱乐性演出出现了高潮，创作出许多优秀的杂剧作品，与此同时，散曲也极为兴盛。

从《都城纪胜》的《瓦舍众伎》，可以看出南宋时期市民文艺诸多表演形式之盛，其中对杂剧和其他演唱艺术记载甚详：

> 散乐，传学教坊十三部，唯以杂剧为正色……杂剧中……大抵全以故事世务为滑稽，本是鉴戒，或隐为谏诤也……
>
> 诸宫调，本京师孔三传编撰，传奇、灵怪、八曲、说唱……
>
> 嘌唱，谓上鼓面唱令曲小词，驱驾虚声，纵弄宫调，与叫果子、唱耍曲儿为一体，本只街市，今宅院往往有之……唱赚在京师日，有缠令、缠达；有引子、尾声为"缠令"；引子后只以两腔递且，循环间用者，为"缠达"……①

市井文化当然是俗文化，虽说散曲属于清唱，与杂剧的搬演于舞台不同，后者需得到观众的认可，需要"票房"，前者却是一种新的诗歌体式，重在自我抒情，但由于散曲与杂剧亲缘太近，后者的市井性质自然也影响了前者。或许是因为沿用传统的韵文

---

①《东京梦华录·外四种》，文化艺术出版社，1998年版，第84至86页。

形式，无论是杂剧还是散曲，都具有诗歌的抒情性，而与杂剧相仿，散曲也具有叙事性，或者部分还具备戏剧的代言性，只是不用于舞台演出而未加科白、不用砌末而已。因为市井细民相对文化程度不高，见识不广，宜于示以现实常见事物，与之相关相近之事与情，所以无论是杂剧还是散曲都带有通俗性。

任半塘先生早年所作的《散曲概论》指出："曲以说得急切透辟、极情尽致为尚，不但不宽弛、不含蓄，且多冲口而出、若不能待者，用意则全然暴露于词面，用比兴者，并所比所兴，亦说明无隐，此其态度为迫切、为坦率，可谓恰与诗余相反也。为欲极情尽致之故，乃或将所写情致，引为自己所有，现身说法，如其人之口吻以描摹之，或明为他人之情致，则自己退居旁观地位，以唱叹出之，以调侃出之，此其途经为代言，为批评，亦皆诗余中所不有者也……"[①]所说的急切透辟、极情尽致、冲口而出、若不能待、说明无隐、迫切坦率，都可见市井文化色彩。而引为己有、现身说法等，则是戏剧所特有的代言体特点。当时的戏剧是杂剧，以市井的勾栏为演出场所，更直接是市井文化的重要组成部分。

杜仁杰的套数[般涉调·耍孩儿]（庄家不识构阑），所写的是一个庄稼汉入城观看勾栏中的杂剧演出，既表现出农民对市井文化的陌生，又生动地以代言体形式展现出这位农民对杂剧演出的理解。如果说这一套数的纯用口语见出了作者善于学习民间说唱的功夫，那么，关汉卿著名的套数[南吕·一枝花]（不伏老），则是强烈的自我抒情，作者以其才子之多才，却无与于官场，而对市井生活和烟花路儿表现出强烈的热爱与流连之情。

市井文化是散曲生成的重要文化背景，而从大量的散曲作品中又可看到隐逸的主题，反映出隐逸文化是散曲的另一重要形成条件。

隐逸主要出于道家文化的生存方式。王国维《屈子文学之精神》一文，论述了诸子在思想上的南北区别。文中说："我国春秋以前，道德政治上之思想，可分之为二派：一帝王派，一非帝王派。前者称道尧、舜、禹、汤、文、武，后者则称其学出于上古之隐君子，如庄周所称广成子之类。或托之于上古之帝王。前者近古学派，后者远古学派也；前者贵族派，后者平民派也；前者入世派，后者遁世派也。非真遁世派，知其主义之终不能行于世，而遁焉者也。前者热情派，后者冷性派也；前者国家派，后者个人派也。前者大成于孔子、墨子，而后者大成于老子。"《汉书·艺文志》所说的"清虚以自守，卑弱以自持"二语，确实是最得道家之要谛，与儒、墨二家的积极入世显为不同。但是，即使是儒家以入世为职志，也仍有"达则兼济天下，穷则独善其身"之说。元朝既然不是"有道"之世，民族压迫且不说，以职业而言，虽或非九儒十丐，但儒士地位却确实是常在刀笔吏、甚而工匠之下，难怪会有如此的激愤了："不读书有权，不识字有钱，不晓事倒有人夸荐。老天只恁忒心偏，贤与愚无分辨。折挫英雄，消磨良善，越聪明越运蹇。志高如鲁连，德过如闵骞，依本分只落得人轻贱。"（无名氏[中吕·朝天子]（志感））

---

① 《散曲丛刊》第十四种，中华书局聚珍仿宋版。

元散曲大量写及隐逸主题，与元朝所行的民族歧视政策息息相关，汉族曲家所作且不说，即使身为统治民族的曲家，也一方面因居于要职者多昏庸、残暴、贪婪之人，另一方面则受汉文化影响，而有出世之念。如鲜于必仁[折桂令]赞美严光："犯帝座星明凤阁，钓桐江月冷鱼蓑。富贵如何？万古清风，岂易消磨！"曾任吏部、工部、刑部尚书的不忽木，也因受奸臣桑哥之嫉，而以疾免官。他的[仙吕·点绛唇](辞朝)写道："宁可身卧糟丘，赛强如命悬君手。寻几个知心友，乐以忘忧，愿作林泉叟。""但尊中有酒，身外无愁"，"草衣木食，胜如肥马轻裘"。

虽《元史》的《隐逸传》仅收六人，而该传的序也说："如杜瑛，遗执政书，暨张特立，居官之政，则非徒隐者也。盖其得时则行，可隐而隐，颇有古君子之风。"[①]笔者以为，当时的士夫或因内心彷徨于"大隐隐朝市，小隐入丘樊。丘樊太冷落，朝市太啸喧"，又虑及"贱即苦冻馁，贵则多忧患"，因而不少人实际上选择的是"似出复似处，非忙亦非闲"，"不如作中隐，隐在留司宦"[②]。散曲作家中真正的隐士并不多，但因愤世而具有隐逸思想倾向的人却不在少数，遂使隐逸成为了元散曲的一个重要主题。

如借用王国维所说的热情派和冷性派之说，我们可从关汉卿的《不伏老》中看到对市井生活和烟花道路的"热情"，而散曲中诸多表现隐逸生活者，则显见对政治、朝廷的"冷性"。

从传统的隐逸观来说，朝、市与山林，只是大隐或小隐的转移之地而已，但实际上"大隐隐于朝"只是历代出仕者的借口而已。而元代，因其特殊的民族、政治原因，确实是小隐隐于市，或真正的隐士隐于山林，市井与山林成了隐逸的两极。"隐在留司宦"的"中隐"虽未见标榜于此时，而实际上士夫文人却多行"中隐"之道而向往山林。因此，市井文化与隐逸文化相结合，成为了散曲生成的文化基础之两翼，它们都离异了庙堂文化和相关意识，在我国文化史和文学史上，具有非常突出的特点和特殊的意义。

三

散曲之与杂剧一起被确立起"元之曲"的"一代之文学"地位，又是受雅俗文化更替规律支配的结果。

笔者认为，雅俗循环是我国文艺发展的规律之一[③]。"文变染乎世情，兴废系乎时序"，"文律运周，日新其业"，国家、民族、社会的发展、变迁，引起了世情、民俗、时尚的相应变化，也使得文艺的雅俗循环成为普遍现象。

以先秦言，以国风为主体的《诗经》可概言为"俗"。楚辞"其词温而雅，其义皎而朗，凡百君子，莫不慕其清高，嘉其文采"(王逸《离骚经序》)，"金相玉式，艳溢锱毫"，

---

① 《元史》卷一百九十九，上海古籍出版社、上海书店，1986年版。
② 白居易：《中隐》诗。
③ 参见拙著《古代文艺的文化观照》下编第三章第一节，上海教育出版社，2003年版。

显然以雅为主。“枚、贾追风以入丽，马、扬沿波而得奇”，汉赋继楚辞而盛，更见其雅。汉乐府诗的主体是赵、代之讴，秦、楚之风，甚至郊庙歌辞也有民歌风，使汉文学从大赋之极雅转而为俗。而《古诗十九首》“如秀才说家常话”，可称雅俗结合。汉末至魏晋，五言由“质木无文”而到曹植、阮籍等人，发展为典雅庄重。经玄言、山水诗的过渡，到齐梁的转拘声韵，丽彩竞繁，更使诗歌、小赋、骈文都同趋于雅。

唐代是东西、南北文化交汇时期，诗歌创作达到了前所未有的高峰。尽管许多诗人和流派不能只用雅俗标准来评判、概括，但唐诗确实是存在着或偏于雅或偏在俗的两种趋势。而就唐诗与此前历朝的诗歌作比较，其所以有前所未见的读者群和作者群，有遍及上下、内外的影响，除了以诗取士等原因外，与其总体性的雅俗结合大有关系。因此，可以认为，唐诗的繁荣与其总体性的雅俗结合是大有关系的。

宋诗初为“西昆体”之雅，王禹偁学白转而为俗，苏、梅继之。经欧阳修、王安石而到苏轼、黄庭坚真正创立宋诗，虽以文字、议论、才学为诗，但却能将较为通俗的语言“夺胎换骨”“点铁成金”，以至能“以俗为雅”“以故为新”。曲子词经晚唐温、韦，五代冯、李，到北宋晏、柳，雅俗分流而发展，至秦、周而雅俗融合。南渡之后，宋词是一片“复雅”之声，从姜夔、吴文英而到周密、王沂孙、张炎，词又典雅之极。于是，从参军、代面、讲唱文学而到金元北曲，韵文在“曲”这一形式中以“俗”表现出新的生机。

从南宋《梦粱录》卷二十的《妓乐》，可见宋杂剧演出的情况：

> ……杂剧中末泥为长，每一场四人或五人。先作寻常熟事一段，名曰“艳段”。次做正杂剧、通名两段……大抵全以故事，务在滑稽唱念，应对通遍。此本是鉴戒，又隐于谏诤，故从便跣露，谓之“无过虫”耳。若欲驾前承应，亦无责罚。一时取圣颜笑。……又有杂扮，或曰“杂班”，又名“经元子”，又谓之“拔和”，即杂剧之后散段也……多是假借为山东、河北村叟，以资笑端……街市有乐人三五为队，擎一二女童舞旋，唱小词，专沿街赶趁……赚者，误赚之义也，正堪美听中，不觉已至尾声，是不宜为片序也。又有“覆赚”，其中变化花前月下之情及铁骑之类……今街市与宅院，往往效京师叫声，以市井诸色歌叫卖物之声，采合宫商成其词也。①

“寻常熟事”“大抵全以故事”“务在滑稽唱念”“以资笑端”等，都表现出俚俗的特色，“今街市与宅院，往往效京师叫声，以市井诸色歌叫卖物之声，采合宫商成其词”更是采俗而入的具体举措。

反观南宋诸多的诗社词社，文人的社中题咏多以追求典雅为尚。王绰《薛瓜庐墓志铭》对薛师石组织的诗社活动记载甚详，其中有云：

诸家嗜吟如啖炙，每有文会，景石必高下品评之，曰：某章贤于某若干，某句未圆，某字未安。诸家首肯而意惬，退复竞劝：“语不到惊人不止。”②

①《东京梦华录·外四种》，文化艺术出版社，1998年版，第302至304页。

②《瓜庐集》附录，转引自欧阳光：《宋元诗社研究丛稿》，广东高等教育出版社，1996年版，第7页。

这种对“某句未圆”“某字未安”的极端推敲,对“语不到惊人不止”的追求,与市井的俗文学是大异其趣的。而如西湖吟社作词的对格律、字句的反复研炼,也同样体现了尚雅的趣向。周密《木兰花慢》的小序云:张成子尝赋《应天长》十阕写西湖十景,并夸示于己,自己“冥搜六日而词成,成子惊赏妙敏”,又与杨缵相与定律,“阅数月而后定”。其《柳梢青》小序道及亲见扬补之所画梅花真迹,卷尾的补之自书《柳梢青》四词“辞语清丽,翰札遒劲”,遂感慨“其清风雅韵”。又《采绿吟》的小序说到与吟社诸友逃暑于西湖的环碧山庄,“舞影歌尘,远谢耳目,酒酣,采莲叶探题赋词,余得《塞垣春》,翁(指紫霞翁杨缵)为翻谱数字,短箫按之,音极谐婉,因易今名”。

到南宋后期,词可谓典雅之极,如杨缵的严于守律,更使创作受到很大拘限。因此,“陋邦腐儒,穷乡村叟,每以词为易事,酒边豪兴,即引纸挥笔,动以东坡、稼轩、龙洲自况……拊几击缶,同声附和,如梵呗,如步虚,不知宫调为何物,令老伶俊娼,面称好而背窃笑”[①]固然是对不知词而为词者的嘲笑,但又何尝不能看作是由雅返俗之举呢?

物极必反,其变必然,待到元朝征服了南宋政权,从北方刮来的强劲之风,使得气候大变,随着军事征服的完成,经数代文人雅士精心营建起来的雅文学,也被金元粗犷劲健之风所取代。

我国的文学,历来是大体北方尚质而南方重文,如李延寿在《北史·文苑传》中所说:“江左宫商发越,贵于清绮;河朔词义贞刚,重乎气质。气质则理胜其词,清绮则文过其意。理深者便于时用,文华者宜于咏歌。”南方文学的“宫商发越”“清绮”“文华”,尤见于韵文各体。由于“一代之文,每与一代之乐相表里”[②],靖康之变使得伎人星散,大晟乐佚失,而元朝的攻克临安,数代积累的词乐也必然遭到破坏。于是,因乐而填词,就有了由词而曲之变,及诸多大曲家之出:

> 曲者,词之变。自金、元入主中国,所用胡乐,嘈杂凄紧,缓急之间,词不能按,乃更为新声以媚之。而诸君如贯酸斋、马东篱、王实甫、关汉卿、张可久、乔梦符、郑德辉、宫大用、白仁甫辈,咸富有才情,兼喜声律,以故遂擅一代之长。所谓“宋词、元曲”,殆不虚也。[③]

元曲无论是杂剧还是散曲,都以本色为当行,王国维称道元曲文章之妙在于有意境,而有意境则又表现在“古代文学之形容事物也,率用古语,其用俗语者绝无。又所用之字数亦不甚多。独元曲以许多衬字故,故辄以许多俗语或以自然之声音形容之。此自古文学上所未有也”[④]。吴梅更指出元曲以俚俗为当行的特点:“又不重词藻,专重

① 仇远:《玉田词题辞》,见《山中白云词》,中华书局,1983年版,第164页。
② 吴梅:《中国戏曲概论·明总论》,《吴梅戏曲论文集》,中国戏剧出版社,1983年版,第142页。
③ 王世贞:《曲藻序》,《中国古典戏曲论著集成》(四),中国戏剧出版社,1959年版,第25页。
④《宋元戏曲史》,上海古籍出版社,1998年版,第101页。

白描，胡元方言，尤须熟悉。句法字法，别有一种蹊径，与南曲之温柔典雅，大相悬绝……若作北曲，则语语不可夹入词赋话头，虽词章才子，对此无所措手矣。”①其特殊的“蒜酪味”更是北方所专有，是游牧民族的“胡夷之曲”与北地群众“里巷之谣”的完满结合。

任半塘先生《散曲概论》云：“总之，词静而曲动，词敛而曲放，词纵而曲横，词深而曲广，词内旋而曲外旋，词阴柔而曲阳刚，词以婉约为主，别体则为豪放，曲以豪放为主，别体则为婉约，词尚意内言外，曲竟为言外而意亦外。词曲之精神如此，作曲者有以显其精神，斯为合法也。”此词曲之较，其实也有雅俗之别的意义。

因此，在某种意义上，散曲之兴盛既可看作是雅俗更替律作用之使然，又可看作是民族融合在文学上的体现。

（原载《国际黄峨学术研讨会、第八届中国散曲研讨会论文集》，中国文史出版社2006年4月出版）

中国韵文发展规律臆说

“文辞宜以体制为先”（彭时《文章辨体序》引吴讷语），自曹丕《典论·论文》揭开“文的自觉”时代的序幕以来，历代文论家都对文体区分表现出极大兴趣，到明代徐师曾《文体明辨》竟论列文体达一百二十七种之多。诚然，徐氏之分“千条万绪，无复体例可求，所谓治丝而棼”（《四库提要》语），但其求全的精神颇值得肯定。近代曾国藩、章炳麟对文体的区分可称条理清晰，包罗齐全，而且曾、章二氏均以有韵、无韵分类，给后人研究提供了方便。综二氏所分，赋、辞、骚、七、设论、符命、颂、赞、箴、铭、歌、哀诔、占繇、古今体诗、词曲，均属韵文范围。以今人所见，就文学角度言，诗、赋、词、曲当为我国韵文的主要形式。

从李充《翰林论》和挚虞《文章流别论》以来，对文体分类的研究可谓代不乏人，即以梁代刘勰、萧统来说，《文心雕龙》论及之文为三十九类，《文选》则为四十类，其中韵文都占有相当数量。在齐、梁之后，我国韵文又有长足发展，近体诗和词曲即为其中大类。较之韵文发展的悠久历史，对韵文史的研究却是极其年轻，从一九二七年中华书局出版陈钟凡《中国韵文通论》算起，迄今仅六十年。

六十年来，对韵文史的研究虽可以新中国成立为分界线，划为前后二期，研究方法也经历了很大的发展变化：从前期的侧重推求体式演变，探寻文乐关系，归纳流派风格，到后期的以马克思主义观点进行历史学、社会学的评判，以现实主义和人民性

①《顾曲麈谈》，上海古籍出版社，2000年版，第33至34页。

的尺度决定取舍。但满足于诗词曲赋的分体叙述，以微观、中观研究联缀成史，则是前后期共同遵循的原则。

笔者认为，历时二十八年之久才得以成立的中国韵文学会，其成立应成为韵文学研究和韵文创作进入新阶段的标志，而突破分体研究的旧框架，建立起体系完整的韵文学，则毫无疑义应是当前韵文学研究的重点。

对建立韵文学学科来说，研究范围的确定和研究体系的建立应该是有机结合的关系。首先，应打好研究的基础。这包括作品的蒐集、补遗、辑佚，版本校勘，目录编定，进而对作品的文字作训诂、考释、笺注，辨订本事、典章、礼制、风俗，对历代音韵的变化作考察、归纳，更是与韵文学密切相关的工作，考证作家的仕历、交游，以及编定年谱，也是极其重要的。其次，应深入进行基础研究。这包括作品的思想内容、艺术技巧、语言风格、美学意蕴的分析，和作家政治思想、价值观念、气质修养、美感心理、创作风格的评析。最后，应加强宏观考察。这包括从创作的个体推及创作流派、风格和文学主张的研究，就某一历史阶段，某一韵文体式到整个韵文史，全部韵文形式的发生、发展、兴盛、衰落，考察其同外部的社会政治、经济发展、科举制度、历史状况、哲学思想、道德观念、宗教习俗、社会心理的关系，考察其同内部的审美习尚、文学主张、创作思潮、形式嬗递的关系，考察其同相邻的音乐、舞蹈、绘画、书法及各种表演艺术的关系，在深入考察、分析和综合的基础上，由现象而到本质，对韵文史的规律作出描述和总结。

不同的研究范围与对应的微观、中观、宏观方式，构成了韵文学研究的完整体系。由于过去的研究对象多着眼于局部，方法多偏重于分析，加之以校勘、考证为中心的传统方法和以社会学、历史学批评为代表的新模式一直占据主要地位，因而强调宏观研究对韵文学的学科建立有着极重要的意义。

中国韵文学不应是诗学、赋学、词学、曲学的简单相加，中国韵文史也不应是由作家、作品、流派串成的诗史、赋史、词史、曲史的拼盘。只有将诗、赋、词、曲放到整个中国文学的系统中，以至整个文化的大背景中，作超越韵文自身的横向考察，和综观漫长历史的纵向考察，才可能从罗列现象上升到描述规律。

微观和中观研究是宏观研究的基础，但并非只有待微观、中观研究完成之后，才能从大量现象中总结出规律，三者研究在时间上可以是同步的。就整个韵文学研究来说，自下而上同自上而下应是互相依存，互相促进的。

对于已有六十年的韵文史研究来说，审察并总结中国韵文发展规律不能说是还为时太早，而马克思主义哲学的世界观和方法论，也可以给我们以很大的启发，近年来的研究成果给我们提供了丰富的视角和坚实的立足点，以系统论的眼光探求规律，从而为新的中国韵文史的写作建设理论框架，应是十分必要的。

笔者认为，对立统一规律和否定之否定规律对中国韵文发展有巨大的内在制约力和历史规定性，大致表现为八方面，臆说并条述如下。

先就思想、内容，以致技巧、风格言。

第一，儒道相济律。这是覆盖面最广的一条规律，包涵了整个古代文学以至文化。就韵文范围言，也可谓根本性规律。

孔子以“兴观群怨”论诗，不仅对两千多年的诗歌功能论有奠基和制导作用，而且被后人推衍至内容、形式范畴（如黄宗羲《汪扶晨诗序》以咏怀、游览、咏物为“兴”，吊古、咏史、行旅、祖德、郊庙为“观”，公宴、赠答、送别为“群”，哀伤、挽歌、遣谪、讽谕为“怨”），可谓广被一切韵文体裁。

孔子以“无邪”概言诗三百，重视中和之美，导致了“温柔敦厚”的诗教的建立，益以“尽善尽美”的思想，使美善相兼的原则成为后世遵奉的创作指南和纠偏武器。人们称道风雅比兴，赞美诗骚传统，以建安、黄初、正始、开元、天宝、元和、元祐为诗的黄金时代，不尚游仙、玄言，贬责宫体，均由此故。扬雄看到大赋欲讽反谀之弊，悔其少作，以“丽以则”言“诗人之赋”，是欲使汉赋回归于美善相兼的原则。刘勰的宗经六义，钟嵘的“干之以风力，润之以丹采”，批判齐梁之风，同样基于此。陈子昂倡“风骨”“兴寄”，李白感慨“自从建安来，绮丽不足珍”，杜甫“窃攀屈宋”“别裁伪体”，白居易“歌诗合为事而作”等，以创作实绩造就了唐诗的高峰。即以词曲领域言，叹“花间”之流宕，鄙柳永之淫冶，从推尊苏辛，到“词亦有史”，自树一帜；以小令[醉太平]（堂堂大元）“切中时病”，到首肯元剧“足以供史家论世之资者不少”，都足证孔门论诗原则相沿于词曲领域。

非仅是孟子的“知人论世”，荀子的“言志”“明道”，扬雄的示经、征圣原则，丰富了孔子所论，使先秦两汉儒学对中国韵文创作有规定内容方向的作用，而且孔子“辞达”、文质相称的思想，孟子的“知言养气”说，荀子以“全”“粹”论修养，都可见儒家对形式、技巧完美的重视，对后世有深远的影响。

道家思想是儒学的对立和补充。如果说孔子的积极入世思想，知其不可为而为的从政态度，经孟子人格理想的补充，对后世诗人合从政与作诗于一身，以兼济天下为己任有决定性的塑造作用的话，那么老子无为自化的思想和庄子的独立人格精神，则成为独善其身的行事原则，成了前者的积极补充。魏晋的朝隐，陶潜的躬耕，到后世，隐逸成为诗之一宗，如果唐诗时代可以概言为入世、取进，那么元曲时代则可概言为叹世、归隐。

由于儒学侧重于艺术为政治服务的实用功利性，相对而言，道家对创作规律的认识有更大的建树。顺乎自然、以天合天、言意之表、形神之论等，对韵文领域影响尤著。

老子的“大音希声，大象无形”和“有无相生”说，一者推尊顺应自然的文艺，一者道出了“无”与“有”的辩证关系。庄子以“无以人灭天”的思想，广化和深化了老子所论，他提出的以“心斋”“坐忘”与道合一，“以天合天”创造出顺乎自然的文艺，则是大异于儒家的途径。

尤其是庄子“可以言论者，物之粗也。可以意致者，物之精也”（《秋水》），“知者不言，言者不知”（《天道》），“言者所以在意，得意而忘言”（《外物》）等说，肇启了魏晋时代“言意之辨”的著名命题。经王弼的“得意忘象，得象忘言”说的过渡，刘勰“隐秀”说和钟嵘释“兴”的“文已尽而意有余”的进一步丰富。到唐代，终于产生了皎然“但见情性，不覩文字”“假象见意”“情在言外”，以及刘禹锡“义得言丧”“境生象外”，司空图“象外之象，景外之景”诸说。宋代梅尧臣的“含不尽之意，见于言外”，苏轼的“萧散简远，妙在笔画之外”，严羽的“不落言筌”“羚羊挂角，无迹可求”，直到清代王士祯的神韵说，清末王国维的境界说，都是庄子“言意之表”的延续和发展。而我国韵文之以意余于象、含蓄深隐区别于西方的体制宏大、尽情极致，正来源于道家的“言意之表”“言意之辨”。

庄子轻物重道的思想，使其论人重神而不重形，他对哀骀它以丑骇天下却得到尊崇、爱慕，提出“德有所长而形有所忘”和形忘而神存的观点。经《淮南子》的发挥，到魏晋品评人物的“识鉴在神明”，形神之鉴与言意之辨成为两个侧翼。从顾恺之的“以形写神”，谢赫的“气韵生动”，到张九龄的“意得神传，笔精形似”，由绘画而推之于诗歌，使唐代以后的韵文创作都以传神写意、以少总多为尚。唐人绝句、宋人小词、元人小令、明清小曲之所以被目为天籁，正在于传神。

老、庄推重自然的思想，影响了刘勰、钟嵘、直至苏轼等人的诗论，直到刘毓崧论谣谚，亦称道其“如风行水上，自然成文”，王国维亦以“自然”许之元剧。从创作言，陶潜、李白的诗，李煜、李清照的词，元前期的散曲，亦都以自然见长。此外，正如儒家以理性精神和关注人生的态度称道风、雅，确立“诗教”，并以现实主义精神影响了汉乐府、建安诗，以至杜甫、白居易、陆游、辛弃疾等人，庄子热烈的想象和浪漫的风格，又给楚辞、汉赋、游仙诗，以至李白、李贺、苏轼，直到龚自珍以巨大影响，形成三千年来中国韵文史上双峰并峙、二水分流之势。

第二，情理互制律。这又是决定我国韵文内容，并促使形式嬗变更替的一条重要规律。

从孔子的“兴于诗，立于礼，成于乐”，礼以节外、乐以和内思想，到《乐记》的“情见而义立，乐终而德尊”，“声音之道，与政通矣”，所强调的是产生于“中和”思想基础上的情理结合、以理节情原则。而从老子的“自然”，到庄子的“真者，精诚之至”，则强调不要斫伤自然，“不精不诚，不能动人”。因而“儒道互补”的原则又表现为韵文流变中的情理互制律。

孔子以“思无邪”看待诗经，并不否认其中的怨刺、言情之作，但他称道《关雎》“乐而不淫，哀而不伤”，则可见以不“过”为原则。从“诗言志”到“诗缘情”，再到后代经生释“情志为一”，结合以“刺”为诗之本教，综观全部《诗经》，可见其是以“情”为主的，刘勰所说的“风雅之兴，志思蓄愤，而吟咏情性，以讽其上，此为情而造文也”（《文心雕龙·情采》）是最好的注脚。

楚辞中《九歌》的《湘君》《湘夫人》《山鬼》等是狭义的“情”歌，而光辉的《离骚》之申述抱负和忧愁幽思，则是既言“志”又缘“情”的强烈抒情之作，班固以其太“过”，故有“今若屈原，露才扬己”（《离骚序》）之说。

总之，不论是诗经的“无邪”，还是楚辞的太“过”，先秦诗的两座高峰都以情胜。

汉代自武帝“罢黜百家，独尊儒术”以来，董仲舒将儒学与阴阳五行说结合起来，创造了神学目的论的思想体系,东汉的谶纬之学更将儒学变为儒教神学。非仅宫廷郊庙之乐是"天人感应"思想的表现,汉赋中不少作品亦以颂神来宣传儒教神学之"理",尤以西汉王褒、东汉班固所作为代表。因而,乐府诗的"感于哀乐,缘事而发"和《古诗十九首》的"文温以丽,意悲而远",都是向"情"的反拨。

建安风骨、正始之音都以情胜,玄风炽盛而入于诗,则有玄言诗的说理,连陶潜所作都带有玄言色彩。谢灵运之后,山水诗逐渐摆脱玄言影响,南朝乐府的《吴歌》《西曲》和梁陈"宫体",则是"诗缘情"而至"绮靡"的表现。

唐诗正值言志、缘情、体物结合得最完美的时代,尽管严羽认为宋不如唐在于"以文字为诗,以议论为诗,以才学为诗",但更有人认为宋诗之失在于"言理而不言情"。宋词之所以被看作宋代文学的代表,正在于言"情"。

同样,当元代正统诗文深受程朱理学影响之时,杂剧和散曲都充溢着蔑视礼教、表现真情的鲜明色彩。明清二代虽因小说的成就超过了韵文,但传奇之繁荣出现在隆庆、万历,是由于从明初《琵琶记》以来,丘濬、邵灿等人所作,都是宣扬封建道德之"理",而《浣纱记》之后则转为言"情",至吴江、临川二派争胜时,更以汤显祖所作为"情"之极致。《银绞丝》《打枣干》《挂枝儿》等小曲大盛,也在于"借男女之真情,发名教之伪药"(冯梦龙语)。以上的一脉精神也延续到清代。

情理互制导致的情理互胜,形成了我国韵文波浪式前进及代表性体裁转移的现象,大致说来,虽然我国一向把以理节情作为原则,但只要不是纵酒、溺色,对韵文创作说来,情胜则盛,理胜则衰,恐怕是大体准确的。

第三,内外交融律。这是指某一韵文体裁与其他体裁的交融并吸收,以丰富、完成自己的一条规律。

春秋时代,外交场合上盛行赋诗言志之举,在政治斗争中有重要作用,因而家弦户诵,也影响了文风。章学诚《文史通义》曾说战国之文"其源多出于诗教",赋诗引诗使诗之用益广,竞逞驰辩之能,揣摩辞令之美,纵横家文风大盛。

纵横家敷张扬厉、微婉善讽之习,则影响了荀卿、屈原的辞赋,尤其是《离骚》的"轩翥诗人之后,奋飞辞家之前",继《诗经》而又成就了韵文一体。辞、赋并称,除楚文化的共同血缘外,诚如章炳麟《国故论衡·辨诗》所说:"屈原言情,孙卿效物……朱建、严助、朱买臣诸家,盖纵横之变也。""武帝以后,宗室削弱,藩臣无邦交之礼,纵横既黜,然后退为赋家。"楚辞、汉赋,都得纵横家文章之力。

诗经虽以"赋"为六义之一,但除少数篇章外,并不以"铺"为特征。汉乐府诗却受赋的影响,渐变为以铺排夸张为能事,如《羽林郎》《陌上桑》《孔雀东南飞》等,其服饰打扮的描写,情事杂沓的叙述,都可见汉赋手法的融入、渗透。而文人五言诗的渐盛,"言志"传统的恢复,也使汉大赋渐变为东汉、六朝小赋的抒情短制。

当外来的佛学经典输入,梵音研究渐盛后,字音的子母复合现象引起人们注意,音韵研究兴起,沿袭汉赋讲究对仗的传统,加以精研声律,骈文至齐梁达到鼎盛。"永明体"之后,律诗渐趋定型,唐代出现了高峰,从王、杨、卢、骆,到杜甫、李商隐,无不从六朝文中汲取了营养。宋词是长短句，颇多四字、六字句，亦源于骈四俪六。

诗庄词媚，元曲一变为俗，这与吸收从唐代变文到宋代话本和讲唱文学的通俗语言有关，更直接的则是学习了北方的俗谣俚曲。

从个人的创作言，韩愈以文为诗，李商隐以骈文为诗，苏轼以诗为词，辛弃疾以文为词，张可久、乔吉使散曲由粗犷入于典雅等，也可看出各体交融、相互改造的努力。

第四，雅俗循环律。这是贯穿我国韵文发展始终的一条规律，兼涉内容、风格、技巧。

“文变染乎世情，兴废系乎时序”，“文律运周，日新其业”，我国韵文的发展变化又取决于世情、民俗、时尚，表现为雅俗循环。

占诗三百一半以上的十五国风，可谓之“俗”，颂诗中有些也有民间色彩，小雅更不乏歌谣倾向，《诗经》可概括为“俗”。

楚辞或是诗人的创作，或是民间祭祀曲经诗人整理，“其词温而雅，其义皎而朗，凡百君子，莫不慕其清高，嘉其文采”（王逸《离骚经序》），“金相玉式，艳溢锱毫”，已趋于雅。继楚辞之后，“枚、贾追风以入丽，马、扬沿波而得奇”，汉赋臻于雅之极致。

汉乐府诗的主体是采诗合乐、经加工整理的民歌，这些赵、代之讴，秦、楚之风，给汉代文学带来清新之气，甚至郊庙歌辞中也有带民歌风者，这种质朴淳正之风使汉代韵文由大赋之极雅又转为俗。

东汉文人诗以《古诗十九首》为顶峰，“如秀才说家常话”的风格还带着浓厚的民歌味。由汉末而魏晋，文人诗成为诗歌主体，逐渐又趋雅化，从曹植而到阮籍，更见楚辞的影响，五言诗由汉代的“质木无文”发展到极为典雅。经玄言、山水诗的过渡，到齐梁的转拘声韵，丽彩竞繁，又使诗歌、小赋、骄文都共趋于雅。

唐代是东西合流、南北交汇的时期，李、杜、白等大诗人虽雅、俗程度不同，但都表现出二者结合的特点。但晚唐温、李、韩偓和杜荀鹤、聂夷中等人，使雅、俗分流。宋代的西昆体与苏、梅，则分承唐末之风而呈雅俗。

与唐诗渐入雅调同时，新兴的曲子词却以通俗清新的格调传唱于民间、教坊。经晚唐温、韦，五代冯、李，到北宋晏、柳，词亦以雅、俗分流发展着，到秦、周，则雅俗融合。南渡之后，宋、金长期对峙，宋词“复雅”声高，从姜夔经吴文英而到王沂孙、张炎，词又典雅至极。于是，从参军、代面，讲唱文学而到金元北曲，韵文在“曲”这一形式中以“俗”表现出生机。

元代无论剧曲、散曲，都以前期的本色当行为尚，但后期二者面貌渐异：散曲趋于雅，剧曲仍沿俗，这是由于前者是文人搬弄，后者要考虑观众视听的缘故。

明代诗歌以复古为旗帜，但唐音难再，终成伪体，作词近俗而作曲好雅，体性相淆而个性难明。清代诗、词、曲、赋都呈中兴之势，然前代高峰，终难企及。因而两朝韵文仍推传奇、杂剧，从临川四梦到南洪北孔，曲文愈趋典雅，因而，小曲歌谣则可看作元曲俚俗的余势。

宏观地概言，除唐诗的雅俗结合外，从诗经到楚辞、汉赋，从汉乐府到齐梁诗，从宋词到元曲，从明清传奇到小曲歌谣，可分看作我国韵文史上的四个俗——雅、雅——俗循环期。

次就形式言。

第五，文乐离合律。从古至今，韵文都与音乐关系密切，二者的合与离，造成了韵文发展的矛盾运动。文因乐而立，乐因文而传，可谓亘古一律，而每一离合过程的完成，则是新音乐、新韵文形式的建立。

古代诗、乐、舞三位一体，除后期戏曲以载歌载舞表现出“舞”的回归外，当中一个漫长时期，舞似乎失落了，但诗乐二者却关系至为密切。王世贞《艺苑卮言》说：“三百篇亡而后有骚赋，骚赋难入乐而后有古乐府，古乐府不合俗而后以唐绝句为乐府，绝句少婉转而后有词，词不快北耳而后有北曲，北曲不谐南耳而后有南曲。”这是结合民俗转移而论音乐与韵文关系的最简略表述。

音乐有自身的发展规律，韵文亦然，二者均趋“合俗”，则轨迹相合，表现为盛；二者“离俗”，则轨迹相离，表现为衰。

综观历代韵文，除汉赋的“不歌而诵”且限于文人创作，骈文亦与之相近外，能作为某一时代的代表者，无不与音乐相关。近代词曲大师吴梅曾这样论道：“一代之文，每与一代之乐相表里。其制度虽定于瞽宗，而风尚实成于社会。天然之文，反胜于乐官之造作，故尼山正乐，雅颂始得所，而国风则不烦厘定。即后世飨祀符瑞、歌功颂德之作，亦每视为官样文章，不如闾巷琐碎儿女尔汝之争相传述。由斯以例列代乐府之真际，于周代属风骚，于汉则属古诗，于晋唐则属《房中》、《竹枝》、《子夜》、《边调》等，于两宋则属诗余，于金元则属杂剧。”“盖与社会之风尚性情绝不相入，不合于天然之乐，即不能为乐府之代表也。”(《中国戏曲概论·明总论》)其推尊俗文学并论乐府代表，可谓具眼，如以汉代古诗包含乐府，再加上唐人绝句，后接以明清传奇，则较王世贞所论更为完整、准确。

当然，文乐离合不是单独作为规律而运行的，它与内外交融、雅俗循环两律的关系至为密切，其复杂情况也非数言可以赅括。

第六，齐杂更替律。这是韵文句式演变的一条规律，大体上从历代新体裁的出现上表现出来。

《诗经》虽也有短句或长句，但大致句式整齐，以四言为主，可算作齐言诗。

《楚辞》则除嵌入“兮”字外，句式长短参差，当为杂言诗。

汉乐府亦为杂言，后渐趋整齐。文人诗使汉诗定型为五言，则又成齐言。六朝除五言作为诗歌主体外，肇自曹丕《燕歌行》的七言渐趋成熟，到唐代极盛。唐诗虽不乏乐府歌行等杂言之作，但五言、七言可称主宰。

至唐为止，诗体演变可谓结束。宋元明清的词曲，则又进入杂言体，余波沿袭至本世纪的新诗。

再就空间(地理)和时间(历史)言。

第七，南北易位律。这是韵文盛衰在地理环境上表现出的规律。

由于我国地理环境的原因，韵文兴盛的重心转移不表现为东西方向，而表现为南北方向。

顾炎武《日知录》说："三百篇之不能不降而楚辞，楚辞不能不降而汉魏，汉魏不能不降而六朝，六朝不能不降而唐也，势也。"对文之代降可暂置不顾，顾氏所言，正好道出了南北易位律。

《诗经》除"二南"稍近南方外，"国风"皆为北调，《诗经》之盛即为北方韵文之盛。

楚辞因地而名，"书楚语，作楚声，纪楚地，名楚物"，战国七雄中，独楚居南方，楚辞之盛即为南方韵文之盛。

汉立实得力于楚人，但大帝国之成，广被南北东西，长安成为中心。汉赋名家虽以南人为多，然献赋干禄，得统治者赏玩，南人北上，汉赋实以北方为重心。同样，以三曹为代表的汉魏诗，也表明了北方在当时的地位。

晋室南渡后，政治中心南移，或泣于新亭，或赏会山阴，当恢复北地的呐喊趋于式微之后，玄言诗、山水诗、田园诗、宫体诗等代兴，民间的《西曲》《吴歌》之唱极盛。因而六朝诗歌及辞赋、骈文，都以南方为重心。

唐帝国国力强盛，地域辽阔，数百年纷争和分裂结束于一旦，南北交汇和中外交流，使唐代文化出现了全面兴盛。由于国都长安是政治、经济、文化中心，唐诗的重心亦当在此，因而较之六朝，可看作南方向北方的易位。

晚唐词盛于南方，西蜀、南唐继武温、韦，造就了五代词的发展。宋虽定都汴京，然宋词名家如晏、欧、柳、周辈，都为南人，且宋词胚胎正生于南朝乐府之上（王世贞有此论），绮靡柔婉，正是南方色彩。靖康之后，虽北人（如李清照、辛弃疾）亦南迁。综观南北宋，词之重心在南，当无疑义。

金元之曲产生在北方，当南宋词未呈颓势时，北方却渐形衰落，少数民族的"胡夷之曲"与民间的"里巷歌谣"相结合，使北方进入了曲的时代，以"玉京书会"为代表的作家群，显示出大都地区创作队伍实力的雄厚。

元朝后期，曲的创作中心南移至杭州，北曲逐渐失势，而产生于温州等地的南戏则压倒了杂剧，渐演化为传奇，成为南方宗主。此后，明代的三大声腔都属于南方系统，小曲民歌亦以南方为盛。南方成为曲的重心已成不可逆转之势。

当然，就某一体式的流变言，南北易位未必可视为规律，但就新体代兴言，揆之正合。

第八，代有所胜律。这是韵文发展在历史进程中表现出的规律。

我国古代的理论家都很注重文学的通变，但似是由退化论所左右，总是崇古而常以复古为革新，认定这是发展的正途。从陈子昂到明七子，所走的都是这条路。

然而，并非所有人都矮人观戏，明清二代就不乏独标主见者。如袁宏道就表明了"文之不能不古而今也，时使之也"的观点，且认为文有"以平而传者"，"以俚而传者"，"以俳而传者"，阐明了"古今文人，为诗所困，故逸士辈出，为脱其粘而释其缚"的看法（均见《雪涛阁集序》）。就具体作品论，卓人月就以小曲为"我明一绝"。

"若无新变，不能代雄"（《南齐书·文学传论》），焦循提出了代有所胜论。至王国维,终于发表了"一代之文学"的著名观点:"凡一代有一代之文学,楚之骚,汉之赋,六朝之骈语,唐之诗,宋之词,元之曲,皆所谓一代之文学,而后世莫能继焉者也。"(《宋元戏曲史序》)对这段话,如果再装上"周诗"之头,接上"明清传奇"之脚,则是相当完整的韵文文体进化论和代有所胜论。对此,前面多有涉及,不必再详析了。

宏观研究应是微观研究的升华,对中国韵文发展规律的认识和认定,当然有待于史料、理论研究和分体研究的厚实基础。臆说于前,无非是抛砖引玉,希专家和同行不吝教之。

(1987年4月13日,原载《中国韵文学刊》1987年创刊号)

汉赋的美学特征

王国维曾经将汉赋作为标志汉代文学成就的"一代之文学"。但是自扬雄论"诗人之赋"与"辞人之赋"以来,倡导文学"为人生"者,因其"劝百而讽一"而轻之,而"为艺术"的一派也不为其堂皇沉滞而重之。人们多认可的是楚辞、唐诗、宋词、元曲,而汉赋和六朝骈文似被革出文学(韵文)精品的殿堂。数十年间,各种文学史对汉赋评价不高,相应地研究论文亦较少。李泽厚《美的历程》首先肯定了汉赋作为汉代艺术的主题是人对客观世界的征服。之后论汉赋者渐多。本文即想就汉赋的美学特征及其对中国文学的积极影响谈些看法。

一

历代论者,都指出了赋本渊源于诗。班固《两都赋序》云:"赋者,古诗之流也。"北朝颜之推亦云:"歌咏赋颂,生于《诗》者也。"(见《颜氏家训》卷四)古人们多认为,赋源于诗,取义于《诗经》赋比兴之"赋",含铺陈叙述之意,且以为,赋从诵读方式引申出来,然后成为一种文体的名称。

然而,诗并非直接流为赋,汉赋的近源在战国。章炳麟《国故论衡·辨诗》云:"七略次赋为四家:一曰屈原赋,二曰陆贾赋,三曰孙卿赋,四曰杂赋。屈原言情,孙卿效物,陆贾赋不可见,其属有朱建、严助、朱买臣诸家,盖纵横之变也。"章炳麟进而以纵横家文章为"赋之本",并详言道:"七国之际,行人胥附,折冲于尊俎间。其说恢张谲宇,紬绎无穷,解散赋体,易人心志。鱼豢称鲁连、邹阳之徒,援譬引类,以解缔结,诚文辩之隽也。武帝以后,宗室削弱,藩臣无邦交之礼,纵横既黜,然后退为赋家。"汉赋虽有屈辞、荀赋与纵横家文的三个源头,但似是受后二者影响更大。刘勰《文心雕龙·诠赋》说:"赋者铺也,铺采摛文,体物写志也。"既指出了汉赋善于铺陈的特点,又指出了"体物”与“写志”的功能。然而“写志”之作仅汉初贾谊、东汉张衡等少数人有之，汉赋的主流是“体物”。如清人王芑孙《读赋卮言》所说，以司马相如为代表的赋家，“乃从荀法”，贾谊的“屈心”之“戚”，则被视为“变”。“孙卿效物”为赋家所本，且又被视为“正”，加之学习了纵横家“恢张谲宇，紬绎无穷”，“援譬引类”之长，因而，在描绘事物上，达到前所未有的高度艺术。

那么，这种“丽以淫”“劝百而讽一”，以“采摭事物，摛华布体”为特点的汉赋，对诗骚而言，究竟提供了什么美学新特征呢？简言之，它将诗骚的重在内心情志的感发，变为对外部世界的赞美，将关注社会以求“善”，变为关注自然以求“美”，亦即将以人为中心和本位的审美观，转变为主体向客体的辐射，表现出对客体美的追求。

朱熹在《楚辞集注》中说：“《诗》之兴多而比、赋少，《赋》则兴少而、比赋多。”他虽在《诗集传·关雎注》中，将“兴”释为“先言他物以引起所咏之词”的发端之意，但在具体论及作品时，仍被汉儒之见所左，如郑众所说“兴者，以善物喻善事”（《周礼·大司乐》注），将兴看作比。其实，兴兼有发端、比喻之义，而这种比喻则是以小比大之比，如刘勰所说：“观夫兴之托喻，婉而成章，称名也小，取类也大。”（《文心雕龙·比兴》）因此，“《诗》之兴多”实是人的精神的外化，景物描写仍归之于人，这与孔子“智者乐水，仁者乐山”（《论语·雍也》），“岁寒，然后知松柏之后凋”（《论语·子罕》）的人与自然“君子比德”的说法是一致的。

汉赋则不同，“兴少而比、赋多”，那种宏大的规模，丰富的辞汇，大肆的铺张，淋漓尽致的描写，对所有的文体说来都是空前绝后。试看司马相如《上林赋》写“天子之上林”：

> 左苍梧，右西极，丹水更其南，紫渊径其北。终始灞、浐，出入泾、渭；酆、镐、潦、潏，纡余委蛇，经营乎其内；荡荡乎八川分流，相背而异态。东西南北，驰骛往来：出乎椒丘之阙，行乎洲淤之浦；经乎桂林之中，过乎泱漭之壄；汩乎混流，顺阿而下，赴隘陿之口……

可以说，从司马相如、扬雄的描写畋猎、宫苑，到班固、张衡的描写都城、大邑，“控引天地，错综古今”的汉赋确如李泽厚所说：“在一个琳琅满目五色斑斓的形象系列中，强有力地表现了人对物质世界和自然对象的征服主题。”（《美的历程》第79页）

这种关注外部世界而非人的内心，突破了人为中心和本位而追求客体美的变化动因何在呢？丹纳说：

> 要了解一件艺术品，一个艺术家，一群艺术家，必须正确设想他们所属的时代的精神和风俗概况。这是艺术品最后的解释，也是决定一切的基本原因。（《艺术哲学·艺术品的本质及其产生》）

汉初七十年的经济发展，为汉武帝建立雄图霸业奠定了丰厚的物质基础，随着政治军事的对外扩展，文化艺术与物质的中外交流也随之兴盛，地理观念改变了，眼界扩大了，物质文明的高度发展，民族自信心的充分提高，几乎与武帝至宣帝近一个世纪的统治相始终。诚然造就汉赋兴盛的原因还很多，但最根本的，还是在于汉帝国的繁荣。

汉赋继承了楚辞琳琅满目、寥廓荒忽的传统，而扬弃了它的神秘、诞幻的泛神论，萌发了对物质世界的认识与赞颂，那样的雕缋满眼、错彩镂金，它再不似雅颂侧重于政治教化、社会伦理之"善"，而追求的是自然界及劳动所创造的"美"。从中国文艺的美学思想言，如果没有汉赋的绚烂之极，也不会有魏晋之后的归于平淡，也正是汉赋对外部世界关注的眼光，教会了后人对诗歌描写外境的重视，心入于境，境回于心，意境浑融的诗歌较之"比德"的比兴当然更进一层，而汉赋，就是这一演变、发展中不可缺少的中介。

二

汉赋追求客体美的美学观，又导致了中国诗歌再现印象的成分增加，使作为诗之本位的"时间艺术"融合进画的"空间艺术"因素，因而古典诗歌在追求韵味之时，更见意境的完整。如果没有汉赋对描写的着力，恐怕中国诗歌就难以达到表现情志与再现印象的完满结合，甚至影响了其他文学样式，能给歌德留下"自然外境总是和人物形象相联系"（《歌德和爱克曼的谈话》，引自《西方文论选》第469页）的印象。

我国古代的诗歌与音乐、舞蹈是三位一体的。诗与音乐关系密切，除了重视节奏、韵律、和谐之外，还重在表现内心的情感。赋"不歌而诵"，脱离了音乐，将诗的重在表现情感变为重在再现客观印象，这样一来，就使其美学品格接近于绘画。

赋与诗的共同点在于使用文字，而非直观的造型，而赋与画的共同点则在于再现印象的模仿，这样一来，赋就分别以诗与画作为它的左右邻。

诗画历来就是姊妹艺术。古希腊西蒙尼底斯曾说过："画是无声诗，诗为有声画。"罗马的贺拉斯又有"诗如画"之说（见《诗艺》）。我国在宋代亦有类似说法，如张舜民说："诗是无形画，画是有形诗。"（《画墁集》卷一）宋钱鍪《次袁尚书巫山诗》云："终朝诵公有声画，却来看此无声诗"（《宋诗纪事》卷五九引）。

然而，诗画又毕竟是门类不同的艺术。我国晋代的陆机有"宣物莫大于言，存形莫善于画"（张彦远《历代名画记》卷一引）之说。到了18世纪，德国美学家莱辛在《拉奥孔》中科学地说明了诗与画的区别及联系。他指出："绘画用空间中的形体和颜色"，"诗用在时间中发出的声音"；"因此，物体和它们的可见的属性是绘画所特有的题材"，"动作是诗所特有的题材"；"绘画也能摹仿动作，但是只能用暗示的方式通过物体来摹仿"，"诗也能描绘物体，但是也只能用暗示的方式通过动作来描绘"。莱辛不仅看到了诗、画在形式、对象、媒介、材质上的区别，而且还论述了空间艺术可以寓动于静，时间艺术可以化静为动，二者能各自突破自己的界限而互相补充。

汉赋的"不歌而诵"，仍然是用"时间中发出的声音"，但它追求客体美的特性，又使之很注重"空间中的形体和颜色"，为了描写事物，要曲尽情态，又要多角度观察，这样一来，必是"以时观空"，从它的左邻诗那里汲取语言，但"诗言持，赋言铺，持约而铺博"，在广博的铺排中，又从它的右邻画那里学习描绘，"在外者物色，在我者生意。二者相摩相荡而赋出焉"（刘熙载《艺概·赋概》）。司马相如曾自道作赋的体会：

> 合綦组以成文，列锦绣而为质，一经一纬，一宫一商，此赋之迹也。赋家之心，苞括宇宙，总览人物，斯乃得之于内，不可得而传。（《西京杂记》）

作者骋目游心，在"苞括宇宙，总览人物"之时，力图表现出空间的广阔，从而也就使本属时间艺术的赋，带有空间艺术的特征，将时间的延长、移动，化为空间的拓展。

在周诗和楚辞中，文学主于内心情感与客观世界的协调，而汉赋，产生在日丽中天、气魄沉雄的朝代，对外界的观照则多于对心灵意绪的表现，因而，它的诗情少了，而画意多了。刘熙载说：

> 赋起于情事杂沓，诗不能驭，故为赋以铺陈之。斯于千态万状，层见迭出者，吐无不畅，畅无或竭。
>
> 赋家之心，其小无内，其大无垠，故能随其所值，赋像班形，所谓"惟其有之，是以似之"也（《艺概·赋概》）。

正是由于大一统的汉帝国，以其高度发达的物质文明造就了"情事杂沓"的"千态万状"，赋家才能从生活出发，"惟其有之，是以似之"地"赋像班形"，现实生活所提供的画意不是比诗情更多么？

尽管汉儒神学家将先秦儒家的思想改造成"天人感应"的神学目的论，但生产力的发展，人对自然的征服，使他们的美学观努力扭变着官方正统思想，《楚辞》中对自然力不无恐惧的幽深荒忽，变成了汉赋中战胜自然之后的明丽堂皇。司马相如笔下的云梦泽，就不同于《九歌》中的楚山楚水。《子虚》《上林》赋，既写人，又写物，既在飞动的气势中，表现出对力的赞颂，又在侈靡的氛围中，可见柔媚之美。

汉赋这种"穷造化之精神，尽万类之变态，瑰丽窈冥，无可端倪"（程廷祚《骚赋论·中》论宋玉语）的特点，确不是诗的削多成少、以少总多，而是"总众类而不厌其繁"（同上，论司马相如语），与绘画的"以时观空"极相似，尤与国画的长卷相近。它们都以观赏中的时间的持续绵延，感受到空间的无穷扩展，并使形象唤起的想象得以在广阔的空间驰骋。

前人论赋，不仅从政教中心论出发，不满于它的"丽以淫"，而且因画意远过于诗情，夸饰太甚，而贬之甚低，如挚虞《文章流别论》就认为"以事形为本"的"今之赋"有

“言富而辞无常”之弊,并带来一系列缺点:“夫假象过大,则与类相远;逸辞过壮,则与事相违;辩言过理,则与义相失;丽靡过美,则与情相悖。”应该说,这一批评是击中要害的。但正是汉赋的这些特点,发展了诗歌的描写手段。汉诗以来,以意象的蔚起成为新诗风的标志,绘画美重于诗情美。正由于接受了汉赋带有的空间艺术美学特征,六朝诗寓情趣于意象,唐诗则以情趣与意象的融合无间而成为极峰。后世的许多大诗人,也都不同程度地受到了赋的影响。汉赋“侈丽闳衍之词”形成的美学特征,对中国文学史的积极作用是不可低估的。

(原载《文史知识》1989 年第 4 期)

言志、缘情与体物

我国的文学批评始于论诗,而论诗又与“政教”密切相关。在经由了相当长的历史阶段之后,于论“辞”之时,潜生出对“情”的认可,在“文的自觉”时代的魏晋,出现了与古老的“言志”说相抗衡的“缘情”说和“体物”说。恰恰是“缘情”与“体物”,丰富和发展了“言志”,使诗歌在关注政治同时,也扩展到感情领域和外部的物质世界,同时也丰富和发展了诗歌自己。

古人论诗的言论甚多,约之,诗当有三训,即:承、志、持。

先列训之为“承”者:

《礼记·内则》:“诗负之。”郑玄注曰:“诗之言承也。”

次列训之为“志”者。

《春秋详说·题辞》:“在事为诗,未发为谋,恬淡为心,思虑为志,故诗之为言志也。”

再列训之为“持”者:

《诗纬含神雾》:“诗者,持也,在于敦厚之教,自持其心;讽刺之道,可以扶持邦家者也。”

为深究“诗言志”这一“中国诗论的开山纲领”(朱自清先生语)的涵义,不妨看看《今文尚书·尧典》的原文:

诗言志，歌永言，声依永，律和声；八音克谐，无相夺伦，神人以和。

这里既包含着诗以言志、诗乐不分的意思，又贯穿着追求中和之美，讲究和谐、平衡的美学思想。《诗大序》对此有更详尽的阐释：

诗者，志之所之也，在心为志，发言为诗。情动于中而形于言，言之不足故嗟叹之。嗟叹之不足故永歌之，永歌之不足。不知手之舞之，足之蹈之也。

情发于声，声成文谓之音。治世之音安以乐，其政和；乱世之音怨以怒，其政乖；亡国之音哀以思，其民困。故正得失，动天地，感鬼神，莫近于诗。先王以是经夫妇，成孝敬，厚人伦，美教化，移风俗。

这里，如将诗、乐、舞关系之论证暂置，则一者可见"诗者，志之所之"与"情动于中而形于言"的共同性，即"志"与"情"名二而实一；二者，以声为用的诗与时代政治有密切的关系，即声、诗之喜怒系之于时政之和与乖。可见，诗不仅是诗人"作诗言志"的表达自己的情志，亦可使他人见志而观国，故又有统治者的"采诗观志"。至此，可见孔颖达所说的"承君政之善恶，述己志而作诗，所以持人之行"的"三训"又确是诗的较完整的意义。

然而，"诗"义之诂又非止于此。

钱锺书先生《管锥编》将诗之"持"解释为"止"，并以《荀子·劝学》篇"诗者，中声之所止"，《大略》篇论《国风》"盈其欲而不愆其止"来佐证。这"止"，就不仅是"持人之行"，而且"自持情性，使喜怒哀乐，合度中节，异乎探喉肆口，直吐快心"(《管锥编》第一册第57页)。这样，以"止"训"诗"就牵涉到另一问题：诗就其社会功能来说，是匡正弊政之恶而使之善，同时，作诗者本身的感情亦要接受理(礼)的制约，亦即"善"又体现为中和之美。孔子所说的"《关雎》乐而不淫，哀而不伤"(《论语·八佾》)，就被孔安国释为："乐不至淫，哀不至伤，言其和也。"(《论语集解》)其实，这一思想也同样见之于《乐记》。如："乐者敦和"，"乐极和，礼极顺，内和而外顺"。这一重视中和之美的思想，直接导致了"温柔敦厚"的"诗教"的建立。

综上述而言，可见周诗"承""志""持""止"的特点表现在：关心社会政治，在抒发内心情感以有裨于教化时，当受节于礼，以求中正和平。

但是，到孔子之时，雅乐败坏，诗、乐渐分，且人心不古，世道衰微，"献诗"之事已废。诗之讽颂。变而为史之褒贬，这是春秋后期的一大变化。

降至战国，北中国正忙于战伐：战车和刀枪声代替了诗乐的弦诵，独处南方的楚国却产生了《楚辞》。战国末年屈原的出现，又导致了一大变化。班固说：

春秋之后，周道浸坏，聘问歌咏。不行于列国，学诗之士，逸在布衣，而贤人失志之赋作矣。大儒孙卿及楚臣屈原，离谗忧国，皆作赋以风，咸有恻隐古诗之义。（《汉书·艺文志》）

这段话颇有眼力，指出了荀赋、屈辞遥接古诗的讽刺之义。但是，文学事业又与具体的文学家联系在一起，屈原之后，宋玉仅是“贫士失志而不平”，其他楚辞作者更等而下之。到汉代，则如班固在上文中所说：

汉兴，枚乘、司马相如，下及扬子云，竞为侈丽闳衍之词，没其风谕之义。

由《楚辞》中屈原的“失志”“离谗忧国”，到汉赋中的“竞为侈丽闳衍之词”，已可隐见“缘情”到“体物”之意。

儒家学者论诗主于教化，将情、志视之为“一”。然而，文学史所提供的事实却并非如此，情、志本非一物，主流为民歌的《诗经》有半数以上为“缘情”之作。从变风变雅的“吟咏情性，以风其上”，到屈原“以忠信见疑，忧愁幽思，而作《离骚》”，“缘情”色彩已更浓了。汉乐府诗在统治阶级虽是用以“观风俗，知得失”，不忘政治教化，但其“感于哀乐，缘事而发”的精神，则道出了“缘情”的本质。自“乐府”，经建安，直至正始，五言诗充分成熟了。与此同时，“言志”和“缘情”也就成了诗的两大职能。但是，“情”的概念在文人诗和民间诗中并不完全相同。国风、汉乐府都不乏爱情的篇什，而辞赋和多数文人五言诗（《古诗十九首》除外）中的“缘情”是同“言志”密切相关的。可以这样说：到此时为止，文人诗是“达”时“言志”，表现的是对政教大事的关心；但当“穷”时则转而“缘情”，表现的是对一己穷通的萦怀。不过，就实质来说，无论是“进”而“言志”或“退”而“缘情”，主“兼济”和主“独善”，都是与政教相关的。

写爱情的“缘情”五言诗，大约起于秦嘉《赠妇诗》。其后，则有宋子侯《董娇饶》、徐幹《室思》、繁钦《定情诗》、张华《情诗》、潘岳《顾内》、《悼亡》等。于是，陆机总结前人创作，在《文赋》中第一次提出与古老的“诗言志”相区别的“诗缘情而绮靡”的新概念。这种“缘情而绮靡”的诗逐渐逸出夫妇之情的范围，到梁代“弥尚丽靡”（《梁书·庾肩吾传》），终于产生了反映病态感情的“宫体”，经陈、隋，直浸淫唐初，相沿百余年，直待“四杰”出后，才改变其风。

辞赋之出，在屈原是因“自怨生”而抒中情，但至汉代，“辞人之赋”已“没其讽谕之义”（班固《汉书·艺文志》）。以“形似之言”成为“浏亮”的“体物”之作（见陆机《文赋》）。“体物”实为“描述”，成了六朝诗的另一源头。这类作品，尤以山水诗为代表。到谢灵运笔下，“体物”之味开始多于思想的意蕴。此后，“诗至于宋……便觉声色俱开”（陆时雍《诗镜总论》），鲍照有大家气派，但所长在于“善制形状写物之词”（钟嵘《诗品》中），谢朓虽渐启唐风，但“平调单词，亦必秀琢，按章使字，法密旨工”（陈祚明《采菽堂古诗选》卷二十），常变化运用谢灵运诗句，不免藻绘之风。何逊、阴铿是梁、陈山水诗代表，作品不乏清新气息，但何“实为精巧，多形似之言”（颜之推《颜氏家训·文章篇》），阴亦“专攻琢句”（见沈德潜《古诗源》卷十四），不以格胜。

总之，六朝诗固然也有“言志”之作，但更见“缘情”与“体物”的发展。文人诗和乐府民歌，上层的“宫体”和下层的吴歌、西曲，爱情与闲情占据了越来越多的地位，而山水诗则渐形工巧，体物精微。发展到唐代，诗歌从宫廷走向市井，继而走向山川边塞和广阔的现实生活。在呼唤“汉魏风骨”、重树“言志”传统的同时，由于得六代“缘情”“体物”的浸淫，使之走上质、文相称之路，焕发出前所未有的光芒，造就出“一代之文学”。

（原载《学语文》1997 年第 5 期）

古典文学研究的拓展深入与观念方法问题

近年来，随着对外开放政策的实行和两个文明建设的深入，引起了中国文学研究领域中一系列学术观念的变化与更新，形势令人鼓舞。古典文学的研究也一样，研究范围的扩大，研究格局的变化，研究方法和手段的多样，都远过于任何一个历史时期。但是，相对于文艺理论和当代文学的研究，古典文学研究领域的空气是较为沉闷的，无论是宏观研究，还是观念和方法的改变，都显得不够，这样，就难于使研究工作进一步拓展和深入。为此，想谈些零星的看法，对某些问题作一点探索。

一

中国古典文学属于杂文学的体制。曹丕《典论·论文》首作文学体裁的区分：

夫文本同而末异，盖奏议宜雅，书论宜理，铭诔尚实，诗赋欲丽。

这里，首次将无韵之笔（奏议、书论）和有韵之文（铭诔、诗赋）划清了界限，但后者仍很难以纯文学目之。

晋挚虞《文章流别论》是区分文体的专论，原文已佚，从其残文中可见，文学已有十二体之分，即：诗、颂、赋、乐府、七、箴、铭、诔、哀辞、对问、碑、图谶。到梁朝时，昭明太子萧统《文选》进而分为四十目，刘勰《文心雕龙》所论及之文类更为六十三种。后来李昉等人辑《文苑英华》，姚铉辑《文粹》，吕祖谦的《文鉴》，苏文爵的《文类》，程敏政的《文衡》，黄宗羲的《文海》等，大都效法萧统《文选》所分门目。

明代文家，喜辨文体，终于出现了文体论的集大成之作——吴讷的《文章辨体》和徐师曾的《文体明辨》，前者所分文学体类为五十九种，后者更多达一百二十七种。

即使剔除了许多不属于文学范畴的文体，中国古典文学仍是百态纷呈的大花园。

可是，与这样一座三千多年的文学大花园相比，文学的研究却是相对贫乏得多。古希腊《荷马史诗》的时代与我国《诗经》时代相仿，但是，在公元前四世纪已有了亚里士多德的体大思精的《诗学》，而我国，直到公元三世纪才有陆机的《文赋》，才真正开始系统地研究文学。刘勰《文心雕龙》和钟嵘《诗品》将研究推上更高的层次，但以后，竟难以出现"体大而虑周"（章学诚评《文心雕龙》语）的理论著作，后代的序跋、书信，以及众多的文论、诗论、词论、曲论，浩如烟海，但都未能形成完整的体系。《四库全书总目提要》将"诗文评"分为五类：一是研文体之源统而评其工拙者（《文心雕龙》），二是第作者之甲乙而溯厥师承者（《诗品》），三是备陈法律者（皎然《诗式》），四是旁采故事者（孟棨《本事诗》），五是体兼说部者（刘攽《中山诗话》、欧阳修《六一诗话》）。其中第四第五类就很难称之为研究，而偏偏又以之为多。

相较而言，随着历来被看作"邪宗"的戏曲、小说兴盛，对这两个门类的研究却出现较系统的理论著作。王骥德的《曲律》，李渔的《闲情偶寄·词曲部》可谓前者的代表，金圣叹评点《水浒传》可谓后者的代表。然而，一则由于八股套路的影响，二则由于诗文评点的传统，要形成全新的体例是困难的，尤其是金圣叹，"其长在密，其短在拘"，虽有具眼之见，却未免零碎、琐屑之弊。

诚然，相对于西方而言，我国古典文学研究如同古典文学本身一样，具有独特的民族特点，文气、风骨、形神、意境、阳刚阴柔等概念、范畴，也具有独到的美学价值。但是，由于我国古人长于归纳而不长于分析，大量的诗文评和诗、词、曲话，都建立在经验和直觉的基础上，形象性强而思辨性弱，概念多因具有多义性而缺乏明确性。古人虽已注意到文艺各部类之间的相互影响和联系，但在具体研究中多着眼于各别的文艺种类。到封建社会后期，虽有个别的理论家（如刘熙载）表现出从总体上研究文艺的意向，并表现出卓越的艺术辩证法眼光，但未能彻底突破传统，以形成全新的体系。郑振铎先生曾为之感叹："统而言之，自《文赋》起，到了最近止，中国文学的研究，简直没有上过研究的正轨过。关于作品的研究，一向是以鉴赏的漫谈的或逐句评注的态度去对待它的……关于作家的研究，除了'年谱'一类的著作，评述其祖先，其生平，其交游的人物，其作品的年代，可以作为研究的最好的参考资料外，其余便再没有一种东西可以算是'研究'的了。关于一个时代的文学或一种文体的研究，却更为寂寞。"（《研究中国文学的新途径》）郑先生对旧时代中国古典文学研究的范围和方法，都是很不满意的。

但是，郑先生所说又未免有些过分。因为从戊戌维新到辛亥革命，随着闭关锁国的壁垒被打破，西方思潮的源源进入，古典文学研究的观念和方法，确实曾表现出不少新的色彩。梁启超对小说的研究和王国维对词曲的研究，就是此中代表，而且，后者因为是纯粹的研究贡献更为显著。

梁启超是"小说界革命"的倡导者，他认为，"今日欲改良群治，必自小说界革命始"，因而着力将小说理论推进到系统研究的新阶段。他不但根本脱除了评点习气，将零碎、分散的研究变为较全面、系统的研究，既着眼于政治，阐述小说的社会作用，又能从小说的特性出发，阐明了小说所能产生的“熏”“浸”“刺”“提”的心理力量，并对小说创作规律及民族化要求表明已见。当然由于梁启超是维新运动的主要领导人，他的小说理论还是着眼于政治较多，离中国古典小说遗产较远，理论较空泛，虽在观念、方法上令人耳目一新，但很难说是对古典小说的真正研究。因而，标志着这一门类研究成果的，只能是二十世纪二十年代的鲁迅的《中国小说史略》，它论述历代小说的内容与技巧，判流别，叙进程，非仅材料丰富，且见解精辟，成为我国小说史的开山之作。

王国维写成于辛亥革命前后的《人间词话》和《宋元戏曲考》，很值得注意。《人间词话》虽沿袭旧体例，但其以境界说为核心的理论，却在总结中国古典美学的基础上提出了不少新东西，如以审美静观和美感移情分析诗词境界，论述了境界的构成，判明有我之境与无我之境的区别，说明“造境”“写境”与写实、虚构（理想）的关系，此外，还有隔与不隔、出入说、诗人修养论等，都绝不同于传统的诗话、词话，表现出在民族传统基础上融汇西方理论的鲜明色彩。至若《宋元戏曲考》，则是进化论这一新的思想武器在文学研究中的体现。王国维破除了历来文人循循相因的文学“今不如古”论，建立起整个文艺发展史中新旧形式的更替观念，阐明“凡一代有一代之文学”，并具体考察研究，细致考证了中国戏曲史，勾划出戏曲从上古萌芽到元杂剧的具体发展。郭沫若曾将这一著作与鲁迅的《中国小说史略》并称，认为“是中国文艺史研究上的双璧，不仅是拓荒的工作，前无古人，而且是权威的成就，一直领导着百万的后学的”（《鲁迅与王国维》）。

如果再作一些补充的话，应该说自“西学东渐”以来，二十世纪的前半期对于中国古典文学研究，既有传统的方法，也有外来的方法，也有两者的结合。前者主要是训诂、笺注、校勘、考证、辑佚、年谱、版本目录等，后者主要是历史学、社会学、逻辑学、类型学的分析、归纳、综合，而相当多的是采取两者结合的方法。其中著名的研究成果和成就昭著的学者，可以开列出长长的名单。

新中国成立以来，古典文学研究翻开了新的一页。除传统的方法仍在继续，来自西方的方法仍在沿用外，马克思主义的世界观和方法论带来了许多全新的色彩。在诸多的《中国文学史》和分体史、作家作品研究专著、作品选注、人物传记、研究论文中，多侧重于文学与社会生活、文学与政治关系的论述分析，注重阶级分析法、人民性、现实主义精神，注重形象与典型分析和创作方法归纳，而在风格流派和艺术评判中，也多注重阶级倾向和现实精神的强弱，从而决定主次和取舍、好恶。应该说，尽管对辩证唯物主义和历史唯物主义的理解，由于受制于政治路线，还有片面或曲解之处，但在其指导下的“文革”前十七年间的古代文学研究，实绩是可观的，是不容抹煞的。

二

经过“文化大革命”之后，古典文学的研究是从对评法批儒、评《水浒传》等问题的拨乱反正重新开始的，党的十一届三中全会以后，出现了前所未有的蓬勃发展，成绩有目共睹,毋庸赘述。但是,面对丰厚而又稳固的文学遗产,其封闭性、保守性的巨大惯性,似乎也在研究者身上产生了某种感应力,使得观念与方法的更新都显得相当缓慢,这对于研究的深入是不利的。

关于古典文学研究的进一步拓展、深入,有哪些观念要更新,有什么方法可以尝试应用呢?笔者想从下面四个方面谈些极粗浅的看法。

第一,破除机械的反映论,清除庸俗社会学影响。

社会生活是文学创作的唯一源泉,文学则是社会生活的反映,这一说法当然是马克思主义的。然而,文学并非是对生活源泉的直接、机械的反映,"人最初是从功利观点来观察事物和现象,只是后来才站到审美的观点上来看待它们"(普列汉诺夫《没有地址的信》),这"审美的观点上来看待",体现了创作过程中极其重要的作家主观能动作用,是万万忽略不得的。尽管以前也常说文学源于生活而又高于生活,实际上多着眼于客体的生活,而对作家主观的努力不重视,对作家的思想、感情、资秉、才性在创作过程中的作用不重视,因而也就未能将作品看成是主客观世界有机结合的艺术生命体。

与机械反映论相伴生的,是庸俗社会学。前者背离马克思主义的能动的反映论,无视艺术辩证法,后者则以庸俗唯物观和政治社会学评判、研究作品,同样无视文艺自身的规律。庸俗社会学只将文学看成政治的从属物,将丰富多彩的生活简单化,将复杂的社会人际关系只简化为阶级关系,以阶级类型代替人物典型,在世界观和创作方法上划等号。

这几年,虽然在古典文学研究领域中,不再简单地将三千年古典文学归结为现实主义与反现实主义的斗争,对儒法斗争模式清算不可谓不力,不再以政治第一、艺术第二(或政治唯一)作为评判标准,动不动辄以人民性划线。但机械反映论和庸俗社会学影响犹在。如讲《诗经》,总是《硕鼠》《伐檀》打头;对《楚辞》多是仅以政治诗看待《离骚》,屈原以外,其他楚辞作家作品鲜有人问津;这两年,受李泽厚《美的历程》影响,肯定汉赋的人渐多了,但六朝小赋仍少有道及;对汉诗中的文人诗,亦复如此;王国维曾以"一代之文学"许之以六朝骈文,但涉足者很少;宫体诗、花间词、西昆诗、台阁体、《世说新语》、晚明小品等,这些领域之所以未充分开拓,不能不看到上述影响。此外,即使是对某些流派、作家、作品、文学运动的评价有所改变,但上面的观念、方法并未根本改变,而仅仅是放宽了尺度而已。从民族传统来说,"诗言志"的影响,孔门诗论所奠定的基础,历代经师对赋比兴的理解,历代进步的诗论,都着眼于政治教化,以"善"为归的,这也影响了研究过程中对文学遗产的取舍和评判。其实,即使是被视作现实主义诗人代表的白居易,虽云"文章合为时而著,歌诗合为事而作",自称"风雅比兴外,未尝著空文",但他反映现实,反映民生疾苦的诗仅二百多首,其余二千多首都是听歌看舞、饮酒赏花和谈禅说道之作,甚至有"忆妓诗多于忆民诗"(袁枚语)之说。如果只认定历史上某些文学家作为"本质""主流"的部分作品,而不顾及全人,这其实也不是唯物主义的态度。

文学艺术发展的历史固然反映了社会生活发展的历史，但更直接地是人类心灵的历史。近年来，再不讳言“文学是人学”了，但是，“人学”说与反映论在本质上应该是一致的，这就是：文艺之反映生活，实际上是对于生活在一定历史阶段的人的心灵的反映，因而，认识和研究文学遗产，就应是对人的心灵历史的把握、体认。尤其是，近年不少研究论文对于中西古典哲学、美学和文学进行了比较，充分认识到民族性格的区别，都看到我国“情因物感”的动力论制约下，文艺以表现、抒情区别于西方的再现、摹仿，因此，我国古典文学较之西方来，反映论的色彩当要淡一些。而且，从《乐记》的“情动于中，故形于声”以来，在宋代以前，文学形式以韵文为主，尤以诗为代表，以表现意境为主要美学特征，只是在宋元之后，戏曲小说逐渐兴盛，才进入了塑造典型的阶段，因此，大量的研究对象应是心灵的历史。只有牢固地建立上述观念，才能在拓展眼光，扩大研究对象的同时，去对心灵历史、时代灵魂作纵深的开掘，去感触、领悟作品的真正艺术生命。

第二，应将传统的“知人”的道德批评，转为恩格斯所说的“美学和历史的观点”来进行批评。

“知人论世”是孟子所倡，他的本意是要克服春秋以来评论《诗经》的弊病，这一方法，却一直为后世所沿用。由于孔子“尽善”说的影响，《诗大序》“经夫妇，成孝敬，厚人伦，美教化，移风俗”的文学功能论一直是不可移易的文学批评基石，我国古典文学批评更侧重于“知人”的道德批评，而缺少历史的特别是美学的批评。因此，以“立德”作为“立言”的前提，以人品定文品，成了衡量古代作家作品的不成文法。

诚然，“仁者之言霭如”，“内美”成为“修能”的前提亦未尝不可，“情”应该受到“理”的制约，“兴、观、群、怨”的认识、感化、教育作用常取决于作家昭示于作品中的真、善、美，“文如其人”，“风格即人”，文学家的道德和人品对作品的影响是毋庸置疑的。但是，一则由于文学的表现对象有社会生活、自然景观或琐事闲情之别，对于后两者，常有着广泛的“共同美”；二则道德标准也并不是亘古一律，一成不变的，道德虽有一定的继承性，但每一道德范畴的具体内涵又常随着历史进程发生变化。因此，“知人”的道德批评固不失为我国的优良传统，但也存在不顾历史条件，将政治和道德从历史进程中孤立出来的不全面性。

“穷而后工”是我国古典文学的一条发展规律，而“穷”与“通”往往就分别成了文学家和政治家的标准，我国的文学家都与政治家有不解之缘，或是政治家的候补者，或是政治斗争的失败者，“从政”与“为文”似乎是相反相成的。不管怎样，文学紧靠政治，所以，无论“诗以言志”还是“文以载道”，都将文学看成政治的奴婢。我们说，文学并不是政治的传声筒，真正的文学作品并不是文学家世界观、政治的直接表达，文学家要将他对生活的审美评判寄寓于艺术形象，由于形象思维的特点，文学作品也并不以理性认识的形式直接作用于读者。人们常说“以情感人”，作品就是通过凝聚于形象之上的作家的感情，去感动读者，去陶冶他们的性情和道德，建立美的信念，因而，以感情为特点的审美愉悦或崇高感，是文学所特有的。正因为如此，常说的文学作品的认识作用和教育作用,其实都必须通过美感才能“作用”,无视文学这一特殊规律是不妥的。

因为“知人论世”实际上是侧重于作者的道德批评,所以对古代文学家常有偏见。虽然今人不会再赞同班固对屈原“露才扬己”的斥责,也视萧统评陶渊明“白璧微瑕,惟在《闲情》一赋”过迂,但对孔子“入世”的盛赞同时,对庄子“出世”的叛逆精神却估价不足,相似的还有如建安风骨与魏晋风度之较,汉乐府诗与《古诗十九首》之较,对李杜的抑扬,对温李的轩轾……刘琨仅存诗三首,岳飞的《满江红》还真伪莫辨,但都因民族英雄的原因,而侧身诗人、词人之列……

恩格斯在《诗歌和散文中的德国社会主义》一文中,曾对歌德的评价提出了著名的原则:“我们决不是从道德的、党派的观点来责备歌德,而只是从美学和历史的观点来责备他,我们并不是用道德的、政治的、或‘人的’尺度来衡量他。”恩格斯对于作为历史人物的歌德的评价,所取的不是“道德的、党派的观点”,而是“美学和历史的观点”,我们对于古典文学研究,也必须真正实现从前者到后者的转变。

第三,针对传统研究方法侧重于微观的特点,应建立系统论、控制论的观念,以综合性、整体性体现出宏观研究的眼光。

我国最初的文学研究分具宏观和微观的面貌,前者多为总体性的研究,后者多为个别的作品批评,当然也有两者相结合的(如《毛诗序》的大、小序)。即以魏晋南北朝最有代表性的研究性著作来说,陆机《文赋》、刘勰《文心雕龙》是宏观研究,而钟嵘《诗品》则是宏观与微观的结合。隋唐以后,品评鉴赏之风日盛,纪事辨订之态渐兴,虽不乏宏观研究之作,但微观研究更甚,尤其是清朝乾嘉时代,以经古文学的训诂方法来整理古籍和研究语言文字蔚成风气,深刻地影响了古典文学研究,且不必说直到近代的势力巨大的章黄学派,即以“洋学者”胡适来说,仍是以乾嘉朴学研究文学,且自称有“考据癖”,他的名言“发明一个字的古义,与发现一颗恒星,都是一大功绩”,对古典文学研究影响尤深。

我们说,训诂、考证、校勘、辑佚、笺注等研究是完全正确的,但一则这些研究大多可归纳为材料的整理和准备,是研究的基础而非研究的终结;二则由于为传统所囿,常认为以上的研究才是真正的做学问。这样,当然就未免入于片面。

近年来,随改革的浪潮,“三论”也乘时而入,从事古典文学研究的,或出于本能的排他性,或在作简单对照比附后认为“此症不宜”。其实,如果不是把“三论”只看成是简单的方法,而着眼于作为方法论的总体特征,对于古典文学研究也是适用的。从全世界范围讲,分析的方法在第一次科学革命时期就占据了主导地位,这是与当时的科学研究以分门别类为研究对象相适应的。但是,随着科学水平的提高,需要揭示事物不同物质运动形式的联系、发展和共同规律,这样,就必须实现方法论从分析到综合的转移。如果说,科学的方法论经历了古代—近代—现代三个发展阶段,与之相对应的研究对象是整体(宏观)—局部(微观)—整体(宏观)的话,那么具体的方法论则是综合—分析—综合的否定之否定,对于具有巨大历史容量的古典文学来说是莫能置身于外的。积千百年来对材料的搜集整理,加以近年古籍整理,可谓果实尤丰,这些都给研究者提供了巨大的信息量，对此，研究的综合性不应只是决策者的观念，也应是研究者应有的观念，决非赶风趋时之举。

系统论的创立者贝塔朗菲认为，流行的机械论方法不适合生物学的发展，“对各部分和各过程进行研究的传统方法不能完整地描述活的现象”，所以才创立了“机体系统论”。控制论的创立者维纳也说过，控制论是力求“寻找新的途径，新的综合的概念和方法，用来研究机体和构成的巨大整体”。综合性和整体性是“三论”的最显著特征，建立综合性、整体性观念，以加强古典文学的宏观研究，应该是十分必要的。

由于系统论将对象整体作为一个系统来研究，这样，无论对文学运动、社团流派、作家作品，就可具有将各部分看成子系统的眼光，避免孤立、片面的毛病，不是套用框框，将批评、研究分成背景、主题、人物、结构、语言等几部分，从而流为模式化，而是全局地、有机地、多层次地作出历史的、审美的研究。

信息论则将对象的具体组织和运动暂置，将系统的有目的性的运动所共有的特点看作一个信息流程。文学家的创作和读者的欣赏可视作有机的、统一的信息系统，运用信息论可以对文学创作的本质作逐步深入的层次揭示。因而，“三论”不仅可以作为方法，而且可以改变我们一些陈旧的传统观念。

第四，对不同门类、形式的作品，不妨运用不同的方法，创造研究的新局面。

新中国成立以来的古典文学研究，区别于传统研究方法的，主要是社会学的研究，对文学发展内部规律的探索，对作品的艺术研究，都距真正“美学和历史的观点”颇远。西方文学经历了古代希腊、罗马的神话、史诗、悲剧，中世纪基督教文学、英雄史诗、骑士传奇，自文艺复兴运动之后，新古典主义、浪漫主义、批判现实主义、自然主义，直到二十世纪诸多的现代主义形式相继出现，从表现对象来说，则是从神转向人，从英雄转向俗人，从外部世界到人的内心深处，因而文艺理论和批评方法也随之相发展。西方文学的发展是对基督教文化的挣脱，中国文学的发展却是儒家文化的不断沿续；西方海洋文化的开放性、求新性特点在文学发展上得以体现，表现出发展的显著阶段性，中国传统文化的封闭性和复古意识，几乎使每次文学革新运动都在复古的旗帜下进行。正由于这样，西方的各种“主义”并不能都拿来对中国文学进行解释与阐发，但是，我国古代研究、评论中闪烁着真知灼见的理论却又如散金碎玉，而新中国成立以来惯用的反映论、典型论、创作方法论和政治学、社会学的批评等，对古典文学研究的覆盖面还很有限，深度又有待开掘。因此，以“拿来”的态度，不是作简单比附、对号，而是选择适用的理论、方法，对不同门类、形式的古典作品进行研究，是可行的，也是必要的。

半个多世纪前，郑振铎先生就在《研究中国文学的新途径》中，开具了应有的研究成果清单，半个多世纪过去了，其中仍有许多未交卷，整个古典文学研究的庞大系统工程，需要广大古典文学研究者去完成，让我们努力去开创新局面！

（原载《中国文学研究》1987 年第 4 期）

二重、三重证据法及其他
——古代文学研究方法漫谈

摘　要　王国维提出了“二重证据法”,以作为文献的“纸上材料”和考古所得的“地下之新材料”相结合,将乾嘉学派的考据方法,与西方资产阶级革命以来的科学新方法相结合,“不屈旧以就新,亦不绌新以从旧”,取得了杰出的学术成就。当代学者叶舒宪提出了“三重证据法”,即用人类学研究的成果来论证古代文化,用外国的、世界的东西来论证中国的情况。笔者认为,“三重证据法”的名词或可质疑,但用文化人类学来“破译”古代文化所取得的实绩确实是令人振奋的。若不为名词所限,本着闻一多、郑振铎等前辈学者的开创精神,在当代学者勇于探索的启发下,尽管不采用“三重证据法”的说法,或不限于文化人类学的方法,但沿着文化学的研究路子,应该可以在古代文学的研究中继续有所创造,有所建树。梁启超、王国维、鲁迅、陈寅恪等学术大师们研究古代文学的方法和成就,给了我们足够的启示。

关键词　二重证据法　三重证据法　古代文学　文化学研究

二十世纪八十年代的学术界曾有过方法论热,可是,在热过一阵以后,我们不能不痛苦地发现,新三论、老三论等自然科学方法是很难真正贴切、深入地进入文学、尤其是古代文学研究领地的。于是,到了九十年代,古代文学研究界虽然如美学的研究、社会学的研究、心理学的研究、阐释学的研究、结构主义、符号学、语义学、历史学、哲学,直到文化学的研究、比较文学的研究等,都有人在尝试,也有不少成果;但是,不但运用自然科学的方法论鲜有引人注目的研究实绩,并以此表明新方法的成功,而且似乎连前一阵子很风行的宏观研究都被人讥为肤浅、大而无当。一时间,文献学及其具体成果受到异常的重视,“回到乾嘉”尽管不是口号,却为不少人所实际奉行和艳羡,我们似乎又看到了胡适之先生当年“拿出材料来”的理直气壮的样子。

确实,古典文学是有其学科的特殊性,而传统的学科如何跟上现代的步伐,也是不得不考虑的问题。而在对先秦文学的研究中,萧兵、叶舒宪等先生所进行的“中国文化的人类学破译”,以及一系列相关成果,的确受到了学界、尤其是年轻一代和国外学者的注意,他们的研究方法和相关成果也是值得我们好好关注的。尽管他们的研究似乎还难以成为古典文学界的主流和主导(当与他们所研究对象的时段性、特殊性有关),但是,他们的成就确实值得我们很好地思考,应当对当前及今后的研究有所启示。

一　关于"二重证据法"

叶舒宪以"人类学'三重证据法'与考据学的更新"作为其《诗经的文化破译》一书的自序，很明确地提出了方法论的更新问题。他说：

"考据学是我国传统学术的根基，从汉代至清，已经延续了两千年，其基本方法大致未变。有清一代考据学(又称朴学)大盛，人才辈出，形成了几乎是空前绝后的乾嘉学派的伟大成就。说它空前，因为不论在方法的谨严、知识的博洽，还是在立论的精当、见解的深邃方面，这一派都显示出超越古人的明显优势；说它绝后，是因为该派学者的素养、功力和学风在中华学术史上有其难以企及性和不可重复性。这倒不是说后人智力上不如清人，而是社会条件的变更使那种三岁读经的教育方式一去不返，以小学为基础和核心的考据学在白话文的新时代必然面临前所未有的衰微大势，这正所谓'青山遮不住，毕竟东流去'，不是任何个人的意志所能转移的。"

因此，他阐发了对国学传统的更新和发展的见解。认为："从总体上看，乾嘉学者式的渊博和小学功力已经不可再得了，但是新时代的学人自有超越前贤的优越之处，那就是新材料、新视野和新方法。"并例举了王国维所说，即著名的"二重证据法"。下面先谈谈这一问题。

陈寅恪先生在《陈垣敦煌劫余录序》中指出：

一时代之学术，必有其新材料与新问题。取用此材料，以研求问题，则为此时代学术之新潮流。[1]

可见，"问题意识" 和材料发现对于进行学术研究是何等的重要！而被陈寅恪以"独立之人格，自由之思想"推崇之至的王国维先生，则很重视用材料来解决问题。

王国维曾极其关注十九世纪末在河南安阳发现的殷墟甲骨卜辞，根据其解读成果，在1925年于清华研究院讲《古史新证》的第一章《总论》时，提出了著名的"二重证据法"：

吾辈生于今日，幸于纸上材料之外更得地下之新材料。由此种材料，我辈固得据以补正纸上之材料，亦得证明古书之某部分全为实录，即百家不雅驯之言亦不无表示一面之事实。此二重证据法，惟在今日始得为之。虽古书之未得证明者，不能加以否定，而其已得证明者，不能不加以肯定可以断言也。[2]

---

① 陈寅恪：《陈寅恪史学论文选集》，上海古籍出版社，1992年版，第503页。

② 王国维：《古史新证》，莱薰阁书店，1934年版，转引自叶舒宪：《诗经的文化阐释》自序，湖北人民出版社，1994年版。

可见，所谓“二重证据法”就是指作为文献的“纸上材料”和考古所得的“地下之新材料”。因为王国维在这里是特指先秦学术的研究，所以“纸上材料”应该指先秦诸子和先秦历史著作，以及晋朝所发现的《竹书纪年》（其实《竹书纪年》也是地下之材料，只不过不是新的而已）等；“地下之新材料”是指以殷墟发掘的甲骨文卜辞为代表的考古所得。王国维就是利用考古所得的新材料完成了重要的著作《古史新证》以及一系列重要著作。

我们知道，“五四”以来，在胡适等人的疑古思想影响下，以顾颉刚为代表的“古史辨派”认为，古籍所记载的古代史和传说，由于后代不断的添加和附会，造成了越古而越不可靠的情况，这就是“层累的历史造成说”，认为应该用考古学、民俗学等方法去确立真正科学的古代史。由于夏朝考古资料的缺乏，顾颉刚就否定了大禹的存在，鲁迅在《故事新编·理水》里所写的说“禹是一条虫”的学者，就是讽刺顾颉刚。顾颉刚等人认为，战国和秦汉时期是伪造古人古事最多的时代，而王国维就通过新近的地下挖掘所得，证明了春秋时期已有关于大禹的记载，并非战国以后人之所托。这种谨慎的态度，小心的求证，无疑是更值得推崇的。

王国维“二重证据法”的主要特点是：将传统的乾嘉学派的考据方法，与西方在资产阶级革命以来产生的科学新方法结合起来，而地下新材料和纸上文献的并重，古文字古器物之学与经史之学的互为表里，就能做到“不屈旧以就新，亦不绌新以从旧”。王国维所取得的学术成就确实是前辈和同辈学者所无法比拟的。

我们现在一般从事古代文学研究的，往往都只注意到王国维早年所从事的文学研究，注重他将西方的悲剧观、理念说等，运用到中国古代文学的研究和评判中，写成了著名的《红楼梦评论》、《人间词话》和《宋元戏曲考》。当然，这些都是值得我们称道不已的，因为它们确实是在二十世纪初开学术风气的重要著作。但是，我们更应看到，王国维先生运用“二重证据法”，不仅对文学史后半段俗文学的词曲小说研究做出了全新的贡献，而且，对先秦时代历史、制度的研究，有极其重要的发明、发现，确立了他在史学界的重要地位。

以王国维的文字学研究来说，他不是像乾嘉学派的学者那样，只注重文字的考释，而是以之探讨古代的历史、地理、礼制等。如甲骨文研究，除著名《殷周制度论》以外，还有《殷卜辞中所见先公先王考》《殷卜辞中所见先公先王续考》《殷卜辞中所见地名考》等，他第一次证明了《史记·殷本纪》所载商王世系的可靠性，又据卜辞加以纠正。如金文研究，他不仅对宋代以来的金文资料进行了全面整理，又将金文资料用于西周历史研究，写成了《鬼方、昆夷、猃狁考》《生霸死霸考》《明堂庙寝通考》等，还进行了古器物的研究考订。此外，他对简牍的研究也做出了很大的贡献。

王国维的“二重证据法”对二十世纪学术史的影响是很大的。颇有意思的是：王国维在 1927 年自沉昆明湖，一代学术巨星陨落，第二年，成立了中央研究院历史语言研究所考古组，中国开始有了现代意义的考古学。除了殷墟发掘还在继续外，1921年瑞典地质学家和考古学家安特生对仰韶文化的发现，1930 年梁思永对龙山文化的发现，以及其后对安阳后岗的仰韶文化、龙山文化、商文化三迭层的发现等，都是重要的新石器文化发现和断代文化发现。而新中国成立前二十年和新中国成立后半个多世纪的考古学所取得的成绩，无疑以其"地下之新材料"证明"纸上材料"，对历史学研究起了极大的推动作用。以至于今天的夏商周断代工程能取得显著的成绩，是与前人的这些工作分不开的。仅以楚文化堆积较多的长沙地区而言，不仅是1949年陈家大山战国楚墓出土的《夔凤人物图》和1973年子弹库楚墓出土的《御龙图》，这两者对中国绘画史意味着填补了战国时代、亦即先秦时代绘画发现的空白；"文化大革命"期间出土的马王堆汉墓文物之丰富，更填补了西汉史研究许多领域的空白；近年出土的三国时期的竹简，其意义也是不言而喻的。

历史研究中，"二重证据法"的作用是确凿无疑的。而对于古典文学来说，"地下之新材料"的发现，当然也推动了研究的进程。只要举一个例子，就足以说明这一点。如：与甲骨文是文字学家在中药的"龙骨"中发现一样，差不多同时的敦煌莫高窟藏经洞文物，也是无知的王道士在无意中发现的。斯坦因、伯希和等外国学者的劫掠式的搬运，使得敦煌文物大量流失于国外，但是，从此就出现了一个学术界的新名词"敦煌学"，其中就包含着许多属于文学范围内的学术研究材料。仅以"敦煌曲子词"为例，许多现代学者都曾作过研究，其中如著名的词曲专家任中敏就此而进行过很长时间的研究，从以任二北之名（二北是因其早年推崇北宋词和北曲）编《敦煌曲初探》（1954年出版），到以任半塘之名（之改为半塘是因为倾心于唐代的音乐文学系列研究）编著成《敦煌歌辞总编》（1987年出版），后者对前者所持议论已有很大改动。

二　关于"三重证据法"

叶舒宪先生认为，王国维先生以后的学者，尽管已经尝试着运用第三重证据的方法，但却未能像王国维那样从理论上加以总结，明确提出"三重"乃至"多重证据法"的方法原则。他说，如果将王国维的《观堂集林》同郭沫若的《甲骨文研究》稍加对照，"二重"到"三重"的演进轨迹可谓一目了然，而"三重"主要体现在对国外著作的重视，表现出跨文化的人类学研究思路。

所谓"三重证据法"，是用人类学研究的成果来论证古代文化，用外国的、世界的东西来论证中国的情况。叶先生认为，这对坚守"夷夏之防"、笃信"非我族类，其心必异"的国学传统而言，是具有革命性意义的。而闻一多、郑振铎在郭沫若的影响下，继续将研究从古代史的领域推进到文学领域，尤其是闻一多，创获更为显著。此外，如鲁迅、朱光潜，还有不太知名的凌纯声，都被叶舒宪认为是应用人类学的"第三重证据"的重要学者。

对于古代文学的现代学术史上的这些重要人物，笔者没有全面的了解，更谈不上研究，只是由于曾担任过一个集体的科研项目，而专门注意过闻一多先生，对闻先生在古代文学的学术成就、贡献作过"研究之研究"，与赵晓岚女士一起写成了《学者闻一多》这一专著，在学林出版社出版。在这本书中，凡是闻一多先生对先秦文学的研究都是由我作论析、评判的。所以对他在运用文化人类学研究古代神话、《诗经》、《楚辞》的别开生面，有比较充分的了解，对他在文字考释、名物训诂上的用社会学和文化人类学方法，而取得与前人不同的成就，也有了初步的了解。确实，闻一多先生在运用以弗雷泽为代表的巫术理论、"食产文化理论"，以弗洛伊德为代表的"性文化理论"等，写出了关于上古神话和《诗经》的一系列论文，都是具有开创性的。在当时，不少学者认为他的研究是"非常可怪之论"，并未得到普遍性的首肯。在经过了时间的考验后，我们不能不佩服他至少在两方面所进行的开拓：其一，用"生殖崇拜"考察上古神话的"人种起源"的文化学意义；其二，从图腾研究切入探讨中国的国家起源和相关的民族问题。这样，他对于世界上所有古老民族都有过的相似的"传古民歌"的三大问题："我们从哪里来？我们到哪里去？我们是谁？"借助新的理论、方法和眼光，作出了自己的回答，并经历了时间的考验，使愈来愈多的人为之钦敬、信服。

今天，我们对于"三重证据法"的命名或许并不完全、真正的认可，因为王国维所说的"二重证据法"中的"地下之材料"，是包括秦汉以后各时代的出土文物，而"三重证据法"中的文化人类学，以及相关的田野调查等所得材料、证据，都主要是用以观照人类的初年的（虽然说，文化人类学包含了考古学、民族学、语言学等分支，在方法论上的意义并不为历史的时段所限，但更多的是运用于对上古的研究）。但是，叶舒宪、萧兵等先生对先秦文学的研究，无疑是古代文学研究的一个很大的突破。试看湖北人民出版社出版的《中国文化的人类学破译》系列著作，都可以称皇皇巨著。萧先生在1991年出版的《楚辞的文化破译》所附的著作目录有十种之多（到1994年为止），而叶先生在其1994年出版的《诗经的文化阐释》后所附的著作目录，也有十一种之多（其中有三种合著，两种译编），从年龄上讲，他们是两代人，但在学术上都取得了令人瞩目的成就。这些著作虽未必都论证、阐释得很正确，很周密，都令人信服（如叶先生对《诗经》的阐释，用一系列的咒语，如猎咒、情咒、医咒、反咒来看待《诗经》中的祝词式修辞模式尚较为可信，但用咒和祝的分化看传统的"美刺说"的由来，就不很可信；认为"寺人作诗"与世界性的"净身祭司制"有关，似乎较可信，但儒家"温柔敦厚"的"诗教"和君子理想、中庸学说都脱胎于以寺人为本的"中人"伦理，则不甚可信；"颂"来源于原始的猎头和祭首礼，恐怕更难以令人信服。西方有所谓的"过度阐释"一说，即深求而至于过甚，这种情况在萧先生的书中也存在），但他们的探索精神无疑是很值得肯定的。

因此，"三重证据法"的说法或许可以质疑，但这些学者用文化人类学来"破译"古代文化所取得的实绩确实是很惊人的，是令人振奋的。

三　前辈大师的文化学研究方法给我们的启示

郭沫若、郑振铎、闻一多以来的许多学者，在先秦史学、文学、文字学研究中开创出一片新天地，当代的萧兵、叶舒宪等新一代的学者更在运用战后西方理论和调查成果、相关材料上，更达到了竭泽而渔的地步，在先秦文学研究上产生出令前辈们至少在数量上是望尘莫及的研究成果，在方法上，更因时代的进步，也为前辈所不逮。举例说，如叶舒宪《庄子的文化解析》，既在理论上借助西方艾利亚德、吉拉道特的永恒回归理论，和爱利森的精神超越学说，又在方法上除传统的训诂考据外，充分运用了跨文化比较，对主题研究、原型分析等用得很纯熟。这种研究确实是大大超越了受到时代所限的前辈们。可是，正如前面所说，文化人类学的运用是有历史时段的限制的。所以，在秦汉以后的文学研究中，除与神话有一定亲缘关系的小说外，恐怕很难再产生出如同“系列破译”那样的成果，因为此后的文学创作，更多的是在理性的烛照下。

如果不为名词所限，本着前辈学者的开创精神，在当代学者勇于探索的启发之下，我们尽管不采用“三重证据法”的说法，或不限于文化人类学的方法，但沿着文化学的研究路子，应该说还是可以在古代文学的研究中有所创造，有所建树的。

我们不妨看看二十世纪前半叶古代文学研究界的大师们，他们可以给我们什么启示？

讲到二十世纪初以及随后的大师们，我们不得不感叹他们的建树，试以民国时期为例，尽管当时也充满了动乱、战争，但此期学者在学问上的成就却是了不起的，仅今人编辑的一套《民国丛书》，就可以看到当时的学术底气。而这些大师们，又是由他们的老师引领进学术殿堂的。以梁启超言，就不能不说到康有为的影响。康有为虽立足于经世致用，发挥公羊家“三统”“三世”说以求托古改制，终于成为了改良派的领袖，并非书斋中的纯粹学人；但他对经学、史学、理学、佛学、考据学、今文学都有精深造诣，对诗词、书法、绘画也有很高的创作或鉴赏水平。他当年在广州万木草堂讲“古今学术源流”，是出入于儒、法、道、佛和西学间，如张伯桢《康南海先生讲学记·前言》所言，是“综博群籍，贯穿百氏，通中西之邮，参新旧之长”。梁启超在《三十自述》中说：“先生为讲中国数千年来学术源流，历史政治沿革得失，取万国比例推断之。余与诸同学日札记其讲义，一生学问之得力皆在此年。”他说康有为当时正写《公理通》《大同学》，又著《新学伪经考》《孔子改制考》，还有宋元、明儒学案、《文献通考》、二十四史等“日课”。所以，康有为所从事的是我国传统的“通儒”“通人”之学，却又跨越了中西、新旧的界限，与传统之学不同。后来，梁启超所从事的学问研究也基本沿着这条路走。所不同者，在于康有为并没有将自己所讲写成专著，他的育人目的在于造就推行改良主义政治主张的人才，而梁启超虽所学多出于康氏，却自己另有树立，又不讳言与老师的分歧。

梁启超的学术思想很难用简单的语言概括，从特定的角度而言，我们应看到他所具有的既是民族的、又是世界的眼光。他看到了西学中的近代学术（尤其是自然科学）对社会的推动作用，因而有“学术之势力左右世界”的看法，而在第一次世界大战后，他游历了欧洲，看到了西方的另一面，遂认为“科学破产”，因此，他的学术思想有尊古崇儒的倾向，这种倾向或有失客观，却有利于对民族遗产的倾心研究。他还认为，更新中国的学术思想，在于博采中外之长，在面对近代以来的落后时，应不为近代“外国学术思想所眩”，不应自贬，应该做到将中西学术融会贯通。梁启超关于先秦诸子的研究，两汉到宋明的儒学衍变，佛教与中国文化的关系，以及近三百年学术思想，是其学术研究的主要领域。就文学而言，梁启超除了在倡导诗界革命、小说革命等方面提出了许多著名的见解外，他的研究文学是具有世界眼光的。如果说他的研究先秦政治思想史时，还是将《诗经》作为材料来用，那么他的《中国之美文及其历史》就是纯文学的研究，且具有不同于传统的社会学、历史学等方法。在萧兵的楚辞研究中，就曾用了他关于古代社会政教合一的观点，以此观照楚国文化和楚辞中的一系列问题，由此可见方法论的典范作用。

王国维以其个人特有的气质治哲学，不是接受康德的思辨性哲学，而是接受叔本华的具有东方色彩的哲学，他对于悲剧的看法，对《红楼梦》的研究，对元杂剧的研究，《人间词话》的创新等，都可以说是具有创新的意义。从中看到西方悲剧论和理念说等影响，同时也熔铸了东方佛学所原有“境界”概念。他用与传统不同的游戏说、解脱说、距离说、天才说、审美静观说、纯文学论、文艺无功利论等看待文艺，并以此为标准和参照来论列中国古代文学，从政治道德和南北文化论屈原文学精神，论俗文学以“自然”“意境”相取等，也为二十世纪古代文学研究起了建立导航标的作用。但是，在王国维所作的以西方哲学、美学理论研究中国古代文学的工作中，不是生硬的以西释中，而是沿用传统的民族形式，在着盐于水、寓神于形的论述中，将新的理论用于惯有的形象描绘和直觉把握，重在归纳而非分析，只求点悟而非阐释，使人在旧形式中感受到新内容，并产生了深远的影响。后来尽管王国维的治学转入其他领域，但他的文学研究所具备的哲学、美学眼光和文化学色彩，一直都给人以启迪。

又如鲁迅，他于1907年写成《摩罗诗力说》，尽管多为编译，写作之旨也在思想解放、推助革命，但其中对封建文学及其创作思想的批判，对异端、尤其是对“摩罗诗派”“不为顺世和乐之音”的推崇，对“雄桀伟美”的浪漫主义的呼唤，“别求新声于异邦”的向西方汲取，对反思和扬弃，对确立评判标准，都有“导夫先路”的作用。此外，《拟播布美术意见书》的运用西方美学观念、文学思想，以纯文学思想对“文学”概念的全新、系统的解释，是对其师章炳麟关于文学的概念的一大发展。章氏《国故论衡·文学总略》云：“文学者，以有文字著于竹帛，故谓之文；论其法式，谓之文学。”而鲁迅则以“用思想以美化天物”为“美术”（即文学与艺术），这非但对二十世纪的文学创作有现实的指导意义，而且对研究古典文学也是观念的一大转变。鲁迅不仅在二十世纪初以其杰出的文学思想鼓吹革命，而且在研究古代小说、魏晋文学等领域，也成了文学研究史上的典范，其中一些主要观点，如中国人的重实际而黜玄想，魏晋时代是人的觉醒和文的自觉时代，以及用佛学的进入中国来研究小说的演变等，也多有这些文学领域的文化学研究之开创性意义。因此，鲁迅先生虽长期以来被塑造成思想家和战士的形象，但如他的《汉文学史纲要》《中国小说史略》等，都是拓荒性的，郭沫若就曾将他与王国维相并，认为他的小说研究和王国维的戏曲研究前无古人，而且领导着百万的后学。

再比如陈寅恪，也是现代学术史上的重要人物。他的诗文释史和以史释诗已是人所公认，学科的交叉性使之在治学上有不少创获。如以元、白诗证史，以韦庄《秦妇吟》证黄巢起义事，以钱谦益、柳如是诗文证明末清初史实，均可补正史所不载；反之，以史证诗则对正确理解作品也大有助益。运用在语言学、宗教学上的优势，对某些问题作词源性的考证，是陈寅恪先生所独有的贡献。如认为三国的名医华佗，其名应来自天竺语“agada”，原意是“药”，汉译脱去字首元音“a”，即成华佗，而华佗原名华旉，人们以其医术高明，故比之为印度的药神。又如考证出竹林七贤的“竹林”是假托佛教名词“Veluvana”的译语，为佛祖说法之处，七贤谈玄，以之比附，遂有竹林之游的说法。因对道教的熟悉，他考证出晋朝凡名字带“之”字的都是道教徒，这对研究晋朝的思想、文学都很有帮助。陈先生以《西游记》孙悟空、猪八戒和沙僧的原型都出于佛经，所说有理有据，是胡适等人所论的发展。他从地域文化和出身门第的角度研究唐代政治史，写成了重要的著作《唐代政治史述论稿》，不但探寻了党争之由，对唐代文学的研究也很有启发、帮助。其论韩愈和古文运动，提出了韩愈旨在尊王攘夷的观点，也为人所未发。

对近代以来的古代文学学术史而言，其代表人物很难一一陈述和论定。记得钱穆先生曾说过，中国重和合，西方重分别，因此，中国多通人、通儒之学，近代以来，受西方影响，学术走向“分别”之势。这一说法是既对，又不全对。比如，上面说到的这些人物，多为“通人”，是现代的“通儒”，而他们之所以能突破乾嘉学派许多朴学学者终生治一业、“窄而深”的研究格局，与他们的不囿于传统学术方法，具有现代的文化意识有关。确实，“别求新声于异邦”应不止于思想史的意义，前辈大师们可以给予我们足够的启示。

（原载《洛阳大学学报》2004 年第 1 期）